清史列传

简体字本

王钟翰 点校

清史列傳

卷三五～卷四二

中华书局

清史列传卷三十五

大臣传次编十

和珅

和珅,钮祜禄氏,满洲正红旗人。由文生员于乾隆三十四年承袭三等轻车都尉。三十七年,授三等侍卫,旋挑补黏杆处侍卫。四十年闰十月,迁乾清门侍卫。十一月,擢御前侍卫,授正蓝旗满洲副都统。四十一年正月,授户部右侍郎。三月,命在军机大臣上行走。四月,授总管内务府大臣。八月,调镶黄旗满洲副都统。十一月,充国史馆副总裁,赏戴一品朝冠。十二月,总管内务府三旗官兵事务,赐紫禁城骑马。四十二年六月,转左侍郎,兼署吏部右侍郎。十月,兼步军统领。四十三年,吏部尚书永贵等奏京察降革司员参罚事件,免其随带,和珅以扶同瞻徇,降二级留任。旋监督崇文门税务,总管行营事务。四十四年,命在御前大臣上学习行走。

　　四十五年正月,命偕刑部侍郎喀宁阿赴云南查讯按察使海宁控告总督李侍尧贪营各款,鞫得实,并奏滇省自李侍尧婪索属员,赃私狼藉,吏治废坏,各府、州、县多有亏空,须彻底详查,清厘积弊。上以福康安为云贵总督,赴任查办。和珅于定谳后回京,未至,擢户部尚书。旋命在议政大臣处行走。五月,复命,奏云南永昌府之潞江、普洱府之磨黑两地,向立税口,禁携带丝纸、针绸出隘,但关外尚有腾越、龙陵、思茅诸处,地阔民繁,难免偷漏,请改设以收实效。又奏滇省盐务,缘川省私盐偷漏,味好价廉,致官盐难销,正课日亏。宜在川、滇交界处实力禁止。并以滇省私钱盛行,官铜缺少,请设法整顿。皆奉旨允行。又奏:“缅甸送还苏尔相等,有同来缅子二人,尚羁禁永昌,似应释回。”“云南开化府属设立关口,内地民人往交阯贸易者,由藩司给以印票。前因交阯黄文桐滋事,内地民人不从,俱各逃回。经李侍尧拿获,有发遣者,有因曾在彼处娶妻定拟死罪者,闻粤省关隘亦有通交阯之处,办理又复不同,似觉两歧。”上谕福康安将二缅子释归,其逃回人犯改拟具奏。寻授御前大臣,补镶蓝旗满洲都统。谕曰:“尚书和珅之子,赐名丰绅殷德,指为十公主之额驸。待年及岁时,举行指婚礼。”六月,授正白旗领侍卫内大臣,请以内务府笔帖式归八旗应考,上不许。十月,充四库馆正总裁,兼办理藩院尚书事。

　　四十六年四月,甘肃撒拉尔番回苏四十三等滋事,进逼兰州,上命额驸拉旺多尔济、领侍卫内大臣海兰察、护军统领额森特等率兵讨之,和珅带钦差大臣关防同往,又命大学士阿桂督师。旋以阿桂有痒疾,谕和珅兼程先进,督办一切。和珅至兰州,诇贼势方踞八蜡庙、雷坛等处,〔一〕掘濠自固,因奏言分兵四路,令海兰察等从山梁进剿,额森特等于丫口斜扑贼营,提督仁和等直攻八蜡庙大楼,和珅自偕西安将军伍弥泰等由龙尾山梁策应。时海兰察已逼贼至山梁,歼其沟中伏匪,和珅率弁兵乘势追逐,斩二百馀人。贼立坎深数丈,小道皆掘断,不能度,遂撤兵回。是役也,总兵图钦保阵亡,和珅匿不奏,后请恩恤,始及之。上以其取巧,传旨申饬。谕曰:“和珅在途次所奉谕旨甚多,均未奏及,岂不知朕于数千里外悬悬廑注乎? 再本日毕沅奏和珅在途次行走情形,婉转开脱,措词委曲。此即外省观望习气,究于和珅之行走濡滞,能逃朕之洞鉴乎?”

　　和珅之未至兰州也,海兰察、额森特先驰至,击贼胜之,和珅乃以二人不查贼形,希图侥幸责数之,并奏其欺诳。上曰:“伊二人先行打仗,并无不是之处,和珅遽形之章奏,岂行走迟延者反为有功乎? 若令朕颠倒是非,申饬无过之人,朕不为也!”又以总督勒尔谨养痈贻患,不即参劾,汇下部议,降三级留任。五月,谕曰:“和珅于四月十七日,始抵兰州,而阿桂亦于四月二十一日续到。所有筹办诸事,虽皆联衔入告,而自阿桂到后,经画措置,始有条理。此事阿桂一人已能经理妥协,无须复令和珅同办,且恐和珅在彼,事不归一。即海兰察、额森特等向随阿桂领兵打仗,〔二〕阿桂之派调伊等,自较和珅呼应更灵,而朕启銮热河,为期亦近,御前领侍卫内大臣、军机大臣等扈跸者现亦无多,和珅令速行驰驿回京。”寻到京复命,奏陕西毗连四省,形势扼要,而驻防兵单,甘肃兵数以迁驻新疆未经补额,存营者亦少,皆须多为添驻;又请西安提督仍复旧制,驻固原州,而以固原镇总兵迁

驻河州,其河州协副将改于安定或会宁驻扎,方足以资控驭。命
下阿桂等行之。十一月,兼署兵部尚书。十二月,管理户部三库
事务。

四十七年二月,以军机大臣审办甘肃镇迪道巴彦岱受贿徇
隐事,拟罪轻纵,降三级留任。四月,御史钱沣劾山东巡抚国泰、
布政使于易简贪纵营私,命偕左都御史刘墉按讯。既定谳,命先
回京。八月,加太子太保。十月,充经筵讲官。四十八年六月,
赏戴双眼花翎。十月,充国史馆正总裁。十一月,充文渊阁提举
阁事。四十九年三月,调正白旗满洲都统。四月,充清字经馆总
裁。七月,甘肃石峰堡逆回张文庆等平,以和珅首承谕旨,再予
轻车都尉世职,归并前职,照例议袭。旋调吏部尚书、协办大学
士,管理户部。九月,仍以平回匪功议叙,封一等男爵。

五十一年六月,御史曹锡宝奏和珅家人刘全服用奢侈,器具
完美,恐有藉端撞索情事,应密行侦访,严加惩创。上命王大臣
会同都察院查核,又意其欲劾和珅而又不敢明言,故以家人为
由,隐约其词,为将来波及地步。复谕曰:“此案总期根究明白,
并非因此一虚言欲治和珅,更非欲为和珅开脱。留京王大臣等
不可误会朕旨,将曹锡宝加以词色,有意吹求,使原告转成被告,
亦无是理。务须平心静气,虚衷详问,如曹锡宝果能指出款迹,
访查得实,即一面从严审办,一面据实具奏,不可因和珅稍存回
护。若稍存回护,是乃陷和珅,且自陷也。”继复谕详询曹锡宝:
“如果和珅有营私舞弊款迹,不妨据实指出,朕必质讯明确,将和
珅治罪。”既而王大臣等奏:“锡宝如有实据,自应列款参奏。今
遽以无根之言,冀博建白之名。请交部议处。”旋议降二级调用,

上以其言官,改为革职留任。

闰七月,授文华殿大学士,仍兼吏部、户部事。九月,谕曰:"和珅于乾隆四十三年兼管崇文门监督,迄今已有八载。现系大学士,亦不便兼理权务。前曹锡宝参奏和珅家人一事,未必非因此。"遂退去监督事。又谕曰:"昨召见新放广信府知府湛露,年纪尚轻,询以清语,亦属生疏,难遽胜方面之任。且伊系福长安之妻弟,和珅于京察时,将该员保送一等,不无瞻徇之意,殊属非是。和珅交都察院议处。"旋议降二级留任。十月,两广总督富勒浑纵容家人殷士俊等关通婪索,事露,谕曰:"富勒浑操守平常,密谕孙士毅据实查奏。彼时和珅即在朕前奏称,不如将富勒浑调回,徐行查察,即可不致遽兴大狱。是和珅未免意存消弭,为回护富勒浑地步。"

五十二年,奏京师米价昂贵,各铺户囤积居奇,请嗣后饬禁,毋得过五十石。寻商人呈递公状,未即遵禁,定郡王绵恩释弗究。谕曰:"和珅以京城米价昂贵,出示禁止囤积,而商人惟利是图,粮价仍未平减。因查出铺户囤积米麦六万馀石,奏请交厂减价粜卖。其应如何立厂,派员稽查,及作何减价平粜之处,和珅并未酌定章程,声叙明晰,已属非是。乃留京王大臣及绵恩所奏,似以此事于商民均有未便,办理诸多掣肘,又含糊其词。竟若因和珅系原办之人,为之迁就弥缝,委曲完事,而言外以朕亦未免有回护原办之意,有是理乎? 总之,此事非回护和珅,竟是害和珅矣!"

五十三年,台湾逆匪林爽文平,和珅以承书谕旨,晋封三等忠襄伯,并赏用紫缰。五十四年四月,充殿试读卷官。五月,充教习庶吉士。五十五年正月,谕曰:"大学士和珅着加恩赏给黄带、四开䄑袍,固伦额驸丰绅殷德着兼散秩大臣行走。"四月,充殿试读卷官。十一月,以总办万寿庆典,和珅同金简专司其事,命于所加二级外,再加一级。五十六年四月,审讯护军海旺等窃库银一案,前锋统领、参领各官俱获咎。和珅以管库大臣既经失察,拟罪又失之宽纵,上责令照数赔补,仍下部议处,旋议降一级抵销。十一月,刻石经于辟雍,命为总裁。五十七年九月,廓尔喀平,恩予议叙,军功加三级。十月,兼翰林院掌院学士,充日讲起居注官。五十八年,充教习庶吉士,兼管太医院及御药房事务。

五十九年二月,吉林人参阙库额,命军机大臣缮写饬谕,和珅瞻顾迁延,未即拟旨,上责之,降二级留任。七月,奏:"八旗立厩养马,原以备扈从行营之用。但常时易致折膘,请分给各旗官员拴养,调习壮健,较为得力。空出马圈地,盖造房间,给与穷苦兵丁居住。"如所议行。六十年四月,充殿试读卷官。五月,充教习庶吉士。九月,朝审停勾,命查明其情最重者,请旨裁定,而刑部、理藩院于蒙古台吉图巴扎布凶残一案,未先具奏,俱干严议。和珅以管理理藩院,又军机书旨,始终回护,降三级留任。十月,廷试武举发策,命军机大臣恭查实录,实录例不载武试题,和珅等率以文武试策总载实录对,覆询,对如前。上以护过饰非,严饬之,革职留任。先是,京察届期,和珅屡邀议叙。是年,特命停罢。嘉庆元年正月,调正黄旗领侍卫内大臣。六月,调镶黄旗满洲都统。二年,管理刑部,退去户部事。旋以军需报销,仍兼理户部。三年,邪匪王三槐就擒,和珅以襄赞机宜,晋公爵。

　　四年正月三日,高宗纯皇帝升遐,仁宗睿皇帝令和珅总理丧仪。科道诸臣以和珅不法事列款参奏,上命王大臣公同鞫讯,俱得实。上乃谕曰:"和珅受大行太上皇帝特恩,由侍卫荐擢至大学士,在军机处行走多年,叨沐殊施,诸臣无其比。朕亲承付托之重,兹猝遭皇考大故,每思论语'三年无改'之义,如我皇考敬天法祖,勤政爱民,实心实政,方将垂示万年,永为家法,何止三年无改? 至皇考所简用重臣,朕断不肯轻为更易;即获罪者,稍有可原,犹未尝不思保全。今和珅情罪重大,实有难以刻贷者。设数年来,廷臣中有能及早参奏,必蒙圣断,立置重典,而竟无一人奏及者。内外诸臣自以皇考圣寿日高,不敢烦劳圣心,实则畏惧和珅,箝口结舌,皆朕所深知。今和珅罪状已著,其得罪我皇考之处,擢发难数,亦百喙难辞。朕若置之不办,何以仰对在天之灵? 除在京王大臣会审定拟外,着通谕各督抚,将和珅如何拟罪,并此外有何款迹,据实覆奏。"

　　旋据直隶总督胡季堂奏和珅种种悖逆不法,蠹国病民,贪黩放荡,目无君上,请以大逆论,上纾太上皇帝在天之愤怒,下快天下人心之积恨,并查出和珅蓟州坟茔僭妄逾制。上乃申谕曰:"朕于乾隆六十年九月初三日,蒙皇考册封皇太子,尚未宣布谕旨,而和珅于初二日在朕前先递如意,泄漏机密,居然以拥戴为功,其大罪一;上年正月,皇考在圆明园召见和珅,伊竟骑马直进左门,过正大光明殿至寿山口,无父无君,莫此为甚,其大罪二;又因腿疾,乘坐椅轿抬入大内,肩舆出入神武门,众目共睹,毫无忌惮,其大罪三;并将出宫女子取为次妻,罔顾廉耻,其大罪四;自剿办川楚教匪以来,皇考盼望军书,刻萦宵旰,乃和珅于各路军营递到奏报,任意延搁,有心欺蔽,以致军务日久未竣,其大罪五;皇考圣躬不豫时,和珅毫无忧戚,每进见后,出向外廷人员谈笑如常,其大罪六;昨冬皇考力疾披章,〔三〕批谕字画,间有未真,和珅胆敢口称不如撕去,另行拟旨,其大罪七;前奉皇考谕旨,令伊管吏部、刑部事务,嗣因军需销算,伊系熟手,是以又谕令兼理户部题奏报销事件,伊竟将户部事务一人把持,变更成例,不许部臣参议一字,其大罪八;上年十二月,奎舒奏循化、贵德二厅贼番聚众,在青海肆劫,和珅竟将原折驳回,隐匿不办,全不以边务为事,其大罪九;皇考升遐后,朕谕蒙古王公未出痘者,不必来京,和珅不遵谕旨,令已未出痘者俱不必来,全不顾抚绥外藩之意,其居心实不可问,其大罪十;大学士苏凌阿两耳重听,衰迈难堪,因系伊弟和琳姻亲,竟隐匿不奏,侍郎吴省兰、李潢,太仆卿李光云,曾在伊家教读,保列卿阶,兼任学政,其大罪十一;军机处记名人员,和珅任意撤去,种种专擅,不可枚举,其大罪十二;昨将和珅家产查抄,所盖楠木房屋,僭侈逾制,其多宝阁、槅段皆仿照宁寿宫制度,其园寓点缀,与圆明园蓬岛瑶台无异,不知是何肺肠,其大罪十三;蓟州坟茔,设立享殿,开置隧道,致附近居民有'和陵'之称,其大罪十四;家内所藏珍珠手串二百馀,较大内多至数倍,并有大珠较御用冠顶尤大,其大罪十五;又宝石顶非伊应戴之物,伊所藏数十,而整块大宝石不计其数,且有内府所无者,其大罪十六;银两、衣服等件,数逾千万,其大罪十七;且有夹墙藏金二万六千馀两,私库藏金六千馀两,地窖内藏埋银两三百馀万,其大罪十八;附近通州、蓟州有当铺钱店,〔四〕资本又不下十馀万,以首辅大臣下与小民争利,其大罪十九;伊家人刘全不过下贱家奴,而查抄家产,竟至二十馀万,并有大珠及珍珠手串,若非纵令需索,何得如此丰饶? 其大罪二十。其馀贪纵狂妄之处,尚难悉数。着将胡季堂原折发交在京文武三品以上官员,并翰詹科道阅看,悉心妥议具奏。如有自抒所见者,另折封陈。"诸臣俱言宜如胡季堂议,上念和珅曾任首辅,免其肆市,赐令自尽。以两淮盐政征瑞前后馈和珅银四十万两,山东巡抚伊江阿知太上皇帝龙驭上宾,奏折中不及一字,惟致书和珅劝其节哀办事,俱革职;并谕:"故御史曹锡宝当和珅声势薰灼之际,举朝无一人敢于纠劾,〔五〕而曹锡宝独能抗辞执奏,不愧诤臣之职。今和珅治罪后,查办刘全家产,竟有二十馀万之多。是曹锡宝前此所劾,信属不虚,自宜加以优奖,曹锡宝着加恩追赠副都御史,并将伊子照赠衔予荫。"

　　既而上又通谕诸臣曰:"和珅所管衙门本多,由其保举升擢者,自必不少。而外省官员奔走和珅门下,〔六〕逢迎馈赂,皆所不免。若一一根究,亦非罚不及众之义。大小臣工无庸心存疑惧,况臣工内中才居多,即有从前热中躁进,一时失足,但能洗心涤虑,痛改前非,仍可勉为端士,以副朕咸与维新之治。"时多言和珅财产甚多,不止抄出之数者,又谕曰:"朕所以办理和珅者,原因其蠹国病民,专擅狂悖。查抄所以惩戒贪黩,初不计多寡而事株连。嗣后臣工不得再以和珅赀产妄行渎奏。"先是,和珅在军机时,虑人举发,凡有奏折,令具副本,关会军机处。至是,奉旨革除。和珅又令各部将年老平庸之司员保送御史,俾其缄默不言,免于纠劾。至是,亦因副都御史赓音布奏,命嗣后保送御史,年无得过六十五以上。又谕曰:"恭阅皇考朱笔,有严禁内外大臣呈进贡物谕旨二道，圣训煌煌，垂诚至为深切。只因和珅揽权纳贿，凡遇外省督抚呈进物件，准递与否，必须先向和珅关白。伊即擅自准驳，明示有权，而督抚等所进贡物，皇考不过赏收一二，其馀尽入和珅私宅。是以我皇考虽屡经禁止，仍未杜绝。嗣后有将饬禁之物呈进者，即以违制论。”

初，乾隆五十四年，山西举人薛载熙覆试除名。嘉庆六年，载熙在燕郊迎驾，命试以诗，并谕曰：“从前薛载熙中式时，覆试文理尚无大疵，惟诗粗率，奏请停科，经皇考加恩宽免。嗣和珅等议覆科场事宜，以薛载熙覆试与中卷不符，难保无代倩情弊，请追革在案。是薛载熙斥革，本非皇考之意，和珅办理此事，实属有意从刻。今薛载熙考试诗句，较前稍胜，着加恩赏还举人。”其年，又有湖北按察使李天培代福康安私交粮船分运楠木一事，时和珅弟和琳为巡漕御史，劾奏之。福康安因得严旨，并带革职留任。至是，上谕曰：“此案并非和琳秉公劾参，实系听受和珅指使，为倾陷福康安之计。今和珅籍没，查出所盖房屋，僭妄逾制，较之福康安托带木植之咎，孰重孰轻？”寻湖广总督倭什布奏汉阳府知府明保例应回避，谕曰：“明保系和珅母族姻亲，平日倚恃和珅势焰，在任声名甚属平常。从前引见知府时，即蒙皇考鉴其人甚庸陋。查伊出身履历，经和珅朦混具奏，亦未令伊递折请训，径赴知府之任，皆朕所深知。明保着即来京，以部员补用。”又谕曰：“近闻京师步军统领衙门及巡捕五营所管步甲兵丁，在和珅宅内供私役者，竟有千馀名之多，实出情理之外。国家设立兵额，原资捕盗缉匪之用，岂可将归伍之兵供私宅之役？无怪乎兵数日少，盗贼肆行也！”

十九年五月，国史馆进呈和珅列传，谕曰："和珅逮问伏法，迄今已越十五年，始将列传纂进，太觉迟缓。迨详加披阅，其自乾隆三十四年袭官，以至嘉庆四年褫职，三十年间，但将官阶履历挨次编辑，篇幅寥寥。至伊一生事实，全未查载，惟将逮问以后各谕旨，详加叙述，是何居心，不可问矣！和珅在乾隆年间，由侍卫荐擢大学士，晋封公爵，精明敏捷，原有微劳足录，是以皇考高宗纯皇帝加以厚恩。奈伊贪鄙性成，怙势营私，狂妄专擅，积有罪愆。朕亲政时，是以加以重罚。似此叙载简略，现距惩办和珅之时年分未远，其罪案昭然在人耳目。若传至数百年后，但据本传所载，考厥生平，则功罪不明，何以辨贤奸而昭赏罚？国史为信今传后之书，事关彰瘅，不可不明白宣示。所有承办和珅列传之纂修官，着查明参奏，交部严加议处。"寻查明原纂官顾莼，因出差将稿本交馆席煜续办，命将席煜革职审讯。六月，谕曰："顾莼原纂和珅列传稿本，载有事实四条，皆和珅罪状，仰奉皇考高宗纯皇帝饬谕加以遣责者，葛方晋节去三条，席煜节去一条，其居心实不可问。除葛方晋身故外，席煜前已革职，着即行押解回籍，交江苏巡抚张师诚严行管束，令其闭门思过，不准外出；并留心稽察，如有怨望诗文，即奏闻将该革员拿问治罪。"初，和珅于乾隆四十一年入正黄旗，及得罪仍隶正红旗。

子丰绅殷德，乾隆四十五年，赐名。五十四年，尚固伦和孝公主，命在御前行走。五十五年，授散秩大臣。五十六年二月，管理御茶膳房、造办处事务。四月，兼武备院卿。五十八年，调奉宸苑卿。五十九年，擢正黄旗护军统领。六十年，兼内务府大臣。嘉庆元年，总理行营事务。二年二月，兼銮仪使。八月，授正白旗汉军都统,仍兼护军统领,监督崇文门税务。四年,因父和珅得罪,大学士、九卿等会议革去世袭。谕曰:"丰绅殷德系固伦额驸,且公主最为皇考所钟爱,自应仰体恩慈,曲加宽宥。若此时将丰绅殷德职衔斥革,齿于齐民,于体制亦觉未协。和珅公爵,因拿获王三槐赏给,应照议革去,仍加恩留伊伯爵,即令丰绅殷德承袭,在家闲住,不许出外滋事。"寻于和珅家内抄出正珠朝珠,询之家人,佥称和珅往往于灯下无人时,私自悬挂,临镜徘徊,对影笑语,声息甚低,人不得闻。奉旨:"正珠朝珠为乘舆服用珍物,岂臣下所应收藏?家人供出和珅情状,竟有谋为不轨之意。今幸逃显戮,姑免磔尸。其子丰绅殷德若知有此物,不行举发,即当照大逆例缘坐。今经绵恩等讯究,实不知情,加恩免其追问。但不应仍叨世袭,着革去伯爵,赏给散秩大臣衔。"寻上以和珅三等轻车都尉系伊高祖尼牙哈那巴图鲁军功所得,仍以丰绅殷德承袭。

　　七年,三省教匪平,谕曰:"固伦和孝公主下嫁固伦额驸丰绅殷德,其品秩原与贝子相等。嗣因伊父和珅身获重谴,是以将丰绅殷德一并革职。旋经朕格外加恩,授为散秩大臣。今当大功戡定,恩逮亲藩,因念固伦和孝公主亦应一体锡予恩施,着将丰绅殷德赏给民公品级,仍在散秩大臣上行走,俾公主同深欢感,以示朕笃念推恩之至意。"八年,内务府大臣缊布奏和孝公主府内已革长史奎福呈控丰绅殷德演习武艺,谋为不轨,并欲毒害公主,将侍妾带至坟园,于国服内生女各款。命大学士董诰回京,与留京王大臣及缊布会同刑部堂官等悉心推究。旋覆奏奎福所控各款,惟丰绅殷德在国服内妾生一女,审讯得实,馀俱诬控。

谕曰："和珅获罪重大,中外共知,即肆市亦罪所应得,仍加恩赐令自尽。伊子丰绅殷德旋授为散秩大臣,赏给公衔。朕于和珅父子可谓仁至义尽。在丰绅殷德具有天良,自应感激无地,岂有反生怨望之理? 此案缊布奏上时,朕即知事属虚诬,但所控谋逆情事,案关重大,朕若少露意旨,即使审讯实系诬控,而外间无识之徒,妄生臆度,必以朕过于仁慈,不忍遽兴大狱,而承审大臣亦似有心迎合,转不足以破群疑而成信谳。当即特派董诰回京与王大臣等会同秉公研讯。兹据王大臣等连日详鞫,惟丰绅殷德在国服内侍妾生女一节,业已自认不讳。此外如公主疑心饮食下毒,佥供实无其事。朕亦素知额驸与公主和睦,[七]诬妄实属显然。至演习白蜡杆,始自乾隆五十九年,借以练习身体,并非起自近日。其私放利债,尚非违例盘剥,即引进高陞、郑二戏耍棍杆,亦止系少年不谨,所作诗文经保宁等亲至府内,查出封固进呈,多系嘉庆三年以前所作。惟青蝇赋一篇,系四年在坟茔栽树,闻外间传说有大动工程之语,忧谗畏讥而作。详细检阅,委无怨望违悖语句,实系奎福因革去长史心怀怨恨,捏词诬控。今爰书已定,丰绅殷德并无谋为不轨之事,其罪惟在私将侍妾带至坟园,于国服一年内生女,实属丧心无耻。前已降旨革去公衔所管职任,仍着在家圈禁,令其闭门思过。如此惩办,已足蔽辜,其他俱属轻罪不议。总之,此案如丰绅殷德果有悖妄之处,朕断不肯因公主曲法姑贷,既经讯系诬捏,朕又岂肯因其怨家造作蜚语,遽将丰绅殷德置之重典,置公主于何地乎? 着将办理缘由,通谕知之。"

十一年正月,授头等侍卫,在大门上行走。四月,擢正白旗蒙古副都统,赏戴花翎。十二年二月,调镶蓝旗满洲副都统。十二月,军政届期,赏给伯爵衔。十五年二月,因病奏请解任调理。四月,上念其平日小心供职,赏给公爵衔。寻卒。谕曰:"昨因丰绅殷德抱病未痊,特降旨加恩赏给公爵衔,用示眷念。今竟尔溘逝,念系和孝公主之额驸,人素谨慎,着派英和带同侍卫十人前往奠醊,并赉赐陀罗经被。赏给和孝公主银五千两,俾资料理丧务。仍照公爵衔,给与恤典,该部察例具奏。"寻赐祭葬。

丰绅殷德无子,轻车都尉以和琳之子丰绅伊绵袭。

【校勘记】

〔一〕和珅至兰州诇贼势方踞八蜡庙雷坛等处　原脱"势方"二字。今据和珅传稿(之二五)补。按国传卷三四叶二上不脱。

〔二〕额森特等向随阿桂领兵打仗　原脱"向"字。今据纯录卷一一三〇叶二上及和珅传稿(之二五)补。按国传卷三四叶三上不脱。

〔三〕昨冬皇考力疾披章　原脱"冬"字。今据睿录卷三七叶四八上补。按和珅传稿(之二五)及国传卷三四叶七上俱脱。

〔四〕蓟州有当铺钱店　"蓟"原误作"苏"。今据睿录卷三七叶五〇上及和珅传稿(之二五)改。按国传卷三四叶八上不误。

〔五〕举朝无一人敢于纠劾　原脱"举朝"二字。今据睿录卷三八叶二七下补。按和珅传稿(之二五)及国传卷三四叶八上俱脱。

〔六〕而外省官员奔走和珅门下　原脱"而"及"和珅"三字。今据睿录卷三八叶八上补。按和珅传稿(之二五)及国传卷三四叶八下俱脱。

〔七〕朕亦素知额驸与公主和睦　原脱"朕亦素知"四字。今据睿录卷一一八叶三上及和珅传稿附丰绅殷德传稿（之二五）补。

恒敬

恒敬，原名恒敏，伊尔根觉罗氏，满洲正蓝旗人。乾隆五十三年，由官学生挑补鸿胪寺鸣赞，俸满以同知用。嘉庆二年四月，拣发云南。十月，署大关同知，因回避云贵总督富纲，改掣四川。八年，剿捕三省馀匪，承办军需出力，补打箭炉同知。寻署广安州知州，擒获川匪罗忠相等，总督勒保奏请鼓励，赏知府衔。九年六月，委办军营粮务，并带乡勇搜捕零匪，擒杀多名。十月，署太平厅同知，又于火石岭拿获土匪。九年，将军德楞泰因川省大功告蒇，奏请奖励，得旨以知府遇缺即补，搜捕老林零匪，获伪元帅王世贵。十二年，补绥定府知府。十三年，赶山坪等十二支岭夷阑入内地，焚掠滋事。进兵凉山剿办，恒敬在事出力，赏戴蓝翎。十四年，升湖南督粮道。十八年，升按察使。十九年，调江西按察使，[一]赏换花翎。二十年，丁父忧回旗。二十一年，授太仆寺少卿，寻命署陕西按察使，并承袭世管佐领。二十三年，服阕，实授，升江宁布政使。二十四年，兼署江宁织造。二十五年，命来京，另候简用。

道光元年三月，奉旨以三品京堂候补。七月，授光禄寺卿。三年，赏副都统衔，充哈密办事大臣。五年，补正黄旗汉军副都统。六年，喀什噶尔逆回张格尔滋扰。七月，奏言："贼匪已入叶尔羌所属之十三台伊勒都地方，戕害守兵，文报梗阻。派兵速赴阿克苏救援，会哈密安设粮台，请兵防范。"谕曰："哈密为新疆咽喉要地，关外粮饷向由办事大臣经理。恒敬前在四川军营曾经办理粮饷,着在哈密办理一切,转饬派出之道员等及地方官迅速转运,源源接济,毋得短绌迟误。"寻奏留凉州镇兵五百名驻守哈密,并请各营官兵不分马步,每兵借银四两,官弁借俸一年,以资添补,允之。署伊犁将军德英阿等筹议回疆鼓铸事宜,上命与恒敬会同筹画妥议。旋议请将阿克苏、喀喇沙尔两处本年例解伊犁铜斤截留阿克苏,俾资添铸,以免往返解运之繁,俟军务完竣,仍照旧章办理,从之。九月,奏乌鲁木齐每月运送粮面,计口授食,仅敷一月之需。哈密回子郡王衔、贝勒伯锡尔恳请亲带回兵二百名,前赴军台,听候调遣。又据吁请凑备回户牛车一千辆,挽运军粮,至吐鲁番交卸。谕:"恒敬与卢坤、鄂山、英惠等通盘熟筹,会商妥办。至回王所备车辆,如果得力,即留供挽运,照例支给脚价。"十月,以哈密为新疆南北冲衢,额设马匹仅足供寻常差务,现值大兵西下,军书络绎,不敷递送,请每台添设马匹、人夫,以资接济。上如所请,复谕曰:"经此次增添之后,军需紧要差使,自可迅速应付。倘有迟误,惟恒敬是问。"

七年二月,上以乌什为奇兵进发路径,转运粮饷,防范后路,尤关紧要,命恒敬为乌什办事大臣。谕曰:"乌什地方紧要,现在驻扎官兵为数较少,恒敬、多贵二人在彼控制,尤宜加意妨范。倘布鲁特等胆敢擅入卡伦,肆行抢劫,自当严紧惩办。断不可喜事贪功,带兵轻出,妄杀无辜。"四月,上以长龄等克复喀什噶尔,张逆乘间逃匿,恐窜入乌什一带地方,饬恒敬等严密访捕,勿得坐失机宜。先是,那彦宝奏擒获布鲁特回匪,有附逆之库图鲁克谋抢乌什,上以所奏并无逆迹昭著,统计歼毙者有六七百人之多。谕:"恒敬秉公密访,是否所杀均系逆贼,抑竟系无辜被戮,毙者有六七百,不实不尽,将来别经发觉,或致激成事端,惟恒敬是问。"旋查明库图鲁克实有附逆情事,业已擒获护解大营,得旨嘉奖。闰五月,奏言:"乌什军台三处额设马匹,向系秋冬间循例牧放。现当军报往来,请每日每匹支给仓豆三升,以资喂养。俟军务告竣,仍照旧牧放。"从之。

旋以长龄等奏请赴喀什噶尔帮办善后事宜,七月,授叶尔羌办事大臣。凯撤论功,下部优叙。八年正月,奏言叶尔羌满城地势逼仄,拟于旧城迤西罕那里克地方,勘定城基,并衙署仓库兵房,一体建造。命俟钦差大臣那彦成经过时,相度形势定议。寻那彦成奏请如恒敬议行。又奏:"查出续垦官荒田地,照较轻之阿勒板科则量减升科,每岁所增粮石,足供防兵二千名口食。至西北隅蹦出荒地一百馀里,地土肥饶,引水尚易,可以试垦。"谕照所议办理。三月,恒敬以随征出力将弁兵丁核实分别奏请鼓励,上如所请。四月,命来京。五月,恒敬与那彦成等奏言叶尔羌回户前年被抢被害情形,与阿克苏相等,请贷口粮,以示抚恤,上韪之。十月,因病奏请开缺,允之,并许其缓程来京。九年十月,[二]病痊,署正白旗汉军副都统。十年三月,授正白旗汉军副都统。九月,授西宁办事大臣。十二年,卒。

【校勘记】

〔一〕调江西按察使　"西"原误作"南"。耆献类征卷三一八叶一一下同。今据恒敬传稿(之二九)改。

〔二〕九年十月　原脱"年十"二字。耆献类征卷三一八叶一三下同。今据恒敬传稿(之二九)补。

穆克登布

穆克登布，满洲正红旗人，姓钮祜禄，成都将军成德子。乾隆五十四年，成德入觐，高宗纯皇帝询知，[一]曾经从征金川，即授蓝翎侍卫，在大门上行走。五十六年，出师巴勒布，擢三等侍卫。五十九年，补副护军参领。六月，授直隶提标右营游击。

嘉庆元年，随征湖北邪匪，于翟家湾、张家垱诸处接仗，有功，赏戴花翎。二年，擢山东曹州营参将。三年，四川总督勒保以剿贼奋勇，奏加副将衔。四年正月，随都统惠龄攻克麻坝寨，生擒逆首冉文俦。恩加总兵衔，寻补清江协副将。三月，赐济特库勒特依巴图鲁名号。十月，授山西太原镇总兵。

五年五月，督兵赴陕，剿办伍金柱股匪，在手扳崖等处，直前攻扑，歼贼甚多。六月，兜剿贼匪至铜钱窖，歼一千馀名，生擒五百馀名，逆首庞洪胜歼焉。又于洋县之茅坪，剿毙逆首杨开甲。七月，拦截张天伦股匪于两当之翦子岩，追杀数十里，多有斩获。八月，在阶州之佛堂寺截击，擒斩无算，歼伪元帅曾印。均有旨奖叙，并赏扳指、荷包有差。

六年正月，冉学胜股匪将由陕之武关阑入豫境，乘雪追剿，并亲率数骑直前冲击，贼众溃窜。二月，于五郎江口截剿南山伍怀志股匪，痛加歼洗。命在乾清门行走。六月，贼首伍怀志在汉江北岸，率其党将由旧县关东窜。穆克登布先于黄官峪堕马伤足，仍徒步连夜督兵登山剿捕，生擒逆首，馀贼亦擒斩无遗。旋以劳得病，恩给云骑尉世职。

七年三月，调湖南永州镇总兵。八月，擢甘肃提督。十一月，领兵追剿川省云、万窜匪于青冈坪。又于太平坎首先督兵抢上山顶，擒斩多贼，并生擒逆首景英等。[二]有旨在御前侍卫上行走，加骑都尉世职，仍赏扳指、荷包有差。

　　八年二月，分兵勇为数路，向巫山垭搜捕。又亲督弁兵取路巴峪关，深入排搜，逆首宋应伏就擒，贼大震慑。三月，赴太平、通江剿贼，以力竭殁于阵。事闻，恩给二等男世职，予谥刚烈，并命将其父成德应赔巴勒布军需银三千八百馀两，全行豁免。

　　子颐龄袭二等男，兼三等侍卫，现在乾清门行走。

【校勘记】

〔一〕高宗纯皇帝询知　“知”原误作“之”。耆献类征卷三六八叶二七
　　　上及国传卷五〇叶七上均同。今据穆克登布传稿（之二九）改。

〔二〕并生擒逆首景英等　“景英”原误作“刘景”。耆献类征卷三六八
　　　叶二七下同。今据穆克登布传稿（之二九）改。按国传卷五〇叶
　　　八上作“景等”，脱“英”字。

　　叶世倬

　　叶世倬，江苏上元人。乾隆三十九年举人。四十八年，充四库全书馆誊录。五十年，议叙知县，分发四川。五十一年，署长宁县知县。五十三年，以捕获邻省远年越狱盗犯，迁浙江嘉兴府乍浦同知。五十六年，丁母忧。五十九年，服阕，六十年正月，选湖北德安府同知。八月，丁父忧。嘉庆三年，服阕。四年，选陕西西安府同知。十二年，迁兴安府知府。兴安不习蚕织，世倬教以树桑畜蚕之法，民利赖之，名其帛曰“叶公茧”。又择律例中

民易犯者九十馀条,刊示各属,令长吏随时讲说。府西万春堤当汉水之冲,为旧城保障。世倬屡加修筑,后值汉水涨发,城赖以全。兴安盐向听民贩负,后定为河东引地,金商行运,贫民失业。世倬请复其旧,民便之。二十二年,擢福建延建邵道,二十四年,调台湾道。二十五年,迁江西按察使。

道光元年二月,迁山西布政使,十二月,署巡抚。旧制,山西丁银地粮分款征收,以贫民艰于输纳,节经奏准将丁银归入地粮摊征者八十州县,〔一〕惟平定州、盂县等二十一州县如旧。是岁,盂县民人秦廷章吁请照改,命前任巡抚成格核办,未果行。二年正月,世倬疏言:"查丁徭久停编审,从前丁少之户,今虽蕃衍,赋额不加丁多之族。今已衰微,追赔尚苦。与其从佣工负贩者按征其丁,何若于服田力穑者稍益其额。请将平定州、盂县丁银摊入地粮征收,其馀十九州县,俟次第查办。"上允之。旋擢福建巡抚。闰三月,御史董国华疏陈械斗积弊,命世倬严行查禁。旋奏:"编查保甲,即可以禁械斗,前在陕西兴安府任,曾辑清查保甲说,行之甚效。一、编户册在周知一伙之人,凡亲属不同居者,悉为开载;一、设门牌在周知一户之人,凡同居者悉为开载,册式宜详,取以备稽查也;牌式宜简,取以备核验也。"又有编审之法,联十家为一牌,十牌为一甲,十甲为一保,逐户编排,不可紊乱,每户之乡贯、丁口、邻佑,每口之田房、生理、亲族,皆可逐一查审,为刊布饬属通行。谕曰:"清查保甲,为除暴安良之法。地方官果能实力奉行,自可渐收成效。着该抚严饬各州县实力稽查,不可日久生懈。如有奉行不力之员,即据实严参,毋得稍事姑息,用副朕循名责实至意。"

九月,署闽浙总督。十二月,以粮道吴簴前任安徽太和县知县,盐引滞销,部议于现任内降二级调用,旋经开复。世倬未行,出具考语,送部引见,并请嗣后凡系特简道府前任内有公罪处分,例干降调者,部议入奏时声明请旨,并饬督抚密查,如系贤员,免其离任。谕曰:"国家考课綦严,岂容骤更成例? 朕澄叙官方,升降黜陟,一秉大公,并未豫设成见。若如该抚所奏,是特用人员于前任,一切处分竟可置之不问;甚至例干降调,亦可以询问平日居官了事。则简拔各员,皆可幸逃吏议,非特无以示惩劝,并恐开奔竞之门。于吏治人心,大有关系。叶世倬率为此奏,变改旧例,示天下以不公,是诚何心? 想老悖不能承受国恩矣! 着传旨严行申饬。"三年正月,以年老休致。九月,卒。七年,护理陕西巡抚徐炘题请入祀陕西名宦祠,十二年,江苏巡抚林则徐题请入祀乡贤祠,均允之。

子德豫,直隶保定府同知。

【校勘记】

〔一〕节经奏准将丁银归入地粮摊征者八十州县　"十"下原衍一"一"字。耆献类征卷一九○叶二六下同。今据成录卷二八叶一六下删。

吴璥

吴璥,浙江钱塘人。父嗣爵,吏部右侍郎。璥,乾隆四十三年进士,改翰林院庶吉士。四十四年,丁父忧。四十六年,服阕。四十九年,散馆,授编修。五十年,大考一等,擢侍讲学士,充日讲起居注官。五十三年,充陕西乡试正考官。五十四年,提督安徽学政,召对后,谕曰:"本日召见吴璥,因伊系原任总河吴嗣爵之子。询及河务情形,奏对甚为谙悉,人亦明白晓事。以之补放河道,可期得力。吴璥着补授河南开归陈许道。"五十六年,迁按察使。五十七年,迁布政使。五十九年八月,巡抚穆和蔺赴怀庆查办赈务,璥充乡试监临,适黄锦滩河水暴涨,出闱驰往防护。上以其能知缓急,奖赉之。

先是,安徽太和县逆匪刘之协缉拿未获,十一月,河南窃案发,讯有太和刘知协一犯,关提赴豫,行抵扶沟县逸去。璥请褫知县刘清矗职,责令协缉,并自请议处。谕曰:"邪教一案,通缉已将数月,该县岂未闻知? 即云刘知协系因窃案关审,但'知'字与'之'字音本相同,有何分别? 此等劣员,岂得止以革职协缉参奏完事? 吴璥着交部严加议处,并罚养廉三年,以为玩误地方者戒。"寻议革职,上加恩改为留任,不予顶带。

六十年,署巡抚。嘉庆元年八月,官兵剿捕湖北教匪,以璥转饷妥速,复顶带。十月,复以照料官兵经理得宜,下部议叙。十一月,以漕运遄行无滞,复下部议叙。二年三月,逆匪齐王氏窜入河南境,由汝宁、舞阳焚掠而西,逼省垣,璥率官兵沿河防堵,贼不得渡,遂走内乡入陕。事闻,赏大小荷包。七月,以协济楚、陕军需及剿办息县匪徒,筹备车马,均属妥速,赏戴花翎。旋丁母忧,以军兴留任守制。四年三月,署河东河道总督。六月,请增河工料价,归入地粮摊征。谕曰:"河工需用物料价值,例有正项开销,岂容轻议加增? 该督等率以筹备帮价为词,于地粮内按年摊征银十四五万两,使豫省群黎均受其累。[一]为民上者岂忍出此？且议加之后，不能复减，竟永远累及闾阎矣。吴璥为病官起见，而不知病民实甚。着交部严加议处。"寻议降调，上加恩改为留任。十一月，服阕，实授。旋请回籍葬亲，允之。

五年正月，回任。二月，调江南河道总督。十一月，偕两江总督费淳奏邵家坝工合龙，疏入，上深加奖许，赏太子少保衔。六年，京察，谕曰："吴璥熟悉河工，上年调任南河，即能将邵家坝漫口堵合，着交部议叙。"七年二月，奏改萧砀南岸同知、邳睢北岸通判为要缺，在外题补，从之。九月，唐家湾民堰溃决，兴工堵筑，尚未合龙，而璥以奏报安澜，下部议叙。嗣称霜降后，河水复涨，唐家湾急难堵合，上以其遽报安澜，严饬之，停其议叙。十一月，唐家湾工竣，得旨嘉奖。八年九月，东河衡家楼漫口，上念下游江南境内水势消落，来年重运北上，必致阻滞，命豫筹之。十一月，请挑通邳州、宿迁汛内各闸，再于宿迁、桃源交界筑束水草坝，并挑挖淤浅，使水有潴蓄。上嘉其深合机宜，如所请行。又言徐州一带河水宽深，并未消落，系海口壅塞所致。谕曰："海口壅塞，实属全河大病。若不疏通尾闾，则河身淤壅，水势日见其高，年复一年，伊于胡底？且海口不能畅行，即豫省克日合龙，河流暂复故道，只为目前补苴之计，而水无归宿，日久仍不免壅溃之患，所关匪细。着吴璥通盘相度，设法妥筹。"十二月，疏称："云梯关两滩之间，下有暗滩，横阻滩内，水深七八九尺，而滩脊过水，仍四五六尺，尚非全被阻遏。请将黄泥嘴两滩相对之处，挑挖引河，导流迅注。又吉家浦、于家港、倪家滩、宋家尖等处挺出滩嘴，一并挑挖。"得旨允行。

九年七月，奏伏汛各工保护平稳，并言："察看洪湖异涨，并未消落,而仁、智两坝所过之水,归入高、宝、邵伯诸湖尚堪容纳;其下游之金湾六闸,凤凰、壁虎等桥,分泄归江,去路亦畅。仁、智两坝暂缓堵筑,俾得分泄湖涨,以保堰、盱堤工。一俟洪湖水落,即当酌看堵闭。"上是之。时东河衡工初合龙。九月,清江浦河口淤浅,回空粮船不能挽渡。上以清水力弱,由启放仁、智等坝所致,要在蓄清济运,命刑部左侍郎姜晟协同筹办。十月,偕晟奏请堵闭二坝,及惠济闸之钳口坝,使湖水全力东注,刷通河口,并启放李工口门,减掣黄水,从之。十二月,谕曰:"朕闻吴璥近日多病,本年清江浦河口淤浅,漕船阻滞,究因该河督办理不善所致,本有应得之咎。今业据设法疏通,帮船均已趱渡完竣,是以加恩宽宥。但河南一切宣防,关系紧要,恐其精神不能周到,吴璥着来京另候简用。"十年,授兵部右侍郎,寻调仓场侍郎。

　　十一年四月,复授河东河道总督。五月,疏言:"北岸险工,以秦家厂、衡家楼为最。秦家厂地居上游对岸,为广武山所遏,溜势北趋,秦家厂适当其冲,又为沁水入黄之处,力猛异常。大汛时全赖一线长堤为防守根本,但沙土易于汕刷,须用淤土包筑坚实。又秦家厂后自沁堤尾至缕堤,二堡皆北岸屏障,应一律加培。至衡家楼大坝全河至此一束,形势极为险要。现将吃紧各埽工,培筑坚厚,大坝后龙门深塘,旧埽几至刷尽,坝顶亦多塌卸。又北首二坝埽工残缺,南首迤东八十丈,向无埽工,俱应修补。"上以所言皆得要领,如所请行。九月,以料物例价不敷,请照南河按时价报销,允之。十二月,复请将河工岁料帮价,归入地粮摊征。河南岁以三十万两为额,通省摊征;山东岁以三万五千两为额,于兖、沂、曹、济四府州属摊征。谕曰:"豫省埽工帮价银两,本年甫经征完,衡工帮价银七百馀万两,于明年始行启征。今再加以岁料帮价,每年加征银三十万两,山东兖、沂等属亦岁加征银三万馀两。是小民于常赋之外,岁有摊征,永定为额,与加赋何异?此非病民而何?吴璥等率行奏请,实属谬误,着交部严加议处。"寻议降调,上加恩改为留任。旋将未经奏明荥泽等十四汛堤堰工需,并入衡工善后各工题销,上切责之。十二年,以微山湖蓄水短绌,请疏挑上游牛头河,从之。

十三年六月,召回京,擢刑部尚书。十月,充顺天武乡试正考官,赐紫禁城骑马。十一月,江苏金山寺僧赴京呈控民人王兆良等,因争垦沙洲,纠众戕毙僧人多命,命偕户部左侍郎托津往鞫之,问拟如律。先是,南河云梯关外陈家浦河水漫溢,由射阳湖旁趋海口,两江总督铁保、江南河道总督戴均元以挑河费巨,径由射阳湖入海,较正河转近,议改河道。至是,命偕托津查勘,旋勘明改道不便,仍请修复故道,接筑云梯关外大堤,收束水势,得旨允行。

十二月,复授江南河道总督。十四年正月,以筹议经费请酌增盐价,允之。二月,疏陈:"海口固须挑浚,而大堤不能坚巩,则一经旁泄,挑亦仍淤;蓄清固属至要,而堤坝不能修复,则一遇盛涨,蓄亦必溃。今闸坝无减黄之路,五坝无节宣之方,均须亟为救治。"上嘉其切中事机,谕令尽心经理。六月,以前在仓场侍郎任内失察黑档重领米石,降三品顶带,革太子少保衔,褫花翎,仍革职留任。七月,赏二品顶带。九月,因山阳县境内状元墩堤溃,部议革任,上宥之。十一月,以海口挑复正河,费用浩繁,兼恐次年桃汛前赶办不及,请仍就北潮河去路疏浚宽深,权宜办理,允之。旋以回空粮船阻冻,降旨切责。十二月,请筑碎石坦坡,以卫高堰大堤,诏如所请。

十五年二月,偕两江总督松筠复请修复正河,谕曰:"海口修复正河,诚为正办。但经理大事,必须中有定见,岂漫无把握,动辄游移?前吴璥差往南河时,曾力主挑复正河。迨上年冬间,忽以工重费繁,时日紧迫,不能赶办。请先将北潮河入海之路,权宜办理,伊既筹度情形,力主此说,因亦降旨允行。今松筠到彼后,一经查勘会议,仍请改挑正河,并称前估各工尚可删繁就简。吴璥等于上年十一月奏到时已称赶办不及,今又迟两三月,何以又可赶办?何以前后所奏,[二]自相矛盾?似此工用不繁,又可迅速集事,自应即照所奏办理。惟是全河大局,出海最关紧要。吴璥久练河工,非松筠初到可比。此次既亲勘会商,奏闻办理,自系吴璥斟酌再四,确有把握,将来总不得以此事系松筠主见为推诿地步。惟当认真督办,用收一劳永逸之效。"旋以山阳县平桥汛东岸堤工漫溢,下部严议。寻议革任,上复宥之。五月,请修复惠济正闸、王营减坝,并于大汛期内趱堵御黄坝,[三]允之。七月,以全漕渡黄,复予太子少保衔,赏还花翎。八月,因病乞假,谕曰:"吴璥晓练河工,年来经理修防,不辞劳瘁。但现在病体委顿,即勉强视事,亦于要工无裨。着加恩开缺调理,并令伊自行酌量,或就近回籍,或来京养疴。病痊之后,以六部尚书补用。"

十六年二月,命户部尚书托津、顺天府府尹初彭龄查核南河工程,以璥任内失察属员,草率误工,又挑挖淮北盐河未经奏明,且所办工段已多淤垫,疏劾之,命分赔盐河工银,复下部严议,寻议降调。谕曰："吴璥在任年分最久,因循贻误,又有挑挖盐河应奏不奏一案,伊现已衰病,岂复能胜尚书之任？着照部议降四级调用,仍于补官日降三级留任。"七月,命赴南河襄办王营减坝暨李家楼漫工。十七年三月,减坝暨李家楼工合龙。四月,回京。十一月,补光禄寺卿。十八年四月,擢内阁学士,兼礼部侍郎衔。九月,迁吏部右侍郎。时河南睢州二堡河溢,十二月,命赴南河查勘湖河情形。

十九年正月,奏江南邳、宿运河赖微山湖为水柜,近年上游泉渠积沙淤塞,山水无路归湖,宜亟行疏浚,允之。寻授河东河道总督。二月,请于清口一带,估挑引河,拆展各坝,并于迎水坝外王营减坝、毛家嘴等处,择要抽挑,及加挑仁、义两坝引河各工,皆允之。五月,命赴河南防汛,并督办睢工。二十年正月,擢兵部尚书,仍留睢工。二月,合龙。下部议叙,命筹办善后事宜。十月,回京,复赐紫禁城骑马。十一月,因病赏假,遣御医诊视。十二月,病瘥。二十一年正月,京察届期,下部议叙。二月,璥七十生辰,命内阁学士福勒洪阿赍珍币即其第赐之。七月,命赴东河勘工,协防秋汛。九月,回京。二十二年三月,调刑部尚书。六月,命赴东河查勘睢工新镶埽坝,及山东运河,寻署河南巡抚。八月,回京。十一月,江南河道总督黎世序请将萧南厅民堰改为官堤,命往勘视,并查清江浦御黄、束清坝工。十二月,奏民堰无庸议改,束清坝外宜添筑二坝,以资收蓄,均从之。

二十三年正月,回京。二月,充经筵讲官。六月,河南武陟县沁河溢,命署河南巡抚堵筑漫口。八月,合龙,下部议叙。十月,回京。二十四年闰四月,以病乞解任,允之。六月,病瘥,署吏部尚书。八月,河南兰阳、仪封汛内河溢,武陟马营坝继决,命会同巡抚琦善堵筑。十月,以购料迟延,褫花翎。寻请开投效事例,允之。十一月,以筹备料物充足,复花翎。二十五年正月,请酌增土方稭料例价,摊征归款,从之。二月,补吏部尚书、协办大学士。三月,马营坝大工合龙,得旨嘉奖,复加太子少保衔。寻南岸仪封三堡漫口,革太子少保衔,命署河东河道总督。复以漫水下注洪湖,命赴江南查勘。五月,请拆展束清、御黄各坝,并启放吴城七堡及桃源高家湾泄水沟,得旨允行。六月,回京。八月,命赴河南堵筑仪封漫口。九月,罢吏部尚书任,以协办大学士督工。十月,合龙,下部优叙。

道光元年正月,回京。二月,以病乞休。谕曰:"协办大学士吴璥供职多年,从前两河兴举大工,叠蒙皇考仁宗睿皇帝派往督办。上年冬月,堵筑仪封漫口,克期蒇事。因感受风寒,回京后,喘嗽增剧,恳请解职,节经赏假调摄。兹复奏血气两亏,精神委顿,不敢迁延旷职。伊已年逾七旬,着加恩准其开缺,安心调理。"八月,回籍。二年正月,京察,谕曰:"国家考绩巨典,原所以黜陟贤否。朕釐工熙绩,一秉大公。昨因吏部侍郎那彦宝屡办河工,声名平常,业经特旨降黜,因思吴璥当时同往工次,列名在前。其不知洁己报效,声名亦与那彦宝相等。事属已往,姑勿深究。若竟以其致仕家居,置之不议,伊转得滥邀章服之荣。是与那彦宝同罪异罚,殊不足以昭示廷臣协符舆论。吴璥着即革去翎顶,以示朕甄核持平之至意。"十月,卒。

子元凯,二品荫生,原任光禄寺署正,捐升员外郎;公亮,捐纳道员;公谨,一品荫生,引见,命以通判用,现官山东平度州知州;公弼,陕西候补知县。孙若准,道光二十一年进士,现官掌江南道监察御史。

【校勘记】

〔一〕使豫省群黎均受其累　"累"原误作"害"。耆献类征卷三七叶一九上同。今据睿录卷四六叶九下改。

〔二〕何以前后所奏　原脱"何以"二字。耆献类征卷三七叶二三上同。今据睿录卷二二五叶三上补。

〔三〕并于大汛期内趱堵御黄坝　"趱"下原衍一"办"字。耆献类征卷三七叶二三上同。今据睿录卷二二九叶一五下删。

曹师曾

曹师曾,江西新建人。父秀先,礼部尚书,自有传。师曾,由贡生捐纳郎中,分兵部。乾隆四十九年,补官。旋丁母忧,服阕,补原官。嘉庆三年,升鸿胪寺少卿,历升通政使司参议、内阁侍读学士、太常寺少卿、大理寺少卿、太仆寺卿、太常寺卿、大理寺卿。十三年,奏:"据直隶督臣咨送臣衙门揭帖称,窃犯赵广在大兴县采育地方窃银十四封,由不识地方坍塌边墙出口,至建昌县,经差役盘获,员弁无从觉察,应免置议。臣伏查古北口设立关隘,所以严稽查,慎出入也。即有坍塌之处,亦应派兵役巡查,乃任匪徒携赃偷越,遽以无从觉察,率请免议,殊非慎重边防之道。请饬交该督详查。"得旨:"该管官不时严密巡查,毋任疏懈;其赵广一犯,是否由关口混出,亦着温承惠查明具奏。"

十五年,升都察院左副都御史。奏言:"每科乡会试正副考官及同考官,御史竟有不到午门祗候,在家得信径往贡院者,殊非慎重敬事之道。请添派御史稽查。"命如所请。十六年,奏言:"各衙门核办事件,以例案为凭。近日往往将例文疑似之条,缘饰办案,与例意迥不相符。一经办理之后,遂致互相踵述,转以为现行之例,反置定例于不言,以致混淆舛错,百弊丛生。又有旧例已改而陈案未经查销,牵连援照,更增歧误。"谕曰:"部院衙门为政事总汇之区,慎守纪纲,必以定例为凭。吏胥高下其手,堂司意见参差,总由于舍例言案。盖例有一定,案多歧出也。该副都御史所奏,系为厘除弊混起见,着照所请,交部院各堂官各率所属,将现行定例详加查核。如有例所未备而案应遵照者,即检明汇齐,纂入则例;其案与例不符者,造册注明事由,将原稿即行销毁;若有例案不符而稿件仍有关查核者,着另册登记,钤印贮库,办稿时不得再行援引。该堂官等务督饬司员加意清厘,同矢公慎,以杜弊源而归画一。"十七年,奏请慎选贤能,以重京察。谕曰:"京察为考绩巨典,举劾悉禀公正,方足澄清仕路。各堂官于保举一等人员,务当加意甄别,择才守兼优之员,登诸荐牍,不得以寻常供职者滥保充数,用副朕慎简贤良之至意。"

十九年,升内阁学士,兼礼部侍郎衔。二十一年,迁兵部右侍郎,兼署仓场侍郎。二十二年,署刑部左侍郎。二十三年,奏家置祠学义田,恳官为查核,上允所请。二十四年,转左侍郎。二十五年三月,以兵部遗失行在印信,命摘去顶带,交部严加议处。部议革职,得旨,曹师曾着加恩以四品京堂补用。十二月,补太常寺少卿。道光二年,授通政司副使。四月,升太常寺卿。十二月,以呈进告祭奉先殿仪注,并未详稽旧例,又不声明请旨,妄将元年告祭作为比照,轻率错谬,降四品顶带,罚俸二年,仍留原衙门之任。三年正月,祈谷礼成,上嘉其礼仪祗恪,赏还顶带。七月,奏请回籍修墓。十二年,卒。

子开业,盐运司运同。

杨懋恬

杨懋恬,江西清江人。祖锡绂,官兵部尚书,自有传。懋恬,乾隆五十四年拔贡。五十五年,朝考二等,以七品小京官用,签分工部。嘉庆元年,留部作为候补主事。四年,随钦差大臣尚书那彦成赴陕西剿办教匪。五年,回京,充军机章京。六年,以陕省军营生擒首逆,在事有功,议叙即补主事。七年二月,补官。六月,军机处奏请议叙,命以本部应升之缺即行升用。十二月,三省大功告蒇,下部议叙。八年,升员外郎。九年二月,京察一等。四月,迁郎中。十年三月,记名以御史用。十月,授安徽宁池太广兵备道。十八年,升江苏按察使。十九年八月,调山西按察使。九月,迁陕西布政使。二十年,调甘肃布政使,以病陈请开缺,回籍调理。至二十三年,病痊,授江苏布政使。二十四年,署漕运总督。

道光元年,授湖北巡抚。二年八月,以湖北江陵县仓厫朽坏,奏请修理,并采买仓谷,以资收储,下部议行。十一月,缉获均州逸犯向志恒,治罪如律。先是,志恒为图财谋产,妄指教匪仇杀左明伦等十八名,远飏二十馀年。懋恬抵任后,饬各属严行保甲,于兴山、郧县界获之。奏入,下部议叙。十二月,奏汉阳、天门、汉川三县淤田水积,涸出之后,正课钱漕,民力尚可输将,惟花利一项，户经数易，势难代完，请予豁免，从之。三年正月，奏言："襄阳老龙堤为全郡保障。上年秋汛，被水各段，俱属险要。业经勘明，加高培厚，用资保卫。天门、京山等县因襄水泛涨，堤塍缺口。其天门县之护城堤向系民间自筑，现因被水，力难修复，应请借项兴修，以固堤防。"如所请行。六月，御史俞恒泽以荆州府枝江县羊角洲地方，西连巫峡，东接江陵，并通当阳、襄、郧各处，县治太远，匪人出没，沿江盗劫船只，习以为常。请于厄要之区，增置一汛，或请酌量移设。上命懋恬会同湖广总督李鸿宾确察情形，据实具奏。寻议将宜昌镇标前营千总一员移驻羊角洲，拨兵三十五名，并以枝江县典史所管之董市镇与江口相连，去羊角洲地方未远，典史管理监狱，势难兼顾，将董市拨归江口巡检管辖，以专责成。四年三月，奏言："新设白河口抚民同知，一切创建事宜，诸多窒碍。请即改为郧阳府分防捕盗同知，责令专司房县、竹山、竹溪三县缉捕。不独呼应较灵，实于绥戢地方有益。白河厅丰径巡检移驻常乐河，作为钟祥丰乐县河巡检，并裁白河厅照磨移驻张家集，作为穀城县张家集巡检，以重巡防而专责守。"均得旨允行。

初，湖北江面派委武弁，带兵巡缉，试行二年，颇有成效。五年正月，奏请议定章程，永远遵行。因于两标千把外委内拣弁带兵，在所管段内梭织巡逻，其长江、汉江两处，自十一月至次年正月，商船往来较多，复添派都司、守备督查，期臻周密。得旨："依议妥办，不可日久视为具文。"六年二月，署湖广总督。三月，以勘明湖南军船溃淹未淠屯田，坐落湖北沔阳州境，请按股分别停运，湖北安陆、荆门等营坐落地方，上年迭被水旱，又卫昌营不通水路,商贩较稀。现当青黄不接之时,粮价昂贵,兵食艰难。请酌借各州县仓谷接济,俾得尽力操防,允之。五月,襄阳府属节次添设义学八十馀处,奏请分别奖励。九月,复命署漕运总督。十一月,奏:"江南各帮旗丁应领行月等米,向于丰稔之岁收买运通,俾旗丁另购次米以济口食。本年江、淮、徐、扬、海州、通州等处,及安徽太平、庐、凤各属,均被偏灾,粮价较昂。请缓收买,以恤丁力。"下部议行。是月,卒。

子熙简,二品荫生,候选主事。

徐炘

徐炘,顺天大兴人。乾隆五十七年举人。六十年,乙卯科会试,上命大臣覆校落卷,得文理优者三卷,炘与焉。特赏内阁中书。九月,补官。嘉庆三年,丁母忧。六年,服阕,补原官,充军机章京。十一月,丁父忧。九年,服阕,补原官,仍在军机处行走。十二月,升内阁侍读。十一年,奉旨,记名以御史用。十二年三月,京察一等。七月,扈跸滦阳,校射中三矢,赏戴花翎。十四年正月,京察一等人员,复带领引见,奉旨,记名以道府用。二月,补福建道监察御史。三月,授江南河库道。八月,署江宁布政使。十六年,王营漫口合龙,炘在事出力,奉旨交部优叙。十七年,因委查荡柴情弊,草率结案,部议降三级调用,上加恩改为降四级留任。十八年,保荐卓异。

十九年正月,署江宁布政使。先是,直隶教匪煽乱,延及豫东,扰滑城。上从两江总督百龄请,命驻江南边境,筹办防堵事宜。事平叙功,赏按察使衔。二月,授江西按察使。四月,调湖南按察使。二十一年,升陕西布政使。二十二年正月,护理陕西巡抚。时有传习邪教男妇具结首悔,炘奏请免罪释放。谕曰:"此等入教莠民,平日甘心邪慝,迨被获畏罪,藉口改悔,冀图一时苟免。释放后,仍将故智复萌。该护抚概予释放,殊觉漫无区别。徐炘着传旨申饬。除自首之王瑞朋等免罪释放外,其拿获之魏景昌、杨得才等,仍照所犯之罪,分别问拟,不准宽免。"二十五年,调山东布政使。

道光元年正月,上以东省仓库钱粮三次清查,仍有名无实,命将历次清查之案,覆加详核。四月,署山东巡抚。六月,调福建布政使。先是,长山县监生王凤廷京控县书多征浮折,上命炘偕山东布政使琦善会鞫,得实,长山县令刘宗锡褫职遣戍,论王凤廷等如律。二年,上闻炘养尊处优,不理公事,谕福建巡抚叶世倬访察密奏。九月,召还京。三年,以三四品京堂候补,授内阁侍读学士。六年四月,授陕西布政使。

七月,护理陕西巡抚。时逆回张格尔滋事,上命大学士长龄为扬威将军,及提督杨遇春参赞大臣,武隆阿统领大兵赴剿。陕省拨解饷银,调派兵弁,及照料过境弁兵诸事,炘专司之。八年正月,谕曰:"徐炘自上年回疆用兵以来,应付兵差,一切妥速。督办年馀,始终其事。着加恩交部从优议叙。"二月,因略阳县城被水冲塌,奏请在迤东文家坪移建新城,并建文武员弁衙署、仓廒、监狱、兵房等项,筹款兴修,允之。五月,上以军营俘解逆酋来京,自阿克苏各城大臣及陕甘、河南、直隶各督抚,沿途委员护送,一切妥协,宜量予加恩,炘得下部优叙。

八月,授山西巡抚。九年四月,奏:"晋商行销豫省引盐,请照旧设章程办理。"得旨允行。五月，奏："文浴河由文水县西北发源，故道久湮。若议疏挑，徒劳虚费，惟有顺水之性，畅水之流，或截滩逼溜，以杜其旁溢；或督率疏浚，以纳其来源。其各村所筑护村堤堰，不得拦河筑堰，以杜争端而资捍卫。"上如所议。六月，平定州民妇朱万氏京控连毙三命，放出正凶，两次具呈，巡抚不为申理，上命侍郎史致俨、钟昌往按。奏入，奉旨，徐炘着降二级留任。十年四月，奏请常平仓谷出陈易新，并暂缓采买而济民食，上从之。

九月，调署陕西巡抚。十月，御史葛天柱奏参徐炘贪劣各款，上命尚书松筠、侍郎保昌往按，解炘任，赴山西听候传讯。十一月，松筠等鞫实，入奏。谕曰："解任山西巡抚徐炘前经御史葛天柱奏参各款，兹据松筠等奏，该御史所参查阅营伍，家丁勒索，及题升调补委署各缺，任意营私等款，查明均无其事。其门丁顾鸿如之服役人刘永成已将尸棺开验，复详讯供情，实系因疯自戕，并无谋毙情事。惟徐炘当时既不派臬司相验讯办，又不专折奏明，致滋物议，殊属错谬。其秋审过堂时，徐炘之家属在堂后隔帘看视，管教不严，亦咎无可辞。徐炘着交部严加议处，即来京听候部议。"寻议降六级调用，复奉谕曰："前因御史葛天柱奏参徐炘各款内，有绛州直隶州知州吕士淳在省逗遛营谋情弊，当交松筠等查讯。兹据奏称，严讯该员，实因奉调在省，尚非无故逗遛，并无营谋劣迹。吕士淳着令回任，徐炘前于刘永成因疯自戕一案，未经奏明，及管教家属不严，[一]咎有应得，姑念其于吕士淳被参营谋该抚重款，讯明并无其事，已另降谕旨，将徐炘加恩降补湖南按察使，着免其降六级调用。"

十一年正月,召还京,以四五品京堂候补。十月,以西安府同知衙门效力把总投充错误,炘曾历任陕西抚、藩,有失觉察,部议降调,上加恩改为降四级留任。十二年七月,授太常寺少卿。闰九月,以前在湖南按察使任内,失察逆瑶赵金陇滋事,降二级留任。十三年,督办顺天府清河赈务。十一月,署光禄寺卿。十二月,补光禄寺卿。十四年四月,因病奏请开缺,奉旨允准。寻卒。

子祖培,兵部郎中;承琛,二品荫生,光禄寺署正,捐升员外郎;塏,候选批验所大使。

【校勘记】

〔一〕及管教家属不严　原脱"家属"二字。耆献类征卷一〇九叶三四下同。今据成录卷一八〇叶三一下补。

程含章

程含章,先世改姓罗,云南景东厅人。乾隆五十七年举人。嘉庆六年,大挑一等,分发广东,署封川县知县。时有窃贼临时行强案,久未获。含章抵任,未能据实揭报,回护前官,朦混具详,经总督吉庆奏参,革职。九年,投效海疆。十年,广东之南澳、澄海一带,与闽洋毗连,时有闽匪出没,勾结土盗。含章出洋巡缉,获盗渠赖简明等十一名,救出难民许阿啜等七名。巡抚孙玉庭奏请鼓励,得旨,赏还知县原衔。十一年,带领红单船只随提督师船巡缉,至佛堂门洋面,有被掳民人欧天爵等杀伤贼目,赴船投首,并缚送匪党多名,鞫实,问拟如律。十二年,巨盗梁亚金等据阳江县属马尾洋面,含章率领兵役,奋勇冲击,逼匪船陷巨浪中,歼其渠,擒获无算。叙功居最,送部引见,奉旨,发往广东,以知州用。十三年,署东莞县知县。十四年,署雷州府同知。

时洋盗乌石大等纠众滋扰,含章团练乡勇出洋追蹑,叠有斩获。十五年,以海洋一律肃清,论功,得旨,补缺后以应升之缺升用。十六年,署连州直隶州知州,寻补化州知州。十七年,陆路清远、从化一带著名洋匪悉数成擒,下部议叙。十八年,升南雄直隶州知州。十九年,因署连州任内失察连山县知县徐鸿飞亏短仓谷,限满未完,部议革职。寻以鸿飞亏项完缴,开复原官。二十二年,勘丈南雄州属地亩,未两年一律完竣,经总督蒋攸铦保奏送部引见。谕曰:“南雄直隶州罗含章于两年限内,查丈未清地亩全行勘明,开垦荒田,清厘积欠,洵属实心任事,着准其送部引见。”二十三年十月,引见,发往广东以知府用,仍交军机处记名。十一月,补惠州府知府,二十五年七月,调广州府。十一月,擢山东兖沂曹济道。道光元年,升山东按察使。

二年正月,升河南布政使。三月,偕河东河道总督严烺会议马营坝抛护碎石章程,得旨,马营工挑坝一道,藉以拦沁归黄,向用柴工,未能持久。着照所议间段估抛碎石,该署督等总当筹画周妥,为一劳永逸之计。闰三月,查看河工情形筹议入奏,略言:“欲治河南必以治河为先务,正本清源之道,总在河员大法小廉,减一分浮费便添一分工程,实心修筑,加意堤防,果能料实工坚,自能久安长治。”谕曰:“罗含章既于工程料物及工员才能,尚可勉力察核,着于三汛后届期前往河道,协同严烺相机筹画,实心稽查,务当同心共济,俾河务益臻完善。”五月,以沁河南北两岸及拦黄埝工程危险,请于司库河工扣出银六万馀两内,支用五万七千两,赶紧兴修,以资保卫,经河南巡抚姚祖同奏入,允之。

六月,升广东巡抚。升见日,自陈九世祖程文俊搜拿野贼,惧祸改姓为罗,至今未复,请仍归姓程,允之。十一月,拿获叠劫贼犯胡亚赖等十九人,置之法。十二月,调山东巡抚。三年三月,调江西巡抚。以山东济河、禹城、高唐等州县被水歉收,奏请减价出粜仓谷,又以二里坝石堤年久淤塞,请借支司库节省项下兴修,均下部议行。七月,奏道经江西德化县地方江水涨发,田庐被淹,请赈恤;又奏九江、南昌等府分设粥厂,建设育婴堂,筹修白鹿洞书院,增添膏火,请将盐商呈缴公费支放。得旨,所办皆是,依议速行。十一月,奏拿获三点会匪赖赞章等遣戍如律。四年正月,奏请借项修筑德化等处被水圩堤,以卫农田,从之。又奏买米赈济,仅补救于临时;买谷贮仓,可豫备于先事。请于省城设立义仓,遇有应行平粜等事,酌量动用,以期经久。谕令妥为经理,不可有名无实。

二月,召来京,署工部左侍郎,办理直隶水利事务。寻奏言:"博稽直隶治水旧案,自国朝雍正年间频次大水,钦差怡贤亲王与大学士朱轼治之,历五年而竣事。乾隆四年复大水,直隶总督孙嘉淦治之,历两年而竣事。乾隆九年又复大水,钦差尚书刘于义会同督臣高斌治之,历四年而竣事。乾隆十六年直隶总督方观承大修天津尾闾一次,二十六、七年又复大水,方观承治之,历三年而竣事。以上四次共用银数百万两,自此水道通利者数十年。迨嘉庆六年后,渐次淤积。道光二、三年,大雨滂沱,被水州县多至一百馀处。则疏通河淀,诚目下至急至要之图矣。盖治水如治病,治病者必先明受病之源流,急则治其标,缓则治其本。循古人经验之良方,参今时变迁之证候,然后病可得而治也。以通省大势观之,天津为众水出海之路,若塌河淀,若贾家沽,若陈家沟,若三岔河,若兴济,若捷地,若筐儿港,若王家务各减河,皆所以泄水入海,犹人之有尾闾也。东淀回环数百里,全省之水停蓄于此。若杨家河,若扬芬港,若台头,若三角,若胜芳,若辛张河,若三汉,皆淀中之河道,犹人之有腹囊也。大清、子牙、永定、南运、北运五大川,乃众水之大宗也,流贯淀中,犹人之有肠脏也。西淀容纳顺天、河间二十馀河之水,南北二泊容纳正定、顺德、广平三十馀河之水,犹人之有胃脘也。而其下传送之区,若马道,若清河门,若张青口,若玉带,若会同,若中亭,若卢僧等河,犹人之有胸膈也。其上若十字,若潜龙,〔一〕若殷家口,若三岔口,若新河,若新丰河,吐纳各支河水之流注也。淀泊犹人之有咽喉也,各属之支港沟渠,导引积水入河,犹人之有血脉也。今则消泄之尾闾无不阻塞,停蓄之腹囊无不浅隘,流贯之肠脏无不壅滞,收纳之胃脘无不平浅,传送之胸膈无不淤积,吐纳之咽喉无不填阏,流通之血脉无不凝滞,加以各河淀之大小堤埝、闸坝、桥梁无不残缺,每遇霪潦大至,有不泛滥淫溢者乎? 此直隶水道受病之部位情形也。伏思自有直隶以来,即有此河渠淀泊。前乎此者不闻频患水灾。自康熙三十九年以后,常苦水涝,则永定、子牙二浊河筑堤之所致也。昔孙家淦有言永定、子牙河向皆无堤,泥得流行田间,而水不淤淀。自永定筑堤束水,而胜芳、三角等淀皆淤;自子牙筑堤束水,而台头等淀亦淤。淀口既淤,河身日高,则田水入河之路阻。于是淀病而全局皆病。即永定一河亦自不胜其病。总因浊水入淀,溜散泥沉之故。此又直隶水道致病之根源也。伏查永定河自筑堤以来,于今百有馀年,河身高出平地丈有馀尺,既不能挑之使平,又不能废堤不用,虽明知病根仍在,而无法可治,亦惟见病治病,多开闸坝以分其势,高筑堤埝以御其冲,使不致溃决为害而已。至通省大局,工段繁多,自不能同时并举,惟有用治标之法,先将各河淀之尾闾、胸膈、咽喉,一律挑挖宽深。挑出之土用以筑堤,使洼水得以畅然下注,然后廓清腹脏,通利肠胃。俟大端就理,然后用治本之法调理血脉,将各州县之支港沟渠逐一疏通,俾民间灌溉有资,旱潦有备。三五年后,元气渐复,此又现在办理之先后次第也。惟此番工程之大,十倍于乾隆年间,与其缓办而费多,不若速办而费少;与其零办而费重,不若全办而费轻。此案工费,断非一二百万所能完事,请宽给经费,俾不致办理掣肘。"上嘉纳之。

七月,补工部左侍郎。闰七月,奏修天津闸座堤埽各工。九月,奏修千里长堤以资淀水南趋,均如所请行。十月,请修河道桥坝,择要兴工,略言:"治水在一'导'字。欲治上游,先治下游;欲治旁流,先治中流。挑贾家口,以泄永定、子牙、北运、大清四河之水;挑西堤头引河,以泄塌水淀之水;挑邢家坨,以泄七里海之水。另开北岸一河,以分酆口之势;修复减河,以泄白、榆之源。挑浚三河头一带,并添建草坝,为东淀之扼要,挑浚马道河、赵北口一带,为西淀之扼要。十二连桥横亘淀中,亟应兴修,以利往来。并修复增河,以分白沟上游之势;修复窑河,以分白沟下游之势。则水得就下之势,而支派旁流乃可次第导引矣。"上从之。十二月,授仓场侍郎。五年三月,因太平仓失火,下部议处。

旋授浙江巡抚。时德清县民妇徐倪氏谋毙徐蔡氏,捏称自缢一案,悬宕三年之久,未能平反。臬司王惟询检讯,[二]甫得端倪,以巡抚黄鸣杰意见不合,办理掣肘,旋复自缢。经闽浙总督赵慎畛、御史郎葆辰先后劾奏,命含章督同臬司祁埙按治之。含章请偕督臣赵慎畛会鞫,上以意图卸责,严饬之。寻鞫实,定谳,坐徐倪氏谋杀律论死,黄鸣杰下部议处,原审、原验各员褫职镌级有差。嗣以徐倪氏畏罪自缢,含章入奏。谕曰:"程含章于此等要犯,即应豫饬该管官小心看守,不应如此疏忽。着传旨申饬,务将全案犯证速行讯结。如再有疏虞,恐不能当此重咎也。"五月,御史钱仪吉奏劾浙江粮船水手恃众行凶,府县营汛畏葸观望;御史王世绂陈奏粮船水手,设教敛钱,请饬查禁各一折,命含章严行查办。旋讯明习教滋事各情,请严水手犯事之条,重运官约束之责,上深是之。七月,议奏水手凶斗,残杀多命罪,依械斗律;纠众欺凌运弁,横索旗丁罪,依恶棍诈财律:下部议行。

八月,奏海盐县未修石塘,请择要分年办理;十二月,奏请修复钱塘县境袁家浦东江闸座:均从之。又奏监生徐晋录旧中式,自行检举,请注销举人,仍留监生原名应试,上以不符定制,下部议夺俸。六年正月,奏浙江盐务溢销多引,库贮宽裕,得旨嘉奖。二月,以衰病辞职。谕曰:"该抚年逾六旬,精力并未稍衰,着毋庸开缺,即在署好为调养。俟病全愈,即当奏闻,以慰厪注。"五月,奏浙洋劫案,盗犯无获,劾黄岩镇总兵罗光焰巡防废弛,请严议,并捕务疏懈之游击张君昌等夺职撤任有差。八月,以义乌县歉收,请缓征。

十一月，调山东巡抚。十二月，奏棍徒徐凤山聚众闹漕，拒伤官兵，已将要犯全数捕获。谕曰："浙江仁和县等处民情刁悍，敢于开仓收漕时，不遵示期，蜂拥入仓，拆毁棚厂，捆殴书吏，拒伤官弁兵丁，实属目无法纪。非地方官日久困循，何至有积惯闹漕玩区名目？此等匪徒，愍不畏法。若不从严惩办，何以警刁风而肃漕政？着新任巡抚刘彬士亲提严讯，从重定拟具奏。"七年闰五月，列款劾奏浙江巡抚刘彬士声名平常，批驳商纲各情，上命闽浙总督孙尔准密查具奏。寻查刘彬士莅任数月，尽心庶务，操守谨饬，惟批驳商人一节，应于认真之中，寓休养体恤之道。疏入，谕曰："朕行政用人，一秉大公至正。督抚大吏中，如果实有簠簋不饬、声名狼藉者，大小臣工原许风闻入奏，朕从不肯颟顸了事，必将贪黩之员立即斥革。然必须劣迹昭著，确有凭据，岂容以捕风捉影之词妄行参揭？程含章率听不根之言，无端入告，伊视朕为何如主，辄敢以此等伎俩巧为尝试耶？程含章陈奏不实之咎，实无可辞，着交部严加议处，即来京听候部议。"

六月，刘彬士劾含章提用商纲银两，额外溢支，并漏追馀价等情，含章回奏，各执一词，上命两江总督琦善偕浙江学政朱士彦按之。奏入，谕曰："程含章查无额外溢支及漏追馀价情节，其回奏存留商纲一千馀两，声叙舛错，且出资捐办各项，于该商宽裕时，照数提还，实属见小。至甄别副将邓宏、参将吴旸，〔三〕及委令徐庆超、李鹤松递相接署，具奏后始行知照提督，亦与体制未协。均应交部议处。惟伊从前列款参奏刘彬士率听不根之言，妄行入告，为先发制人之举，其咎尤重。业经吏部议以革职，本应照议罢斥，姑念其平日居官尚好，程含章着加恩以员外郎用,以观后效。"八年二月,选刑部员外郎。九月,升福建布政使。九年,因病陈请开缺。十年,以福建藩司任内办理五百两以上工程,未经照例详奏;又未将司库盈馀申详,部议补官日,降二级留任,罚俸六个月。十二年,卒。

子承休,福建上洋通判。孙洪源,江西候补通判。

【校勘记】

〔一〕若潴龙　"潴"原误作"猪"。耆献类征卷一九六叶六上同。今据成录卷六九叶二八下改。

〔二〕臬司王惟询检讯　"惟"原误作"维"。耆献类征卷一九六叶八上同。今据成录卷八〇叶一七下改。

〔三〕至甄别副将邓宏参将吴旸　"宏"下原衍一"泰"字,又"旸"误作"赐"。耆献类征卷一九六叶一〇上同。今据成录卷一二一叶三上删改。

戴三锡

戴三锡,顺天大兴人,原籍江南丹徒。乾隆五十八年进士,以知县用,签分云南。亲老告近,改擎山西。五十九年,补临县知县。嘉庆三年二月,因病回籍。十一月,丁父忧。四年,丁母忧。六年,服阕,命发往四川,以知县用,八年,补南充县。十年,升马边听通判。十四年,调峨边厅抚夷通判,留省清厘积案。历署资、眉、邛各直隶州知州。二十一年,复署邛州。州民黄子贤以治病为名,倡立鸿钧教名目,三锡捕获之。事闻,上以三锡于稽查保甲之时,能将邪言惑众匪徒立时访获究办,尚属能事,命送部引见,再降恩旨。三锡先于十九年题准升署茂州直隶州知州,至是并案引见,实授茂州。二十三年,升宁远府知府。

道光元年,升建昌道,寻擢按察使。二年,升江宁布政使,旋以回避本籍,调四川布政使。三年,命以二品顶带署四川总督。五年正月,实授四川总督。七月,署成都将军。六年正月,奏整顿通省书院,并添设义学。谕曰:"国家化民成俗,兴学为先。前经降旨,令各省认真整顿书院,务收实效。至义学之设,乡曲愚民,咸得令子弟从师就读,[一]观感奋兴,于风化大有关系。据该督奏川省书院严饬地方官尽心督课,膏火不敷者,设法筹备添给,并各府、厅、州、县按乡集城市,陆续新添义学三千馀处,洵堪嘉尚。"二月,奏:"四川旧有民捐义田,收租积储,以备赈恤。如积谷过多,即将谷变价,添买良田。历年既久,增置愈多。若不量为变通,则通省膏腴将变为公产,于民食殊有关碍。如将岁收之谷,添置仓廒,听其增积,则陈陈相因,不特霉变堪虞,亦难保无亏挪之弊。拟分别等差,自三千石起至万石止,作为定额。除定额外,即将最陈之谷,于次年二三月青黄不接之时,照市价酌量粜卖,价银解司存库,以备歉岁赈恤之用。"得旨允行。

七年,新都奸民杨守一倡立邪教,妄造妖书,三锡派员擒获,立正典刑,上嘉之。六月,奏:"蜀中田亩,惟成都近地俱平畴沃野,其馀则空谷巉岩,多硗瘠之区。每遇山水冲塞,即膏腴亦转为砂石。惟有因地制宜,多设渠堰,既资捍卫宣泄之功,并收潴蓄沉浸之利。"命依议行。时越嶲生番劫夺商旅,掠汉民妇女,三锡捕狙黠者数十人置之法,出被掠男妇,给资安抚。七月,三锡七十生辰,颁赐御书"敷猷笃庆"匾额,"福"、"寿"字各一方,并寿佛、如意各物。

八年六月,奏拿获粤西会匪刘子耀等,上嘉其不分畛域,急公缉匪。十月,兼署成都将军。九年四月,召来京。八月,署工部左侍郎。十年闰四月,谕曰:"戴三锡前在四川总督任内,官声尚好,因其年逾七旬,恐精神未周,特召来京另候简用。近见其年力就衰,着以原品休致。"七月,卒。谕曰:"前署工部左侍郎戴三锡由进士历任四川州县,经朕擢授四川总督。嗣因年力就衰,特召来京,署理工部侍郎。旋以原品休致,俾得安心颐养,用示体恤。兹闻溘逝,殊堪轸惜!念其前在四川宣力有年,办理公务妥协,官声尚好,着加恩赏加尚书衔,照尚书例赐恤。所有任内一切处分,悉予开复。应得恤典,该衙门察例具奏。"寻赐祭葬。

子于义,吏部郎中。

【校勘记】

〔一〕咸得令子弟从师就读　"就"原误作"教"。耆献类征卷一〇九叶一二下同。今据戴三锡传稿(之二六)改。

阿霖

阿霖,富察氏,满洲正红旗人。乾隆五十一年,由翻译生员考补内阁中书。五十三年,授四川顺庆府通判。五十七年,升湖北兴国州知州。嘉庆元年,湖北邪匪滋事,檄赴荆州军营,随巡抚惠龄剿平凉山覃正潮股匪。叙功,命以应升之缺升用。二年,偕侍卫江鼎、塔什兰等截剿窜匪于槐树冈等处,转战数十里,杀贼二千馀人。捷闻,赏戴花翎。四年,迁黄州府同知。寻丁父忧,湖广总督倭什布奏请留军营差遣,允之。六年三月,湖北提督长龄、宜昌镇总兵明亮击贼于尹家坪、水月寺,俱大破之;获被掳难民李子彬等多名,阿霖资以路费,令各回原籍复业,其无归者亦俱安插得所。七月,署郧阳府知府。[一]七年五月,湖广总督吴熊光委阿霖赍饷银赴参赞大臣德楞泰军营,即留营办理粮饷。八月,德楞泰剿败冉天元党蒲天宝于竹溪,阿霖以催趱粮饷出力,下部议叙。九月,丁父忧,仍留军营。八年,大功告竣,诏给假百日,回旗穿孝。假满,仍署郧阳府知府。九年,服阕,实授。

　　十四年二月,调武昌府。先是,军兴时,兴山县守卡乡勇李翠玉等谋杀良民多命,诬指为贼,狱久不具。至是,湖广总督汪志伊委阿霖讯办。六月,坐审报不实,部议革职。十六年十月,捐复原官。十一月,山东巡抚同兴奏请将阿霖发往山东委办案件,谕曰:"阿霖原系湖北知府,与山东素不相习。现在东省并无紧要事件,若以审理词讼为名,则何省不可借口?自系阿霖因铨选需时,干求同兴恳恩奏请,豫为得缺地步。此端一开,凡在部候选人员,皆可夤缘亲旧拣择省分,大启奔竞之门,于铨政殊有窒碍。同兴所奏不准行。"十八年,拣发直隶。十九年,补保定府知府。二十年,以承审滦州石佛口王姓传教惑众案,得实,赏还花翎。

　　二十一年,升热河道。初,阿霖任保定府时,沧州僧证法谋杀僧恒通及其母秦赵氏,事觉,知州赵希曾捕证法鞫治,证法诬引胡四加功,希曾遂坐胡四绞候。狱上,阿霖未及覆谳,即据原拟转详。二十三年四月,直隶候补知县顾玉书以前委审时,曾廉得胡四诬枉状,保定府知府沈华旭寝其事不办,遣人赴京具控。上命尚书和瑛、侍郎穆彰阿往讯,得实,阿霖降三级调用。八月,直隶总督方受畴为阿霖奏请捐复原官。谕曰:"阿霖前在军营出力,曾赏戴花翎。现以审案错误,部议降调,念其事属因公,尚可加恩录用,不必捐复,着赏给知府,留于直隶补用,仍准戴花翎。"道光元年三月,复授热河道,寻擢直隶按察使。十月,迁浙江布政使。

二年五月,升江西巡抚。九月,以丰城县所属沿江雪公脑等处堤埽,屡被江水冲刷,奏请分别改建修复,以资捍卫,得旨允行。三年四月,偕漕运总督魏元煜奏言:"江西帮船水次兑米,百馀年来,〔二〕议拈议派,并无一定章程。嘉庆十一年请援苏松等帮三年一调之例,遵办至今。惟苏松帮现在议请自本年掣定水次以后,每届三年毋庸再掣,即随上届各帮,挨次轮流受兑。查江西各州县每年征漕后,俱用小船运赴省城仓次,各帮即在省城领兑,仓帮聚集一处,丁吏夤缘,更易滋弊。拟请视苏松各帮现定章程,一体照办,除饶州、抚州两帮,〔三〕领兑饶州府等属漕粮,相安已久,又都昌县漕粮每年轮派尾帮兑运,即令截留沧州兵米,应循照旧章,以顺帮情。其馀十一帮领兑四十馀厅县漕米,即按照米数多寡,坐落远近,均匀配搭,掣定某县某仓,照依新例运兑。三年届满,不必再掣,并按漕运则例所载江西省各帮次序,三年一届,由后推前,挨次轮转。如有船多米少,则以后仓米数拨补;米多船少,则以后帮船数找兑。各州县间有实缓应减船只,请照嘉庆二十年奏明调剂极疲一百三十四只船内,酌量添减,带征缓漕年分,准附本仓正额,仍于通帮一律加装,以杜丁吏勾串钻营之弊。"疏入,上从其议。寻以年力就衰,召来京。六月,以原品休致。六年,卒。

【校勘记】

〔一〕署郧阳府知府　"署"原误作"升"。耆献类征卷一九三叶三二下同。今据阿霖传稿(之二八)改。

〔二〕百馀年来　"馀"原误作"数十"。耆献类征卷一九三叶三三下同。今据成录卷五一叶三四下改。

〔三〕拟请视苏松各帮现定章程一体照办除饶州抚州两帮　原脱"现定"以下至"两帮"十五字。耆献类征卷一九三叶三四上同。今据阿霖传稿(之二八)补。

莫晋

莫晋,浙江会稽人。乾隆六十年一甲二名进士,授翰林院编修。嘉庆三年二月,大考二等,擢侍讲。五月,充福建乡试正考官。八月,命提督山西学政。四年二月,转侍读。三月,迁右春坊右庶子。四月,升翰林院侍讲学士。六年,差满回京。七年,充武会试副考官。八年二月,转侍读学士。三月,大考二等,寻充日讲起居注官。四月,调通政使司副使。九年二月,上幸翰林院,分韵赋诗,晋与焉。七月,擢太仆寺卿。八月,充顺天乡试副考官。九月,升太常寺卿。十二月,提督江苏学政。十年五月,迁通政使司通政使。十一年,擢都察院左副都御史。十三年正月,疏言:"安民先在止讼。狱讼所以日繁,由诬告者多;诬告所以日多,由有司平日疏于约束,临时又畏其居心叵测。虽审明所控子虚,犹且曲为开脱。由是刁风愈长,奸民无所顾忌于官府,官府转顾忌于奸民。请敕各省官员,遇案情虚诬,即按律科断,不得借端末减,以清讼源。"上嘉之。六月,充江西乡试正考官。十四年,丁母忧。十六年,服阕,乞终养。十八年,丁父忧。二十一年三月,服阕,十一月,补都察院左副都御史。十二月,升仓场侍郎。二十五年,以各帮米色干洁,验收无滞,下部议叙。

道光二年,偕侍郎和桂奏言:"部议仓储章程内,有窒碍难行之处。先是,御史常赓奏请以放代盘,不必按期派仓。经部议自本年三月起,三仓轮放,按期放竣后,再行接派三仓。其现放之仓停进新粮。晋谓以放代盘,系嘉庆十四年旧例,但今昔情形不同,请缓至七月盘起,钦派三仓先行开放,俟明年正二月间放竣三仓以后,应否接盘,奏请圣裁,并请将新漕分进十一仓,另廒储存。"谕曰:"仓储为天庾重地,以放代盘,法归简易。若新陈牵混,仍恐易滋弊端。着将京城十一仓全局通盘,筹画妥定章程。"寻奏盘查防弊七事,部议未准,晋以部臣任意驳斥,巧借"以放代盘"四字为护身符,而现定章程实已将嘉庆十四年成案纷更殆尽;又劾户部议事错谬朦混,几如隔壁讲话,不知所云,且诡谲欺饰,肆意妄行,无所不至。寻经户部逐条申辨,上以所劾各款,如确有指实,必当澈底查办,不得以无据之词妄肆诋毁,命来京明白回奏。晋奏言:"部议章程皆非旧例,惟'以放代盘'四字为旧例耳。谓其巧藉此为护身符,似不为过。前常赓请盘查两仓暂停进运,户部驳其必致囤堆,及其自行定议,转少四仓,谓非前后矛盾而何?臣等议盘竣一仓之后接放一仓,此乃一定事理,乃部议驳为窒碍难行,无端生出'三旗人等拥挤一仓'等语,真乃谬以千里,谓非隔壁讲话而何？部议五仓进米,业经奏准。迨见臣等奏驳,明知五仓不敷进运,翌日咨称五仓不敷,即另仓收存。显系见臣等奏驳后,立赶咨文,以为覆奏时掩饰之地。即谓部臣心术不应诡谲至此,而其不自行请旨擅改章程,谓非肆意妄行而何？"奏入,上命大学士、军机大臣等会议。寻议以放代盘,徒有清查之名,无裨实济,仓场历次陈奏,尚非无据之言;惟筹议盘查之法,亦未能切中窾要,又不和衷商摧,竟肆诋毁,殊属褊躁,请交部严加议处。谕曰："莫晋于盘查事宜,所论皆属因公,惟与户部意见不同,经朕令其明白回奏,犹复负气辩论,殊失敬事办公之道。朕断不肯因其负气辩论,挑斥于语言文字之间,从重治罪。此非施恩于莫晋,深恐后来言事者动辄避忌,不实尽情于国是,大有关系。莫晋毋庸交部议处,着降为内阁学士。"三年,以疾乞归。六年,卒。

子钟琪,二品荫生、刑部主事。

庆祥

庆祥,图博特氏,蒙古正白旗人。曾祖拉锡,官领侍卫内大臣。祖纳穆扎勒,以靖逆将军平回部尽节,赠三等义烈公。父保宁,武英殿大学士。

乾隆六十年,由监生授蓝翎侍卫。嘉庆四年,升三等侍卫。八年,升二等侍卫。十三年,丁父忧,袭三等义烈公,在散秩大臣上行走。十四年,授镶白旗蒙古副都统。十五年,兼正蓝旗护军统领。十六年,调镶蓝旗满洲副都统,旋调镶红旗满洲副都统。上校射,所管副护军参领,人皆命中,上以其训练有方,交部议叙。旋授理藩院右侍郎。

十八年八月，调工部右侍郎。九月，教匪林清、李文成等勾结谋逆，李文成及其党分扰直隶长垣，河南滑濬，山东曹、定诸县，戕官据城。上命庆祥带火器营官兵前赴军营，随钦差大臣那彦成剿捕河南贼匪。时贼据滑县，分屯道口等处为犄角。十月，大兵分三路夹攻道口，庆祥在南路策应，擒杀千馀，仍整兵进剿，杀贼万馀，遂破道口。捷入，命交部议叙。十二月，大兵复滑城，河南平。上以庆祥在事有功，交部议叙，寻管带京营官兵凯撤，槛送贼目牛亮臣、徐安国来京。授正黄旗汉军都统。二十一年，调热河都统，奏请勒限严催控案，将屡提不解之知县交部议处，上嘉其实心任事。二十二年，疏请热河行营左近山场地亩，禁止垦种，并山场馀地，赏给额鲁特游牧，命如所请行。是年，调乌鲁木齐都统。

二十五年四月，授伊犁将军。九月，回部逆裔张格尔率众潜入喀什噶尔卡伦，杀伤官兵，抢夺马匹，帮办大臣色普徵额带兵剿捕，贼众逃窜出卡，经喀什噶尔参赞大臣斌静奏入，命庆祥驰往剿办，并查斌静有无激变情事。寻奏言：“张格尔系萨木萨克次子，因在浩罕穷苦无赖，起意纠约众逆，抢夺喀城，[一]势败逃窜，尚非由激变而成。惟斌静办理草率，且据众伯克控告斌静行止不端，纵容家人凌辱回众，婪索多赃，咎无可逭。色普徵额带兵出卡，毫无弋获，亦属庸谬。”命逮问斌静等，交庆祥严审定拟，各坐罪如律。庆祥旋奏张格尔远窜无踪，又值天寒大雪，卡外道路荒远，难以穷追，请悬赏设法诱擒，上许之。

道光元年正月，疏陈：“善后六事：一、验放各城伯克，请令参赞与帮办大臣公同察验,联衔具奏;一、伯克专理回民事务,应择回民敬信之人,请令阿奇木伯克秉公保送,首选功绩,次稽家世,次论资格,于履历内注明,以便拣选;一、请宽向来例禁,令喀城阿奇木伯克仍与浩罕伯克往来通信,庶内地得知夷情,且不使外夷疑虑;一、喀什噶尔防兵,前于孜牙墩滋事案内,调伊犁锡伯、索伦、满洲兵三百名戍守,奏定随时察看停撤,查喀城存兵甚少,不敷弹压驱遣,所有防兵,请永远无庸裁撤;一、存城马匹不敷征调,请增至一百五十匹,常川喂养;一、喀城奸徒或代张逆敛钱,或藉和卓之名敛钱肥己,向来概予骈诛,未免不分轻重,易致讳匿,请分别定以斩遣枷责,则案易破而人知儆。”

又密疏言:“浩罕部落自乾隆二十七年通中国以来,屡经入觐。嗣伯克爱玛尔两次遣人求觐天朝,一因差人到喀什噶尔之时,在年班伯克起程后;一因所递夷字,不合体制。均经奏明驳饬,并裁汰供给,将货物全行抽税。伏思化外边夷,殊方异俗,但宜羁縻绥抚,不必尽以礼法相绳,况该部落屡遣使入京,非不通中国之人,一旦绝其通好,焉有不生疑虑之理?臣愚昧之见,以为擒获张格尔等诸逆,其事轻;收复浩罕数年未通之情,其事重。况张格尔等穷蹙馀生,无人附和,亦断不能成事。嗣后倘该伯克差额勒沁陈请入觐天朝,尚求皇上恩施逾格,准令进京,则夷心既安,边圉日靖矣。”谕曰:“浩罕在乾隆年间,曾经八次遣使入觐,非未通中国者可比。此时因朕登极初元,恳请朝觐,则允其前来,于事理俱顺。惟出于该伯克吁恳则可,庆祥断不可稍露招致之意,转以示弱。若该伯克果遣使恳求,庆祥当查照乾隆年间旧例,一体供给,悉仿成规。一面先行奏闻,该将军酌定行期,令与回城年班伯克一同来京,以符体制。若该使臣别有要求,旧例所有者,不妨准行;旧例所无者,即行斥驳。于羁縻抚驭之道,庶两得之。其查办善后事宜,均着照所议办理。"四月,回伊犁将军任。

五年九月,张格尔复来犯卡,参赞大臣永芹奏帮办大臣巴彦巴图出卡剿贼,全军陷殁。上革永芹职,命庆祥为喀什噶尔参赞大臣,速往剿办。时张逆已窜往托古斯托罗地方,庆祥遣员查探路径,以备进兵,并晓谕效顺之布鲁特,许以重赏,令其设法擒献。六年四月,张格尔遣其党赫尔巴什潜赴绰勒萨雅克爱曼一带,纠合夷众,官兵擒斩之。张格尔复因托古斯托罗粮缺,令奇比勒迪至巴雅尔一带开渠占地,我兵设伏于雅满山,奇比勒迪至,伏兵起,斩之,歼从逆数十人。五月,擒斩奇比勒迪之子胡达巴尔底与其侄伊斯玛依尔,及著名逆党迈玛呼里,[二] 有旨嘉奖。

时张逆在卡外游奕日久,白帽回众潜与勾通。六月,官军于阿尔图什回庄捕获贼谍,言张逆将于回子过节日进卡滋事。方研讯间,张格尔已由开齐山突出,入屯于阿尔图什回庄。庆祥急令帮办大臣舒尔哈善及伊犁领队大臣乌凌阿分带官兵往剿。会夜雷雨,张格尔溃围出走,我兵分投追捕,而河色尔布依罕爱里克一带白帽回众纷起应贼,张格尔复由大河沿等处合众数万人进犯喀城,回众亦多从乱。庆祥急调战兵及各卡防兵,于城之西南分三营拒守,贼氛益近,领队大臣乌凌阿、穆克登布率三营之兵迎敌,同时阵殁。贼日夜攻逼,城遂失守,庆祥力竭自经死。

十月,阿克苏办事大臣长清奏入,谕曰:"庆祥在伊犁将军任内,两次派往喀什噶尔查办逆裔张格尔滋扰之事。前任参赞大臣等种种办理不善,俱未能彻底查明,据实奏参,其平日在<u>伊犁</u>办事尚属勤慎,追授为<u>喀什噶尔</u>参赞大臣,已逾半载,并未将<u>张格尔</u>在卡外游奕实在情形探访明确,以致该逆勾结煽乱,占据<u>回城</u>。兹据<u>长清</u>查奏贼匪围攻<u>喀什噶尔</u>汉城,<u>庆祥</u>督率将士尽力抵御,两月有馀,贼匪挖通地道进城,复经官兵巷战,拒杀多名,因铅弹俱已用完,<u>庆祥</u>力竭自尽。该参赞婴城固守,〔三〕为国捐躯,朕垂泪览之,悯惜之至!着加恩赠太子太保。其应如何加赐恤典,该部详查妥议具奏,再降谕旨,并着该旗俟伊子百日服满后,即行带领引见,其家属回京,着<u>甘肃</u>、〔四〕<u>陕西</u>、<u>河南</u>、<u>直隶</u>各督抚派员妥为照料,并加赏银一千两,以示优恤。"寻晋一等<u>义烈公</u>加一云骑尉世职,赐祭葬,予谥<u>壮直</u>。入祀昭忠祠,并于<u>喀什噶尔</u>建昭忠祠,以<u>庆祥</u>等入祀,御制悯忠诗勒石。

七年,扬威将军、大学士<u>长龄</u>等克复四城,生擒<u>张</u>逆,西陲荡平。八年,俘<u>张格尔</u>至京,廷讯罪状毕,谕曰:"逆裔<u>张格尔</u>着即寸磔枭示,<u>庆祥</u>以<u>喀什噶尔</u>参赞大臣遭变被困,力竭捐躯,皆由该逆倡乱,以致伤我大臣,殊堪发指!着<u>庆祥</u>之子侍卫<u>文辉</u>同往市曹看视,俾纾积愤;并将该逆摘心交<u>文辉</u>于伊父<u>庆祥</u>墓前致祭,用慰忠魂。"

长子<u>文辉</u>,袭一等公爵,散秩大臣。

【校勘记】

〔一〕抢夺喀城　"城"原误作"地"。<u>耆献类征</u>卷三七一叶五上同。今据<u>庆祥传稿</u>(之二四)改。

〔二〕及著名逆党迈玛呼里　原脱"迈"字。<u>耆献类征</u>卷三七一叶七上同。今据成录卷九九叶三四上下及庆祥传稿(之二四)补。

〔三〕该参赞婴城固守　"婴城"原误作"就地"。耆献类征卷三七一叶
　　八上同。今据成录卷一〇七叶三六下及庆祥传稿(之二四)改。

〔四〕着甘肃　原脱"着"字。耆献类征卷三七叶八上同。今据庆祥传
　　稿(之二四)补。

　　福绵

　　福绵,瓜尔佳氏,满洲镶红旗人。乾隆六十年,由官学生考
取内阁中书。嘉庆元年,充军机章京。六年,补官。七年,以川
楚陕三省底定,加恩内外在事诸臣,下部议叙。十年,升侍读。
十三年,兼本旗公中佐领。十四年,授广西右江道。十六年,以
查获会匪出力,下部议叙。二十年,因兼署柳州府任内失察所属
融县淹禁盗犯,部议降三级调用,命以六部员外郎用。二十三
年,补工部员外郎。道光元年,升郎中。二年二月,京察一等,授
山东督粮道。九月,迁直隶按察使。三年,升布政使。

　　四年,擢山西巡抚。五年,奏:"河东盐池时有匪徒抢窃拒
捕,巡役力难抵御,请于解州安邑县并运城营内酌派弁兵巡逻,
官给鸟枪,俾匪徒稍知敛迹。"六年,又言:"盐池地势最洼,向有
护池堤堰三十馀道,近年被水冲激,堤身单薄。请动款发商生
息,为岁修渠坝之需。"均允行。八月,御史吴杰奏参福绵生日,
府、厅、州、县大半上省,巡抚衙内演戏酬谢,上命礼部尚书松筠、
一品衔署工部左侍郎王鼎往按之。寻覆奏该抚是日封门谢客,
豫禁拜寿送礼,惟所属公送挂屏,业经书款,勉强收受,并无馈送
苞苴情弊,至所属各员确有因公在省案据。谕曰:"福绵于自己

生辰,既先事严拒,不许拜寿,又复收受挂屏,设席酬谢,总由率属不能严肃所致。本应交部严议,姑念平日居官尚属详慎,着降三品顶带,仍带革职留任。"

七年五月,疏陈:"蒲州、平阳二府及解、绛两直隶州所属州县,距省窎远,遣军流徒,及秋审各犯,跋涉拖累,且地当孔道,防护难周。请归巡道勘鞫,详咨巡抚臬司核办。"从之。八月,授仓场侍郎,仍暂署巡抚。十一月,猗氏县民阎克己赴京控诉本县知县张珍臬勒罚逼命,教谕典史等串诈得赃,历控上司不为究办,命都察院左都御史汤金钊、刑部右侍郎钟昌谳其狱,得实以闻。谕曰:"福绵于串诈得赃重案,既经尸亲上控,不即亲提究办,殊属不恤民情,有玷封疆之任。着交部议处。寻议革职,上加恩仍予留任。十二月,命来京候旨。

八年三月,赏头等侍卫,充库车办事大臣。四月,调库尔喀喇乌苏领队大臣。八月,调喀喇沙尔办事大臣。九年,加副都统衔,充科布多参赞大臣,赏戴花翎。十年,奏称:"科布多每岁兵粮向于屯田所获粮石支放,该处蒙古兵不谙耕耘,[一]全赖绿营兵丁,教令播种,因班期全换,恐误屯务,请酌留弁兵,以资熟手。俟下届班期,概行更换。"又以该处地处极边,屯田之外,不产五谷,官兵需用,物价增昂,奏请援案拨官驼一百只,派兵十名每年两次赴古城置买食用等物,以资分给,如所请行。十一年,卒。

子文熙,刑部员外郎;文岳,广东惠州府知府。

【校勘记】

〔一〕该处蒙古兵不谙耕耘　原脱"兵"字。耆献类征卷一九六叶三六下同。今据福绵传稿(之二八)补。

吴光悦

吴光悦,江苏阳湖人。嘉庆元年进士,以内阁中书用。二年,补官。三年,充顺天乡试同考官。四年,充军机章京。六年,充山西乡试副考官。七年,议叙,以主事用。十二月,川陕楚邪匪底定,以缮写谕旨与有勤劳,予军机章京优叙,光悦与焉。八年,补吏部主事。九年,迁员外郎。十年,记名以御史用,寻充会试同考官。十二年,补浙江道监察御史,十四年,巡视中城。十五年,转掌广东道监察御史。十七年十月,调京畿道。十二月,因饬禁庶民呈递封章,刑部议奏条例内,有令本人将呈递事件开具节略一并进呈一条,光悦以奸民巧诈百出,所开节略,未必皆与封词符合,接收官无从查考,转致事无巨细,俱以上闻,应请嗣后凡涉封章,无论有无节略,概不准擅行投递。上以刑部所议本未允协,谕:"嗣后如有呈递封章接收之员,一面将所递封章具奏,一面将该犯先交刑部押禁,附于折内呈明,所有开呈节略一条,着即删除。"十八年,授安徽宁国府知府。十九年,桐城县民汪俭万殴毙徐仲书,贿嘱王松礼顶认正凶,光悦承审未能究出实情,降二级调用。二十年,捐复原官,选授福建福宁府知府。寻以亲老告近,二十一年,授浙江处州府知府。二十四年,署嘉兴府。二十五年,丁母忧,回籍。道光三年,服阕,补直隶保定府知府。四年,擢河南河北道。五年,迁湖南按察使。七年闰五月,升湖北布政使。十月,召来京,授都察院左副都御史。

九年,擢江西巡抚。十年三月,以江西各属仓谷亏短,奏请先行勒限买补,再行抽查;又各帮重运漕船,借领天津道库银两,应于各丁新领之项扣还,但尽数坐扣丁力,未免拮据,奏恳借项垫解,于各丁名下分作二年扣还归款,俱允之。四月,奏南赣等处常有会匪劫抢,先后拿获四百馀人,请酌加一等定拟,以示惩儆。七月,拿获雩都、会昌、安远等县会匪刘学洙等四十三名。八月,又于万安等处拿获朱光闻等九十馀名。均治如律。是年秋,连旬大雨,江水涨发,南昌等县民房被冲,奏请借项修补,次年带征归款,如所请行。十二月,高安贡生江方城赴京呈称宜春县吴家尖、茶兰岩等山产有铜苗,情愿自备赀本,开采纳课,事下巡抚议奏。光悦以此山曾经勘议封禁,并无铜苗,且开山采矿,易致藏奸,并于田庐有碍,应请官为封禁,饬宜春县添设卡房,拨兵巡查,以杜奸民觊觎。十一年二月,奏南昌等县圩堤,去年被水冲坍,请借项修筑。均从之。

先是,御史周作楫奏江西会匪每多挟嫌诬指,该省皆聚族而居,请饬族长出具甘结。是月,光悦覆奏:“查乾隆年间,抚臣陈宏谋设立族正之法,令合族公保一人,族中如有乖戾之徒,小则处以家法,重则送官究治。与此奏本自相符,惟遴选不得其人,易滋流弊,应饬属选举公正族长,照所议办理。其获案实系无辜,许其出结保领,随时讯释。”疏入,报闻。三月,遵旨覆奏:“万安县查盐快船藉端滋扰,因该处船户贪载私盐巡兵,向查多有搜出私载,遂及禁烟,以致翻箱倒箧,扰害行旅。节经分别办理,惟是贩私不可不禁,滋扰尤宜预防。应饬南赣地方,凡雇船者责成船行查明,并无私盐,方许揽载,并将船户姓名于船旁首尾大书刊刻。查船之兵,各穿号衣,书写姓名,俾被累者易于指明。并谕商民如受扰害，准其呈控。"疏入，谕以"该抚仍委员随时查访，以重缉私而安行旅"。

五月，连旬大雨，江水泛涨，南昌等三十一厅州县圩堤、田产尽被淹决，奏："请分别赈恤，仍请借款修筑圩堤，并恳动项赴川买米，以资接济；复于南昌、九江地方设厂放粥，自十一月至十二月，需米八万馀石，援照成案，请截留漕米备用。嗣因设厂后，饥民云集，随议给资遣回；又因景德镇工匠如林，被水后客米到镇稀少，民食维艰，请于邻邑借给常平仓谷，减价平粜。又江西办理漕运，全仗屯粮，并带征馀粮，以应支放。是年屯田被淹，馀粮亦在缓征之例，请于藩库借银十万两，以资办公而肃漕运。"先后疏入，上俱从之。十二月，卒。

武隆阿

武隆阿，父七十五。由监生补健锐营前锋。嘉庆元年，出师湖北，剿擒贼目刘起陇。二年正月，补蓝翎长。八月，补副前锋校。随父七十五剿贼于四川达州，累战有功。三年七月，补前锋校。进攻仙人峒，受石伤，擒首逆王三槐。九月，升副前锋参领。攻川东之三台寨，擒贼首李四贵，歼其党。五年八月，追剿股匪樊人杰于三溪沟，歼贼目罗成，贼溃。九月，败贼于丰城寨，斩级四百，擒贼目郝长寿等。十一月，以功擢头等侍卫。十二月，贼匪辛聪由陕窜广元，与李炳合，武隆阿扼之于银磨坝。六年正月，随父七十五破贼于三台山，又败之于铁溪河，殄其渠，俘馘甚众。捷闻，下部议叙。二月，追击樊逆，由竹峪关趋通江，遇贼狮子岭，败之。上嘉其奋勇，复下部议叙。三月，贼目陈潮观、魏棒棒等犯九龙、三台两寨，武隆阿偕都司罗思举进讨，克之。得旨，以应升之缺升用。五月，攻贼于双龙硐，克卡三，歼二百馀人，贼走茅坝，设伏破之。六月，追贼至茅家河，歼擒无算。湖广总督吴熊光上其功，赏阿勒精阿巴图鲁名号。

　　七月，首逆汤思蛟、刘朝选纠黄、白二号贼匪，分路滋扰，官军亦分道击之。贼窜花柳园，寻溃走，追败之于温水沟，叠有斩获。经四川总督勒保奏入，赏副都统衔。时有股匪走奉节，武隆阿奉檄追剿，冲其中坚，遂克之。九月，追蹑于温汤井，乘胜进击，贼溃。十月，追白号股匪苟文明至凌洞垭山梁，冒石仰攻，屡有歼擒。十一月，败贼于琵琶寺。十二月，击贼于青冈渡，贼败走，屯踞木耳岩。武隆阿帅精锐攻克之，歼贼千。七年二月，由火峰界岭进兵，遏零匪东折楚境之路，贼西窜，追败之于上高坪。三月，截堵于巫山边界，贼走云阳，追击之，遇白号股匪于大昌，歼其众。四月，青、白号股匪自楚入川，窜白果寺，官军三路掩袭，武隆阿兵当其冲，贼趋峪口，追斩三百级，殪其渠。捷闻，下部议叙。五月，围贼于只保山，毁其巢，复由茅山岭间道掩击，贼大败。七月，黄、白号馀党走萧家渡，武隆阿督兵连破之。八月，授镶蓝旗汉军副都统。迎剿贼渠蒲天宝，遇于千里垭，冒雨鏖战，贼遁，进取滚子坪。蒲逆穷蹙，官军分三路抄击，武隆阿帅前队入老林穷追，败贼于百仞沟，斩级百五十。贼乱，分窜南江河、瓦屋沟，我师攻之益急，蒲逆悬崖树死，贼党歼戮无遗，股匪廓清。奏入，上以武隆阿奋勇可嘉，命在乾清门行走，仍下部议叙。

　　九月，督兵防巫山边界。十月，搜剿梁万零匪，败贼于双凤山，斩级三百，掩杀至大沟坝。贼逸，复击之于乌林垭等处。十一月，贼走太平，谋入陕，武隆阿乘夜袭破之。贼窜洪口，移寨通江，以蹑其后。八年二月，丁父忧，回旗。五月，补公中佐领，兼管健锐营事，署镶黄旗满洲副都统。寻署贵州古州镇总兵。九年，调署广东潮州镇总兵。十年正月，谕曰："广东洋匪较多，由于营伍废弛。绥靖海疆，先以得人为要。即如武隆阿素称带兵勇往，是以调赴粤东，然亦必需所带兵丁同心戮力，方可扫荡贼氛。着饬武隆阿严密查察，设法整顿。"五月，服阕，实授。十一月，获盗首李崇玉，下部议叙，寻按治崇玉，得招抚诱降状。初，崇玉依闽盗朱濆，横行海澨。两广总督那彦成行间谍，诱以四品服并守备札，始归命。事觉，削那彦成职，谪戍伊犁；武隆阿坐不能力阻，命解总兵职，留巴图鲁名号，降二等侍卫，发往台湾军营差委。十一年三月，委办营务翼长事。

先是，洋盗蔡牵扰台湾，提督李长庚击却之。盗艘往来剽掠，为海上患。四月，福州将军赛冲阿奏请防堵洋匪，得旨："武隆阿系获咎之员，经朕特恩发往台湾，自当渡台效力，即派令搜捕馀匪，留心察看。"七月，御蔡牵于鹿耳门，沉其船十一，获其船十，执贼目林略、傅琛，斩级百。十月，赏头等侍卫，署福建汀州镇总兵，谕闽浙总督阿林保留心察看，如果奋勉称职，一二年后，再行奏请实授。十二年十月，调署台湾镇总兵。获朱濆伙贼朱和等十一人。十一月，实授台湾镇总兵。十三年六月，阿林保奏朱濆匪船窜台，分饬内地各舟师会剿。时署总兵周国泰以舟师追朱濆，上命责成武隆阿、周国泰二人合力歼擒。九月，劾台湾府知府邹翰畏避铺张，不务实政，夺职逮问。十月，游击王赞击朱濆兵船，陷于贼，武隆阿坐防御不力，降二级留任。十四年正月,获蔡牵之党陈聪明、张水二人,又获会匪张送等四十四人,〔一〕均置之法。

十一月,以漳泉民人械斗,办理不善,陈奏迟延,下部严议。寻议夺职,上加恩改为革职留任,仍传旨勖勉。十五年四月,诛洋匪李枢等五人。十月,劾都司熊琼违玩捕务,请褫职,上韪之。十七年,获匪犯高玛达等,十九年,获匪徒章霞等,均按治如律。二十一年,奏澎湖偶被偏灾,请缓其赋,如所请行。二十三年,以病乞假,特允其请,俾就医省城。二十四年,病痊,入觐,仍回本任。二十五年二月,丁母忧,回旗。

十一月,赏副都统衔,授喀什噶尔参赞大臣。道光元年四月,补正白旗汉军副都统。八月,奏回城伯克例不筵宴,拟发回谕阻其进京,并酌赏缎匹物件,上是之。又奏喀什噶尔私越开斋之案,请照伊犁办理。十月,奏喀什噶尔、英吉沙尔两城请增侍卫二员,以资差委;又奏冲巴噶什布鲁特潜回本地者,请宽其禁,颇提格讷布鲁特卡外游牧,请听其便。皆允行。十一月,条奏八旗生计,请将各省绿营马兵分半作为旗缺,令驻防子弟挑补,上以紊言乱政,下部严议。寻议革职,得旨着加恩降二等侍卫,仍留参赞大臣任,带革职留任处分,八年无过,方准开复。二年九月,调西宁办事大臣。十一月,以审拟阿布都尔满私铸钱文案,科罪错误,严饬之。

三年五月,召还京。九月,赏副都统衔,署镶白旗汉军副都统。十月,迁内阁学士,兼礼部侍郎衔。十二月,授直隶提督。四年三月,因前在参赞任内给二等侍卫阿布都尔满私换地亩执照,镌秩留任。四月,请裁梅花车炮,仍用九进连环阵式。五年四月，请挑派各协备战兵丁，仍照旧额一万二千名。均如所请行。

八月，授江西巡抚，旋调山东巡抚。奏山东歉收，请缓买补截留漕粮，以裕民食，允之。十月，疏陈："海运章程：一、战船巡洋，不必拘三月九月之限；一、鹰游门为海防要地，应梭织巡查；一、寄椗收泊岛屿，应增兵驻守；一、沿海渔船出入，应编号取结；一、沿海炮台墩台，应设卡驻兵。"如所请行。六年七月，台湾匪徒张丙等滋事，命武隆阿往讨。寻以西陲不靖，逆裔张格尔入卡滋扰，授钦差大臣，驰赴回疆参赞军务。八月，奏调山东抬炮二十、兵二百，又请调川兵三千，均从之。谕曰："现在逆回猖獗，武隆阿到彼，即遵奉历次谕旨，与长龄、杨遇春随时详慎筹办，务歼首逆，迅奏肤功，勿任窜逸，方为不负委任。"十一月，上念边外冱寒，赐貂皮马褂、獭皮战裙。十二月，武隆阿驰抵大营。

七年二月，自阿克苏进兵，张逆纠众五万在洋阿尔巴特迎拒，我兵分为三，武隆阿帅右军扼其前路，贼败走，追至排子巴特、歼万馀人，俘三千二百人。奏入，得旨嘉奖，下部优叙，赏翎管、荷囊。寻克沙布都尔庄，乘胜追至浑水河，贼数千来援，武隆阿督兵追击，斩级千。是役也，擒斩不下五万人，毙贼目色提巴尔第等。捷闻，复荷褒赏，下部优叙。师次阿瓦巴特，贼设伏挑战，大兵分两翼进讨；贼佯退，击以连环枪炮，复令劲卒虎衣虎帽，直前跃舞，贼马惊，阵乱；援贼从林箐中出，我兵纵击，殪贼万馀，诛贼目阿瓦子迈玛底那尔巴特阿浑，获马匹、器械无算。叙功，赏太子少保衔。寻进攻浑河沿，贼于南岸凭河列阵，掘沟筑冈，复于空穴中列炮以抗我师，势张甚。迨日暮，西南风陡作，官兵乘风潜渡上游,以袭其后,贼溃,斩级六万,俘贼四千。进复喀什噶尔城,张逆已先期窜。疏闻,谕曰:"上年逆裔张格尔滋事,朕特命长龄、杨遇春、武隆阿驰往回疆督办,万里之外,调兵转饷,阅时既久,始克会剿。朕以天戈所指,各城无难克期收复,惟张逆系元恶大憝,必应歼擒,以彰天讨而靖边围。节降谕旨,令同心合力,奇正分途,总须布置周妥,无任窜逸,申谕不啻至再至三。〔二〕据奏大兵克复喀什噶尔,张逆已先期窜逸。办理不善,自应加以惩创。长龄着革去紫缰,杨遇春着撤去太子太保衔,武隆阿着撤去太子少保衔。"

三月,武隆阿由英吉沙尔进兵叶尔羌,中途疾作,奏请暂回喀什噶尔,俟疾愈即驰赴军营。谕曰:"武隆阿病愈后,不必前赴叶尔羌,即在喀什噶尔帮同长龄筹办一切事宜。查探张格尔踪迹,务期必获,迅速蒇功。"四月,病痊,驰赴图舒克塔什卡伦。〔三〕寻以臂疾折回。七月,以侦探逆酋踪迹,迄无定所,降旨诘责。旋赏副都统衔,充喀什噶尔参赞大臣,仍谕随同长龄办理善后事宜,并严缉张格尔以观后效。寻偕长龄奏请将逆裔阿布都哈里管西四城回务,并给职衔,上以长龄所奏纰缪,武隆阿随声附和,严饬之。八月,侦闻张格尔窜匿达尔瓦斯,〔四〕督师击之,歼贼三百,而官兵亦有伤损,侍卫色克精阿等殁于阵。奏入,谕曰:"该将军等探知张逆藏匿地方,派兵追捕,自应倍加慎重。乃虚延时日,老师糜饷,竟令零星残匪,伤我官兵。纵斩获多名,已属不值。长龄等调度失宜,办理不善,咎无可辞,俱着交部议处。"寻议褫职,命从宽留任。

九月,因病陈请开缺,允之,谕令在喀什噶尔安心调理。十一月，密陈善后情形，略言：“留兵少则不敷战守，留兵多则难筹经费。请留兵一万二千分驻各城，并以按年换防需费繁多，请许驻防移眷；粮饷加增，筹拨不易，请令屯兵开垦。”疏入，会直隶总督那彦成授为钦差大臣，驰赴西陲。谕曰：“武隆阿所奏不为无见，着那彦成抵喀什噶尔后，会同熟筹，妥议具奏。”寻那彦成覆奏：“回疆甫定，非安设重兵，势难镇抚。请抽派陕、甘兵六千五百分防各城，仍循五年旧例，分三班更换。”如所请行。十二月，武隆阿病痊，署喀什噶尔参赞大臣。八年正月，张逆就擒，上念武隆阿尝督兵进剿，克复四城，免积次吏议，仍授喀什噶尔参赞大臣。二月，上以回疆用兵将士劳绩卓著，命武隆阿等绘战图以进。四月，奏革各省陋规，勒石永禁，上是之。五月，偕那彦成请移建叶尔羌城于罕那里克。六月，请增省回疆武职官制，又请于喀喇哈依外之七里河筑堡设兵，并别建英吉沙尔城，又奏定保送伯克章程。均如所议行。

　　张格尔既诛，其妻孥匿浩罕，方传檄索之。浩罕诈投贺书以伺隙，那彦成偕武隆阿陈兵卫其出入，不与犒赏，绝其贸易，并谕以逆属在外，无足重轻，宣示恩威，破其居奇之计。上以深得大体嘉之。八月，绘像紫光阁，御制赞曰：“少从父征，阅历亦久。温宿进兵，先驱恐后。未获贼酋，盖非时否。数月疾瘳，仍留镇守。”九月，偕那彦成奏请西四城安设官铺，并借项采买副茶以济兵食，又奏拣补印房章京章程，又奏撤防兵归伍筹议校阅章程，又请优奖忠荩后裔及军营出力之伯克回子等，给与翎顶。十月，请改建军台道路，增给换防满洲兵马刍牧，添设绿营差马，又请设喀什噶尔等三城银库，均从之。十一月，补正红旗满洲副都统。十二月,奏招致归顺之额提格讷布鲁特部落安置依劣克达坂地,上以受降易,抚降难,谕以安抚机宜。

九年正月,命还京。时那彦成劾奏凯撤陕、甘新兵,缘应领盐粮各项,悉照防兵例支发,持械哗噪,武隆阿拘泥成例,几至酿成事端。疏入,上命武隆阿明白回奏。寻奏言:"此次凯撤新兵,实仍照征兵例支发,惟将部驳驼价银,每兵裁减三分,何至激变?只以愚兵无知,闻设立官铺,调剂兵丁,遂因望赏喧哗,非有他衅。"上谕那彦成曰:"武隆阿如此措置,是否能资镇抚,该兵弁回人不致心存藐视。倘兵将不能相安,恐致别生事端,朕心实深廑念。着该督体察实在情形,密速回奏。"那彦成奏言:"武隆阿久历戎行,众咸知其奋勇,惟多疑少断,未洽人心。新兵喧哗,因其专意节省、拘泥办理所致。恐不胜参赞大臣之任。"七月,抵京,召对,词多掩饰,特命廷臣询问,奉旨:"武隆阿居心含混,不知愧惧。于陕、甘凯撤征兵一事,又复办理不善,着降为头等侍卫,在大门上行走。伊子庆安逐出乾清门,在大门上行走。"十月,授和阗办事大臣。十年,召还京。十一年,卒。

子庆安,太常寺六品官;庆寅,广东督标中军副将;庆容,江南道监察御史;庆宽,户部堂主事。

【校勘记】

〔一〕又获会匪张送等四十四人　"送"原误作"逆"。耆献类征卷二九八叶一八上同。今据武隆阿传稿(之二七)改。

〔二〕申谕不啻至再至三　原脱"申谕"二字。耆献类征卷二九八叶二〇下同。今据成录卷一一六叶二五下补。

〔三〕驰赴图舒克塔什卡伦　原脱“塔”字。耆献类征卷二九八叶二〇
　　下同。今据成录卷一一七叶二三下补。

〔四〕侦闻张格尔窜匿达尔瓦斯　“斯”原误作“所”。耆献类征卷二九
　　八叶二一上同。今据成录卷一二三叶一三下改。按武隆阿传稿
　　（之二七）原稿本作“斯”，而批签本改“所”，误。

舒尔哈善

舒尔哈善，葛哲勒氏，满洲镶白旗人。嘉庆二年，川陕楚教
匪滋事，舒尔哈善由吉林前锋委骁骑校，随署广州将军明亮等赴
川剿办。逆匪姚之富、齐王氏、高均德等合众西窜汉中，屯于黄
官岭，沿江窥伺，欲乘间北渡。明亮等以兵扼北岸，贼众踹浅偷
渡，经官兵截击，舒尔哈善等冲入江心，斩获甚众，赏戴蓝翎。四
年，随参赞大臣德楞泰大破贼众于八石坪，先后擒获逆首龚文
玉、卜三聘等。奏入，赏换花翎。五年，补骁骑校。六年，复随德
楞泰追贼入陕，大破首逆徐天德，舒尔哈善以接战奋勇，赏舒玛
该巴图鲁名号。七年，升盛京防御。八年，升宁古塔佐领。十一
年，升布特海乌拉协领。

十八年，河南逆匪李文成滋事，陷滑县，大兵进讨，舒尔哈善
带吉林兵赴营随剿。时官兵围滑县，首逆李文成及其党刘国明
等窜入辉县之司寨。舒尔哈善偕总兵杨芳等追剿，攻破司寨，歼
毙贼目刘国明等，文成自焚死。叙功，赏副都统衔。二十三年，
布特哈革职佐领世袭云骑尉富敏，挟舒尔哈善劾奏之嫌，列十二
款控告，经将军松筤讯明虚诬，富敏坐罪如律。舒尔哈善以统辖
地方卡座未能遍巡，又私借用税银，部议革职。道光元年，命来

京,赏三等侍卫。四年,擢头等侍卫,充库尔喀喇乌苏领队大臣。

五年九月,回部逆裔张格尔勾结萨雅克部落布鲁特入卡滋事,喀什噶尔帮办大臣巴彦巴图战殁。上调舒尔哈善充喀什噶尔帮办大臣,命迅速驰赴新任。十二月,抵任。六年六月,张逆潜结卡内各白帽回众为内应,率众自托云山东北直趋伊斯里克、图舒克塔什卡内,屯于阿尔图什回庄。喀什噶尔参赞大臣庆祥令舒尔哈善率满、汉官兵为前队,以领队大臣乌凌阿为后应,驰往剿捕,张格尔率众千馀迎拒,官兵奋勇进攻,乌凌阿绕至贼后,由山梁下压,贼众败退。舒尔哈善身先士卒,乘势逼战,已负枪伤,仍麾兵前进,杀贼数百人,馀匪窜回拒守。舒尔哈善回城调养,乌凌阿率兵围其庄。会夜雷雨,张格尔溃围遁去,复合众进扰喀城。八月,城破,舒尔哈善被戕。七年,扬威将军大学士长龄等奉命进讨,克复四城,张逆旋亦就获,西陲荡平。上加恩死事诸臣,舒尔哈善命照都统例赐恤,予祭葬,入祀昭忠祠,并于喀什噶尔建昭忠祠,与庆祥等一体入祀。御制悯忠诗勒石,荫骑都尉世职。

子德成额,袭骑都尉,官佐领;德平阿,官骁骑校。

塔斯哈

塔斯哈,瓜尔佳氏,满洲正白旗人。嘉庆五年,由前锋补印务笔帖式。九年,擢副前锋校。十四年,迁前锋校。道光二年三月,军政卓异,引见,交军机处记名。五月,擢委前锋参领。四年,迁副前锋参领。五年,升前锋参领。六年,福建彰化县匪徒分类械斗,乘机煽惑,上命塔斯哈随山东巡抚武隆阿赴闽剿办。

寻台湾军事告蒇，得旨毋庸前往。

　　适逆裔张格尔胁同安集延布鲁特回众五百馀人来犯卡伦，复命武隆阿为参赞大臣，帅师进讨，塔斯哈仍随往。七年四月，进剿阿瓦巴特回庄，依冈背河，树林环密，贼十馀万众负峒抗拒，我兵分为两翼，一鼓齐进，斩级三万，馀贼悉就俘擒。塔斯哈在事有功，赏副都统衔。十二月，授镶红旗蒙古副都统。八年，充伊犁领队大臣。十年正月，调喀什噶尔帮办大臣。八月，侦闻塔什干爱曼布鲁特喀什噶尔纠同浩罕、安集延各回众等扑卡倡乱，塔斯哈御之于喀浪圭，副将赖允贵进兵明约洛一带，遇贼于苜蓿庄，贼势鸱张，奋力鏖战。塔斯哈带兵接剿，克之。贼以少诱众，塔斯哈乘胜追击，以后路山口为贼所截，力竭战殁。事闻，命照都统例赐恤，予谥壮毅，赏骑都尉加一云骑尉世职，袭次完时，以恩骑尉世袭罔替。十一年，谕曰："长龄奏上年喀什噶尔卡外贼匪滋扰，伊萨克以马队太少，不可轻出，向塔斯哈劝阻。塔斯哈告以'六月内具奏卡外无事之折，尚未批回，现已有贼，当时不听我言，致有今日'等语。可见塔斯哈从前并不敢捏称卡外无贼，具有天良，其慷慨捐躯，深堪悯恻！前已降旨，将塔斯哈照都统衔赐恤，其子应袭世职，本应今冬引见，着加恩交该旗将伊子即行带领引见，候朕施恩，以酬忠荩。"

　　子长瑞，袭世职，直隶天津镇总兵；长寿，甘肃凉州镇总兵；长泰，护军校，兼十五善射。

　　卢坤

　　卢坤，顺天涿州人。嘉庆四年进士，改翰林院庶吉士。六年,散馆,改主事,分兵部。九年,补官。十四年,升员外郎。十六年,扈跸木兰,校射中三矢,赏戴花翎。十七年,升郎中。十八年二月,京察一等,记名以道府用。十月,擢湖南粮储道。十九年,丁本生母忧。二十一年,服阕,授广东惠潮嘉道。寻丁本生父忧,二十四年,服阕,授山东兖沂曹济道。二十五年十一月,升湖北按察使。十二月,升甘肃布政使。

道光元年,护理陕西巡抚。二年八月,迁广西巡抚。九月,调陕西巡抚。十一月,奏:"查南山情形,包谷渐次成熟,山内厢厂照常工作,惟被水各厅、州、县,贫民乏食,请赈恤,并请将坍塌民房给费兴修。"从之。三年正月,入觐。二月,抵任。五月,奏甄别试用各员,略言:"亲民之官,责任綦重。不独贪廉为小民身家所系,即勤惰明昧宽严之别,亦小民休戚所关。"上韪其言。七月,奏鄜州仓廒被水冲坍,借项兴修。十一月,奏榆林、绥德二府州属常平仓谷缺额,筹款买补。十二月,奏汉中、兴安、榆林三府属寻常遣犯,及命案徒犯,俱归巡道勘转。悉如所请。

四年正月,奏劝捐社仓事宜,谕曰:"必应办理之事,贵在详慎妥实。勉为之!"二月,奏:"鄜州仓谷被水漂失,请将支剩兵粮,拨补常平仓缺额。四月,会议营制,请以镇安营守备改为千总,拨经制外委一员,抽拨汉中、西安二镇马步兵一百一十八名,移隶商州,何家岩汛把总一员移驻略阳,拨略阳营外委一员移驻何家岩旧汛,阳平关守备一员、外委一员、额外外委一员、西乡营把总一员,阳平关营马步兵一百六十名,移驻佛坪,并请裁阳平关营参将,改设都司一员。"又奏:"阵亡乡勇,按名入祀昭忠祠,并停止未发赏恤银两,以杜浮冒。"又奏:"勘估南山各属应修城工,及汉江石泉城南一带江岸修堤筑坝,挑淤引流,以资捍卫。"
五月,奏:"盩厔、洋县适中之佛坪地方,为南山要隘,请添设抚民
同知一员、巡检兼司狱一员,裁郿阳县县丞一员,并改盩厔县丞
为镇平县丞,镇平巡检为袁家庄巡检。"均如所请行。五年正月,
奏修复咸宁、长安、泾阳、盩厔、郿县、岐山、宝鸡、华州、榆林等处
河渠水利,因势利导,一律深通,疏请鼓励出力各员,允之。四
月,以湖南粮道任内失察书差,私雕假印,冒领库项,降三级留
任。寻丁母忧。

六年七月,因逆回张格尔入卡滋扰,犯喀什噶尔诸城。谕
曰:"前任陕西巡抚卢坤现有交办事件,并非夺情起用,着即行令
来京陛见,毋稍迟缓。"寻入觐,复谕曰:"新疆逆回滋事,业经调
派大兵,克日剿办,一切应用军需粮饷驼载事宜,最关紧要。前
任陕西巡抚卢坤熟悉陕、甘情形,着即驰驿前往甘肃,会同鄂山
总理一切,应如何派员筹办,及口内、口外如何分段经理之处,督
率总局司道会同妥议具奏。一面督饬该委员及地方官随时妥速
筹备,务期源源接济,无得短绌迟误。"九月,驰抵甘肃,命驻肃州
扼要之地,督办转运事宜,得旨:"鄂山等务于大兵云集之前,筹
贮三月之粮,豫备支放。将来大兵进剿,各路军需之费,如稍有
短绌迟误,惟鄂山、卢坤是问。"寻会奏军行以粮饷为重,请于山
西买驼六千只,陕西买驼二千只,迅解肃州,以备急需。会阿拉
善王进驼一千只,乌里雅苏台调拨官驼四千只,先后奏入。谕
曰:"山西省采买驼六千只,现有乌里雅苏台所拨及阿拉善所进
者,果能迅速解往,原可稍从节省;惟恐道路遥远,不能如期全
解,仍着福绵豫为购办,断不可拘泥迁延,转滋贻误。其陕西省

采买驼二千只,亦应酌量购备,听候鄂山等知会,与各处所备车驼通盘核计,务期足用,无致浮多。"十月,偕鄂山奏筹解备用军饷,并调拨四川、西安官兵进剿情形,得旨:"所奏均悉。汝二人系朕特简之人,朕亦深知汝二人公诚可靠,是以授此重任。务要和衷共济,成此大勋,一切出纳,实心经理,断不可存避嫌远谤之心,勉之!"

七年二月,奏大兵进发,请催各处粮饷迅速运供,以资接济。又奏托克逊为乌鲁木齐粮运首站,请以臬司方载豫前往督办。均允之。先是,条奏:"筹办军需章程,胪陈十一事:一、大营军粮,宽为筹备;一、兵丁口粮,量予加增;一、筹给出口驼马料草,以资饷腾;一、买补缺额营马,以备续调;一、监造军火器械,以期坚实;一、拨运陕省制钱,以平市价;一、添设台站夫马,以速军报;一、雇用车辆,给发例价,以供运送;一、请雇募护台民夫,以资防护;一、请赏出口征兵皮衣皮帽,以御严寒;一、请后路粮台,酌驻官兵防守,以昭慎重。"疏闻,议行,其三仍谕体察情形妥酌办理。至是核实覆奏,上以此次回疆用兵,远在口外,一切军行驼载供支等事,原与腹地不同,悉如所议行。七月,服阕,授山东巡抚,命军需事竣,再赴新任。寻克复四城,叙转饷功,赏加太子少保衔,仍下部优叙。

八月,调山西巡抚。十月,请撤肃州军需局,以节糜费,上是之。八年正月,首逆张格尔就擒,大功告蒇,赏给头品顶带。三月,入觐。四月,抵任。七月,奏以军火利器为行阵最要,请派陕西抚标弁兵来晋教演速战阵法。八月,奏复设岢岚州考棚,俾生童就近应试,以免劳费。均得旨允行。寻调广东巡抚。十月,奏请复设阳曲县主簿，裁甘桃驿驿丞，归柏井驿驿丞兼管。十二月，以省标教演速战阵法渐臻纯熟，请饬弁兵赴大同、太原二镇一体训练，所需抬炮、火药、铅丸等项，请于办铜帮项款内提借，发商生息，归于药铅项下支用。又奏晋省抚标兵丁养赡不足，请将岢岚州等属额征馀粮，拨给省标三营支放本色，以示体恤；并请于河东道库所存生息馀剩项下，提借银三万四千两，发商生息，俾资运费。均如其议。是月，入觐。

九年三月，抵粤。六月，奏各仓屯羡谷石存积过久，请出粜充饷。七月，勘明被水南海等州县，请缓其赋。九月，奏请豁免仁化县历年未完屯羡谷石，及变价充公银两，以除积累。上皆从之。十年八月，以宝广局鼓铸钱文，向有馀息，嗣因滇省办铜转运稽迟，停铸七年有馀，息银短绌，请免在外筹补，以结尘案，下部议行。九月，调江苏巡抚。

十一月，擢湖广总督。时以两湖鹾务狃于封轮之例，以致引滞商疲，疏请循前散轮之法，于汉岸建仓起存，俾江船及早回空，源源揽载后盐，以便民食，有旨勖勉。十一年二月，奏请筹销楚岸积盐，并查出重斤罚令量减售价；又奏荆门营地方歉收，请借仓谷以济兵食。四月，奏请借项修筑襄江南岸紧要堤工，又奏湖南永兴县例食粤盐，粤商于所开子店，多设熬锅，浸灌淮纲，请定额以杜侵越。又奏楚岸淮引滞销，由于内私外私之充斥，请于江船聚集之塘角设立总卡，并派丁役梭织巡逻，保甲按船编号，以严稽察，悉荷允行。又偕巡抚杨怿曾奏地方大概情形，疏言：“图治之要，一在弭盗，一在堤防。”得旨：“卿与杨怿曾均朕特简之人，畀以封疆重任，务要和衷共济，为国宣猷。慎勉，以副朕望！”

　　六月,以湖北省夏秋汛涨收成歉薄,民鲜盖藏,邻省售卖米船,请循例免税,以资民食。八月,奏请酌借司库银十万两,遴员经理,发商分赴川省购买米石,酌减平粜。九月,覆勘天门县沈湖等垸被淹地亩,难资耕种,请减征以纾民困。十月,以河道湮塞,择要疏浚,请以原署两淮盐运使王凤生来楚综理水利事宜,悉允所请。寻因陕西巡抚任内失察西安府同知衙门滥给效力把总委牌,降二级留任。十二年正月,奏以荆州府万城堤工请归知府办理,以专责成,从之。

　　会湖南江华县逆瑶赵金龙纠众滋事,并勾结粤东散瑶,互为接应,拒伤兵役多人。总兵鲍友智先行率师进讨,攻贼于长塘寨,续经巡抚吴荣光檄提督海凌阿率师会剿。时坤闻报,驰往查办,与湖北提督罗思举行抵永州,贼势蜂起,侦知海凌阿及副将马韬、游击王国华、守备吴鉴力战死,新田令王鼎铭亦同时阵亡。坤以征调官兵未能即至,贼北窜九嶷,南奔两粤,聚则易歼,散则难扑。当于大兵未集之先,遏其四出,方可一鼓成擒。檄弁兵分道防堵,赵逆复至新田之杨家铺,其党赵文凤纠众二千馀附之,屡犯桂阳,意在北窜。坤令众兵四面严防,提督罗思举合力进攻,败之于羊泉,总兵霍隆武、副将祥福、参将王锡朋分道夹击,焚其巢,殪贼三千馀人,生擒贼子赵福金、赵福银,贼弟赵金旺,贼目唐发林、赵文凤、李德明等,及逆党五十馀人。捷入,得旨褒嘉,下部议叙,并邀赏赉。

　　时提督余步云奉旨统领黔兵一千前来会剿,搜逐馀党,扫数荡平。五月,凯旋。谕曰:“此次逆瑶赵金龙聚众滋事,伤及大员官兵,深堪痛恨!兹据奏贼匪全歼,当就生擒各犯及赵金龙子弟,详加讯问。据称该犯死于羊泉街内,其为赵金龙被歼,尚属可信。该犯罪大恶极,必应生擒,解京尽法惩治,方足以彰国宪而快人心。今据称歼毙,未能生擒,不满朕望。惟卢坤等此次剿办一切机宜,俱臻妥速,且调度有方,深堪嘉尚! 卢坤着赏戴双眼花翎,并赏一等轻车都尉世职。"

　　寻广东瑶匪赵子青纠合馀党二千馀人,复来滋扰。坤会同提督余步云、总兵曾胜率领弁兵兜剿,败之于濠江,生擒贼目赵子青,磔于市。会广西逆瑶盘均华亦犯楚境,我兵败之于芳林渡,歼其渠,获逆党多名置之法。方赵金龙之煽乱也,上命尚书禧恩、将军瑚松额来楚视师。七月,偕禧恩、瑚松额会议江华善后事宜,胪陈九条:一、筹抚恤,一、重官守,一、勤巡哨,一、清叛产,一、严保甲,一、察瑶俗,一、惩奸棍,一、收火器,一、奖义勇,如所请行。先是,上命疆臣裁汰文职闲员,至是,坤奏请酌裁施南府通判一员、保康县训导一员,允之。九月,奏改驻员弁,添设兵丁,以资捍卫,请将理瑶同知改隶锦田,移提标右营守备驻锦田作为游击中军,移提标前营把总一员驻大桥,协同外委巡防,改隶永州游击管辖。永明中军守备改为分防城汛,仍归游击管辖,酌裁马四百一十匹,所馀干饷拨给增设步守兵四百名,江华岭东营守备改为题缺,改隶永州游击管辖,辰州分防浦市汛守备改为部推,即抵岭东营守备缺。又奏湖南各标营兵,均资堵剿,请免按额裁减。均如所请。

　　是月,调两广总督。请将练习速战之员弁,由楚赴粤,教演抬炮,允之。寻以保奏都司郭宏升请升三江协副将,与例不符,下部议处。闰九月,会筹连州排瑶善后章程,胪款具奏。谕曰:

“此次因赵金龙勾煽匪徒,蔓延滋事,官兵大加剿办,既慑瑶胆而张国威,惟戢匪虽在一时,而弭患当谋久远。所有善后章程,自应准如所请,惟在各地方官实力奉行,以安民、瑶而收成效,不得视为具文。”寻以任湖广总督时失察赵金龙逆案,镌二级留任。是月,兼署广东巡抚。十月,奏请酌裁廉州府同知一员,肇庆府通判一员,高州、廉州二府司狱各一员,南海县河泊所大使一员,长宁县训导一员,始兴县训导一员。十一月,奏广西瑶匪荡平,请分别撤留防兵,又请调楚省将弁数员赴粤训练营伍。皆从之。

十三年正月,奏筹堵洋船章程,请责成水师提督严督舟师官兵,实力巡查堵截。得旨:“此次明定章程,该督等严饬将弁实力奉行,倘水师官兵巡防稍有未周,洋行各商贸易稍有不公,在关经胥税费稍有滥取,即行革究,以示惩警。”寻以湖广总督任内于湖北襄阳令阮克峻审办积案,奏请奖励,未将确数核明,遽行入告,下部议镌级。二月,奏广东高州府属信宜县金峒墟地方移驻庄峒汛把总一员,分兵十六名,作为专汛,以资防御,连平州城移驻和平营外委一员,作为城守协防,如所请行。三月,奏于夷洋狗头山地面生擒越南巨盗陈加海并馀匪多名,按治如律,上以办理妥速嘉之。

七月,复兼署广东巡抚。九月,奏改连山厅司狱一员、宜善司巡检一员,为边疆佐杂要缺,裁连山厅训导一员,专设教谕一员,改为要缺。部议以连山厅司狱缺应归部选,馀悉议行。十月,越南国内讧,饬属慎固边防,密陈筹拒该国请兵事宜,上嘉其深识大体。又奏拿获香山县积盗侯福满等八十馀人,问拟如律。十四年正月,奏获廉州滋事生黎符小二等,并汉奸多名,黎境悉臻绥靖,得旨勖奖。三月,奏粤省铁器,请由内地输饷开炉,铸造农器铁锅者,悉从民便,下部议行。又以滥保襄办文案幕友候选州同宋绪请赏五品职衔,经御史尚开模劾其违例滥保,坤复援例覆陈,上以哓哓渎请,甚属非是,饬之。

八月,英吉利国人律劳毕来粤,声称贸易,辄令兵船二只乘潮水涨发,擅入海口,弁兵开炮轰击,该兵船随拒随行,仍停泊黄浦河面地方。奏入,谕曰:"两广总督卢坤称于六月闲咨商防堵,并非措手不及、事出意外者可比。自应遴派得力将弁,严行防堵,何致任令该船驶入内河,不能防阻?是该督无谋无勇,咎无可辞。有损国威,深负委任。着革去太子少保衔,拔去双眼花翎,先行革职,仍留两广总督之任,带罪督办。如果办理迅速,尚可稍从末减,倘因循贻误,致滋后患,定当以军法从事,决不宽贷。懔之,慎之!"寻调兵建闸,堵其进出之路,英兵震慑军威,惶恐悔罪,饬员押逐出口,据实疏陈。谕曰:"当该洋人进退两难之际,何难立行剿灭? 但此等外人不谙例禁之处,不值与之深较。玩则惩之,服则舍之。该督等始虽失于防范,终能办理妥善,不失国体而免衅端,朕颇嘉悦! 卢坤着加恩赏还太子少保衔,并双眼花翎。其前次疏防,亦难辞咎,着带革职留任。"又奏获兴贩鸦片烟李亚祖等,并节次查办情形,有旨嘉勉。旋以滥保千总金振声,下部议镌级。

十五年正月,奏校阅营伍,请将训练懈弛之员弁,分别降革勒休,上是之。四月,奏请添铸炮位,酌派各台应用,其施放之法,自南山至大虎分为三段,与沙角、大角信炮声势联络,并请于省东中流沙地方建设炮台,以资保障。六月,条奏:"广东南、韶、惠、廉、琼五府州属水陆营汛,分别移改增设,以归周密。一、永靖营游击改为南韶连镇游击,移驻始兴县城,并添设外委把总各一员,额外外委五员,兵丁三百五十名,四会营都司改为永靖营都司,迁驻石棋,原驻南村之永靖营守备,作为四会营守备,其南村汛酌拨永靖营千总一员驻守;一、南韶连镇标中营千总迁驻平石,带兵三十名作为平石营专防,乐昌县协防外委一员,移驻三巩桥,带兵二十名,作为平石汛协防;一、永安营守备移驻连平州城,作为连平营守备,连平原设之千总移驻惠化、银梅二图适中之地,作为分防千总,惠来营精海所汛把总一员移驻连平州之中村,作为中村汛专防,惠州协分防老虎坳把总移驻铁笼嶂,并酌拨外委一员,移驻老虎坳,钦州那陈司巡检移驻连平州,作为上坪巡检,那陈原村庄归长墩巡检兼管;一、龙门营水师副将海洋是其专责,应将冠头岭炮台归龙门协管辖,原设冠头岭千总与三汊附近应兼管三汊汛,即将原设三汊汛千总一员、兵七十二名,移驻冠头岭台汛,并将冠头岭台汛馀兵二十三名,廉州营存城兵抽拨十二名,东路公馆汛兵抽拨十五名,改拨灵山县城守兵二十四名,广平、檀墟、那隆、太平四墟各设卡兵五名,陆屋墟添兵六名,分段巡防;一、水师各营移拨千把总各一员,兵二百名,作为儋州水师,新英港等处三台两汛并归儋州水师管辖,并请于海口、海安、龙安三营抽拨捞罾船四只,以资巡缉。”

　　闰六月,疏言:“防黎善后章程:一、查拿汉奸,以绝煽惑;一、设立墟场,以通有无;一、严禁越境,以杜勾串;一、讲求水利,以免荒旱;一、筹拨经费,以备缓急。”俱荷允行。八月,以滥保千总游光顺,下部议镌级。是月,卒。遗疏入,谕曰:“两广总督卢坤老成练达，明敏有为。扬历有年，久著劳绩。前派办回疆军需，告藏后，赏加太子少保衔。嗣因首逆就擒，赏加头品顶带。续于湖广总督任内，因剿办湖南瑶匪，调度有方，荡平迅速，复赏戴双眼花翎，并世袭一等轻车都尉世职。自调任两广总督以来，办事认真，结实可靠。朕方资倚畀，兹闻溘逝，殊堪轸惜！卢坤着晋赠太子太师衔兵部尚书，照尚书例赐恤。任内一切处分，悉予开复。应得恤典，该部察例具奏。伊子户部候补员外郎卢端黼，俟服阕后，以该部员外郎遇缺即补。"寻赐祭葬，予谥敏肃。

子端黼，袭轻车都尉世职，广东雷州府知府。

张井

张井，陕西肤施人。嘉庆六年进士，以内阁中书用。十一年，呈请改归知县原班铨选。十四年六月，选授广东乐会县知县，引见，命调补河南正阳县知县。二十一年九月，缉获红胡匪犯张四、马猴等七十馀名，经巡抚阮元上其功，赏加知州衔。十月，卓异引见，得旨准加一级，回任候升。十二月，调祥符县知县。二十三年，升许州直隶州知州。二十五年，马营坝大工合龙，井以襄办迅速，赏加知府衔。

道光三年五月，升汝宁府知府。四年九月，擢河南开归陈许道。十一月，赏三品顶带，署理河东河道总督。五年三月，奏豫、东两省黄河南北岸堤工，亟须增高培厚，以资捍御，请动项办理；复以豫省兰阳汛柴坝迎溜紧要之处，请抛护碎石。四月，勘估东境泉河等厅属各汛，土石堤坝，均有坍塌，奏请赶紧修筑，以资挽运，均如所请行。七月，奏豫省武陟县拦黄民堰对岸，骤长新滩，挑溜北注,以致刷滩逼埽。旋经抢镶新埽八段,河势改向南岸行走,大溜立见外开,官工民堰化险为平。上览奏欣悦。又奏各湖宣济收蓄事宜,严启闭以节虚消,勤疏浚以利收蓄,并斗门引渠淤塞处,请早挑挖。八月,奏汶上汛永定单闸引渠,迭经汶河涨水收纳微湖,挟带泥沙,淤垫最甚,应估挑深通,以利运行。均从之。

九月,秋汛安澜,实授河东河道总督。十月,熟筹河工久远大局,疏云:"黄河自昔屡治屡坏,原无上策。凡事理宜探本原,图功当计久远。今日之黄河有防无治,历年伏秋大汛,司河各官率皆奔走抢救,其竭蹶情形,直有惟日不足之势。及至水落霜清,则以现在可保无虞,而不复再求疏浚河身之策。渐致河底垫高,清水不能畅出,并误漕运。又增盘坝起剥及海运等费,皆数十年来仅斤斤于筑堤镶埽,以防为治,而未深求治之之要,有以致之也。当此河底未能疏浚之时,惟仍守旧规,以堤束水,而水不能攻沙,河身日形淤垫,必得有刷深之方,始可遂就下之性。"上以所言切中时弊,命会同两江总督琦善、南河总督严烺、河南巡抚程祖洛筹议,旋请赴江省会同勘议全河大局。十二月,奏言:"捕河厅属阳谷等汛,长河纡湾曲折,易致淤浅,应将滩工旧存河形,改挑南北直河。又运河、汶上等汛,迦河厅属沛汛,均多停淤,亟须挑挖深通,以期来春重运,及守冻空船遄行无阻。"得旨允行。旋因东河在城闸官应汝楠捏报到任率行出结,并违例保题,降三级留任。

六年三月,奏言:"黄河病在中满,淤垫过甚,自应因势利导。拟照前任大学士阿桂改河避险之法,导使绕避高淤,即由安东县东门北面另筑新堤,以北堤改作南堤,中间抽挑引河,由傍旧河行走,至丝网滨以下,仍归海口,又无淤滩阻隔,似可畅顺东趋。去路既畅,土必挈深,得黄与清平,立启御黄坝,挑溜清水畅出,刷黄涤淤,自有建瓴之势。此时克期赶办,秋初即可开新河,启御黄坝,军船依次南旋,来春漕粮照常行走。"上嘉其于河务颇有识见,如所请行。

调江南河道总督。旋以豫省南岸兰仪北岸曹、考两厅河底增淤,奏请疏浚,并将堤顶所存土件,一律筑挡子堰,以期有备无患。上令署河东河道总督严烺照议妥办。五月,偕两江总督琦善、副总河潘锡恩议以改河避淤,口门有碎石阻遏,诸多窒碍,奏请开放王营减坝可期减落黄水,刷涤河身,得旨照议办理。六月,奏河湖长水较骤,现在严守黄河堤埽,筹减洪湖涨水,并请将高堰石工膨裂处一律加镶圈越埽坝抵护外,分别抛添碎石,从之。旋奏河湖涨减工程平稳,上嘉其筹画有方。七月,给事中杨煊奏以启放减坝,黄流湍急,盐河势难容纳。疏入,诏井详慎妥议。寻覆奏:"该给事中原系稽考成案,于今昔情形似未周知。查前次开坝漫口时在五月,本年启放定在霜后,来源断无续涨。惟现据委员禀称,去路未见通畅,是该给事中所奏亦不为无见。因思减坝放时,水势或可畅达,堵合后全河仍必抬高。恐徒深四邑之灾,无补全河之病。请仍改河避淤。"谕曰:"改河避淤,原系张井始为此奏。迨调任南河,与琦善等会议,则以改河诸多窒碍,请放减坝。现已勘估兴办,而复请改河。似此游移,岂大臣事君之道?该督等惟当遵照办理,减黄出清,俾河湖不致有意外之虞。"八月,奏报开放减坝,黄水涌注,溜势极为畅达,即可克期堵合,得旨嘉勉。十月,以黄、运、湖、河安澜,下部议叙。

七年三月,会奏减坝合龙稳固,全河挽归故道,上嘉之。寻以桃汛经临,黄水续长倒漾,仍系黄高于清,御坝骤难启放,拟将漕船倒塘灌运,并办理失宜,自请议处。上以兴办大工不能掣水通漕,数百万帑金竟成虚掷,命降三品顶带,戴罪自赎。四月,钦差大学士蒋攸铦、工部尚书穆彰阿勘查黄河下游砌滩阻遏情形,旋值黄水落低,启放御坝,以重运军船全数渡黄入奏。五月,蒋攸铦等查明覆奏,上以张井等急于奏功,泥于师古,咎无可辞,仍下部严议,议夺职,命革去顶带,仍留河督任,以观后效。六月,奏:“春间启放新河,附近关孟滩一带,所垫皆系浮沙,嗣经拉浚日久,刷出河泓,〔一〕大溜奔湍直泻。全河溜势迅驶,长水尚能容纳。”又奏源源叠次报长,豫筹宣泄。上令加意防范,务保妥贴。九月,报秋汛安澜,得旨:“张井从前挑河办理不善,功过仅能相抵,无庸议叙。”十一月,中河厅属盐闸上游涨发,跌成深塘,有碍启闭,请改建双孔石闸,以资经久,从之。

八年正月,疏陈:“应办要工四条:一、黄河尚须接筑海口长堤,并于下游多作埽坝,以资掣刷;一、洪泽湖宜添建滚坝,将堰、盱湖堤帮宽;一、南运河宜将昭关坝择基移建,加帮东西两岸纤堤;一、北运河宜修复运河厅之刘老涧石滚坝,补还中河厅之南岸纤堤。”命热河都统英和往南河会同蒋攸铦勘查应否兴办,寻以河库积年垫款,并各员欠缴银两,奏请设局清厘。二月,奏江境黄河宿、桃以下各厅堤工单薄,请拨银赶办。均允行。三月,英和等查明添作埽坝,不能疏通积淤,毋庸置议。其海口筑堤,可从缓办,馀俱应办要工。疏入,照所议行。四月,奏全漕渡黄完竣,上嘉其办理妥速,赏三品顶带。七月,奏洪湖水势接涨不消,值西北风暴,堰、盱湖堤间有掣塌,邵伯一带堤工漫水,已启智坝稍资减泄,请集料接护,以保目前,添发防料,以备将来,允之。九月,秋汛安澜,得旨嘉奖,赏还二品顶带,并谕相机办理,以冀河湖渐复旧制。十二月,奏:"南河利害全系清江,必清水畅出,助黄刷淤,则河务、漕行两有裨益,惟黄水积年淤垫,即相机启放御坝,亦仅能通漕,不足刷黄,必清高于黄数尺,又必启坝时多,闭坝时少,乃能畅出涤刷。现在纵遇清水能出,仅能免于倒灌,不误漕行,殊未易收刷涤之效。"上谕以当激发天良,力图补救。

九年正月,以清高黄水尺馀,淤沙稍资刷涤,奏请开放御坝,允之。八月,会奏:"王营减坝挑河案内,关孟两滩砌滩银两,可否比照漫工之例,分别着赔?"得旨:"实属办理错误,与疏防漫工者不同。着琦善、张井、潘锡恩摊赔,以示惩儆。"十年,奏报秋汛安澜,黄河两岸险要处,砌滩取直,筑作石坝,其长河溜势极畅,各工修防平稳。上览奏欣慰,下部议叙。十一年正月,户部侍郎宝兴、江苏学政白镕赴南河抽查料垛,旋经查明覆奏:"各厅现储之料,尚无虚松情弊,惟料垛尚未到齐,与该河督勒限年前全数到工之语,已属不符;其扬粮厅纤道工程,[二]率用尚未验收之料,扬粮厅旧料大半色黑质朽,实属办理不善。"上责张井未能查出弊窦,下部严议。三月,部议降三级调用,命改为三品顶带,仍降四级留任。

六月,洪泽湖水异涨,堰、盱堤工危险,奏:"请开放林家西滚坝,并拟接放高邮四坝,方可减湖涨而保运堤。惟下游州县不免被淹。旋以马棚湾、十四堡、扬粮厅永安汛掣塌漫口,即令赶放,以平水势。"疏入,命与两江总督陶澍商办,并急筹抚恤灾黎。七月,上以高邮湖河漫口,仓猝失事,并身任河督,咎无可辞,下部议处。旋报伏汛安澜,洪湖水势递消,堤工平稳。九月,奏永安汛掣合龙,旋报秋汛安澜,下部议叙。十二月,兼署漕运总督。十二年二月,以山盱信坝跌塘过深,碍难修复,奏请移建信新坝一座。九月,桃源县奸民聚众,偷挖龙窝汛官堤,掣动全黄大溜。奏入,上责张井不能先事豫防,命摘去顶带,仍戴罪在工效力。下部严议,议夺职,命暂留本任。

闰九月,御史鲍文淳、宗人府府丞潘锡恩俱以黄水入湖,恐妨运道,奏请豫筹疏浚,命偕工部尚书穆彰阿、两江总督陶澍会勘筹议。寻覆奏:"黄水入湖,即由吴城七堡仍入黄河,其靠堤受淤处,并非湖身,既不能入束清坝,即不能灌入运口,[三]又何能淤及淮安等处?现在湖水已消二尺,俟再稍落,即堵闭山盱各坝,湖水专力刷黄,以收荡涤之效。其潘锡恩所奏全黄入湖为从来未有之事,将来堵合复故,势必全湖俱成平陆。查河南仪封及桃源司家庄各漫口,均与现在情形相同,并未淤成平陆,该二员所奏,应毋庸议,并以现在正河干涸,请将桃南桃北两厅之间大加挑浚,除去中满之患,俾御坝以上,渐就底平,实系一举两得。"从之,命陶澍、张井相机妥办。十月,奏黄运两河水势稍落,并堰、盱埽石稳固,得旨奖慰。

十三年正月,会奏桃南厅于家湾合龙,上以张井若无顶带,不足以资弹压,赏四品顶带,仍戴革职留任,八年无过,方准开复。三月,奏革员赔修坝工,请借项赶办,上以其不能秉公持正,一味见好属员,严饬之。寻因病陈请开缺,允之;以新任河督麟庆丁忧,命并署理原缺。六月,偕陶澍奏请裁减钱家集都司一员,把总、外委各二员,兵一百四十名,移驻洪泽湖,以资巡防,下部议行。八月,谕曰:"麟庆已百日孝满,着即前往。张井俟麟庆到任,再行回籍调理。"九月,报秋汛安澜,下部议叙。十五年,卒。

子渼,南河候补同知。

【校勘记】

〔一〕刷出河泓　"泓"原误作"流"。耆献类征卷二〇〇叶四下同。今据成录卷一二〇叶三上改。

〔二〕其扬粮厅纤道工程　"粮"原误作"河"。耆献类征卷二〇〇叶六上同。今据成录卷一八三叶三五下改。下同。

〔三〕既不能入束清坝即不能灌入运口　"束"原误作"东",又脱"即"字。耆献类征卷二〇〇叶六下同。今据成录卷二二一叶二〇下改补。

魏元煜

魏元煜,直隶昌黎人。乾隆五十八年进士,改庶吉士。六十年,散馆授检讨。嘉庆三年,大考三等,改主事,签分吏部。四年,补官。五年,充四川乡试副考官。七年三月,充会试同考官。十一月,迁员外郎。九年二月,京察一等。七月,升郎中。寻授江南道监察御史。

十年三月,以两广总督那彦成请发往广东以道府用。六月,谕曰："魏元煜前于简发广东具折谢恩时，当经召见，即奏称伊父年老患病，惟因粤东现当需人之际，不敢恳辞，俟稍痊即行起程。今据呈称乞假三月，情殊可悯。魏元煜着仍在京供职，俟有御史缺出，该部即行奏补，俾得就近侍养，遂其乌私。"是月，仍补江南道监察御史。九月，转掌湖广道监察御史。十月，丁父忧。十三年，服阕，补山西道监察御史，寻转掌贵州道监察御史。十四年，请将京察一等人员，无论本衙门曾否题升，准于复带引见时一体保送。谕曰："向来吏部复带引见，由本衙门题升者，概行扣除，若一体复带，是该员已邀升转，复得遂其外用之心。此奏近于沽名邀誉，着传旨申饬。"十七年，调掌河南道监察御史。十八年二月，京察一等。七月，授江苏江安粮道。十二月，以前在御史任内失察本省逆匪林清滋事，降三级调用。十九年五月，捐复原官。六月，授浙江杭嘉湖道。九月，调江苏苏松粮道。二十年，迁浙江按察使。二十三年，迁广东布政使。

二十五年，擢江苏巡抚。道光元年，疏言："江苏仓库亏缺，节年追补未清，若不暂免处分，州县官多方回护，仍不免挪新掩旧，致滋鳏旷。请将从前完解不足各州县，暂缓议处，俟新赋提解如额，再行核办。"上如所请。二年，授漕运总督。三年四月，以军船领运漕粮，某帮应兑某仓，须有定制，江西或拈或派，屡次更张，未免日久滋弊。除饶州、抚州两帮便兑饶州府等属漕粮，都昌县轮兑尾帮，均循旧章办理，馀十一帮领兑四十馀厅县漕粮，请将各仓秉公搭配，照帮分为十一签，分别掣定。自道光三年新运起，三年一届，由后推前，挨次轮转，不必再掣，如船多米少，以后仓米数拨补；米多船少，以后帮船数找兑。从之。十一月，因江西铅山帮空运过淮，夹带私盐，漕标中军副将满坤查明往捕，以军器戕毙二命，上以元煜疏于查禁，下部议处。寻议降调，上加恩改为留任。

四年三月，以漕船水手恃众逞刁，凌虐商旅，并有随帮匪棍互相勾串，疏定章程严禁之。先是，上以漕船私带货物，偷漏税课，命元煜查明吃水尺寸，移会山东巡抚委员在东昌一带照册查验。四月，元煜奏："吃水尺寸，自乾隆年间定制后，以洒带、搭运等项，逐渐加增，不能仿照旧制。请自本年为始，江、浙以三尺八寸为度，湖广以四尺三寸为度。"上允之。十一月，以本年御黄坝堵闭迟延，黄水倒灌洪湖，高堰、山盱堤坝溃决，命吏部尚书文孚、礼部尚书汪廷珍前往查办。旋罢两江总督孙玉庭任，以元煜代之。玉庭仍以大学士留工督办河漕诸务，调仓场侍郎颜检为漕运总督，协同筹画。

时清水宣泄过多，明年重运经临，不敷浮送。玉庭援照嘉庆年间成案，倡借黄济运之策。元煜亦以为请，且言："自清江上游至平桥一带，间段淤浅，非大加疏浚，则引黄入运，无以为受淤之地。现在估计兴挑，俟明年夏至前，黄水尚未浑浊之时，将军船竭力趱挽，扫数渡黄。"谕曰："魏元煜奏淮水、洪泽湖水势情形，兼筹及清江上下，一律挑浚宽深，引黄入运，不致受淤，意在权宜办理，朕亦不为遥制。但河漕全局，关系重大，若只顾目前之计，将来运河受病愈深，挑浚愈难，谁执其咎？文孚等接奉此旨，即着会同细心察看，筹及万全，务令军船早日北来，而运河亦无后患，方为至善。"文孚等寻亦如元煜所请，上从之。

五年正月，以南河、运口及御黄坝、高堰、山盱各要工同时并举,请调原任江苏按察使林则徐、河南河北道邹锡淳等来工,分段督催,允之。二月,启御黄坝引黄入运。三月,运口淤垫,军船艰于挽渡,偕孙玉庭奏请封雇民船,盘查起剥,并请帑一百二十万两。谕曰:"前已动拨工需银三百万两,今复以转输之正供,多此虚糜之帑项,转瞬明年重运经临,又将如何设法?该督等清夜扪心,能不为朝廷度支计耶?此时姑允所请,惟当激发天良,加意撙节。凡今岁回空,开年重运,应办事宜,务当及早筹画,勿得昧于机宜,又致临事周章,动辄请帑。"

先是,上以借黄济运,究非善策,欲令江苏之苏州、松江、常州、镇江,浙江之杭州、嘉兴、湖州等属漕船,试行海运,下元煜等议。元煜以窒碍难行奏覆。四月,协办大学士、户部尚书英和请暂雇海船,以分滞运,酌折额漕,以资治河,复下元煜等议。元煜奏:"请仍征本色,至海运事关创始,如蒙宸断施行,再督饬司道详晰妥议。"上以其意存推诿,非实心任事之道,严饬之。五月,以黄水消落,御黄坝内外停淤,旋即堵合,在后军船不能挽抵原议之高坂头等处。谕曰:"魏元煜本系漕督,经朕简授两江总督。漕运河工皆其所辖,未能筹办妥协,有误漕行,着交部议处。"寻议降调,上加恩改为留任,复授漕运总督;擢山东巡抚琦善为两江总督。

六月,因里河、扬河运道淤垫,请筑坝蓄水,浮漾军船,并于淮城以上停淤最厚之处,挑河切滩,上允之。旋以水势短绌,尚馀漕船一百万石,不能盘运,请于淮安、扬州所属州县暂行存贮,俟明年搭运。谕曰:"孙玉庭、颜检并不通盘筹画,天良何在?可谓丧心之至!魏元煜前此会同筹议,一味扶同迁就,已不能辞咎。琦善系新任总督，无所用其回护，着将现在未渡军船，究能全数盘运与否，抑别有筹办之法，悉心妥议，由驿速奏。"琦善旋详陈黄运两河淤垫及帮船浅阻情形，谕曰："魏元煜身任两江总督，不特有兼漕务之责，且漕督是其旧任。乃坐视事机之敝坏，隐忍不言，糜帑病民，是诚何心？着降为三品顶带，暂留漕督之任，以观后效。"是月，卒。

子亨逵，江苏扬州府知府；亨埏，二品荫生，候选通判升用知州。

陈中孚

陈中孚，湖北武昌人。嘉庆六年进士，改翰林院庶吉士。七年，散馆授编修。十三年，授山西道监察御史。十四年五月，奏称："户、工两部各库，向派兵丁巡逻值宿，以重库藏。其该班之笔帖式、库使等员，在库值宿，立法本为周密。无如日久弊生，屡经审办偷窃案件，总由该班各员品秩较卑，易与兵丁串通滋弊，实非详慎办公之道。请令该库郎中、员外、司库各员按日值宿，所有在库兵丁由该员等实力查察，以杜包班顶替之弊。"上允之。七月，奏言："捐纳人员，各上司往往滥行荐举，如侵蚀赈银之革员单福昌，谋毒职官之革员王伸汉，及已革知府王毂，皆由捐纳佐杂出身，递邀荐拔。该员等不识诗书，罔知大义，不过以朘削民膏、钻营上官为事。请嗣后将滥行保荐之该管各上司，照常例加倍严议。"谕曰："国家登进用人，原不能尽拘资格。各直省州县中由捐纳出身者，固有不肖之徒，即正途出身各员，其箪篆不饬、逢迎大吏者，亦不能保其必无。全在该管各上司平日留心访察，秉公核实，必系循声确著之员方予保荐，庶可遴拔真才；若将夤缘钻刺之劣员，滥邀荐举，一经发觉，该上司处分，定例綦严。即如王毂、王伸汉、单福昌等之残忍贪婪，现俱已审明定谳，其该管各上司，重者已革职遣戍，轻者降黜示惩，并未稍从宽假。若因此追溯从前滥保之各上司，查明加倍严议，则未免过甚。嗣后各督抚于荐举各员，惟当倍加慎重，以保荐王伸汉等劣员为戒。倘再有似此滥保，致干宪典者，必将该上司从重惩治，亦不在多设科条也。"

八月，转掌山东道。十二月，疏言："科场防弊各条：一、试差进呈名单，宜禁止泄漏；一、各省乡试调派内帘，宜加慎重；一、禁止闱员馈送士子，以防传递之弊；一、随带家人书吏代为士子夹带，宜严加搜检；一、各省士子交通誊录，宜行申禁。请饬令各督抚严禁，并责成誊录所官实力究惩。"谕曰："每次考差，外间即有如此传闻，及加以根究，又不能确为指实，将凭何办理？嗣后阅卷大臣惟当守口如瓶，各知愧励，倍加慎密，以息物议，有则痛改，无则加勉，以全朕用人之苦衷。至于外省调派内帘应用科甲出身人员，闻各省士子往往有豫先拜谒交通关节之事。该督抚等尤应慎选素行端方、学问优长，方行檄派，毋得滥行调取，致启钻营之端。此外如乡会试入闱各员，于熟识士子致送薪水食物，亲至号口接谈，代改诗文，查取题目，及随带家人书吏代为夹带，交通誊录，找寻试卷诸弊，皆应严行查禁。嗣后着派出之知贡举、监临及各省督抚等，实力稽查，有犯必惩，以期仰副甄拔贤才之至意。"十五年，迁兵科掌印给事中。十八年，授山西河东道。二十年，丁父忧。二十二年，服阕，补浙江宁绍台道。道光元年四月,调福建台湾道。六月,擢四川按察使。十月,调广东按察使。二年闰三月,迁布政使。六月,调河南布政使。

十二月,擢广东巡抚。三年,因秋审人犯原拟情实,经刑部改缓,部议降一级调用,上加恩改为降二级留任。五年八月,授漕运总督。十一月,奏言:"各省漕粮,令旗丁由水次长运抵通。溯自会通河成以后,迄今数百年来,凡河治之时,漕无不治。上年堰、盱掣堤,洪湖潴蓄殆尽,清口淤塞。本年漕粮,现虽悉数抵通,实已大费周章。所有来岁新漕,除试行海运一百五十万石外,尚有二百四十馀万石仍由河运。前经两江督臣琦善会同江南河臣严烺,暨前署漕臣穆彰阿酌定提用本年首、二进空船接运盘坝章程,奏蒙允准。臣思海运仅可暂试,盘坝亦属权宜,诚不若专循旧制,设法蓄清敌黄,俾御黄坝早开,庶几道通而漕可无阻。抑臣更有请者,漕宜速而先在恤丁力。本年运河浅滞,旗丁之例货折本矣;盘坝抛散,旗丁之耗米无馀矣;重空住守多日,现又不能归次,旗丁食用一切无不浩繁矣。臣愚以为方今时事之艰巨,莫有大于此者,必应通筹大局,未可稍存迁就一时之见。盖治河非专为利运,而利运则必须治河。年来坚守御黄坝专为治河而设,然但议堤防,未求疏浚。通计全河利害,口门不能宣畅,恐致他虞,已属可暂而不可久。即以漕务一端而论,坚守御黄坝,在来年春夏之交则可,倘秋开则漕务种种掣肘,丁力日疲,糜费滋甚,实属无从经理。再查本年山东微湖启放过多,现仅存底水八尺馀寸,该湖向来存水六尺,即难外注。以二尺馀寸之水,济运二百四五十万石之粮,其艰巨情形不问可知,亦宜先期筹备,设法潴蓄。"谕曰:"来岁新漕,除海运外,尚有二百四十馀万石,提用首、二进军船接运。此系一时权宜,自不如仍循蓄清敌黄旧章,俾御坝早开,全漕无阻。至坚守御黄坝,原为治河。前曾降旨,令琦善等会筹疏浚,若但议堤防,不求刷涤,口门不能宣畅,必致他虞。着陈中孚商同琦善、严烺,趁此水落归槽,迅速相度机宜,悉心妥议。应如何设法疏浚,俾河流通畅,清水得以蓄足,刷黄治河利漕,渐复旧规,该漕督等于艰阻之候,力求救弊之方,务须和衷商搉,计出万全,方为不负委任。"

六年七月,调署山东巡抚。十一月,卒。谕曰:"署理山东巡抚、漕运总督陈中孚,嘉庆年间由翰林科道外用道员,经朕擢授巡抚、漕督,并命署理山东巡抚。办事实心,克勤厥职。伊年力尚强,方资倚畀。兹因病溘逝,殊堪轸惜!着照例赐恤。所有任内一切处分,悉予开复。应得恤典,该部察例具奏。"寻赐祭葬。

杨怿曾

杨怿曾,安徽六安州人。嘉庆六年进士,改庶吉士。七年,散馆授编修。九年二月,上幸翰林院,分韵赋诗,怿曾与焉。八月,充顺天乡试同考官。十三年三月,充会试同考官。十二月,丁母忧。十六年,服阕,改江西道监察御史。九月,命巡视南城,奏言:"向例各省蠲免,以奉旨日为始。其已输在官者,准作次年正赋。乃不肖州县,于部文未到前,催比更急,为肥己地,且有奸猾书吏,藉名垫纳,加倍索价等情。现在直隶、江南、浙江、河南已奉恩旨施行,请敕各督抚申明晓谕,俾小民知蠲免分数,则官吏无从欺隐。谕各督抚严查饬令各州县遇恩旨颁到之日,遍行晓谕。"十月,奏言:"向来拣发人员,督抚不得指名奏请。近日两江总督<u>百龄</u>指名奏请道、府拣发<u>河工</u>,已蒙恩准,自因河工紧要,是以俯允所请。臣恐此风一开,各省纷纷效尤,于铨选分发各例多有窒碍,而私竞夤缘之习因此而起。请嗣后督抚及<u>河工</u>差委乏员,不得指名奏请。"上是之。

十七年正月,转掌湖广道监察御史。四月,奏言:"京师为首善之区,商贾云集,列肆贸易,宜肃清街道,毋许侵占轨辙,以便往来。"命步军统领及督理街道衙门随时查办。七月,奏:"各馆书帙告成,奏请议叙恩奖,本属从优,甄叙不容过滥。前恭纂<u>高宗纯皇帝</u>实录告成,奉旨饬部妥议,一准公平。近日会典馆议叙,较之实录馆,更属从优,为从来各馆所未有。请下部悉心妥议,以昭画一。"奉谕曰:"所奏甚是。近日诸大臣市恩者多,任怨者少,于政治大有关碍。着王大臣会同吏部驳改原奏,详定章程具奏。"十八年四月,迁工科给事中。九月,<u>河南滑县</u>教匪滋事,官兵进剿。怿曾奏言:"向来办理兵差,不能不借民力。现在各处官兵前赴军营,需用车马,皆由地方官办理,稍不慎重,往往骚扰闾阎。至兵丁过境,均于店铺买食,约束不严,最易滋扰。请敕地方官及带兵大臣加倍慎重,俾闾阎安堵,民不知兵,则人心安而弊端绝矣。"又奏:"贼匪骚扰,毗连三省,<u>河南</u>报捷于前,<u>山东</u>报捷于后,<u>直隶</u>又报捷于后。揣其情势,是贼趋<u>河南</u>,则<u>河南</u>进兵;贼趋<u>山东</u>,则<u>山东</u>进兵,三省并无会剿之事。臣思贼势多延一日,即良民多一日之害。饥饿者受其驱使,素封者遭其焚掠。官兵多驻一日,即粮饷多一日之费。现在已涉虚糜,将来更易开浮冒。如必俟钦差大臣齐集会剿,则各省弁兵究属何用?请敕下三省督抚及领兵大员,迅速进兵,四面围剿。际此天寒气冷,贼势日蹙,无难一鼓歼尽也。至军需一项,最易冒开,向来各省多借军需开销,以为弥补亏空之计。请敕下各大员先为清查亏空,务令各款项俱有指实,以杜将来冒销之弊。"均从之。又奏称:"本年江南乡试办理不善,迟至初九日巳刻始行封门,并闻士子有拥挤受伤之人。命江苏巡抚朱理明白回奏。"旋奏虽无拥挤受伤之人,而封门迟延,究属办理不善。监临提调等官,一并下部议处。十二月,奏称:"安徽颍、亳等处毗连河南陈、汝一带,居民多聚众烧香,越省赴会。此等劣习,不惟愚民耗财,且传闻惑众,即恐流于邪教。请敕两省巡抚严行禁止。"谕曰:"此等风气,不独颍、亳、陈州等处为然,〔一〕亟应申禁。着各督抚严行出示晓谕,以端风俗而正人心。"

十九年三月,充会试同考官,转户科掌印给事中。八月,奏言:"本年安徽省缺少雨泽,粮价增昂。闻庐州、六安等处多米商囤积,贱买贵卖。请敕巡抚委员查明该商囤积粮石,〔二〕定价平粜。"上从之。二十年,升内阁侍读学士。九月,奏称访闻安徽颍州,河南陈、汝一带,有著名积匪刘鬼子、蔡保等,朋比为奸,扰害地方。命交两江总督百龄等查办,俱得实。二十一年,升太常寺少卿。二十二年正月,孟春时享,读祝错误,怿曾以不谙清语,得旨免议。六月,升大理寺少卿。二十四年二月,会议四川李何氏拒奸杀死图奸之周得估一案,刑部照绞候拟覆,怿曾签商应据妇女悔过拒奸例,比照减等,酌改会奏,上甚是之。怿曾以首先看出,赏加纪录三次。九月,命提督湖北学政。

道光元年五月,奏当阳县西北五里为关帝陵,相距数丈,即系沮漳汇流处。请敕督抚委员查勘,捍以石堤,以资保护。又请拨襄阳府旧存入官租银,准作襄、郧两府书院膏火。均如所请行。十月,升光禄寺卿。二年,差满旋京。四年,升大理寺卿。八年,擢都察院左副都御史。九年四月,升礼部右侍郎。九月,充武会试副考官。十年四月,云南腾越厅生员黄廷琮以父廪生黄金辂被廪生何自凯谋杀具控,上命怿曾偕侍郎钟昌往鞫,究出黄金辂失跌受伤,自戕身死,将黄廷琮照例坐罪。御史宋邵毂奏贵州幕友劣迹及税务、科场供给各情形,交怿曾等查办。又命鞫贵州荔波县书役陈履安等浮收舞弊,拖毙六命;河南镇平县民人王飞熊谋杀诬奸湖北保康县民妇王程氏,夫死图诈未遂,罗织多人。各案分别讯实,定拟如律。

十一月,授湖北巡抚,兼署两湖总督。十一年五月,湖北省雨水过多,江河并涨,武昌、汉阳、黄州、安陆、德安、荆州各府,并荆门州属各州县,多被淹浸,客贩稀少。经怿曾会同总督卢坤奏请免纳客税,并酌借司库银,遴员率商分赴产米价平处,购买米石,酌减平粜,其绅商富户情愿捐资,以备赈恤,俟事竣后,再请奖励,得旨允行。十二年正月,奏称:"荆州府滨江,有万城堤,为阖郡保障,向归水利同知专管。近年江底淤垫,一经水势盛涨,在在险要,以致岁修土方,逐年加增。该同知不司民事,呼应不灵,办理实属掣肘,请改归知府办理,以专责成。"三月,又奏称:"湖北省上年被水较重之江夏等十六州县,前请于加赈后,设厂煮粥,至本年二月止。第入春以来,天气凝寒,麦发稍迟,若将粥厂停止,贫黎无以资生,应请宽限至三月底为止。"七月,又奏称:"湖北入夏以来,江水复涨,沿江州县又被淹浸。据天门县禀称被水较重,现饬藩司驰往,督同府县妥为抚恤。此外公安、石首等县,亦经委员勘报,如需藩司督办,亦即饬令驰往,妥为督办。"奏入,上均从之。

十二月,给事中瞿溶以接据假名已革恩施县知县左章晍列款致书具奏,[三]上命工部尚书穆彰阿前往,会同总督讷尔经额查办。寻奏严讯左章晍,实无其事。谕曰:"此案以无根之词,诬讦巡抚大员及地方官至十馀员之多,仍复隐匿姓名,诡托他人致书。其鬼蜮伎俩,较之寻常匿名揭帖,尤为可恶!着讷尔经额随事随时留心察访,并密向被诬之员详细推求。再根查笔迹,一得端倪,即行密速缉拿,从严奏办,无使此等奸诡险诈之徒,幸逃法网。"十三年,卒。

子用溥,广西镇安府通判。

【校勘记】

〔一〕此等风气不独颍亳陈州等处为然　原脱"陈州等处"四字。耆献类征卷一九九叶二九上同。今据睿录卷二八〇叶一三上补。

〔二〕请敕巡抚委员查明该商囤积粮石　"囤"原误作"所"。耆献类征卷一九九叶二九上同。今据睿录卷二九五叶四下改。

〔三〕已革恩施县知县左章晍列款致书具奏　"革"原误作"参"。耆献类征卷一九九叶三一上同。今据成录卷二二八叶一下改。

邱树棠

邱树棠,湖北汉阳人,祖籍福建。嘉庆七年进士,以刑部主事用。十四年,补官,旋升员外郎。十六年正月,署两江总督勒保奏请带往江南差委,上特允所请,并谕:"如果实心任事,三四年后,以知府补用。"五月,勒保请鼓励催漕出力人员,得旨,邱树棠遇缺即补。旋署徐州府知府。适徐属邳萧厅境绵拐山李家楼河水漫溢,树棠赈灾得宜,民赖以安。十七年正月,补扬州府知府,二月,调江宁府。先是,江都县民冷鹤鸣谋杀县民陈时序,时序妻王氏绝食死。鹤鸣狡供漏网,几二十年。树棠讯明抵罪。十二月,总督百龄奏入,命旌王氏,诛鹤鸣,树棠加一级。

二十年,擒获安徽巢县邪教首逆方荣升,特擢江南道。二十一年,调苏松粮道。二十二年七月,升江西按察使,寻调山西按察使。十月,以前任苏松粮道时失察宜兴、荆溪二邑漕粮米质甚劣,降二级留任。二十三年,迁布政使。二十五年,调江西布政使。道光元年四月,护理江西巡抚。廉得嘉庆十八年清江县民妇谢周氏因奸毒毙亲姑谢尹氏及本夫谢奉远、工人谢高远三命,又清江县民周近彩、名彩谋杀其父周富祥,暨前抚臣瑞弼所鞫聂载彦因其弟聂禹彦犯窃,逼母自缢图赖事。清江一邑,逆伦凡三案,奏请整饬吏治,得旨嘉勉。九月,奏乡试同考官实缺人员考取不敷,请候补中文理优者,一并与选。又奏:"高安县知县王敦史详称民人张州蕴等以古楼冈山内有金矿,呈请开采纳课。江西为东南腹地,四省通衢,该山附近省城,一经开挖,必致聚集多人,奸良莫辨。国课之所增有限,地方之为害无穷。应不准开采。"上俱从之。十月,奏准南安、赣州、宁都三府州秋审及军流人犯,改归巡道就近审转。

十二月,升山西巡抚。二年六月,兴县被水,请抚恤。八月,归化城、萨拉齐二厅所属被水,请抚恤。九月,奏盐池东西各堰,被秋水冲缺,请筑堤保护。三年,请借耗羡银两,修筑汾河堤堰,并挑挖引河工程；又请借项浚渠，以卫盐池；又请修理兴县城垣，挑挖河道。四年二月，奏请将归绥、雁平两道所属州县之遣军流徒，及秋审人犯，俱归两道审转。四月，请将河东盐经历兼管批验大使，移驻会兴镇，以资弹压。均得旨允行。时榆次县民赵天中京控阎思虎强奸幼女酿命，有司不为伸雪，敕下巡抚亲鞫。树棠仍以和奸定谳，御史梁中靖劾之，命解交刑部讯实。谕曰："邱树棠以特旨交审之案，不即亲提审讯，任听属员草率迁就，颟顸入奏，实属辜恩溺职！即将该抚革职，亦系罪所应得，姑着加恩，降为按察使，以观后效。"

寻授福建按察使，以回避祖籍，调江西按察使。六年，命以三品顶带署刑部右侍郎，八年正月，实授。七月，以世袭男爵侍卫恩绪殴毙家人，刑部审讯迟延不奏，降二级留任。九年，调仓场侍郎。十年，御史范承祖劾仓场衙门举措不公，上命侍郎祁墹、副都统福泰往按之。寻查明本裕仓监督高学治前经树棠等以办事罢软，两次咨部，嗣于保留学治折内并未据实声叙；又富新仓监督恒龄病不任事，亦不甄汰，请将树棠等交部议处。部议降三级调用，上以其有意徇庇，降三品京堂候补。十一年，卒。

子端，二品荫生，江西龙泉县知县。

孙尔准

孙尔准，江苏金匮人。父永清，广西巡抚。尔准，嘉庆十年进士，改翰林院庶吉士。十三年，散馆授编修。十七年，大考二等。十八年，京察一等。十九年，授福建汀州府知府。二十年，升盐法道。二十四年八月，迁江西按察使。九月，调福建按察使。二十五年,升布政使。

道光元年六月,调广东布政使,寻授安徽巡抚。八月,调广东巡抚。九月,仍调安徽巡抚。二年三月,奉旨清查亏欠,奏言:"从前清查,仅就州县报册查办。今欲清其源,必先将司案互相钩考,如有参差,即从此根究其掩饰之故。如款数相符,即确查民欠有无捏混,再将历年历任经征各款清出,除代解前任银数及应领款项,并因公动垫可以追还之款,此外尚有欠交,即系该员实亏确数。"又言:"根查底案,必得其实在致亏之由,然后可以酌定追补之法,以杜续亏之渐。"上韪之。七月,豫省匪徒邢名章等纠众百馀人,窜入颍州府岳家庄屯聚,声言为从前伏诛之教首王百川复仇。尔准时赴江宁监临乡试,至南陵闻警,檄按察使惠显驰往剿办。经知府刘珊、游击彭镇川率兵勇围剿,格杀邢名章及王百川之子兴仁、兴义等,馀党悉数歼擒。尔准寻驰赴颍州,审勘匪党朱凤阁、刘洪悰等三十馀名,置之法。疏请添调营兵,以资防御,并查沿途被灾各属,请分别蠲缓赈恤。得旨允行。先是御史宋其沅条陈赈务积弊,毋得以银折钱。尔准奏灾赈大口小口应领银数,零星剪凿,折耗必多,分厘高下,亦非易办。灾户急于售食,非易钱不便行用,请仍循旧章。上如其议。

三年正月,调福建巡抚。因延、建一带,山径丛杂,盗劫滋多,奏请于盐库晒帑息银项下,岁拨银一万两,为悬赏购捕之费。先后获匪首阙春乔、郑思应、邱五妹等,戮之。四年正月,渡台巡阅。时畿辅粮价昂贵,御史佘文铨奏请采买台湾米石,下户部议。覆称由官采买,不免勒掯需索诸弊,请暂弛海禁,招商于糖船酌载,官给印票,运赴天津海口呈验,各按时价粜济民食,所过免其纳税。上命尔准察看台地情形,分晰奏闻。尔准传示商人运米十四万石,刻期到津,上嘉商人急公,分别奖励。尔准又奏:"台地南北袤延千馀里,郡城设于台湾县者,缘其初只有鹿耳门一口,可通舟楫。嗣添设鹿仔港、八里岔两口,而鹿仔港沙淤浅狭,内山溪水奔汇入海,别开一港,在嘉、彰之间,曰五条港,宽约数里,巨舟通行无滞。请将五条港开设正口,便于商贾。又噶玛兰山峻路险,负戴难行,不通百货。该地并无出产,取资外来。其地有乌石港、加礼远港,皆可通四五百石小舟,亦须设为正口,以通贸易而便稽查。"七月,回省。

五年九月,擢闽浙总督。十月,条奏:"开辟噶玛兰事宜:一、番社垦耕埔地,分给民人、番民均便;一、田园租谷,照原议征收,减免馀租以纾民力;一、地土瘠薄,垦未成熟,埔地请缓报升科;一、建筑城署地基,占用垦熟田园店屋,换给埔地,另列一款征收,以免淆混;一、历年水冲沙压之田园,应请豁除租赋;一、筹存常平仓谷,以资储备;一、额编文武员弁廉俸兵饷役食,就厅所征供赋支给;一、裁移营制,新添官兵俸饷,在于年征供耗馀租盐课等项支给;一、酌留馀埔,以资归化社生番生计;一、分别添设隘寮,以防生番;一、编设保甲,设立族正,以资稽查约束。"奏入,下部议行。时闽省米贵,复奏暂弛海禁,募商贩运浙米,筹备民食,允之。六年五月,奏:"台地五条港向属彰化南投县丞专管,相距弯远,请改属嘉义笨港县丞管辖,相距三十里,可资弹压。又噶玛兰之乌石港,系头围县丞所辖,加礼远港系罗东巡检所辖,两口相距十馀里,凡船到加礼远港,必由乌石港经过,只须将乌石港设为正口,其加礼远港毋庸另设口岸,统归头围县丞管辖。"如所议行。

时彰化县贼匪李通等因挟粤民搜赃之嫌，纠众报复，附近匪徒遂造言闽、粤分类械斗，乘机焚抢，数日之间，沿及嘉义诸处，蔓延未熄。值水师提督许松年赴台巡阅，尔准令其剿捕；又以提镇重兵俱驻彰化南界，该匪势必北窜，淡水兵力未能策应，檄副将邵永福等带兵渡八里岔趋艋舺，以阻北窜之路。总兵陈化成带兵渡鹿仔港，防其逃遁入海。自赴厦门，调度策应。又以兵力未厚，掩捕未能迅速，复檄副将佟枢、都司聂标文等分赴彰化、淡水搜山围捕，复侦知淡水所属之竹堑、中港、复垄等处，俱有贼匪焚抢，与嘉、彰匪徒互相煽诱，拒伤兵勇，且虑被焚村民无家可归，相从掳抢，贼势益张。六月，奏请令陆路提督马济胜移驻厦门，自带各营及水师兵渡鹿仔港驻彰化城，李通逃入山，千总关桂擒获之。因奏查滋事根由，实由造谣焚抢，并非反叛，当以强盗论。淡水以此分类报复，当以械斗论。俱定罪如律。尔准移驻淡水，令各庄举报义首，查拿馀匪，使闽人捕闽，粤人捕粤，以化其党护之习。

闽地汉奸有通番语，而与生番贸易，遂娶番妇者，俗名"番割"。为首奸民黄斗乃、黄武二、温阿馨等久经盘踞三湾，潜出劫掠。彰化贼匪滋事时，有粤人潜与勾串，率领生番出山助斗，戕杀多人。尔准密令参将黄其汉，游击谢朝恩、谢建雍等，由斗换坪、南港、盐水港，分三路入，匪徒窜匿后山，峭壁悬崖，无径可寻。兵勇皆攀葛附藤而上，生擒黄斗乃等二十一名，戮之。遂抵台湾郡城，抚恤难民，奏请赏给口粮，筹办善后事宜，以全台形势，彰化居南北之中，南路设总兵以下二十馀员，北路至艋舺地方几五百里,仅有守备一员,巡缉难周。请调南路游击一员移驻竹堑,即以竹堑守备移驻淡、彰交界之大甲,又调把总一员驻铜锣湾,外委一员驻斗换坪,归北路游击管辖,声势可期联络。又头道溪为生番出入总路,请于该处筑土城,拨熟番健丁充屯丁守之,慎选总董,责令约束子弟。改建淡水土城,俾资巩固。上并从之。十一月,事竣内渡,命加太子少保衔,赏戴花翎。

七年三月,入京陛见,谕曰:"孙尔准由福建巡抚擢授总督,在任数载,办事勤能。上年台湾彰化匪徒滋事,该督渡台督办,迅速蒇功。善后事宜亦俱筹画周妥。兹来京陛见,着再赏给缂丝蟒袍一件、大卷库缎二匹、大卷红缎二匹。伊子荫生光禄寺署正孙慧翼,着加恩以主事即用,以为封疆大吏克勤厥职者劝。"五月,回任。

先是,尔准自台回省,过莆田,顺勘木兰陂水利。陂创建于宋熙宁间,灌溉民田四十万亩,筑石堤一千一百馀丈,以御海潮,岁久倾圮,奏请修复,上嘉之。八年,木兰陂工竣,请将创陂首功宋长乐室女钱氏列入祀典,得旨,每年于东作方兴时,饬令地方官致祭一次,以慰舆情而昭祈报。又奏请修理贡院,增号舍一千馀间。九年三月,工竣,奏闻,命官绅等量予奖励。十月,署福州府粮捕通判、闽县知县张腾以各任内亏短捐杂银两被参,因禀讦督抚收受门包各款,命礼部尚书汤金钊、刑部右侍郎钟昌往勘,张腾所控多虚,坐诬讦,论如律。尔准亦以失察家人得受银两,交部议降二级留任,恩准抵销。十一年二月,尔准六十生辰,特赏御书"锡羡岩疆"匾额及"福"、"寿"字,并朝珠各物,命其次子兵部主事孙慧翼赍赴闽省宣赐。九月,以病请假,命给假两月调理。十一月,假满请开缺,命再赏给一月。

十二年正月,卒。谕曰:"闽浙总督孙尔准由翰林出身,出膺外任,擢至闽浙总督,宣力有年。海疆剧要,正资倚畀。上年因患病恳请开缺,当经赏假调理。方冀医治就痊,不意遽尔溘逝,殊堪轸惜!孙尔准着晋赠太子太师衔,照例赐恤。任内一切处分,悉予开复。应得恤典,该衙门察例具奏。伊长子举人孙慧惇,着加恩赏给进士,俟服阕后一体殿试;次子兵部主事孙慧翼,着加恩俟服阕后,以本部员外郎遇缺即补。"寻赐祭葬,予谥文靖。十二月,福建巡抚魏元烺题请崇祀名宦,谕曰:"原任闽浙总督孙尔准由翰林任道府,荐擢至闽浙总督,办事认真,不辞劳瘁。前次台湾匪徒滋事,迅速葳功,善后事宜俱筹画周妥,着准其入祀名宦祠,毋庸再交部议。"二十九年,奉旨,入祀乡贤祠。

子慧惇,山东利津县知县;慧翼,赏兵部员外郎,升郎中候选道。

清史列传卷三十六

大臣传续编一

长龄　子桂轮

长龄，萨尔图克氏，蒙古正白旗人。父纳延泰，官理藩院尚书，自有传。长龄由翻译生员，于乾隆三十八年捐纳笔帖式。四十年，补工部笔帖式，旋充军机章京。四十二年，调理藩院笔帖式。四十六年，升主事。四十九年，甘肃盐茶厅逆回田五纠众滋扰，随钦差大臣阿桂出师剿办，以功下部议叙。寻升员外郎。五十二年，台湾逆匪林爽文倡乱，随将军福康安往剿，以收复斗六门功，下部议叙。旋克复大里杙，赏戴花翎。五十三年，林逆就擒，复下部议叙。五十六年，廓尔喀贼匪扰后藏，复随将军福康安往平之。五十七年，攻克噶勒拉等处山梁，论功，命以郎中升用。五十八年，补郎中。五十九年，迁内阁侍读学士，充玉牒馆提调。

嘉庆四年五月,玉牒告成,下部议叙。旋赏副都统衔,署镶黄旗蒙古副都统。寻补镶白旗蒙古副都统,管理火器营事务,调镶白旗汉军副都统。六月,授右翼总兵。五年七月,川陕楚教匪分号滋扰,达州青号首逆徐天德折窜湖北,命长龄为领队大臣,率吉林、黑龙江官兵赴剿。八月,襄阳白号股匪高二、马五窜陕,命改赴陕西。时长龄路经湖北房县,会蓝、黄、白三股贼匪分扰,即偕湖北巡抚倭什布会剿,由南漳进攻。上诏长龄即将所带官兵自为一队,会同总兵明亮追剿。旋以太平黄号首逆龙绍周中房县东窜陕之紫阳,长龄以陕重于楚,请改赴陕西迎剿。疏上,谕曰:“长龄自抵楚以来,总未接仗。今又弃楚省之贼,远逾千里,赴陕迎剿。舍近图远,是何居心?且明亮前因楚重于陕,折回楚境。此时长龄又以陕重于楚,并不与明亮、倭什布在楚会剿,径赴陕省,显系各怀私意,互相推诿。长龄甫经带兵,不应即染军营习气,着传旨严行申饬。”十月,奏龙绍周股匪由陕窜楚,请于陕省洵阳堵其窜楚之路。上以观望迟延,严饬之。寻以高、马二逆屯聚洵阳王家坪,长龄率兵分队直扑,绕上山梁,斩俘甚众。是月,调湖北宜昌镇总兵。

旋以高、马二逆窜扰湖北大坪一带,长龄由鲍家店绕至贼前,分队冲压,斩获千馀;乘胜由陈家庄进击,分路穷追,生擒伪先锋邹顺,贼目杨大顺、王兴,馀匪败窜邓家河。我兵复绕前兜截,斩获五百馀。嗣高二股匪由楚窜陕,追败之于白河。十一月,高二折窜楚境,长龄由竹山、房县一带截之,歼贼百馀,擒贼目吴登科等,置之法。十二月,高逆由兴山东趋交战垭,长龄绕道远安,迎头攻击,歼擒无算。寻以徐逆等由陕窜楚,与高逆合,乃由狮子岩分路迎截，歼贼五百馀，追杀四十馀里，败之于瓦房口，擒斩千馀。六年正月，追击高逆于楚、陕交界之大花园，歼擒甚多。会徐逆仍在楚境肆窜，长龄复回楚协剿，败其众。二月，追及于黄沙河、燕子沟等处，败之。寻探知白号股匪苟文明、蓝号股匪李彬由陕窜楚，长龄倍道进击，扼其东窜之路，戮伪总兵卜兴昂、伪先锋魏钟钧于阵。时徐逆股匪图窜襄阳，长龄于高尖山设伏截击，俘馘千计。上嘉之，下部议叙。是月，擢湖北提督。

三月，由榖城冒雨进攻，擒教首黄正魁等百八十人，又剿贼于茅伦山，歼擒七百馀。旋闻苟逆遁入房县，遂由紫竹兜剿，向八卦庙绕出贼后，斩擒甚众。四月，进兵长房河，诛贼目向大等于湾腰树。是月，命署湖广总督。五月，黄号股匪张万林从陕东窜郧县，长龄督兵进剿。时蓝号冉学胜亦由陕窜楚，复迎剿于秦家坪，克之。六月，先后败贼汤思蛟、刘朝选于黄土坡、刘家湾等处。八月，青号伙匪王山由陕奔楚，长龄由上龛绕至钟鼓山截击，箭毙伪元帅李大年，擒伪总兵蒋天受，歼贼七百馀。捷入，得旨嘉奖。十一月，襄阳黄号贼首曾芝秀自兴山边境折窜房县，长龄由紫竹迎击，至二层岩，擒斩甚夥；复追至连湖坪，败之。旋以各号馀匪合窜老居沟，长龄率兵迎捕，歼贼四百，伪军师郑三元、伪元帅褚贵悉就擒。十二月，复击贼于泉溪，上以长龄等未能擒一贼首、剿平一股贼匪，严饬之。

七年正月，歼贼于摩天岭，馀贼遁红岩沟，长龄乘夜火攻青号馀匪，剿洗殆尽。二月，襄阳黄号首逆樊人杰合曾芝秀各股匪窜扰兴、巴一带，长龄由兴山会剿，败之于高良坪。三月，贼窜房县，长龄亲率兵勇追杀二十馀里，曾逆中箭遁。四月，歼贼于瓦房沟，复败贼于火石岭。五月，通江蓝号股匪蒲天宝东窜罗溪河，长龄冒雨攻之，策马渡河落水，赖侍卫富瀚等救援获全，得旨奖慰。寻侦知樊、曾二逆窜渔沱，长龄偕将军赛冲阿等奋力逼剿，樊、曾二逆投河毙。上嘉之，赏云骑尉世职。七月，追剿蒲逆于川、楚交界之巴东、通城一带。八月，蒲逆坠崖毙，长龄由房县向五台搜捕馀匪，歼擒甚多。九月，患病，命回京调治，另候简用。长龄自剿办教匪以来，叠奉恩赏白玉"喜"字牌、四喜玉搬指、大小荷包、镶玛瑙方盒、扇套、香袋等件六次，下部议叙七次。

八年二月，回京。闰二月，以提督衔补京营右翼总兵。三月，调左翼总兵。五月，授古北口提督。九年二月，偕直隶总督徐检奏请以赵州营千总移驻茨沟，茨沟营守备移驻赵州，并酌量添拨兵丁，如所请行。十一月，授安徽巡抚。十年，调山东巡抚，未之任，以蒙城匪徒余连纠众习教，抗拒官兵，遂带兵驰剿，歼其党四百，余逆就擒，并获教首李朝士等磔于市。上嘉其扑灭迅速，下部议叙。十一年，奏请以范县营守备移驻巨野，巨野把总移驻范县，并筹议拨添兵丁诸事，如所请行。十二年正月，以违例奏请摊征河工岁料银两，部议降调，上加恩改为降二级留任。

五月，擢陕甘总督。六月，入觐。时西宁贼番滋事，命长龄驰往查办。八月，攻贼于乜尔洼，燕其庐，追获贼目班珠尔贡格等，置之法。上以其办理迅速，下部议叙。十月，奏议善后章程：一、拨兵驻守黄河北岸；一、严禁通事人等私入番地，以免勾结；一、编查蒙古户口；一、循、贵两厅务在得人，不拘旗、汉。允之。十三年二月，奏请将宁陕镇总兵移驻汉中附近之营分隶该镇，裁汉中协副将，并裁宁陕原设参将、都司各一缺，守备二缺，千总四缺，把总、外委各七缺，步兵五百六十四名。五月，请以宁陕厅同知移驻宁陕新城，仍将原设巡检留驻旧治，四亩地巡检移驻新城；又以青年驿丞改为南星司巡检。均下部议行。十二月，以山东巡抚任内馈送钦差大臣广兴银两，镌级留任；复以任听藩司邱庭潍动库款为广兴办差。事发，褫长龄职，发往伊犁效力赎罪。十四年九月，赏蓝翎侍卫，充科布多参赞大臣。十五年九月，升三等侍卫，调乌里雅苏台参赞大臣。

十六年五月，授河南巡抚。九月，以前在科布多任内收受伊犁将军馈送马匹，滥与供支，下部议处。时江南李家楼漫口，淹及豫境，长龄奏请赈济灾区，分别蠲缓，从之。十月，以抢筑中牟堤工，下部议叙。十八年七月，乌鲁木齐领队大臣恒杰诬控都统兴奎受礼物、亏库仓等款，上命长龄为乌鲁木齐都统，往按得实，恒杰戍伊犁。

九月，复授陕甘总督。十二月，岐山县匪徒万五等因木厂停工乏食，纠众滋扰，命长龄带兵剿捕，以饬属防堵，递奏迟缓，严饬之。十九年正月，万逆由太行窜鳌屋山内，长龄伏兵山坳，擒万逆磔之，复歼股匪麻大旗等于阵。二月，生擒股匪陈四等三百馀名，捷闻，下部议叙。寻歼贼党吴抓抓于黄官岭，获龚贵等于阶州。汉江南北，一律肃清。谕曰："长龄前在河南巡抚任内失察李文成等谋逆，本有应得之咎，现在陕省匪徒滋事，派令总统师干，克期蒇事，自当宥其前愆，加以懋赏。着给予骑都尉世职，并赏戴花翎。"

闰二月，筹议善后五事：一、酌留官兵；一、抚恤被贼地方；一、稽查木厂佣工；一、修茸寨堡，编记军器；一、严办游手匪徒。

得旨允行。四月,筹拨宁陕裁兵馀地,由营员经理,备支公用,并请酌添兵食;又议奏南山铁厂章程五条:均从之。旋赏给都统衔,作为伊犁参赞大臣。二十年九月,回匪图尔第迈莫特听从首逆仔牙墩滋事,经伊犁将军松筠于拿获后,即行正法。上以案涉疑似,命长龄前往覆讯。二十一年二月,讯明覆奏,松筠坐专擅革职留任。五月,授伊犁将军。

二十二年二月,复授陕甘总督。六月,奏请封闭哈密小南路,以重巡防,从之。二十三年,偕巡抚朱勋、学政苏兆登奏请将镇西府迪化州乡试卷编聿中字号,于陕、甘两省取中,原额外增额一名,甘州、西宁二府照宁夏、榆林丁木字号之例,一科与通省合试,一科仍编聿左字号,照旧取中,如所请行。二十五年二月,西宁道雏昂揭参西宁办事大臣秀堃演戏坐轿,滥用委员;秀堃亦劾雏昂累民病商。命长龄兼署西宁办事大臣,偕钦差刑部侍郎文孚按之,鞫实,秀堃、雏昂均褫职遣戍。上以长龄毫无回护,特旨褒嘉。十一月,奏青海野番随时肆劫,请酌派沿边汛兵合围驱逐。

道光元年正月,以陕、甘山岭崎岖,请裁减额设马兵十分之一,改补步兵,从之。二月,晋太子少保衔。三月,奏请裁甘省游击一员、都司五员、守备四员,添设千总、把总共三员,及酌留归并弁兵事宜,如所请行。五月,命协办大学士,仍留陕甘总督任。九月,请将石峰堡守备、外委各一员,兵五十名,改拨定安营底店汛,千总改拨富平汛,从之。十月,奏请入觐,适山西巡抚成格劾前任学政陈官俊殴差纳妾等款,解成格、陈官俊任,命长龄暂署山西巡抚,秉公查办。十二月,讯明奏入,成格降主事,陈官俊降编修。是月，到京。

二年正月，署直隶总督。以遵化州民稠事繁，请改州同为理事通判，如所请行。会河北循化九族野番，〔一〕及蕴依、双勿两族勾结循贵、四川番户滋扰，上命长龄驰驿回陕甘总督任，相机办理。三月，檄西宁总兵穆兰岱、凉州总兵马腾龙等击贼于克克乌苏及博洛托亥等处，连胜之。四月，复败之于乌兰哈达及帮陇山中，贼走哈吸格，我兵分路夹攻，追至骆驼山，尽歼之。捷上，赏换双眼花翎，下部优叙。时上御养心殿，对雨，捷报适至，亲书御制诗扇赐之，诗曰："优沾竟夜复侵晨，天锡康年惠兆民。溜挂虚檐风乍爽，泉飞古本韵偏真。乘时洗甲还滋谷，伏愿驱炎更净尘。恰值西陲驰捷报，绥藩殄暴奖勋臣。"

六月，条上善后八事：一、蒙古宜体恤属下，以期富庶；一、蒙古宜正其衣冠，以防诡混；一、蒙、番宜严查歇家，以清盗源；一、蒙古宜亟筹生计，以免流离；一、野番宜严禁渡河，以靖边圉；一、野番宜选立头目，以资约束；一、野番宜垦田地，以裕生计；一、番地宜严禁硝磺，以重军火。如所请行。旋授阅兵大臣、文华殿大学士，管理理藩院事务。八月，命来京供职。九月，补镶白旗汉军都统。十月，以青海野番于奏凯两月后，复过河抢掠，命拔去双眼花翎，戴用单眼花翎，仍交部议处。十一月，回京，赐紫禁城骑马。

三年正月，命在军机大臣上行走。二月，充经筵讲官。四月，管理户部三库事务，充翻译会试正考官，并充总谙达、殿试读卷官。四年十一月，稽察钦奉上谕事件处。十二月，以大学士授云贵总督。

　　五年九月，调陕甘总督。十月，署伊犁将军，旋实授。六年六月，回疆逆裔张格尔入卡滋扰，陷喀什噶尔、英吉沙尔、叶尔羌、和阗四城。七月，命长龄为扬威将军，与署陕甘总督杨遇春、山东巡抚武隆阿率诸军讨之。十月，师抵阿克苏。时乌鲁木齐提督达凌阿已败贼于托什罕河，张逆复遣其党据柯尔坪，阻进剿之路，长龄督军攻之，歼其众。上以长龄初到军营，即获胜仗，赏赉优加。十一月，上念边外沍寒，赐裘服。寻奏筹拨伊犁存储粮石，请由冰岭转运阿克苏，得旨允行。七年正月，奏言："卡外部落皆为张逆煽惑，未可以孤军深入，必须归并一路，改由中道出其不备，突往围攻，庶可反正为奇，易于得手。"上是其议。又请将熟习情形之阿克苏阿奇木伯克伊萨克带赴军前差遣。二月，师次大河拐，贼屯洋阿尔巴特，夜犯大营，击却之。越日，由中路进剿，歼贼万馀，追杀三十馀里，擒三千馀人，上嘉其忠勇，晋加太子太保衔，下部优叙。

　　张逆复纠贼十馀万，抗拒于沙布都尔庄，长龄督师至浑水河痛歼之，毙贼目色提巴尔第于阵。旋侦剿阿瓦巴特，三路掩杀，俘斩二万馀，歼贼目阿瓦子迈玛底那尔巴特阿浑，复追至洋达玛河，搜剿净尽。捷闻，赏用紫缰。三月，移师浑河沿，克复喀城，上以张逆窜逸，严饬之。四月，收复英吉沙尔、叶尔羌，以张逆尚未获，革去紫缰。五月，贼屯毗拉满迎拒，大军夹击之，杀贼五千，和阗克复。七月，奏请将波罗泥都之子阿布都哈里，赏给职衔，管理回众。谕曰："所奏纰缪之极！着严行申饬。"八月，奏言："张逆逃往卡外达尔瓦斯之藏堪地方藏匿，经参赞大臣杨遇春、杨芳分途出卡穷追，至塔克尔打板地方，斩馘千馀。协领都凌阿、侍卫色克精阿先后阵亡。"上以零星残匪,伤我官兵,纵将该逆党斩获多名,已属不值,调度失宜,咎无可辞,下部议处,议夺职,恩予留任。九月,命来京供职。十二月,侦知张逆奔喀尔铁盖山,密遣杨芳带兵追之,生擒张逆,馀匪歼灭无遗。

八年正月,红旗奏捷,上览奏嘉悦,谕曰:"该将军等督率官兵,不避艰险,于卡外临阵生擒巨憝,槛送京师,与檄谕外夷设计缚献者,迥不相同。其在事将领官兵等,争先效命,自系该将军督率有方,仍当渥沛恩施,用昭懋奖。长龄着加恩锡封威勇公爵,世袭罔替,并赏戴宝石帽顶、两团龙补服,授为御前大臣,赏用紫缰,换戴双眼花翎。现据该将军等派诚端等押解张逆来京。进关后,着沿途督抚派令文武大员,带兵按站接替护送,无稍疏虞。长龄自赴回疆总统诸军,宣力年馀,今得蒇此大功,旋师奏凯。着俟那彦成到彼,将善后一切事宜详细交代,即迅速来京展觐,以慰厪怀。"三月,授正红旗满洲都统。时回疆平定,遵旨回京,上慰悦,赐御制诗扇,诗曰:"欣闻马首已旋东,与朕同心建大功。宣力三朝清且慎,扬威西极勇兼忠。琼楼绘像群英冠,铁盖垂名众望崇。先遣延年昭眷注,边风永靖播仁风。"

五月,首逆张格尔槛送京师,上御午门,受俘礼成,加长龄太保衔,赏换三眼花翎。绘像紫光阁,御制赞曰:"进剿渠凶,授将军印。总统王师,旛旛英俊。欲生生擒,扬威威震。重定新疆,褒封宜晋。"又命郑亲王乌尔恭阿、礼部尚书松筠等前往良乡迎劳。六月,入觐,行抱见礼于勤政殿,并赐御用珊瑚朝珠、四团龙补服。谕曰:"长龄年逾七旬,若令照常趋直,翊卫奔驰,转非所以示优异。长龄着不必进内侍班,用示体恤。"复授阅兵大臣,充总谙达,管理理藩院及户部三库事务。七月,充崇文门监督。八月,正大光明殿凯宴,恩赏银币。旋充翻译乡试正考官,授领侍卫内大臣。十一月,长龄生辰,御书功臣像赞,"平格功成"匾额,"黄扉赞化星辰近,紫阁图勋剑佩高"联句赐之。九年二月,充经筵讲官。三月,署兵部尚书。四月,署吏部尚书,充殿试读卷官。六月,署正蓝旗满洲都统。旋以崇文门查获私带鸦片烟犯,下部议叙。七月,管理健锐营事务。十年三月,署步军统领。五月,署户部尚书。

　　九月,回疆逸犯博巴克纠结浩罕入卡滋扰,围喀什噶尔、英吉沙尔二城,命长龄为钦差大臣,前往督办军务。十月,仍授为扬威将军。十一月,乌鲁木齐提督哈丰阿、甘肃提督胡超等先后统兵进援二城,围解,长龄以从逆者应诛,波累者应宥,并以大局已定,所调吉林等处各官兵,应即撤令归伍,以节糜费,因筹议办理情形以闻,上嘉其详备。先是,喀什噶尔参赞大臣札隆阿诬劾伊萨克助逆,十一年正月,命长龄按之。长龄以所奏未实,奏解札隆阿任,并请解京,钦派大臣审办。上命伊犁将军玉麟会鞫,得札隆阿诬劾状,奏闻,请治如律。寻奏言:"喀什噶尔地处极边,外夷由卡进城,仅百馀里,后路距阿克苏二千馀里。前此张格尔之乱,喀城被围,援兵不至,四城先后失守,致令参赞大臣坐困重围,不能制人而为人制。查四城现有满、汉兵六千馀名,即使每城酌增,贼匪仓猝入卡,纷纷檄调,孤军远涉,不能迅至,惟有量移统镇,以资控驭,酌添兵力,以壮声威。参赞总理八城,应请改驻叶尔羌,将和阗领队大臣移驻一员,听参赞调遣,喀什噶尔留换防总兵一员,在彼驻守,英吉沙尔仍驻领队大臣一员,在于叶尔羌、阿克苏适中之巴尔楚克，添驻总兵一员，以为树窝子咽喉锁钥。则六城相距不过数百里，声势易为联络。"并筹议裁添弁兵、换防移驻诸事，下军机大臣等议行。八月，加太傅衔。九月，请招民开垦回疆西四城间地，以供兵糈。十二月，命管理兵部事务。十二年四月，奏免诸夷进卡贸易之税，以示体恤。

九月，回京，上以长龄年逾七旬，于该旗分各衙门应行带领引见之日，免其带领。十月，管理户部三库事务。十一月，补总理行营大臣，管理善扑营、虎枪营事务，复充总谙达。十三年五月，管理户部事务。十四年，赐紫禁城乘轿。十五年正月，以收受浩罕夷使土物，降四级留任，革退御前大臣，并罢管理户部事务。二月，兼管理藩院事务。四月，充殿试读卷官。七月，充崇文门监督。十六年四月，充殿试读卷官。九月，管理户部三库事务。十一月，调镶黄旗领侍卫内大臣。十七年正月，赏穿四开禊袍。

长龄自道光二年至是年，四届京察，均蒙温谕褒嘉，下部议叙。七月，因病乞休，九月，复沥情入告，上慰留之。十月，上亲视疾，颁赏珍物。十一月，长龄八十生辰，命晋一等威勇公，御书"纶阁勋耆"匾额，"嘉乃壮猷资励相，锡兹蕃祉念戎功"联句，并诸珍物赐之。十八年，卒。遗疏入，谕曰："大学士公长龄，由部曹荷蒙皇考仁宗睿皇帝简膺外任，荐列封圻。朕御极后，特任纶扉，令在军机大臣上行走。乾隆、嘉庆年间，屡经出师，着有劳绩。道光六年，逆回滋事，复带兵申讨，克复四城，生擒首逆，懋著伟功。年来管理部院事务，详慎勤能，克尽厥职。中外扬历，无愧赞襄。兹闻溘逝，实深震悼！着入祀贤良祠。赏银二千五百两,经理丧事。任内一切处分,悉予开复。应得恤典,该部察例具奏。其一等公爵,着俟桂轮百日孝满后承袭。"寻亲临赐奠,长龄之孙麟庆,赏给员外郎,俟及岁时当差。赐祭葬,予谥文襄。伊犁将军奕山奏请入祀伊犁名宦祠,允之。十九年,得旨:"嗣后每次谒陵礼成后,将原任大学士公长龄一并开列具奏,派员赐奠。"

子桂轮,由荫生于嘉庆四年捐纳笔帖式。十四年,袭云骑尉世职。十五年,授整仪尉。十六年,升治仪正。十八年,授乾清门三等侍卫。道光元年,擢二等侍卫。四年,升头等侍卫,兼尚茶正。五年,授奉宸苑卿。六年七月,上授长龄扬威将军,剿办逆回张格尔,命桂轮随赴军营。十二月,擢内阁学士,兼礼部侍郎衔。七年三月,随参赞大臣武隆阿由右路进剿,桂轮以马队追贼,至排子巴特,擒斩无算;复于沙布都尔搜捕馀匪,遂复喀什噶尔,下部议叙。

八年二月,授正白旗汉军副都统。三月,命在御前侍卫上行走。四月,长龄自阿克苏凯旋,上命桂轮驰驿往迎。六月,管理御船处事务。十一月,授镶白旗护军统领。九年二月,兼武备院卿,调镶黄旗护军统领。七月,调镶蓝旗满洲副都统。十一月,授兵部右侍郎。十年,〔二〕调正蓝旗护军统领。十一年三月,转左侍郎。八月,调户部右侍郎,管理钱法堂事务。十月,调吏部右侍郎。十二年,署户部左侍郎。十三年,授右翼总兵。十四年四月,授右翼前锋统领。七月,转左侍郎。十二月,转左翼总兵。十五年三月,署镶蓝旗蒙古副都统,兼署工部右侍郎,管理钱法堂事务。闰六月,转左翼前锋统领。

十六年正月,署步军统领。五月,擢镶白旗汉军都统。十一月,管理向导处事务。十八年四月,袭头等公爵。九月,稽察右翼宗学。二十年,复授左翼总兵。二十一年八月,授热河都统。十月,奏请添设抬炮二十杆,于八旗闲散内拣选炮丁六十名,令鸟枪营协领等训练,人给银月二两,于生息闲款内动拨,得旨允行。时矿匪李长春挟回民架名偷窃之嫌,纠高升、姜保玉、韩土全、张遇文等,毁平泉州回民房屋百馀间,桂轮督员缉获枭示,馀分别治罪如律。二十二年,奏裁额鲁特养鹰头目,如所请行。二十三年,调乌里雅苏台将军。

二十六年,调杭州将军。二十七年五月,入觐,以病乞假,命留京调理。七月,卒。遗疏入,谕曰:"前任杭州将军桂轮由世职侍卫,随父出兵,荐擢侍郎、都统,旋复补授将军。中外供职二十馀年,办事慎勤,克称厥职。前召见时,察其病状,特旨开缺赏假两月,令其安心调理。因念桂轮先世旧勋,耆臣后裔,方冀病痊擢用,兹闻溘逝,殊堪轸惜!着加恩照将军例赐恤。晋赠太子太保衔,并赏给广储司银五百两,经理丧事。任内一切处分,悉予开复。应得恤典,该衙门察例具奏。"寻赐祭葬,予谥恪慎。

子麟兴,袭公爵,乌里雅苏台将军。

【校勘记】

〔一〕会河北循化九族野番　原脱"循化"二字。耆献类征卷三六叶二七上同。今据成录卷二九叶一下补。

〔二〕十年　"年"原误作"月"。耆献类征卷三六叶二九上不见。今据长龄传稿(之四三)改。

文孚

文孚,博尔济吉特氏,满洲镶黄旗人。乾隆四十六年,由监生考取内阁中书。五十五年,充军机章京。五十六年,补官。六十年,升侍读。嘉庆四年,川陕楚三省教匪煽乱,随钦差大臣那彦成前往陕西督办军需。五年,调补户部银库员外郎。七年,教匪荡平,大功告蒇,下部优叙。八年七月,上幸木兰,举行秋狝,文孚中四矢,赏戴花翎。十一月,调刑部员外郎。十一年五月,上以文孚在军机处行走多年,办事勤勉,命以四五品京堂用。六月,升内阁侍读学士。十二年五月,迁鸿胪寺卿。六月,命偕宗人府右宗人庆怡赴归化城审办土默特骁骑校旺当等呈控绥远城将军春宁、参领棍楚克受贿营私各款,寻讯明惟棍楚克赌博宿娼属实,馀坐诬,按律惩办。七月,擢通政使司副使。

旋以绥远城将军春宁、山西巡抚成龄奏请将绥远厅之浑津、黑河等处地亩改征折色,其不敷支放兵粮米石,将大青山马厂馀地招垦补额,上命文孚等就近详细履勘。九月,奏:“浑津、黑河共庄头十三户,每户原认种地六十顷。嘉庆四年以地亩碱坏,奏准豁免一百八十馀顷,馀仍交粮分种。今庄头等复以地亩生碱,请改折色。查生碱之地不过十之一二,若因此一二分碱地,并将无碱者全行改征,不惟现在兵粮不敷支放,且腴碱混淆,亦不足以昭平允。应请按地认真核计,不堪种艺者悉予开除,其并无碱性之区,仍令照旧交粮,无许妄生觊觎。至大青山马厂除已垦六千馀顷,尚馀草地二万顷,原可通融筹垦,惟满营牧马亦关紧要,诚恐招垦以后,游民趋利,逐渐偷开,招之易而驱之难,不可不防其渐。请将从前开垦并此次奏开垦若干顷外,查明未开草地,各按四至界址,堆立鄂博,或挖壕堑,严禁偷开。庶兵糈足敷支用,而马厂尚留有馀,俾资牧放。"下部议行。

十三年三月,赏副都统衔,充西宁办事大臣。闰五月,授正蓝旗汉军副都统。八月,以护送堪布、喇嘛回藏,酌减官兵,致被果罗克贼番劫掠,降二级留任。九月,偕陕甘总督长龄奏鄂伦布拉克地方防河官兵,请仍照旧安设,[一]以资弹压。谕曰:"前经那彦成办理番案事竣,奏请于黄河冰桥结冻后,拨兵梭巡,原因番族甫经慑服,藉壮声势,断无以天朝官兵为蒙古防守之理。今据称蒙古惟怯无能,恐启野番窥伺之心,此次姑照所请,嗣后察看情形,逐年减撤,并谕知蒙古努力自强,永靖边围。设将来番众复出滋事,亦不妨奏明惩办也。"十一月,疏言:"青海蒙古、番子重财轻命,习尚相同。向来命盗等案,一经罚服,两造欣然,虽有夙怨深仇,立时冰解。若按律惩办,不特犯事之家仇隙相寻,即被害之家亦以不得罚服,心怀觖望,此种积习,不可化诲。查番子内附之始,于雍正十一年,经大学士鄂尔泰等议纂番例,颁发遵行,声明俟五年后,再照内地律例办理。嗣于乾隆年间,叠经展限,兹复奉命详议。窃思番、民等如果纠结滋扰,或情同叛逆,或关系边疆大局,自当从严惩办。至其自相戕杀,及偷盗等案,向系罚服完结,相安已久。一旦绳以内地法律,恐愚昧野番群滋疑惧,转非抚驭边夷之道。谨将原颁番例缮写进呈,或有删改之处,应请由部核定。"下军机大臣等议行。十四年,奏:"上年路劫堪布、喇嘛之果罗克,经四川官兵剿擒,诸番震慑,沿途安靖。其护送官兵本非定例,若仍拨派,该堪布不免恃护疏防。应请裁撤,以省兵费。"从之。

十六年十月,召回京。十七年三月,调镶白旗满洲副都统,兼署镶白旗护军统领。四月,山西商人郭常新京控巡抚衡龄于晋商误运一案,办理偏枯,无辜受累,上命文孚偕内阁学士阮元往鞫。查明吉兰泰拖欠盐课,原系该商应赔,衡龄以该商存公之银,摊扣未完之课,并无冤抑。郭常新不候查办,辄填砌多款具控,拟罪如律。又以吉兰泰盐务屡经误运亏课,命就近体察妥议章程。六月,奏言:"晋省介休以南皆系河东引地,当年课归地丁。吉兰泰无课之盐,由黄河南下,既占潞引,且冲淮纲,畅销不计其数。是以定议每年吉引八万七千五百道,正杂课银六万三千五百八十两,引课皆属过多。后因河东复商稽察严密,吉盐遂不能畅销如前,以致商人赔累,误运亏课,请停止吉盐官运,改并潞商认额。以潞引之有馀,补吉课之不足。其吉盐照旧许民捞贩,惟限制水运,只准至皇甫川而止,不使充斥潞纲。庶商民皆无扰累,帑项不致有亏。并酌议章程八条:一、奏销宜各划清;一、吉盐引目,宜前后接算;一、商办章程,宜逐层分晰;一、领引纳课,宜使便商;一、办盐官员,宜加考察;一、廉俸宜归河东给发;一、早归运本,毋庸起息;一、旧存商物,毋许勒抵。"奏入,下部议行。

寻擢内阁学士,兼礼部侍郎衔。七月,署镶黄旗护军统领。十一月,升刑部右侍郎。十八年三月,充左翼监督,旋管理圆明园八旗、包衣三旗事务。四月,授镶白旗护军统领,兼镶黄旗公中佐领。六月,户部奏请更换左右翼监督,谕曰:"数日前文孚面奏伊管理左翼税务,仅三月有馀。今届更换之期,恐令其接管,伊才短不能照料,若俟题本后,即不能辞免,为此先行密奏,殊属非是。人臣黾勉奉公,事无难易,惟君所使。若遇事之稍涉烦难者,即豫为推卸,设使彼此效尤,甚乖敬事之道。况密奏为公则可,为私则不可。文孚着交部加等议处。"〔二〕寻降四级调用,赏给二等侍卫,仍留公中佐领,在大门上行走。九月,因山东剿捕教匪,命文孚前往,会同藩司朱锡爵经理粮饷。十一月,擢内阁学士,兼礼部侍郎衔。十二月,山东省贼匪肃清,召来京供职。会山海关副都统额勒金布拿获匪犯马永福等解京,经军机大臣覆讯,供词翻异,上命文孚偕鸿胪寺少卿康绍镛前往查办。十九年正月,讯明覆奏马永福等委无谋逆情事,因教匪煽乱,出关投访亲友,官兵图赏安拿,刑逼诬服,论弁兵如律;并劾额勒金布张皇入告。得旨,额勒金布来京,听候部议,即以文孚补山海关副都统。二月,奏言:"吉林、黑龙江凯旋官兵到关,浮带雇工及幼孙多名,已截留暂为收养。雇工应听自谋生理,幼孩可否给满营官员分领?"上命黑龙江将军富俊等查办,旋经富俊查出逆犯之子田金山一名,照例缘坐,其馀有家者解送回籍,无家者妥为留养,不使失所。上以文孚首先具奏,加一级。

二十年三月,调马兰镇总兵,兼管内务府大臣。十一月,所属内务府主事巴彦图与拜唐阿图善互相呈控,文孚奏交刑部审办。命兵部左侍郎禧恩往鞫,讯出巴彦图、图善系属姻亲,因借贷不遂,致相禀讦,按律办理。上责文孚于此等细事,不能审实,有心推诿,褫花翎,夺俸三年。二十一年正月,马兰峪朝阳洞道士双阳书写符咒,为人治病。经古北口提督徐锟缉获,讯出祝繇科书系千总赵廷弼所给,六甲奇门书系尚茶正广英所给。上命文孚查讯，旋查明咨覆徐锟，徐锟据以入奏，并将双阳解部。上以文孚于倡习邪教重案不行陈奏，仅以咨覆了事，谪头等侍卫，充叶尔羌领队大臣。越日，文孚奏至，并将赵廷弼及广英之子解送刑部质审。谕曰："马兰峪较古北口稍远，是以徐锟之折转于先一日赍到。文孚尚非应奏不奏，惟办事拘泥，人地不甚相宜，着调补锦州副都统。"二十三年八月，上幸盛京，校射，文孚中四矢，赏还花翎。九月，调镶白旗汉军副都统，寻授刑部右侍郎。十月，调正黄旗满洲副都统。

时御史唐鉴参奏湖南武陵令顾烺圻营私贪婪各款，命文孚往按之，鞫实，烺圻遣戍。先是，广西巡抚叶绍楏入觐，布政使富纶护理巡抚，疏参桂平县知县史茱迟误兵米，并及署藩司程卓梁，嗣绍楏回任，查明卓梁实已禀揭在先，富纶情词支饰，意存挟制，请旨审理。富纶亦劾绍楏回护卓梁及广西吏治废弛等弊，上命文孚偕两广总督阮元查办。讯明奏入，绍楏、富纶等降革有差。二十四年正月，命在军机大臣上学习行走，嗣富纶复遣家丁京控阮元删减原奏，朦胧诬参，上命文孚提讯。寻奏阮元参劾过当，请将阮元议处。旋回京。八月，充崇文门副监督。九月，充满洲翻译乡试副考官。

十一月，命偕刑部左侍郎帅承瀛赴山东鞫狱，会河南兰仪汛河决，山东巡抚程国仁以张秋黄流穿入运河，奏请相度情形，豫筹漕运。谕曰："文孚即驰赴张秋查看，明年重运北来，由该处东坡、西坡孰为顺利，先行具奏，一面前往河南查勘引河高仰之处办理情形若何，顺诣马营坝点查运贮料物，[三]实有若干垛，琦善等督办是否认真，仍在工次暂住二十馀日，专催料物，如有玩延，即行严参。"寻奏言："东坡地势不平,重运行走不能无碍;西坡本系漫地,本年漕船回空,已有成效,来年重运似可通行。设西坡存水浅阻,难资挽运,即将西岸民堰缺处搭桥以为纤路,签桩以施犁缆,仍令漕船由正河行走,至赵王河再入西坡,较之全由正河工费省半。"从之。时已命河南按察使德奎督挑引河,复谕文孚先赴兰仪一带阅看淤垫情形,督催挑挖。十二月,奏言仪封三堡至五堡,滩与堤平,受淤最厚,急应挑浚。先是,有旨命文孚驰赴湖北审案,旋以工程紧要,命无庸赴楚。二十五年二月,奏督办下段引河全竣,上嘉其妥速,下部议叙。

三月,调户部左侍郎。会西宁道雒昂详揭参西宁办事大臣秀堃演戏乘轿,滥用委员;秀堃亦劾雒昂病民累商。命文孚由工次驰往,偕陕甘总督长龄按之,鞫实,秀堃、雒昂均褫职遣戍。上以文孚等毫无回护秀堃之处,特旨褒嘉。六月,回京。七月,仁宗睿皇帝升遐,命恭理丧仪。八月,赐紫禁城骑马。九月,充实录馆副总裁官,调工部右侍郎,兼署礼部左侍郎。寻以缮写遗诏内有错误,谕曰:"七月二十五日,恸遭皇考大行皇帝大故。彼时军机大臣敬拟遗诏,朕在谅阴之中,哀恸迫切,未经看出错误之处,朕亦不能辞咎。但思军机大臣多年承旨,所拟自不至有误。及昨内阁缮呈遗诏副本,以备宫中时阅。朕恭读之下,[四]末有皇祖降生避暑山庄之语,因请皇祖实录跪读,始知皇祖于康熙辛卯八月十三日子时,诞降于雍和宫;复遍阅皇祖御制诗集,凡言降生于雍和宫者,三见集中。因命军机大臣明白回奏,据称:'恭查大行皇帝御制诗初集第十四卷,万万寿节率王公大臣行庆贺礼恭纪,诗注恭载高宗纯皇帝以辛卯岁诞生于山庄都福之庭;又

第六卷万万寿节率王公大臣等行庆贺礼恭纪，诗注相同。至实录未经恭阅，不能深悉'等语。朕敬绎皇考诗内语意，系泛言山庄为都福之庭，并无诞降山庄之句。当日拟注臣工，误会诗意。兹据军机大臣等称实录未经恭阅，尚属有辞。至皇祖御制诗集久经颁行天下，不得诿为未读，实属巧辩，交部严加议处。遗诏布告天下，为万世征信，岂容稍有舛错？故不得不将原委明白宣示中外，着将此旨通谕知之。"旋经部议夺职，得旨："文孚仍留军机处行走，着降五级留任，六年无过，方准开复。"十一月，升都察院左都御史。十二月，充经筵讲官。

道光元年正月，擢礼部尚书。三月，授镶蓝旗蒙古都统。四月，充考试八旗翻译官。五月，署兵部尚书。八月，授正黄旗领侍卫内大臣。二年正月，署户部尚书。三月，调工部尚书。闰三月，命偕内阁学士辛从益前往陕西鞫狱。先是，渭南县商人柳全璧殴毙朱锡林，知县徐润得赃朦结，复叠酿多命。至是，文孚等廉得其实，均置之法。又以西安府知府邓廷桢坚执己见，巡抚朱勋漫无觉察，致属员任性妄为，据实劾奏。上以其细心推鞫，秉公持正，嘉之。五月，署陕西巡抚。六月，调镶蓝旗满洲都统，旋调吏部尚书。七月，授总管内务大臣。三年正月，以修理圆明园工程整齐，赏加一级。二月，命偕刑部尚书蒋攸铦查看顺天府属被水情形。三月，奏言："文安积水未消，不能布种，请加赏一月口粮；大城水涸过半，请设厂平粜，并将漫口速筹堵筑，以防伏汛。"如所请行。四月，恭进仁宗睿皇帝实录汉本，赏文绮。七月，充崇文门监督。九月，充武会试监射大臣。四年四月，仁宗睿皇帝实录告成，赏加太子太保衔。旋稽察钦奉上谕事件处。

十一月，以南河堰、盱溃决，褫江南河道总督张文浩职，解两江总督孙玉庭任，命文孚偕礼部尚书汪廷珍驰往查办。十二月，奏言："黄水迅至无常，近来堵闭御黄坝俱在五六月间。今张文浩于御黄坝应闭不闭，五坝应开不开，蓄水过多，湖堤不能摄纳，致石工掣塌一万一千馀丈，应遣戍伊犁；孙玉庭兼辖河务，有心徇隐回护，请下部严议。"上嘉其察奏明晰。会侍郎朱士彦条陈南河事宜，命文孚等详细议奏。五年正月，奏："检查档案，体察情形，就原奏各条分晰妥议：一、原奏高堰石工，必先圈筑越坝，戽水见底，方可兴工。又从前议用坦坡之法，于堰外添砌碎石，因河臣屡易，事遂中止。此次应估计兴修查修砌石工，凡拆修到底者，估筑越坝，俾石根显露，验明估修；其拆砌层数出于水面者，均不筑坝。现在工作方兴，必须严立章程，以免工员草率；并请于石堤外用碎石抛成坦坡，则堰、盱石堤水无塌卸之虞。一、原奏高堰之内，向有二堤一道，近已残缺，应行培补。查二堤系靳辅筑做未完之工，较大堤矮至二丈，必须培增，与大堤相平，始足资重门保障。计需费二百馀万，而大堤岁修仍不能免，若但酌量培补，实属无益，应请缓办。一、原奏黄河盛涨之时，务当两岸分泄。查黄河两岸俱有宣泄之地，南岸所泄之水，远近不一，皆汇入洪湖；北岸惟王营减坝减涨较为得力，拟将该坝内盐河堤埽勘估加筑，以备大汛时启放，俾不致偏注南岸。一、原奏山盱厅属五坝，原以备减泄湖水，立有水志，以时宣泄。前因五坝开迟，以致水逾常格，请嗣后谨守旧章。查仁、义、礼三坝自嘉庆年间移建蒋家坝，迤南地势高亢，引河浅窄；智、信二坝又经抬高坝底，泄水不能畅速，应于仁、义、礼旧坝处所，添建石滚坝一座，以防异涨。一、原奏黄河下游无堤之处,接长新滩,河流散漫,不能东注,将有下壅上溃之惧。查海口并无疏浚之法,惟有束水攻沙,使之全力归海。自应于新堤之尾,再行相机接筑,俟来年重运渡黄后,由河臣勘明奏办。"如所议行。

六年二月,管理健锐营事务。五月,授阅兵大臣。八月,复充崇文门监督。七年七月,回疆克复四城,晋太子太保衔。十二月,管理户部三库事务。八年正月,以回疆底定,首逆生擒,晋加太子太傅衔,赏用紫缰。时京察届期,上以文孚赞襄军务,业经施恩,毋庸再行议叙。四月,黑龙江将军禄成有派兵不公,交站喂养私马,及家人短发物价各款,上命文孚偕刑部左侍郎英瑞驰往查办,鞫实,奏请褫职严讯;复查出禄成家人徐添桂诈骗银两,按律问拟。禄成于取供后,忿悔自戕,文孚等坐失于防范,下部察议。五月,绘像紫光阁,御制赞曰:"和而不同,公正以清。掌乎邦治,请托不行。凡思对命,守口如瓶。弼予以治,洵乎悃诚。"八月,补十五善射大臣。

九年三月,署户部尚书。四月,充翻译会试正考官。十年五月,署镶红旗汉军都统。八月,署镶红旗满洲都统,复署户部尚书。十月,因失察捐纳房书吏蔡绳祖私造假照,降二级留任。十一年正月,充经筵讲官。三月,署正黄旗满洲都统。十一月,调正白旗满洲都统,充国史馆总裁。十二月,以吏部尚书,协办大学士。十二年三月,复署户部尚书。四月,以前在镶蓝旗都统任内失察马甲唐八邪教,降三级留任。自二年、五年、十一年至十四年正月,四届京察,均下部议叙。六月,管理户部三库事务。九月,以失察候选道淡春台贿嘱吏部司员书吏得缺,降四级留任。十月，谕曰："昨日健锐营官员引见，衣服朴素，一洗向来恶习。箭皆中靶，崇实务本，不失满洲旧风。朕心嘉悦之至！文孚赏加一级。"

十一月，擢东阁大学士，管理吏部事务。十五年二月，管理户部事务，寻授文渊阁大学士。三月，兼署户部尚书。四月，御史金应麟劾奏东河总督吴邦庆保举过滥，动拨过多；又吴邦庆奏前任河督严烺收受各厅银两，及告病回籍，需索盘费等情，命文孚偕山东巡抚钟祥查办。五月，奏："查明吴邦庆违例奏拨河员属实，所参严烺受贿并无实据，殊属错谬冒昧；严烺不遵部议改拨河员，亦属朦混取巧，请分别议处。"从之。六月，因审讯已撤山东阳信县知县孙恩福逞刁渎控一案，未能按律惩办，降四级留任。是月，充满洲翻译考试官。七月，陈请解职，谕曰："大学士文孚在军机大臣上行走有年，谨慎小心。前岁因年近七旬，奏请解职，朕察其精神尚健，未经允准。昨日召见，面称两耳重听，间复健忘。据实陈恳，情词恺切，朕不忍再违所请。文孚着以大学士管理吏部事务，毋庸在军机大臣上行走，以节劳勋而示体恤。"八月，署工部尚书。九月，充翻译乡试正考官。

寻以土默特贝子旗台吉那逊巴图等呈控该扎萨克贝子德勒克色楞各款，命文孚驰往热河，偕都统嵩溥讯办。十二月，讯明德勒克色楞于打围时乘轿，又不能妥办案件，并因拣派印务，致招物议，据供劾奏。上以该贝子应如何定拟示惩，文孚等并未议及，交部议处。十六年二月，署工部尚书。三月，署户部尚书。四月，充翻译会试正考官。五月，因正白旗满洲进士庆廉以废疾应试，文孚系本旗都统，率准送考，命革去都统，夺俸二年。七月,因病陈请开缺,谕曰:"文孚在军机大臣上行走有年,简擢纶扉,谨慎供职。道光十三年间,因年近七旬,奏请解职,朕察其精神尚健,未经允准。上年召见时,面称重听健忘,据实陈恳,特降旨令其管理吏部事务,毋庸在军机大臣上行走,以节劳勚。昨因感受暑湿,赏假调摄。本日复据奏称,耳聋头晕,恐致误公,恳解职任。若不允所请,伊心转有不安。文孚着以大学士致仕,赏给半俸,用示朕眷念勤劳、优礼耆臣至意。"

二十一年,卒。遗疏入,谕曰:"致任大学士文孚由内阁中书在军机章京上行走有年,仰荷皇考仁宗睿皇帝叠加简擢,襄赞枢垣。朕御极以来,优加倚任,简授尚书、都统,进秩纶扉,仍参机务。公忠佐治,清慎持躬。在军机大臣上行走十有馀年,密勿赞襄,深资倚畀。管理部旗事务,悉臻妥协。道光十六年七月,以老疾乞休,不忍遽令解退,因其年逾七旬,恐其系心职守,曲加体恤,准予致仕,并赏给半俸,岁赐参枝。方期永享遐龄,长承恩眷,遽闻溘逝,悼惜殊深!着赏给陀罗经被,派惠亲王绵愉即日带领侍卫十员,前往奠醊。朕回銮后,于二十一日亲临赐奠。并加恩晋赠太保衔,入祀贤良祠。赏给广储司银一千五百两,经理丧事。所有原任内一切处分,悉予开复。应得恤典,该衙门察例具奏。伊孙笔帖式裕瑛,着于服阕后以主事即补,用示朕笃念荩臣、恩施无已之至意。"寻赐祭葬,予谥文敬。二十三年,库丁侵亏库银案发,经查库王大臣载铨等议奏,历任管库查库大臣分成摊赔,已故者子孙减半代赔。二十四年,得旨:"原任大学士文孚宣力多年,居官清正,且其现在子孙系承嗣,所有代赔未交库款,着加恩宽免。"

裕瑛,候补主事。

【校勘记】

〔一〕请仍照旧安设　"请"原误作"拟"。今据睿录卷二〇一叶二九下改。

〔二〕文孚着交部加等议处　原脱"交部"二字。今据睿录卷二七〇叶一一上补。

〔三〕顺诣马营坝点查运贮料物　"贮料物"原误作"稭物料"。今据睿录卷三六四叶五下改。

〔四〕朕恭读之下　原脱"朕"字,今据成录卷四叶八上补。

卢荫溥

卢荫溥,山东德州人。乾隆四十六年进士,改翰林院庶吉士。四十九年,散馆授编修。五十年,大考二等,记名以应升之缺升用。五十一年,丁父忧。五十三年,服阕。五十六年,大考三等,改礼部主事。五十八年,补主事。五十九年,充山西乡试副考官。六十年,提督河南学政。嘉庆四年,丁母忧。六年九月,服阕。十一月,充军机章京。七年,川陕楚三省教匪荡平,大功告藏,下部优叙。八年二月,补原官。十一月,升员外郎。九年四月,京察一等,记名以道府用。六月,充浙江乡试副考官。十一月,升郎中。十三年,升鸿胪寺少卿。

十四年三月,直隶南皮县革生徐丹桂遣弟丹台控知县彭希曾贪赃受贿,上命荫溥偕都察院左副都御史长琇往治其狱,徐丹桂等坐诬,治如律。四月,迁光禄寺少卿。六月,御史陆言劾奏浙江学政刘凤诰代办监临印用联号,命偕户部左侍郎托津、刑部左侍郎周兆基按治之,廉得其实,刘凤诰褫职逮问,戍伊犁;缙云县民人周愈满控吕景贵殴毙其侄周三洪,并命讯焉,得其服毒图害状,治如律。十五年二月,复奉命偕工部尚书托津按四川生员易元钧控土司婪侈攮剥,民人黄映川控知县屈抑民冤事,均作诬。时京察届期,谕曰:"光禄寺汉少卿卢荫溥在军机章京上行走,〔一〕缮写谕旨,尚属妥协,节经派往外省查办案件,均无贻误,着加恩交部议叙。"五月,给事中胡大成劾奏勒保任四川总督时,有匿名揭帖指讦总督、藩司款迹,寝息未办,仍命偕托津按验,得实,勒保坐应奏不奏罢大学士。六月,以粤洋巨匪乌石二等殄除净尽,赏加二级。十一月,偕刑部尚书勒保、户部左侍郎英和往涿州、房山县一带查办灾赈,旋以热河买补兵米,热河总管穆腾额、直隶总督温承惠筹议两歧,谕荫溥等确查妥议章程。寻奏言:"热河官兵岁需米石,向由承德府及所属厅州县领银采买。今以市价昂贵,似应量为变通,请暂在通仓拨米八千石,分运古北口,作为贴补兵糈之用,仍按年由藩库支项补买还仓。"下部议行。

　　十六年三月,上巡幸五台,荫溥扈跸。会山西巡抚衡龄奏解任凤台县知县陈绍贵怀挟冤单自经死,上以情节可疑,命偕工部右侍郎成格往鞫。寻讯明陈绍贵被人挟制自尽,委审官太原府知府赵鸿文下部议处。闰三月,崞县民人温继伦以温联腾殴毙其父温玉林,悬案未定,民人温宣以温尔泰挟嫌纵火,连毙二命,正凶脱逃,各在台怀道旁叩阍,复命赴代州审办。谳定,历任知县均坐玩纵,夺职。七月,命以光禄寺少卿加四品卿衔,在军机大臣上学习行走。旋擢通政使司副使。十七年四月，迁光禄寺卿。十一月，升通政使司通政使。擢内阁学士，兼礼部侍郎衔，充文渊阁直阁事。十八年三月，授兵部右侍郎。八月，充顺天乡试副考官，寻转左侍郎。九月，调户部左侍郎。

时逆匪林清勾结豫东教匪煽乱，陷滑县，并遣其党潜入禁城，谋为变，立即扑灭，林清寻就获。荫溥以昼夜勤劳，加二级。官军旋赴滑县，教匪平，下部优叙，赐紫禁城骑马，充经筵讲官。十九年二月，以豫东教匪既平，南山匪徒旋就剿除。谕曰："军机大臣赞襄枢务，夙夜勤劳，宜沛恩施，以昭优奖。卢荫溥之子卢本，着加恩赏给举人，准其一体会试。"五月，充国史馆副总裁。九月，御史申启贤劾滑县知县孟屺瞻收留难民之女为妾，并私匿叛产等款，命偕户部右侍郎成格往鞫，得实，褫孟屺瞻职，遣戍。二十年九月，署刑部左侍郎。十二月，以刑部案件因循积压，部议夺职。上以荫溥在军机处，事务较繁，暂署刑部，不能到署办事，不过一时疏忽，改为降二级留任。四月，失察司员保龄听嘱得赃，降二级留任。六月，调户部右侍郎，兼管钱法堂事务。

二十二年三月，擢礼部尚书，充国史馆正总裁，旋调兵部尚书。六月，兼署刑部尚书。上以荫溥夙夜勤劳，实心任事，赏加太子少保衔。八月，上秋狝木兰，命署行在刑部尚书。九月，调户部尚书。寻以郎中钱学彬朦混截取，未经详查，率行保送，降二级留任。十一月，署刑部尚书。二十三年四月，署吏部尚书。五月，以纂辑明鉴体例不合，罢原纂各官，特派总裁官另行编辑，荫溥与焉。九月，上恭谒祖陵礼成，加二级。二十四年十月，荫溥六十生辰，御书"延禧介寿"额，并诸珍物赐之。二十五年三月,充会试正考官。七月,仁宗睿皇帝升遐,命总理丧仪。九月,缮呈遗诏副本,误纪高宗纯皇帝诞生处所,上震怒,军机大臣皆下部严议,事具文孚传。荫溥经部议夺职,得旨:"卢荫溥仍留军机处行走,着降五级留任,六年无过,方准开复。"旋调工部尚书。

道光元年,调吏部尚书,兼管顺天府府尹事务。上以"荫溥职任较繁,不必在军机处行走,俾其专心进署办事。"自嘉庆十八年至二年正月,四届京察届期,均下部议叙。三月,因前在工部尚书任内失察司员承办工程得受工匠银两,复嘱托看册司员朦混算销,部议褫职,上加恩改为降四级留任。三年正月,得旨:"朕于本年元旦御殿受贺,阊惠覃敷,左右近臣,允宜特加恩泽。吏部尚书卢荫溥失察承修工程司员,降四级留任,加恩宽免。"三月,上耕耤,以执事整齐,加二级。四年,命无庸兼管顺天府府尹事务。六年,复命兼管顺天府府尹事务。七年七月,以吏部尚书协办大学士。八月,上谒东陵,留京办事。九月,御史赓福泰劾刑部司员那清阿滥刑拷讯西城捕役,命留京大臣审办,荫溥等仅以那清阿疏忽定拟,并不将饬提未到之贼犯关二声明入奏,降一级留任。八年正月,回疆肃清,荫溥以兼管顺天府府尹支应兵差妥速无误,加一级。八月,充顺天乡试正考官。自二年、三年至九年四月,三充殿试读卷官。十月,荫溥七十生辰,御书"赞纶锡庆"额,"福"、"寿"字,并诸珍物赐之。

十年九月,授体仁阁大学士。十月,以前在户部尚书任内失察捐吏蔡绳祖等私造假照,降三级留任。十二月,管理刑部事务。十一年八月,充顺天乡试正考官。十一月,充文渊阁领阁事。十三年,以病久乞休,谕曰:"卢荫溥在军机大臣上行走有年,嗣因管理吏部、顺天府事务较繁,令其毋庸入直,专心职守。旋擢纶扉,综理部务,殚心竭力,办事认真,一切悉臻妥协。上冬因疾请假,复两吁恳解退职任,朕屡经降旨宽予假期,并赐参枝,俾得资调养。兹复奏称病已五月之久,医治未能速效,力请乞休,情词肫切。若仍慰留,伊心恐旷官,转难颐养,非所以示体恤。卢荫溥着施恩晋加太子太保,以大学士致仕,赏给支食全俸,用示朕眷念勤劳,恩礼耆硕至意。"十九年,举行己亥科乡试,荫溥以乾隆己亥科举人,至是重逢乡榜,经兼管顺天府府尹卓秉恬等奏闻。谕曰:"卢荫溥久赞纶扉,勤劳懋著。致仕后未曾回籍,年登八秩,重遇鹿鸣,洵属熙朝盛事。着加恩晋加太子太傅衔,准其重赴鹿鸣筵宴。"

寻卒,年八十。遗疏入,谕曰:"致仕大学士卢荫溥由编修改官部曹,在军机章京上行走有年。仰荷皇考仁宗睿皇帝迭加简擢,进跻枢府,密勿赞襄。朕御极以来,优加倚任,特畀纶扉,宣力五十馀年,老成练达。历事三朝,渥承恩眷。道光十三年三月,以老疾乞休,不忍遽令解退,因伊年逾七旬,恐其系心职守,特加体恤,准予致仕,并赏给全俸,岁赏参枝,时加存问。本年重遇鹿鸣,晋加太子太傅衔,方冀迭沛恩施,遐龄永享。兹闻溘逝,深为悼惜!着赏给陀罗经被,派成郡王载锐带同侍卫十员,前往奠醊,并加恩晋赠太子太师衔,入祀贤良祠。赏给广储司银一千五百两,经理丧事。所有原任内一切处分,悉予开复。伊孙卢光燮着赏给举人,准其一体会试。"寻赐祭葬,予谥文肃。二十五年,入祀乡贤祠。

子本,户部员外郎;孙光燮,更名庆纶,翰林院编修。

【校勘记】

〔一〕光禄寺汉少卿卢荫溥在军机章京上行走　原脱"汉"及"行走"三字。今据睿录卷二二六叶三上补。

阮元

阮元,江苏仪征人。乾隆五十四年进士,改翰林院庶吉士,充万寿盛典纂修。五十五年,散馆授编修。五十六年二月,大考一等第一名,超擢詹事府少詹事,入直南书房,充石渠宝笈协修、日讲起居注官。十月,迁詹事,充文渊阁直阁事。十一月,诏充石经校勘官。五十八年,提督山东学政。六十年八月,调任浙江学政。九月,擢内阁学士,兼礼部侍郎衔。嘉庆三年八月,升兵部右侍郎,旋调礼部右侍郎,仍留学政任。九月,任满回京,仍入直南书房。四年正月,转左侍郎,署兵部左侍郎。三月,充经筵讲官,寻调户部左侍郎,充会试副考官。七月,兼署礼部左侍郎。九月,兼管国子监算学。

十月,署浙江巡抚,五年正月,实授。先是,浙洋有安南夷艇及凤尾帮、水澳帮、箬黄帮盗船数百只,出没为患。元赴温、台督饬定海镇总兵李长庚率兵攻剿,并捐廉添设大船大炮,以资攻击;陆路兵按三成挑选,专司训练。得旨嘉奖。二月,檄黄岩镇总兵岳玺剿箬黄帮,获船十二,生擒盗匪一百七十馀人,箬黄帮由是遂灭。又访获南沙海滨叠次窝劫盗犯陈阿三等。奏入,谕曰:"阮元到浙未久,于积年窝盗要犯,即能饬属严拿,具见缉捕认真,任事实心,克副委任。着交部议叙。"又谕:"此等盗犯经刑部核议,亦断无监候之理。该抚审讯明确,即应恭请王命正法,何必拘泥请旨,俾要犯尚稽显戮耶?"

五月,夷艇复窜至浙,元驰赴台州,请以定海镇总兵李长庚总统温州、黄岩两镇协同策应,并请调粤、闽舟师会剿,允之。六月,夷艇私入浙洋之松门山,勾结水澳、凤尾各帮,屯聚伺劫。元驻师台州,先布间谍,令互相猜忌,水澳帮驶退,飓风夜起,贼艇百数十号为海涛冲击,覆溺无算。元檄兵乘机奋击,弃艇登山,元复檄各陆路兵赴山搜捕,先后生擒八百馀贼,得安南伪总兵印,首从以下治如律,难民及胁从者释之。黄岩县知县孙凤鸣等擒获安南伪总兵伦贵利,磔于市。自是夷艇凤尾帮皆灭。九月,檄黄岩镇总兵岳玺、温州镇总兵胡振声会剿水澳帮于东臼洋,炮沉船一,夺船二,生擒三十馀人。贼溃,水澳帮亦灭。

十一月,疏言:"清查仓库弥补情形,大略以本官尚在,即分别咨追,若参革身故,即着现任次第弥补,每年节省浮费,按月解交,以补本缺之亏;次划补同府、州、县,次划补通省最苦州县,十年以外,守此不变,始能清楚。"得旨:"所办是。弥补之法宜缓不宜急,于官有益,于民无损;日计不足,月计有馀。"六年正月,以两浙所属历代帝王陵寝及名臣先贤祠墓旧册,挂漏甚多,考订补阙,咨部注册。又奏温州披山洋炮沉侯齐天盗船一,生擒十二人,定海镇游击许松年雪夜入马碛洋获盗船一,生擒十九人,礁潭洋截获盗船一,生擒十人,均报闻。五月土盗张阿恺等九十名,悔罪投诚,奏请分别入伍安插。七月,请以萧山牧地每亩减征钱一二百文不等,其课银上、中两则者,俱改为下则,请于牧租钱二万二千二百五十馀串内,岁减三千三百串有奇,灶课银三千六百九十馀两内,岁减一千九十九两有奇,别筹生息,以足旗营之用,藉纾民力。如所议行。八月,檄李长庚、岳玺会剿盗匪蔡牵于三盘洋,获船二,生擒十五人。十一月,疏报临海开垦田六十四亩有奇升科。七年八月,请添设乍浦卡房,增兵防守,彩旗门西山嘴添设大炮二门,大劈山添设大炮八门,得旨允行。

时有卖油帮土盗杨课等百数十人投诚,缴铁炮六十二门、枪械百馀器,奏请分别入伍安插。十一月,以南沙私盐充斥,请发帑官收。皆从之。八年正月,偕学政文幹会奏创修玉环厅学,并添设学额,以温州府学训导改为玉环厅学训导。闰二月,奏请立杭、嘉等八府昭忠祠,以历年剿捕洋匪,伤溺官兵二百九十馀人从祀,上韪其奏。嗣洋盗有黄葵者聚十馀船,创名新兴帮,又称再兴帮,在洋面行劫。元檄黄岩镇总兵张成捕之,获船三,生擒七十馀人。五月,奏台州飓风,玉环厅属搜捕登岸洋匪八十馀人。六月,入觐,赏赉锡宴有加。上询问海塘,元奏经费不敷,请以嘉庆五年所停西湖岁修银及商捐存息银,统交商领生息,岁拨一万六千两为西塘扫工之用,允之。九月,回任。十一月,总兵胡振声夜袭蔡牵于南麂洋,未获;参将李景曾等复袭之,炮沉船三,生擒九十六人,蔡逆遁。元亲往宁波,檄提镇分击于南北麂洋,炮沉船一,获船二,生擒八十馀人。先是,给事中萧芝奏请采买米石,由海北运,有旨命元议覆。是月,疏陈:"浙西地狭民稠,盖藏不足,向皆仰食客商接济。连年荒歉,买米补仓,若再采买,恐妨民食。况海运经数百年不行,猝支国帑,轻试风涛,非慎重之道。米多则未能猝办,米少则于事无济,未便举行。"报闻。

九年正月,奏张成追捕黄葵帮于茶盘洋、三蒜洋,获船六,炮沉船二,生擒百馀人。二月,京察届期,上以元有守有为,清俭持躬,下部议叙。六月,偕闽浙总督玉德会奏海盗蔡牵滋扰,请以提督李长庚总统闽、浙两省水师,不分畛域,合力兜拿。是月,总兵胡振声率兵赴闽,在台湾阵亡。元以游击高麒瑞救护不力,请夺职。八月,奏提督李长庚率将弁攻蔡牵于定海北洋,获船一,炮沉船一,生擒五十馀人。蔡逆自是遁闽。时杭、嘉、湖三府水灾,元请借支帑项运川、楚米,减价平粜,并倡捐赈恤,分别蠲缓,借给籽种,缓征漕帮,扣项核减盐价,皆如所请行。时江南清口水溢,元请漕船迎兑,并采购运米十二万五千石,搭解通州,得旨,所办俱妥。十年三月,黄葵帮盗首五百馀人,以十船赴温州投诚缴械,元以其人众分别安顿,黄葵帮自是亦灭。奏入,上嘉其办理妥协。又疏报定海县开垦涂田二千二百馀亩升科,上轸念浙省偏灾,恩赏米十五万石,命元分派被水地方,办理平粜。闰六月,丁父忧。

十一年,上以元将服阕,命署福建巡抚。两江总督铁保代元陈奏因病吁辞,上命铁保派员诊视。十二年十月,服阕,署户部右侍郎。十一月,命赴河南审办已革勒休知府熊之书控案,谳定,问拟如律。寻补兵部右侍郎。复授浙江巡抚,暂署河南巡抚。十三年三月,赴浙。谕曰:"阮元去浙江巡抚之任,已及三年,今复任其地,务当认真筹办,以靖盗源。洋面断绝接济,为制海盗第一善策。如果查拿严密,一切无从透漏,盗匪劫掠商渔货物,亦不能上岸销赃,匪众生路既绝,党伙必日行涣散。沿海奸民不能与盗往来,无从觅利,亦必各谋生路。阮元抵任后,应即督同温州、黄岩、定海三镇等,于扼要口岸实力稽查,不得空言驻守,方为有益。"

　　七月,蔡逆与洋盗朱渍合帮,啸聚百船,扰定海洋面。元驰赴宁波,檄三镇防剿,令海口大船收入口内,小船不许出洋,以防被掠,且杜接济。时将届乡试,奏以学政刘凤诰代办监临事。八月,以藩库平馀银八千两修杭州石塘。寻击败蔡逆,遁入闽洋。十一月,蔡逆复由闽窜浙,元赴宁波,檄兵会剿,败贼于落伽洋,炮沉船一,生擒贼匪八人。及之于马碛山,又乘胜追至黑水洋,蔡逆弃船,乘夜仍遁入闽洋。初,元之在豫也,馈送侍郎广兴银千两,广兴因事被讦,元以是罣吏议,降四级调用,上加恩改为降三级留任。十四年正月,奏请以河庄山煎篷改归许村场管辖,党山煎篷改归钱清场管辖。二月,浚西湖。时有土盗亚卢帮为患海上,元檄温州镇总兵李景曾捕之。四月,临海县知县王维堉率乡勇追捕,定海镇总兵朱天奇继之,先后共获八船,击沉船一,擒斩百数十人,馀匪南遁,寻灭。元饬提镇专注蔡逆,分兵隔其馀船。五月,疏报宁海开垦沙田一千六百二十六顷,升科。六月,修钱塘江岸。七月,奏福建提督王得禄、浙江提督邱良功会剿蔡逆于宁波,获船一,俘馘百馀人。

　　时御史陆言奏参浙江学政刘凤诰代办监临舞弊,上谕元曰:“朕闻刘凤诰沉湎于酒,任性妄为,骂詈教官生员,以致下人肆行乱法等事。汝系巡抚,又系伊同榜,必应严参,以示大公于天下。若意存徇庇,恐汝不能当此重咎。”寻奏刘凤诰实无使酒诸事,惟代办文闱,监临场规从严,士子怀恨,致滋物议。得旨,所奏皆非确事,命侍郎托津、周兆基,光禄寺少卿卢荫溥赴浙按问。八月,奏覆刘凤诰代办监临时印用联号属实,附参元查访不确,含混覆奏。上以元徇庇同年,不顾公议,交部严加议处。寻议上,得旨:

"阮元止知友谊,罔顾君恩,轻重倒置,即着革职。"九月,上五旬万寿,覃敷恺泽,以元官声尚好,学问素优,赏给编修,在文颖馆行走。十五年四月,擢侍讲。九月,充日讲起居注官。十六年七月,擢詹事府少詹事。十二月,擢内阁学士,兼礼部侍郎衔。十七年四月,命偕内阁学士文孚赴山西,鞫汾阳商人郭常新控巡抚衡龄案,坐郭常新妄控;又议吉兰泰盐务章程以闻。语详文孚传。五月,擢工部右侍郎,兼管钱法堂事务,命赴河南按林县刘凤翱控告知县李道谦新收漕粮事,谳定,治如律。

八月,授漕运总督。十八年二月,会同两江总督百龄奏添海州、扬州官兵俸饷,令盐商捐办,有旨严饬,断不可行,仍交部议处,旋降二级留任。又奏微山湖水浅,不敷济运,请加堤闸,从之。五月,全漕渡黄,以盘查迅速,下部议叙。又请修邳、宿一带河闸,谕曰:"阮元奏请添闸,所论甚为通畅。邳、宿一带,每年因水浅加筑草坝,临时多购土方,事后又听坍卸。下年所挑之土,即上年所筑之坝,官员利每年开销。一经建闸,水蓄舟行,无可借口,遂多阻挠。其实添建一二闸,所费无多,而年年转可节省,此事不可再有因循。"七月,上以江、广各帮趱行较迟,敕元督运,事竣不必陛见,即督饬帮船迅速南旋,赶兑新运。十九年闰二月,全唐文告成,以元前在文颖馆行走,议叙,加二级。

三月,调江西巡抚。九月,奏获谋逆奸匪,讯出胡秉耀买得残书,内有阵图及悖逆俚语,即向逆伙邱丕泽、杨易、卢胜辉夸称杨易以朱毛俚可以假托前明后裔,邀赴谋逆,伪封胡秉耀官职,辗转纠约入伙,现往奉贤县查办。上以元到任未久,即将巨案立时发觉,温谕嘉奖,赏加太子少保衔,赏戴花翎,并翎管荷囊赐之。十二月，获传徒匪犯钟锦龙等，置之法。二十年正月，奏获进贤县结盟担匪曾文彩等，拟罪如律。二月，奏停止官办雩都煎磺。又奏："江西仓库钱粮皆有亏欠，清查之法可一试，不可屡行。州县虚出通关，胆愈大而办理愈难，国帑反多无着，请立二法：一则以交代为盘查，一则以比较验弥补。"皆从之。四月，贵溪、安仁两县首先拾获逆词，钤用九龙朱印，有"在江宁聚会"等语。奏入，命交两江总督百龄查办，旋获逆犯方荣陞，伏诛。二十一年正月，奏："改南昌府为冲、繁、难三字要缺，请旨简放；赣州府为题缺，归调；南昌府同知为冲、繁中缺，归选。"下部议行。六月，祷雨庐山，请以庐山列入祀典，从之。

闰六月，调河南巡抚。十一月，擢湖广总督。十二月，入觐。二十二年二月，奏修省垣江堤。七月，建江陵范家堤、沔阳州龙王庙石闸，请移湖南沅州凉伞通判驻晃州，改为直隶厅通判；移黔阳训导一员为晃州训导；苗民应考，除去"新童"字样，以民籍应试，增定学额；并添设巡检一员。下部议行。

八月，调两广总督。十二月，奏建大黄窖、大虎山两炮台。二十三年正月，请拨通省兵二百名，以百名安置阇西，把总领之；八十名安置大虎山，千总领之；二十名添置焦门炮台，外委领之。裁水师千总一员，陆路把总、外委各一员。下部议行。二月，密陈豫防英人事宜，略言："英人恃强桀骜，性复贪利。以目前情形论，似宜多镇以威，未便全绥以德。否则所求或遂，所望愈奢，贪得之心曾无厌足。倘敢擅入内洋，即随机应变，加之惩创，一则停止贸易，一则断其食用买办，一则开炮火攻。惟当严饬各炮台备弁督率兵丁，不动声色，暗加严备。彼国伎俩，惟恃船坚炮利，一经上岸，则无拳无勇，与东倭不同。或谓攻击，恐生事端，此似是而非之论也。"疏入，奉朱批："总须德威相济，不可妄动，慎之！"

五月，兼署广东巡抚。复密陈英人情形，略言："定例，夷人货船不准擅入内洋，天朝界限极为严肃。向设各处炮台，正为豫防偷越之用。查英人惧强欺弱，其伎俩长于水短于陆，强于外洋弱于内洋。汪洋巨海之中，横行无忌，不值与之相角。倘违例禁，驶进炮台地界，则以石台之炮，攻木板之船，使彼望而生怯，其势如鱼困辙，一人之力足以制彼数人。盖势强则彼不敢轻犯，理足则彼不敢借口。各国商船皆知彼犯我禁，非我轻启彼衅也。"得旨："国家抚驭外夷，具有一定规制，尺寸不可稍逾。遵守者怀之以德，干犯者示之以威。如该英人不遵定制，妄希进口，亦先当剀切晓谕，以杜其觊觎之心。倘竟恃强，不能不使慑我兵威。总之怀柔之道，当先以理胜，使直常在我，则彼无所借口。断不可孟浪从事，亦不可过示怯弱也。"又奏改广州佛山同知为要缺，在外调补，改琼州同知为简缺，仍驻本府，毋庸驻崖州弹压，从之。

二十四年四月，[一]已革广东布政使富纶遣家丁呈控元于柳城县邓学厚命案，删减原奏，朦胧诬参，上命刑部右侍郎文孚提讯。寻奏言："阮元审拟并无错误，惟指富纶为偏徇。又署藩司程卓梁仅止会衔，乃与署臬司宋鸣琦并请严议，均属过当，请交部议处。"得旨："阮元审办邓学厚一案，均无错误，不必再以词语小疵，责备原奏之人，阮元着无庸交部议处。"[二]又以广西六塘墟地方盗犯刘老晚连劫翁一恕等六家，元坐失察，部议降一级调用,上以元驻扎较远,改为降一级留任。闰四月,请筑桑园围石堤,以卫民田,添设丰顺县留隍巡检一员,裁税课大使一员,移黄冈司巡检驻饶平柘林地方,移大埔县大产司巡检驻白猴地方,将同仁、岩上、三甲等处拨归兼管。六月,请裁各营缯艍、艍仔等船改造大八桨船,为深洋捕盗之用。八月,奏请疏通潮桥盐商积引,并展征课项。均从之。

是月,复兼署广东巡抚。疏报南海、嘉应等县补垦沙田五千三百三十七顷有奇升科;请饬学政以雷、琼二府岁科两试连考,俾士子少涉风涛之险,用示体恤,得旨允行。十月,来京祝嘏,命与正大光明殿筵宴,屡拜玉如意、文绮、荷囊之赐。二十五年正月,复兼署广东巡抚。七月,奉命驰赴广西查办灌阳添弟会匪,旋获唐三羡等,治如律。道光二年五月,奉命查阅两广营伍,奏广东省额设马步战守兵六万二千八百十五名,又添设六千四百九十名,请于马多营分酌裁马五百三十五匹,以马兵作为守兵;广西省额设马步战守兵二万一千四百三十名,又添设二千一百五十三名,除地居边要,额设无多营分外,酌裁兵六百三十名。上允所请。九月,兼署学政,兼署粤海关监督。查禁夷船夹带鸦片烟,参摘洋商伍敦元顶带。二年二月,请拨存库马甲银一万两生息,为驻防八旗文武举人会试之用。得旨,着照所请,每名给二十两外,再加三十两;其骁骑校、领催、前锋及笔帖式进京引见各员,除原赏二十两外,亦着加恩加赏三十两。是月,拿获高要会匪陈亚等置之法。

先是,英人护货兵船泊外洋伶仃山,登山汲水,与内地斗殴,互有伤毙,英人延未交出凶手。三月,元饬弁兵封该夷货船,禁止贸易。寻呈请畏服,元谕嗣后护货船俱有大班管束,定为例。闰三月,入觐,赏文绮。三年正月,复兼署广东巡抚。七月,请建肇庆南门外炮台,又奏改平乐府通判为平乐县县丞,移驻沙子街地方,以资弹压。均下部议行。四年正月,请定洋米易货例,谕曰:"粤海关向准洋米进口粜卖,免输船钞,粜竣回国,不准装载货物。近来该夷因回空无货压舱,难御风涛,且无多利,是以米船来粤者少。自应量为变通,着照所请,准原船载货出口,征收税课,以示体恤。"二月,奏:"广东沿海匪徒肆扰民居,勒令给钱,名曰'打单办案'。例无明文,请援恐吓取财例,分别首从,从重治罪。"五月,请于番禺县属添建仓屋二十四间,并女监提牢等房,凡外解命盗人犯,及罪止军流者,均归监禁,令河泊所大使就近兼管。皆允之。

六年,调云贵总督。七年三月,添设安顺府属郎岱厅学,增定学额,移永宁州训导为学正。以滇省产盐,子井衰旺不齐,云龙等五井缺额,在石膏等井代征抵补;又以新开盐井试办期内,向以溢课充公,请于奏销款内岁拨三千两为公费,于奏销时造册报部。均如所请。十月,筹边费一万两,招募倮倮三百户,驻腾越厅属边界,给以山地屯种,以防野匪,从之。八年二月,奏滇盐溢销,谕曰:"阮元奏滇盐大有起色,上年盐课奏销,溢出馀银一万五六千两。核计本年较上年溢馀数倍之多,请将此项银两酌拨量济边费,所办甚好。嗣后于每年奏销时,查明以一半报部,一半存库,以备边用。"三月,奏获谋刻石篆写造逆词匪犯王士林等,置之法。八月,请于昆明改建新仓,以一米易二谷存仓;又奏运铜官沿途支借水脚,其项每至虚悬,请加给运费。得旨:"增给运费,由湖北、江宁二省藩库各半发给,作正开销,滇省于请拨铜本银内扣除,免其入册报销。"十二月,入觐,赐紫禁城骑马。

十年三月,龙陵厅芒市土司放承恩所属夷人波岩蒻滋事,元橄官兵剿捕,馀匪溃散。十一年,奏腾越厅边界原驻俅俅夷练三百七十户,以防野匪,每年公项本敷支用。得旨:"准于司库备边项下先借二万两,饬发该府厅置田招佃,其银由本省捐廉分补。"十二年六月,奏黎平各属离省较远,秋审之案请归贵东道审勘,移报桌司,以免拖累。九月,奏裁云南曲靖同知一员、弥沙井大使一员,曲靖、大理、永昌三府司狱三员,顺宁府知事一员;裁贵州盘石司巡检一员,锦屏县知县、典史、训导各一员,所管地丁粮米,拨归开泰县管理,添设教谕一员,作为锦屏乡学,归开化考试,添设锦屏县丞一员。悉如所请行。

是月,命协办大学士,仍留云贵总督任。十三年正月,请于云、贵两省才具较优之游击,遇有题升参将缺出,两省互为升调,下部议行。二月,入觐。时元七十生辰,御书"亮功锡祜"额,"福"、"寿"字及珍玩、文绮赐之。三月,充会试副考官。十四年四月,奏普洱府思茅厅所属车里土司刀绳武远逃,地方安靖,撤回兵练,另请袭职,如所请行。十五年三月,召来京,擢体仁阁大学士,管理刑部事务,旋管理兵部。时越南保乐土州目农文云内哄,为防兵追捕,走死。事竣,奏撤兵练。八月,来京。上以元年老,免带引见。十二月,兼署都察院左都御史。十六年二月,充经筵讲官。四月,充殿试读卷官,教习庶吉士。十七年三月,上诣丫髻山拈香,命留京办事。

十八年三月,上恭谒西陵,复命留京办事。五月,以老病请致仕,谕曰:"大学士阮元由翰林荐陟封圻,扬历中外。经朕简任纶扉,综理部务,尽心职守,清慎持躬。前因病请假,复经具折吁恳解职,朕叠予假期,俾资调养。兹复奏称老病日增,医治未能速效,力请开缺,情词肫切。若再慰留,伊心恐旷官,转难调摄,非所以示体恤。阮元着准其开缺,以大学士致仕,加恩赏给半俸,用示朕优待耆臣至意。"八月,奏回籍日期,谕曰:"大学士阮元扬历中外,宣力五十年,清慎持躬,克尽职守。前以年迈多病,再三恳请解职,已俯如所请,准其致仕,在家支食半俸。兹据奏明择定行期,朕心弥深眷注。着加恩晋加太子太保衔,从兹怡志林泉,善自静摄。俟辛丑年,朕六旬万寿庆辰,届时身体康健,即行来京祝嘏,以慰廑念。"

二十三年,元八十生辰,御书"颐性延龄"额,"扬历宣勤嘉茂绩,优游养福锡蕃釐"联,及寿佛如意诸珍物颁赐之。二十六年,举行丙午科乡试,元以乾隆丙午科举人,至是重逢乡榜,谕曰:"大学士阮元品端学醇,勋勤懋著。现在年逾八秩,重遇鹿鸣筵宴,熙朝盛事。着加恩晋赏太傅衔,准其重赴鹿鸣筵宴,并在籍支食全俸。"七月,具折谢恩,得旨:"览奏,均悉。愿福寿日增,以待三赋鹿鸣之盛事也。"

二十九年,卒。遗疏入,谕曰:"致仕大学士阮元由翰林荐跻卿职,久任封圻。朕御极以来,优加倚任,特畀纶扉。宣力中外,五十馀年。学裕识优,勤劳懋著。道光十八年,以老疾乞休,因其年逾七旬,曲加体恤,准其致仕,并在籍食俸。丙午科重遇鹿鸣筵宴,晋加太傅。方期恩施叠沐,永享遐龄,兹闻溘逝,殊堪悼惜! 阮元着加恩照大学士例赐恤。所有任内一切处分,悉予开复。伊子候选知府阮祜，着俟服阕后遇有知府缺出，即行选用；荫生阮孔厚及伊孙举人阮恩海，均着俟服阕后，交部带领引见，候朕施恩，用示朕笃念荩臣、优加饰典至意。"寻赐祭葬，予谥文达。咸丰二年三月，入祀乡贤祠，九月，入祀浙江名宦祠。

元淹贯群书，长于考证。嘉庆十二年，奏进恭注御制味馀书室随笔二册。所著有经籍籑诂、十三经校勘记、山左金石志、两浙金石志、石渠随笔、畴人传、小沧浪笔谈、定香亭笔谈、广陵诗事、揅经室集，又编辑皇清经解一千四百卷。

子常生，直隶清河道；福，甘肃平凉府知府；祜，候补知府；孔厚，一品荫生，引见以员外郎用。孙恩海，举人，以主事用。

【校勘记】

〔一〕二十四年四月　 "二"原误作"三"，又"四月"误作"三月"。今据睿录卷三五六叶一三上改。

〔二〕阮元着无庸交部议处　原脱"阮元"二字，又"议"误作"义"。今据睿录卷三五六叶一三下补改。

王 鼎

王鼎，陕西蒲城人。嘉庆元年进士，改翰林院庶吉士。六年，散馆授编修。八年，大考二等，升詹事府右赞善，充实录馆纂修。十年，擢司经局洗马。十一年，升翰林院侍讲。十二年，转侍读。十三年三月，充会试同考官。时高宗纯皇帝实录告成，下部议叙。五月，迁詹事府右庶子，十四年二月，转左庶子。三月，升翰林院侍讲学士。十一月，转侍读学士。十七年二月，授詹事府少詹事。四月，稽查右翼宗学。七月，升詹事。十二月，提督江西学政。十八年四月，擢内阁学士，兼礼部侍郎衔，十九年，升工部右侍郎，兼管钱法堂事务，均留学政任。二十一年六月，调吏部右侍郎，七月，转左侍郎。二十二年四月，充殿试读卷官。五月，充教习庶吉士。六月，廷臣有以山西藩司习振翎年老健忘，接见属员，皆需家丁指告，谒见巡抚，私带门丁，窃听公事，录底存贮，以备询问；又将忻州吏目费钧调入藩署，帮办幕务等款，入告。命偕刑部右侍郎成格往按，得实，振翎褫职遣戍，巡抚衡龄失察罢任。十二月，署刑部左侍郎。

二十三年二月，兼管顺天府府尹事务。三月，以畿辅亢旱，粮价加增，请拨仓麦一万石，设厂平粜，允之。七月，署工部右侍郎，兼管钱法堂事务，旋派查三库。十一月，刑部已革书吏刘锦江以主事余继生为四川剑州牧吕兆麟消弭处分，勾通书吏莫泳泉等裁割稿本等情，具控。命会同军机大臣按治之，鞫实，余继生遣戍，馀俱按律治罪。二十四年四月，充殿试读卷官。闰四月，调刑部右侍郎。六月，充浙江乡试正考官。九月，调户部右侍郎，兼管钱法堂事务。十二月，复署刑部左侍郎，充经筵讲官，兼管顺天府府尹事务。二十五年四月，因审讯兵部行印被窃日久，未能定谳，降三品顶带。旋审明行印确于前次秋围在巴克什营地方遗失，赏还顶带。九月，充实录馆副总裁。十二月，署刑部右侍郎。

道光元年二月，命偕工部右侍郎那清安赴直隶按大名府知府王履泰、河南押运同知陆有恒挟优饮酒一案，鞫实，治如律。五月，山东齐河县知县蒋因培以前任枭司童槐调缺不平，在官厅咆哮,巡抚钱臻参奏,命偕户部右侍郎成书往按之。寻讯明蒋因培因兖州府属调补州县,疑有私弊,欲行禀阻,被劾后,辄敢刊刻禀呈诗句,肆行传播,实为狡诈,拟遣戍军台;钱臻办理草率,童槐向钱臻面禀情形,讯非诬捏,惟回奏讳饰,拟议处分、察议有差。上以钱臻年老平庸,降补湖南布政使,馀如所议行。时河南原任郑州牧降补佐贰,阮文焘以现任知州孙杰隐匿钱粮,捏欠冒豁等情,赴京呈控,诏往鞫之,廉得其实,孙杰坐监守自盗例拟罪,阮文焘认回摊捐之款尚欠银一千二百馀两,巡抚姚祖同奏请降补尚无屈抑,第交代实无亏缺,且控告孙杰得实,请以佐贰赴部选用。时有直隶永年县民郭万清京控知县冯钰浮收酿命,命往审办。旋讯明得实,科罪如律。九月,诏审完县监生刘天保京控知县黄观藉差苛派,押毙人命各款,寻讯明黄观于办道派夫额外加增,罔恤民隐,请褫职遣戍。

　　二年正月,升都察院左都御史。二月,偕兵部侍郎玉麟赴江西鞫狱。先是,江西巡抚璥弼劾守备徐富国求索得财,而富国则以文武各员得受盐规,承审官袒护不办等词,赴京呈控。至是,讯出星子县青山盐店向有馈送各衙门规费,徐富国署南康营都司时,于商人致送钱文,移县查办,并无丝毫入己,断难坐以赃私,该抚计赃拟徒,实非其罪,应请注销,其所控规费等情,俱经得实,本应量予开复,惟曾与商人私相往来,且将教谕黄中理所交规费清单,任听营书捏添通禀,又指为知县邵自本所交,希图挟制,情殊狡黠,业经革职,应毋庸议,馀俱按坐如律。四月,回京,行至直隶,会河南陈留县训导朱成勋京控知县赵锦堂给赈不实,命回豫审办。五月,奏:“查嘉庆二十四年黄水漫溢,陈留县被淹成灾。赵锦堂承办灾赈,于所属之韩冈集各处,并未亲往查勘,任听地保开报,致有遗漏。应褫职遣戍。"六月,复偕玉麟赴直隶鞫高邑令范澍捏控赵州牧李景梅挟嫌出考,狱成,范澍坐诬控夺职,戍新疆;李景梅讯无挟嫌不公,及收受规礼情事,惟于密出属员考语,致有泄漏,实属疏忽,应下部严议:均从之。寻以河南仪工奏销,有以少报多之弊,解巡抚姚祖同任,诏往查办。

七月,署河南巡抚。九月,奏:"查明仪封大工,计用银四百七十五万馀两,迨办理奏销,核与部例成规不符。是以查照历次奏过工程,并奏过料物土方价值,合之豫省成规,互相增减,将稭料、引河等款,增销银一百三十万两,夫工、麻斤各项下减销银一百三十万两,报销虽有通融,而银数仍归实用。"疏入,谕曰:"仪工用项,该省历经办有成案,委无含混支饰,着即令核实报销。"十月,丁父忧。五年四月,服阕,命以一品衔署户部左侍郎。五月,命在军机大臣上行走,赐紫禁城骑马。六月,充浙江乡试正考官。时有德清县民妇徐倪氏谋毙徐蔡氏,捏称自缢一案,悬宕三年,未能平反。臬司王惟询因与署巡抚黄鸣杰意见不合自经,闽浙总督赵慎畛参奏,有旨着王鼎出闱后,偕巡抚程含章提集严审。寻鞫实,坐徐倪氏谋杀律,置之法;黄鸣杰下部议处;原审原验各官褫职、镌级有差。

六年三月,充会试副考官。九月,补户部尚书。十二月,有大兴县民陆有章等呈请于宛平等五州县开采银矿,经户部据呈具奏。谕曰:"各省银矿,向系封禁,况畿辅重地,且附近易州一带,讵可轻议开挖?户部堂官并不详加体察,随同画诺,着交部议处。"旋议降二级留任。七年二月,以六十生辰,御书"宣勤受祉"额，"福"、"寿"字并诸珍物赐之。七月，充教习庶吉士。寻因回疆克复四城，得旨："一切军报，承书谕旨，军机大臣夙夜殚心，勤劳懋著。王鼎着加太子少保衔。"十二月，充经筵讲官。八年正月，回疆底定，首逆俘擒，赏戴花翎。寻绘像紫光阁，御制赞曰："国之大臣，先乎品行。命赞枢机，谦谨申敬。职司度支，精勤报称。靖共乃心，以襄庶政。"

三月，长芦盐政阿扬阿奏盐务疲累日深，商欠日重，请停议改桩，另筹归补帑课，经户部查明，所奏加价帑本等款，多有未符，上命偕户部右侍郎敬徵驰赴天津确查妥议。四月，疏陈："察访芦商积疲情形，若照限起征，必致挪移悬垫，弊窦丛生；若再量加展缓，是仍为苟且目前之计。伏思整饬盐务，首重年清年款，先将节年带款，逐加厘剔，则现年正款自不难按额清完。查原奏以道光二年以前未完银九百馀万两，作为旧欠；三年以后未完银二百馀万两，作为新欠。分别归补，为缓旧征新，按年清款起见，惟所拟归补章程，请以堰工加价二文，全数给商，实属漫无限制，拟自本年六月为始，将每年所收加价，以一半解部充公，以一半抵完商欠。俟新欠抵清，再将旧欠接续抵完。其未完道光六年、七年加价银二十七万馀两，请于本年八月起，按半年一提，分五限征完解部。惟八年春、夏二季应征加价，系未经满限之款，未便压后带征，应令本年照数提完，以免延宕。至芦商生息帑本内，有直隶水利银、赵北口银两项，均非经费岁需，应准其援照成案停利三年，限满后加一倍利本息一并完缴，其旧有拨缴水利帑本息银一百十七万馀两，应停征三年，统于道光十一年起，每年征银十万两，以五万两完缴旧拨本息，以五万两完缴新拨本息，以恤商力。再近年商力疲乏，不能豫买生盐，存坨新盐质嫩易消，致多卤耗。请每包于定数外加盐二十斤，免其交课，俾资贴补，一俟商力稍宽，即行停止。从此款目既清，自当年清年款，经久可行。"又奏："嘉庆十七年旧加盐价一文，系以一半归商，一半交官，完欠除完过银十九万馀两，尚有未完银一百八十四万馀两。查明实因银贵亏折，请予豁免。其半文加价，并请赏给该商贴补成本。"奏入，均下部议行。寻回京。八月，充顺天乡试副考官。九年四月，充殿试读卷官。

十年十月，长芦商人华长裕等赴京呈称运资短绌，恳请调济，复命偕户部右侍郎宝兴前往查办。旋奏言："芦商疲乏，总以钱桩赔折为词。查前次清查案内，业经豁免旧欠，又将堰工加价，一半归商弥补积欠，并于旧定斤数外，每包酌加盐斤，免其交课。仰蒙圣恩，已属至优极渥，无可复加，何以甫经两次奏销，即行竭蹶，复思变计？是该商等妄生希冀，以为宕课地步，自未便徇其无厌之请，致于帑课有亏。所有呈请调济之处，应无庸议。"

时两江总督陶澍以淮盐疲敝已极，疏陈积弊情形，命偕宝兴前往江南会同筹办。十二月，会奏："详核淮纲全局，力求课归场灶之法，大要有三，而皆有窒碍之处：一由灶丁起料，灶丁皆濒海贫民，先纳课而后卖盐，力有未逮，若令先卖盐而后纳课，设遇歉产之日，势必课宕丁逃，此一难也；一由垣商纳课，灶盐归其经理，惟灶户以己业而听命商人，情必不愿，灶不乐以盐归商，商亦必无资完课，此二难也；一由场官收税，但每场应征银数十万两，盐场微员，岂能任此巨帑？况试行之初，额难悬定，若听其尽收尽解，难保不匿报侵欺，此三难也。至于就井抽税，两淮场地延袤八百里,非若滇省一井一官,即能查察,未易仿照办理。惟有即旧章大加厘剔,使射利者无可借端,欠课者无可借口,似较课归场灶,确有旧辙可循。谨拟定章程十五条:一、裁减浮费,一、议减窝价,一、删减繁文,一、慎重出纳,一、裁选商总,一、酌核带销,一、积欠宜缓,一、灶丁宜恤,一、实给船价,一、严究淹消,一、疏浚运道,一、添置岸店,一、亟散轮规,一、整饬纪纲,一、淮北应请筹款,收买灶盐,以济灶丁口食。"疏入,均允其议。又奏盐政无管辖地方之责,疏销巡缉,难期令行禁止,请将盐政一缺即行裁撤,其两淮盐务改归总督办理,较为妥善,从之。寻以失察捐纳房书吏蔡绳祖等私造假照,降二品顶带。

十一年正月,京察届期,谕曰:"王鼎久任军机,赞襄勤慎,着交部议叙。"二月,御史梁萼涵劾山东海阳令张兆祥信用家丁斲法诈赃,诏王鼎于经过山东时提讯。旋讯明张兆祥借用铺户银两,又于伊母生日收受绅衿馈送,审理词讼,不知慎密,致门丁乘机指撞,所办案情错谬,是非颠倒,拟革职遣戍。寻署直隶总督。八月,恭遇五旬万寿,赏还一品顶带。十二年七月,因前署直隶总督任内失察清河县民尹老须习教传徒,〔一〕镌一级留任。十二月,管理刑部事务。十三年正月,复署兼管顺天府府尹事务。十四年正月,时届京察,上以王鼎承旨精详,匡襄是赖,下部议叙。

十五年二月,命协办大学士,仍管理刑部事务。十二月,刑部堂印被窃,部议革职。旋因人印并获,加恩改为降三级留任。寻命在南书房行走。十六年三月,充会试正考官。十七年正月,京察届期,得旨:"协办大学士王鼎克勤克敬,不愧赞襄,着交部议叙。"二月,七十生辰,御书"靖共笃祜"额,"纶扉协赞承恩近,烟阁图勋受福多"联句,"福"、"寿"字并诸珍物赐之。八月,充顺天乡试正考官。十八年五月,授东阁大学士,仍管理刑部事务。先是,守护景陵辅国公景纶等奏获纵火要犯孙三等,请敕交刑部审讯。寻讯明孙三等均无放火情事,因屡被熬审,情急供认。谕曰:"此案情罪有关出入,该部能悉心研究,平反得实,该堂官着各加恩赏加一级。"二十年正月,赏加太子太保衔。时京察届期,谕曰:"王鼎矢公矢慎,赞襄攸赖。着交部议叙。"五月,充教习庶吉士。八月,充顺天乡试正考官。二十一年三月,充会试正考官。

七月,河南祥符汛河决,褫河督文冲职,诏鼎偕兵部右侍郎慧成前往筹办。八月,署河东河道总督。九月,劾河工疏防员弁,开归陈许道步际桐等夺职、遣戍有差。二十二年正月,工次猝遇大风,河溜并力南趋,两坝口门刷深数丈,险工迭出。鼎因不能先事豫防,下部议处,寻议褫职,上加恩改革职留任。二月,奏报合龙,得旨:"王鼎等在工实力实心,经理得宜,允宜特沛恩施,以示奖励。王鼎着晋加太子太师衔,仍交部从优议叙,开复革职留任处分。"旋奏陈病久难支,请缓起程。谕曰:"王鼎着俟会议事竣后,缓程来京。俟病体全愈,再行具折请安。"

三月,回京覆命,赏假调理。四月,卒,年七十五。遗疏入,谕曰:"大学士王鼎持躬正直,植品端方,体用素优,忠勤懋著。嘉庆年间,荷蒙皇考由翰林荐擢卿贰。朕御极后,见其心地淳朴,办事认真,日加委任,俾入赞纶扉,十馀年从无过失。上年派赴河南办理祥符大工,巨任独肩,克期蒇事。晋加太子太师衔,以奖其劳。覆命时,见其精神疲乏,特降旨赏假两次。旋因奏请展假，复赏假一月，令其安心静摄。方冀调理速痊，借资倚畀，讵意数日间遽于园寓溘逝，遗章披览，悼惜殊深！着加恩晋赠太保，照大学士例赐恤，入祀贤良祠。赏给陀罗经被，派成郡王载锐带领侍卫十员，即日前往奠醊，并赏给广储司银一千五百两，经理丧事，准入城治丧。任内一切处分，悉予开复。伊孙王璪、王珵、王莹，俟及岁时，由吏部带领引见，候朕施恩。应得恤典，该部察例具奏。"五月，得旨："大学士王鼎灵柩入城，着派何汝霖代朕赐奠。"谥文恪。二十三年九月，陕西巡抚李星沅题请入祀乡贤祠，谕曰："原任大学士王鼎居心诚笃，植品端方，懋著公忠，克孚令望。允宜特沛恩纶，俾资矜式。王鼎着准入祀乡贤祠，毋庸交部议奏。"

　　子沆，现官翰林院编修。

【校勘记】

〔一〕失察清河县民尹老须习教传徒　原脱"传徒"二字。耆献类征卷四○叶七下同。今据成录卷二一六叶四上补。

　　戴均元

　　戴均元，江西大庾人。乾隆四十年进士，改翰林院庶吉士。四十三年，散馆授编修。四十五年，充江南乡试副考官，因录取骈体，拔冠榜首，下部议处。四十七年，丁母忧。四十九年，服阕。五十三年，充湖北乡试副考官。五十四年，提督四川学政。五十八年，转湖广道监察御史。五十九年，转京畿道监察御史。六十年，提督安徽学政。嘉庆三年，以胞侄戴衢亨现任侍郎，例应回避,命以鸿胪寺少卿补用。四年,迁光禄寺少卿。奏言:"外省州县设立常平仓谷,原为赈恤平粜之用。近年多有缺额,其实储在仓者十无二三。请敕各督抚通行所属,勒限买补。"疏入,上嘉之。五年正月,迁大理寺少卿,提督山东学政。五月,擢詹事府詹事。六月,升内阁学士,兼礼部侍郎衔,均留学政任。七年正月,管理乐部事务。十月,署刑部右侍郎。八年二月,署刑部左侍郎。闰二月,擢工部右侍郎,兼管钱法堂事务。六月,监修裕陵隆恩殿工程,寻调刑部右侍郎。十二月,以奏事日期错误,降五级留任。

　　时河决河南衡家楼,命偕理藩院左侍郎贡楚克扎布驰往查办。九年正月,调户部右侍郎。二月,会奏启放引河,溜势顺畅,旬日内计可堵合。三月,奏衡工大坝合龙,河归故道,得旨嘉奖。四月,回京,充教习庶吉士。六月,充江南乡试正考官。七月,转左侍郎。九月,以监修裕陵隆恩殿工程完竣,得旨,开复三级,仍留降二级留任。十二月,命承修万年吉地工程,西陵赞礼郎清安泰讦总管大臣盛住于陵寝青桩以内,开采山石,及虚开廪饩,点放烟火,朔望委员行礼各款,命偕户部左侍郎英和往鞫,得实,盛住遣戍乌鲁木齐。十年正月,调吏部右侍郎。十月,命赴南河,会同河道总督徐端豫筹河口蓄清济运事宜。十二月,奏言:"河防实无一劳永逸之计,只可因时调济,以蓄清敌黄、束水攻沙,为不易之良法。并请挑浚王营减坝以下盐河等工,如遇黄水盛涨,相机启放,庶黄减淮强,湖水可以畅出。不特于济运有裨,堰工亦藉免著重。"又奏疏通清口,请将义坝改作堤工。均允行。

　　十一年二月,奏言:"上游徐城南岸之天然闸、峰山四闸,北岸之苏家山闸、水线河皆系减黄旧路,遇长水过盛时,即应酌启,以免倒灌。"上是其言。五月,转吏部左侍郎。六月,以筹画宣防,俱臻妥协,授江南河道总督。七月,伏汛各工平稳,下部议叙。寻奏河工物料昂贵,请照时价实用实销,如所议行。八月,宿南厅周家楼河流漫口,其上游郭家房复蛰,均元等奏请治罪,得旨:"本年汛水实属异涨,漫口又系无工处所,尚有可原,从宽改为议处。"十二年正月,奏:"近年河底淤高,大堤日形卑矮,请加培扬、徐二属黄、运南北堤工,为先事豫防之计。"从之。三月,减坝合龙,河归故道,上嘉其妥速,赏加太子少保衔,赏戴花翎。五月,因失察厅员偷减草率,饬之。九月,以秋汛安澜,下部议叙。

十三年二月,因病陈请开缺。六月,原派万年吉地工程承修大臣盛住侵吞加价,及扣成银两,事觉,上以均元曾经接手管理,毫无觉察,命拔去花翎,降三品京堂。十二月,病痊,授都察院左副都御史。十四年二月,提督顺天学政,赏加二品顶带。五月,擢仓场侍郎。寻因盘验仓米霉坏,请将汉监督郑绍瑛解任,并请饬各衙门保送监督,应公慎遴选,从之。七月,直隶总督温承惠以康家沟溜势奔腾,漕船逆流而上,大费牵挽,奏请修复正河,命均元查勘妥议。寻奏言:"张家湾两岸沙滩淤厚,坝基难立,为费不赀。军船请仍由康家湾行走,至通惠河系白粮铜船要路,现在河底日淤,堤岸卑薄,请先挑淤培筑。"允行。十五年,温承惠奏筹办奉天粮石抵津,不及转运,请起卸露囤,命会同仓场侍郎妥为办理。寻奏言:"奉天米石照节年黑豆章程办理,无须露囤。"如所议行。十六年,以前在河督任内失察工员不能如式办理,革职留任。五月,河东河道总督李亨特奏请筹议南粮全数,自杨村起剥到坝,命仓场侍郎会议。寻奏言:"官剥民船,不敷输转,请遇有南粮迟滞之年,于三进、尾后数帮自杨村寄剥抵坝,较为妥顺。"从之。

十八年九月,改授河东河道总督。十九年正月,患病,命补吏部左侍郎,来京供职。闰二月,擢都察院左都御史。四月,充殿试读卷官。六月,署吏部尚书。七月,充经筵讲官。八月,升礼部尚书。九月,奏言:"河工向遇堵筑工程,将料物购备足数后,料贩无可牟利,潜将料垛焚烧,请于堆料处所周围,挖濠防守。"从之。十二月,赐紫禁城骑马。二十年六月,复署吏部尚书。七月,直隶总督那彦成奏永定河下游淤垫高仰,屡次漫溢,请将下口移改南岸,上以均元通晓河道,命会同那彦成履勘。八月,以永定河下口居民众多,未便改移,奏请停止;又请于北七工漫口处所,赶紧堵筑,允之。二十一年四月,江南河道总督黎世序奏筹办大汛各工,命偕兵部尚书吴璥会议,寻奏言李家楼帮培三坝,必选用胶土,层土层硪,其外镶护埽,尤须刨槽加深,筑做坚固,天然闸应加高二层,峰山二、三两闸应加高四层,允行。

闰六月,调吏部尚书。九月,管理户部三库事务。二十二年三月,充会试正考官,命协办大学士。六月,上以均元办事勤勉,赏加太子少保衔。七月,署刑部尚书。九月,以郎中钱学彬朦混截取,未经详查,率行保送,降二级留任。二十三年二月,命在军机大臣上学习行走。五月,以纂辑明鉴体例不合,革职留任。六月,两江总督孙玉庭奏徐州城外应帮石堤,命偕吴璥会议。寻奏言:"徐城滨临大河,全赖石堤保障,河底日渐淤高,郡城形如釜底。大堤高而不宽,俱多窨潮渗水之处,议将石工外无滩处所,间段包砌碎石,俾资捍卫。"从之。九月,上诣盛京祗谒祖陵,礼成,赏加二级。寻以礼部颁发科场条例,于庙讳刊刻错误,下部严议,议夺职,上加恩改为革职留任。十一月,充上书房总师傅。先是,孙玉庭等奏睢南所属峰山闸外河迎溜涌,请就峰太两山之间,添筑减水滚坝,以护闸座,命均元会同吴璥议奏。至是,奏言:"请于临黄一面镶筑护埽,用碎石包砌,足资抵御,南面平水无溜处,无庸包砌,以归撙节。"如所议行。

二十四年正月,京察届期,下部议叙。三月,银库收银迟误,降一级留任。寻充会试正考官。十月,命偕户部右侍郎那彦宝驰往河南查勘堤工,并命均元先赴马营坝履勘大坝引河,再将原村引沁归黄各工勘明后,由山东查勘运道。十一月,奏言:"东西两坝水性纯沙急,应刨槽盘护,又堵筑漫口,全凭引河,必须先期挑竣,相时开放,方可乘机合龙。其原村引沁归黄各工,现止挑有五分成数。查进占以集料为先,两坝运储秸料,仅及千垛,若不通盘筹算,源源接运,进至深水,万一不能应手,势必停工。应即设法购运,以资接济。"从之。二十五年二月,回京,擢文渊阁大学士,晋太子太保衔,管理刑部事务。七月,仁宗睿皇帝升遐,命恭理丧仪。九月,充实录馆总裁。旋以缮呈遗诏副本,误纪高宗纯皇帝诞生处所,上震怒,切责拟诏诸臣,事具文孚传。命均元毋庸在军机处行走,并不必恭理丧仪,下部严议,部议夺职,得旨:"戴均元着降四级留任,六年无过,方准开复。"

道光元年三月,审办德胜门城上失落木植不实,降三级留任。七月,上谒昌陵,留京办事。九月,命承办万年吉地工程,旋

充顺天乡试正考官。二年三月,以前承办裕陵隆恩殿工程,柱有
欹杇,降四级留任,削经筵讲官、太子太保衔,命仍敬谨妥办,以
观后效。十二月,河南冯宿村漫口,巡抚程祖洛奏挑浚新河,命
均元往勘妥议。三年正月,奏言:"漳河支流穿错,并未刷成河
槽,仍系一片漫水,欲加疏浚新河,不惟水中难以施工,兼且无从
核估。转瞬春水盛涨,势必溃溢堪虞。请仍挑筑旧河,复归故
道。"允行。四月,回京,会吉林将军富俊奏部驳拣选驿站官员,
办理两歧,请仍交原议大臣会议,上命偕兵部左侍郎恩铭等议
奏。寻奏言:"查吏部则例吉林驿站官,向无汉军应否拣选明文,
以致承办各员舍案从例,据咨议驳。请嗣后吉林驿站官改照黑
龙江之例,准其以汉军人员升补;任满后亦照黑龙江之例,以骁
骑校升补,不准升用文职,以示限制。至吉林助教,不准汉军拣
选,亦未平允,请敕部改归画一,并请纂入则例。"从之。

　　九月,命驰勘直隶元城之红花堤及河南内黄之袁村地方两
缺口,并命顺道赴河南会勘漳河漫口迤下情形,设法筹办。寻奏
言:"红花堤屡加修筑,仍多残缺,且堤西一片平衍,如遇漫水南
注,随处皆可旁溢,即修复亦属无益。查元城境内有引河一道,
应饬将河身挑直,并量加宽展,以畅其流,其缺口迤下,有新刷水
沟,地较低洼,应将沟槽挑成河道,可冀分泄,并自缺口起,至入
卫处止,建筑东、西两堤,以免旁溢。"从之。十月,偕程祖洛奏:
"内黄县袁村地方用漳、洹合流冲卫,以致旁决。今既刷有河槽,
漳、卫分流,水患轻减,自应通筹全局,开治新河,其冲刷处所,间
有浮浅,两岸亦恐旁溢。应请挑挖深通,筑堤捍卫,并请于瓠子
嘴东岸筑坝,以备宣蓄。其东袁村等漫水,应请堵塞,其无支流

可引之村，即于该村前后筑堤，使全溜俱归正河。"又会奏漳河现在北徙，水势分杀，应请于樊马坊、冯马坊等北岸支流筑坝，使分流并归一处，再将辛庄一带漫水筑坝堵闭，其梗阻河心之田家营等十处，南北两岸迎流处所、编设柴坝，以卫民居。北岸上游坝工卑薄，应请镶修高厚，并加筑挑坝土格，以期稳固。自柴村桥起，至洹河北岸民埝，建筑土埝一道，再将旧民埝加高培厚，樊马坊迆下南岸王家口筑做土格土坝，以免串流南趋。"疏入，均如所请行。四年三月，裕陵隆恩殿工竣，赏还太子太保衔。四月，仁宗睿皇帝实录告成，上以其尽心编辑，在馆四年，始终勤事，长子候补员外郎戴诗亨，命遇缺即补，长孙监生戴秀嘉，赏举人一体会试。

七月，年老乞休，谕曰："大学士戴均元由翰林荐陟卿班，仰蒙皇考仁宗睿皇帝恩眷，简任纶扉，命充上书房总师傅，在军机大臣上行走，内而管理部务，外而宣力河防，均能勤慎供职。前年朕召见时，戴均元曾以衰老乞休，朕察其精神尚健，再四慰留，不忍遽令退闲。兹复以年届八旬，吁请解职，情词恳切，若仍不如所请，转非所以体恤大臣之意。戴均元着准其以大学士致仕回籍，并加恩令其在家支食全俸，俾得优游林下，颐养耆年，用示朕优礼老臣至意。"闰七月，以前在刑部时因拟流官犯侯际清呈请赎罪，漏查红供，并失察官吏得赃，降顶带一级；复以滥保司员德恩，再降顶带二级。寻奏起程日期，御制诗章赐之，诗曰："三朝中外宣勤久，夙夜温恭赞阁纶。畴昔承恩五十载，来春笃祜八旬辰。车悬勉允优贤义，帆转言归自在身。话别重期辛卯岁，杖鸠庆祝洽君臣。"并命驰驿由内河水程回籍，所过郡县在二十里以内者，地方官照料护行。

五年，均元八十生辰，御书"颐性延祺"额，并诸珍物赐之，仍还一品顶带。七年，以万年吉地工程坚固，晋加太子太师衔，长子诗亨命以郎中补用。八年，举行戊子科乡试，均元以乾隆戊子科举人，至是重逢乡榜，得旨："致仕大学士戴均元宣力中外，历有年所。兹届蕊榜重逢，洵属艺林嘉瑞。着赏给御书匾额，准其重赴鹿鸣筵宴。"九月，宝华峪地宫漫水，以咎由均元办理不善，削太子太师，降衔三品顶带，伊子诗亨仍降员外郎。越日，上亲临阅视，全券内石墙湿淋，地面间段积水。谕曰："此次工程开通时，如果详慎体验，岂竟毫无情形？乃漫不经心，昧良负恩，莫此为甚！戴均元着即革职。"寻有旨："戴均元带同各堪舆相度吉壤，曾据宋泗以总穴太后，恐穴中有石，应移前十丈。戴均元辄拘泥规制，仅移五丈，以致北面开出水石。朕前令戴均元勘定福基，曾降旨只期地臻全美，不必拘四至之广狭，即照从前规制，稍从俭约，亦无不宜。乃师心自用，并不据实陈奏，及开工未几，旋即乞休。伊年虽届八旬，精力尚健，何至遽思归田？明系洁身远引，其居心尤为可恶！着即传旨拿交刑部严审，定拟具奏。"并命查钞家产。

十一月，谳定，谕曰："戴均元相度福基，自应倍加详慎，乃既未将石母滴水处所，豫为测量详明，迨至目击地盘圹帮滴水情形，仍商同用土拦护，并未据实奏请，及早筹办。现经奕绍等讯明，比例拟斩监候，实属罪所应得，即减等量予遣戍，亦是从轻宽贷。惟念戴均元尚未始终经手工程，且年逾八旬，毫不加刑，着加恩免其死罪，并免发遣，即行逐回原籍，用施法外之仁。其子戴诗亨着革去员外郎,其孙戴嘉秀着革去知县,戴嘉会着革去盐大使,戴嘉德着革去举人,以示薄惩。"十一年,得旨:"戴均元之子戴诗亨着加恩以七品小京官补用,伊孙戴嘉德着加恩赏还举人。"二十年,故,年九十五。

伊里布

红带子伊里布,镶黄旗人。[一]嘉庆六年二甲进士,授国子监学正,因无旗缺,奏以典簿改补。十年,补典簿。十五年,京察一等,记名以抚民通判用。十七年,拣发云南。十八年,补云南府南关通判,署澄江府知府。二十年,升腾越州知州。二十四年,云贵总督伯麟等疏言:"腾越州临边各土司,在在与缅甸国接壤。本年春间,缅甸野匪构乱,有窜入内地者,经署知州伊里布先后缉获猛阿来、瞒弄等,交该国自行究办。伊里布颇有胆识,熟练边务,于各土司驾驭有方,是以各山野夷甚为敛戢。本年两次访获缅匪,俱能不动声色,刻即就擒。请给升衔,以示鼓励。"得旨,以应升之缺升用。

道光元年八月,永北厅大姚夷匪唐贵等,因地土给与汉民耕种,起衅纠众滋事,伊里布随云贵总督庆保驰往,剿平之。庆保上其功,赏戴花翎。九月,署永昌府知府。十一月,授安徽太平府知府。二年,升山西冀宁道。三年,迁浙江按察使。四年闰七月,升湖北布政使。九月,调浙江布政使。五年四月,授陕西巡抚。五月,调山东巡抚。六月,丁父忧,百日孝满,命署理云南巡抚。十一月,兼署云贵总督。六年七月,密奏调任迤南道保亮识见暗昧,不胜道员之任。得旨,勒令休致,复谕曰:"各直省督抚于所属道府中,有才具平庸,或心地糊涂,不能称职者,自宜据实参奏,俾知儆畏,方合大臣实心办公之道。若皆为密奏,各员转不知所劝惩。[二]嗣后各省督抚于所属道府等官,不称职者俱应据实入奏,毋庸密陈,更不可因有此旨稍存避嫌远谤之见,动辄一味姑容,殊失朕望治之心矣。"

十一月,奏:"滇省应运京铜每年正运四起,加运二起,共额解带解二百四十万馀斤,应领拨铜本银九十六万两。道光五年,经户、工二部奏准,将丙戌年加运二起暂行裁减。查现在京局存铜,约有二三年之储,请将丁亥年京铜正运四起,照旧办运,暂裁加运二起,较常年少用银三十二万两,于经费固可节省,外间厂务亦甚有裨。"下部议行。七年七月,御史廖敦行以滇省盐务卤淡课短,奏请广觅子井,酌盈剂虚,上命伊里布偕云贵总督阮元确查议奏。旋奏言:"历年短课,始由各井卤淡,煎不足额;继因开采子井,私盐充斥。亟宜封闭私井,慎选井员。所有猛野等处私井,业经填封,拨兵巡查,以杜奸民私挖。其昭通、东川二府向食川盐,近有川私侵入毗连之曲靖府,亦经堵缉,不敢越界私售。现在盐务已见起色,除煎办足额及有溢销外,惟安宁等五井岁减课银二万七千七百馀两,请于溢销较多之石膏、元兴、永济三井溢课项下抵补,即以带征名目入册开报,以专责成。"允之。

九月,服阕,实授云南巡抚。八年八月,偕云贵总督阮元奏获湖北嘉鱼县民人王士林私雕假玺,将赴越南国小潮地方勾结滋事,因查出小潮匪徒赵应龙、李映川、杨林仲等伪造逆词,图为不轨,将各犯分别治罪如律。九年,奏永北厅土司夷目所典汉民地土,有已届三限,力难全赎者,请量为变通,令该土司夷目随时措价取赎,其有愿将土田卖与汉民者,即令汉民补价管业,上允其请。十年,喀什噶尔回匪入卡滋事,伊里布奏请随同带兵大员前往剿办。谕曰:"同仇敌忾,固人臣分所当然,但该抚远在滇南,于回疆不靖之事,不能悉其梗概。从前永北厅野夷纠众扰及大姚,与喀什噶尔夷匪滋事,情形迥不相同,何得以此比较?该抚妄行驰奏,徒劳驿站,实属不知轻重。着先行拔去花翎,交部严加议处。"旋议革职,上加恩改为革职留任。十一年,恭遇五旬万寿,开复降级罚俸处分。

十二年二月,扬威将军长龄等奏筹办回疆善后事宜,请裁各省绿营兵额,将节省经费解交甘肃藩库,归入回疆搭放,命各督抚速查覆奏。伊里布偕总督阮元等奏言:"滇省额设马步守兵四万七千三百一名,共应裁减八百十五名,岁省饷乾银一万二千八百馀两、米二千九百馀石。"九月,遵旨议裁文职闲员,请将曲靖府同知,剑川州弥沙井盐大使,曲靖、大理、永昌三府司狱,顺宁府知事六缺裁汰,均从之。十四年,奏:"车里土司刀绳武前与土司刀太康猜疑起衅互斗之后,〔三〕将刀绳武奏请革职,加调防兵,震以威势,其倮夷俱已归散复业,刀太康亦遵谕撤练,刀绳武结衅不休,于革职后犹复带印逃窜,所遗车里土司世职,其子孙例不应袭,即谕饬车里所属十三版猛夷秉公选举。查刀绳武之父刀太和尚有嗣子刀正宗,年已及岁,夷众悦服,应令袭职,并请由部铸印发给,以重职守。刀绳武缉获另办。"

十五年,迁云贵总督。十七年,京察届期,上以伊里布熟习边务,镇抚得宜,下部议叙。十八年二月,命以云贵总督协办大学士。十月,四川綦江县民穆继贤与贵州仁怀县武生赵应彩涉讼,继贤挟仇擅杀应彩,纠奸民谢法真等乘势恣抢,仁怀县知县王鼎彝、綦江县知县毛辉凤往捕,外委章泗明仓卒遇害。贼沿途裹胁,贵州提督余步云、布政使庆禄、贵西道周廷绶先后带兵会剿,贼屯方家沟,负险抗拒。十二月,伊里布率兵抵方家沟,会四川重庆镇总兵张作功亦来协剿,贼墙栅坚固,于墙隙暗放枪炮,兵进辄伤,伊里布与余步云、庆禄合围蹙之,枪毙红衣贼目一人,斩伪元帅赵应松,进逼贼巢,抛弃柴草火弹,烧毙无算。贼匪六七十人由水沟潜遁,我兵分投追捕,擒贼目穆继贤、谢法真等,毁其巢,馀匪殄灭。捷入,〔四〕上以伊里布办理迅速,赏戴双眼花翎。

十九年,调两江总督。二十年正月,京察届期,上以伊里布久任云南,边防静谧,下部议叙。七月,浙江巡抚乌尔恭额奏英人船只驶至浙江定海洋面滋事,定海镇总兵张朝发撤守失城,命伊里布为钦差大臣,驰往浙江查实具奏。寻奏:"查明张朝发因英人投递书辞,言语甚悖,欲即攻剿,署游击罗建功等以兵势单弱,众寡悬殊,请俟英人登岸,再行剿击。张朝发以夷情猖獗,不宜退避,令即进兵,英船亦即开炮,以致我兵伤毙无数,张朝发被炮轰伤左股堕水,捞救入城。英人攻破东门,定海失守。张朝发愎谏丧师,咎无可逭,业已身故,应无庸议。"

九月,奏堵剿英船情形,谕曰:"前因英人在天津海口起椗南旋,已派琦善驰赴广东查办。曾飞示伊里布一体遵照。此次伊里布因英人登岸,督率兵勇,将其船只击沉,炮位抢获,并生擒英人多名,自系在未接廷寄之先,现在该大臣已奉廷寄,自必相机妥办。英人所投回文,欲将擒获英人释放,于交地退兵之事,并未覆及。该大臣惟当剀切晓谕，告以尔等之来，原为诉冤乞恩起见，前在定海系因言语不通，以致互相攻击。此次擒获多人，亦因尔等直逼口岸，先放枪炮，是以力加防御。现在仰体大皇帝中外一家之意，将所获之人，优加豢养。尔等果能退兵交还定海，将历次所获男妇，克日释回。天朝诚信待人，断无加以欺诳之理。该大臣如此晓谕，一面派人侦探，如果英人确系退兵交地，始可将擒获之人全数交还。其前次擒获收管黑白夷人，亦着无庸解赴广东，统俟交地时一并办理。"十一月，奏定海居民内渡者八千馀名，请筹款抚恤，从之。

二十一年正月，命伊里布克日进兵，收复定海。二月，英人起椗赴粤，伊里布闻其将缴还定海，咨会浙江巡抚刘韵珂入奏，遂未进剿。谕曰："前因英人占据定海，特命伊里布为钦差大臣，降旨令迅速进兵，不必俟广东咨会，即行攻剿。乃伊里布不遵谕旨，惟知顺从琦善屡次奏报，始以兵炮未集，藉词缓攻，继以接得缴还定海之札，即信以为实。已有旨令折回本任，命裕谦驰赴浙江作为钦差大臣，会同提督余步云迅速剿办。本日据裕谦驰奏，英人未受惩创，仍行前进一折，所奏均是。朕伫望该大臣迅奏肤功，懋膺上赏，断不可因该英人现有缴还定海之说，稍事迟回，又堕其诡计中而蹈琦善、伊里布辜恩误事之故辙。伊里布身膺特简，叠次催令进兵，并不遵旨剿办，株守数月，观望迁延，甚属畏葸不堪！着交部严加议处。"寻议革职，谕曰："因英人在天津投书，声称诉冤，朕惟仁育义正，无间华夷，特命琦善赴粤查办，并谕知伊里布暂缓进兵。旋因该英人日肆猖獗，叠次降旨，令伊里布迅速进兵，收复定海。乃伊里布屡次奏报，总以兵炮未集为辞,直至探明英人愿缴定海确信,始行遣将带兵前往。本日据奏'定海业已收复,英船全数起椗'等语。英人占据定海已更数月,现因粤省命将出师,声罪致讨,方行缴还定海,全数起椗出洋。可见英人并无能为,设使伊里布奉到谕旨,熟审顺逆主客之势,密筹剿防攻取之宜,一鼓作气,四面兜擒,复我故土,歼除丑类,庶足以伸天讨而快人心。乃伊里布观望迟延,株守数月,直至英人闻有大兵,望风远窜,遂将定海收回,可谓庸懦无能之至!前将该督交部严议,部议照溺职例革职,实属咎有应得。姑念一时简用乏人,伊里布着革去协办大学士,拔去双眼花翎,暂留两江总督之任,仍戴革职留任处分,八年无过,方准开复,以观后效。"

闰三月,命来京候旨,上派王大臣会同刑部传讯。六月,讯出伊里布令家人张禧暂戴六品顶带,与外委陈志刚渡海,赏给英人牛羊,英人回送洋呢,权宜收受,奏奉严饬,直至收复定海,始遵旨发还。寻定拟罪名入奏,命革职,遣戍军台。二十二年二月,改发浙江军前效力,旋赏给七品衔,交耆英带往浙江差遣。五月,赏给四品顶带,署乍浦副都统。九月,上以伊里布为钦差大臣,授广州将军。先是,英船犯台湾,经总兵达洪阿督兵击沉船只,俘获英人一百数十名,夺获枪炮、旗帜无算,已正法者一百三十九名,现收禁者十一人。十二月,伊里布接英酋照会,称遭风难民被达洪阿俘获,杀戮多名,积愤争辩,奏请将总兵达洪阿撤回,得旨:"朕办理此事,自有权衡。"

二十三年正月,伊里布抵粤,接见英酋朴鼎查,谕以现经钦派大臣渡台查办。旋奏:"米利坚、法郎西因准英人添设马头,亦求通商,若不允准,恐其船只、衣服无甚区别,且虑英人串通前来,转难阻遏,反使惠出英人,怨在天朝,亦为失算。请一并议定税则。"允之。二月,卒。谕曰:"广州将军伊里布由科甲出身,荐膺疆寄,擢任纶扉。前因事遣戍,经朕弃瑕录用,授为钦差大臣、广州将军,令赴粤办理善后事宜。正资倚畀,遽闻溘逝,殊堪轸惜! 着加恩追赠太子太保衔,照将军例赐恤。任内一切处分,悉予开复。应得恤典,着该衙门察例具奏。其灵柩回京时,准入城治丧,以示朕笃念荩臣至意。"寻赐祭葬如例,予谥文敏。

子桂炘,候补教授;桂荣,刑部笔帖式。

【校勘记】

〔一〕红带子伊里布镶黄旗人　"镶"上原衍"满洲"二字。耆献类征卷四〇叶一〇上同。今据伊里布传稿(之二一)删。

〔二〕方合大臣实心办公之道若皆为密奏各员转不知所劝惩　原脱"实心"及"转"三字。耆献类征卷四〇叶一〇下同。今据成录卷一〇〇叶一三上下补。

〔三〕车里土司刀绳武前与土司刀太康猜疑起衅互斗之后　下"土司"原误作"土舍"。耆献类征卷四〇叶一二下同。今据伊里布传稿(之二一)改。

〔四〕捷入　"入"原误作"奏"。耆献类征卷四〇叶一三下同。今据伊里布传稿(之二一)改。

李鸿宾

李鸿宾,江西德化人。嘉庆六年进士,改庶吉士。七年,散馆授检讨。九年,充云南乡试副考官。十二年,充贵州乡试副考官。十三年,充湖南乡试正考官。十四年二月,授山东道监察御史,稽察南新仓。五月,疏言:"江西有漕各县,开兑时买凑低潮米石,每石给旗丁银三五钱,名曰'仓廒使费'。运弁等亦暗收规礼,头伍刁丁复先期赴通贿商坐粮厅经胥人等,回漕折价,种种弥缝;又在水次时,运弁演戏备席,敛取旗丁分金。头伍刁丁又勒派各船出银若干,名曰'各衙门使费'。疲丁遭此克扣,运费愈觉不敷。请敕有漕各督抚厘剔弊端。"八月,奏:"河南汝宁府属匪徒结党肆扰,俗谓之红胡子。请敕河南巡抚密派明干大员,设法堵捕;湖北督抚饬所属附近豫省之州县,一体严缉。"上如其请。九月,转掌广西道监察御史。十五年,巡视西城,以获东安门内命案凶犯,得旨嘉奖,并下部议叙。

　　十六年,迁吏科给事中。十七年三月,奏:"山东大计,本甫题该巡抚,忽又将滨乐分司运同王讷奏请休致,所遗之缺扣留题补。臣思王讷既年老衰庸,何不于大计题本内参劾? 恐不肖之员知此缺系属部选,转辗钻营,巧为扣缺地步,请交吏部详议。"上是之。十月,转掌工科给事中,巡视中城。十八年九月,巡视东漕。十二月,奏言:"山东省泉池、泉渠归县丞、主簿疏导,泉河归各州县办理,请严定勤惰功课章程。"上命河道总督、山东巡抚饬属如所议行。十九年二月,奏:"济运全赖泉源,现饬泗水等县挑出新泉数处,恐各州县以添泉多费,设法阻挠,请嗣后疏出新泉,该州县将泉名勒石申报各上司,汇册咨部。如有湮废,确查扣除。其新泉隐匿不报者,奏明参处。"从之。时直隶、山东、河南三省毗连地方,频年遭兵。鸿宾疏陈:"善后四条:一、赈恤穷民,宜令普沾实惠;一、查禁地窖,以免潜匿匪徒;一、严禁私渡,以防逃匪而济灾黎;一、仿行会哨,以省繁费而示兵威。"皆奉旨允行。

　　闰二月,命偕河东河道总督吴璥、山东巡抚同兴访查已革河督李亨特劣迹,得实,以闻。五月,赏三品顶带,授东河副总河,命督率道将厅营催趱漕船,收蓄湖水。六月,奏连日得雨,闸河水长,新挑南沙引渠,并能收水入湖。谕曰:"李鸿宾正当趁此大雨时行之际,将陂水泉水归湖之路,随地疏浚,务期湖水日有增益,足济来年重运。"八月,偕河道总督吴璥奏言:"微山湖久涸,潴蓄非易,而来春开坝时,用水甚多。乘此重运已过,回空未临,宜将河水拦蓄,拟于朱姬闸南筑坝,并将湖堤开一缺口,俾河水入湖。"上如其请。九月,奏微山等湖均已潴蓄充盈,上嘉之,赏换二品顶带。十月,命赴睢工会同吴璥办理堵筑事宜。十一月,奏山东各州县报出新泉共九十八处,覆加履勘,可以经久者,仅泗水等州县十八处。上命再委妥员详加履勘,凡可疏瀹者,设法利导。十二月,巡漕给事中卓秉恬奏河南汝宁府通判竹腾霄禀讦藩司诸以谦克扣赈恤河工银两,及前任粮道时收受漕规等款,上命鸿宾赴开封会同按察使琦善确讯。寻讯明腾霄诬告,坐罪如律,以谦失察家人唐忠私侵银项,违例捐纳县丞,又为其子捐监应考,请交部严议。

　　二十年正月,擢河东河道总督。三月,奏兰阳汛十一堡河势南北顶冲,塌成圈湾,急需镶埽筑坝,报闻。四月,以湖潴充足,下部议叙。是月,丁母忧,赐祭一次,并赏银三百两。二十二年九月,服阕,署礼部右侍郎。十月,命往河南讯民人孙逢午京控之案,事竣,谳狱山东,并查勘黄运河湖水情形。二十三年三月,调署兵部左侍郎。四月,授广东巡抚。十二月,偕两广总督阮元奏言:"广州佛山同知近海,非新选人员所能胜任,应请在外调补。琼州府同知驻崖州,向定为烟瘴要缺,在外调补,应请改简。"下部议行。二十四年闰四月,偕阮元奏请添设巡检一员驻丰顺县留隍地方,裁潮州府税库大使;又请将饶平县黄冈司巡检移驻柘林,大埔县大产司巡检移驻白猴。五月,奏:"粤东额征米石,实欠在民,由州县垫解者,计米折银共四十八万九千六百有奇。恭奉恩旨,普免二十二年以前积欠钱粮,而节年垫解之数不能再征于民,反成无着之款。请分限六年,即在各州县任内分数按交。"均下所司议行。旋授漕运总督。

八月,复授河东河道总督。时河溢兰阳、仪封,上命鸿宾偕尚书吴璥驰往筹办,寻命鸿宾专驻仪封堵筑。会北岸马营坝复决,奉旨:"北岸漫口,地居上游,尤关紧要,着吴璥、李鸿宾上紧抢堵。"并命将兰、仪料物运储北岸,刻期兴工。寻会奏马营坝一带,土质沙松,因河溜尚劲,未能遽定坝基,上以鸿宾等株守坐待饬之。十月,自以不胜河督重任,奏请辞职。谕曰:"李鸿宾由京员出身,于河务本不谙习,但于简放时,即当据实陈明。兹已视事两月,忽奏请辞职,显系因吴璥等办工迟缓,恐将来一同获咎,豫为诿谢地步。伊既不谙河工,即留任河督亦属无益,[一]着革去河东河道总督,给予郎中职衔,留于河南专司大工钱粮。"

二十五年正月,管理山东运河事务。二月,兼署山东巡抚,命专驻张秋,办理钉桩、搭桥及堵筑各事宜。旋奏言:"本年重运经临张秋,仍应由正河行走,惟东岸有三处决口,均系黄水穿运,必须于西岸搭桥垫路,以通纤挽。至西坡乃去年回空旧路,重运难行,若水长数尺,仍可由江家庄口门出运入坡,至磨盘坝口门,由坡入运。此筹备张秋趱运之法也。临清闸口向须蓄汶敌卫,本年黄水分流入卫,汶水不敌,已饬临清以上各闸严闭石板,抬蓄清水。如遇拦口,一面启放清水冲刷,一面集夫捞挖,并豫备畚锸器具,以供临时之用。此筹备临清趱运之法也。此外蜀山、马踢二湖收汶水太多,已于戴村坝以上筑拦汶坝,俾汶水泄入盐河。泗水之鲁桥坝现已加筑,引水归蜀山湖,俟运河水消,再令启放。微山湖潴水充盈,现令畅放铺水。”报闻。

十二月,授安徽巡抚。道光元年正月,谕曰:“安省仓库钱粮,闻亏空甚多,该抚当督同藩司张师诚逐案详查。该州县如实有侵蚀入己者,[二]必当据实参办。其实系因公挪垫者,应如何设法调剂,该抚秉公确核,酌定期限,不得以一奏塞责。”四月,奏言:“安徽省亏空,自嘉庆五年至十九年清查五次,必先详查旧案,方得实在亏数。自十九年以后,续亏谅复不少,应按年确查。凡十九年以前未清之款,俱在以后交代之中,以交代所欠之款,核清查开报之数,则从前有无隐匿,朗若列眉。如十九年以后未经交代之处,恐仍隐匿,应将经征钱粮之红簿串票,及解银之批回库收等项,逐年另核。惟持之过急,转恐疏率。请稍宽时日,俾局员得尽心察核。”从之。五月,奏参试用知州李涛、沈庆兰,试用通判黄树荃,均有玷官箴,请勒令休致,得旨,所办甚好;又奏凤、颍一带缉捕事繁,员弁路费,赏需无款可筹,请在藩库动给,上允之。

六月,复授漕运总督。二年闰三月,御史董国华奏江安各帮有尖丁名目,常德广、马回子数人,皆著名刁横,累丁病漕,上命鸿宾密访,按名惩革,并核减丁船费用。四月,奏言:"江、淮四帮内有苌德光并无劣迹,安庆后帮有散丁控告头船马锦福,亦谓之马回子,所控系钻充头船事,与董国华所奏不符,均须访查明确,再行革究。至丁船费用,每闸必雇夫拉挽,夫头盘踞,又与不肖委员勾通渔利,深为漕害。臣已将著名刁横夫头尽行革退,并查看水势,某闸用夫若干,需费若干,刊刻木榜,以免浮冒。一切陋规,早经严禁。"得旨:"所办甚好,恐日久玩生,该漕督总当身先倡率,随时认真。"

九月,授湖广总督。三年六月,偕湖北巡抚杨懋恬奏言:"遵旨查勘枝江县羊角洲于县营有大江之隔,声息难通,应移驻千总一员,添拨兵丁巡缉。"下部议行。十月,会同湖南巡抚嵩孚奏:"保靖营兵粮向系折色,近来粮价日昂,不敷买食,请改放米石。"允之。四年三月,奏郧阳府白河口前经川、陕、楚三省督抚奏准设抚民同知,应请改为捕盗同知;原议设训导各官,应行裁汰。下部议行。四月,奏:"湖南巴陵县君山居洞庭湖之中,应责成岳州府知府暨岳州营参将按月亲巡,并饬同知、守备随时前往侦缉。前督臣陈若霖等奏准设官移汛,诸多窒碍,应请停止。"上允之。七月,奏言:"郧、宜、施、襄四府距省较远,押送人犯,防范难周。请嗣后寻常遣军流徒各犯,并秋审人犯,均归巡道审勘。"上如其请。先是,湖广行销淮盐,行封轮之法,大商垄断而小商每致向隅,经前督臣陈若霖奏请开轮。九月,鸿宾奏:"开轮销售以来,又有跌价抢售之弊。现议设立公局,佥派妥商经理,无论盐船到岸先后,将小商之盐随到随卖,大商之盐按各家所到引数,公同合计,均匀派销。俟试行两月,再将议定章程具奏。"
报闻。

五年正月,奏定<u>长江</u>、<u>汉江</u>核巡章程。二月,奏:"楚岸自设立公局以来,〔三〕远近水贩均知盐无私卖,价无私跌,源源贩运,踊跃如前。商无亏本之虞,民无增价之累。试行两月有馀,销数较旺,请永远遵行。"允之。六月,左都御史<u>英和</u>奏请酌折额漕,以资治<u>河</u>,谕<u>鸿宾</u>等议奏。七月,奏言:"征收折色,弊窦丛生,莫若仍令民间完交本色,由州县卖米易银,转解<u>河工</u>。"谕曰:"征收折色,既于民情不便,本年<u>湖北</u>漕粮着仍循旧章;由州县卖米易银,恐启州县抑勒商民承买,书吏捏报市价,加收平色诸弊。〔四〕如明春清水足资敌<u>黄</u>,仍饬粮船照常由河运抵<u>通</u>,倘或阻滞,即设法存贮,待至下年搭运。"又奏:"遵旨访查<u>湖北</u>粮船水手,御史<u>王世绂</u>所奏立教敛钱等弊,并无其事。惟水手良莠不齐,未雇之先,应由旗丁详慎选募;既雇之后,应由运弁取结确查。船在水次以前,责成该县营弹压;兑米开行以后,所过州县,悉按管辖地面照在水次时分别奖罚,庶考察均归严密。"得旨,如所议行。八月,会奏<u>湖北汉阳县</u>新淤之地,系白泥沙滩,历年被<u>川江</u>、<u>襄河</u>泛涨,屡次淹没,请免升科。十月,奏请挑浚<u>泽口</u>等支河,并拟于<u>监利县</u>建闸两处,俾积水由闸达<u>江</u>,均得旨俞允。六年正月,会奏<u>湖北石首县文义洲</u>新淤熟地,水淹沙压,不能布种,请酌减租银,并蠲免积欠,下部议行。

五月,调<u>两广</u>总督。十一月,因<u>新疆</u>逆回滋事,偕巡抚<u>成格</u>奏请于藩库支银三十万两,解赴<u>甘肃</u>,分十年在督抚、司道、知府养廉内,匀扣还款。上以其有失政体,谕不准行。七年七月,会同成格奏言："粤东外海内河，奸匪丛集，数十人共乘一船，名曰'快蟹'，其行如飞，官船每不能及。臣等于上年会议，仿照快蟹式样，制造七只，选派弁兵巡缉，已陆续获快蟹船六只。黄埔、虎门一带，颇觉肃清。"上嘉之。八年，会同广西巡抚奏请将容县大冈巡检移驻该县自良墟，下部议行。九年，御史张曾奏风闻广东行使洋钱，上命鸿宾查禁。二月，奏："粤东海滨各属，向与外人通市，致光中、景盛等钱，搀杂行使。当晓谕铺户居民，于每月朔望赴州县汇缴，照收缴小钱例，每斤给制钱六十文。勒限半年全缴，逾限即照例治罪。并严谕洋行，不准洋船夹带。"得旨，严饬所属，认真查办。十二月，英吉利国商人呈控洋行欠银，洋船延不进口。鸿宾等提商追欠，将所禀各款饬司妥议，并以其情叵测，咨水师提督李增阶密为之防，具疏以闻。谕曰："所办甚是。此事有关国体，该督等务当词严义正，折其桀骜之气，杜其贪诈之谋，不可稍涉迁就，致失大体。"十年六月，奏："虎门海口镇远炮台迤东有沙角山横档炮台，迤南有大角山，为洋船入口要路，而大角山向无炮台，应请添建。"得旨允行。

时银价日昂，上闻番舶专载洋钱，收买纹银；又鸦片流行内地，耗财伤人。命鸿宾等妥议，旋疏陈六条："一、洋商与外人交易，以货抵货，如有尾数，只准给付番银，铺户居民私卖纹银与外人者，加等治罪；一、责成巡洋舟师分段查察，洋船初到时，严查匪艇运销鸦片，回帆时严查匪艇运送纹银；一、关口委员书役及守口弁兵，如有贿纵情弊，或失于查察，分别治罪、议处；一、责成洋商、通事、买办随时查察，如外商夹带鸦片，偷买纹银，立即呈明；一、奸民偷运鸦片售卖，各衙门书差、兵役受贿包庇，与贩卖一律治罪;一、鸦片运赴各省,责成沿途各关卡搜查,其冒充巡丁强抢入己者,照例治罪。"如所议行。九月,奏请分大鹏营为左右二营,至前山营本属陆路,而与香山协界址相连,请改为内河水师。"下部议行。

是月,授协办大学士,仍留总督任。十一年正月,京察,谕曰:"李鸿宾历任封疆,实心任事,着交部议叙。"三月,崖州黎匪滋事,总兵孙得发等进剿,毙匪数百人,我兵间亦被伤,千总周明清中箭阵亡。鸿宾驰抵雷州督办,提督刘荣庆驰往崖州会捕。寻获首犯张红胡,并射毙千总之凶匪高老亮,及为从各犯,惩治如律。六月,会奏查禁栽种罂粟章程,略言:"粤东惟潮州府属间有种罂粟花者,已饬令铲拔。嗣后如有种罂粟花者,责令保甲人等首报,将地入官,照贩卖鸦片烟治罪。如地保隐匿,分别惩治。并饬各州县随时察访,按季具报,该管道府即饬员覆查,年终具结详报。"

时给事中刘光三奏广东匪徒有三点会等名目,有旨命鸿宾查访。鸿宾奏言:"广东并无三点会名目,惟结拜弟兄,纠众抢劫,及打单、棍徒向耕户勒索钱文,根株犹未尽绝。已饬属随时访拿,被诱者将首犯控告,准照自首律免罪;其被胁者自行投首,或父兄代首,免罪。惟广州一带人稠地狭,所有广州、潮州、肇庆、嘉应等府州属山场荒地,请令无业游民报官垦植,成熟后永不升科,庶粒食有资,不至流于匪僻。"均允之。八月,入觐,谕曰:"李鸿宾来京陛见,适值万寿庆辰,念其宣力封疆有年,着加恩赏戴花翎。"寻回任。十二年二月,奏:"鸦片烟来自外洋,必应遏其来路。请嗣后外人来粤,令洋商开导,毋许夹带烟土。倘经查出,不准开舱卖货,并令货船外,不得令带船只,以杜私入之源;仍于省河禁止查私快艇、潮、琼各属商船毋得揽近零丁洋面,庶免偷贩情弊。"上如其请。

会湖南瑶匪赵金龙滋事,上以两广与湖南接壤,恐瑶匪乘间窜入,谕鸿宾严密堵防;又命派委兵弁在连州交界堵缉。三月,奏连山厅黄瓜冲及余高汛等处,均有瑶人抢劫,现饬总兵得志等率兵七百进剿。寻奏黄瓜冲等处瑶匪经官兵剿捕,均畏惧解散,八排瑶人俱属安静。上以连山各瑶仍恐被楚瑶诱胁,命鸿宾严防各隘口。是月,奏获会匪胡亚豹等六十八人,又请将崖州营参将改副将,海口协副将改参将,下部议行。四月,奏获李学问等,讯系赵金龙遣赴广东交界,侦守隘官兵多寡,欲图窜入,现已增兵防守。上命实力为之。

五月,钦差大臣户部尚书禧恩、盛京将军瑚松额平湖南逆瑶,毙首逆赵金龙。谕曰:"粤省逆匪实与赵金龙声势相倚,抚则不散,剿则兵单。今闻赵逆歼毙,自应胆落,亟应惩办以净根株。"寻奏言:"东路瑶匪掠倒流汛、竹子坪等处,副将王登科督兵击却之,馀匪窜入山峒;而西路黄瓜冲等处贼匪复炽。现调运连州兵六千进剿。谕曰:"该督现在行抵连州,即激厉将弁,一鼓作气,聚而歼旃。朕计日以待。"

六月,奏:"三路进兵,歼毙瑶匪五六百人,而中路都司王珍、东路游击谢国荣、西路游击史鹄,均因伤致毙,弁兵伤亡者数十人。请俟湖南瑶匪办竣后,再行进剿。"谕曰:"览奏,实深愤懑。该省调集官兵已六千名,兵力不为不厚,岂有观望邻省贼匪扑灭,再行进剿之理?李鸿宾虽不知兵,何至束手无措,一至于此?

现已降旨令余步云署理广东提督,该督等俟余步云到粤后,〔五〕即会同迅速剿办,稍赎前愆。"嗣又谕曰:"前因逆瑶赵金龙滋扰,当湖南进剿之时,即降旨交李鸿宾妥办。如果先事豫防,一切调度自必得宜,何至任其蔓延? 用兵之道,贵在神速。该督闻信,乃因循姑待,至四月间,奏请前往,五月始抵连州。且据奏称,俟湖南瑶匪办竣后,再行筹办,尤属意存观望。又据奏称刘荣庆年将七十,两耳重听。此等衰庸之员,早应参劾,何得久事姑容?〔六〕李鸿宾种种错谬,着交部严加议处。"部议革职,命拔去花翎,改为革职留任。旋以鸿宾办理失宜,命禧恩、瑚松额赴粤剿办。七月,鸿宾奏擒捕瑶匪,屡有歼获,分兵守隘,俟楚兵到齐后,妥筹剿捕,并请用坚壁清野之法。上以坚壁清野,未免旷日持久,命禧恩等俟湖南兵到粤后迅击之。

　　禧恩、瑚松额之赴粤也,有旨令将鸿宾办理情形,并奏报虚实,查明具奏。八月,奏人,谕曰:"据禧恩等奏,李鸿宾于五月间始抵连州,定计分路进剿,山深箐密,侦探未确,即行进兵,堕贼设伏奸计,将弁兵勇多有伤亡,办理已属失宜。两月以来,虽间有斩获,亦仅一二抢掠匪徒,并未捣穴攻巢,擒渠斩馘,且意主招安,瑶匪正在鸱张,非大加惩创,安能帖然就抚? 实属懦弱无能。节次所奏军情,与禧恩等所查情形亦有未符,是其含混人奏,误事之罪,更无可辞。又据禧恩等奏,该省调至军营战兵六千馀名,不惯走山,沿海各营兵丁,多有吸食鸦片烟者,该省营伍皆属总督统辖,如果平素整顿操防,何至临阵恇怯? 平日废弛,临事畏葸,种种乖方,李鸿宾着革职,来京交部治罪。"十一月,经大学士、军机大臣长龄等会同刑部审讯,奏请从重治罪。谕曰:"李鸿宾办理连州瑶匪,节次所奏军情,讯无含混情形,而办理不善,耽延月日,罪实难逭,虽随同禧恩等办理瑶匪完竣,仅罚军需三成银两,尚不足以示惩,着从重发往乌鲁木齐效力赎罪。"十四年二月,释回。七月,抵京,赏编修。旋告假回籍。二十六年,卒。

子儒郊,前任甘肃甘州府知府;儒郑,庚子科举人,捐纳员外郎。

【校勘记】

〔一〕即留任河督亦属无益　"留"原误作"简"。耆献类征卷四〇叶二〇上同。今据睿录卷三六三叶一四上改。

〔二〕该州县如实有侵蚀入己者　原脱"者"字。耆献类征卷四〇叶二一上同。今据成录卷一二叶二九下补。

〔三〕楚岸自设立公局以来　"楚"原误作"汉"。耆献类征卷四〇叶二二下同。今据成录卷七九叶七上改。

〔四〕加收本色诸弊　"本"原误作"平"。耆献类征卷四〇叶二三上同。今据成录卷八五叶七上改。

〔五〕该督等俟余步云到粤后　原脱"余步云"三字。耆献类征卷四〇叶二七上同。今据成录卷二一四叶四下补。

〔六〕何得久事姑容　"得"原误作"以"。耆献类征卷四〇叶二七上同。今据成录卷二一四叶一〇上改。

陈官俊

陈官俊,山东潍县人。嘉庆十三年进士,改翰林院庶吉士,充文颖馆协修。十四年,散馆授编修。十五年,充顺天乡试同考官。十七年,大考二等,赏线缎一匹。二十年四月,升右春坊右赞善,九月,转左赞善。二十一年六月,命在上书房行走。八月,充顺天乡试同考官。九月,充日讲起居注官。二十三年二月,大考二等,赏缎二匹。七月,迁司经局洗马。十月,升翰林院侍讲。二十四年三月,充会试同考官。六月,充陕甘乡试正考官。九月,提督山西学政。二十五年四月,转侍读。九月,升右春坊右庶子,仍留学政任。

先是,户部尚书英和奏各省府、州、县养廉不敷,办公取给陋规,日益加增,不若逐一查明,分别应存应革,定以限制,上命各督抚体察情形议奏。寻宣俊疏言事不可行,尚书汪廷珍,侍郎汤金钊,总督孙玉庭、蒋攸铦,亦先后奏阻。谕曰:“英和听信邪言,谓清查陋规,有益于国计民生,率尔陈奏,幸朝有诤臣,连章入告,朕不胜欣悦之至!陈宣俊着交部议叙。”

道光元年八月,升翰林院侍讲学士,命回京,仍在上书房行走。十一月,山西巡抚成格奏劾宣俊在学政任内各款,命交军机大臣传讯,宣俊承认殴差、买妾两款属实。谕曰:“学政按临各处,州县丁役,如有过犯,原应发交地方官惩处。乃陈宣俊自行责打办差家人,未免轻躁,然此犹其过之小者也。考试平阳时,买通判之婢为妾,学政本不应与地方官交结,乃不检束,有违例禁,此实咎无可辞。其所参干预地方公事一节,上年朕本有密旨,谕令留心察访官吏贤否,政治得失,随时密奏。讵意陈宣俊卞急粗率,将晋省官员大加访问,以致声势侈张,物议滋起,殊与朕委任之意大相径庭。言不密则失身,致干罪戾。陈宣俊着降为中允、赞善,候缺补用。念伊平日在上书房授大阿哥读,功课尚能认真,着加恩仍在上书房行走。”

　　时陕甘总督长龄请入觐,上即命长龄顺道赴山西查办,并解陈官俊任,就质。十二月,长龄奏称成格所参陈官俊各款,多系得自传闻,不能指实。谕曰:"前据成格奏,所参陈官俊各款,当降旨令长龄于来京陛见之便,前赴山西省城署理巡抚事务,将成格、陈官俊俱行解任,交长龄秉公查办。兹据查讯具奏,成格于奏参陈官俊各款,多系得自传闻,不能指实;又复措词失体,成格不胜巡抚之任,着即来京,以六部主事降补,陈官俊躁妄粗鄙,不知慎密,实属负恩,着退出上书房,以编修降补。"又谕曰:"前因成格奏参'陈官俊于嘉庆二十四年冬间,在太原县殴打办差家人,又于二十五年六月买妾;并称干预地方公事,擅作威福。虽未能实指其苞苴之据,而已大开奔竞之风'等语,即令军机大臣等传到陈官俊,详加询问,所参殴差、买妾两款,均已承认。至密陈地方官员贤否,[一]则坚称实未向人泄漏,当令军机大臣寄问成格向陈官俊钻营者何人,奔竞者何人,令其明白回奏。嗣于十一月二十四日具折覆奏前来,声称魏元烺、邱鸣泰诸人省中纷纷传说,俱经学院保举,此数人官声素好,所举原不谬妄。又称陈官俊曾向伊说皇上见差太监前往河东查访商人控告盐务一案,此则更不成话,愈辨愈奇,支饰尤甚。试思此语若确,陈官俊当得何罪,必应彻底查讯,按其是非,治以应得之咎。特命长龄于经过晋省时驰赴省城,一面着陈官俊前往山西当面质对,令长龄秉公查讯孰是孰非,据实覆奏。兹于十二月十二日长龄奏到,据称到省后,传旨询问成格,令其一一指证,成格惟有伏地叩头,声称奏事不实,以奇诞无稽之语,冒渎宸聪,实属荒谬,不能指实,惟求代奏,从重治罪。已降旨将成格、陈官俊俱行降革示惩矣。

陈官俊于嘉庆二十四年冬间殴差,二十五年买妾,成格因何不即行参奏,乃一味姑容,已属不能秉公持正;及至陈官俊奉有密旨留心地方公事,成格揣得其情,心存畏忌,以伺其短,又值陈官俊不知检束于前,不能慎密于后,高兴妄为,自取罪戾。但成格去岁回任,至今又将及一载,〔二〕且于嘉庆二十四、五两年年终奏报本省学政折内,全未提及一语,于此可见殴差买妾之事,原不欲行参奏。总因陈官俊察访地方情事,恐其遇事直陈,有害于己,辗转狐疑,盖非一日也。又计陈官俊未回京之前,若行参奏,朕必立派大臣前往查办,是非无难立辨,伊焉能售其伎俩? 是以直待其回京后始行参奏,而折内复隐约其辞,使朕存之于心,知陈官俊不可信任。在内廷之人,奉命出差,尚且如是,其翰詹、科道等出差奏事,更不足信矣。即使陈官俊有所陈奏,朕岂有不辨别是非,概行听纳之理? 再陈官俊若系朕委用无疑之人,何难授以地方大吏,或留于山西以备察访,因何学差未满,反令其回京供职耶? 朕用陈官俊之意,于此可见也。讵意成格巧诈欺饰,以无可质对之言屡行奏辨,是其居心直欲屏朕耳目使不聪明,外省之事无敢过问,此其咎之重者也。至陈官俊奉命典学,惟当尽心考试,或有与抚臣交涉之事,原可公同商酌。至奉有密旨后,惟当随时察访,默而识之,可奏者奏之,毋庸奏者置之,不应将密谕显露,公然议论其贤否是非,不特有乖素位而行之诚,即与朕之谕旨亦大相径庭矣! 躁妄粗鄙,深负朕恩,必当立予降黜,以为不慎不密者戒。朕办理庶政,一秉公诚,贤则用之,不肖则去之,从不心存成见,亦不能直受欺蔽也。嗣后各省督抚,断不可因成格参奏学政获谴,即有不公不法之学政亦不肯据实参奏;各省学政亦不可因陈官俊言事不密获咎，明知本省利弊，亦皆缄默不言。如是，则与朕用人行政之心大相刺谬矣。故复行申谕各省督抚学政知之。”

二年，充顺天乡试同考官。四年，大考三等，夺俸半年。五年，充顺天乡试同考官。八年五月，充贵州乡试副考官。十二月，升右春坊右中允。九年，升国子监祭酒。十一年六月，充江西乡试正考官。七月，丁父忧。十三年十一月，服阕。十二月，补翰林院侍讲学士。十四年二月，升詹事府詹事。三月，充日讲起居注官。九月，稽查西四旗觉罗学。十月，升内阁学士，兼礼部侍郎衔。十二月，充文渊阁直阁事。十五年，稽查中书科事务，充殿试读卷官。十六年三月，升礼部右侍郎，五月，充朝考阅卷官，转左侍郎。七月，调吏部右侍郎。十七年八月，署户部右侍郎，兼管钱法堂事务，旋充顺天乡试副考官。十二月，转左侍郎。十八年，充庶吉士散馆阅卷大臣。十九年正月，充经筵讲官。二月，充大考翰詹阅卷大臣。三月，升工部尚书。七月，命查三库。十一月，赐紫禁城骑马。

时东陵郎中庆玉被马兰镇总兵琦琛奏参查办，并籍其家，以讯有隐匿寄顿等情，经王大臣传询庆玉之戚户部主事全孚，供称豫先得信，系陈官俊谈及。官俊遵旨回奏，与全孚亲供不符，上以官俊隐饰，命解任听候传讯。谕曰：“前因查办庆玉一案，究出送信根由，系户部主事全孚，牵涉工部尚书陈官俊，当降旨分别讯究。朕于此案，并不计其隐匿寄顿之多寡，惟须究出送信之人，从严惩办。本日据载铨等将陈官俊、全孚亲供呈览，全孚之供仍称陈官俊告知，而陈官俊则过涉支吾。以情理而论，言者或出无心,听者早已有意,即令陈官俊偶有不检,摭拾空谈,亦不致遽罹重谴,何以亲具供词,毫无一语着实? 朕综理庶政,一秉大公,在廷大臣,无不下待以礼。今遇此等案件,既有旨讯问,自当据实供明,[三]朕亦断不疑陈官俊与庆玉有私,故为送信。着陈官俊再行据实具供,无得稍形影响。倘经此训谕之后,仍复含混饰词,必将该尚书革职严讯,勿谓朕薄待大臣也。"寻官俊供因事谈及,属实。谕曰:"前因查办庆玉一案,牵涉工部尚书陈官俊,当降旨饬令明白回奏。若该尚书于前经奉旨之时,即将据实情奏明,何至屡干讯究? 乃所具供词,俱涉支吾,迨经严旨训谕,始行据实供出。陈官俊以一品大员,言语不知检点,摭拾空谈,致令全孚藉端传说,以虚为实,咎实难辞。陈官俊着交部严加议处。"部议革职,奏上,谕曰:"此案查办庆玉各款,与陈官俊原不相涉,惟陈官俊传询全孚时,稽核经手工程,不应以臆揣之词,提出难免动家字样,以致全孚藉端送信,指虚为实,已属失于检点;至降旨饬令明白回奏,并解任取供,两次所陈俱含混隐饰。及至严旨切责,始行供明,殊失大臣之体。陈官俊着照部议革职。"

　　二十年,授通政使司通致使。二十一年,稽查西四旗觉罗学。二十二年正月,升户部右侍郎,兼管钱法堂事务。二月,复充经筵讲官。十一月,调吏部左侍郎。二十三年四月,谕曰:"户部三库总司出纳,事务较繁,着派户部满、汉左侍郎兼管。向来管理三库大臣,仅派二员,着添派廖鸿荃、陈官俊。嗣后凡遇收放银两日期,六人中轮应一人亲往监视,[四]并专司启闭。"五月,以颜料库不戒于火,部议夺俸半年。六月,兼署户部右侍郎,兼管钱法堂事务。时银库亏短案发,官俊曾充查库大臣,坐失察革职留任。旋以应赔银两限内全完,恩予开复。八月,署兵部尚书。十月,以吏部行印被窃,部议镌级留任。十一月,赐紫禁城骑马。

十二月,升礼部尚书,兼署工部尚书。偕军机大臣顺天府遵旨申议科场章程,奏言:"乡会试誊录,各州县选正身书吏字画清楚者,于亲写年貌籍贯外,加以臂印,派干练丞倅解赴顺天府查验,并监临知贡举,覆验入场。该誊录所官严密稽查,一次无过,纪录一次;三次无过,加一级。失察舞弊者议处。又查弥封所、誊录所于至公堂东西分设,本属隔绝,应责成巡察官现有二所人役私相往来者,从重究办,以杜弊端。又向来落卷只由该生报名领发,是否本人,无从查核。嗣后应以领卷印票缴验为凭。再查乙未年特命举行覆试,惟各直省自行覆试,恐属具文;若照顺天府例,殿廷分次考试,亦形繁扰。应请令各省举人,于会试年二月初十日前到京,取具同乡官印结送部,十五日在贡院覆试。其道远逾期到者,归顺天府补行覆试。其逾补试期者,归下三科办理。三科内未覆试者,永远不准会试,亦不准截取铨选。"均如所请行。

二十四年二月,调工部尚书。三月,充会试正考官。四月,充庶吉士散馆阅卷大臣、朝考阅卷官。八月,充沟渠河道值年大臣。十月,命大挑各省驻防举人。十一月,以已勾绞犯宋天成临刑呼冤,命军机大臣会同恩桂、陈官俊再行覆讯。寻讯明宋天成斗杀属实,请仍照刑部按律问罪,允之。寻调吏部尚书、协办大学士。二十五年四月,充庶吉士散馆阅卷大臣。寻以前署兵部尚书任内,于候补主事恩麟违例派署掌印,未能查明更正,部议镌级。十月，命偕军机大臣审讯福建台湾刁民郭光侯一案，寻讯明光侯敛钱上控，抗捕负固，属实，按问如律。十一月，遵旨偕军机大臣审讯吏目蒋勤培责押无辜一案，并讯明给事中双寿、巡城御史万超有请托瞻徇情弊，分别奏办，均允之。二十六年二月，上谒西陵，命留京办事。闰五月，以吏部郎中庆文存用书吏张彤送缴节省工银，听从干求，改补经承名次，郎中邱景湘收受张彤寿礼，扶同瞻徇，官俊坐失察，交都察院议处。十一月，充玉牒馆副总裁，命管理三库事务。十二月，上以御门时吏部堂官全行误班，交都察院议处，夺俸二年。

二十七年二月，以官俊母年九十岁，御书"耆臣寿母"匾额，"福"、"寿"字，并珍绮等赐之。四月，充殿试读卷官、朝考阅卷官。五月，充大考翰詹阅卷大臣。六月，谕曰："翻译为满洲本业，每科翻译会试获隽者，止用部属，升途较隘。若将此项人员转入翰詹衙门，[五]专心学习翻译，与各员一体升转，遇有考试之年，即照向例考试翻译，免致舍其所长，用其所短。其应如何分缺录用之处，着大学士、军机大臣会同吏部议奏。至蒙古翻译进士以主事用者，[六]得缺较难，应如何疏通，俾无积滞，亦着一并议奏。"寻偕大学士穆彰阿等奏将翻译出身满、蒙人员分缺转补，并分别内班、外班及应行考试抵补之处，拟就九条呈览，并请将蒙古翻译进士以主事用者，掣分六部、理藩院、太仆寺行走三年奏留后，遇有题选缺出，酌量补用，允之。十一月，上以各省获盗引见官员，有题咨到部者，有专折具奏者，殊未画一，命吏部明定章程，画一办理。寻奏言："如有丞倅州县以下等官获盗，与引见之例相符者，均题请引见；如有续获多案，止题请给与加级纪录者,毋庸调取。若未经引见该员已另案升补,其所获之案仍照例调取引见;其续获多起、并案赴部者,于引见签内,逐一声叙。再文职获盗例准调取人员,州县以上由该督抚专折奏请;州县以下,具题。"如所议行。

二十八年十一月,命充上书房总师傅。十二月,以四川从九品包全春送伊戚引见,于吏部带领时,误随入乾清门,官俊坐失察夺俸一年。二十九年二月,以给事中陈坛奏参翰林院编修童福承品行不端,难胜上书房授读之任,并声称福承送官俊妻祭文,有过当语,官俊遵旨回奏,福承措词失当,属实。谕曰:"童福承身列词垣,不自检束,致招物议。着不准其授读,陈官俊于童福承措词鄙陋,原可不论,但将该员派充师傅之后,何以不即奏闻,实难辞咎。陈官俊着毋庸充上书房总师傅,并交吏部都察院议处。"〔七〕旋议降三级调用,上加恩改为降六级留任。闰四月,充考试试差阅卷大臣。

七月,卒。谕曰:"协办大学士、吏部尚书陈官俊性情直爽,表里如一,学问贯通,慎勤供职。蒙皇考仁宗睿皇帝特达之知,由翰林院入直上书房,学识兼优,克尽厥职。朕御极后,见其心地坦白,诚朴可嘉,日加委任,荐擢正卿。特命以吏部尚书、协办大学士,奉职弥勤,正资倚畀。兹以痰疾猝发,顷刻溘逝,遗章披览,悼惜良深!着加恩晋赠太子太保,入祀贤良祠。赏给陀罗经被,派惇郡王即日前往奠醊。任内一切处分,悉予开复。应得恤典,该衙门察例具奏。"又谕曰:"陈官俊以疾遽逝,昨已降旨赐恤,追念怆然!伊长孙陈厚钟加恩赏给举人,准其一体会试;次孙陈厚滋俟及岁时,由吏部带领引见,候朕施恩。"寻赐祭葬,予谥文悫。

子介祺,现官翰林院编修。

【校勘记】

〔一〕至密陈地方官员贤否 原脱"地方"二字。耆献类征卷四〇叶四三下同。今据成录卷二七叶一八上补。

〔二〕至今又将及一载 原脱"至"字。耆献类征卷四〇叶四四下同。今据成录卷二七叶一九上补。

〔三〕自当据实供明 原脱"据实"二字。耆献类征卷四〇叶四六下同。今据成录卷三二九叶三〇下补。

〔四〕嗣后凡遇收放银两日期六人中轮应一人亲往监视 原脱"嗣后"及"六人中"五字。耆献类征卷四〇叶四七下同。今据成录卷三九一叶一一上补。

〔五〕若将此项人员转入翰詹衙门 "若"原误作"兹"。耆献类征卷四〇叶四九下同。今据成录卷四四二叶一三下改。

〔六〕至蒙古翻译进士以主事用者 原脱"翻译"二字。耆献类征卷四〇叶四九下同。今据成录卷四四二叶一四上补。

〔七〕并交吏部都察院议处 原脱"吏部"二字。耆献类征卷四〇叶五〇下同。今据成录卷四六四叶七上补。

清史列传卷三十七

大臣传续编二

黄钺

黄钺,安徽当涂人。乾隆五十五年进士,以部属用,签分户部。嘉庆五年,得旨:"候补主事黄钺着照赵秉冲之例,在懋勤殿行走。"七年,补主事。九年正月,谕曰:"黄钺在懋勤殿行走有年,伊本系进士出身,学问尚优,着加恩改擢赞善,遇缺补用;并着在南书房行走。"三月,谕曰:"向来部院各官补实缺者,方准考试,试差黄钺尚未得缺,但本系实缺主事,准其一体与考。"七月,充山东乡试副考官。十年八月,补詹事府右赞善。十一月,充日讲起居注官。十一年三月,升右中允,六月,转左中允。十月,迁翰林院侍讲。十二年六月,充湖北乡试正考官。八月,提督山西学政。十三年,转侍读。十四年十一月,升詹事府右庶子。十二月,偕山西巡抚初彭龄奏请巡幸五台,从之。十五年四月,转左庶子。十月,差竣回京,仍入直南书房。十七年,升翰林院侍讲学士。

十八年二月,时届京察,上以黄钺供职勤慎,予议叙。七月,充山东乡试正考官。八月,提督山东学政。九月,擢内阁学士,兼礼部侍郎衔。十二月,奏参菏泽县训导兼理曹州府教授宋璇失察武生马克光学习邪教,请褫职。十九年二月,复奏参失察武生从逆之定陶县教谕郎谦牧、训导方运景,均请褫职。又奏言:"上年逆匪扰及定陶,曹州府属文武生员助官剿贼,学录孔毓俊、生员孔毓仲等同时阵亡,均请交部议恤;并以金乡县生员李九标首告教匪破案,复设法擒获谋逆在逃诸犯,奏请奖励。"俱从之。三月,命来京供职,仍入直南书房。四月,授户部右侍郎,兼管钱法堂事务。二十年二月,接纂秘殿珠林、石渠宝笈续编,命钺偕吏部尚书英和、兵部右侍郎姚文田专司检阅。二十一年六月,宝泉局匠役讹索滋事,上以黄钺管理钱法堂未能称职,下部议处,寻调礼部右侍郎。闰六月,秘殿珠林、石渠宝笈书成,赏加二级。八月,充顺天乡试副考官。十一月,纂辑全唐文告成,得邀赏赉。十二月,充玉牒馆副总裁官。二十二年三月,调户部左侍郎。四月,充殿试读卷官。二十三年八月,署兵部左侍郎。十月,赏紫禁城内骑马。

二十四年,授礼部尚书。二十五年三月,充会试副考官。八月,赏加太子少保衔。九月,命在军机大臣上行走。旋调户部尚书。十月,御史李肄颂奏请将应追官项核实办理,上命军机大臣议奏,钺偕大学士曹振镛等奏言:"摊扣银两,往往经年累月,追补无期。应请敕下各督抚,严饬各属遇有动支钱粮,务令实用实销。报销到部,各该部亦即详慎勾稽,迅速核销。应行驳减者,即于本员名下按限追补,不得摊派,以滋扰累。其摊扣养廉之事,概行禁绝。"从之。又奏河工添用正途人员,略言:"河工同知、通判皆知县佐贰升阶,如果知县佐贰内正途居多,则将来保奏河厅不患无人。查现在分发河工正途人员,只有大挑举人一项,应请将教习期满知县、教职保举知县两项内,拣选发往,俾令学习,照大挑举人之例补用。每届三年,由该河督察看人数多寡,酌定员数,奏请拣发。"如所议行。

道光元年七月,妻丧请假,谕曰:"卿已逾七旬,非十分强壮可比,矧天时暑热,切勿过于哀伤。总之国事为重,倚畀方深,加意自爱,永保康强,佐朕以襄上理,实有厚望焉。"二年正月,时届京察,得旨:"黄钺办理部务,本属妥协;又自简任军机大臣以来,敬共所事,实力匡襄,着交部议叙。"五月,以会议仓场盘查章程,措置失宜,降一级留任。八月,充顺天乡试正考官。三年正月,谕曰:"朕于本年元旦御殿受贺,阎惠覃敷,左右近臣,允宜特加恩泽。户部尚书黄钺前因议覆仓场以放代盘,〔一〕措置失宜,降一级留任,着加恩宽免。"三月,署翰林院掌院学士。四月,充殿试读卷官。四年正月,会议保送仓监督章程,略言:"各仓花户觇法,〔二〕总由监督约束不严,自应慎加遴选。请嗣后钦天监、太常寺、鸿胪寺、銮仪卫各衙门司员,均毋庸保送;其馀令各该堂官秉公遴选,其结实可靠之员,准该侍郎等奏留再任三年,倪始终奋勉,〔三〕随时奏给升途,至京察之年,应请添保一员,不得先尽坐粮厅、大通桥监督,以昭公允;其不实心任事者,随时参处,庸懦无能者,咨回停升;自行查出舞弊者,免议。至向例监督只领半俸,嗣后请给全俸,以资办公。"从之。二月,奏言:"各直省奏报征粮比较之法,未能画一。嗣后应请一律比较分数,凡丰收之年,以额征之数为准;蠲缓之年,以应征之数为准。各按十分计算,本年完欠分数,较之上三年或溢、或少、或相等,一一注明。其旧欠带征,亦照此另款开造。统以办理奏销之日,截数开单奏报,以归画一。"如所请行。

五年正月,京察届期,上以黄钺管理部务,均臻妥善,献替匡襄,尤为出力,下部议叙。五月,谕曰:"黄钺年逾七旬,夙夜趋直,未免劳勚。着无庸在军机处行走,俾得专心办理部务。仍入直南书房,亦无庸逐日进内。"十月,以年老乞休,谕曰:"黄钺恳请致仕,并自陈在京供职三十六年,未能回籍省墓,词意肫切,览奏深为恻然!黄钺虽年逾七旬,精力尚健,前降旨令其专心部务,正当为国宣勤,永承恩眷,岂忍令其遽行解退?所请着不允,仍照旧供职,益加懋勉,以副朕怀。"六年四月,充殿试读卷官。九月,因病陈请开缺,上允所请,命安心调理,病愈即行销假。十月,吁恳致仕,谕曰:"户部尚书黄钺由主事改授赞善,供职内廷,仰蒙皇考恩眷,荐擢正卿。经朕赏加宫衔,在军机大臣上行走。嗣以年老,令其专办部务,仍入直南书房。上年曾以年力已衰,恳请开缺,不忍遽许解退,温谕慰留。本年秋间,因腰疾乞假月馀,奏请开缺,降旨允准,并令安心调理,病痊销假。兹复以腰疾虽愈,精力顿衰,吁恳致仕回籍,情词肫切,若仍不允所请,转非所以示体恤。黄钺准其以户部尚书致仕回籍,并加恩在家支食半俸,俾得怡志林泉,安心颐养,用示优眷老臣至意。"十一月,奏回籍行期,上念其年近八旬,严冬就道,赏给参枝,以资调摄。

九年，钺八十生辰，谕曰："予告尚书黄钺曾直内廷，宣力有年。学问素优，人亦谨饬。本年八月为伊八十生辰，特颁御书'福'、'寿'匾联，并赐以寿佛、如意、朝珠、文绮等件，用迓福祉。伊子礼部小京官黄富民，加恩作为候补主事，俾闻之益增庆慰。并传谕黄钺不必远道跋涉来京谢恩，以示朕优礼耆臣、锡庆引年至意。"十年，以前在户部任内失察假照，降三品顶带。十一年，上五旬万寿，赏还顶带。十二年，以捐资助赈，并捐建义仓，下部议叙。十九年，钺九十生辰，御书"福"、"寿"字，"颐性延祺"额，"枢廷赞治经猷在，珂里承恩岁月长"联句，并服物陈设，命钺子礼部郎中富民赍回赐之。二十一年，卒，年九十二。遗疏入，谕曰："致仕尚书黄钺学问优长，持躬端谨。仰荷皇考知遇，由部曹改官赞善，荐历正卿。朕御极以来，简赞枢垣，密勿宣勤，深资倚畀。嗣以老疾乞休，因其年近八旬，曲加体恤，准予致仕，并赏给半俸，特赐参枝，方期永享遐龄，长承恩眷。兹闻溘逝，悼惜殊深！着加恩晋赠太子太保衔，入祀贤良祠。照尚书例，赐恤。所有原任内一切处分，悉予开复。应得恤典，该衙门察例具奏，用示朕笃念耆臣至意。"寻赐祭葬，谥勤敏。

子富民，官礼部郎中。

【校勘记】

〔一〕户部尚书黄钺前因议覆仓场以放代盘　"覆"原误作"奏"。耆献类征卷一〇八叶三下同。今据成录卷四八叶二下改。

〔二〕各仓花户散法　原脱"各仓"二字。耆献类征卷一〇八叶三下同。今据成录卷六四叶二四上补。

〔三〕准该侍郎等奏留再任三年倪始终奋勉　原脱“再任”及“倪”三
　　　字。耆献类征卷一〇八叶三下同。今据成录卷六四叶二四下补。

王宗诚

王宗诚,安徽青阳人。父懿修,礼部尚书。宗诚,乾隆五十
五年一甲三名进士,授翰林院编修。五十七年,充云南乡试正考
官。六十年,充四川乡试副考官。嘉庆三年,充陕西乡试正考
官,旋提督河南学政。四年十二月,升左春坊左赞善,五年四月,
迁左中允,均留学政任。七月,奏科试陈州府,查出童生张序东
等用私雕假印,换卷传递,严行惩办,谕奖其细密精详。

六年六月,迁司经局洗马。七月,奏言:“驻防旗童,就各省
学政考试入学,部议令各该学政岁、科两试后,按照应试人数多
寡,咨部定额。臣备职河南,岁试时,驻防赴考者五人,照例取进
一名;科试,赴考者九人,其数较增于前,然于取进两名之额,尚
有未符,仍取进一名。如照现在取进者定额,将来人数众多,未
免为额所限。若豫为馀地,多取数名,又恐转滋冒滥。可否暂缓
定额,俟三届岁科试竣,再行核办。”下部议行。八月,擢翰林院
侍讲。九月,充武英殿提调。十一月,转侍读。十二月,擢左春
坊左庶子。七月,充日讲起居注官。八年二月,擢翰林院侍讲学
士。三月,大考三等,降左庶子。向例,大考降补人员不计算前
俸,上以宗诚充武英殿提调有年,办理书籍妥协无误,特旨准接
算前俸。九年二月,上幸翰林院,命廷臣侍宴联句,恩赉有差,宗
诚与焉。

寻擢翰林院侍讲学士,五月,转侍读学士。十月,充顺天武

乡试正考官。十年，迁詹事府少詹事。十一年正月，充文渊阁直阁事。十月，擢詹事官。十二年，〔一〕高宗纯皇帝实录告成，宗诚以曾充纂修，下部议叙。寻提督山东学政。十三年，奏母病沉重，请开学政缺，来京省视，允之。旋丁母忧，十五年五月，服阕，十月，补詹事，复充文渊阁直阁事。十六年，充武会试副考官。十七年，擢内阁学士，兼礼部侍郎衔。十八年，迁礼部右侍郎，充顺天武乡试正考官。十九年二月，署工部右侍郎。三月，充会试副考官。二十年，命在上书房行走。二十一年四月，以父病奏请开缺终养，允之，寻丁父忧。二十三年七月，服阕。十一月，署礼部右侍郎。二十四年九月，提督江西学政，旋授兵部左侍郎。先是，十四年十月，上五旬万寿，九月二十七日孝慈高皇后忌辰，系常服，不挂珠。是年十月，上六旬万寿，礼部于九月二十七日服色未经援照十四年声请，堂司各官均下部议处，宗诚以正三品京堂降补，仍留学政任。二十五年，授礼部左侍郎。

道光二年，擢兵部尚书，命来京供职。三年三月，署礼部尚书。四月，充殿试读卷官。四年，充经筵讲官。七年四月，署工部尚书。八月，署刑部尚书。十一月，赐紫禁城骑马。八年正月，逆回张格尔就擒，上以宗诚督办军报，均臻妥协，下部议叙。八月，署兼管顺天府府尹。十二年，署兵部尚书。十三年四月，宗诚七十生辰，御书"政翊西枢"匾额，"福"、"寿"字，及寿佛、如意诸珍物赐之。十五年，复署兼管顺天府府尹。十七年正月，卒。遗疏入，谕曰："兵部尚书王宗诚办理部务，清勤端谨，克尽厥职。近因感受风寒，赏假调理，方期速就痊愈，益资委任。遽闻溘逝，殊深轸惜！着照尚书例赐恤。任内一切处分，悉予开复。应得恤典,该衙门察例具奏。"寻赐祭葬。

子元榜,刑部员外郎。

【校勘记】

〔一〕十二年　原脱"十"字。耆献类征卷九八叶一七上缺载。今据睿
　　录卷一七三叶一〇上补。

何凌汉

何凌汉,湖南道州人。由拔贡生于嘉庆七年朝考一等,以七品小京官分吏部。十年,一甲三名进士,授翰林院编修。十二年,充广东乡试副考官。十三年,充顺天乡试同考官。十七年,大考二等。十九年二月,升国子监司业。十一月,迁左春坊左中允。十二月,充文渊阁校理。二十年三月,升司经局洗马,充日讲起居注官。六月,升翰林院侍讲。二十一年,京察一等。二十二年,转侍读。二十三年二月,大考二等。八月,转右春坊右庶子。二十四年五月,充福建乡试正考官。十二月,迁国子监祭酒。

道光二年,充山东乡试正考官,旋提督山东学政,迁翰林院侍读学士。三年,奏言:"山东各学考试童生,廪保甚少,致枪替之案叠出。今酌量增派,自县考至院试,无许更换,诸弊渐清。每试日静坐堂皇,书役悉闭置一室。盖场中多一查弊之人,即多一作弊之人。臣以为防弊之道,苟挈其要领,无事烦苛。"疏入,得旨嘉勉。四年,迁通政使司副使。五年,稽察右翼宗学。六年,升顺天府府尹。七年,坐失察宛平县知县张瀚仙缉拿要犯疏

懈,下部察议。八年正月,逆回张格尔槛送京师,凌汉支应兵差妥速无误,下部议叙。五月,上御门受俘礼成,加一级。八月,充顺天乡试监临,以士子入场骤雨,拥挤擦损试卷,未能先事豫筹,下部议处。十年,迁大理寺少卿,仍署顺天府府尹。十一年正月,署兵部右侍郎。二月,迁都察院左副都御史。五月,升工部右侍郎,兼管钱法堂事务,兼署礼部左侍郎。六月,充浙江乡试正考官,旋提督浙江学政。十二年,命偕闽浙总督程祖洛审讯山阴、会稽绅幕书役勾结舞弊一案,鞫实,请褫在籍按察使李澧职,库书徐爕堂等各治如律。

十三年正月,调吏部右侍郎,兼管顺天府府尹事务。二月,以京畿上年遇旱,奏设六厂煮赈,嗣因续领米质嫩劣,请照七折计算,经户部以折耗过多参奏,上命仓场侍郎贵庆等查办。贵庆等奏大兴等县领米出有米色干洁,斛面无短,切结不得借词折算;又府丞王玮庆奏书役领米,恐有中途搀和等弊,请敕命确查核办。凌汉遵旨覆奏,略曰:"此次续领米石,曾经亲赴各厂量准煮试,其放饭之铁杓,应煮得三十二、三杓者,此次止得二十二、三杓。故请以七折报销,至州县领米,皆系具结在先,领米在后,干洁等语,何得以为确据?请钦派公正大臣查验。至中途搀和一节,书役领米,即日出城到厂,耳目众多,恐难明目张胆提出数百口袋,从容作弊,请将书役花户交刑部审讯。"上命大学士公长龄等验试,并由刑部定谳,均如凌汉所奏办理。四月,以固安县饭厂设赈,就食贫民村庄辽远,瞬届炎暑,饭易变味,请改为散米以示体恤,从之。

寻调户部左侍郎。五月,奏直隶绅士捐输赈银,计分储霸昌、通永两道库,以昭慎重。六月,奏京畿赈馀米石,请存储县仓,以备急需。俱如所请行。会挑挖内外城河道,以工代赈,就食者多至二三万人,诏凌汉议定工竣资送章程。寻奏言:"穷民住京城内外者,止须略给钱文,无庸资送;其在京外州县,以及籍隶他省者,先应令其路无乏食,尤当使之归有馀资,惟佣趁非同递解,籍贯又属难稽。拟于散工日酌给盘费钱二百,并给印票一张,注明制钱五百,各赴本籍衙门承领,俾贫民意有所贪,散归必速;所需钱文,即在捐赈项下支给。"允之。七月,调吏部右侍郎,兼署户部右侍郎,兼管钱法堂事务。十一月,议驳御史那斯洪阿条陈事宜:"一、地方官有钱粮处分,不准升调。凌汉以理繁治剧,每难其人,若格以因公处分,概不升转,必至以平庸无过者迁就,转非所以慎重地方。且吏治与催科并非两事,未有循良而帑藏空虚者,亦未有贪浊而仓库充实者,是在督抚为缺择人,不为人择缺。一官收一官之效,一人有一人之益,正不必徒事更张,转滋窒碍。一、变通税务。凌汉以落地杂税及房屋典当等税,已极周密,至京师九门外有铺税,天津新疆沿壕铺面有房租,因系官房、官地也。今欲尽天下之府、厅、州、县仿照定税,则布帛菽粟,民生日用所需,市侩必将加价,以取诸民者输官;水脚火耗,官又将取之于民。且开歇无常,税额难定,徒有敛怨之名,而无裕国之实。"上是之。

十四年二月,擢都察院左都御史,仍兼管顺天府府尹事务。十一月,赐紫禁城骑马,擢工部尚书,仍兼署左都御史,兼管顺天府府尹事务。十二月,充经筵讲官。十五年三月,充会试副考官。五月,教习庶吉士。九月,以恭理孝穆成皇后梓宫奉移事宜,下部议叙。十二月,孝穆成皇后、孝慎成皇后奉安礼成,加二级。十六年三月,署吏部尚书。五月,奏直隶宝坻县歉收,请将仓储馀米散给,以济民食,允之。九月,奏永杜回漕锢弊章程,略言:"欲杜回漕,先禁囤积。请嗣后天津一带滨临水次铺户,存储粗米,不得过十石;违者以回漕论。并请责成文武官实力稽查,以重漕政。"寻部议以存储粗米不得过十石,易启书役扰累之弊,改为不得过五十石。凌汉复奏言:"例载京城粗米不准出城,诚以粗米便于回漕,水次铺户不得擅行囤积,不问可知。惟是旗丁馀米,例准售卖,是以有不得过十石之议。若宽以五十石,则通州至天津共六百九十家,每家五十石,合之已及三万五千石,难保无接济回漕之事。至书役扰累,全在地方官约束得法,自无流弊。"上如其议。

十七年三月,上亲耕籍田,凌汉以从耕,加一级。九月,充乡试覆试阅卷大臣。十九年三月,调户部尚书。议驳四川总督宝兴奏请按粮津贴防边经费,略言:"川省地丁额征六十馀万两,加以津贴较原课几增两倍,非藏富于民之义。且军需借资民力,不可率以为常。请于各省秋拨项下,抽拨百万两,以三十万作为初设边防之用,其馀发商置田。所获息银以四万两为常年经费,二万两归还原款,于防边恤民,两有裨益。"上是之。八月,充顺天乡试副考官。二十年,卒。遗疏入,谕曰:"户部尚书何凌汉由翰林荐擢正卿,品行端谨,办事勤慎。昨据因病请假,冀即调理就痊,遽闻溘逝,殊堪悼惜!着加恩赏加太子太保衔,照尚书例赐恤。任内一切处分,悉予开复。应得恤典,该部察例具奏。"寻赐祭葬,予谥文安。

子绍基,翰林院编修;绍业,四品荫生,候选县主簿;绍祺,云南广通县知县;绍京,候选道。

朱士彦

朱士彦,江苏宝应人。嘉庆七年一甲三名进士,授翰林院编修。十年,充会试同考官。十二年,充河南乡试正考官。十四年,充会试同考官。十七年二月,大考二等。五月,升右春坊右赞善。十一月,升右中允,十八年二月,转左春坊左中允。四月,升司经局洗马。七月,迁翰林院侍讲。八月,提督湖北学政。十一月,转侍读,十九年四月,升右春坊右庶子,九月,转左春坊左庶子,旋擢翰林院侍讲学士,皆留学政任。二十一年,转侍读学士。二十二年,充日讲起居注官。二十三年二月,大考二等。十一月,命在上书房行走。二十四年,迁詹事府少詹事。二十五年,升内阁学士,兼礼部侍郎衔。

道光元年,因病陈请开缺。二年二月,病痊,补原官。八月,迁兵部右侍郎。三年四月,充殿试读卷官。九月,充知武举。十二月,转左侍郎。四年,以南河高堰掣通过水,条陈:"河工事宜:一、高堰石工,宜切实估修;一、堰内二堤,宜查勘培补;一、黄河盛涨,宜两岸分泄;一、山盱五坝宜相机开放;一、黄河下游无堤之处,宜查勘接筑。"疏入,命钦差尚书文孚等筹议。寻以"士彦原奏均属紧要机宜,经久良策,惟高堰内二堤必须增培,与大堤相平,始足以资保障。但需费甚巨,若酌量培补,徒费无益。馀俱俟各要工完竣后,奏请办理。"允行。五年八月,提督浙江学政。十一月,奏禁讼户抗粮,略言:"杭、嘉、湖三府钱粮,逋欠甚多。询系不肖生监曾经上控有案,即谓之讼户,包漕闹漕,抗不完纳,士习如此,不可不急加整顿。应请饬下督抚,严饬府、州、县认真办理。"奏入,命浙江巡抚程含章会同士彦实力整顿。六年七月,御史钱仪吉以士彦任性错谬,列款劾奏,上命程含章详细确查。八月,覆奏:"查明原参各款,有并无其事者,有事出有因而未尽实者。该学政考规整肃,取士公平,任怨任劳,系属实心任事之人。"得旨:"浙省士风轻薄,朕所夙知。该学政遇事整肃,原无不合。惟伊父朱彬迎养到浙,只应在署居住,不应随棚阅卷。若亦帮同校阅,岂不与干豫公事者无异?试院演剧,虽系场事全竣,亦不应漫无关防。至生童剿袭旧文,及字画错讹,原应豫行出示晓谕告诫,究不宜出题割裂句读,取进后辄予掌责,致滋物议,着交部议处。"

八年,回京。九年三月,充会试副考官。九月,充知武举。十年二月,提督安徽学政。九月,擢都察院左都御史,回京供职。十一月,赐紫禁城骑马。十一年二月,署经筵讲官。五月,迁工部尚书。七月,江苏河湖漫溢,江涨添长,被灾甚重。时江苏学政白镕以升任来京,上令沿途查访,命士彦偕工部尚书穆彰阿前往查办。八月,以安徽被灾情形相同,命偕白镕于查办江苏事竣,前赴履勘。九月,参奏淮海道现署河库道沈惇彝沾染习气,[一]言语虚浮,原任宿南通判范玉琨襄办总河幕务,声名平常。得旨,俱勒令休致,不准仍在河工逗遛。旋奏马棚湾被水情形,略言:"高邮十四堡业已合龙,其马棚湾决口之由,因江淮同时盛涨,宣泄无路所致。至河员领有抢修之项,即应储备料物,昼夜巡防,乃宝应北城湾、朱家湾、闸六邮、六安沟、界首等处告险,均借用民间木料抢办。是该厅木料之不豫备,已可概见。"又偕白镕奏查勘扬河厅属掣卸各工,除土工已逾固限外,其掣卸石工,应请敕下河臣查明新旧段落,着令原办之员赔修;其扬河、扬粮两厅纤堤,如有限内坍卸之工,应令河臣核实查办。又扬河厅南关大坝并新坝耳闸间有坍卸冲刷之处,已咨令该工员赶紧补修,工竣仍报河督覆验,以重要工。均如所请行。

又以淮扬各官多系调署,于地方情形未能熟悉,请饬令江宁布政使林则徐、常镇通海道张岳崧总司江北赈务,至马棚湾一带,灾民挑工糊口,其老弱妇女不能工作者,应请速查给赈,从之。十月,偕白镕奏:"续查江南下河州县积潦之区,被灾尤重,已饬地方官迅速查赈。惟胥吏串通地保,浮开户口,为向来办赈积弊,已令委员查明各乡户口,即于本乡榜示。放赈之时,州县官据委员所查,总发一榜,总查抽查之员,即可凭以核办。"又奏:"山盱厅属添建滚水石坝,本年启放过水,现已堵合,无从查验。询据道将等员面禀,[二]本年启放时,石底间被冲裂缝,坝下灰土亦多冲损,请俟塘水消落时,责令工员修理完固。至堰、盱两厅临湖石工,掣卸二百馀丈,固限未满,应请责令赔修。其石后砖工,灰土间有残缺,应请责令补筑。又盱堰大堤加帮土工,间有蛰低浮松之处,应请责令填补整齐,夯硪坚实,并责成河兵种柳护堤。又以已估未办之高堰头二两堡未估之智、信两坝,应请发办勘估。至前项土堤,既非临湖,与黄河险要堤岸不同,向来仅照黄河保固一年,限期太宽,请嗣后堰、盱两厅土堤,及运河堤岸,均定为保固三年。其运河埽工,亦与黄河埽堤不同,请于经历一年后,再加保固一年,由该管道验明坚整,始准归汛修防。"

均下所司议行。十一月，奏安徽无为州江坝及铜陵县坝工程紧要，均应借项兴修，上允所请。

十二年正月，奏江苏盐城县知县孔昭杰开报户口未能认真，安徽宿松县知县蓝桂报灾迟延，青阳县知县彭辅周遗漏灾区甲数，得旨，令陶澍等查明据实参奏。又奏："向来捐资助赈及办理赈务之绅民，均准给予议叙，惟地方官劝捐，则恐人少，议叙又虑人多，以致书吏婪索，驳查累月经年，不能上达。请敕下该督抚严禁书吏挑剔，早为查办。"从之。二月，回京，旋充武英殿总裁。三月，充会试副考官。五月，充教习庶吉士。九月，以南河于家湾奸民陈端等偷挖官堤，掣动大溜，命偕工部尚书穆彰阿驰往查办。闰九月，士彦奏："九月初旬，清口出水二尺有馀，高堰长水二丈一尺，势甚危险。其时吴城七堡未开，是以洪湖吃重。此时既已开放，湖水自必分减。但现交冬令，一月后即难兴工，湖中既多积水，风烈堪虞，应请加紧赶办。"疏入，谕以"通盘筹画，先事豫谋，庶有把握"。十月，命偕户部左侍郎敬徵驰赴江南查办河务。十三年正月，奏参已革留工通判张懋祖赔修坝工，仍不认真，致损坏更甚，请将张懋祖在工枷号，仍令迅速赔修，上是之。旋奏于家湾正坝合龙，惟坝下尚未闭气，西坝亦间有蛰矮，命士彦等督饬工员赶紧加镶，追压坚实，不得稍误。时江南河道总督张井以河湖各工残损，[三]奏请分别估办，命士彦偕敬徵覆勘，酌量轻重缓急具奏。二月，奏言："堰、盱卑矮石工，应请改砌碎石，分年核办，旧信坝及智坝、仁河、义河坝应分别补还石工，填修石底，其坝下束水之堤，应补还缺口。又里河厅属福兴正闸亦应赶紧修办。惟扬河西岸加高，包砌碎石，并倒卸石工，拟令改抛碎石,虽均属紧要,而工程较大,且已交春令,粮艘将到,运办需时,应请分年修理。"从之。又遵旨覆按挖堤各犯,治如律。

四月,调吏部尚书。十二月,充经筵讲官。十四年,请假省亲,寻丁父忧。十六年六月,服阕,到京,署吏部尚书。时广东在籍已革刑部郎中卢应翔干预讼事,渎控不休,命偕户部尚书耆英驰往鞫之;会钦差侍郎赵盛奎等查讯前次礼部尚书昇寅随带司员白让卿、阳金城被参各款,未能认真审办,即交士彦等覆查严讯。又以廷臣劾奏江西各员贪劣款迹,谕士彦等于赴粤之先,会同江西巡抚陈銮查办。九月,偕耆英等奏讯明清江县知县孙慧焯挟势借贷,请革职治罪,临江府知府于公槐失于觉察,前署樟树镇照磨李世康于民人捐输钱文,情同抑勒,均请交部议处,从之。十月,奏已革南城县知县黄宗宪糊涂任意,应照律治罪,下部议行。

十七年正月,授兵部尚书。二月,偕广州将军苏勒芳阿奏讯明卢应翔挟嫌唆讼属实,请治如律,下军机大臣等议行。三月,奏查明昇寅随带司员白让卿、阳金城委无婪索情弊,上以白让卿等不知远嫌,下部议处。四月,命赴浙江查勘塘工,旋奏海塘原为保障民田而设,向系地方官捐廉办理,费实不赀,请敕交抚臣筹款,核实勘办,上允所请。五月,遵旨赴扬州查询两淮运使刘万程出缺原由,并赴清江浦验看南河料垛工程,查盘库款,旋奏言刘万程实系办公忧瘁,愁急轻生,并无别故;又勘验南河工坚料实,厅员及幕友等亦无舞法营私情事。疏入,报闻。九月,奏盘查南河库存实数,与收支册卷不符,按款驳饬河库道李湘芷具呈登覆,前后矛盾,请先行交部议处,上命褫李湘芷职。十月,遵旨赴安徽查讯池州府知府吴祺被参各款,请革职严鞫,旋讯明吴祺得受盐规属实,请治如律。是月,河南光州职员陈玉书等京控知州派买仓谷,命士彦往按之。寻讯明知州刘荫棠擅照粮地造册,向花户劝买,令民自运交仓;又明知价值不敷,并不妥为筹办,辄将原详价值发买,致民间领价亏短,即与私派勒买无异,署知州郝文光因循接办,咎亦难辞,应请各照例坐赃治罪,仍按限追赃,俟限满有无完缴,分别办理。并条陈常平仓谷出粜采买章程,略言:"动用既少,则采买自稀。请嗣后各省囚粮递粮,即照五钱定价,按年作正开销,毋庸动用仓谷平粜,必市价昂贵,民有艰食之虞,照例酌减一二钱以上,若市价在八钱以下,竟可停其出粜。至采买之时,既须年丰谷贱,亦必该州县声明已逾二三年,方准采买,以纾民力而祛宿弊。"均如所请行。

十八年二月,兼管顺天府府尹事务。三月,充会试正考官。四月,上回宫,士彦在西华门外骑马,未及回避,镌级留任。五月,调吏部尚书。八月,因病请假调理。九月,卒。遗疏入,谕曰:"吏部尚书朱士彦由翰林荐擢正卿,性情直爽,办事公正。前因病陈请开缺,叠经赏假,安心调理,方冀病痊,正资委任。兹闻溘逝,深为悼惜!着加恩赏给太子太保衔,照尚书例赐恤。任内一切处分,悉予开复。应得恤典,该部查例具奏。伊长子朱百顺业经出仕外,其次子附生朱百行,廪生朱百城、朱百谷,附生朱百梅,俱着服阕后,交部带领引见。"寻赐祭葬,予谥文定。二十一年,谕曰:"朱士彦宣力多年,公勤正直。前饰终之典,已备宠荣。兹朱百行等服阕来京,朕追忆成劳,赏延后嗣。附生朱百行、廪贡生朱百谷,俱着加恩赏给举人,准其一体会试;廪生朱百城、附生朱百梅,俱着加恩赏给副榜贡生,用示朕眷念荩臣、有加无已至意。"

子百顺,二品荫生,湖南宝庆府同知;百行,东河候补通判;百城,候选教谕;百谷,候补内阁中书。

【校勘记】

〔一〕参奏淮海道现署河库道沈惇彝沾染习气　原脱"淮海道现署"五字。今据成录卷一九六叶一一上补。

〔二〕询据道将等员面禀　"道将等"原误作"工"。今据成录卷一九八叶一〇上改。

〔三〕时江南河道总督张井以河湖各工残损　原脱上"河"字。今据成录卷二一九叶八上补。

　鄂山

鄂山,博尔济吉特氏,满洲正蓝旗人。嘉庆元年进士,以知县用,选授广东保昌县知县。引见,改补山西浮山县知县。三年,丁母忧。七年,服阕,补甘肃会宁县知县,八年,调皋兰县。十年,升安西直隶州知州,十五年,调陕西邠州直隶州。〔一〕道光元年,擢陕西同州府知府,二年三月,调西安府。九月,升粮储道。三年,授河南按察使。四年,迁陕西布政使。

五年四月,署陕西巡抚,五月,实授。九月,署陕甘总督。先是,青海口外插帐野番,偷渡河北抢掠,经前任督臣那彦成檄调将弁剿捕。十二月,奏:"河北番贼歼除殆尽,现饬剿捕窜匿馀匪,请将防河官兵添派四百名,设卡驻扎,以防代捕。"〔二〕并移会四川总督檄果洛克千户等一体缉捕。又疏言："前任总督那彦成奏定将陕甘提镇马步兵改为守兵,〔二〕以节经费。查乌鲁木齐、巴里坤兵丁繁剧,全赖粮饷养赡,若遽改裁,于兵丁生计有碍,且新疆地方窎远,马兵之用,所赖实多。请量为变通,于该二处摘缺缓补无马之马兵,以马改步,每处改裁一百四十六名,以多裁马兵之粮饷,抵少裁马匹之草干。核与奏定节省银数,既有盈无绌,而于兵额亦无减少。"疏入,均从之。六年五月,奏陕西新设佛坪厅,请添建城垣,得旨允行。七月,复署陕甘总督。

　　时逆裔张格尔入卡滋扰,上命鄂山妥速筹备粮饷,会同前任陕西巡抚卢坤总理军需事务。旋奏言："肃州距阿克苏道里遥远,仅于哈密派员督办,尚恐鞭长莫及。请于吐鲁番、库车两处设立粮台,专派大员分驻,并多设腰站,委员催前提后,递相接运。"如所请行。十月,偕卢坤奏筹解备用军饷,并调拨四川、西安官兵进剿情形,得旨："汝二人系朕特简之人,深知公诚可靠,是以授此重任。务当和衷共济,成此大勋。一切出纳,实心经理,断不可存避嫌远谤之心。勉之!"十一月,奏皋兰等厅县,秋收歉薄,暨供办兵差各地方,请缓其赋,并请借给皋兰等十四州县灾民口粮,允之。十二月,奏请筹解马匹,得旨："现在军营所需马匹,着派员迅速解往大营,毋稍迟误。该署督前奏调马二万有馀,误将上年喀什噶尔调用之马一并计算,并未拨除。鄂山着交部察议。"七年二月,以署安西直隶州知州王世焯玩延军需,奏请褫职。又奏："托克逊为乌鲁木齐粮台之首,虽有镇迪道汤鼐在彼,往来查催,不能在台常驻,仍恐照料难周。请以前任甘肃臬司方载豫移驻,会同经理。"均如所请。

先是，偕卢坤条奏："筹办军需章程，胪陈十一事：一、多储大营粮饷；一、量加兵丁口粮；一、驼马出口，官给草料，以资饱腾；一、营马缺额，亟为买补，以供续调；一、监造军火器械，以备折冲；一、拨解陕省制钱，以平市价；一、添设台站夫马，以速军报；一、价雇商民车辆，以供转运；一、雇募护台民夫，以资防守；一、出口兵丁，加赏皮衣皮帽，以御严寒；一、后路粮台，酌驻官兵防护，以昭慎重。"疏入，议行其三，仍命体察情形，妥酌办理。至是，核实覆奏。上以此次回疆用兵，远在口外，一切军行驮载供支等事，原与腹地不同，悉如所议行。四月，疏劾署威远营都司魏吉贵借病避差，请褫职。五月，奏青海口外野番偷渡河北，抢劫牲只，檄西宁、河州二镇总兵官荣玉材等率领兵勇，分投剿捕，斩馘无算，并生擒番贼十九名，均置之法。

七月，以回疆渐次荡平，奏陈撤兵节费，筹议善后事宜，略言："首逆张格尔脱逃未获，窜伏阿赖、〔四〕拉克沙、木吉等处，潜踪无定。若仍久驻大兵，无论出卡路径纷歧，裹粮追捕，后路转运不及；纵帑库充盈，亦不值以中国有用之金钱，施之于荒服无用之夷地。且时交冬令，塞外早寒，率师深入，日去日远，似非所宜。请早将大兵撤回，一面酌留或一万或八千之数，分布四城，筹办善后；并严禁往来贸易，外夷及隶入版图各回民，均不准轻放一人出入卡伦，使内奸外逆声息不通。窃料浩罕、安集延及布鲁特等处回众，既不得内地大黄、茶叶等物接济，又不得销售皮张货物，资生乏策，即足制其命。不出二三年，必有以张逆为奇货，或生擒或函首来献，吁恳弛禁者。此必然之事，不劳师旅而罪人斯得矣。"疏入，上韪其言。又奏请将帮办幕务之陕西举人杨浚以知县铨用,格于例,严饬之,仍交部议处。寻以克复四城,鄂山转饷有功,赏戴花翎,并加太子少保衔。

八年正月,首逆张格尔俘擒凯撒,叙功。谕曰:"署陕甘总督鄂山自军兴以来,督办粮台转运,不遗馀力,及凯撒官兵过境,办理善后事宜,悉臻妥协。且喀什噶尔军营尚有留防官兵一万八千名,均已豫备经费,无误接济,实属始终勤奋。现在逆首就擒,大功告蒇,鄂山着赏给头品顶带。"三月,奏请回任,诏暂留甘肃督办报销。十年九月,安集延回匪入卡滋事,鄂山复署陕甘总督,办理军需粮饷。十一年正月,计典届期,有旨:"陕西巡抚鄂山两次总办军需,诚实精详,毫无贻误,着交部议叙。"三月,奏各城均就肃清,未到弁兵撤回原营,领过俸赏,请分别扣免,以纾兵力,允之。

寻擢四川总督。十月,酌议严禁鸦片烟章程,略言:"查禁鸦片,必须先查官吏,俾免包纵徇隐。当饬藩、臬两司密查各属官员,如有吸食即行揭参,并严查各衙门官亲、幕友、家丁、胥役,有吸食者,加等治罪。至各关隘口,凡遇客商私带烟土,立即究办,倘书役受贿故纵,即将该管官一并参办。如此则官员自顾考成,管束必严,丁胥知所儆畏,查拿必力。"疏入,得旨:"鄂山奏查禁鸦片章程,所见至当。正百官以正万民,要在认真惩办。俱照所定章程办理。"十二年,疏劾不职州县周銮等四人,降黜有差。

十三年四月,兼署成都将军。十二月,奏宁远府属之越巂厅有曲曲鸟,[五]窝石等支生夷出巢,在西羊场等处,与汉奸勾结焚抢,扰及清溪、峨边等厅。提督桂涵、新任提督杨芳剿平之。请暂留官兵四百馀名,分布要隘,以资防守;并在省设局,清查军需。如所请行。十四年七月，奏峨边厅十三支赤夷内雅扎等，以挖窃汉民竹笋起衅，借称报复，勾结马边厅支夷纠众焚掠，劾参将樊丰等办理延玩，降革有差。八月，奏剿办情形，谕曰："杨芳上年奏报三厅地方一律肃清，何以未及半年，即有焚掠之案？此次赶紧办理，调兵派将，已阅数月之久，若能杜绝萌芽，不致再肇衅端，方为办理妥善。如办理草率，为时未久，复有夷匪滋事，该将军等不能当此重咎也。"九月，奏雅扎、石毕等支夷出巢滋事，经提督杨芳痛加剿办，全就肃清。据十三支赤夷各出具木刻，自行检束娃子，于各支公举头目二十六名，岁给犒赏，在文武衙门听差，借以羁縻而通声息；并请于地方要隘，设立汛防弁兵，以资巡缉。谕曰："该将军等惟当随时防范，杜绝萌芽，庶不致重烦兵力。傥敢仍前怠玩，阅时未久，该夷等再有抢劫情事，惟该将军等是问。"

先是，廷臣有以鄂山署内门丁杨姓并幕友杨姓二人朋比为奸，内署服役仆妇马氏交通作弊，招摇诓骗，受贿营私，该省有"三杨开泰、一马腾空"之谣；又马边厅同知赵岳兰以银万两，浼从九品段崇善串同督署家人，谋署泸州知州缺等词入奏。上以鄂山身任总督大员，家人幕友自应严行约束，不许干预公事。如所奏，门丁幕友仆妇朋比为奸，实出情理之外。命鄂山明白回奏，并自行确查据实究办，不准稍有讳饰。至是，奏言："上年访闻赵岳兰之弟赵岳蕙被民人郑瑞起意诓骗，商同段兴等假造银票，[六]写立契约，营谋署缺，并跟役高五听从杜兴荣嘱探信息，[七]已经从严惩办，照例拟徒。至杨升、马氏遵旨交新任藩司提案严鞫，仍自行确查究办。疏闻，谕曰："案关职官营谋署缺，嘱托探信,既有厮役人等招摇生事,无论情事大小,总当奏明办理。鄂山见不及此,将就了事,以致人言远播。此事该督罪止失察,含糊结案,反中一'私'字,朕为该督惜之。着瑚松额督同藩司李羲文秉公严审,务得确情,按律定拟。"十月,瑚松额奏审明督署幕友、家丁委无交通作弊,原审诓骗未成一案,并无不实不尽,鄂山尚无徇私回护,惟案内干连已逐厮役,不行奏明办理,仅照例咨部,不自引嫌,请交部严加议处。部议降四级调用,[八]上加恩改为降五级留任。

十二月,峨边雅扎等支夷匪,复至双溪卡、白沙河抢掳,劾杨芳前次办理不善,并自请议处。上以鄂山虽未亲往查办,惟率行会奏,未能控制合宜,下部议处。部议降二级留任,得旨:"改为降一级留任,仍命鄂山、瑚松额督饬所属认真查办,务使附近各支夷与汉民均可相安,以靖边圉而杜后患。"十五年正月,兼署成都将军。三月,奏进剿峨边雅扎等支夷匪,各路戡平,得旨嘉奖。四月,复奏进剿夷匪,全境肃清,赏加太子太保衔,并赏戴双眼花翎。七月,以邛州直隶州知州宣煐违例请升夔州府知府,下部察议。十二月,以原保之建昌镇总兵万荣父子同营,有心蒙蔽,下部议处。

十六年十月,入觐。十一月,赏紫禁城骑马。十七年五月,以保送推升都司安定邦箭射无准,下部察议。七月,奏马边夷匪复纠众来扰,劾游击王殿元、署守备赵映从巡缉不力,请褫职;同知祥善不能先事防范,请摘去顶带:从之。十一月,马边雷波夷匪滋事,胁同凉山野夷,勾结附和,檄总兵张必禄进攻老林,提督余步云等进攻千万贯,迭有斩获,生擒夷目,烧毁寨栅,救出被掳民人二千七百馀,夺获器械无算。两路官兵仍由天喜地方会合,相机进剿。奏入,谕曰:"该夷匪前此胆敢猖獗,必当实力奋剿,方足以儆凶顽。此外尚有吉萨、〔九〕大木干、西普庚、扎易呼等支,及起衅之乌抛并挖黑等支,亦应一并惩创,俾该夷等知所震慑,不致甫散复聚。着鄂山严饬将弁,迅速蒇功,不可任其穷蹙逃窜,致有滋蔓。"十二月,奏夷匪以凉山为逋逃薮,其中阿合等支地险族繁,素多依附,官兵大加剿洗,各支夷纷纷投诚,复乘胜移师至干洛、三溪等处,尽力搜捕。上以该夷匪凶顽性成,现当痛剿,自必震慑逃窜,命鄂山等一鼓歼除,毋留馀孽。十八年正月,奏:"官兵自青冈、普落移赴拦马桩、六阿娜、南地等处,追至皎米,其间夷寨繁多,哦雷、呷多二支最为凶悍,大木支等支,互相依附。我兵并力抄袭,干洛、三溪等支夷率众投诚,恳求免剿,其馀一律搜缉,抚恤兼施。官兵于天喜地方会合,直进凉山,袤延二千里,剿办完竣,边围绥靖,撤兵归伍。"得旨,勉勉。

闰四月,擢刑部尚书,补正蓝旗汉军都统。六月,卒,年六十九。遗疏入,谕曰:"刑部尚书鄂山久膺外任,克尽厥职。朕御极后,屡加擢用,简畀封疆。在四川总督任内,办理一切,聿著勤劳。昨经擢用刑部尚书,方资倚任,兹闻溘逝,殊堪轸惜!着加恩晋赠太子太师衔,照尚书例赐恤,准其入城治丧。所有任内一切处分,悉予开复。应得恤典,该衙门察例具奏。"寻赐祭葬。十一月,成都将军凯音布等复以夷匪滋扰入奏,请厚集兵力,多筹粮饷,以张挞伐。谕曰:"四川夷匪连年出扰,屡经降旨,令该将军、总督认真妥办。乃因循数载,边陲未靖,若使鄂山尚在,必当重治其罪。凯音布随同鄂山将就了事,着交部严加议处。"

子葆淳,已革员外郎;葆符,候补笔帖式。

【校勘记】

〔一〕调陕西邠州直隶州 原脱"陕西"二字。耆献类征卷一一〇叶一二上同。今据鄂山传稿(之四四)补。

〔二〕以防代捕 "捕"原误作"守"。耆献类征卷一一〇叶一二上同。今据成录卷九二叶一下改。

〔三〕奏定将陕甘提镇马步兵改为守兵 原脱"步"字。耆献类征卷一一〇叶一二下同。今据成录卷九二叶一〇下补。

〔四〕窜伏阿赖 "伏"原误作"往"。耆献类征卷一一〇叶一四上同。今据鄂山传稿(之四四)改。

〔五〕奏宁远府属之越嶲厅有曲曲鸟 "鸟"原作"乌",形似而讹。耆献类征卷一一〇叶一五下同。今据成录卷二四六叶二二上改。

〔六〕商同段兴等假造银票 "段"原误作"杜"。耆献类征卷一一〇叶一六下同。今据成录卷二五四叶三二上改。

〔七〕并跟役高五听从杜兴荣嘱探信息 原脱"杜兴荣"三字。耆献类征卷一一〇叶一六下同。今据成录卷二五四叶三二下补。

〔八〕部议降四级调用 "四"原误作"三"。耆献类征卷一一〇叶一七上同。今据成录卷二五九叶一六下改。

〔九〕此外尚有吉萨 "外"原误作"次"。耆献类征卷一一〇叶一八上同。今据成录卷三〇三叶三下改。按鄂山传稿(之四四)不误。

觉罗海龄

觉罗海龄,正蓝旗人。由监生挑取誊录,议叙笔帖式。乾隆五十八年,选吏部笔帖式。嘉庆四年,记名以理事同知通判用,寻拣发直隶。六年，补保定府理事同知。十年，调多伦诺尔理事同知。十四年，升昌陵礼部员外郎。十五年，调太仆寺员外郎，旋升理藩院郎中。十七年七月，转山东道监察御史。十二月，巡视南城。十八年六月，转京畿道监察御史。九月，拿获从逆太监杨进忠，得旨嘉奖，赏四品卿衔。十二月，叠获林清案内从犯，送部治罪，寻擢内阁侍读学士。十九年，迁鸿胪寺卿。二十年四月，升通政使司副使。十二月，迁太仆寺卿。旋授奉天府府尹，得旨，仍留太仆寺卿任。二十一年，授湖南按察使。二十四年闰四月，擢湖北布政使。[一]因母老多病，恳请留京当差，命以三品京堂候补。九月，补光禄寺卿。十一月，擢内阁学士，兼礼部侍郎衔。十二月，授正白旗蒙古副都统。二十五年正月，授左翼总兵。三月，擢刑部右侍郎。四月，以兵部遗失行印，交刑部严讯，日久未能讯明，降三品顶带。旋即讯出实情，开复原官顶带。

道光元年三月，兼署正黄旗护军统领。六月，调盛京刑部侍郎，以母年逾八旬，不能迎养，经军机大臣代奏，得旨，着加恩留京候补。七月，授镶黄旗蒙古副都统，兼署正白旗护军统领。八月，复授刑部右侍郎。因审办德胜门失落木植，未能究出正贼，降三级留任。二年三月，充翻译会试副考官。六月，调理藩院左侍郎。十月，署镶红旗护军统领。四年三月，丁母忧，命百日孝满后，署理盛京刑部侍郎。闰七月，以前任刑部侍郎时失察侯际清赎罪案内官吏得赃舞弊，降四级调用，又以司员恩德等系京察保列一等人员，照滥保匪人例，部议以补官日再降二级，上加恩改为补官日降三级留任。十一月，赏二等侍卫，充阿克苏办事大臣。五年十一月，以兵丁所种稻田收粮交仓，奏请将该管人员议

叙,从之。十二月,授都察院左副都御史。六年,升盛京工部
侍郎。

七年八月,调盛京刑部侍郎。初,台丁施咏富越边偷窃鹿
茸,年久躧缉无获,海龄抵任后,派员严密查拿。至是获施咏富
及其党数十人,鞫实,得官兵受贿纵令出卡,并边门章京德锟索
赃释放状,按治如律,得旨嘉奖。十二月,拟偷打鹿麂治罪专条,
如所议行。又偕盛京将军奕颢奏:"兴京、凤凰城所属边门以外
本年拿获偷砍官山树木贼匪三十八起,查获木植大小计九千馀
件,应即在山存放,不准招商变价,则奸商觊觎之心自绝,偷砍之
弊渐除。尤当随时严饬所属认真查禁,以期肃清官山。"谕曰:
"和衷共济,积弊自除,方为不负委任。勉之!"

八年,调刑部左侍郎。九年三月,授镶黄旗蒙古副都统,署
户部右侍郎,兼管钱法堂事务。四月,充翻译会试副考官。寻署
镶黄旗满洲副都统。[二]八月,充崇文门副监督。十月,复署户部
右侍郎,兼管钱法堂事务。十年四月,调泰宁镇总兵,兼总管内
务府大臣。十月,因前在户部侍郎任内失察假照,降二级留任。
十一年二月,谕曰:"现已勘定龙泉峪建立吉地,着海龄即派员看
守。开工后一切稽察弹压事宜,均着责成管理。"十月,因病奏请
开缺,允之。十五年,卒。

【校勘记】

〔一〕擢湖北布政使　"北"原误作"南"。今据睿录卷三五七叶二五上
　　　改。按觉罗海龄传稿(之二七)不误。

〔二〕寻署镶黄旗满洲副都统　"寻"下原衍"以前"二字。今据成录卷

一五五叶一七下删。按觉罗海龄传稿(之二七)不衍。

英瑞

英瑞,那拉氏,满洲正白旗人。由举人于嘉庆十二年补国子监助教。十五年,升刑部主事。二十二年五月,升员外郎。六月,上阅射布靶,英瑞射中的,赏戴花翎。二十三年,调补步军统领衙门员外郎。二十四年,升郎中。道光二年,以刑部司员任内疏防候审人犯在押自尽,部议镌级留任。四年,造办处玻璃库失火,扑救出力,赏缎匹。寻超擢镶黄旗蒙古副都统。五年,授刑部左侍郎。六年,署镶黄旗护军统领。七年八月,调镶白旗汉军副都统。九月,历署左翼前锋统领、工部左侍郎,兼管钱法堂事务。十二月,充右翼监督。寻以署工部侍郎任内屯田司遗失册籍,下部议,镌级留任。

八年四月,以黑龙江将军禄成有派兵不公及私马交站喂养各款,命英瑞偕吏部尚书文孚驰往查办,鞫实,奏请褫职严讯,复讯出家人徐添桂诈骗银两情事,禄成于取供后自戕。英瑞以未能豫防,下部察议。寻将徐添桂等治罪如律。时奉天府盖平县人民邹土杰呈控知县潘彭年等浮收蚕税,并科派兵差,复州人民许润堂亦呈控知州李武曾征收苛派,[一]有旨,交英瑞等回京路过时查讯。五月,讯知盖平县以商税无着,责成蚕户至协济兵差车辆,将无力贫民一律匀摊;复州亦以协济兵差,按亩摊派;均属不合,按律定拟。并奏言:“盖平县蚕税厂因各蚕户图卖樵薪,并开垦畸零地亩,布种蔬豆,致出茧既少,商税有亏,但以商人应纳之税,责之蚕户,而每年仍以商税全完具报,办理既未平允,名实亦不相符。并恐复州、金州、岫岩厅等处应收茧税，复有似此情形者，应令将军、府尹派员履勘，蚕树应补植者，饬令补植；田亩应升科者，查报升科。庶有以裕国课而均民力。"如所请行。六月，补镶白旗护军统领。七月，以头等侍卫恩绪殴毙家人迁延不奏，议降二级留任。十月，因病陈请开缺，允之。二十年，卒。

子承恩，山东候补知县。

【校勘记】

〔一〕复州人民许润堂亦呈控知州李武曾征收苛派　"苛"原作"科"，音近而误。耆献类征卷一一三叶二〇下同。今据英瑞传稿（之一九）改。

王玮庆

王玮庆，山东诸城人。嘉庆十九年进士，改翰林院庶吉士。二十二年，散馆，改吏部主事。道光元年，丁父忧。三年，服阕。四年，补官。七年，升员外郎。

九年，转福建道监察御史。十年正月，奏言："直省州县交代不清，皆由仓库多亏，接任之员未肯遽受，不能依限结算。各该上司往往于咨部文内，倒填月日，捏称造册舛错，再三驳查，以为耽延岁月，规避处分地步。即或参劾皆系病休降革之员，查抄监追，多属无着。请饬各省督抚于州县交代，严行督催，遵照定限盘清，扣明到任及出结日期，即时咨部，立即奏参。如逾限已久，始行揭参者，将该上司照徇隐例议处。"二月，奏称："各部则例十年一修，不能依限告成，每迟至六七年之久。各省官员既无新例可遵，又因旧例已改，办案茫无所措，而书吏遂得高下其手。及至刊刻颁行，将届重修之期，新例又成废本，无所遵循；且有旧例本属美备，因回护办法两歧，或转舍例就案。请将各部已颁成例，毋得轻易更张，如有因时制宜必应更改之处，随时专折奏明改定，立颁各省，一律遵行，不必定限十年重修，致滋流弊。”三月，奏定：“考试翻译章程：一、顶替宜防，添派点名御史四人，并令参、佐领等按名认识；一、场规宜肃，以弹压副都统兼监临，添派司员二人专司受卷；一、交卷宜遵定例，不准给烛；一、办考司员应行回避。如此严加防范，庶积弊除而真材出，及补缺日，翻译文案，自堪胜任。”均从之。

五月，以山东州县差役，大县多至一千馀名，小县亦数百名，奏：“请酌州县繁简，大加裁汰。至繁地方差役，不得过八十名；事简地方以次递减，编立卯簿，严定章程。其馀白役概行禁革。傥仍容隐，该管官漫无觉查，从严参处。如该管上司及该督抚查察不周，必当执法严惩。”十月，以京察届期，其不胜外任改补京职及发回原衙门行走人员，宜严行甄别。略言：“不胜外任人员，刑部尤多，并未随时澄汰，且有撤回原衙门之年力就衰者，滥厕其间。刑部如此，各衙门亦恐不免。请通谕各部院堂官，随时察看，即加甄别，毋事姑容以昭核实。”均如所请行。十一月，迁礼科给事中。十一年三月，奏言：“役满及告退、革退书吏，请饬各衙门将该吏住址地方，于咨文内注明，以便驱逐。”从之。

八月，署江西道监察御史。十二年五月，奏言：“外省候补人员，各班拥挤，遇有题调缺出，辄借词人地相需，将佐杂奏请升补，而候补人员转从抑置。请将题调要缺，仍照例先尽正途候补人员题补,不准以佐杂应升之员超越。"又奏请严查保甲,于城市村镇户口,按名查照清册发给门牌,详载姓名生业,随时核对。至京师地方,着都察院、顺天府、五城御史督率司坊官,及京县知县,一体详察。均允行。七月,奏:"直隶连年收成,富户自多盖藏,新城县白沟河、涿州之新桥马头富商,皆囤积为渔利之计,请委员确查,令随时价平粜,以为赈济之用。"疏入,敕下直隶总督办理。八月,奏各厂平粜,市价未减,请酌定价值,得旨,着顺天府、五城、步军统领衙门会议。寻奏请减粮价,定明钱数。十月,迁内阁侍读学士。

十三年二月,升顺天府府丞。三月,以稽查放赈饭厂,查出赈米搀和成颗谷粒,煮饭坚硬难食,致多折耗,奏请饬查,责令罚赔究办,上命顺天府查明办理。旋据顺天府府尹何凌汉等奏请将书吏花户交刑部审办。十二月,升大理寺少卿。十四年五月,迁光禄寺卿。八月,稽查左翼宗学。十七年,升都察院左副都御史。十八年,充武会试副考官。

十九年四月,擢礼部右侍郎。七月,署刑部右侍郎。九月,调户部右侍郎,兼管钱法堂事务。十月,充武乡试正考官。十二月,给事中朱成烈奏鼓铸制钱不一,请饬查办,上命户、工二部钱法堂明白回奏。寻奏言:"所铸之钱,新用时轮边较大,久而渐窄,且铸钱须用母钱,较定例制钱尚重,是以大小未能一律。嗣后将母钱更换,如有轻重不一,即将该监督等严参。至运铜到通时,派员密访。傥有炉厂奸商包揽代交等弊,当即严拿惩办。"允之。二十年三月,以拣选直隶都司恒年于引见时箭射软弱,下部议处。寻充会试副考官。二十二年,卒。

子锡棨,刑部郎中,截取知府。

杨遇春

杨遇春,四川崇庆人。乾隆四十四年中式武举,于四十五年入本省督标效用。四十九年,甘肃石峰堡回民不靖,四川总督福康安率师往讨,遇春随征出力,拔补龙安营把总。

五十三年,复从福康安出师台湾,讨平叛匪林爽文,叙功,赏戴蓝翎,迁茂州营千总。五十七年,复随征廓尔喀,在事有功,擢四川城守右营守备。五十九年,福康安调云贵总督,遇春随赴云南。六十年二月,贵州逆苗石柳邓聚众围正大营、嗅脑营、松桃厅三城;湖南逆苗石三保等围永绥厅,附首逆吴半生为乱。三月,遇春随福康安督兵赴黔剿贼,屡战克捷,连日解正大营等处贼围,将贼寨尽行烧毁。捷入,赏换花翎。复随钦差都统额勒登保分兵赴湖南,援永绥,围亦解。四月,攻克竹子山、兰草坪贼寨,福康安上其功,赐劲勇巴图鲁名号,迁云南督标中营都司。寻以擒首逆吴半生于高多寨,擢四川松潘营游击,仍下部议叙。嘉庆元年二月,迁四川普安营参将。十月,以进剿平陇贼巢,奋勇出力,得旨,以应升之缺升用。旋擢广东罗定协副将。十一月,逆苗吴廷义成擒,苗疆肃清,复下部议叙。

时湖北教匪滋事,延及川、陕各省,上命额勒登保移苗疆兵至湖北剿办林之华、覃加耀等股匪,遇春从焉。二年五月,败贼于长阳县之廖家台,六月,败贼于打子台。闰六月,贼窜宣恩、建始等县,遇春跟踪追剿于羊公头、尚书峦、长坪,叠有歼擒,又殪贼于官店口,贼窜金果坪,逼近金鸡口粮台。遇春带兵绕至护守，果有贼匪窥伺，击却之；复追击于白鱼寨，均斩获无算。十月，贼踞恩施围子岭，抗拒官兵，遇春奋击，复败之，贼窜归州终报寨。三年正月，进攻终报寨，其地悬岩峭壁，四面斗绝。遇春夜缒而登，率士卒冒矢石，鼓勇直进，生擒首逆覃加耀、伪元帅张正潮，并擒贼目覃加师等百馀名，歼贼党无算。

是时贼匪有青、黄、蓝、白、线等号，〔一〕又设掌柜、元帅、总兵等伪称。上命额勒登保移师赴陕西商雒一带，迎剿襄阳白号高均德，黄号姚之富、齐王氏股匪，遇春随征入陕。三月，抵兴安，侦知贼目李全等自盩厔趋蓝田，欲与高、齐等逆合，遇春带兵蹑击，歼擒二千馀人。四月，首逆高均德自雒南窜秦岭，遇春率兵追击至紫溪岭，斩获甚夥。五月，复随额勒登保赴湖北，会同四川将军兴肇等剿办襄阳蓝号张汉潮股匪。贼屯聚南漳，为我兵所截，窜遁穀城。遇春带兵由章村棚兜剿，四面夹击，斩级五千，生擒九百馀人。六月，败贼于竹山之菩提河，馀匪窜入陕界，遇春仍随剿入陕。七月，击贼于平利之孟石岭，败之。九月，在广元之吴家河击剿高均德、李全等股匪，克之，歼贼千馀。十月，侦闻阆州、仪陇边界之张公桥，有贼匪横窜，遇春带兵冲截，获贼首张汉潮之子正隆，贼首罗其清遁走大鹏寨。

时遇春丁父忧，请回籍守制，额勒登保以军务紧要，奏请仍留本任，得旨允行。寻击贼于观音坪，连夺贼卡，遂破大鹏寨，剿洗过半，歼毙罗其清之父从国，擒贼目苟彬，罗其清遁入青观山。十二月，复攻克青观山寨，擒贼目苟文如、魏应聘，罗其清复窜巴州之蔡家梁。遇春连战连捷，逆首罗其清及其子永福，弟其书、其秀皆就获，伏诛。是月，擢甘肃西宁镇总兵官。四年正月，追剿青号逆首徐天德股匪至广安之萧家溪,贼方躐渡,遇春分兵抄击,歼贼千馀名,淹毙者无算。贼窜新宁之仁市铺,与黄号股匪王光祖合,势复张。遇春间道绕出贼前,兜击之,复毙贼多名。二月,败徐天德于大竹之童家场。三月,迎剿月蓝号股匪包正洪,分三路兜围,败之于大竹之南山坪,歼戮甚众。适川省月蓝号股匪萧占国、张长庚自阆中趋营山,遇春移师迎剿,连战于黄土墙、谭家山,歼贼六千馀,斩占国、长庚于阵,得旨嘉奖,并下部议叙。

　　四月,追剿白号伪元帅张子聪于梁山向家场,逐北二十里,贼由陈家场分路窜逸,官兵紧蹑贼踪,至云阳之大黄山、四方山、周家坝一带,俘斩多名。贼遁窜太平之杨家山,与襄阳黄号首逆樊人杰、太平黄号股匪龚建合,复窜至开县谭家坝,遇春率官兵分路攻击,痛歼其众。五月,张子聪窜竹峪关,与通江蓝号股匪冉天元合,遇春攻克贼卡,贼溃奔杜家坪,旋向镇龙关奔逸,欲与青号股匪王登廷合。时王登廷方踞马鞍寨,七月,遇春攻克马鞍寨。八月,追至酆都扶齐滩,又克之。适侦知甘肃白号股匪杨开甲窜至杜家坪,即由葱子坪翻山迎击,斩馘无算。仍旋师西乡流渡坝,追剿王登廷。登廷奔土丫子,遇春奋勇截击,歼贼一千八百人,生擒八百馀人,获伪元帅靳有年等。九月,追剿阮正隆股匪于广元之云雾山,斩级五百,正隆死于阵。十月,剿徐天德股匪于鸡公梁,歼贼千馀。时王登廷折回川境,与冉天元合,遇春率兵穷追,十二月,叠战于巴州花丛垩、老官庙、鹰背梁,皆有斩获。王登廷子身窜至蒲江县,经乡勇追获,斩之。

　　五年三月,擢甘州提督。先是,白号首逆张天伦绕至黑河,上以黑河与甘省徽县、两当接壤,即可直趋秦陇,诏遇春由栈道西出贼前,奋力拦击。至是,遇春败张天伦于成县严家坝,又败之于两当二郎坝,又大破之于燕子岭,均俘斩无算。时杨开甲方扰商雒,遇春由宽坪击之,贼将由龙驹寨窜河南。遇春豫扼龙驹寨,痛歼贼众,贼西窜。豫境以安。叙功,予云骑尉世职,并赏赍焉。五月,白号股匪刘允恭、刘开玉纠合贼众,屯踞东安之大小中溪,遇春率兵进击,辗转兜截三十馀里,歼擒允恭、开玉,及其馀党,又击败襄阳黄号股匪伍金柱于汉阴之手版岩,又击之于铜钱窖,阵斩贼首庞洪胜,擒其子庞有儿,及贼目杨大燕等,计俘斩五千馀。六月,追及杨开甲于洋县之茅坪,俘馘二千馀,斩开甲于阵,叠邀奖赍,并下部优叙。

时黄号伍金柱,蓝号冉学胜、张世龙,白号张天伦、马五,先后窜遁甘肃,连兵窥陕西。遇春由陕入甘,出栈道,直趋三岔山进剿,在东岔河、东河桥,迭次俘斩无算。贼不能东逸,并将老林匿匪陆续搜捕,歼二千馀人;又有白号股匪陈杰越栈道欲东窜南山。遇春在陕境大石板迎击之,擒陈杰,尽歼其党,仍回兵三岔河堵剿,贼兵夜至,犯我师,遇春有备,击败之,而成都将军富成等以无备被戕。适甘肃巡抚台布奏请增兵,谕曰:"行军胜负,全系将领之才与不才,不在兵之多寡。即如贼匪前次攻扑各路营盘,惟杨遇春早有准备,转获胜仗,即其明证。"八月,击斩伍金柱于成县之峡沟,又击斩贼首宋麻子于凤县之潘家沟。九月,剿高三、戴四股匪于西乡之蚂蟥沟,又追击于旧司河,歼毙伪总兵杨永祥,并斩获贼党甚众。十月,白号马五、黄号王廷诏等连兵踞安康银朱坝,遇春率马步兵三路剿杀,由银朱坝追至吴家河沿,贼大溃,歼贼目徐二猫、张诚、詹如贵,获贼目柯如德等,将馀孽逼过汉南,陕省南山肃清。上嘉之,赐袭服。

十一月,追剿徐天德及高、马等逆于安康、平利界,叠有斩获。贼仍分股窜逸,遇春即由安康渡江,从汉阴截剿,以遏商雒之路。十二月,以冉逆等窜近武关,遇春复出子午谷入蓝田一带迎截,遏贼东窜,在乔家沟、冷水河连战克捷,贼不能窥豫、楚边界。上以遇春冲寒冒雪,不辞劳瘁,嘉之。六年正月,截击冉学胜股匪于石泉之两河、石塔寺,歼毙冉学胜之子更枝,贼目冉大志、张廷桂,斩级四百,生擒三百馀人,得旨赏赍。时高三、马五、王廷诏等经官兵逼剿,窜至五郎之药坝。遇春方追剿冉逆,途次侦知之,乘夜掩击,俘斩多名,获伪帅方世杰。二月,追剿高三、马五后股贼匪,由斜峪关蹑击,截其由陕入甘之路,复趋旧州铺、钢厂截剿其前股,歼擒甚众。寻追及王廷诏于川、陕边界鞍子沟,擒之。均邀赏赍,并下部议叙。是役也,遇春奋勇追贼,昼夜驰四百馀里,马逸惊坠,受伤,仍力疾逐北,卒擒其渠。上尤嘉奖,并温诏垂询焉。三月,上念遇春前任副将时丁忧,留军营带兵,已届服满,未能回籍经理丧葬,赏银三百两,给遇春家属,俾无分心家事,并谕以军务告竣后,即当赏假省视坟茔。四月,高、马二逆窜至禅家岩,遇春料贼必由宁羌之二郎坝奔逸,急率兵趋斜谷,先抵二郎坝,分兵伏龙洞溪,既而贼果至,尽歼其众。高三、马五,及马五之子秉太,侄秉全、秉明,伪元帅朱泗林,伪总兵张世德等,皆就擒。捷闻,晋骑都尉世职。

五月,击冉学胜于紫阳之天池山,败之,贼窜木莲桥。督兵追击,途次闻白号伪元帅张天伦等五股合兵屯聚洵阳高唐岭,移师往剿,克之。六月,败张天伦于孤家坡,贼复走与冉学胜合。遇春挥兵两路奋击,擒天伦,歼贼众无算。捷入,赐以御用玉鞢、荷囊。七月,以黄号首逆曾芝秀等败遁入川,戴四、崔胡等逆亦向川溃窜,遇春入川追剿。八月,击贼于通江之报晓垭,痛歼贼众,生擒蓝号首逆冉天泗、王士虎,及伪总兵王士勤等,馀匪窜大池坝,遇春冒雨疾追,又擒贼目朱九炮等多名。得旨奖赏,并下部优叙。十一月,击蓝号股匪李彬于达州刘家坝,擒贼目魏中均、唐执礼,馀匪南窜,复追至高家河,歼其众,擒贼目庞思宇、杨应学多名。七年二月,命额勒登保督同遇春办理陕境苟文明股匪及各股零匪,连次抄截,俱有斩获。上念遇春昼夜奔驰,实已不遗馀力,屡以温谕慰勉之。六月,在龚家湾获苟逆妻罗氏、子三皮子。七月,苟文明就擒。得旨嘉奖,下部议叙。是月,调固原提督。十二月,川陕楚剿捕逆匪,大功戡定,谕曰:"杨遇春自随征以来,在诸将领中勇略尤著。节次歼擒首夥各逆,为数较多。着加赏二等轻车都尉世职。"

八年正月,追剿零匪于观音庙、天池寺、铁厂沟,皆有斩获。七月,以陕境太白山有零匪窜出,上命遇春迅速督率官兵极力搜剿,以期早就廓清;又命自箭杆山以东至安康、平利二竹边境一千馀里,分段各镇将,均归遇春统领,督饬巡搜。九月,以南山馀匪复有蠢动,遇春未将贼数据实揭报,褫花翎。十月,丁母忧,赏银五百两,经理丧葬,仍暂留军营带兵。寻议以陕境东西二千里,道里绵长,与川省地界犬牙相错,若防兵株守段落,巡察难周,酌将防兵归整,择适中扼要之地安设,抽调防兵内三千名,作为剿兵,往来截剿。其龙池场迤西一带,另备剿兵,防贼西窜。

谕奖其筹办得当。九年正月,命将陕西南山隘口及江防,专交遇春堵御。三月,以在马溪、容僧河一带歼毙贼目苟文华等功,赏还花翎。七月,在凤凰寨剿捕零匪,擒斩伪先锋罗思兰等多名,馀党窜南山,三五成群,时复啸聚。遇春带兵穷搜深山老林,踪迹殆遍,将首逆苟文润及各号贼目,以次歼擒,夥党悉数斩获。九月,三省全功告蒇,予优叙。贼氛既扫,钦差领侍卫内大臣德楞泰等,议于三省边界,添设新兵,巡逻弹压,以遇春声威素著,兵勇悦服,请令暂驻汉中查察训练。

十一年二月,回籍守制,百日孝满,由原籍入觐。七月,行抵西安,闻宁陕新兵陈达顺等滋事,即会同陕西巡抚方维甸带兵驰往查办。上以遇春能以公事为重,嘉之。九月,贼由郿县斜峪关南窜桃川五里坡,遇春带兵迎击,歼贼多名,擒贼目彭贵等,即分兵紧蹑追剿,贼势穷蹙,贼目蒲大芳率其党乞降,缚送首逆陈达顺、陈先伦、向贵,磔于军。事平,下部议叙。时投诚叛匪内有曾充兵丁者二百馀人,德楞泰令仍归原伍,上以德楞泰办理错谬,坏法养奸,遇春既不劝阻,又不据实奏参,随同附和,有负任使,下部议处,议降三级调用,命加恩改为降四级留任。又以剿办叛匪时,官兵在方柴关临阵溃散,将遇春解任,交陕甘总督全保、四川总督勒保查明奏参。十二月,降补宁陕镇总兵官,谕曰:"杨遇春战功较著,且管兵有方,众心知感,擢任固原提督,并未到任。此次宁陕叛案及固原等营官兵溃散,皆非伊任内之事,自应量予从宽。已将杨遇春降补宁陕镇总兵,嗣后当妥为管束,使营伍日就整肃。"十二年,瓦石坪叛匪韩金堂等滋事,遇春偕提督薛大烈分兵进剿,尽数扑灭,得旨褒奖,下部议叙。

十三年，入觐，命在乾清门侍卫上行走，仍授固原提督。十四年，查阅陕安、汉中营伍，请将训练懈怠之都司徐龙光等，降革有差。上以遇春认真考校，据实甄核，谕嘉之。十八年九月，直隶长垣教匪不靖，延及河南，戕害官弁，据滑县城，势甚猖獗。上命遇春选带将弁驰赴豫省，协同钦差大臣直隶总督温承惠剿贼。寻诏陕甘总督那彦成前赴军营接办钦差事务，遇春得联衔奏事。十月，遇春驰抵卫辉，侦知贼匪方踞道口，其党数千分屯丁栾集，亟率兵冲击，斩馘六百馀，馀匪窜归道口。越日，道口之贼倾巢而出，与官兵抗，遇春痛歼之，斩贼千馀，断浮桥，绝其西窜之路，遂合诸军进攻道口，克之，毁其巢，歼贼万馀，救出难民无算。乘胜进攻滑县，四面合围，先分兵击灭桃源、辉县匪党之应贼者，歼首逆李文成，俘斩贼众无算。十二月，克复滑城，歼贼万馀，生擒二千馀，救出难民二万馀，械首逆牛亮臣、徐安国等赴京师，磔于市。叙功，赏二等男爵，赐紫禁城内骑马，并以黄马褂及诸珍物赍之。

适陕省南山匪徒万五因木厂停工乏食，纠众倡乱，上以遇春熟悉南山情形，声威素著，命带吉林、黑龙江马队六百名，并酌分兰州、固原劲兵迅赴陕西，会同陕甘总督长龄相机剿办。十九年正月，谕曰："杨遇春谋勇素著，忠君急公。此次办理滑城叛匪，三月之间，扫除净尽，实属可嘉！功成之日，本令来京陛见，因陕省乱民滋事，又派令驰往会剿，该提督及所带官弁兵丁，倍加劳勚，甚为廑念。务协同长龄等鼓励将士，〔二〕一鼓荡平。"时贼首麻大旗、刘二横行陇、宝，李大旗、杨小一股匪又来与合，遇春驰抵桃花坪，一战胜之，蹑剿至柏杨岭。其地两山夹峙，依傍老林，贼众分屯岭上，我师张左右翼击之，遇春亲督劲兵，由中路仰扑，立歼麻大旗、刘二。贼惊溃，我师乘胜追剿，尽歼其众。寻缉获首逆万五，磔之，传首南山。二月，又获贼首龚贵，歼贼首张占鳌，馀匪净尽。谕曰："杨遇春忠诚奋发，所向克捷，厥功甚伟！着加恩晋封一等男。"命与长龄会商陕省善后事宜。三月，偕长龄奏请移驻铁炉川、黄牛铺等处营员，并添募兵丁有差，下部议行。二十五年九月，特加太子少保衔，赏戴双眼花翎。

道光五年十月，命署理陕甘总督。六年正月，归化城扎萨克喇嘛请赴甘肃大通一带购买木植，理藩院已议行，遇春以采办木植，于民食边防均为有碍，奏请停止，从之。六月，回疆逆裔张格尔入卡滋事，喀什噶尔办事大臣巴彦巴图等遇害。遇春闻变，檄乌鲁木齐提督达凌阿、巴里坤总兵官多隆武带兵往援，并奏请亲率将士驰往剿办，诏授遇春钦差大臣关防，率诸军进讨。寻命授伊犁将军长龄为扬威将军，总统军务，遇春暨山东巡抚武隆阿为参赞大臣，十月，驰抵阿克苏。时喀什噶尔、和阗、英吉沙尔、叶尔羌已相继失守，贼氛逼阿克苏，达凌阿等败之于托什罕河。张逆复派贼目纠匪党数千，踞柯尔坪回庄，阻大兵进剿之路，我师分两路抄截，追至大郝紫尔卡伦，尽歼其众。捷闻，上以长龄、遇春初到军营，即获胜仗，足褫逆酋之魄，谕嘉遇春韬略娴熟，督率有方，命优加赏赍。十一月，上念边外冱寒，特赐遇春裘服。

七年二月，师次大河拐，有贼匪五万屯聚洋阿尔巴特，迎拒官兵，先遣其党夜袭大营，我师击却之。次日，驰至洋阿尔巴特，分三路扑杀，贼大败，斩馘略尽。张逆复纠贼十馀万踞沙布都尔庄，我师奋勇剿击，逼至浑水河，痛歼之，斩贼目色提巴尔第、素丕卡克、占巴克，战方酣，西北林箐中突有贼出援，遇春亟分兵迎击，斩获无算。馀贼窜阿瓦巴特回庄，复纠合匪党十馀万，负峒抗拒，我兵分马队潜绕贼后，而以大兵攻其前，三面夹击，贼不能支，我兵奋勇掩击，俘斩二万馀人，歼贼目阿瓦子迈玛底那尔巴特阿浑，追至洋达玛河，将沿河一带回庄匿匪搜剿净尽。上嘉遇春等三获胜仗，懋著勋勤，特晋太子太保衔。三月，进攻喀什噶尔，克之，长龄驻喀城，办理善后事宜，武隆阿因病亦留驻喀城。遇春遂督兵进剿，四月，连复英吉沙尔、叶尔羌，遇春驻叶尔羌，抚绥回民；别遣固原提督杨芳收复和阗。

先是，克复喀城时，首逆张格尔乘间窜逸；及收复英吉沙尔，张逆仍未就擒，诏削遇春太子太保衔。至是，叙克复四城功，赏还太子太保衔，遇春子国佐以四川茂州营都司从征，亦赏加游击衔。时上以张逆釜底游魂，无难克期就获，不值多劳兵力，命长龄酌留官兵弹压搜捕，其馀官兵次第凯撤，以息劳勚而节糜费。又念遇春出关日久，陕甘总督事务紧要，命督押凯撤官兵先行入关；而遇春自克复四城后，侦知张逆由拉克沙窜往达瓦尔斯，遂由英吉沙尔与杨芳分途出卡穷追，久之，卒未得张逆踪迹。七月，乃振旅而还。杨芳追至塔尔克打板，与贼接战，斩贼千馀，而官兵亦有伤损。诏以遇春等顿兵荒徼，虚延时日，糜费兵饷，竟令零星残匪伤我官兵，办理不善，咎无可辞，与长龄均下部议处。部议褫职，命从宽留任。

八年正月，入觐，适生擒张格尔捷闻，命开复任内一切处分，实授陕甘总督，赏用紫缰，谕遣回任。五月，以俘解张格尔来京，护解妥协，下部优叙。六月，命图形紫光阁，御制赞曰："少年从征,进不知退。怒马横矛,善穿贼队。参赞戎机,克城贼溃。寄以封疆,无惭简在。"九年九月,请改凉州协副将、庄浪营游击二缺作为题缺,下部议行。十二月,遇春七十生辰,御书"绥边锡祜"匾额,"三朝疆场宣勤久,两世封圻积庆多"对联,及"福"、"寿"字,并寿佛、如意、服物赐之,并赐遇春妻田氏服物。

　　十年二月,奏言:"口外梨贡,向例由陕甘总督衙门差派弁兵,赴吐鲁番采买。虽经严立限期,饬令照额采买,诚恐道远稽察难周,其承办伯克辗转假手,亦难免借端滋扰。请停免,以示体恤。"从之。五月,奏言:"凉州、庄浪二满营兵缺有限,闲散众多,请借款生息,增设馀兵,借资调剂。"部议以增挑馀兵,不如酌补附近绿营兵额,堪以行之久远,命遇春于凉州、庄浪二处绿营额兵内,酌量均匀挑补二成,以资调剂。六月,又奏古城孳生马厂,倒毙过多,请敕乌鲁木齐都统确切查办,以归核实,允之。八月,喀什噶尔有安集延逆回入卡滋事,遇春以伊犁、乌鲁木齐及喀喇沙尔所辖之土尔扈特、霍硕特等处距喀城较近,飞檄调兵往援;并檄甘州提督胡超挑带官兵,先行出口迎探,相机剿办,仍奏请檄调固原提标河州、肃州、西安、汉中各镇标官兵,及西安满营马队,出关进剿。疏入,如所请行。

　　时遇春已亲带督标兵驰赴肃州,诏颁发钦差大臣关防,命遇春驻扎肃州妥办后路事宜,毋庸出关,仍授长龄为扬威将军,以都统哈郎阿、固原提督杨芳参赞军务。九月,遇春到肃州,奏言:"分派司道大员会同营员照料满、汉官兵过境,并请由山西、陕西添雇驼只,以备军需";又奏:"自哈密迤西至阿克苏,计四十站,应支马匹料草,派员前往喀喇沙尔、库车等城购办。"均报闻。十一年正月,以官兵迎剿克捷,即将未到口外之<u>东三省</u>兵及<u>四川</u>兵,传令沿途驻扎候撤,又请将口外各城粮员酌量裁减,并请撤<u>肃州</u>军需局,归并<u>兰州</u>以节浮费。上俱从之,谕令回任。是月,京察,谕曰:"<u>杨遇春</u>身经百战,绝域宣勤,畀以封疆,克胜巨任。着交部议叙。"四月,偕<u>西宁</u>办事大臣<u>恒敬</u>奏筹添察汉托洛亥<u>蒙古</u>兵数,分布各卡,随同官兵防堵操练,得旨允行。

十二年三月,奏遵旨议汰冗员,请酌裁<u>甘肃安西</u>直隶州州判一员,<u>狄道</u>、<u>固原</u>、<u>宁州</u>三州,<u>陇西</u>、<u>安定</u>、<u>中卫</u>三县训导各一员。八月,偕<u>陕西</u>巡抚<u>史谱</u>奏请酌裁<u>陕西鄜州</u>州同一员,〔三〕<u>蒲城县</u>巡检一员,<u>宁羌州黄坝驿</u>丞一员,<u>襄城县马道驿</u>丞一员,<u>延安府</u>训导,<u>沔县</u>、<u>府谷县</u>训导各一员,〔四〕又偕<u>乌鲁木齐</u>都统<u>成格</u>奏言:"<u>巴里坤</u>、<u>古城</u>、<u>济木萨</u>三处马厂,孳生过多,不能容牧,酌拟变价留牧章程,以充兵饷而疏马政。一、厂地不敷牧放,宜量为疏通,以免拥挤;一、牧兵毋庸添设,以节縻费;一、定价无取过重,以纾民力;一、交价不可过迟,以重饷项;一、口老碎小之马,请按年顶替,出厂估变;一、取孳大儿骒马,不准以马驹抵补。"兵部以所请三厂挑变马一万二百馀匹,为数过多,驳令再行核实详查,以杜浮滥。至按年如数顶替出群一节,既失从前设厂取孳之意,又启将来任意挑变之私,应毋庸议,馀俱议行。<u>遇春</u>寻覆奏:"原请挑变之马,业经详挑,实系不堪适用,若不如数变估,则水草不敷,良劣拥挤,倒毙损伤,势所不免。有关牧务,请仍如原奏办理。"上允之。十月,奏裁<u>陕</u>、<u>甘</u>两省马步守兵一千九百五十名,马四百馀匹,所节省粮饷乾料,为拨补<u>回疆</u>新增防兵之用,下部议行。

十三年,甘肃都司叶昌泰规避防差不遂,以派差办事不公等词,捏款具禀,遇春奏请查办。谕曰:"杨遇春公忠体国,实心膂股肱之臣,朕所深信。该都司意存挟制,无知妄为,可恶已极!着革职,解交刑部审讯。"鞫实,治罪如律。十四年正月,京察,谕嘉遇春中外宣劳,功勋懋著,下部议叙。十二月,皋兰县匪徒郑曼年等纠众滋事,焚署伤官,旋即捕获,置之法。遇春以未能先事防范,自请处分,议处如例。十五年正月,因病陈请开缺。谕曰:"杨遇春起自行间,历事三朝。自少壮从戎,每遇军书旁午,无不在事驰驱。忠勇严明,深娴韬略。功勋懋著,荐邀五等之封。朕御极后,特加简擢,畀以陕甘总督重任,复能尽心职守,于边省事务,控制得宜。训练军实,整饬官方,实心实力,不避嫌怨。老成威望,中外皆知,实朕股肱心膂之臣。兹因年近八旬,旧疾复发,沥情吁恳开缺调理,若重违所请,朕心实有不忍。杨遇春着准其开缺,缓程来京陛见,亲加慰劳,量为恩施,以荣其行,且俾伊得申瞻恋之忱。届时再令回籍,息心颐养,优游林泉,以示优待勋臣、眷念无已至意。"五月,入觐,命晋封一等侯,在籍支食全俸,并以御制紫光阁画像赞一轴,及人参、服物赐之,又赐御书诗扇,诗曰:"元勋入觐允归荣,功立才全际太平。宣力三朝邀宠锡,抒忠百战播威名。官兼文武真难遘,志笃廉明永不更。晋爵酬庸延后世,林泉颐养话长生。"谕令回籍。十六年,特赐"福"、"寿"字各一方,人参十两,交四川总督鄂山带回给领。

时遇春子国桢丁母忧在籍,命服阕后,迅即来京听候简用。十七年二月,卒于家。遗疏入,谕曰:"予告陕甘总督杨遇春自乾隆年间,以武举效力行间,每遇军务,无不在事驰驱。身经百战,历事三朝,懋著勋绩。前于嘉庆年间平定滑县贼匪,仰蒙皇考仁宗睿皇帝赏给二等男爵、紫禁城内骑马,旋晋一等男爵。朕御极后,赏加太子少保衔,并赏戴双眼花翎。嗣因克复回疆四城,晋加太子太保衔,赏用紫缰。由提督擢任陕甘总督,恪共忠荩,实为国家股肱心膂之臣。前年因年近八旬,旧疾举发,恳请开缺回籍调理,朕不忍重违所请,特命来京陛见。追念勋劳,晋封一等侯爵,准其回籍,支食全俸。上年四川总督鄂山来京陛见,朕特亲书'福'、'寿'字二方,颁发内府人参十两,令鄂山带回赏给祗领。方冀颐养林泉,永膺福祉,兹闻溘逝,悼惜难堪。披览遗章,不禁垂泪!杨遇春着加恩晋赠太子太傅衔、兵部尚书。照尚书例赐恤,入祀贤良祠。赏银二千两,经理丧事。任内一切处分,悉予开复。应得恤典,该衙门察例具奏。伊子杨国佐,着赏加副将衔。所有应袭侯爵,着杨国桢承袭,服阕后,即来京陛见,以示朕优恤勋臣、有加无已至意。"寻赐祭葬,谥忠武。十八年九月,署四川总督苏廷玉题请入祀崇庆州及成都省城乡贤祠。谕曰:"已故陕甘总督杨遇春历事三朝,身经百战,勤劳懋著,功在旂常。前已加恩入祀贤良祠,着准其入祀乡贤祠,无庸再交部议。"

子国桢,袭侯爵,现官山西巡抚。

【校勘记】

〔一〕是时贼匪有青黄蓝白缐等号　"缐"原误作"绿"。耆献类征卷一九二叶二上同。参见卷二九注〔四一〕。

〔二〕务协同长龄等鼓励将士　"鼓励将士"原误作"奋勇妥协"。耆献类征卷一九二叶一〇上同。今据睿录卷二八三叶七下改。

〔三〕裁陕西鄜州州同一员 "西"原误作"安"。耆献类征卷一九二叶
　　　一四上同。今据成录卷二一七叶一六上改。

〔四〕府谷县训导各一员 原脱"府谷县"三字。耆献类征卷一九二叶
　　　一四上同。今据成录卷二一七叶一六上补。

　　陶澍

　　陶澍,湖南安化人。嘉庆七年进士,改翰林院庶吉士。十
年,散馆,授职编修。十五年,充四川乡试副考官。十八年,记名
以御史用。十九年三月,补江南道监察御史,充会试同考官。十
月,奏:"劾吏部重掣之弊,于掣签既定之后,将续到人员重为设
签,令其补掣,如掣得第一名,即插入初掣第一名后,谓之重一
签,既开滥幸之门,必启贿托之渐。请将重掣名目,概行停止。"
上甚是之。十一月,命巡视中城。十二月,奏言:"各省州县锢弊
日深,皆由该管上司不能正己率属,如勒接交代,多摊捐款,预备
赏号,派办供给,压荐幕友,滥送长随,委员需索,提省羁留诸弊,
督、抚、藩、臬中,虽贤者或亦不免,以致不肖之州县,既有所挟持
以无恐;而循良之州县,又有所牵掣而不能应。请悉予裁革,庶
吏治日有起色。"从之。二十年正月,奏:"教习之设,原以教育
八旗子弟,非只为应试人员增一出身之路。向由礼部奏请钦派
大臣糊名扃试,秉公甄录,所以重训课而严弊混,法至善也。后
改于乡会试落卷内挑取,遂致办理参错,多有格碍。请复考试教
习旧例,庶于国家教习八旗之典,方为有名有实。"下大学士、军
机大臣等议行。

　　三月,调陕西道监察御史。四月,迁户科给事中。九月,命

巡视淮安漕务。二十一年二月,奏陈:"镇江运河事宜:一、练湖宜浚治,一、甘露港宜挑深,一、闸座宜整理,一、积土宜起除。"疏入,下两江总督查办。八月,转吏科掌印给事中。二十三年四月,俸满,记名以道员用。十月,巡视东城。二十四年,授四川川东道。二十五年,迁山西按察使。道光元年八月,调福建按察使。十月,擢安徽布政使。

三年正月,授巡抚。二月,上以安徽省仓库钱粮亏数甚多,曾经五次清查,尚有鬈轕款目,命澍逐细确查,筹定章程,核实办理。三月,覆奏:"从前历次清查,仅以州县开报入册之数定案,不实不尽。因思州县亏缺,藩司衙门俱有档案可稽,随将各州县欠解正杂钱粮,并应捐未解各款,分析开出,以司库之档案,核州县之册报,虚实立见。计自嘉庆二十五年以前,共亏银十三万馀两,米谷麦豆一万馀石。察其致亏之由,多系因公赔累,以及冲途歉区,入不敷出,辗转挪垫成亏,尚非侵盗入己。恳请暂缓治罪,勒限着追。窃以追补旧欠,必先杜绝新亏。杜绝之法,亦惟严交代、提存库、减捐款、禁流摊数端,尤以有犯必惩,俾后来不致效尤。惟有极力整刷,务使从前之宿累全清,此后之章程悉定。并酌议追补章程十条以闻。"均从之。

五年二月,奏:"洪泽一湖,必借淮源旺盛,方资收蓄敌黄,自应多方导引,以助其势。勘明各处情形,寿州境之城西湖、凤台县境之焦冈湖,凤阳县境之花源湖,均可抽沟入淮。又怀远县新涨沙洲,为上游各州县之患,必须再开引河数道,除城西、焦冈两湖系该民人自办外,其花源湖及新涨沙洲,请动用闲款,克期兴办。又以淮水纡回,一交伏汛,每汪洋一片,横溢民田。只有筑堤束水，俾清流畅入湖心，既可蓄以敌黄，而两岸民田即可借堤保卫。但经费浩大，无从筹措，应责成地方官随时督劝百姓设法办理，自可渐著成效。"谕曰："兴水利，除水患，莫大之善政也。固不可徒费周章，亦不可始勤终怠，详慎勉之！"四月，奏安徽自分省以来，未有志书，于掌故难免阙漏，请设局纂修，上允其请。

五月，调江苏巡抚。旋奏安徽劝设义仓章程十二条，得旨："所议州县中每乡每村公设一仓，秋后听民捐输，岁歉酌量散给，出纳悉由民间经手，不假官吏，防侵蚀以禁骚扰，矜贫寡而杜争端各条，着即移交新任巡抚，照议办理。"先是，洪泽湖决口，运道艰阻。协办大学士英和请暂雇海船以分滞运，酌折漕额以资治河。上命澍悉心妥议，六月，覆奏："海运之法，自元逮明，行之有效，止以阅时既久，章程难复，然全漕由海运则不可，而商船未尝不可分载。至折漕一事，以江苏一省言之，额漕几及二百万，如以百万折色约计，应折银二三百万。平时一百数十万之地丁，犹以催征不前，矧于数月之内，顿加逾倍之征，民间以米易银，遽难出枲，势必谷贱伤农。至停运治河，京师万方辐辏，漕米而外，需用甚多。若南方之货物不至，北方之枣豆难销，物情殊多未便。是折漕与停运均不可行。大抵专办海运，则恐商船不足；专办河运，又恐清水难恃。来岁当以海河、并运，可期无误。"谕曰："停运折漕，竟无庸置议。海运一事，着俟藩司贺长龄赴海口查勘情形，即将一切章程妥议具奏。"十一月，疏陈海运事宜："一、验米应责成粮道，会同苏松太道监兑；一、赴津交米，应分别委员前往；一、交米委员以到天津为竣事，无须再至通仓；一、协济天津通仓银两，由苏省筹款解交；一、押运宜遴委武职大员。"得旨允行。

六年二月，澍至上海督办海运，赶紧斛兑，随兑随开。奏言："海运水程，自吴淞口出十滧，东向大洋，至佘山北向铁槎山，历成山西转之罘岛，稍北抵天津，总计水程四千馀里。春夏之时，东南风多，行走尤为顺利，并绘图贴说以进。"又奏："漕米经由大海，应由水师营汛带兵防护，以重巡防而昭整肃。"又奏："载米沙船，酌给船户耗米，到津兑交额粮后，合计馀剩不下十万馀石，请照粮船馀米之例，就近官为收买。"四月，奏："苏省海运应将历年缓带米石，随同新漕搭运赴津。惟本年起运全漕米数甚多，民鲜盖藏。请留备本省粜买，以济民食，即以粜出之项抵补。天津收买沙船，耗米之价，一转移间，于太仓无损毫末，而民食得以充裕。"均如所请行。

六月，初运商船回棹，澍复至上海督办次运。通计装载正耗各米一百六十三万三千馀石，前后用船一千五百六十二只，扫数解交完竣。因奏言："海运创始，人情观望，商船既虞压雇，复惧难交，畏缩避匿，其难一也；河运弁丁数千，沿途照料尚不免风火沉失，今以新定章程，责之素不相习之委员，保无疏损，其难二也；各州县米赴上海，同时雇拨船只难敷，其难三也；黄浦水次，既恐停船待米，又恐米到船稀，盘量稍稽，即误风汛，其难四也；海运用费，初无成式，筹画稍疏，官民借口，其难五也；商船赴津，风利东南，回帆又宜西北，万一停阻，有妨二运，其难六也。兹幸商情感奋，民廛安堵，自开兑以至蒇事，诸极顺利。现在督饬放行，约计六月下旬，即可全抵天津。"谕曰："上年河务阻滞，诸臣奏请试行海运。事属创始，办理维艰，在事臣工，竭诚宣力，筹画周详。陶澍亲驻督办,深协机宜,着赏戴花翎。"

七月,奏:"本年夏间雨水过多,洪湖启放较早,附近州县悉被水淹。现就灾民栖止之区,随查随赈。俟水退人归,再行按户办理。"九月,奏:"江北被水灾民,就食南来。现在筹办抚恤,拟择栖止以资安集,设签册以便稽查,散口粮以资养赡,别男女以重廉耻,施医药以拯疾病,给棉衣以御寒冷,禁贩卖以杜拐掠,设巡卡以防匪类。俟上游各坝堵合,田庐涸出,该民人即可还归原籍,自谋生业,俾免流移。"得旨:"正深厪注,览奏,精详周妥,朕心稍慰。"十一月,奏:"江苏漕务,间阎每苦浮收,而各州县用度浩繁,不能不借资津贴,抗玩者即因此挟制,以为控端在颛顸之州县,未必谅百姓之苦;在颛愚之百姓,亦未必悉州县之难。互相诟病,而皆不为无因。惟有一种病官病民,大为漕害,革除不可不亟者,包漕矜棍,横索陋规,稍不遂意,非逼凶闹仓,即连名捏控。人数最多之处,生监或至三四百名,漕规竟有二三万两,既借控为抗,以遂其包揽之私;尤仗讼分肥,以长其白规之数。必应力挽颓风,使衿棍无可挟持,庶陋规可革,费用自省,而间阎可期苏息。"上甚是之。

七年二月,奏:"徒阳漕船前因西风潮弱,致有浅阻。臣亲诣勘视,督同道府择要爬疏。惟西闸门外至江口一带,无可拦蓄,一遇潮退,江水顿落,船不能出。拟用沙囊堵塞,潮至则启,复设活水板闸,潮来时启一板,而各板皆松,抽卸即易,蓄送亦灵。虽小汛期内,亦得挨次放船。本年漕运为河务一大转机,惟有竭力督催,俾得及早渡黄,以全大局。"奏入,报闻。时学政辛从益条陈漕务积弊,诏澍查办,并将收漕章程酌中定制。五月,覆奏:

"前言刁徒横索,陋规日添,势必取偿乡曲之淳良,为补短牵长之计,以致浮者愈浮,苦者愈苦。乃此间受弊之实在情形,而学臣以为官吏娄索,是其常态。纵无此等生监,而小民之被苛征,亦不能少减。殊不思陋规即出于浮收,欲减浮收,先裁陋规,实一定之理。若料有司之不减,而谓陋规可存,而不论已非釜底抽薪之计,况整饬士习,首严义利之辨,以主持教化者而为此论,似非所以训士也。正恐刁生劣监,恃以无恐,则陋规终难尽革,而小民之累无穷,甚或酿成事端,则所伤实多,转非所以保全善类。夫徇众沽名,其势顺而易;力挽颓风,其势逆而难。断不敢畏难避怨,致令刁风日长,民困难苏。"又奏:"收漕一节,嘉庆年间屡有八折完漕之议,迄未能行。盖年岁之丰歉难齐,地方之繁简亦异,情形不能一例。此时酌定收数,原为津贴而设,万一不肖官吏,久且视为定额,而更有所加,则作法于凉,已非整顿之初意。且刁徒讦告,其意不在浮收而在需索,即使定为加二,亦无难以加五、加六捏词妄控。惟有力加整顿,既不使不肖官吏浮勒病民,亦不容衿棍把持,借端讦告,似不必另议章程,转虞窒碍。"上韪其言。

九年二月,安徽省通志书成,上以此书由陶澍创修,下部议叙。十年六月,以假照案内要犯任松宇、刘东昇迅即就获,加太子少保衔,寻兼署两江总督,八月,实授,仍兼署巡抚。十月,以淮鹾疲敝已极,缕陈积弊情形,并请删减浮费,停缓摊补,命户部尚书王鼎、侍郎宝兴同往查办。十二月,查明运库垫占亏缺各项会奏,略言:"两淮正杂钱粮,本系按纲征收,而外支各款,则系按年支用。如能一纲之盐,年额年销,则运库解支,自可年清年款。

无如口岸滞销以后，正课则统引分摊，而杂款必须按年支发。数十年来，库款之套搭挪垫，致亏银数千万之多，皆由于此。惟有将前项积欠暂缓摊带，自道光十一年辛卯开纲日起，截清前积，以断葛藤，庶可从新整理，渐复旧规。"又言："淮纲全局详加综核，力求课归场灶之法，大要有三而皆有窒碍之处：一、由灶丁起科，灶丁皆滨海贫民，若令先纳课而后卖盐，则力有未逮，抑令先卖盐而后纳课，设遇歉产之日，势必课宕丁逃，且场盐每斤向卖制钱一二文、三四文不等，今加入课银六厘，是课重本轻，仍难免透私之弊，此灶丁起科之难行也；一、由垣商纳课，招徕殷商，令其认课，包纳灶盐，悉归该商经理，寓散于整，较为扼要，惟灶户以己业而听命商人，情必不愿，况商人惟利是视，秤收则勒以重斤，借贷则要以重息，灶户狃于售私，职此之故，灶不乐以盐归垣商，亦必无赀完课，此垣商纳课之难行也；一、由场官收税，就各场产盐引额摊定课额，官为经理，似觉核实，无如每场应征银数十万两，盐场微员岂能任此巨帑？况试行之初，额难悬定，若听其尽收尽解，难保不匿报侵欺，兼之场署多在海滨，无城郭营汛，防卫征解亦恐有疏虞，此场官收税之难行也。至于就井抽税，滇省虽有成效，但两淮场地延袤八百里，非若滇省一井一官，即能查察，未易仿照办理。即使先为试办，而清灶金商，改官变法，非一二年规模不能粗定，且商贩通行，又必南侵闽、浙，北侵芦、潞，若不统各省鹾务通盘筹画，实不免此盈彼绌之虞。况此一二年中，课额未可长悬，场盐未可停捆，各岸食盐更未可久缺。伏思淮盐定制，逐层防范，原属至周至密，惟有将旧章大加厘剔，使射利者无可借端，欠课者无可借口，似较课归场灶之法，确有旧辙可循。谨拟定章程十五条：一、裁减浮费，一、删减窝价，一、删减繁文，一、慎重出纳，一、裁选商总，一、酌核带销，一、积欠宜缓，一、宜恤灶丁，一、实给船价，一、严究淹消，一、疏浚运道，一、添置岸店，一、亟散轮规，一、整饬纪纲，一、淮北另筹。其馀未尽事宜，应随时核办。"谕曰："据王鼎等奏，由该盐政无管辖地方之责，[一]疏销巡缉，难期令行禁止，着将两淮盐务改归总督管理，所有盐政一缺，着即裁撤，其会议酌定章程，仍着照所议行。"

十一年正月，澍疏言："鹾务章程甫立，节目尚多，如减价敌私诸条，皆商情所不乐，谤口所易腾，一时未必帖然。自应从实妥办，一有胆玩，即追革究治，方足以资整顿。惟现在商人力能办运者，不过二三十家，新商金募，尚需时日。本年新盐即截清限界，于春月开纲，而行抵楚西各岸，已在夏秋之际。明岁奏销，势不能如期完竣，不得不预行陈明。"得旨："明岁奏销，着准其稍宽时日，届期奏明办理。"澍又言："两淮商情疲敝，若责令照额捆盐，自行赔补抛耗，势必仍图夹带，隐占新纲。应请每引捆盐，酌为加数，以五百斤出场。除额盐三百六十四斤，仍照案赏加盐二十斤，并例给暑月卤耗十六斤，作为常年抛洒。其馀一百斤，照依新纲科则带完前纲正课，此外如再有颗粒私增，定即严提重惩，庶隐私可绝而国课自裕。"下部议行。

又以本任总督养廉已极优厚，所有盐政养廉五千两，应行恭缴。至盐政衙门浮费较多，计前后裁减每岁费用银十六万馀两。其外支浮费及运司衙门滥支各项，应饬查明一并删减，许之。三月，以两淮候补各班人数过多，差遣既难遍及，优劣亦无从周知。查定例运判、知事试用五年，运判准改捐知县，知事准改补巡检、典史。请量为变通，如试用未满五年，均准改捐改补。下部议行。五月，奏江、浙漕船半入运河，而洪泽湖水骤涨，不得不急筹分泄，因签桩搭桥，设关加纤，节节挽渡，各船顺流渡黄。全漕完竣，洪湖水势旋即渐次消落。上嘉其所办甚合机宜。

六月，以江、淮并涨，各属多被淹浸，灾民迁依堰阜，栖食全无，自应设法拯济，请以银易钱米，随查随给，以济燃眉。谕曰："凄怆景况，不堪设想。若仍拘泥向例，查勘分数，分析轻重，何济于事？务要赶紧拯救，均沾实惠，或可免委于沟壑也。"八月，疏陈："拯济章程十二条：一、倡率劝捐，以赒贫乏；一、资送流民，以免羁留；一、收养老病，以免流徙；一、劝收幼孩，以免遗弃；一、劝谕业户，以养佃农；一、殓瘗尸棺，以免暴露；一、多设粜厂，以平市价；一、变通煮赈，以资热食；一、捐给絮袄，以御冬寒；一、劝施秄种，以备种植；一、禁止烧锅，以裕谷食；一、收牧牛只，以备春耕。"得旨："所奏俱已详备，览奏稍慰。务须实心实力，详慎择人办理。"时廷臣等请课归场灶，或请就场收税，或请仿照王守仁赣关立场收税，或请撤商归灶，征其课税，诏澍筹议。澍以"两淮盐课甚重，盐在场灶，每斤仅值制钱一二文，一经收税，则价随课长，争其利者必多，比户皆私，课税因而更绌。至于设厂抽税，则道路四通八达，安必处处有隘可守，绕越漏私更甚。若淮盐任其所之，他省已受其害，盐法纷更愈甚，关系愈大，利权不操于上，必移于下，恐豪强之徒得据为利，其患有甚于私枭。惟有认真督办，傥能得有起色，则成法即无庸另议更张；万一无可挽回，再请另行筹办。"疏入，允之。又奏："淮北纲盐，官督商办，滞岸无盐济售，请照山东、浙江票引，兼行法于海州所属中正、板浦、临兴三场,分设行店,听民投买运售,择各场要隘处,设税局给照票,凡无票及越境者,以私论。"如所请行。

十二年八月,御史鲍文淳奏:"两淮盐务自辛卯开纲,至今尚有三分之二未完,若辗转占碍稽延,帑项出入,凭何管算?且招徕商人,未见乐趋,或办理仍未尽善。"诏澍查奏,寻覆言:"万难措手之时,思复旧规而力单任重,实难得有把握。盖积重之由,不自今始。溯查国初淮纲正课,原只九十馀万。至嘉庆二十年后,正杂内外支款,竟需八百馀万。嗣是课额多悬,转输无力,或数年始行一纲之引,或统引而全纲不行,商疲课绌,百弊丛生。奏销不前,则谬为报效,以缓正课;支用无出,则擅动库款,以应杂需。且批解则贴色贴息,弥缝则公补公摊,库款既竭,典质遂及于根窝;私质无凭,虚伪遂流为印本。其尤贻患后来者,借本认息,本罄息存,以数十年后之膏血,拔而用之于数十年之前,而四千馀万之旧项已空,一千馀万之欠款仍在。毋怪乎昔桁而犹能挥霍,今敛而弥形枯窘也。亟图整顿,实已不遗馀力,无如旧商早已消乏,新商尚多观望,办理实形竭蹶,惟有敦饬运司,就近体察,如有可以鼓舞商情之处,设法筹办。又总因革除陋规,删减浮费,以致物情多怨,商情隔绝,请仍放盐政一员,专司课项,及转运招徕各务。"谕曰:"陶澍奏请另简盐政,实属有心取巧。国家设官分职,岂容私意更张?如果淮鹾疲敝,实难整顿,何以奉命任事之时,未思及此,并无一言陈奏?迄乎办无成效,又思更改,不过以专管、兼管甚相悬殊,为此避重就轻之计。如此居心办事,岂公忠体国者之所为?朕总理庶政,惟知赏功罚过,视乎其人之自取。倘办理不善,有负委任,惟有执法从事,治以应得之罪;若如此朝更暮改,不成政体,朕亦不能对天下矣! 陶澍着传旨严行申饬。"

九月,桃南厅属奸民偷挖官堤,掣动大溜,澍以兼辖河工,未能先事预防,自请议处。部议降三级调用,上加恩改为降四级留任。十月,因桃南挖堤放水,龙窝汛决口,工部尚书朱士彦奏现在全黄入湖,下河危险,请从桃北另开新河,使漕船从南岸东下渡河,牵挽至桃北以上入运。命澍会同户部侍郎敬徵、南河总督张井履勘筹议。澍等奏:"查朱士彦所奏改河之事,道远费重,且由萧工挽归正河,旧河底反高新河一丈五寸,水性就下,必致两岸皆成倒灌。河身依旧淤高,于漕运大有关碍。请毋庸置议。"先是,御史周彦以票盐之法利于枭而不利于课,其可虑有三等语入告,上以周彦既言有三可虑,又云利多害少,即移其法于淮南,岂非自相矛盾? 命澍悉心体察,通盘筹画,总期有利无弊。至是,覆言:"该御史请移其法于淮南,盖未悉淮纲南北课额,多寡悬殊,且票盐试行于淮北滞岸,其运道须待双金闸开放,又须渡黄河而涉洪湖,抵正阳关之后,分赴各岸,尚须盘拨,故可无虞泛滥。淮南之盐,则江海四达,无可范围。淮北引地仅在皖、豫一角,淮南之楚西等省,居各省之腹中,在在邻界接壤,如亦改行票盐,势必四侵邻境,于各省盐法亦多窒碍。"命仍照原议妥办。

十三年二月,奏:"淮北票盐业经试行有效,应请推广办理,请将安徽省之寿州、河南省之信阳等十一州县,一律改行票盐,仍令将安徽省向由江运之桐城等八州县,及高邮湖运之天长一县,留商认办,以固淮南藩篱。再票盐指地贩运,原以保固商岸,今商运既不足额,票贩各口岸自应量予变通,如所指之地盐壅销滞,准其于出卡之后,就所在地方呈明转运他岸售卖。至海州引盐出场,向由双金闸启行,今请由鹰游门灌河口转尖入黄行走,择要设卡盘验,俾内外河均有水可运,各岸可无缺盐之患。"又奏:"请将海州营钱家集都司一员,把总、外委各一员,额外二员,马步兵一百四十名,移驻洪泽湖之老子山等处,作为内河水师营,以资防御。"均下部议行。八月,奏:"淮南加带己庚残引,因各省连年水患,未能带销,占碍正纲,应请停止所有商盐每包五百斤出场,解捆正盐四百斤之外,其馀百斤循照割引成例,配割本纲正引,按照科则正杂钱粮全数完纳。命试办一年,果能有盈无绌,再准其递年仿照办理。"

时漕督贵庆奏沿途派委漕弁搜查回空私盐,有碍巡行,请将漕弁撤回,并江、广道远丁苦,请于例带食盐外,加增买带过扬州时纳课给照,准其售卖。澍奏:"若遽请将漕弁撤退,则帮丁舵水人等放胆买盐,[二]其停泊上载,必不止如委员搜查之片刻,而楚西等省之冬春销市,必尽为粮私所占,明纵偷漏,既有害于鹾纲,欲速反迟,尤有误于漕运。况粮船水手,素称桀骜,加以顺带官盐,必有枭匪出资附和,其害不可胜言。以官事而论,长芦课绌,有借词两淮盐壅无去路;以实情而论,所销尽长芦之私盐,所缺尽两淮之官课,兼之淮南二十场之盐无从销售,数十万灶丁生计有妨。请仍照成案搜查,于漕运盐务地方,均有裨益。"上甚是之。十月,御史许球奏回空军船,请带芦盐,现仍堵截搜查,伊等有利未获,而转触科条,全亏资本,总督一味济之以猛,是贵庆筹议恤丁,非徒无益而又害之,殊不足折服帮丁之心。江、广军船人数众多,万一另起衅端,必致贻误归次。命澍查办,寻覆言:

"历来军船带私,无不以搜查延误新漕为词,迭经奏明,如敢借词挟制,或弃船星散,即严拿究办。若如该御史以水手与风客贩私有别,虑其搜查时资本均归乌有,是未知所贷之资即风客之资,所亏之本即风客之本。盐为官物,在平民不能纵任贩私,况粮船水手,律有专条,何得谓旗丁水手贩私。与风客究有区别?今只搜起其盐趱行而过,是正因漕务而济以宽,似不得谓一味以猛。且漕船私带,未始非前途玩纵所致。今若因查盐而虑其启衅,则盗贼岂无肌寒之可悯,枭徒亦有拒捕之堪虞,又将何以折服之?"上纳之。

十四年正月,计典甄叙,上以陶澍办事实心,鹾务日有起色,下部议叙。十月,报霜降安澜,下部议叙。十二月,御史许球以两淮盐务办理支饰情形入奏,谕曰:"该督如有天良,即当实力疏销,通盘筹画,傥稍混饰弥缝,毫无实效,帑课攸关,岂容因循贻误?朕惟执法从事,断不稍为宽贷!"寻奏言:"癸巳纲收银二百七万六千馀两,比较辛卯纲实多收银十四万三千馀两,比较壬辰纲仅少收银五万三千馀两。现在未运各引,多至一纲有馀,此系旧纲未竣,并非本纲应运之引。兼值频年灾歉,商人之成本既增,各岸之疏销未畅,甲午新引现已开纲,饬运司赶紧设法办理。因思裁革浮费,为众怨所归,复以议驳太戆,难免借端报复,浮言所至,商情观望,应办事宜不免阻滞,然亦不敢避嫌避怨。"谕曰:"嗣后若果有成效,年胜一年,朕岂有不为卿作主之理?无恤其他。若岁岁空言搪塞,部中不难稽核,前车未远,朕不能上下其手也。噬脐二字,凛之识之!"

十五年,入觐,赐御书"印心石屋"匾额。澍以鹾务已有起色,奏请复设盐政以专责成,得旨:"陶澍精神才具,结实周到,正当乘此盐务日有起色之时,实力整顿,悉心经理,方不愧为国宣力之大臣。况两淮盐政裁撤未久,忽撤忽设,亦无此政体。所请着不准行。"十七年,因河库道李湘菑注考不实,下部议处,议降二级调用,上加恩改为降四级留任。十八年二月,奏:"淮北引饷原额止二十九万馀引,自改行票盐,按年约行四十万引,内外节存经费,溢课为数尚多,应请嗣后淮北奏销,仍按原额造报,此外票盐溢课,及经费馀存,并每引酌量加征杂课,共可得银三十馀万两,以资协贴。"许之。十九年正月,奏请将淮南戊戌纲悬引提出二十二万道归于淮北行销,所有悬引课银,按数抵补足额,下部议行。

二月,因病陈请开缺。六月,卒。遗疏入,谕曰:"前任两江总督陶澍,由翰林荐历科道,出膺外任。迨擢授两江总督以来,实心任事,不避嫌怨。上年染患手足痿弛之证,迭经赏假,俾资调摄。今春因病势日增,勉从所请,准其开缺,冀可专心调理,医治速痊。兹闻溘逝,殊堪悼惜!陶澍着加恩晋赠太子太保衔,照尚书例赐恤,入祀贤良祠。任内一切处分,悉予开复。应得恤典,该衙门察例具奏。伊子陶桄,着赏给主事,俟年及岁时,由吏部带领引见。将来灵柩回籍,并着沿途地方官妥为照料,用示朕优恤荩臣至意。"寻赐祭葬,谥文毅。

【校勘记】

〔一〕由该盐政无管辖地方之责　原脱"由该"二字。耆献类征卷二〇一叶八下同。今据成录卷一八二叶一〇下补。

〔二〕则帮丁舵水人等放胆买盐　原脱"人"字。耆献类征卷二〇一叶一三下同。今据成录卷二四三叶四六下补。

程祖洛

程祖洛,安徽歙县人。嘉庆四年进士,以主事用,签分刑部。十二年,补官。十三年,升员外郎。十四年十月,升郎中。十二月,以承办秋审黄册黏贴错误,部议降三级留任,奉旨实降一级,留部以员外郎补用,旋补官。十五年,充湖南乡试正考官。十六年,升郎中。十八年正月,京察一等,以道府用。六月,俸满截取,记名以繁缺知府用。十九年,充会试同考官。二十年,选甘肃平凉府知府,刑部堂官以祖洛总办秋审,并承审逆案,奏请留部。谕曰:"刑部郎中程祖洛在部年久,于刑名尚称熟悉,朕所素知,是以于该员记名道府后未经简放。兹吏部以该员拟选甘肃平凉府知府,刑部以程祖洛总办秋审逆案,未便遽易生手,奏请留部扣选,并声明业经截缺,例不准见缺保留等语。刑部如因程祖洛在部得力,何以不早行奏明扣选?乃于该员既选平凉府之后始行保留,显系因甘肃地瘠缺苦,始为此奏,若系美缺未必保留矣。刑部堂官俱着交部议处。所有程祖洛京察截取记名以道府用之处,俱着注销,仍着留刑部郎中任,办理部务,永不外用。如果始终奋勉,酌量施恩而已。"二十一年,充广西乡试正考官。二十四年,升内阁侍读学士,旋授江西按察使。二十五年,擢湖南布政使。道光元年,调山东布政使。

二年五月,擢陕西巡抚。七月,调河南巡抚。御史程裔采奏河南教匪朱麻子等由新蔡窜入安徽阜阳县,上以皖、豫毗连地方,馀匪易于潜匿,命祖洛及两江总督孙玉庭、安徽巡抚孙尔准按名掩捕。九月,祖洛奏朱麻子就获,并获夥党四十馀名,按律定拟;并言:"皖、豫两省匪党断不止二百馀人,若不搜捕净尽,稍留馀孽,复恐煽结滋事。即今办法不在急治现获各犯,而在穷究未获之人。"奉朱批:"汝能如此存心,再能认真办理,使积年教匪,不动声色,渐就歼除,地方获保安谧,则是莫大之功也。总在实心经理,朕亦不责成近效,相机而行,汝自为之,日后自有明验。"

十二月,筹议缉捕经费,奏言:"豫省内黄、考城一带,与直隶、山东边界毗连,为盗贼出没之所,又南汝、光及陈州各属与安徽之阜阳县暨湖北之襄阳等县犬牙相错,向多红胡、捻匪,地方官遇有盗案,非不悬赏勒缉,而用项繁多,势不能从优给赏,往往兵捕购线获盗,[一]得赏不偿所费,难期鼓励。议于司库扣存岁料市平银两及入官地租项下,动拨银五万两,交各典生息,每岁可得息银六千两,以二千五百两解交司库归还原本,以三千五百两作为缉捕经费。"从之。又勘明安阳县之冯宿村漫水情形,疏言:"漳河北徙,旧河高于平地,断难复令南趋。冯宿村口门之水,由北入卫,已成河形。议请毋庸将漫口堵筑,即就新河量为疏浚,以轻水患。"上以漳河为直隶、河南二省民田运道所关,命大学士戴均元赴豫会勘妥议,并命祖洛于漳水经流之处,周历履勘。

三年正月,偕戴均元奏勘明现在形势,与上年冬令不同。请仍挑筑旧河,复归故道,如所议行。十月,偕戴均元奏报勘办安阳县樊马坊漫水,略言:"治水之道,合则为患,分则安流。自乾隆五十九年漳水南徙合洹以来,卫水为所顶阻,每致溃溢。今河势既分,万不可使之再合,合则并力为患。议于田市地方就高滩挑挖引沟,使北岸漫水放入南岸正河,再于田家营环水各村庄,编列柴坝,以护民居。至樊马坊上下距洹河甚近,拟添筑土堰一道,其南岸冲刷沟槽,建筑土坝以御之,俾水各分流,而漫溢之患可冀轻减。"十一月,以定拟秋审失入,部议降一级调用,上加恩改为降二级留任。是年,上临雍,颁赏王大臣临雍御论,幸万寿山,赏御制宴十五老臣诗墨刻,又赐钦定大清会典、养正书屋全集,祖洛皆与焉。

　　四年二月,奏:"田市积水消涸,露出地形,北面漫水与南首沟工隔断,不能引归正河。惟田市以上之龙家庄水势北高于南,议即就涸出洼形之处,节节抽沟,相机勘办,近南漫水不能全行掣消,而消涸一分即收一分之效。"又奏:"龙家庄抽沟启放之后,水势畅顺,而北面之水仍未见消,又加详度,惟内黄县之马家洼水面北高于南,距正河亦只一二百丈,议于此处再挑引沟,以消漫水。"五月,奏:"马家洼新挑沟口畅顺,已将漫水全行掣归正河,复请于田家营添筑大柴坝,使溜势尽走南流。"并言:"三十年来,漳水挟洹夺卫,为患滋深。此时漳、洹分流,纵遇盛涨,较之从前漳、洹、卫三河合并为患之势,不啻霄壤。后此相机利导,似易为力。"先后疏入,俱如所请行。七月,奏准汝宁、光州二属寻常遣军流徒各犯,就近由该管道审转,以免稽延,其人命案内罪应斩绞,及一切由死罪减为军流之犯,均照旧解司勘转,以昭慎重而符定制。九月,以归德府属之永城县,汝宁府、光州所属之新蔡县、息县,界连山东、江苏、安徽,向多盗匪,奏请以归德府通判移驻永城县之薛家湖集，于新息接壤之黄湖店添设新息分防通判一员，永城营添设守备一员，山城集经制外委一员。又奏裕州属之小史店，南阳县之赊旗店，皆易藏奸，应各于本营派拨弁兵，设立专汛。均从之。

十一月，奏："豫省东南归德府属之虞城、夏邑、永城等县，地势低洼；西北开封府等属夏秋被水，多汇注于此。向赖虞城县之横河、惠民沟，夏邑县之巴清河，永城县之减水沟为之宣泄，南有申公堤一道，束水归槽，经江苏砀山县、萧县以达洪湖，为豫省东南泄水要道，迭经黄水漫溢，各沟河全行淤塞，致虞、夏、永三县，并江苏萧、砀二县之滨河村庄，连岁被淹，农田失业。请分别拨项，即时挑浚。"上以事关两省水利民生，命实心经理以收实效。是年，江南高堰湖堤漫口，命尚书文孚等驰往勘办，并降旨动拨帑银，酌留漕米。十二月，祖洛奏豫省附近大河各州县，计可拨米十万石，并委员预购稭麻三百万斤，筹拨库银约计四十万两，上以其"尽心国事，不分畛域"，嘉之。初，皖、豫抚臣以惩创捻匪奏准豫省之南汝、光、陈，皖省之颍州等属，遇有凶徒结夥，在三人以上持凶器伤人之犯，除实犯死罪外，其馀不分首从，发极边烟瘴充军；如十人以上，无论曾否伤人，发新疆给官兵为奴，纂辑为例。嗣经刑部修改南阳等属斗殴至三人、十人以上，必须豫谋结夥逞凶者，方照例分别严拟；若衅起一时，仅止争殴，仍各按其本罪定拟，不得牵引旧例，亦着为令。五年，祖洛以南阳等属匪徒结捻一人，倡劫党众，一呼而集，其豫谋逞凶，早在结捻之时，不待临时商约。新例以是否豫谋分别罪名轻重，办理诸多窒碍。疏请敕下刑部改复旧例，删去"豫谋"等字，俾外吏得以核实办理,并酌议匪徒拒捕暨捕人治罪各条。下部议行。六年正月,奏:"归德府前明刑部侍郎吕坤,忠言谠论,正色立朝。其平居讲学,不语精微,不谈高远,惟以躬行实践为本,在明季最为醇正。应请从祀文庙。"下礼部议行。七年十月,请宽免南汝、光、陈等属失察匪徒处分,疏言:"匪徒扰害闾阎,至获犯后,究出旧案,追溯从前失察处分,恐瞻顾同官,多所回护。请遵照嘉庆年间圣谕,实力蠲除,不复咎其既往,俾承缉各官无所瞻顾,以期有犯必获,有获必惩。"得旨允行。旋丁母忧,回籍。九年,服阕。十年闰四月,署工部左侍郎。六月,授湖南巡抚。

十二年二月,擢闽浙总督。四月,奏:"审明唆讼扰害、纠众拒捕之武进县已革生员庄午可依律处斩,并声明此案牵涉人犯众多,先因庄午可行踪诡秘,购线缉拿,迨至庄午可就获,各线目均散归农,恐伊等报复私怨,妄自诬拿,业经严饬府县掣销差票,晓谕居民,暂行停缉馀党,以免扰累。"上是之。先是,有人奏浙江绍兴已革库书潘鸣皋、徐燮堂等诈赃营私,及在籍臯司李澐干与公事各款,命祖洛会同浙江学政何凌汉按其事。九月,祖洛偕何凌汉奏审明分别定拟,李澐讯无交结情事,惟在外听曲宴饮,出入衙门,有玷官箴,请旨褫职。十月,上以浙省盐务日敝,库款虚悬,命祖洛于赴闽时,路经浙江,体察情形,奏明核办。寻奏请援照前浙江抚臣帅承瀛清厘盐务成案,辛卯秋冬、壬辰春夏四季正引,并纲统销,以纾商力而裕库款,并严定裁汰浮费章程,下部议行。

是月,台湾府闽、粤庄民因事起衅,奸民张丙、陈办等乘机纠众,戕知府吕志恒、知县邵用之,官兵御贼于斗六门,县丞方振声、千总马步衢等死之。上命祖洛确探情形酌办。旋命署福州将军瑚松额为钦差大臣，督兵渡台剿办，而以后路粮饷、军火等事，专责祖洛。寻兼署福州将军。十三年正月，首逆张丙、陈办、詹通、陈连等就获，奏闻。寻遵旨赴台妥筹善后事宜。三月，上命祖洛查办应参应奖之员，谕曰："朕用人行政，惟知一'公'字。程祖洛膺兹重任，为国宣勤，彰善瘅恶，亦当守一'公'字，无恤其他。"寻偕瑚松额奏审明战守无方之都司周进龙，革职遣戍；守备陈福陇、外委黄廷凤等均革职。七月，偕瑚松额奏："台湾逆匪荡平，将张丙、陈办、詹通、陈连四犯解京，现在官兵陆续凯撤，各庄仍复旧业，全台安堵。"上以祖洛等迅速蒇功，降旨嘉奖，赏戴花翎，仍下部优叙。又奏福建金门、厦门一带，沿海奸民，私造小船，一名白底舡，[二]一名草乌船，藏有炮位军械，沿海伺劫，并有阑入粤、浙洋面之事。上责祖洛及福建水师提督陈化成等实力堵拿。八月，奏："请将台湾北路左营改为嘉义营，添设参将，驻扎嘉义，归台湾镇总兵统辖；其原设北路营都司，改为斗六门营都司，移驻斗六门，归嘉义营参将兼辖；原设斗六门汛守备移驻嘉义作为嘉义营参将中军守备，专管兵马钱粮；其北路协副将专管北路左、右二营。又台湾镇标原设左、中、右三营游击，道光七年改右营游击为北路右营游击，归北路协副将兼辖，而以镇标右营事裁归左营兼管。今议仍设镇标右营游击，俾资调遣。"如所请行。

十二月，以浙江温州镇总兵李恩元捕务废弛，奏请革职留缉，上是之。又劾福建海坛镇总兵万超诸事不能振作，请旨革职，枷号示惩。先是，有人奏汀州等府书差滋事，扰害间阎，上以祖洛新任闽督无所用其回护，命悉心访察。十四年六月，祖洛遵旨查覆，因奏陈闽省吏治民风，略言："安民莫先于惩蠹，惩蠹无他术，惟在就事据实惩办，不可以私心回护，不可以瞻顾处分而曲纵奸恶。闽省吏治既无子惠之政，又务宽大之名，其始也实因官之庸劣，致成顽梗之风。至于今日，则又因民之诪张，遂有疲难之势。官曰民刁，民曰吏虐，互相传播，渐失其真。此奉旨饬查各款中之实有其事，而与原奏略有异同，必应设法整顿者也。已往者无可追求，以后当随时查察，就案惩办。总之，闽省大弊在于官不执法，幕不守法，因而愚民犯法，书役弄法，讼棍玩法，必得将不肯执法之官严惩一二，使有所儆，各知治其犯法、弄法、玩法之人，则法立令行，而闾阎庶可安枕矣。"得旨："所论周详至当，务要以次认真整顿，方为不负委任之意也。勉之又勉！"

七月，奏："浙省二十馀年来，海洋安谧，久已文恬武嬉。上年沿海地方，多有失事，获犯至二百馀名。承审府县，化劫为抢，以首盗为被胁，致令武职借口惰缉。请将知县陈文治交部严议。嗣后如有似此不肯认真谳狱者，即随时参革，不敢瞻顾嫌怨。"谕曰："此等恶习，已非一日，朕早有所闻，因无实据，难以惩办。卿能奋勉整饬，可嘉之至，务当一力。勉之！"十月，已革县丞秦师韩控提督马济胜朦奏邀功，并讦祖洛偏袒欺朦各款，命侍郎赵盛奎赴闽会同学政张鳞按治之。寻盛奎等奏查询明确，所控多属虚妄，其列控祖洛各款亦皆空言。上以师韩逞刁妄讦，遣戍新疆；复以各省督抚幕友，例不准邀议叙，祖洛将幕友陈时等五人率行保列，下部议处。

十二月，偕福建巡抚魏元烺奏捐廉倡办义仓以资橐济，略言："闽省内地各郡,濒海多斥卤之区,负山鲜膏腴之壤,产谷不敷,民食必须妥筹备粜之资。臣捐廉银三万两,于省城内修建义仓,买谷二万石以为之倡,示谕绅民,有愿捐者各听量力出输,以期接济。"得旨嘉奖。十五年三月,奏拨赴台湾换防弁兵,申明定例,概用水师营哨船渡载,不准勒坐商船,以杜扰累而资习练,如所议行。十月,奏:"修建沿海最要塞城炮台,综核闽海大势,当以漳州府属之南澳、铜山为藩篱,泉州府属之厦门、金门为门户,福州府、兴化府所属之海坛为省城右翼扼要,闽安为省会咽喉,福宁府属之铜山为后户,巡缉守御,全资塞城炮台。确勘形势,分别缓急,其最要者共四十四处,估需工料银两,已经官民捐办,毋庸动项。"得旨,迅速兴办。

先是,祖洛奏福建在籍藩司梁章钜捐办义仓,进京后,其子逢辰接办劝捐,请旨奖励,经御史鄂尔端参奏逢辰上年随父入都,祖洛前奏不实,命明白回奏。十六年,覆奏梁章钜奉旨进京,义仓未蒇之事,逢辰接手办理,旋即事竣,随同伊父入都。上以其入奏时未能明晰声叙,下部议处。旋丁父忧,回籍。十八年,服阕,以旧疾未痊,奏恩赏假调理,允之。二十九年,卒。遗疏入,谕曰:"原任闽浙总督程祖洛历任封圻,勤劳素著。前因患病乞休,准其回籍调理。兹闻溘逝,殊堪轸惜!着加恩晋赠太子太保衔,照总督例赐恤。任内一切处分,悉予开复。应得恤典,该衙门查例具奏。前任太常寺博士程枚功俟服阕后,着吏部带领引见。"寻赐祭葬如例,予谥简敬。

子枚功,太常寺博士;荣功、校功、梯功,俱举人。

【校勘记】

〔一〕往往兵捕购线获盗　“捕”原误作“役”。耆献类征卷一九八叶二三下同。今据成录卷四六叶四下改。

〔二〕一名白底舡　“舡”原误作“船”。耆献类征卷一九八叶二八上同。今据成录卷二四一叶四上改。

祁塂

　　祁塂，山西高平人。嘉庆元年进士，以主事用，分刑部。六年，补官。八年，升员外郎。九年，提督广西学政。十三年，回京。五月，补原官。寻以会审宗室敏学案，研鞫不实，褫职。十四年，恭遇仁宗睿皇帝五旬万寿，加恩以七品京官用，仍留刑部行走。十五年，丁母忧。十八年三月，服阕，以承审教匪逆案出力，赐文绮。十九年，升主事。二十一年二月，京察一等。五月，升员外郎。八月，充顺天乡试同考官。十二月，升郎中。二十四年二月，京察一等。四月，丁父忧。道光元年，服阕，补原官。二年十一月，俸满截取，记名以繁缺知府用。十二月，经刑部堂官奏请暂留办理赦款减等，并纂修律文。四年，授河南粮盐道。五年，擢浙江按察使。时浙江德清县民徐宝华妾倪氏谋杀夫侄妻蔡氏，狱久不决。上特命塂详加覆检，寻鞫实，得历次仵作、刑书受贿朦蔽状，上复命尚书王鼎驰往覆核，悉如塂议，谳始定。六年，升贵州布政使。九年三月，迁刑部右侍郎。十月，充武殿试读卷官。

　　寻授广西巡抚。十二年，湖南江华瑶匪赵金龙作乱，塂以广西地界毗连，檄按察使戚宗彝往富川、贺县防御。富川、恭城、贺县三邑之交,有姑嫂山,周二百馀里,与江华途径交错。墳别遣将弁搜捕,会逆瑶败走,复檄戚宗彝移驻桂岭遏之,贼乃不敢南窜。赵金龙剿灭,广东连江逆瑶又起,广西瑶匪盘均华本江华瑶,徙居苍梧,闻连江瑶不靖,亦乘机蠢动。墳檄参将满承绪、同知易中孚勒兵,贺县知县吴扶曾、举人吴元德抚驭其瑶之良者。盘均华遂合柑子冲瑶匪赵金香,由大贵山下龙井村,出道石墟,谋奔江华,夺瑶山为逆。经满承绪、易中孚追及于芳林渡口,连战三日夜,斩馘千四百,擒获八百馀人。盘均华走湖南竹排冲就获,广西瑶平。谕曰:"逆瑶盘均华聚众谋逆,伪称名号,甫经起事,即经广西文武各官于芳林渡痛剿败散。该逆穷蹙,即被擒获,不致蔓延。是芳林渡战功,保全甚大。命加墳太子少保衔,并议叙,军功加三级。"寻疏陈善后六策:"一、重官守以资治理,贺县地方辽阔,桂岭松里濠界龙水、铺门等隘,虽分设县丞、巡检,驻有弁兵,惟距府治三百馀里,与富川、昭平壤地相接,控制太遥,富川县属之钟山镇为古富水县治,去贺县一百四十里,去昭平二百七十里,去平乐二百二十里,如黎头山、姑嫂山、天洪山皆随路可通,实为适中扼要之地,平乐府通判向驻郡城,政务甚简,宜移驻于此,就近审理民、瑶词讼,防奸缉匪,并酌拨千总一员、兵丁四十名同驻,以资威重;一、选瑶目以定赏罚,广西所在民、瑶杂处,平日尚皆安分,惟外来瑶民就山耕种,名过山瑶,依山结屋,散处零星,难拘保甲之法,瑶人所居为冲,每冲或数十家或数家,领以瑶目,或一二冲或数冲,应令过山瑶人附冲居住者,归入各冲编查,选徙他往者存记,岁终令瑶目造册呈县,如教率有方,三年安静无事者,量给外委顶带;一、禁游棍以安生业,瑶人崖居穴处,赋性蠢愚,每被游民欺诈,应责成各州县时常轻骑亲赴晓谕,无令畏惧,严禁民人抢占瑶业,若瑶人趁墟交易,墟长街保为惩察奸徒,其涉讼公庭者,檄令瑶目按名送官,差役不得入山滋扰;一、收火器以严禁令,瑶人打牲防兽,私藏鸟枪,有事即借以抗拒,今乘创剿之威,收缴应尽,自后如有铁匠、铺户造铸鸟枪,民人卖给火药,依律严治;一、勤访察以知情伪,瑶人之安分与否,及外来匪类潜入瑶境,州县官难以周知,而兵役贪利者,使之稽察,易滋流弊,与其任事权于兵役,不若寄耳目于绅民,绅民闻见较真,且恐事发先受其累,应择其附近瑶山熟习瑶情,能知大义者,畀以化导之权,稍见衅端,立即察治,庶合防微杜渐之意;一、兴义塾以化气质,瑶人虽愚,亦颇知字义,无如所闻多师巫之说,不知是非邪正,应严加禁绝,于各冲相度情形,设立义塾,延端正之士以诗书训课,州县官随时亲临,奖其颖秀可教者,朔望恭宣圣谕广训,俾渐知礼法,数年后果有成效,一体设立瑶童学额。”均如所议行。

十三年,调广东巡抚。十四年,以广州、肇庆各属大水,坏农田围基,奏请借帑修筑。十五年正月,奏肇庆村高要县之景福、丰乐二围,为广州上流,广州府属清远县之石角、三水县之榕塞、南海县之乌茶布等围,又为省城上流,每遇西北两江盛涨溃决,不特田庐淹没,即省垣西关亦俱在漫浸之中。近海之地,沙土浮松。上年虽筹议修筑,仅止就段补修,非经久之计。必应将各围基尤要处所,加砌条石,并于临河堆叠蛮石,方资巩固。现劝令绅商捐备经费,其不敷银两,请援成案于藩库杂款项下借给。”均允之。时上以潮州民喜械斗,其受雇鸟枪手,尤为积害,命督抚严定科条以惩凶恶。寻遵奏受雇鸟枪手伤毙人者，依律定拟；在场帮殴者，依教师例加等拟杖一百；附近充军并未受雇帮殴而学习枪手已成者，即依教师例杖一百、流三千里，从之。六月，以潮州府属之普宁县民俗犷悍，界山连海，抚治不易，请与饶平县缺繁简互调，下部议行。

九月，兼署两广总督。墳偕前总督卢坤以虎门为管钥群夷要地，奏请增改炮台，补铸大炮。十一月，工竣，疏言："大角、沙角炮台在大洋之中，东西对峙，中隔海面千数百丈，炮火不能得力，只可为信炮望台；其镇远、横档两台南北斜峙，南山台在镇远迤东，形如品字，中隔水面止三百馀丈，势甚联络，实为要害之地。大虎台海面虽阔，常有暗沙。提臣关天培已于沙上立桩，并用旧船载石压沉，即水长时船必须由桩外行走，炮火亦属得力。现在各台完固坚整，控制远近，气象雄壮。其南山新建月台，尤足以严备御。署东莞县知县李绳先承修有劳，请下部议叙。其新铸炮位，验放时间有炸裂，都司黄廷彪不能督率经理，应革去顶带，责令赔造。"从之。时普宁县涂洋乡大姓聚众劫掠，拒杀差役，墳檄同知姚柬之随同总兵李钰、惠潮嘉道李本榆督兵往捕，焚其巢，贼渠方阿荐就擒，歼四十馀人，擒三百馀人。墳亲赴潮州鞫讯，治如律。十八年，擢刑部尚书，赐紫禁城骑马。二十年正月，京察届期，谕曰："祁墳执法精详，奉公敬慎，交部议叙。"四月，充殿试读卷官。

二十一年，英人在广东虎门滋扰，命墳前往督办粮台，旋授两广总督。虎门之役，上以官兵临阵退避，致提督关天培陷殁，特命靖逆将军奕山等详查首先逃避之人，严治其罪，以肃军令。

二十二年四月,填偕奕山等覆奏,谕曰:"近日海疆防守官兵,奋勇杀贼者,固不乏人。至于临阵退避,主帅阵亡,此等失律士卒,不难悉数骈诛。因念罪有首从,不忍概予诛夷。该将军督抚等身膺重寄,〔一〕自应将实在情形迅速覆奏,候朕酌量法所难宥者,立正刑章;情有可原者,量从末减。乃奕山等奏关天培在靖远炮台阵亡,兵众同时逃走,并无确切证据等语。郭标等五犯,〔二〕既据何居桐指出,即应亲提严讯,乃直至该把总畏罪自尽,始行亲提,以致恃无质证,率即拟结,仅请革伍责惩,殊属轻纵。另片奏拿获汉奸温东福一名,究出被胁入夥赴官投首之从犯苏亚馨等三名,〔三〕将温东福正法,苏亚馨等拟军等语。广东汉奸在在多有,数年仅获一温东福,而苏亚馨等又称赴官投首,可见平日并不认真查拿,奕山身任统帅,祁填、梁宝常俱系封疆大吏,乃陈奏如是不诚不实,迹近欺诈,办理亦属错谬。着交部严加议处。"部议填革职,命从宽留任。五月,奏言:"外海水师乏员,陆路兵弁有生长海滨,熟谙水性者,请援内河例,择其缉捕出力,通晓洋面事宜,酌保游击、都司各一员,守备、千总二员,以补水师之缺。其世职各官及随营武举,因在陆营效力,其中即有熟习海洋,愿改水师者,皆为成例所格,盖水师升途较捷,易启奔竞,定例不得不严。现当筹海之时,请依陆路改水师之例,发洋试验,果能勤奋,咨明兵部,分别补用。"

时上屡命收复香港,不得因琦善擅许听其占住,填奏:"欲收复香港必先修筑虎门炮台。然非设险省河,则虎门之兴工无期。现于内河狮子洋设险守戍,以蚺蛇洞及大冈边为南路,龙船墺、得胜坪及猎德诸台为东路,以官山门为东南路,三山及大通河为西南路。其蚺蛇洞下水深数仞，英船必由之路，复筑堡于山之南麓，英船之道狮子洋从山北入者，转居下风，炮为山掩，攻无所施，然后虎门各炮台乃可次第兴修。"二十三年正月，奏修复虎门炮台，略言："虎门内外原设各台，均系依山临海。上横档之东西二面，原设横档、永安二台，其东北对面，原设镇远、静远、威远三台，其西对岸原设巩固一台。其后大虎山原设大虎一台，其东南逼近大洋，原设大角、沙角二台及新涌、蕉门二台。下横档泥土一台，计炮台十二座，新涌、蕉门地居小海口，损坏无几，应仍旧贯。其馀各台，在当日建筑，自属天然形胜，今则旧台较卑，仅足以防洋盗，英船高过于台，我之情形一望可知，难以制胜。且台形如扇面，炮口多在正面，而侧面炮口无几，若英船从侧面攻击，亦难抵御。并闻外人炮台用三合土筑墙，高下并无一定，类多作人字形，缘石性坚脆，一被轰击，立即飞散。三合土性质坚实，既可受炮，而墙形参差，发炮时又可错综向外攻击。英人利在火器，御敌之法，自当用其所长。或因旧基培加高厚，或增建以资策应，或应合两台为一，或地势未宜，必应移建。谨绘图以进。"谕曰："所办尚属周密，惟防守兵弁无多，其傍山麓者，设遇有警，如何为后路接应，以防抄袭；其孤悬海中之台，尤不可无策应之兵。倘遇有警，如何一呼即至，即可保护炮台，并可出奇制胜，当悉心妥议，勿徒以工坚料实，据信为有备无患。"

　　墳因奏海壖屯田法，曰："虎门炮台，既经修复，增兵防守，必须增饷，莫如仿古屯田之法，以本地之田，养本地之民；即以耕屯之民，为御侮之兵。上年会勘虎门，现虎门附近及大角、沙角等处，多有淤沙，可就势围筑成田，令土人承种，其地已属海面，与江流无碍。计可得沙田一百六十馀顷,每夫酌授六七亩,队长量为增加,计可得屯兵二千人。更谕令土民将附近虎门沙坦,凡有开垦者,随时呈报升科,为屯务杂费及屯兵器械犒赏之用,则各台外阡陌纵横,夷船不能冲突,而应募守台者,各思卫其田庐,前路声援,后路策应,自可一呼即至,守隘防虞,此为良策。"又遵议御史田润条陈团练事宜,奏言:"前因英人不靖,沿海各乡先后创建昇平社学、昇平公所、东平社学、东平公所,并石冈书院诸处,皆联合乡民,捐赀练勇,有事听调。粤东民俗虽悍,然谈及忠义,多知奋发。诚得官长倡率于上,绅士劝谕于下,移私斗于公战,进有勇以知方,则连乡皆指臂之形,野人获干城之选,民心坚定,国势自张。前三元里民合歼夷目一事,即其信而有征。"诸疏入,得旨:"务令事可经久,有济实用。"

时裁旗营、绿营马乾之半,以节经费。七月,填奏言:"绿营差务较多,所辖地方辽阔,未可一律议裁。今请提镇如议副将、参将量减少半,游击减三之一,都司、守备裁四之一,千总以下如旧。"又遵议潮州府潮桥改办票盐,稽察不便,请仍旧章。均下部议行。是年,廉州洋盗频起,副将张斌出洋捕盗,失去关防;提督吴建勋驻师不进,专事招抚。填疏劾之,降吴建勋副将,张斌遣戍新疆。填虑洋盗日久联帮,剿除费力,乃督责总兵鲍起豹率领将备,分带师船,由钦州外洋追剿,击沉数船,擒贼目谭保、贼党梁亚乔,遂杀夥盗九龙受投首,俘馘一百八十馀,投顺二百三十馀人。廉州洋盗平,保奏在事出力人员,得旨允行。

十一月,因病乞休,给假两月,复连疏陈请,允之。二十四年,卒。谕曰:"前任两广总督祁填人品端方,居官勤慎。由部曹历任中外,宣力有年。迨经朕简任两广总督以来,办理诸务,妥协认真,不辞劳瘁。上年染患喀血之症,迭经赏假调理。今春因病势日增,准其开缺,冀可安心调摄,俾得速痊。兹闻溘逝,殊深轸惜!祁墦着加恩照尚书例赐恤。所有任内一切处分,悉予开复。应得恤典,该衙门察例具奏。伊子户部候补员外郎祁之铨,着俟服阕后,即候补选直隶州知州;祁之镠着俟服阕后即选,用示朕优恤荩臣至意。"寻赐祭葬,予谥恭恪。

子之釪,福建沙县知县;之铨,甘肃凉州府知府;之镠,直隶候补同知;之鑅,举人,直隶滦州知州。

【校勘记】

〔一〕该将军督抚等身膺重寄　原脱"督抚"二字。今据成录卷三七二叶六下补。

〔二〕郭标等五犯　"标"原误作"棕"。今据成录卷三七二叶六下改。

〔三〕究出被胁入夥赴官投首之从犯苏亚馨等三名　"苏"原误作"万"。今据成录卷三七二叶七上改。下同。按"馨"成录作"罄",有诬蔑意,今不从。

裕谦

裕谦,原名裕泰,博罗忒氏,蒙古镶黄旗人。曾祖班第,官兵部尚书、定北将军、一等诚勇公;祖巴禄,官察哈尔都统、绥远城将军;父庆麟,官京口副都统。

裕泰,嘉庆二十二年进士,改翰林院庶吉士。二十四年,散馆,以主事用,签分礼部。道光三年,补官。四年四月,仁宗睿皇帝实录告成，[一]议叙，以本部满洲、蒙古员外郎用。闰七月，补员外郎。五年，京察一等，引见，记名以道府用。六年三月，授湖北武昌府遗缺知府。六月，补荆州府知府以与湖南布政使裕泰同名，经湖广总督嵩孚奏改今名。九年，调武昌府。十四年四月，擢荆宜施道。七月，升江苏按察使。十六年，丁母忧，旋告病，服阕病痊。十八年，署江苏按察使，十九年二月，实授。六月，迁江苏布政使，兼署巡抚。十一月，疏言：“安民必先息讼，而刁衿劣监，每多恃符狡饰，应令将执照随词黏验，仿国子监之例，于执照上盖用戳记，而健讼之风可以息，冒充之辈无所容。即有假照等弊，亦可随时勘破矣。”下部议行。

十二月，授江苏巡抚。二十年正月，偕署总督麟庆奏江、淮等五府州属熟田，旧欠钱粮，未能同时并纳，请缓其赋。其丰县、赣榆县秋收减色之区，应一并查办。又以苏、松、镇三府所辖洋面，[二]叠次失事，劾备弁等缉捕懈弛，请摘顶勒缉，并将督巡不力之总兵官交部议处，从之。三月，奏参高淳县知县许心源捏填年岁，请褫职，以杜规避取巧之渐；并劾藩司知府不为核实办理，请一并分别议处。又奏访获仪征县在籍捐纳通判秦开甲倚恃土豪，欺压乡里，请斥革提省严讯。又奏访闻瓜洲司巡检赵景星吸食鸦片烟，按验得实，治如律。[三]五月，偕总督伊里布奏参相验含混及删改供词之知县朱勃、郑敦五等，请夺职。又因淮安、徐州各府秋收歉薄，请将新赋旧欠分别展缓，均蒙俞允。

七月，署两江总督及盐政事务。先是，鸿胪寺卿金应麟奏请饬禁漕务积弊，并将漕运事宜量为变通，谕两江总督及有漕督抚议奏，即据林则徐、乌尔恭额胪款陈奏，上更命伊里布、裕谦妥议。至是覆奏，略言："江苏漕务固属疲敝，然二百年来成法具在，所以日坏一日者，实由议论太多之故，一切积弊，向所讳言。一经上达宸聪，无不恃有奏案，视为分所应为。臣惟有和衷共济，恪守旧章，去其太甚，以期渐革积弊，较之空言似有裨益。所有金应麟、林则徐等条陈各款，应毋庸议。"上可其奏。

时英人在浙省定海登岸滋事，上申谕沿海将军、督抚，分饬将弁加意巡防。裕谦接督篆后，即赴宝山督办防务。八月，英船驶至海门厅糖鲈沙洋面游弋，遥放枪炮，经我兵击退，裕谦奏请暂缓撤退前调兵丁，许之。是月，御史许乃安陈奏浙事，[四]并称苏州一带居民因畏夷氛，亦多迁徙，丹阳县因创议加赋，致激成殴官劫狱，得旨，着裕谦加意抚绥居民，示以镇静，勿令惶恐逃亡，以安众志。寻奏言："六月间，江苏霪雨成灾，兼值海氛不靖，民情不无惶惑。嗣经调兵防堵，英船不敢深入。并奏蒙圣恩宽免关税，招徕商贩，得以采买米石，接济兵粮民食，而被灾较重之所，又蒙恩发帑抚恤，以是民皆安帖如故，委无逃亡之事。至丹阳县一案，查系刁民吴章行与粮差计较钱串起衅，并非由加赋激变，现已将该知县吕湘撤任，饬拿全案人等，严行审办。臣惟有钦遵训谕，镇之以静，抚之以恩，庶刁徒知警而良善得所矣。"疏入，报闻。

会英人船只赴天津海口投递呈词乞恩，并愿驶回粤省，[五]听候查办，复谕沿海各处仍认真防范，但以守御为重，勿以攻击为先。九月，裕谦由宝山赴上海，寻谕裕谦等将前调防守各官兵，分别应留应撤，妥为办理。十月，以江苏狱囚拥挤，援案请加变通，下部议行。又奏言："前署京口副都统张仙保因办理防堵，奏奉恩准所有防御官兵口粮，每日每员给银一钱。臣查京口旗营官兵，即在本营汛地巡防，若遽议加给口粮，则外调之如皋、江阴等处兵丁，亦应一体办理，而预备接仗之兵，更应加增，厥费甚巨，实与大局有碍。况旗兵世受国恩，凡事应身先作则，为绿营表率，未便首开糜费之端。所有该副都统原奏，应毋庸议。"上是之。又奏查明江苏沿海口岸旧存炮位，不足以资防御，请添铸自三千斤起至八千斤止大炮数十位，建造炮台，分口排立，如所请行。

十一月，奏勘明江宁、苏州等府属被水成灾，请将新旧钱粮分别展缓；[六] 又奏查阅京口一带江防情形，请将年力就衰之游击黄琴及历练不深之守备孟兆兰分别勒休撤任；又奏当涂、铜陵等县江面商船被劫，其巡防不力之备弁，按照旧章，止应记过，惟该员既未能与文职会哨，复捏具并无失事钤结，实属溺职，请斥革示惩；又疏陈军营莫利于枪炮，可助大炮之用者，惟抬炮最为得力，请在江宁省制造盘螺蛳抬炮一千杆，分发水陆各营，选精壮兵丁勤加练习，所需银两及每年操演应用火药铅丸，应由抚臣衙门办公案内按年捐办，无庸另请帑项。奏入，上以办理甚好，务收实效。十二月，奏："据伊里布咨会，知英人反覆不测，江苏洋面与定海毗连，崇明既孤悬海外，上海乃通商马头，而宝山又为出入门户，在在皆关紧要，不敢因英人并未蠢动，且有天险可恃，遂形松懈。现已飞咨提臣陈化成，酌量情形，妥为办理。惟上海地方所驻徐州镇标官兵，现系护理之员管带，恐不足以资弹压。请敕下新任徐州镇总兵王志元迅速前来，庶可专责成而昭慎重。"

先是，御史蔡家玕奏筹制英人事宜，命将原折交裕谦阅看。

裕谦因奏言："蔡家玕所陈各条，原为兵家要诀。本年夏秋间曾经预备试行，然皆使其不敢侵犯之计，而非驱除丑类之谋也。臣愚以为兵贵神速，必先收复定海，使之容身无地，水米无资，而后以克制之法，相机堵御，则英人欲进不能，欲守无藉，虽船坚炮利，无能为役矣。查定海有岙名岑港，形势险要，可战可守，但得精兵数千，乘夜渡海，先据岑港，声东击西，使之昼夜不得休息，不出旬日，彼必弃城而遁。且官兵移驻定海，趁势进剿，有可以无虑者四，有不可缓待者六。臣请更详言之，定海县城之后，众山环峙，不但岑港，如橄榄、采和诸岙，东西北三面皆可结营屯兵。我既居高临下，易于击刺，而彼实不能仰攻。此可无虑者一也。英人大炮不能登山施放，其刀不能刺远，英人腰硬腿直，一击而蹶，我兵矛矢击刺，趫捷如飞。用我所长，攻彼所短。此可无虑者二也。定海山外港汊有浅有礁，英船不能尽到，而我之渔船处处可入，故文报不至难通。此可无虑者三也。内地昆亭、大汪、新碶、蟹浦等处渔船之往来定海者，向皆绕山斜渡，由山后各口登岸，若官兵乘夜潜渡，一潮可达，不至阻碍。此可无虑者四也。现在西北风司令，我之口岸悉占上风。英人既畏天寒，又虞水浅，是以不敢蠢动。若至春夏之交，东南风发，潮水充盈，彼势既张，我则失利。此不可缓待者一也。定海各岙收割未久，有粮可就，不患其阻我饷道。以我官兵驻我土地，迟则地利人和，两失所恃。此不可缓待者二也。各岙居民苦英人之骚扰，望官兵如云霓。果其从民所望，则勇气百倍，不独未逃者恃以无恐，即已逃者亦可复归故土，既壮军威，又免难民之踬去。此不可缓待者三也。英人在定海，出示定价买粮，勒令送入城中，设我迟久不顾,则民人被其迫胁,储蓄皆为彼有。此不可缓待者四也。现在各渡口渔船,照常往来,易于渡兵。如再迟延,恐渔船被胁从逆,则我兵无船可渡。此不可缓待者五也。定海兵丁之散在各乔者,虽经陆续招集,而自怀疑惧,不敢投回者,闻尚不少。我兵既渡,下令招安,此等散兵一呼可集,使功不若使过,未有不感恩思奋者。较之征调客兵,更为得力,迟则该兵等别无恒产,若不从逆,必将流而为盗。此不可缓待者六也。臣从事半年,揆时度势,审思熟虑,窃谓各省皆可议守,而<u>浙江</u>必应议战,<u>且必应速战</u>。<u>盖浙江</u>不战而<u>定海</u>不复,定海不复,则该处米谷牲畜,恣其掳掠,供其用度;[七]彼既据为饮食之源,我即无断其接济之法。又况荼毒良民,诱集奸匪,耽延愈久,其势愈众,迨至潮汐旺盛,彼更时出兵船,游奕于沿海各省,乘间滋扰,反客为主,转劳为逸,益寡为众。我则处处防堵,时时戒严,商贾阻滞,士民惊扰,劳师糜饷,似非长久之计。至彼等均系贸易图利之人,原无略地争城之志,不过逞其谲诈,要求通商。若于我军既振、彼气已慑之后,投诚乞命,再行仰恳天恩,网开一面,庶彼等知感知畏,不敢复萌故智,而海疆永靖矣。"上以<u>裕谦</u>所奏不为无见,命下<u>伊里布</u>体察情形,按照折内所指,相机妥办。又奏言:"<u>江苏</u>营员习于安逸,以致营伍废弛,<u>必应</u>先就督标各营实力整顿,庶期咸知儆畏。请将违例坐轿之中军副将<u>沙序元</u>及年力就衰之城守协副将<u>张明召</u>分别褫职勒休,以肃营规。"上是之。

二十一年正月,上以<u>伊里布</u>误信<u>琦善</u>叠次知会因英人有缴还海口之说,迁延观望,并不迅速进兵,实属畏葸,命<u>伊里布</u>折回<u>两江</u>总督本任,以<u>裕谦</u>为钦差大臣。<u>伊里布</u>又奏称接到<u>广东</u>来信,并义律呈递文件,愿将定海缴还,谕裕谦于驰抵镇海后,察看情形,如定海业已缴还,着即抚恤难民,修理城濠,一切善后防守事宜,妥为经理,倘诡言献地,仍复负嵎,即遵照前旨相度事机,痛加剿洗,断不可因有缴地之说为其所愚,仍蹈伊里布覆辙。所有前调赴浙之皖、楚等省官兵,不可中止,仍着裕谦催令前进。二月,伊里布驰奏遣将带兵收取定海,并密筹攻剿,又奏定海业经收复,英船全数起椗。上谕:"裕谦到浙后将伊里布现办情形,确切查明,据实具奏。"旋以驰抵镇海接受关防,并筹办大概情形奏闻,上以善后事宜责成裕谦,并申诫裕谦曰:"英人行踪诡谲,难保不驶回滋扰,务当督饬总兵郑国鸿、王锡朋、葛云飞等加意侦察。"是月,裕谦以接奉廷寄,不能慎密遵办,下部议处,议以镌一级调用,得旨,改为革职留任。时浙江按察使周开麒升任甘肃布政使,裕谦以定海善后事重,拟奏留周开麒襄办一切,开麒托故推诿,裕谦疏劾:"浙江吏治营伍,习于骄惰畏葸,已非一日。该司心存畛域,冀图脱身事外,若不严行指参,以起颓废,将来善后事宜,必致徒法不行。应请将该员交部严议,仍扣留浙江差委,以观后效。"允之。

方英人之初退定海也,副都统海龄请将沿海通商各马头港口,一律封闭,不准一人一船出入,以防偷漏之弊。上以海龄所奏自系未知收回定海一节,命裕谦体察目前情形,悉心妥议。寻覆奏,略言:"滨海之区,民无恒产,而性习于水,其仰食于海者,难以数计。一经封港,小民顿失所天,必将流而为盗。且上年帮助官兵击退英船,以及救护难民,济渡粮饷,皆此商渔船只。是其船为我之所必用,即断无用其船而不准其谋生之理。间有不法之徒,勾通接济,必停泊于人迹不到之偏僻海汊,何敢出入于众目昭彰之通商马头?是封港之议,徒有碍于安分渔商,而于杜绝接济之法,仍未得其要领。再查渔户冒险采捕,终岁勤动,仅能糊口,竟有终其身未见洋银一圆者,接济外人,不过贪获厚利,而其所得究属有限。若有许以重赏,激劝而用之,断不肯舍无穷之富贵而冒死接济,以求有限之钱财。当此用人用船之际,所有该副都统奏请封港之处,应毋庸议。”又奏:“查探英船二十馀只,停泊定海外洋。现在广东不准通商,难保不窜回定海,已拨兵四千八百馀名,添炮五十位,豫筹防守。”又奏请悬赏招募水勇以散汉奸,并准各国之人一体杀贼请赏。又奏言:“接奉廷寄,知参赞大臣杨芳有改水师为陆路之议。臣愚以为此议断不可行。臣前在军营,亦曾将巡洋官兵撤回防守口岸,因英人船坚炮利,不值与之海洋接仗,然止可为一时权宜之计,一俟洋务平定,必应简练水师,讲求船械,以为久安长治之图。若竟将水师改为陆路,则海中岛屿,巡哨无人,几同弃置,非徒示弱外人,任其占据,更虑沿海盗匪,结聚成帮,肆无忌惮,为患更甚矣。”疏入,上并嘉纳之。

三月,奏陈东渡定海日期,并擒获英人正法,又俟定海善后议定,仍回镇海军营,以御为剿,以守为攻,杜绝接济,严防要隘;觇驶近口岸,度量炮力能及,即行轰击,或诱令登岸剿洗。得旨嘉勉。闰三月,上召伊里布来京听候谕旨,以裕谦补两江总督,并谕裕谦接奉此旨,即将定海应办事宜交刘韵珂、余步云等妥为经理,该督即赴两江总督新任;如有未了之事必须亲身督办者,或于到任后,再行赴浙查办。四月,奏言:“接奉廷寄,拟即起程,并将钦差大臣关防暂行封贮。上谕裕谦到两江任后，将各海口善后防堵事宜，办理妥协，即折回镇海，调度将弁，不时查访定海情形，军民果否相安，英船有无窥探，钦差关防仍着裕谦管带，以专责成。又命裕谦酌量江、浙两省适中之地，在彼驻扎，以便策应。寻疏陈：“定海善后事宜十六条：一、添设陆路营汛，以专责成；一、定海镇标左右二营，应移驻城外，以资戍守；一、建复衙署、兵房，以资栖止；一、添拨炮位，以资防御；一、制补军装、器械，以资操练；一、战哨船只应分别改造，以资缉捕；一、被贼焚拆战哨船只，应专设一厂即行补造；一、浙江巡抚应节制各镇，以资整顿；一、浙江提督应按年巡阅定海，以资考核；一、每年夏秋二季，提督应驻扎镇海，以资控制；一、提标左营游击，应移驻穿山，以资策应；一、定海县知县应请升为直隶同知，以资弹压；一、新筑土城，应随时修葺，以资保障；一、定海土城之外，应永禁搭棚栖止，以杜弊源；一、应增广学额，酌减钱粮，以昭激劝；一、应豁免旧欠、新赋，以苏民困。”均下部议行。又奏审明上年定海失守时退走各员弁，治如律。

五月，浙江巡抚刘韵珂驰奏浙洋有英船游奕，谕裕谦仍往浙江，或驻扎嘉兴，或径赴镇海，酌量情形，自行妥办。六月，奏驰抵镇海，查明英船洋面防堵各情形，又偕署江苏巡抚程矞采奏请将勘明积歉之江宁各府州县新旧钱粮，分别缓征以纾民力；又请将部拨两淮运库解闽军需银七十万，改拨浙江，以备急需：均从之。七月，奏带兵赴浙江防剿，并请缓撤江、浙防兵。时因靖逆将军奕山等轰击英船，英人退出虎门，议令各省酌撤防兵。寻以福建厦门失守，谕：“裕谦等严密防范，如兵力不敷，准其酌量调拨,务须妥为布置,毋稍疏虞。至英人习于水战,向来议者皆以彼登陆后,即无能为患,乃今占踞厦门,是陆路不可不加严备,务须相度机宜,详加筹画。"八月,奏镇海、定海交界之青龙港洋面,有英船五只、火轮船一只;大佛头洋面,有英船三只,情形叵测。又奏擒斩登岸英人,并将原定赏格及英人供词开单恭呈御览。英船旋分口滋扰,驶放三板小船,从盛罍地方登岸,经太平营弁击伤而逃,又石浦英船亦为防兵击退。嗣英船大帮闯入内洋,裕谦奏言:"现于各隘口分布兵勇,设法守御,并躬率文武官弁,誓于神前:'城存俱存,以尽臣职。断不肯以退守为辞,离却镇海县城一步,尤不肯以保全民命为辞,接受英人片纸。'此非敢效匹夫之勇,甘为孤注之投。盖因镇海地方稍有疏虞,[八]则敌焰愈张,兵心愈怯,沿海一带必将全行震动。非此不能固结兵心,灭此朝食;更非此不能挽回徘徊瞻顾之积习,故保镇海即所以全大局也。"

九月,英人又陷镇海县城,裕谦死之。事闻,谕曰:"两江总督裕谦,功臣后裔,世笃忠贞。经朕擢任封圻,适当英人滋事,特派为钦差大臣,办理浙江军务。该督锐意图功,方资倚畀。兹以镇海县城失陷,投水殉节,深堪悯恻!着加恩赠太子太保衔,照尚书例赐恤。任内一切处分,悉予开复。伊曾祖班第于乾隆年间在伊犁殉节,[九]入祀昭忠祠,今该督临危致命,不忝前人,着附祀昭忠祠。并俟军务完竣后,再于镇海县城建立专祠,以彰茂节。其灵柩回京时,着沿途地方官妥为照料,并着伊弟裕恒前赴江苏迎接,到京时准其入城治丧。应得恤典,该部察例具奏。"寻赐祭葬,予谥靖节。十一月,裕谦灵柩到京,特遣成郡王载锐前往赐奠。

裕谦无子,奉旨以其弟世袭诚勇公裕恒之子兵部笔帖式德峻为子,承嗣两房。二十二年十二月,德峻承袭骑都尉兼云骑尉世职,奉旨以六部主事用。

【校勘记】

〔一〕仁宗睿皇帝实录告成　原脱"仁宗睿皇帝"五字,又"录"下衍一"馆"字。耆献类征卷三七三叶四一上同。今据裕谦传稿(之一九)补删。

〔二〕又以苏松镇三府所辖洋面　"三府"原误作"等处"。耆献类征卷三七三叶四一下同。今据裕谦传稿(之一九)改。

〔三〕治如律　"治"原误作"均"。耆献类征卷三七三叶四二下同。今据裕谦传稿(之一九)改。

〔四〕御史许乃安陈奏浙事　原脱"御史"二字。耆献类征卷三七三叶四三下同。今据裕谦传稿(之一九)补。

〔五〕并愿驶回粤省　原脱"驶"字。耆献类征卷三七三叶四三上同。今据裕谦传稿(之一九)补。

〔六〕请将新旧钱粮分别展缓　原脱"将"字。耆献类征卷三七三叶四三下同。今据裕谦传稿(之一九)补。

〔七〕定海不复则该处米谷牲畜恣其掳掠供其用度　"定海不复"四字原误置于"用度"之下。耆献类征卷三七三叶四六上同。今据裕谦传稿(之一九)改正。

〔八〕盖因镇海地方稍有疏虞　原脱"稍有"二字。耆献类征卷三七三叶五一上同。今据裕谦传稿(之一九)补。

〔九〕伊曾祖班第于乾隆年间在伊犁殉节　原脱"曾"字。耆献类征卷三七三叶五一上同。今据裕谦传稿(之一九)补。

清史列传卷三十八

大臣传续编三

贺长龄

贺长龄,湖南善化县人。嘉庆十三年进士,改翰林院庶吉士。十四年,散馆,授编修。十五年,充广西乡试副考官。十七年,大考二等。二十一年,放山西学政。二十四年十二月,充文渊阁校理,寻记名以御史用。二十五年十一月,充日讲起居注官。十二月,升詹事府左春坊左赞善。道光元年,授江西南昌府知府。二年,升山东兖沂曹济道。四年四月,署山东按察使。闰七月,授广西按察使。九月,调江苏按察使。五年,升江苏布政使。六年,调山东布政使。

七年闰五月,署山东巡抚。六月,两江总督蒋攸铦奏来年新漕仍行海运,上命沿海各督抚筹议。长龄旋查明应行各章程具奏:"一、在途各商船,应催令回南受兑;一、最要岛屿,令该管将弁亲督弹压；一、陆路委员，应行酌减；一、收入津口船数日期，应归直隶奏报；一、收岛船只，应相风催令开行。”上韪其言。七月，御史吴敬恒奏衍圣公官属滥冒，请严示限制，上命长龄确查具奏。寻查明，奏言：“嗣后保举庙员，三代年貌，一并咨部，俾无捏混。恭遇覃恩，惟咨部题补者，得邀封典，此外概不准行。仍令衍圣公随时覆查，不得以身家不清之人滥充。”从之。八月，奏拿获假充王府差官之棍徒克昇额，在东阿县请托吓诈，请解京交部审办。九月，奏临清营揭获逆帖一纸，〔一〕上命密查写帖及张贴之人，严拿究办。随访获形迹可疑之临清州人徐庆龙具奏，上命将起意情由根究明确。旋奏审明徐庆龙委系安冀要功，并无商谋滋事情节，命再覆加严鞫，按律定拟。十月，调江宁布政使。因母年老，奏请量移近省，得旨，所奏着不准行。十二月，谕曰：“吏部具题山东省大计卓异本内，新城县知县容昺一员，该护抚贺长龄原注‘恫愊慈祥’考语。〔二〕为政之道，总须宽猛相济。岂因一意慈祥，遽尔列诸上考？直省督抚当于属吏中体用兼备者，登诸荐牍，固不可任武健严酷之吏为害闾阎，亦不可长优柔之习稍形废弛。”十年十一月，请开缺回籍养亲，旋丁母忧。十三年，服阕，寻患病。十五年，病痊，授福建布政使。

　　十六年，调直隶布政使，旋升贵州巡抚。三月，入觐。九月，疏劾兴义府知府谷善禾人地不宜，定番州知州明玉精力衰颓，请分别改简勒休；又平越州知州罗文宝延案不结，请革职。得旨，所参是，均允之。十月，请将在部候补知府孔继尹发往黔省差委，谕曰：“孔继尹前在山东官声虽好，然地方情形不同，该抚何以知其于苗疆要缺相宜？即令该省差委乏员，〔三〕不妨照例请

拣,此端断不可开!所请着不准行,并下部察议。"十七年三月,
会同云贵总督伊里布奏请将石阡府改为直隶厅,所属龙泉县拨
归思南府管辖。思南本系简缺,所辖婺川、安化、印江三县,号称
难治,现将龙泉拨归,应将思南府改简为繁;都匀府原系繁缺,现
在民苗驯服,所属易治,请改繁为简。又铜仁府属平头司吏目系
属闲员,请裁汰,定番州、罗斛州判系苗疆要缺,命盗词讼,近益
繁多,请将罗斛改设知县。部议以平头司吏目无专办公事,准
裁;至石阡府罗斛州判均仍其旧。九月,奏湖北汉局存积白铅六
百馀万斤,足供数年销售,请暂停办运,以纾厂力;又奏黔省岁运
京铅四起,自己亥为始,归并两运,以节经费:允之。十一月,奏
拿获龙泉县传授报恩会匪犯曹得成、吕相桂等,审拟发遣如律。
十八年七月,以奏夹带小钱弊端,轻听新选铜仁府知府周作楫之
言,率行入奏,得旨:"周作楫着交部议处;贺长龄轻听属员,亦属
冒昧,交部察议。"

十二月,遵义府属仁怀县民人穆继贤纠众滋事,与四川綦江
县接壤,因勾结川省匪徒数百人,欲赴川劫掠,仁怀县知县王鼎
彝往捕,綦江外委章泗明亦来查办,章泗明遇贼,仓猝被害。长
龄侦知匪等于附近村庄裹胁愈多,恐该处兵单,渐致蔓延,即檄
调弁兵围拿,随奸毙贼党十五名,拿获头目谢世昌等五名,又续
获贼匪二十馀人,会同云贵总督伊里布次第奏入。谕曰:"匪徒
纠集恣抢,所供头目十名,均须按名弋获,即就地正法;被胁之
人,既肯自首,自应免罪。有捉获首犯来献者,亦不过贷其一死。
该督等所奏吁请加恩之处,断不可行。并着咨会四川认真防
堵。"旋会奏提督荣玉材与贵西道周廷授调兵分路进攻,该处山

口路狭，匪等垒石树栅，一时不能摧破，俟续调各路兵齐，竭力进剿。得旨，催令未到各兵赶紧驰往攻剿，迅速藏事，随调到各营弁兵出队前进，殪贼匪二百馀人，焚其巢，烧毙之贼不计其数，生擒三十馀名，又获男妇百馀人，合计拿获首伙各犯千馀名。奏入，得旨嘉奖。

十九年正月，奏查禁郎岱、普定、清镇、贵筑各厅县私种罂粟，〔四〕得旨，严饬地方官认真查访，立予拔弃；又奏续获开馆贩烟各犯，起获烟土等件，谕以"查缉尚好，总期有犯必除，以绝此患，勉之！"三月，保奏降调知府周作楫留黔补用，下部议，镌级。四月，奏拿获天主教何枚等犯，议罪如律。又奏部选思南府知府谷善禾才难治剧，请酌量另补。六月，奏访获吸食鸦片烟之大定府经历陈培玉，请发往新疆效力赎罪，得旨，所办好。七月，会奏贵平营都司马鸣珂克扣兵饷，吸食鸦片，并侵蚀销造火药银两，请革职严审。八月，奏镇宁州训导蒋绍周捏词妄传查询广顺州吏目丁申，难保无挟制索诈情事，请革职审办。十二月，奏："黔省不通舟楫，民间绝少盖藏。现于无义仓处添办，先于省城粮储道仓筹备实贮，永宁、罗斛等州报捐仓谷各一千二三百石，其大定等处报捐仓谷二万馀石，一俟实数贮仓，即续行奏报。"

二十年二月，奏："黔省土瘠民贫，女红不勤，谋衣更艰于谋食。现督同司道教民栽种木棉，以冀渐知纺织。玉屏县栽种桑树二万馀株，知县王存成在署设局，教以养蚕取丝。婺川县知县陆文衡设局，购木棉五百斤，教人纺织，民间能养蚕者百数十户，能纺织者百数十人，庶渐推渐广，益宏圣主蚨蠓之化。"得旨："实力劝导，断不可中辍，勉之！"三月，奏请都匀府八寨厅设立义学,并加增学额,下部议行。经礼部奏称:"向例添设学额,督抚与学政会衔,此次该学政并未列衔。"上命长龄明白专折回奏。六月,奏称缮折时,学政王庆云出省考试,是以未及会衔,得旨,贺长龄着交部议处;又奏举人饶怀清护庇吸食鸦片人犯,致犯脱逃,请革去举人严审。旋审明具奏,得旨:"贺长龄所办甚好。一律查缉,不准疏懈。"二十一年八月,审办纠众结盟匪徒汪摆片等四十一人,如律。十一月,奏挟嫌诬讦之学正熊文锦,请从重发往新疆充当苦差。先是,御史花咏春奏饬边疆认真训练,上命各督抚妥议。十二月,长龄议称:"黔省形势,四镇分设四隅,抚提两标居中控制,布置最为得宜。贵东与古州镇同城,其镇远镇亦该道所辖;贵西与威远镇同城,其安义镇亦该道所辖。唯粮道不兼兵备,请将粮道兼兵备道衔所辖贵阳石阡等营,责令稽查,统于年内给报一次。"奏闻,下部议行。

二十二年三月,户部奏请敕力求撙节,上命各督抚分别缓急通盘筹度,长龄议:"请将黔省通事、土弁、苗弁、苗兵、冲僻各路驿夫六项裁汰,每年撙节银一万八百七十馀两;并请将抚臣、学政、司道额支养廉银每年捐出二成银五千六百八十两,州县养廉银每年捐出一成银四千八百三十六两,俟经费充裕,再为复额。"疏入,如所请行。十二月,奏黔省办运黑铅,酌停三年,尚有盈馀,请敕部议,以节经费。寻经部臣议停四年,从之。又奏言:"贵州省城贮有辟山、威远子母等铜炮,平时并不操演。嗣后请定为每年冬操演放一次,多年锈坏者,改铸抬炮,以资利用。"得旨:"着依议行。至黔省跬步皆山,所制抬炮,自以轻捷便利为要。傥过于笨重,运用不能得力,即致有名无实。"二十三年五月,奏永宁州撤任知州富呢雅杭阿公事未能明练,得旨,核实办理。寻奏言:"察看该员才具短绌,不知愧奋,请以州同降补。"

二十四年三月,奏:"黔省安置各省流人及新疆改发人犯,现有三千馀名,恐地方官约束难周,加以苗、民错处,衅隙易生。请将改发黔省者,仍发新疆安插。"奉旨,下部议奏。旋经刑部议上,复奉旨交军机大臣会同刑部妥议,敕下伊犁将军办理。八月,奏:"黔省抬炮制齐,而火箭尤佐抬炮所不及。数月以来,制造均已如法,眼同试放,皆轻便适用。"得旨:"所造不为无用,其善练之!"十月,奏:"遵义府属税口十九处,子口十四处。近年以来,山径纷歧,稽查匪易。拟将青坑税口移于茅苔村,其兰坪等处子口,一并裁汰,庶走私可绝,税课自充。"二十五年正月,会奏:"黔省下游镇远、黎平、都匀三府及古州厅所属,苗俗桀骜,以盗为生。州县差役,缉捕难周。拟于古州、镇远两镇兵内挑选,或十名或五名,酌量地方冲僻,令其专拿盗贼;另挑数名,作为馀额,遇缺即补。无事仍就本营操演,不使旷废,责成既专,缉捕自倍臻周密。"得旨,均下部议行。

四月,升云贵总督,请入觐。旋因病,赏假调理。六月,谕令毋庸来京,即赴新任,俟三年届期,再行奏请。七月,奏请将黎平营参将张肇泰、朗洞营参将存住二员带往滇省,饬伍练兵,报可。八月,兼署云南巡抚。十月,永昌府回匪纠众肆掠,先将滋扰情形奏入,谕长龄慎密筹办,又命激励将士,迅即兜剿,勿任滋蔓。续奏称回匪于保山县猛庭寨聚集,声言报复,现饬迤西道罗天池、提臣王一凤相机督办。寻奏言:"回匪千馀人由枯柯河、大田坝等处冲突营盘,已飞咨提臣张必禄添调官兵,亲往堵御。"十一月,又奏:"回匪逼近永昌郡,先经迤西道罗天池将城中内应回民歼除净尽,匪等扑绕金鸡村营盘,经署腾越营中军游击朱曰恭带兵迎敌,[五]将放枪之贼击毙,张必禄等分路进攻,轰毙匪犯数十名,匪等弃械退走。[六]查明回寨并无匪徒藏匿,现将未到官兵截回归伍。"有旨嘉之。

二十六年五月,奏永昌逃散回匪,经外来奸回煽惑,纠众复出,提督张必禄、总兵音德布等奋勇迎击,将贼首歼毙。谕曰:"此次回匪滋闹,现据生擒之马良一犯,供称上年九月搜戮内应,杀人过多,是以群图报复。是罗天池办理不善,咎无可辞,所有议叙,着撤销;贺长龄着交部议处。"七月,奏汉、回构隙情形,得旨:"着贺长龄督率所属,严禁外来游匪,以绝构煽。倘再有滋事,唯贺长龄是问,凛之!"八月,奏军犯王芝异奋勇效诚,请援回疆遣勇成例,将其释回。谕曰:"贺长龄所奏甚属谬妄,内地与回疆情形迥不相同。在配军犯自宜严加管束,不得借端遽请免罪,致使妄生希冀。该督总制两省营伍,不惟云南之兵归其统辖,即贵州各营亦无难随时檄调。此次办理幺麽回匪,何必借一军犯之力,练勇相助耶?贺长龄办事毫无见识,懦弱无能,有负朕望。着严行申饬,交部议处。"经部议褫职,上加恩改为革职留任。又谕曰:"上年云南回匪滋事,经贺长龄亲往督剿,办理果协机宜,何至本年复有蠢动?现虽据奏称连获胜仗,地方安谧,惟究未能及早筹防,优柔从事,致复劳师糜饷,已属咎无可辞。甚至总督重任,两省营伍,皆其统辖,岂竟调遣乏人,转借一军犯之力,练勇助剿?谬妄无能,莫此为甚!贺长龄不胜总督之任,着降补河南布政使。"十二月,抵任。

二十七年二月,患病回籍。三月,谕曰:"云南汉、回报复,几于无岁不有。着李星沅悉心酌办,傥贺长龄从前办理不善,即据实严参。"寻奏入,得旨:"此次云南回匪又复滋扰,贺长龄未能详慎区分,率行掩捕,又率准张富等投诚,种种谬妄,实属办理不善。贺长龄着革职。"二十八年,故。

【校勘记】

〔一〕临清营揭获逆帖一纸　"营"原误作"州"。耆献类征卷二〇二叶三〇下同。今据成录卷一二五叶九下改。

〔二〕该护抚贺长龄原注悃愊慈祥考语　原脱"护"字。耆献类征卷二〇二叶三一上同。今据成录卷一三一叶一下补。

〔三〕即令该省差委乏员　原脱"即令"二字,又"乏"误作"之"。今据成录卷二九〇叶三五下补改。按耆献类征卷二〇二叶三一下"乏"字不误,但脱"即令"二字。

〔四〕奏查禁郎岱普定清镇贵筑各厅县私种罂粟　"定"原误作"安",又脱"贵筑"及"县"三字。耆献类征卷二〇二叶三三上同。今据成录卷三一八叶一九上改补。

〔五〕经署腾越营中军游击朱曰恭带兵迎敌　原脱"署"字,又"营"误作"镇"。耆献类征卷二〇二叶三六上同。今据成录卷四二三叶一一下补改。

〔六〕匪等弃械退走　"械退"原误作"栅逃"。耆献类征卷二〇二叶三六上同。今据成录卷四二三叶一二上改。

林则徐

林则徐,福建侯官人。嘉庆十六年进士,改翰林院庶吉士。

十九年,散馆,授编修。二十一年,充江西乡试副考官。二十四年三月,充会试同考官。闰四月,充云南乡试正考官。二十五年二月,转江南道监察御史。时河南仪封南岸工程未竣,则徐以料贩囤积居奇,奏请饬地方大吏严密查封,平价收买,以济工需,下所司议行。先是,海盗张宝投诚后,累官至副将,至是复擢总兵。则徐恐其骄蹇不可制,疏劾之,上韪其言。四月,京察一等,复带领引见,记名以道府用。寻授浙江杭嘉湖道。

道光元年,闻父病,引疾归。二年,授江苏淮海道,未赴任,署浙江盐运使。三年,迁江苏按察使。四年正月,署布政使。八月,丁母忧。五年,奉旨赴南河督修堤工,工竣,仍回籍。六年四月,命署两淮盐政,以疾辞。十月,服阕,七年五月,授陕西按察使,署布政使,旋升江宁布政使。十月,丁父忧,十年正月,服阕,六月,授湖北布政使。十一月,调河南布政使。十一年七月,调江宁布政使。时江苏水灾,咨籴河南米麦,则徐委员赴商丘刘家口及陈州、光州采办,由河、淮运达江境,顺道亲往督办,并于淮、扬一路勘灾筹赈。十月,擢河东河道总督。十二年正月,疏言:“运河挑工已完六分,惟沿堤出土之路,因泥浆抛撒,逐条冻积,名曰泥龙,尚未除净,日积日多,挑运更为费事。一经春雨,更恐冲入河心,现饬工员挑完一段,即起净一段泥龙,其已挑未净之处,官差夫头,量予惩责。”上是之。二月,擢江苏巡抚,未即赴任。三月,奏言:“稽料为河工第一弊端,其门垛、滩垛、底厂,及并垛、戴帽各名目,非抽拔拆视,难知底里。现将南北十五厅各垛查明,抗敝者察治,并请裁山东泉河通判。”得旨:“向来河臣查验料垛,从未有如此认真者。”

六月,抵巡抚任。疏言:"江苏钱谷最为繁重,而漕务痼疾已深,整顿钱漕,先惩已甚,清厘仓库,尤贵截流。当执法者,不敢以姑息启玩心;当设法者,不敢以拘牵碍全局。"报闻。时议裁汰冗员,八月,则徐偕两江总督陶澍奏裁江宁、镇江二府照磨,扬州府检校,华亭县主簿,金坛县湖溪司巡检;又偕南河总督张井奏裁丹徒、如皋二县县丞,仪征清江闸闸官:均允行。闰九月,以南河盗决官堤,首犯陈端日久未获,降五级留任。先是,则徐在江宁藩司任内,以各属水灾,建议倡捐煮赈,资送留养,收孩瘗棺,捐衣劝粜,养佃典牛,借籽种,禁烧锅十二条,经陶澍以闻。至是事竣,偕陶澍奏请奖励捐输出力各官绅,允之。十二月,密陈藩、臬、道、府考语,疏言:"察吏莫先于自察,必将各属大小政务,逐一求尽于心,然后举以验属员之尽心与否。若大吏之心先未贯澈于此事之始终,又何从察其情伪? 臣惟恃此不敢不尽之心,事事与属员求其实际。谨将司道府之立心行事,人品官声,略具梗概以闻。"初,则徐任按察使时,奉旨综办三江水利,以忧去任。经陶澍奏明孟渎、刘河分年筹办。十四年,孟渎工竣。六月,则徐以刘河近日淤垫更甚,奏请接行勘办,从之。七月,奏言:"江苏钱漕倍于他省,其中有缓有急,有旧有新,势难一律清解。与其漫无区别,徒令剜肉补疮,莫若专严于提新,而暂缓于补旧。新款果能全解,是州县无新亏,而旧欠亦可渐冀弥补。"得旨:"竭力为之。"八月,奏:"江苏各沙洲,前经召佃收租,充水利经费,惟其中有书院、善堂公款,及民户承买之业,请自道光八年新例以前,报部有案者,遵照旧案,一律准买执业;其未经报部及例后所报者,发还原价,概行归公,以示限制而杜效尤。"下部议行。

是年夏秋间，江苏各府或江湖盛涨，庐亩被淹，或旸雨愆期，收成积歉。九月，苏、松等属续遭风雨，木棉谷粒，均有受伤，委员勘实，奏请蠲赈，格于廷议，复上疏曰："苏、松、常、镇、太仓四府一州，钱漕最重。道光三年水灾以来，岁无上稔，民力益见拮据。今岁秋禾，节节受伤，甚至发芽霉烂。每亩比之上年，少收五六斗。民间积歉已久，盖藏本极空虚，当此秋成之际，粮价日昂，来岁青黄未接，不知更当何如？小民口食无资，而欲强其完纳，即追呼敲扑，亦有时而穷。前此漕船缺米、州县尚能买补，近且累中加累，不但无垫米之银，更恐无可买之米。且邻省亦连被偏灾，布匹丝绸，销售稀少，权子母者无可牟之利，任筋力者无可趁之工。故此次虽系勘不成灾，而困苦情形，实与全灾无异。睹此景象，时时恐滋事端。傥通盘筹画，有可暂纾民力之处，总求恩出自上，多宽一分追呼，即培一分元气。"疏入，报可。十一月，以陈端就擒伏诛，偕陶澍奏保出力人员。

十五年正月，奏镇江所属丹徒、丹阳运河为江、浙漕船要道，现届大挑之年，请计段兴工。均允之。十一月，署两江总督。十六年二月，回巡抚任。七月，复署两江总督，入觐。十七年正月，擢湖广总督。时荆、襄岁苦水患，则徐抵任后，修筑堤工，躬自监视。七月，奏筹襄阳等属盐务缉私章程，如所议行。寻以江南河库道李湘芷因库款不清褫职，则徐坐前任江苏巡抚时注考不实，降四级留任。九月，前任总督讷尔经额奏武冈州滋事首逆蓝正樽已被乡勇殴毙，则徐遵旨严究，亦以殴毙属实覆奏。上责其随同附和，迁就了事，降五级留任。十八年二月，偕湖南巡抚钱宝琛奏筹辰沅道属苗疆屯防各事宜，下部议行。又疏陈整顿盐务，略言：“贫民挑运售私，其近川近粤近潞之处，与两淮场灶皆远，而邻盐一蹴即至，成本既轻，售价自贱。且邻省盐课皆轻，淮纲独重，即彼此同一官盐，亦必彼盈此缩，况以无课之私贩，纷纷侵灌，其势更不能相敌。现在剀谕绅民，日用饮食，何在不可节省？独于食盐计较贵贱，犯法食私，绅衿革功名，平民受满杖。明利害者当不至如是之愚。且湖广钱漕最轻，若盐课复背官食私，天良何在？嗣后责成绅衿大户，及乡团牌保，互禁食私，犯者公同送究，其挑卖之穷民，许改充肩贩，由官盐店给票，赴乡卖完缴价。再从前襄阳、宜昌、衡州三处奏明，官运商盐，减价售卖，以敌邻私，历办并无成效。且一种奸贩转卖减价之贱盐，以灌旺销之引地，借寇资盗，无异剜肉补疮。应将此三处不令减价以杜流弊。”四月，奏请湖南提督常驻辰州府，扼要弹压。均允之。闰四月，湖南抚标右营游击马辰失察家人及弁兵舞弊，事觉，则徐坐曾经保奏，降四级留任。九月，奏：“各州县水旱偏灾，奉恩旨誊黄只能开载若干村庄，其地名不能一一全叙，难保吏胥无高下其手，衿民亦或狡称蠲免，纷纷讦讼，请将应蠲、应缓、应递缓之顷亩细册，由各州县另行缮榜，随同誊黄遍贴晓谕，并责成该管道府稽察，毋许隐匿。”上嘉其所见精细，允行。

　　先是，鸿胪寺卿黄爵滋疏请严禁鸦片以塞漏卮，吸食者治以死罪，命下中外各大臣议奏。则徐奏言：“鸦片流毒已甚，非难于革瘾，而难于革心。欲革玩法之心，安得不立怵心之法？况行法在一年以后，议法在一年以前，转移之机，正系诸此。必直省诸臣，共矢一心，极力挽回，以期永绝浇风，此法乃不为赘设。”遂拟章程六条：一、收缴烟具，以绝馋根；一、各省于定议后出示，分一年为四限,递加罪名,以免观望;一、加重开馆兴贩,及制造烟具罪名,勒限自首,以截其流;一、失察处分,先严于所近;一、着令地保甲长查起烟土、烟膏、烟具、庇匿者罪同正犯;一、豫讲审断之法,以杜流弊。因缮呈戒烟经验药方数种。寻奏湖南、湖北拿获烟贩,并收缴烟土、烟膏、烟具情形,上甚嘉之。十一月,入觐,赐紫禁城骑马,命颁钦差大臣关防,驰往广东查办海口事件,水师咸归节制。十九年三月,偕总督邓廷桢等奏截回趸船二十二只,〔一〕起获烟土二万二百八十三箱,请酌给茶叶、大黄以示体恤。得旨:"所办可嘉之至!该商畏罪自首,情尚可原,免其治罪。酌赏之处,着照所议。"则徐下部优叙。四月,奏英人夹带鸦片,请照化外有犯之例,人即正法,货物入官,议一专条,并酌予限期,上命军机大臣等议行。新例既定,则徐请先传檄英吉利国王,谕以利害,拟稿呈览颁发;又遵查海口排练炮台情形,奏言:"广东中路海口,以虎门为咽喉,进口七里,一山屹立海中,曰横档,其前有巨石,曰饭箩排,又其前小山,曰下横档。海道至此分二支,右多暗沙,左以武山为岸。山下水深,英船必由之路,海面仅三百馀丈,锁以铁练,承以木排,复建炮台,俯临排练,就令英船坚固,冲断铁练,尚有一层阻截,羁绊多时,台炮乘之,必成灰烬。"报闻。

时通商之国以十数,俱遵具并无夹带鸦片切结,惟英吉利持两端。七月,英领事义律率船五只,以索食为名,犯尖沙嘴,则徐檄参将赖恩爵御之九龙山,碎其双桅大船,英船纷集,炮弹如雨,我军以网纱障船,就旁施炮,毙敌多名。接仗逾五时,英人死伤益众,逡巡遁。八月,复檄守备黄琮等侦英船于潭仔洋面,乘英人方开炮,亟掷火斗火罐焚其船,败走之。义律因潜赴澳门,倩他国人递说帖,求转圜,则徐以其言未可信,奏请相机剿抚。谕曰:"既有此番举动,若再示以柔弱,则大不可。朕不虑卿等孟浪,但诚卿等畏葸。先威后德,控制之良法也。"时御史步际桐奏谓责英出结,徒开含混之路,则徐覆言:"外人最重然诺,彼愈不肯出结,愈见其结之可靠,亦愈不能不向其饬取,臣不敢存趋易避难之见,致负委任。"寻义律经则徐檄谕,虽自称悔罪,禀请逐船搜查,勒限驱回空趸,仍观望图免具结。九月,复乘间纠兵船滋扰,水师提督关天培败之穿鼻洋,遂窜泊尖沙嘴。则徐以其北有山梁曰官涌,可以俯而攻也,令深沟固垒以待之。英人果六犯官涌,皆受惩创,然犹逗遛外洋。则徐疏其反复情形,上以彼曲我直,中外咸知,谕令停止贸易,暴其罪状,驱逐出口。则徐复请敕下福建、浙江、江苏各督抚严防海口,如所请行。先是,三月,则徐调两江总督,未即赴任。十二月,调两广总督,奏请移高廉道驻澳门,并拨隶水师以资控驭,允之。寻顺天府府尹曾望颜奏请无论何国,概绝通商,大小渔船,概禁出洋,以断接济。则徐遵议,奏言:"自断英人贸易后,他国洋商喜此盈而彼绌,当以夷制夷,使相间相暌。若概与之绝,转恐联为一气。且广东民人多以海为生,若概禁出洋,则势不可以终日。拟令渔人出洋,止许带一日之粮,庶少接济。"下军机大臣议行。

时英人被逐,寄椗外洋,勾引渔船蜑户,诱以重利,希图接济销售。二十年正月,则徐定计以毒攻毒,令关天培密装炮船,雇渔蜑各户,教以出洋埋伏,候夜深顺风,扬火焚舣附英舟匪船二十三只,延烧英舟,及海滩蓬寮。自是汉奸胆慑,英船接济几断。

四月，奏："尖沙嘴为英船经由寄泊之区，又为粤省东赴惠、潮，北趋闽、浙要道，请与官涌两处各建炮台，俾声势联络。"如所请行。

五月，再焚英船于磨刀外洋，延烧匪艇十一只，蓬寮九座。寻谍知英人新来兵船游驶外洋，请饬沿海各省严备。嗣探英船扬帆东向，因奏言："夷情诡谲，凡事矫饰虚张，若径赴天津求通贸易，所陈或尚恭顺，仍恳优以怀柔之礼。敕查嘉庆二十一年成案，将其递词人由内河护送至粤，借可散其爪牙。"

六月，英人改犯浙江，陷定海，掠宁波，则徐上疏自请治罪，并密陈："夷务不能中止，英人所憾在粤，而滋扰于浙，虽变动若出意外，其穷蹙实在意中。惟其虚憍性成，愈穷蹙时愈欲显其桀骜，试其恫喝，甚且别生秘计，冀售其奸。如一切皆不得行，仍必帖然俛伏。第恐议者以为内地船炮，非外人之敌，与其旷日持久，不如设法羁縻。抑知夷性无厌，得一步又进一步，若使威不能克，即恐患无已时，势必他国纷纷效尤，不可不虑。"因请戴罪赴浙，随营自效。英人旋复构衅于粤，则徐调集米艇火船，筑墩置炮于蓬花峰下，为关闸前山障蔽，又以安南轧船专击船底，英人所惮，遣人求式仿造，以备火攻。七月，亲驻虎门，督师水路夹击，轰伤英船，沉其三板数只，获炮弹大小二百有奇。八月，再败之龙穴洲，英人惶乱不能拒，仅放空炮，他船来援，我军轰断其篷索，不得进，遂乘潮南窜。二役毙敌无算，官兵受微伤仅数人。捷奏未至，九月，谕曰："自查办以来，内而奸人犯法，不能净尽，外而兴贩来源，不能断绝。甚至本年福建等省纷纷征调，糜饷劳师，此皆林则徐办理不善之所致。着交部严加议处，即行来京听候部议。此次英人各处投递禀帖，诉称冤抑，朕洞悉各情，断不为其所动。惟该督以特派大员,办理终无实济,转致别生事端,误国病民,莫此为甚!是以特加惩处,并非因该英人禀诉,遽予严议也。"寻部议革职,命仍折回广东以备查问。则徐既获罪,琦善代之。十二月,琦善奏英人要求情形,上览奏震怒,所请厦门、福州通商及给还烟价,均不准行;飞调四川、湖南、贵州兵赴广东,谕琦善督同则徐妥为办理。

二十一年三月,赏四品卿衔,命赴浙江镇海军营协办事务。则徐至浙,与两江总督裕谦、浙江巡抚刘韵珂筹办海防,节次擒获海盗正法,杜绝接济,严堵要隘,英不得逞。五月,复革去卿衔,遣戍伊犁。七月,河决开封,则徐道中奉旨免戍,襄办东河河工。时大学士王鼎奉命总理河务,以则徐熟悉情形,深资得力入奏。得旨,即督饬工员赶办。二十二年,工竣,仍遣戍。二十四年,伊犁将军布彦泰奏请饬则徐勘办开垦事宜,则徐亲历库车、阿克苏、乌什、和阗、喀什噶尔、叶尔羌及伊拉里克、塔尔纳沁等处,请酌给回人耕种,并请改屯兵为操防,均如议行。二十五年九月,命回京,以四五品京堂候补。十一月,赏三品顶带,署陕甘总督。十二月,行抵甘州,会野番肆劫,饬镇防护马厂,并仿洋炮法改制大炮,推轮运放,士气争奋。二十六年三月,授陕西巡抚,仍暂留甘肃,偕陕甘总督布彦泰等办理番案。六月,剿番族番僧于黑错寺,复追扫果岔匪巢,歼擒殆尽,得旨,调度有方,下部优叙。十一月,因病奏请开缺,得旨赏假三月。

二十七年,升云贵总督。时云南汉、回互斗,垂十数年,焚杀几无虚日。则徐抵云南,适回民丁灿廷赴京叠控保山县汉民沈振达串谋诬害,劫杀无辜,经地方官提犯鞫讯,汉民遂纠众夺犯,毁官署,劫狱囚,搜杀回户,拆澜沧江桥,道路以梗。永昌镇道带兵往擒,汉民遂拒捕。二十八年,则徐督兵赴剿,途次闻赵州之弥渡,有客回勾结土匪滋事,遂就近移兵剿之,破其栅,殪匪数百,并抚恤受害良民,赵州底定。保山民闻风慑服,缚犯迎师,则徐按其罪重者百数十人,立诛以徇,复乘势搜捕永昌、顺宁、云川、姚州历年拒捕戕官诸匪千馀名,置诸法。奏入,奉旨加太子太保衔,并赏戴花翎。二十九年五月,腾越厅卡外野夷滋扰,则徐檄总兵拴住、迤西道王发越率明光隘土守备左大雄剿平之,上嘉其"远振军威,乂安边地"。六月,因病请假。七月,复奏请开缺,允之。

三十年五月,大学士潘世恩,尚书孙瑞珍、杜受田应文宗显皇帝登极求贤诏,均首以则徐荐,命迅速来京,听候简用。九月,以广西洪秀全稔乱,谕曰:"朕眷怀南服,民生一日不安,朕心一日不忍。前任云贵总督林则徐叠次宣召,尚未来京。着即作为钦差大臣,颁给关防,驰赴广西会剿。林则徐受皇考简任深恩,前在云南办理汉、回军务,迅速蒇事,朕所夙知。着即星驰就道,荡平群丑,绥靖岩疆,毋违朕命。"十月,命署广西巡抚。

十一月,行次广东潮州,病卒。谕曰:"前任云贵总督林则徐,由翰林荐历外任,叠蒙皇考简膺疆寄,宣力有年。上年剿办云南保山匪徒,调度有方,渥荷恩施,赏加太子太保衔,并赏戴花翎。旋因病请假回籍。朕御极之初,知林则徐平素办事认真,不避嫌怨,叠经降旨宣召来京。嗣因广西匪徒滋事,特授为钦差大臣,颁给关防,令其速赴军营剿办。前据驰奏,已由本籍起程,方冀迅扫边氛,以绥南服。兹据徐继畲驰奏,该大臣沿途劳顿,旧

疾复发,于广东潮州途次溘逝。念其力疾从公,殁于王事,览奏
殊深悼惜!着加恩晋赠太子太傅,照总督例赐恤。任内一切处
分,悉予开复。应得恤典,该衙门察例具奏。伊子编修林汝舟,
文生林聪彝,文童林拱枢,着俟服阕后,由吏部带领引见,候朕施
恩。"寻赐祭葬,予谥文忠。咸丰元年,云南巡抚张亮基请以则徐
入祀云南名宦祠,二年,陕西巡抚张祥河奏请于陕西省城为则徐
建立专祠,均允行。同治四年,入祀江苏名宦祠。

　　子汝舟,翰林院编修;聪彝,浙江候补道;拱枢,江南道御史。

【校勘记】

〔一〕偕总督邓廷桢等奏截回趸船二十二只　"截回"原误作"查办"。
　　本卷邓廷桢传及耆献类征卷一九九叶一一上均同。今据成录卷
　　三二〇叶二八下改。

　　邓廷桢

　　邓廷桢,江苏江宁人。嘉庆六年进士,改庶吉士。七年,散
馆,授编修。十年,充会试同考官。十三年三月,充会试同考官。
八月,充顺天乡试同考官。是年春,上巡幸淀津,及十四年五旬
万寿,廷桢两次进呈诗册,[一]俱蒙赏赉。十五年二月,京察一
等。五月,授福建台湾府遗缺知府,经浙江巡抚蒋攸铦奏请留浙
补用。十一月,补宁波府。十七年,丁母忧。十九年六月,服阕,
八月,授陕西西安府遗缺知府,二十年正月,补延安府。六月,调
榆林府。二十二年,调西安府。二十五年,超迁湖北按察使。道
光元年,升江西布政使。二年,以前在西安知府任内承审渭阳民

柳全璧一案谬误,经钦差刑部尚书那彦成覆审,奏入,奉旨革职。三年六月,赏给七品职衔,交直隶总督蒋攸铦差委。十二月,授通永道。

四年,擢陕西按察使。五年五月,迁布政使。七月,护理巡抚,以绥德等处雹灾奏请优恤,允之。十二月,奏嘉庆年间三省贼匪滋事,盩厔一县殉难者四千七百馀人,请建祠旌奖,下部议行。六年,授安徽巡抚。廷桢奏明祖籍寿州,谕以迁居江宁业经五代,毋庸回避。七年四月,奏:"凤、颍、泗等府州,民情犷悍,动辄械斗,经前抚臣陶澍奏明收缴兵器,曾于公费内拨银二千,分给各属为呈缴器械价值。今查私藏者尚多,地保分属各乡,无不深悉,应责成给限搜净;如限外不缴,及有私造者,严行究办,地保分别治罪。"闰五月,奏:"安省界连吴楚,长江六百馀里,往来商旅,必须严密巡防。前以上下江面分为六段,每段委佐杂、千、把各二人,按地分巡,并专委县丞二员,会同该管游击、副将每月督巡一二次。每年提银六千两以为经费。嗣又加委丞倅一员,各分三段,责成督巡,并添备坐船,给予盘费。臣查江面巡防原宜周密,惟向来所委文职,俱系两岸各有分辖之员,派委巡查,转致旷废本任。请无庸另派,亦不必给发盘费,仍饬该员等与沿江本汛武职按段巡缉。其武职应照旧派委,但向系三月更换,请每月调委,以专责成。至凤阳、灵壁二县途冲地瘠,缺苦差繁,帮贴不敷,即将酌裁巡江之费馀银五千两,再给凤阳三千,灵壁二千,借资办公。"又奏:"无为州黄琦滩江埂冲溃,添筑月堤一道,所有挖废田亩,请豁免银米。"俱得旨允行。

九年六月,以修安徽省志告成,交部议叙。十月,奏请添建寿州考棚，〔二〕并于安丰塘、古芍坡设立水门二十八座。十年，疏浚凤阳县沫河口，增筑堤闸。十一年五月，以安徽过境粮船最多，湖广、江西三省夹带芦、淮私盐皆有棍徒，陆续收囤，奏请认真查拿，谕以按律惩办。十二年二月，拿获江苏武进要犯庄午可，得旨嘉奖，下部议叙。八月，因前奉谕旨酌裁冗员，请将徽州府通判、芜湖县县丞二缺裁撤。十二月，奏颍州府距省八百馀里，向无驿站发递公文，动形迟缓，请添设驿站，筹备夫马。均下部议行。又奏言：〔三〕旧例颍州府属凶徒结夥三人以上，持凶器伤人者，不分首从，发极边烟瘴充军，金妻发配。是年，廷桢奏言："该府民俗强悍，非此不足示惩。至金妻发配，例内似无深意，此等妇人本系无罪之人，一经随夫金发，长途摧挫难堪，兵役玷污可虑。或本犯病故，则异乡嫠妇，飘泊无依，或本妇身亡，则失恃孤婴，死生莫保。况该属妇女颇顾名节，闻夫犯罪，例应金配，或自残以求免，或自尽以全身。在本犯肆为凶暴，法网固所难宽，而本妇无故牵连，苦衷亦所宜恤。"奏入，下刑部议准停止金妻发配之例。十三年十月，拿获江苏桃南厅掘堤要犯陈端，得旨嘉奖。十五年正月，奏裁符离税口，如所请行。

八月，擢两广总督。十六年正月，英吉利国人制造烟船，能行逆风，欲进口传递书信，廷桢令洋商转饬禁止。谕曰："外人传递书信，向有章程，何可以诡异不经之船，擅入海口？英人素性诡诈，虽现据查明烟船，并无滋事情形，惟既饬谕不准进口，乃仍欲驶入内洋，实属貌玩。着邓廷桢严行禁阻，驱逐回国。如不遵法度，竟肆桀骜，立即慑之以威，俾知警惧。"时粤省在籍刑部郎中卢应翔唆讼一案，经钦差大臣赛尚阿查办，复为言官所劾，上命廷桢密查,奏请添派大员会审,特命恩铭、赵盛奎往讯。嗣因承审失实,得旨:"恩铭、赵盛奎、邓廷桢于卢应翔干预讼事,未能审出实情,请开复原官,以致该革员渎控不休,实属错误,部议降三级留任,尚觉过轻,着改为革职留任。六年无过,方准开复。"三月,奏普宁县属大坝与横山等乡,械斗毙命,又涂洋乡匪徒恃众抗拒,伤毙兵勇,饬委弁兵往缉,获犯三百馀名。又奏整顿潮属械斗事宜各条,奉旨:"所见是。所议妥,实力行之,久而毋懈!"四月,奏防守炮台,增兵操演,请筹备经费,允之。

初,御史沈镠奏请将外省行用洋钱,量为裁制。九月,廷桢等奏:"洋钱流布东南,骤难禁止,其弊在于以枚计值,不论分两之重轻,不较成色之高低,应请敕下沿海行使洋钱各省,必以成色分两为凭,不得计枚定价。止准洋钱补纹银之水,不准纹银转补洋钱之水,则予以限制,成色分两,均有权衡,而事既通行,居奇无自,其价可冀胥平。"奏入,谕认真查察,以平市价而杜弊端。是月,御史黄仲容奏:"广东潮州一带,海船到日,携有外国景兴、光中二种钱文,质薄小,始则搀杂制钱并用,今则专用夷钱,并有将制钱销毁私铸者。"上命廷桢严查,计值收买。十一月,以虎门新铸大炮,试演炸裂,奏请另铸,以重军需。谕曰:"炮位原为武备要需,从容试演,已至炸裂,安望御侮耶?经此次赔造后,傥再试演无准,惟邓廷桢、关天培是问,懔之!"十二月,拿获蟹艇出洋纹银二万两于大屿山口,又获二万八千馀两于急水洋,奉旨将所获之银全数充赏。因奏言:"鸦片流传内地,以致纹银日耗。今欲杜绝纹银出洋,宜于从出之地、必出之途,实力稽查,俾汉奸、外人两无所施其伎俩,自可渐塞漏卮。"谕曰:"该督能见及此,着即同心协力,认真巡察,以惩汉奸之勾串,杜洋商之贪饕。总期行之有效,无得徒托空言。”

十七年,覆奏:“广东积弊十条:一、凶盗充斥;一、营务废弛;一、讳盗作窃;一、纹银出洋不下千万;一、衙役小县数百,大县千馀;一、差役滥押无辜;一、海滨沙滩开垦,有碍水道;一、奸徒放火;一、盗发坟墓;一、习尚侈靡:有业经惩办者,有现在查拿者。”上以“所议尚属周妥,惟纹银出洋,现在查拿认真,暂为敛迹。须乘此稍有头绪之时,加意整顿。”十八年七月,奏拿获兴贩鸦片窑口四座,上命实力查办,以清其源,不准一日疏懈。寻以查阅水陆各营官兵奏入,谕曰:“海疆重地,各国船只络绎不绝,武备必当精益求精。而将弁兵丁内必有吸食鸦片者,尤当随时惩治,万勿姑息,勉之!”

时有英国巡船驶至铜鼓洋,英将马他伦带有番梢五百馀名,并携妇赴澳门英馆,与该国领事义律居住,欲求呈递书件。廷桢以来书不遵旧式,即向掷还,并饬员弁谕斥回国。奏入,谕曰:“英船驶泊外洋,仍当不时侦察。时届北风,即饬令迅回本国,不可任其北驶,或竟借端停留,自当加以兵威,严行驱逐,并停止该国买卖,用昭惩创。着邓廷桢相机筹办,总宜外示静镇,内谨修防,以靖海氛而安闾阎。”先是,御史周顼奏请酌定茶叶、大黄价值,只准外人以纹银交易。八月,廷桢以交易必须纹银,彼转得借词于置货之外,馀银携带出洋。是从前犹为巧取,此后竟属公行。奏寝其议。十一月,请将韶州府属三巩桥增设外委,移驻清水江,作为汛防,三巩桥仍留下座。乐昌县属神头岭、乳源县属古松亭各添卡一座,以重巡防。部议如所请。

上以鸦片传染日深,特命湖广总督林则徐为钦差大臣赴粤查办,谕曰:"邓廷桢统辖两省地方,事务殷繁,若专责以查办鸦片,恐顾此失彼。现派林则徐前往专办此事,邓廷桢自当益矢勤奋,应分办者各尽己责,应商办者会衔奏闻。趁此可乘之机,力救前此之失。"十九年正月,廷桢奏请于虎门海口创造木排铁练,添置炮台炮位,并筹议经费。二月,奏:"粤洋向分中东西三路,中路自老万山以南,[四]如伶仃等洋,皆各国来粤贸易之所;若西路之高、廉、雷、琼,东路之潮州、南澳,皆外舰例不应到之区。今因中路堵截,南澳长山尾洋先后有外舰八只驶来抛泊,经巡洋镇将调集师船围逼,始行遁去。"谕曰:"夷情叵测,所载烟土,何肯甘心抛弃?势必逞其鬼蜮伎俩,着各海口严密查办。"

三月,偕林则徐截回趸船二十二只,起获烟土二万二百八十三箱,请酌给茶叶、大黄,以示体恤,上嘉之。嗣英船在粤迁延,不肯出具甘结,又有殴毙民人命案,抗不交凶,遂议禁绝柴米食物,无许接济。提督关天培率领师船于沙嘴洋防堵。七月,义律率英船五只,以索食为名,突向我师开炮,参将赖恩爵督率将弁拒战于九龙山,击碎英人双桅大船。俄,英船蜂集,炮弹如雨,我兵以网纱等物障船,仍从空处施放大炮,轰毙英人多名。是日接仗五时之久,英人受伤甚众,旋即遁去。谕曰:"既有此番举动,若再示以柔弱,则大不可。朕不虑卿等之孟浪,但诚卿等不可畏葸。先威后德,控制之良法也。相机悉心筹度,勉之慎之!"八月,守备黄琼在潭仔洋面用火斗、火罐击碎英船一只,义律因求西洋人代递说帖,禀请具结,听候逐船搜查。九月,英人兵船复乘间滋扰,我兵水陆叠击,驱出外洋。查看该英人甘结,与新例不符。得旨：“夷情叵测，不必取具甘结，着即停止贸易。所有英船尽行驱逐出口。”

时广东省城传播歌谣，廷桢奏言：“臣自缉查鸦片，三载于兹。豪猾之徒，本厚利丰，一经访拿。已获者刑僇及身，未获者逋逃亡命，身家既失，怨讟遂兴。始而风影讹传，既而歌谣远播，[五]以查拿为希旨，以掩捕为贪功，以侦缉为诡谋，以推鞫为酷罚。甚至诬以纳贿，目为营私，讥廷议为急于理财，[六]訾新例为轻于改律。种种狂悖，无非为烟匪泄忿。”谕曰：“林则徐、邓廷桢皆朕亲信大臣，畀以重任。现在查办吃紧之际，断不可因群言淆惑，稍形懈弛，务当协力同心，勉益加勉，并严拿编造歌谣之人，从重治罪。”十二月，调两江总督，旋调云贵总督，复调闽浙总督，即购洋炮十四门，由海道运赴闽省。二十年三月，英船四只寄泊梅林洋，经署水师提督程恩高、陆路提督余步云分投夹攻，毁其篷索，击毙其将，英船始遁。廷桢以闽省所建炮台，大不过十馀丈，所安炮四五位，重不过千斤，难资捍御；且闽洋无内港可守，炮台必须建于海滩，沙性浮松，根基不固。爰易炮台为炮墩，用麻布袋实以沙土，层层堆积，沙墩外侧竖旧小渔船，牢固拴缚，以为保护。

先是，御史杜彦士条奏闽省诸弊，上命侍郎祁寯藻、黄爵滋查办来闽，偕廷桢覆奏，据称：“漳泉重地请以巡抚暂驻，查巡抚事务殷繁，宜责成总督前往督办。光中钱充斥，自宜设局缴销；战船敝坏居多，自宜责令赔造；奸民私行勾结者，自宜设法剿除；洋盗未经拿获者，自宜勒限严缉。至文武需索陋规，英人掳掠民妇，有业已惩办者，有并无其事者。”又议：“整顿漳泉械斗六条：

一、选择贤吏，力图抚辑；一、查拿匪犯，无得轻易会营；一、选举乡族各长，以专责成；一、严拿斗匪，以绝根株；一、收缴火器，以息凶焰；一、整饬伦纪，以重教化。"先后俱奉俞旨。又奏："海防专汛，责在陆路；洋面机宜，责在水师。其关津丁役人等，应由福州将军专管，并令臬司于定案时查明案犯经过地方关津，有无贿纵，切实根究，以清弊源。至民船出口，商船则令州县于给照时亲诣察看，渔船则令指定埠头编立字号，按日稽查。其汉奸巢穴，现已访闻晋江、惠安等县确有主名，当设法严拿，期于必获。"谕曰："汉奸一日不除，则英船一日不绝，总宜猛以济宽、禁绝根株为要。"

六月，英人连艅入浙，浙之舟山孤悬海外，兵力本单，英人遂陷定海，命率领舟师星驰赴浙会剿。廷桢即带兵前往，行次清风岭，复奉上谕，闽省海口歧出，处处均关紧要，无庸赴浙。七月，驻兵泉州，招募练勇。九月，上以鸦片未尽根株，英人在各海口滋事。谕曰："前因鸦片流毒海内，特派林则徐驰往广东，会同邓廷桢查办，原期肃清内地，断绝来源，乃自查办以来，内而奸民犯法，不能净尽；外而兴贩来源，并未断绝。甚至本年英人船只沿海游弋，各省纷纷征调，糜饷劳师，此皆林则徐、邓廷桢办理不善之所致。邓廷桢着交部严加议处。此次英人各处投递禀帖，诉称冤抑，朕洞悉各情，断不为其所动。惟该督等以特派会办大员，办理终无实济，转致别滋事端。误国病民，莫此为甚！是以特加惩处，非因该英人禀诉遽予严议也。"部议革任，奉旨革职，迅速前赴广东，以备查问差委。二十一年，谕曰："国家设立兵丁，勤加训练，所以严武备而戒不虞。总督有统辖之责，必应于平时认真督率将备加意练习,使之有勇知方,一旦猝遇外侮,何患不破敌摧坚,立功奏凯? 前任两广总督邓廷桢履任多年,懈惰因循,不加整顿,所设排练,空费钱粮,全无实用,以致该省兵丁柔懦无能,诸多畏葸。虎门之役,竟有为英人买通者。思之殊堪痛恨! 着从重发往伊犁效力赎罪,以为废弛营务者戒!"

二十三年七月,奉旨释回。十二月,赏三品顶带,授甘肃布政使。二十四年二月,户部以甘肃荒地未经垦复者七千五百馀顷,奏请核查。旋据陕甘总督富呢扬阿覆奏,请专办招垦,立限升科。六月,上特派廷桢查办。廷桢先由银州一带勘明招垦,查出即行升科,与分限升科地亩各半,复东尽洮、陇,西极酒泉,共查荒熟地一万九千四百馀顷,又番贡地以段折亩一千五百馀顷,宁夏马厂归公地一百馀顷,次第奏报。十二月,事竣,谕曰:"前因甘肃荒地较多,特降旨令邓廷桢亲历周勘,设法招垦。兹据奏称,各属履勘完竣,分别差等,酌量升科。该藩司奉派专办,所到之处,劝谕详明,妥速蒇事,甚属可嘉! 着加恩赏换二品顶带,并交部议叙。"寻赏加二级,准其随带。二十五年二月,擢陕西巡抚。四月,署陕甘总督。八月,回陕西巡抚任。二十六年,卒。

子尔恒,官云南府知府;尔颐,官山西吉州知州。

【校勘记】

〔一〕廷桢两次进呈诗册　原脱"两次"二字。耆献类征卷一九九叶一一上同。今据邓廷桢传稿(之三九)补。

〔二〕奏请添建寿州考棚　原脱"奏请"二字。耆献类征卷一九九叶一二下同。今据邓廷桢传稿(之三九)补。

〔三〕又奏言　原脱此三字。耆献类征卷一九九叶一二下同。今据邓
　　廷桢传稿(之三九)补。

〔四〕中路自老万山以南　"南"原误作"内"。耆献类征卷一九九叶一
　　六上同。今据邓廷桢传稿(之三九)改。

〔五〕既而歌谣远播　"谣"原误作"词"。邓廷桢传稿(之三九)同。今
　　据成录卷三二六叶三六上改。按耆献类征卷一九九叶一七上及
　　本传上下文"谣"字均不误。

〔六〕讥廷议为急于理财　"廷"原误作"建"。耆献类征卷一九九叶一
　　七上同。今据成录卷三二六叶三六上改。按邓廷桢传稿(之三
　　九)亦误。

　　栗毓美

　　栗毓美,山西浑源州人。嘉庆六年,拔贡。七年,朝考二等,
以知县用,分发河南。二十年,署宁陵县知县。二十一年,丁父
忧。二十四年,服阕,仍赴河南。道光元年二月,署武陟县知县。
十月,河东河道总督严烺上其防汛出力功,得旨,以同知直隶州
知州尽先升用,先换顶带。二年六月,以购办稭料稽迟,褫升衔
顶带停升,寻以办理堵合妥速,得旨开复。三年正月,实授。十
月,迁光州直隶州知州。四年,升汝宁府知府。五年,调开封府
知府。九年正月,擢粮盐道。十月,调开归陈许道。十年,授湖
北按察使。十二年,升河南布政使。十四年七月,以捐资助赈,
下部优叙,寻护理巡抚。九月,奏桐柏县查盐公厂二处,实属虚
糜,请即裁撤,从之。

　　十五年五月,擢河东河道总督。七月,奏原、阳支河情形,略

曰:"北岸黄沁、卫粮二厅,黄水漫滩,而黄沁原武七堡一带尤为吃紧,河势北卧,涨水盖滩而来。原武七堡以下,进水更形湍急,下达卫粮境,阳武汛内堤工,亦为吃重,除慎守大堤,别无良策。其切近顺堤河之处,自原武十五堡至阳武十七堡,多有迎溜顶冲形势,现先抢办堤南靠坝,又于堤北及原武堤北帮戗,并该汛及原武堤南估筑土坝十八道,俾免顺堤镶埽,险而多费。两汛向无埽工,应即收买,堆贮备防。总之两厅滩水串沟,久为隐患。盖因地居上流,青峰、广武两山遥峙对束,出山之水势最猛骤,而原武之河滩皆系坡形,故一遇盛涨,最低处所,遂即刷成沟漕,串至顺堤河内,险无定所,即上流武陟、荥泽各路,无不汇注合流,是以沟形浩瀚,竟同河形。现在昼夜督办,已堵断合流,并绘图贴说以进。"

八月,奏言:"连日水势仅长尺馀,而王屋庄进水之口,较前更宽百馀丈。总由中泓大滩益向南淤,溜即南缓而北紧,南股正河成为迁道,北股之溜势转建瓴。至大河中泓淤滩之故,由广武山前老滩塌去一千馀丈,河溜先向山根裹卧,为山所遏,折回东北,中泓遂挺生淤滩。此河势之变迁,皆由出山处所,先有变迁之原委也。前奏应办物料,系就近顶冲迎溜处所,为急则治标之计,今水口既日见刷宽,又何敢但求撙节,贻误事机?通盘筹画,从省估计,约需银十馀万两,请将两岸各厅应估来年土工稍可缓者,酌量裁减,先尽黄、卫两厅估办,其稭料麻土夫工稍可通融者,亦挹彼注兹,以免专案请帑。至原、阳两岸堤根,[一]已被水漫,嗣因沿陂试抛砖块,深资偎护,月石坝堵合加高帮宽,迤下杨村、封丘二汛滩水均已停淤,坝下七十馀处村庄居民,亦得安堵。

惟串沟分溜，关系北岸全局，断不能缓至来年兴工，现已借拨银八万两，仍俟霜降后，于请拨各厅土工银内，如数划还，则钱粮并无加增而要工得免贻误。"如所请行。寻以支河危险、用砖抛护、化险为平入告。上嘉其办理妥速，仍命详细筹画。

寻偕河南巡抚桂良会勘，以支河分溜已至六分，砖工各坝未可深恃，请款贮料备防，从之。十六年四月，以砖工试有成效，请照时价核明报销，下部议行。十月，奏运河厅所属鱼台汛河道八十馀里，两岸官堤日形残缺，间有民堰亦甚卑薄，夏秋盛涨，河湖相连，粮船不能通纤，挽运迟延，请将民堰改归运河厅于一年内借款修竣，复以各员承修闸座，保固仅限三年，故敢于轻率从事，请于例限之外，再令保固三年，均从之。十七年三月，奏称："前在豫护抚篆时，见速战阵法，声势联络，洵称劲旅。济城界接兖、曹，宵小易于出没。从前金乡、曹县匪徒滋事，济城有兵力防护，得以安堵。地方既关紧要，操防尤宜讲求，请以实在城兵一千一百馀名内，挑选六百三十六名，分别各队操演，兼习速战阵法，并咨取熟谙武弁教习。"上嘉之。

十八年七月，奏请多备土工，以固根本，略言："豫东黄河地居上游，向无闸坝分泄，全赖堤工高厚，方资抵御。本年大汛，沁黄洛河接时并涨。今虽已设法疏防，而堤坝实形卑薄。亟应分别估办，以为来年修守之资。今择其首要工段万不可缓者，豫省十三厅、东省两厅，估需银两，请即于两省藩库拨给，以便交春兴工；其次要工段，归来年估办者，亦赖先事豫筹，请于来年二月兴工时，再由藩库借银十万两，务使一律完竣，以防大汛。"如所请行。时因雨泽偶稀，漕艘辄阻，严饬毓美于回空后，实力筹办。

寻疏陈："潴蓄济运事宜六条：一、责成州县疏浚泉源，遴委干员估挑河渠；一、浚各湖进水渠道；一、微湖水短，应由江南骆马诸湖导引，以归搏节；一、微湖节水，应迟启湖口双闸，以免消耗；一、临清、〔二〕砖板二闸应严板少启，以节汶流而速漕运；一、曹州、济宁应择要估浚河渠，以畅来源。"得旨："筹议尚属周妥，饬属照办。"

十九年二月，奏豫筹微湖收纳运水，请于重运过竣后，不必拘定例消存丈尺之数，但计水存一丈三尺以内，即筑坝收水；又以汶河淤垫，旁泄过多，请酌量加高戴村坝，以期拦蓄得力。均如所请行。先是，毓美奏砖工屡著成效，请设窑烧造，得旨允行。御史李莼疏其不便，上命偕工部尚书敬徵往勘。至是会奏，请改办碎石，停止置窑。三月，毓美复奏言："自来言治河者，谓明险易治，暗险难防。暗险者即堤前之串沟，最为可虑者也。豫省历次失事，皆在无工处所，实因两岸堤长千里，未能处处筹备。一旦河势变迁，兼以风驰雨骤，辄仓皇失措。幸而抢护平稳，而埽工非数万金、十数万金不能济事。古人镶埽，亦不得已而用之耳。盖镶埽引溜生工，久为河工所戒。在明白工程者，原不肯轻率从事；而昧于机宜者，遂谓非此别无良策。伏查北岸为运道所关，往者原、阳分溜，几至掣动全河。若非用砖抛护，费何可以数计？今祥符下汛，并陈留一汛，滩水串注堤根，察其形势，正与北岸相同。滨河士民，多有呈请用砖者。盖有见于砖工之得力，涸复农田不下万顷。其为保卫田庐，情至切也。夫事之有利于民者，断无不利于国。特事近于创，难免浮言。前南河用石之始，众议纷如。良由工程平稳，用料减少，贩户不能居奇，而游客幕友见工简务闲,不能帮办谋生,是以妄生浮议,并称东河漫决,皆由不用碎石之故。赖圣明独断,敕下东河试办,至今永庆平成。惟自抛用碎石后,请银几七十馀万两,嗣将每年添料改办六成碎石,虽未专案请银,然因购石不易,埽段愈添愈多,经费仍未能节省。自试办砖坝以来,三年未生一新工,较十一年至十四年共节省银三十六万两。盖由豫省情形与江南不同,产石之地只有济源、巩县,必须春末夏初,方能运到工次。砖则沿河州县,每处民窑不下数十座,随地随时皆能应手,可以无误事机。且石性滑,入水易于流转;砖性涩,入土即黏。卸成坦坡,自能挑远溜势。至每方砖块,各厅均系价银六两,石价则自五六两至十馀两不等。方价既大小悬殊,而碎石大小不一,堆垛玲珑,半属空虚。尺砖一千块为一方,平铺计数,堆垛均实。石每方重五六千斤,砖每方重九千馀斤,是一方碎石之价,可购两方之砖,而抛一方之砖,又可当两方碎石之用也。咨调南河弁兵来豫带同查验砖工,佥称与南河土坝包口无二,而砖坝不更坚于土坝乎?或谓砖可以治将生未生之工,不可治已生已成之险。不知杜一将生未生之工,即少一已生已成之险。或谓砖块入土易于损裂,不知抛成砖坝,一经泥淤,即已凝结。尝见井中之砖,因得水而更坚,现在收买民砖,多有淤入泥土者,皆完整如故。或谓抛筑砖坝,近于与水争地,不知堤前之地,尺寸在所必争。自来镶埽之法,堤前必先筑土坝数十丈,然后用埽镶护,砖坝则无须乎埽。师土埽之意,不泥其法,抛作坦坡,大溜自然外移,未有可筑土坝而不可筑砖坝者。又所占河面无几,安得有与水争地之患?夫堤前水深则险,水浅则平,水近则险,水远则平。自抛筑砖坝,凡堤前水之深且近者,莫不浅且远。前尚书敬徵来豫,据道厅密禀,谓用砖办险工,究未可以深信,亦因连年水小,未敢自谓必可施行。今道光十八年盛涨,较之二年及十二年尤为猛迅,砖坝均屹立不移,并未出险生工。可知虽遇大水,亦能抵御得力。且上年春间仪睢厅,秋间中河厅,河水下卸,塌滩汇坝,抢镶埽段,旋即走失,用砖抛护,均能稳定。是用砖抢办险工,较镶埽更为便捷。今两岸文武员弁,均已深信不疑,而急公之员,尚有自行捐办者,天下事可与乐成,难于图始,大抵皆然。窃闻衡工之失事也,因滩陷不能镶埽,[三]及塌至堤根,而已不可治;马工之失事也,因串沟塌过堤水,其始仅涓涓细流,求碎石不可得,率成口岸。惜未筹及于砖可代石也。现在各厅有工之处,皆易为力,惟无工之处,串沟隐患,必应未雨绸缪。今若于黄、沁下南,豫贮砖块,则可有备无患。至于应贮之砖,无论新旧,仍令向民间采买,不必厅员烧造。此外亦别无流弊。”疏入,谕曰:“砖工得力省费,抢办险工,较镶埽更为便捷。且较石价多寡悬殊,又所占河面无几,不至有与水争地之虞。该河督既确有把握,朕即责成办理。总期行之无弊,方为不负委任。”

八月,奏本年黄河异涨,大堤急应加高,请借土工银十八万两,经部议驳。寻复奏言:“土工为修防根本,前者筹议办砖减坝,即请以减办埽工之银,为添办土工之用。诚欲堤工增高培厚,异涨永不为患,始可为经久不敝之基。本年正月查工,因见水涨较早,又由道库垫发银十万两,将庚子土工豫竣,迨立秋前后历经异涨,向非早为筹备,已不免泛溢为灾。是豫补庚子年之工,已亥年先收实效。来年汛期大小无定,何可不先事筹防?惟部臣所驳,为按年报销起见,所请分年带销,自应遵照停止。今请于豫省藩库提借土工银十二万两,其不敷六万两,即由道库筹垫,俟来年估办辛丑年土工,分别陈请拨还,则于钱粮并未增添,于款目毫无鳞轕,于要工得资备防。"特旨允行。十月,请将添购四成防料银五万五千馀两,改办砖块。复附奏曰:"考治河诸书,从前系用卷埽之法,并有竹络、木困、砖石、柳苇。自用料镶埽,则以稭料为正宗,而险无定所,亦无一劳永逸之计。缘镶埽陡立,易于激水之怒,其始水深不过数尺,镶埽亦不过数段。迨至引溜愈淘愈深,动辄数丈,无工变为险工。于是溜势上提,必须添镶;溜势下坐,必须接镶。久之而片段愈长,防守愈难为力。豫东土性浮松,水及堤身,不能不用料镶护,新工既生,日久亦形劳费。近求钱粮按年比较,不敢过于增多,而埽工无法减少,不得已而减土工,少购碎石,皆为苟且因循之计,于修守更无实济。自试抛砖坝,或用以杜新工,或用以护旧工,无不著有成效。本年三月为筹防黄河下南厅串沟,复请购买砖块,故虽伏秋异涨,为数十年所未有,而化险为平,固赖堤身加高,亦由两岸各厅无塌滩溃堤、出险生工之处,则砖工之力也。不特可资经久,与稭料大相径庭,而堆贮之处,并无风火堪虞。是两岸兵民共知共见,傥从此工固澜安,亦复培增土工,专用力于根本之地,则既可以免漫溢之患,亦保无冲决之虞矣。"允之。

二十年正月,计典甄叙,上以毓美慎厥修防,安澜奏绩,下部议叙。寻命尚书恩桂等赴豫查验料垛,查出曹河厅料垛丈尺斤秤,蛰耗短少,请将毓美交部议处,部议降二级留任。二月,卒。谕曰:"河东河道总督栗毓美慎厥修防,安澜奏绩。本年京察,特予交部议叙。河工剧要,倚畀方深。遽闻溘逝,殊深悼惜! 着加恩赏加太子太保衔,照总督例赐恤。任内一切处分,悉予开复。应得恤典,该衙门察例具奏。伊次子栗燿,着加恩赏给进士,服阕后一体殿试。"寻赐祭葬如例,予谥恭勤。二十一年,入祀名宦祠。

子烜,现官安徽庐州府知府;燿,候选内阁中书。

【校勘记】

〔一〕至原阳两岸堤根　"根"原误作"工"。耆献类征卷二○○叶九上同。今据栗毓美传稿(之三六)改。

〔二〕临清　"清"原误作"风"。耆献类征卷二○○叶一○下同。今据栗毓美传稿(之三六)改。

〔三〕因滩陷不能镶埽　"陷"原误作"面"。耆献类征卷二○○叶一三下同。今据栗毓美传稿(之三六)改。

钟祥

钟祥,杨氏,汉军镶黄旗人。嘉庆十三年进士,归部铨选。二十一年,选授浙江龙泉县知县。二十五年,调山阴县知县。道光元年,升嘉兴府乍浦同知。旋丁父忧,回旗。三年,服阕,捐升知府,分发湖北,以亲老告近,改掣山东。四年,奏补济南府知府。六年七月,擢充沂曹济道。十一月,擢山东按察使。七年,迁山东布政使。九年,丁母忧,回旗。十年,命署理云南布政使,十一年五月,服阕,实授。十二月,调江西布政使。

十二年九月,授山东巡抚。十一月,拿获南河挖堤首犯陈瑞之、袁双观，奏办如律。十二月，以曹州府知府王廷澍、曹县知县秦锡九、千总花应春等缉捕不力，奏请分别撤任、摘顶示惩，上韪之。十三年二月，遵旨筹议："给事中渥克精阿奏各省仓库亏缺：一、悬款，东省旧案悬款以各官养廉二成，分年扣补，新案交代，丝毫颗粒，均期滴滴归源，不必再议提补；一、摊款，凡动支之款果系历办成案旧有名目者，酌令照案摊办，倘事系创为，变易名目，不准流摊，必令依限归补；一、捐款，事属公需方准捐办，但可截止者，即当减除，务须筹捐者，亦当撙节，惟通融之法，一时之宜，未便明定章程，转致日久生弊；一、仓谷，东省现办州县交代，均不准作价流交委员盘验，取具实存在仓印结，至从前赈粜出借及参案报亏，均应买补，如州县敢将仓谷私用私粜，一经查出，严参惩办。"得旨，依议妥行。

九月，请将参革长清县知县李应曾任内应领采买截漕脚价馀款四千七百馀两，发商生息，以为兖、登、曹三镇随时修理要械之用，并请派买仓谷，以重储备，允之。十二月，奏裁堂邑县永通闸闸官。十四年，访拿乡试包揽传递之候补守备马德俊等，革职审究。奏入，上嘉其查拿认真。十五年二月，偕东河河道总督吴邦庆奏请于捕河厅属之寿东汛加筑土堤，以利漕运。三月，以济南、东昌、武定等府秋成歉薄，青黄不接，粮价增昂，请将奉天进口粮船，暂免输税，以恤民艰，并从之。六月，奏历城等三十五州县二麦被旱，请分别缓征。八月，因本年麦收歉薄，奏请将章丘等二十三州县应收麦石，改收粟米，俱允所请。十月，疏请于省城添建义仓，以补常平不足，略言："东省常平仓谷，动缺已多，买补必俟丰年，且一时亦难骤买如额。现在倡率捐廉，于省城添盖仓房,分为四厂,自道光十四年始,巡抚与司、道、府按年捐输,以二百石为率,州县之力能捐者,只令百石至二百石而止。每年可得谷一万数千石。近省城者,俱交本色,稍远者按每石一两三钱折交司库。遇岁歉价昂,无论远近,均即折交,俟价平时,由司委员照常价购买,以备灾赈。再于兖州、曹州繁要之区,以次酌量建仓捐储,辅常平而济民食。"得旨:"此举甚好,要在'妥实'二字,勉之!"

寻兼署河东河道总督。奏言:"邹平等三十七州县卫,得雨较迟,嗣又被水被虫,收成歉薄。请分别缓征。"如所请行。十六年四月,勘明恩县等处境内四女寺支河坝工,奏请援案发帑办理,下部议行。又奏益都等四十六州县均未丰收,请缓征以纾民力,允之。七月,擢闽浙总督。十七年正月,京察届期,谕曰:"闽浙总督钟祥精明沉细,务当清慎持躬,公勤莅事,朕将有厚望焉。"寻议合巡洋面核实稽考章程,奏请于闽省南洋九营,除提标中营无庸添拨船只外,其馀八营及北洋四营,[一]以次添拨哨船,无论南北巡船,行至闽安镇海口,俱令禀报总督,其南境哨船巡回之时,必过厦门,即令就近禀报提督,北境哨船巡回之时,必过福宁,即令就近禀报总兵,以凭稽察。庶官弁不致畏险偷安,亦不能捏饰混报。并咨行浙江一体办理。"得旨:"所议井井有条,用心周到,可嘉之至!着照所请行。"

三月,偕福建巡抚魏元烺筹办查拿夹带私铸,并勒限收缴情形,奏称:"闽省宝福局久撤,尚不虑有局私,惟奸商自外携来,或名砂壳,或系夷钱,在于毗连江西、广东一带地方搀使,亟应严行禁止,海船夹带,尤当严查。其海口岛屿,即无窝存私铸,亦不可不豫为防范。又民间挽用之弊,现均查禁,仍勒限给价,解省销毁咨部,以凭查核。"得旨:"总在认真办理。"时御史王藻疏请查勘沿海港汊村庄,以清盗源,上命江、浙、闽、广各督抚妥议章程。五月,偕浙江巡抚乌尔恭额、福建巡抚魏元烺奏言:"闽、浙洋面西南至广东,北至江苏,岛屿林立,各按就近洋面委员亲查。今公同酌核,谨列六条:一、沿海港汊,宜实力编查保甲,以靖盗源;一、海口要隘及偏僻沙涂,必稽查周到,俾无纵漏;一、造报商渔出海船只,宜联环保甲,不准出租,以杜影射;一、水师巡洋,宜遵新定合巡章程,实力巡缉;一、沿海各属米石,非奏明拨运,不准私载出洋,以杜接济;一、私藏枪炮军火器械,宜严行查禁收缴。"从之。八月,奏准裁撤福州粮捕通判缺,其所管督捕事务,改归捕防同知管理。十八年,查办延平、建宁、邵武、汀州四府会匪,酌定防缉章程,责成延建邵道、汀漳龙道率属防缉,并于邻省交界处所,建设卡房,专派丁役盘查。奏入,谕曰:"法在必行,勉力认真,毋忽!"十九年五月,赴泉州府校阅营伍,行寓印信被窃,自请从重惩处,下部严议,寻议褫职。谕曰:"总督统辖兼圻,责任重而体制严,所用关防,尤为紧要。此次钟祥赴泉州府属阅伍,讲习武备,众所观瞻,宜如何外示严明,内存敬慎。关防系随身携带之物,小心守护,并非照料难周,何至匪徒等乘夜在其住屋偷窃,如入无人之境?倘查出后,即时人赃并获,严行惩办,尚可稍从宽宥。乃日久无获,是该省吏治武备废弛,已可概见。钟祥着即照部议革职,以示惩儆。"二十年,赏三品顶带,授四川布政使。二十二年,召来京以三四品京堂候补。二十三年四月,赏头等侍卫,充库伦办事大臣。

闰七月，授河东河道总督。二十四年正月，以坝工埽段遭风蛰动，未能先事顶筹，自请治罪。上以"钟祥到任未久，着革职，给七品顶带暂留河督之任。将来兴举大工，即责成钟祥偕河南巡抚鄂顺安督办"。三月，覆勘上年中河漫口以后，上游四厅长堤均形单薄，请将堤堰坝工，择要兴修，估需银两，即由豫省动拨，如所请行。七月，谕曰："频年军饷、河工一时并集，正供所入不无支绌之虞。傥此次大工可缓至明岁秋间再行办理，诸事益当顺手。钟祥、鄂顺安受恩深重，具有天良，着即密筹全局，据实直陈。"旋偕鄂顺安覆奏，密筹中牟大工，势难缓办，得旨："赶紧修筑，钟祥、鄂顺安办理大工，责无旁贷。惟当相度机宜，实心经理，于慎重之中，力求妥速。固不可草率从事，尤不可迁延迟玩，坐失事机。"

二十五年正月，奏言："全河大溜，悉归故道，畅达东趋，并将善后工程督令道厅节慎估计，豫筹防堵。"上以钟祥、鄂顺安经理得宜，迅速蒇事，赏还钟祥二品顶带，并赏戴花翎。八月，请预提下年防险银两，谕曰："豫东河工采办碎石银两，年年预提，甚属不合。此次姑允所请，准其预提丙午年例拨银两。嗣后仍当按例采办，不准再行预提。"二十七年，议请嗣后估办土工，以三成钱文搭放，计豫东黄河每年估修土工以三十五万两为率，每年可搭钱十五万串，报闻。二十九年二月，疏称沛县赛堰工程，为运道所经，关系甚重。请仍归江南省民办。谕曰："该处切近十字河，如遇水涨喷，着钟祥责成迦河同知随时实力抢捞。惟当不分畛域，任怨任劳，求于公事有济。"三月，偕河南巡抚潘铎、山东巡抚徐泽醇遵议裁并冗缺，请将山东运河道属之泉河通判、河南开归道属之归河通判,并归河营协办守备各缺,一并裁撤,以归简易,如所议行。四月,卒。

子德振、锡振,均候补主事。

【校勘记】

〔一〕其馀八营及北洋四营　"四"原误作"面"。耆献类征卷二○三叶三上同。今据钟祥传稿(之三六)改。

陈銮

陈銮,湖北江夏人。嘉庆二十五年一甲三名进士,授编修。道光二年,充浙江乡试副考官。五年二月,京察一等,引见,记名以道府用。七月,授江苏松江府知府。六年六月,以海运漕粮兑运完竣,办理妥顺,赏加道衔。十月,调苏州府知府。七年闰五月,催漕出力,下部议叙。八月,江宁等府属被水成灾,銮承办赈务,抚恤得宜,命交部从优议叙。八年,挑浚吴淞江工程,一律完竣,得旨,以应升之缺升用。九年三月,升江西督粮道。六月,调江苏苏松常镇太粮储道。十年三月,以苏州、常州一带运道浅滞,未能先事预筹,下部议处。九月,升广东盐运使。十一年,升浙江按察使。十二年,擢江西布政使,寻调江苏布政使。十三年,兼署按察使。

十五年八月,护理江苏巡抚。十二月,偕署两江总督林则徐奏言:"泰州属富安等九场被水成灾,现在卤气淡薄,产盐不旺。请于来春青黄不接之时,按煎停场,拨给谷石,折色散放,以资接济;并请于商捐项下动支,毋庸开销正款。"如所请行。十六年正月,奏筹议水手章程,略言:"粮船水手凶悍之风,本非一日,即惩创防范之法,亦非一端。欲清其致患之源,必破其久延之习。查漕运全书内载漕船雇募水手,责成卫所及押运员弁互相稽查。又刑例内载粮船水手夥众十人,执持器械者,照强盗律治罪;容隐不首者,照强盗窝主律治罪。嗣后雇募水手,除责成卫所备弁、旗丁、头舵互保外,如有玩违滋事者,照例加等问拟,以昭炯戒,则漕政日渐肃清矣。"下部议行。

二月,擢江西巡抚。五月,廷臣奏参江西省贪劣各员,上命户部尚书耆英、署吏部尚书朱士彦前往会同查办。九月,偕耆英等奏言:"查明清江县知县孙慧焯征收民欠钱粮,挟势借贷书吏钱文,先令垫解。十月,又奏审明南城县知县黄宗宪挪移漏税罚款,复捏禀职员邓文郁挟嫌倾陷,谳定,均治如律。十七年正月,奏丰城县雷公脑等处土石堤工,被水冲塌,亟须修筑,并请于小港口建石闸以资启闭,东岸建石埽以御溜势,于田庐保障,实有裨益,允之。又奏请吉水县县丞移驻张家湾,泰和县早禾司巡检移驻马家洲,万安县皂口司巡检移驻武索,并请将吉水县属之中鹄一乡,专归县丞分辖,泰和县属之七都改归巡检分辖,下部议行。是月,调江苏巡抚。先是,御史刘梦兰奏粮船积匪,弁丁每多容庇,上命漕运总督及有漕各督抚会议具奏。

二月,偕两江总督陶澍奏言:"江西粮船向由新建、丰城、鄱阳水次受兑,漕粮路经都昌等县渡湖出境,应请自今春为始。凡粮船受兑之处,责令各该县严密查拿。其经过地方亦责令各该县亲身带领捕役,协同汛弁会同各帮弁按船确查,侦有匪徒潜匿,即时擒拿惩办。如该帮丁舵人等,有能指名禀官者,重加奖赏。傥有容庇，即将该弁参处示惩。似此立定章程，庶可杜绝后患。"疏入，允之。八月，在籍给事中瞿溶呈控江苏常州府属收漕勒折一案，上命确切核办。寻奏言该府各属漕务均照旧章办理，并无官吏浮收，民心不服情事。谕曰："漕粮为天庾正供，在民不准稍有拖欠，在官不得任意浮收。自应遵向例，照旧章，毋任丝毫增添，以示限制。如经征各州县浮勒入己，任听经手漕项人等，刁难勒掯，苦累闾阎，着即分别严参提究。其刁劣粮户，强以低丑潮杂之米，赴仓捱交，甚至健讼把持，抗粮多事，着即从严惩办，毋稍宽纵。"十八年二月，奏请将桃源县境之王家集添设千总一员，穿城集添设外委一员，并抽拨各营兵丁五十名，驻防巡缉，以资控制，下部议行。

五月，筹议查禁鸦片烟章程，略言："制治之法，节流必先清源。用刑之道，由轻而后及重。查鸦片烟土，来自外洋，凡沿海奸民运银出洋，易土图利者，坐谋叛已行律；内地贩烟及开设烟馆者，坐毒药伤人律；愚民吸食者，予限一年，违者依律论死。如是衡情定法，分别等差，庶几人心就正，民俗还淳，漏卮塞而国本培矣。"疏入，命大学士、军机大臣会同各衙门议奏。议上，谕曰："朕惟姑息非所以爱民，明刑即所以弼教。鸦片来自外洋，海贩窟口，实为祸首罪魁，非一律从严概置重典，不足以防偷漏而塞来源。至吸食一日不断，则兴贩一日不绝，亦不得稍从宽宥。今定以死罪，立限严惩。庶几根株净绝，立挽浇风。朕言出法随，决不宽贷。各凛遵毋忽！"九月，偕两江总督陶澍奏称上海等处盘获贩卖窝顿鸦片烟土各犯，共起获烟土一万六千馀两，并谕令海船缴出烟土四万一千馀两，得旨："该督等于所属地方有犯即惩,办理认真,可嘉之至!陶澍、陈銮均着交部议叙。该督等仍当严饬所属,循照现办章程认真查办,不准稍有疏懈。果能力除痼疾,朕必嘉悦,勉之!"

十九年三月,署两江总督。寻奏:"查江苏吴淞海口,距海关尚远。向来商船夹带鸦片烟土,每于入口后巧为偷运,请将进口商船,即用海关印条封固,各舱押赴大关,先行验封,然后验货,并遴委丞倅参游驻扎该处,以专责成,严禁小船出洋,接济装运。遇有近口寄椗洋船,查明应进口岸与应赴他处者,分别催令收口开行,以杜偷漏。"下所司议行。四月,奏:"江南兴武、二九两帮漕船丁力疲敝,请将江宁、江浦二县调济快丁案内应掣本银二万两,仍行存典生息,拨抵该二帮积欠剥价及添补办运之需,以纾丁力。"上允所请。九月,以秋汛安澜,下部议叙。十月,奏请敕下儒臣推阐圣谕广训颁发各省,以资诵习。疏闻,谕曰:"向例各直省地方官于朔望宣讲圣谕广训,[一]俾乡曲愚民皆知向善,良法美意,允宜永远遵行。惟州县地方辽阔,宣讲仍虑未周。着照所请,嗣后各学政到任,即恭书圣谕广训刊刻刷印,颁行各学,遍给生童,令人人得以诵习,并着翰林院敬谨推阐圣谕内'黜异端以崇正学'一条,拟撰有韵之文进呈,候朕钦定,颁发各直省,饬令该学政一并恭书,遍颁乡塾,俾民间童年诵习,潜移默化,以端风俗而正人心。"是月,兼署江南河道总督。十一月,奏江苏各州县卫秋禾、木棉歉收,请分别缓征以纾民力,如所请行。

寻卒,年五十四。遗疏入,谕曰:"署两江总督、江苏巡抚陈銮由翰林简放知府,荐擢江苏巡抚,署理两江总督。办事实心,不辞劳瘁。年力富强,正资倚任。遽闻溘逝,殊堪轸惜!着加恩赏给太子少保衔,即照总督例赐恤。任内一切处分,悉予开复。应得恤典,该衙门察例具奏。伊长子陈庆涵着赏给举人,一体会试。"寻赐祭葬。

【校勘记】

〔一〕向例各直省地方官于朔望宣讲圣谕广训　原脱"官"字。耆献类征卷二〇四叶二四下同。今据成录卷三二七叶六上补。

吴其濬

吴其濬,河南固始人。父烜,礼部右侍郎;兄其彦,兵部右侍郎。其濬,由举人捐内阁中书。嘉庆二十二年一甲一名进士,授修撰。二十四年,充广东乡试正考官。道光元年,充实录馆纂修官。旋丁父忧,五年,丁母忧,八年,服阕。九年,充日讲起居注官。十一年,入直南书房。十二年,命提督湖北学政。十四年九月,回京,仍入直南书房。十二月,升洗马。十五年六月,擢鸿胪寺卿。闰六月,授通政司副使。十六年八月,超擢内阁学士,兼礼部侍郎衔。十一月,充玉牒馆副总裁。十七年,充浙江乡试正考官。八月,授兵部左侍郎,命提督江西学政。十二月,调户部右侍郎,兼管钱法堂事务,留学政任。

十九年八月,御史焦友麟疏陈广敷教化,下各直省督抚、学政议。其濬偕巡抚钱宝琛奏:"查办教匪,请专责其成于州县,而分任其事于教官,并添派族正一项,令于各族祠堂宣讲圣谕广训,先报名存案备查。"得旨:"地方官有教养斯民之责,果能除莠安良,何患奸宄不戢,民俗不醇? 多设科条,转滋烦扰。所有该抚等奏请分任教官、添设族正之处，着无庸议。"九月，转左侍郎，仍留学政任。二十年四月，奏新喻县生员胡思津闹漕案内，鞫出训导刘筠祖护包庇，知县包世臣有意消弭各情，请饬臬司讯办，从之。六月，以准补拔贡所遗廪缺，办理两歧，经礼部奏定详补章程，下部议处。

九月，湖北大冶县知县孔广义列款讦总督周天爵，上命其濬偕刑部左侍郎麟魁往鞫其事，复传谕："有人奏湖北候补知县楚镛创造刑具，名曰'飞禽椅'，垫以沙石瓷锋，跪人于上，勒取供招。因伤身死者，累累相望。且预取病结，使尸亲无可如何。州县为亲民之官，遇有案件，〔一〕自应细心研鞫，务得实情。若滥用非刑，三木之下，何求不得？着吴其濬等详细访查，如果有各项违例刑具，即据实奏闻，毋稍徇隐。"寻讯出周天爵私制非刑，如"飞禽椅"之外，尚有"快活凳"、"上绷子"、"猴儿上树"等名目，令楚镛在署审案，任意施用。受刑垂毙者，盛以箩筐，发交县监；又派楚镛总办盐卡，将零星负贩贫民系带铁杆，妇孺残废妄加刑责，致死多命。外委韩云邦诬拿平人为盗，百姓不服，斗伤官兵，不加斥革，反听其子周光岳关说，令充巡捕。奏入，上褫天爵职，遣戍伊犁，革光岳举人；楚镛先在省城枷号，期满发往乌鲁木齐充当苦差；并将巡抚伍长华、布政使孙善宝、按察使林绖分别降革有差。

十月，署湖广总督。十一月，授湖南巡抚。二十一年十月，御史卢毓嵩请严禁私硝出口，酌定官为收买章程，下其濬议。寻奏湖南所产土硝，本系官买，现因军务拨解，及本省操防，并无馀剩，毋庸更议设局，报闻。十一月，劾千总胡再忠调赴军营，沿途需索,纵兵滋扰,命发往新疆充当苦差。二十二年正月,湖北崇阳县逆匪钟人杰聚众滋事,连陷崇阳、通城,将窥巴陵。其濬偕署提督台涌驰赴岳州,以调兵未集,先募粮船水手协堵。镇篁镇兵至,分布临湘、平江各要隘,其濬移驻湘阴。贼匪二千馀偷劫平江军营,击却之。二月,湖北官兵收复崇阳、通城,钟逆就擒,馀党窜入湖南者,陆续捕获正法。谕曰:"此次逆匪先后占据两城,经吴其濬、台涌堵截去路,不至蔓延,调度有方,均着交部从优议叙。"

三月,以疾乞假调理。四月,兵部议令各省酌裁冗兵,其濬奏:"湖南地处苗疆,人情易扰,所裁不多,徒生骄卒之疑,而启苗、瑶之伺,请无庸议。"命湖广总督裕泰详察。寻议准于不近苗巢之处,酌裁一百馀名。七月,奏:"镇篁镇兵归伍,例不准支借行装。乃行经常德府署,武陵县知县翟诰滥禀知府葛天柱,准动库项给发,请交部分别议处。"崇阳之役,湖南委员有在湖北军营出力,得与保升知县者。其濬奏:"军功甄叙人员,系就一时劳绩加以奖励,仍须察其才力优绌,未便概行升用,致误地方。是以从前平瑶案内应升之人,有至今尚未得缺者。此次保奏各员,应由臣详加察看,遇有相当缺出,如果胜任,方与平瑶军功核计升补。至湖南防堵出力,奏准应升州县人员,臣已饬两司酌量委用,倘才力不及,即行撤销。"奉朱谕:"所办核实,认真之至!"十二月,列款奏参署提督台涌,经钦差礼部尚书麟魁、刑部左侍郎王植查明,台涌尚无任性妄为情事,惟赏需既由捐办,不应收受粮道备赏银两,虽经缴还,究属不合,奏请照例议处。

二十三年五月,调浙江巡抚。六月,武冈州痞匪曾如炷聚众阻米出境,署知州徐光弼往缉被戕。其濬督兵搜捕,获犯百馀人,分别首从治罪如律。因奏洪岩洞藏匿奸宄,素为民害,请设卡巡防,编列保甲,以靖地方,从之。闰七月,调云南巡抚。二十四年,上以"前代开矿官吏因缘为奸,故国与民交受其病。我朝云南、贵州、四川、广西均有银厂,岁收额课,从无扰累。是官为经理,不若听民自为。计四省可采之地尚多,命各督抚体察情形,听民采办,不可假手吏胥。"其濬偕云贵总督桂良奏:"滇省旧厂现只存十五处,并新开各厂,岁课四万馀两。查礦硐情形不一,往往见有矿苗,呈请开采,商丁甫集,旋以无砂废散。其设厂之所,先不过数十人,裹粮结棚,略有所获,则四方商贾,百工技艺,走集日众,多或至万馀人。向委厂员弹压,平其争讼,择吏役诚实者数人,司文书出纳,官之薪水,吏之工食,皆有一定旧章,并无扰累。至可采矿地虽多,亦有不能尽准者。盖深林密箐,民、夷杂居,夷人嗜利轻生,动与汉民结讼。若再令挖取银砂,势必劫掠哄争,酿成事端,即土司境内亦必无碍田庐及附近边防,始可核办。"报闻。八月,以捐输东河河工,赏加五级。

寻署云贵总督。二十五年三月,劾奏代理师宗县知县试用州判李熙恬非刑毙命,褫职逮问。四月,调福建巡抚。八月,奏:"滇省铜本,每于正额之外,辄以多办铜斤为辞,借支银两,积成巨款。请清查铜厂情形,及库存款项。"上韪之。旋调山西巡抚,兼管盐政。二十六年五月,奏河东活引课银短绌,请裁减盐政办公银一万两充抵,得旨允行。定例,实缺知县不准改补教职,其濬以神池县知县杨衔才具平常,违例奏请改教,下部议处。十月,奏:"贩卖鸦片烟土,例禁綦严。近更有不法之徒,伺烟贩经过,纠众争夺。事发,到官各知罪名甚重,两造均不吐实,仅以寻常抢夺斗殴结案。此风不戢,轻则恣行械斗,重且酿成盗劫。因请将缉捕认真之凤台县知县苏元峨酌加奖励,以示观感。"

十二月,以旧疾屡发,陈请开缺,允之。旋卒,谕曰:"山西巡抚吴其濬由翰林修撰,入直南书房,荐跻卿贰,外擢巡抚。学优守洁,办事认真。兹闻溘逝,殊堪轸惜!着加恩赏加太子太保衔,照巡抚例赐恤。"寻赐祭葬。

子元禧,以祖烜荫从四品荫生,候选县主簿;荣禧、崇恩,俱中书科中书。

【校勘记】

〔一〕遇有案件 "件"原误作"犯"。耆献类征卷二〇四叶一〇下同。今据成录卷三四〇叶八下改。

梁章钜

梁章钜,福建长乐人。嘉庆七年进士,改翰林院庶吉士。十四年,散馆,改礼部主事。二十三年四月,充军机章京。九月,以失察礼部颁发科场条例文字讹误,降一级留任。道光元年二月,补官。十月,迁员外郎。二年二月,京察一等,记名以道府用。闰三月,授湖北荆州府知府。三年,擢江苏淮海道。五年,擢山东按察使。六年二月,上谕:"两江总督琦善以河道总督责任綦重,前召见按察使梁章钜,明白安详,曾任淮海道三年,于河工能否虚衷办理妥协。着据实察看覆奏。"旋奏称:"章钜循分自守,于河工机要无所建白,不敢保其必能胜任。"十二月,调江西按察使,寻迁江苏布政使。八年,浚吴淞江工竣,两江总督蒋攸铦保奏,下部议叙。九年十月,护理巡抚。十一月,偕总督蒋攸铦奏请浚安东县民便、一帆两河,修复宝应县通湖闸。十年,请挑武进县孟渎、得胜、澡港三河。语具攸铦传。十二年四月,复护理巡抚。

时英吉利船大小各一,约百馀人,由浙洋驶至江苏羊山洋面,章钜以闻,谕令妥速驱逐,断不容任其停泊滋事。又奏江苏各属被水,扬州府境酌动盐义仓谷散济,灾区米价骤昂,兵丁月饷不敷,分别请借银米,并借给淮安卫丁民田籽种,上元等六县毗连灾区,麦收歉薄,请将新赋旧欠展缓,均如所请。六月,因病陈请开缺。十五年,病痊,授甘肃布政使。十六年正月,调直隶布政使。四月,擢广西巡抚。先是,太仆寺少卿冯赞勋劾奏广西宣化县知县杨时行滥刑毙命,敕礼部尚书恩铭等查办,嗣经讯明杨时行免议。既定谳,冯赞勋复将责毙各犯姓名月日开单呈奏。适章钜在京,上命抵任后密查。十一月,奏言:“核对卷宗并无抽换消灭之弊,其笞讯取供及发保病故日期,相距自一二十日至数月不等,皆系应责之人,而实无杖毙之事。杨时行官声素好,以除暴安良为事,重惩贼匪,严束书差,不准绅士干预公事,以致觖望怀恨,谤议由此而兴。”谕曰:“梁章钜查明民人冯大学开场诱赌,经杨时行访获,口称伊侄现居京职,求全颜面。该员仍照例责惩,毫无瞻徇,可称不畏强御,甚属难得。着该抚察其才具,遇有应升之缺,酌量保奏。梁章钜甫经升任,于交查之案,悉心体访,使贤能之员不至屈抑,甚属可嘉!着加恩交部议叙。至冯赞勋两次陈奏,轻信族人无据之词,意图报复。似此绅士挟制地方

官,其风断不可长! 着交部严加议处。"〔一〕

十二月,奏言:"粤西近年劫案叠闻,臣与各属讲求保甲之法。平乐府知府张楠禀称保甲之法,断不可行。该处地瘠民贫,诘以保甲,不免胥动浮言。伏思保甲之法,各省通行,该府作此疾视斯民之语,实属狂妄。请将张楠送部引见。"从之。时御史李绍昉奏:"广西西隆州等处与云、贵毗连,匪徒丛集,请确查惩办,并调拨员弁,额设兵役,改移建置,肃清盗薮。"下章钜议。寻奏:"三省毗连地界,此时并无匪徒窜匿,惟西隆州僻在边远,地接滇、黔,自宜加意巡缉。西隆之古漳汛,与云南所属剥隘,相距二百馀里,旧设有岩环卡,仅有兵二名。今议于隆林营添拨兵丁,并拨本州壮丁各数名,归永静汛弁管辖。其与黔省接壤地方,向有汛兵数十名,应在适中之垅江渡汛村添置卡房,亦由隆林营及本州添拨兵壮,与滇、黔两省会议,每月朔望会哨。又思恩府属之百色地方,为滇、黔运铜大路,所属阳万土州,西通剥隘,亦系通衢,向有逻村汛员弁,而相距一百七十里之法村,仅有卡兵二名,今以逻村汛外委一员,移驻法村,由镇标拨兵,阳万州拨土兵,归逻村汛管辖。"如所议行。

十七年四月,偕总督邓廷桢奏言:"平乐、梧州两府,毗连广东、湖南,盗匪潜踪。前奏准移拨员弁增设巡兵各一百馀名,即于裁汰额内照数拨给。俟五年后察看情形,应否裁撤。自道光十一年起至今已阅五年,添驻弁兵,请仍留巡缉。"报闻。初,给事中陈功奏驿站积弊,称上届越南贡使入关,每站用夫至五千名,并有搭差、搭贡各名目,附载者利其便安,私带者资其津贴,沿途不胜扰累。上命章钜于本年使臣入关之时,酌定护送各官应用人夫数目,妥送严查,不得稍有浮冒。十二月,奏:"广西乡试,每科均于至公堂前后及龙门内派兵弁巡缉,兵役遂于场外设局领费,代为一切传递之事,并有枪手冒入帐房,代作文字,种种弊窦,即由此而生。现在访查既确,将帐房暨兵役一并裁撤,棘闱高处,概行封禁。众论翕然,为数十年来所未有。诚恐此后复兴,必应奏明在案。"得旨:"嗣后即着查照此次章程办理。"十八年正月,奏校阅省垣营伍情形,谕将所称连珠弓箭、滴水鸟枪制造式样,施放之法,绘图贴说以进。闰四月,劾泗城府知府礼禄、浔州府通判孙慧朗,分别改简、勒休有差。十月,奏:"广西宝桂局设立鼓铸,旧以钱一千作银一两,搭放兵饷。今银七钱易钱一千,每两亏银三钱,养赡备操之用,不免支绌。若钱价愈贱,不但兵食有妨,即民间完纳钱粮,以钱易银,亏折不少。请暂停鼓铸,以裕民食、平市价。"奏入,从之。

十一月,奏:"广西鸦片来自广东,全在梧州、浔州两关口查拿认真。浔州自饬查后,获犯已多,而梧州甚属寥寥,率以宽限日期为请。办理实属迟缓,知府刘锡方,请旨摘去顶带,仍责令拿获大起烟贩自赎。"十九年二月,以查拿鸦片烟现获成数及办理情形入奏,并请奖拿烟出力之文武各员,允之。先是,御史郭柏荫奏广西等省番舶不通之处,本地民人私种罂粟,熬炼成土,国计民生,两受其害。章钜遵旨覆奏:"广西烟贩本稀,第与云南、贵州交界,向有栽种罂粟刮浆熬烟之事。先已严饬遍禁,随地铲除,莠民不无侧目,而良民无不欢欣。究之良多莠少,似此转机,不难期之一年,必当奏效。"四月,拿获栽种罂粟匪犯,请将从前未经确查之道府各员议处,并自请失察之咎。部议章钜镌级留任，有旨宽免。八月，奏言："奸民惟利是视，难免将来复种罂粟，必须议立查禁章程，罂粟一年可种两次，每届冬初，先由道府颁发严禁告示，令各府、厅、州、县仿照保甲，户给门牌，注明并无栽种、煎熬、贩卖之人，取具十家连环保结，责保、邻、墟长随时稽察。如十家内有违例私种，或租与客民栽种，首告给奖，知情不首并究。该管官亲往巡查，或委员抽查，总结申报，不实严参。"得旨："实力奉行，除弊务尽。"

二十年三月，谕曰："有人奏广西、湖南两省有传习邪教，炼丹运气，其传授之书，则有性命圭旨暨妄注大学，愚民被诱者不少。广西之平乐、柳州传习尤众，地方官每因别无逆迹，总未深究根由。恐传染日深，易致滋蔓。着梁章钜饬属查明，起意者立予严惩，悔过者宽其既往。"寻奏称，访得道士韩礼文等传习大乘教，听从湖南人雷雨田等，拜师念经，审明定拟，报闻。十一月，奏烟案人犯众多，先行咨请解配，以免拥挤，允之。又请展鸦片治罪限期，得旨："令出惟行，断不为莠言所惑，所请不准行。"二十一年正月，遵旨覆奏："给事中朱成烈所称安南轧船实利海防，英人见即胆落。前林则徐在任，曾经仿制，是船制广东已得其详。英人所恃船坚炮利，惟能仰击、平击，不能近击、俯击。轧船专击船底，可备火攻之策。"上命靖逆将军奕山等访察制造。三月，奏："英人扰广东，梧州与之接壤，难保不窜入西境。请出省防堵，以安民心。"

闰三月，调江苏巡抚。八月，英人扰浙洋，复陷定海。上以江苏宝山、上海等处紧要，命偕提督陈化成度地势，筹布置。十月，谕章钜严防进口商船，以杜汉奸。因奏言："上海各船，有南洋、北洋之分,北洋沙船有印照查验,南洋闽、粤各船,归行户专管,不能混行出入。仍于查验后放行,以安商旅。"得旨:"英人诡计多端,往往贿买汉奸,为其所用。务须严饬员弁详细盘查验放,以杜奸踪。"英人连陷镇海、宁波,特简将军奕经赴浙防剿,谕章钜筹画建设粮台之所。章钜建议于苏州设立总局,已奉旨准行。旋因偕奕经及浙江巡抚刘韵珂奏请,于苏州、杭州各立总局,再设分局支应,复下章钜等悉心酌议。嗣偕奕经等会奏,苏州省垣应设粮台总局,得旨:"现在大兵进剿,必须筹画两省地势情形,方为妥善。所有军装、器械,必待浙省行取,未免缓不济急。着照所议,浙省设前路粮台,苏省设后路粮台,以后应用各物,仍由两局分办。至江苏制办一切,将来军需告竣,仍归浙省一并核销,以免牵混而昭划一。"十一月,奏缓征各属被水地漕芦课拨钱赈济,又偕总督牛鉴奏赈恤江宁省城被水民户。又言泰州分局属盐场被淹,请缓征。均如所请。十二月,自陈患病乞罢,允之。二十九年,卒。

　　子逢辰,江苏候补同知;丁辰内阁中书;恭辰,浙江温州府知府。

【校勘记】

〔一〕着交部严加议处　原脱"交部"二字。今据成录卷二九一叶八下补。按耆献类征卷二〇二叶二下无。

张日晸

张日晸,贵州贵筑人。嘉庆二十二年进士,改翰林院庶吉士。二十四年,散馆,授编修。道光元年、二年,历充顺天乡试同考官。四年,大考二等,赐文绮。五年,充湖南乡试正考官。七年,仁宗睿皇帝圣训告成,日晸以充武英殿提调,议叙,得旨,遇缺题奏升用。八年五月,京察一等,复带引见,记名以道府用。七月,充河南乡试正考官。九年,授四川叙州府知府。十三年,调成都府知府。十七年,擢建昌道。十九年,越嶲、峨边等厅夷匪滋事,日晸以总督宝兴檄,偕总兵包相卿堵缉。寻偕按察使苏廷玉督办,添设碉堡,招复流亡,编集团练各事宜。二十年,升浙江盐运使。二十一年,迁湖北按察使。二十二年二月,署布政使。七月,升河南布政使。十二月,接纂大清一统志告成,日晸以前充纂修议叙,加二级。二十五年,以中牟大工合龙,下部优叙。

二十六年,升云南巡抚,未赴任,丁母忧。二十九年七月,服阕,仍授云南巡抚。十二月,偕总督程矞采奏免各铜厂民欠无着工本银六千馀两,允之。三十年七月,以思茅厅边外游匪滋扰,沿及近甲猛地,逼近茶山,戕害官弁,偕程矞采奏调各镇弁兵兜剿,得旨:“务期尽数歼除,迅速蒇事。”八月,卒。咸丰元年,入祀乡贤祠。子轴新,举人。

吴荣光

吴荣光,广东南海人。嘉庆四年进士,改庶吉士。六年,散馆,授编修。八年三月,大考二等,记名升用。九年,充顺天乡试同考官。是年京察一等。十年三月,授江南道监察御史。十一年二月,转河南道监察御史。十二年,充浙江乡试副考官。

十三年九月，巡视天津漕务。十四年五月，奏言："例载沿途重载粮船，颗粒不许上岸，条禁綦严，但恐日久视为具文。现当严剔仓漕积弊之际，傥有盗卖，则米石必致亏短，交卸时搀灰使水等弊，由此而起。请旨饬交山东、通州巡漕御史，一律稽查，以清积弊。再臣风闻南粮抵通，每帮有验费，有窝子钱。起卸之时，除照例个儿钱外，复有后手钱。每帮每项约制钱一百串或数十串不等，皆帮丁凑敛，坐粮厅号房及书役经纪得受。该经纪等既得陋规，遂与旗丁通同舞弊。与其事后勒令赔补，何如先事预防。请敕下仓场侍郎设法严密稽查。"上如所议行。八月，通州中西二仓亏短白米，仓书高添凤等使水涨米，私出斛面黑档，事觉，荣光坐失察黑档至二千石以上，革职。十五年，捐复员外郎。十七年，选授刑部江西司员外郎。二十一年三月，京察一等，记名以道府用。四月，升安徽司郎中。九月，充军机章京。二十三年，授陕西陕安道。

二十五年，调福建盐法道。道光元年，擢福建按察使。二年，调浙江按察使。三年九月，复授湖北按察使。十月，擢贵州布政使。四年，护理贵州巡抚。五年九月，奏请给假省亲，得旨，准其开缺，赏假四个月，回籍省亲。六年八月，授福建布政使。八年，丁父忧。十年，服阕。

十一年二月，授湖南布政使。八月，擢湖南巡抚。十二年正月，江华逆瑶赵金龙聚众劫掠，据长塘夹冲，荣光率兵驰赴永州剿办。上命俟总督卢坤至军，即回省弹压策应。赵金龙故粤之过山瑶也，始居江华长塘，距锦田乡四十五里，与粤之八排瑶为姻娅。贼初劫黄竹寨，官兵次锦田，贼不能进，欲窜粤与八排瑶合，又不克，遂窜至蓝山之五水瑶山，[一]裹胁民、瑶数千人，欲入九疑山。都司成喜以百人驻将军坪，众寡不敌，退屯大桥，贼遂劫宁远之黄河鲁观洞。荣光先至永州，以轻进疏防劾永州镇总兵鲍友智、永州府知府李铭绅等，皆镌级，仍令随营效力。抚谕各属瑶寨，使皆安堵，添调桂阳、镇筸等营兵二千名，并咨邻省一体堵截，无使滋蔓。二月，提督海凌阿、副将马韬战贼至池塘墟，陷伏被害。会总督卢坤遵谕调提督罗思举带兵一千，及守备仇怀瑛等以抬炮五十尊、喷筒三百杆赴营。寻卢坤至永州，荣光回省，奏设局，派知府以下十一员办理军需，并请于邻省藩库酌拨银两，及拣发同知、知县，以资差委。得旨："逆瑶乌合成群，一俟兵力齐集，不难克期竣事。即公局需员不过数人，足资差遣。似此滥派多员，无非张大其词，为该员将来议叙地步。事竣后，即刻章入奏，亦不能俯允所请。馀饬部臣如所奏行。"荣光复会同总督卢坤奏言："从前剿办苗匪，用饷过多，请将可以节省者概行删除，其必不可删者五事：一、马步守兵借给减半行装银两；一、官兵乡勇支给盐菜口粮；一、江华等处粮台，雇用站夫，酌给安家路费银两；一、随营长夫有挖沟、填濠、樵汲诸役，酌予工价口粮；一、江华等处被扰难民，给予抚恤：皆因时制宜，应请量为变通。"疏入，得旨允准。

　　四月，提督罗思举歼贼于羊泉镇，湖南瑶平。八月，卢坤调两广总督，荣光兼署湖广总督。九月，卢坤与荣光会奏："查江华县界连两粤，为楚南极边，县属锦田乡距城百八十里，外近粤东八排，内逼九冲山峒，东距蓝山大桥五十馀里，西距本县锦冈一百馀里。瑶山错杂，箐密林深，为衡、永两郡屏蔽，大桥为广东连州门户,均关紧要。锦田、大桥向仅设巡检、千总、外委各一员,不足以资弹压。请将该府同知、游击移驻锦田,增设防兵四百名,以提标右营守备移驻,作为锦田游击中军。再于提标额设把总内酌拨一员驻大桥,协同外委巡防。大桥向隶临武营,应改隶永左营。湖南地方类多山溪之险,各营无须多马,计通省标营共马兵二千二百馀名,酌裁马四百匹,以所除饷乾,拨给增兵月饷,不惟一隅借资捍卫,即全省南面亦昭慎重。所有善后事宜,由臣荣光分别题奏。”下部议行。

　　是月,荣光遵旨酌议裁汰冗员,请将岳州府同知,常德府通判,郴州州判、道州州判,沅江、桂东、通道、石门、慈利、嘉禾各县训导,共六缺,祁阳、东安、永明、邵阳、黔阳、桂阳、通道各县所属巡检共七缺,一并裁撤,从之。闰九月,〔二〕奏移永州府同知驻江华之锦田,改为江蓝理瑶督捕同知,改永州府通判为永桂理瑶通判,驻杨家铺,加衡永郴桂道兵备衔,节制都司以下;又抚恤被难民、瑶二千五百馀户,修已毁民房六千六百馀间,收缴枪械三千馀件,次第奏闻。十月,荣光奏言:“宝庆府属桃花坪为武冈、城步、新宁三州县水陆必经之地,山重水复,最易藏奸。现访有痞首等六十八名为害商旅,委员查办,请将宝庆府通判移驻,就近抚驭稽查。”得旨允行。

　　十三年四月,奏续访宝庆府属沿途水路,有举人毛蔚、武举刘岳为首,私设水卡,阻米索钱,适御史亦有以宝庆土匪私卡通同县差门丁为言者,荣光先后拿获各犯,悉治如律。复查办不法长随胡满等及各属包串生事丁书、差役一百馀人,并奏陈惩创先由近始,已将本衙门承差等查明严办,得旨嘉勉。十六年二月,以湖南学政龚维琳被劾，荣光先未据实陈奏，命降为四品卿，来京候补，未行，值武冈州逆匪蓝正樽滋事，荣光亟率军驻宝庆；又镇篁兵哗，荣光并奏闻，得旨，留于湖南会同总督讷尔经额剿办。蓝正樽党旋溃散，生擒其主谋张和尚、陈仲潮等及其家属，首逆尚未就获，以撤兵仍命来京。十七年三月，授福建布政使。二十年四月，召入都，以年力就衰，原品休致。二十三年闰七月，卒于家。

【校勘记】

〔一〕遂窜至蓝山之五水瑶山　原脱"窜"字。耆献类征卷一九九叶四下同。今据吴荣光传稿（之三五）补。

〔二〕闰九月　"闰九"原误作"十一"。耆献类征卷一九九叶六下同。今据成录卷四二二叶二一上下改。按吴荣光传稿（之三五）无闰九月至十月以前一段。

韩克均

韩克均，山西汾阳人。嘉庆元年进士，改翰林院庶吉士。四年，散馆，授检讨。五年，充贵州乡试正考官。七年，充会试同考官。九年二月，上幸翰林院，与诸臣仿柏梁体联句，克均与焉。礼成，赏味馀书屋全集、并文绮、笺、砚等物。五月，擢湖广道监察御史。六月，奏言："各部院衙门事件，应遵定例办理；其例有未备者，方以旧案比照。而成案日积日多，办理不无参差，吏胥意为援引，得以高下其手。请敕下各部院堂官，拣派司员详校例案，遇有例意未尽昭晰者，详细注明，其前后两歧之案，酌中参核;不可遵行者,概行删去。庶足以杜弊端而归画一。"疏入,上是之。

　　十年三月,充会试同考官。七月,调协理京畿道监察御史。十一年,转掌京畿道监察御史。寻奏充实录馆提调。十二年九月,迁工科给事中。十二月,高宗纯皇帝实录告成,命以四品京堂升用。十三年正月,巡视通州漕务。四月,奏请定豫、东漕船行走次序,略言:"豫漕冬兑冬开,东漕春兑春开。向来省帮船,行抵德州,必须守候二十馀日,俟德州正帮兑竣开行后,始令豫省漕船跟接前进。而该二省随后各帮又复彼此参错行走,动辄停留守候,稽迟时日。帮丁、舵人既赔累不支,押运员弁复顾此失彼。应请嗣后豫省各帮船一抵德州,即上紧挽运,毋许停留。其东省全帮亦可挨次紧接行走,庶全曹豫顺,诸事从容。"得旨允行。旋以天津北运河水势微弱,粮艘浅阻,克均等未经奏明,传旨申饬,并命驰赴北运河勘明挑浚。十四年,京察一等,引见,记名以道府用。寻授浙江温处道。十九年,升河南按察使,寻调云南按察使。二十一年,升安徽布政使。

　　二十四年四月,擢贵州巡抚。九月,调福建巡抚。二十五年十月,以建阳县米价增昂,奏请动碾仓谷,减价平粜。又奏玩视盗案之署嘉义县知县鹿泽长,请褫职。十二月,奏参漳州镇总兵苏勒芳阿性耽曲蘖,难期振作,请勒令休致。均从之。是月,调云南巡抚。道光元年二月,以题本内抬写错误,下部严议。部议夺职,上加恩改为革职留任。寻奏汉民典买夷地,酌量变通章程。先是,永北厅夷匪因汉民典买夷地起衅,借端滋扰。事平后,凡典买夷地,议令依限取赎,逾限者仍归汉民执业。复据御史张圣愉奏,以汉民重利盘剥,准折夷地,必致积怨成雠。请将逾限不赎之地,或剖半均分,或给还十分之三。疏入,上命详核查办。至是,奏言:"夷匪甫经惩创,不可不抑其逞残图占之心,是以原议章程予限令赎。为因时制宜起见,业经出示晓谕,未便朝令暮更,应俟限满不赎之时,于原定章程量为变通。除查明杜买无庸议外,其平价典押,并盘剥准折,确有证据者,核计汉民所出本息,分与应得地亩,馀地给还夷民耕种。固不可使汉民剥削夷民,亦不可使夷民以焚掠为得计,长其构乱之心。至此后汉民典押夷地,尤当严查禁止,以期永靖边圉。"得旨允行。

十二月,奏剑川州山水冲坍沙石,淤压田房,鹤庆州秋收歉薄,请缓其赋;又奏东川府会泽县小江地方,向有大桥为运铜要道,历年冲刷倾圮,势难修复,请改设渡船以济挽运:允之。三年九月,偕总督明山奏请严禁商铜改铸锣锅及无票之铜,私行出厂,并通饬经过地方文武员弁,于关津渡口,严行盘验以防走漏。得旨:"认真查办,不可有名无实。"十一月,奏请修挖海口,略言:"昆阳州境海口为泄水之区,岁久未经疏修,山水时发,沙石淤积,滇池宣泄不及,寖多水患。请于河工积馀银两存项内,动支修理,筑坝挑挖,以利农田。"如所请行。

四年,署云贵总督。五年,调福建巡抚,仍暂署云贵总督。六年二月,奏:"开化镇所属地方,与越南国三面接壤。前因夷匪不靖,添设防兵土练,驻守马达等处,以资控驭。兹以越南境内匪徒业经翦除净尽,边界静谧,请全行裁撤,以节糜费。"如所请行。五月,赴福建巡抚任。十二月,以闽省上年歉收,粮价昂贵,奏请暂弛海禁,准令浙省商船贩米赴闽,以济民食,如所请行。

七年五月,以莆田县木兰坡地方灌溉民田四十万亩,旧筑石堤一千一百馀丈,以御海潮,岁久倾圮,奏请修复。上以所办有益,嘉之。闰五月,奏参巡海将弁缉捕懈弛,请将海坛右营游击许连生摘去顶带,把总潘秉明、外委李万春等褫职,勒限严缉,上是之。十年,闽县知县张腾以侵亏官银被劾,列款禀讦,命礼部尚书汤金钊、刑部侍郎钟昌往按其事,张腾坐诬讦,论如律。克均于司库盈馀银两未经报部,复失察家丁收受门包,降二级留任。十一年,京察届期,谕曰:"福建巡抚韩克均办事迟缓,尚无劣迹可指,着以原品休致。"二十年,卒,年七十五。子一,工部郎中。

乌尔恭额

乌尔恭额,富察氏,满洲镶黄旗人。嘉庆十二年,考取笔帖式。十八年,中式翻译举人。十九年,补户部笔帖式。道光元年,充军机章京,升主事。四年,升员外郎。五年二月,京察一等,记名以道府用。三月,授广东琼州府知府。六年,调广州府知府。八年六月,升贵州贵东道。八月,升山西按察使。九月,调广东按察使。十年正月,擢奉天府府尹。七月,奏:"盖平、熊岳、复州、金州、岫岩、牛庄六城蚕厂,间有开垦瘠薄,不堪升科者。请酌定茧税章程,每茧千个输制钱五十文,如有伐桑为薪,照毁伐树木稼穑律究办;若将山厂抛弃不植树养蚕,照荒芜田地律治罪。"下部议行。十月,户部捐纳房假照案发,部议堂司各官降革处分,上以乌尔恭额平日当差尚勤,现在办事尚属认真,降为四品顶带留任。十三年,升盛京工部侍郎,兼管奉天府府尹事务。十四年二月,充牛马税务监督。

时浙江东防海塘溃坏,上命前任河东河道总督严烺、刑部右侍郎赵盛奎往勘,严烺、赵盛奎偕巡抚富呢扬阿奏请按潮头之轻重,分工程之缓急,酌议添筑盘头,改修柴埽,以护塘根,兼布竹篓块石,估需银一百九十一万八千馀两,复命乌尔恭额赴浙会办。九月,乌尔恭额奏言:"东塘于雍正、乾隆间改筑鱼鳞、大石等塘,内帮土堰,外护坦水,法至善也。西塘柴埽原系柴塘,兹于柴塘之后建筑石塘,遂以柴塘为石塘之坦水,非专建柴埽为石塘坦水也。至竹篓块石,乾隆八年前督臣那苏图以观音堂诸处草塘冲刷成险,编造竹络,顺势铺放,以作坦水。此后并未续办,其条石坦水,则自前大学士嵇曾筠修办之后,至今垂为成法。窃思石塘外护,无如坦水,头层坦水系护塘根,二层坦水系护头层坦水。今阅潮汛见潮退后,坦水毕露,似尚可以修复。除念里亭一带最险之处,业已开工改镶柴埽,其馀镇海汛、戴家桥汛、尖山汛均请修复条石坦水为是,不当更改旧制。且核估修复坦水,较之改筑柴埽竹篓块石等工,可节省银四十八万馀两。"疏入,命左都御史敬徵前往会同浙江正考官、户部右侍郎吴椿履勘。

十一月授浙江巡抚,命偕吴椿督办塘工。先是,富呢扬阿以西塘、范公塘一带埽工,地近省垣,议增建条块石塘八百七十八丈。嗣经赵盛奎等以块石难以经久,请改筑条石鳞塘,并援乾隆年间成案,由江苏采办石四万丈,协济工需。十五年六月,乌尔恭额偕吴椿奏言:"修筑鳞塘各工,应用条石二十六万馀丈,除江苏协济四万丈外,以长四五尺六面见方者为合式,非比块石随处皆有。杭州、湖州各属之山可采者无几,必须取给于绍兴,而绍兴石户仅止六十馀家。以绍属一隅之山,取二十万丈之石,物本有不敷；以数十家之匠，责取刻期应用二十万丈之石，人力更有不及。诚恐停工待料，有不能应手之产势。查章家庵修块石塘，系乾隆年间修筑，已历五十馀年，尚属完整，范公塘与彼相近，潮汛亦同。请仍改为条块石塘，以节经费而速成功。"从之。

时御史黄爵滋奏请禁纹银、洋银出洋，命沿海各督抚体察情形议奏。七月，乌尔恭额奏言："浙省惟宁波、乍浦二处，有商船出口，前赴闽、粤及江苏上海等处贸易，并不与外人互市。近奉部议黄金、白银概定出洋治罪之例，是商人得以携带者，只有洋银一项。今将洋银一并禁绝，则商贾远贩，势必无赀作本，而于关税亦难完纳，诸多窒碍。且沿海网捕船只，及居洋民人，以洋银便于携带往来，若一切禁止，不特有碍日用，且滋兵役搜查讹诈诸弊。现在刑部议定仿铸洋银之罪，业经晓谕各处，已足杜绝纹银去路，自可不必再禁洋银出洋。"疏入，如所议行。十六年，奏海塘大工一律完竣，得旨嘉奖。

先是，御史刘梦兰奏粮船积惯匪徒，号为"青皮"。偶值汛丁捕役查拿，而本帮运弁运丁辄为容庇释放，请确切查办。命漕运总督及有漕督抚会议。十七年正月，乌尔恭额奏言："防奸之法，防于既然，不若防于未然。粮船开行时，地方官点齐水手短纤，散给腰牌、竹筹。青皮等或隐匿在船，假充水手，或游散在岸，托名短纤，[一]有无官物系带，不难一望而知。嗣后应责成地方官实力巡查，如有匪徒，本帮弁丁为之容隐，即由粮道参究。如此各专责成，匪徒自无从托足，弁丁亦不敢庇容。"三月，又奏："粮船水手习教，起自前明罗姓之徒翁、钱、潘三人。翁、钱两教，谓之'老安'；潘姓一教，谓之'潘安'。每帮船头，供有罗姓师傅

牌位。凡投充水手，必拜一人为师，各分党与，意在争窝争斗以
自强，与别项邪教煽惑人心者有别。自道光五年嘉白等帮滋事，
大加惩创，其教渐衰，其堂亦渐废。查沿河茶酒等铺，均属土著，
并无勾结匪徒。惟浙省水手犷悍性成，必当严为遏绝，亦应责成
地方官密访严办，庶永除巢穴，断绝根株矣。"先后奏入，上韪
其言。

　　五月，偕闽浙总督钟祥、福建巡抚魏元烺奏："筹议海防章程
六条：一、沿海港汉村庄岛屿，宜实力编查，以靖盗源；一、海口要
隘，及偏僻沙涂，应稽察周到，俾无纵漏；一、报造商渔等项出洋
船只，宜联环保结，不准出租，以杜影射；一、水师巡洋，应遵新令
合巡章程认真巡缉，以肃洋政；一、沿海各属米石，非奏明拨运，
不准私载出洋，以杜偷漏接济；一、私藏枪炮军火器械，宜严行查
禁收缴。"均从之。时给事中沈鑅奏浙江海塘善后事宜，略陈岁
修塘工宜渐次改筑海漫坦坡，期无冲刷，并筑顺水坝、挑水坝以
保险工，及种柳护塘、盘坝挡溜各条，上命乌尔恭额详核妥议。
六月，乌尔恭额奏言："此系治河挡溜之法，非治海御潮之法。西
塘之外，护以柴埽，东塘之下，护以坦水，皆系因地制宜，借资保
卫。前因东塘坦工残缺，曾经奏请戴汛等处建复条块石坦五千
七百馀丈，〔二〕以护塘根，是坦工虽与坦坡各异，而用意则同也。
查河工向筑顺水坝、挑水坝以防险，海塘则专筑柴盘头以御潮。
现有盘头九座，布置已密，且盘头西边，状若雁翅，右挡江溜，左
顺海潮，保护险工，最为得力。是柴盘头与顺水坝、挑水坝名称
各异，而办法实同也。按木龙用法，系将龙头插入正溜，借以迎
溜挂淤。查河溜自西而东，水有一定向背，故木龙得以奏功。至

于海塘,江水西来,海潮东至,如用以迎潮则背江水,用以迎江又背海潮,安放尚难,何能得力? 况木龙每架计银六千馀两,盘头大者四千馀金,小则二千馀金,较为节省,应请勿庸议制。惟柳株虽不足以备工料,而于塘后隙地亦可种植,使之盘根入土,以固塘基。"又言:"现在所办,乃百馀年成规,业有明效,未便轻易更张,致失依据。"疏入,上是之。御史袁文祥奏私盐充斥,请设法清厘,命各省督抚、盐政各就现在情形,悉心妥议。

　　十八年正月,乌尔恭额奏:"治私不患无法,而患无行法之人。私不绝则引必不畅,法不严则私必不绝,而徒法不能以自行,则必责之行法之人,乃可渐收实效。请嗣后遇有商私、枭私,各弁兵未能实力捕拿,或私自贿纵,一经察出,立提严办。如承审各官并不根究私盐来历,含糊定谳,一经审出,立即纠参。如究出买自场灶,或来自私篷,则咎在稽察之场官,及该管地方官。如官盐到岸,各州县查出盐引不符,则咎在提验之掣所,及沿途关口各官,即分别查明参处。如引盐照例运到,而该州县并不认真督销,致有缺额,即查照分数,据实揭报。如引地缺盐,而承办商人并不迅速赶运,致有缺销,即罚令该商照数赔课。如此层层稽核,庶责无旁贷,而法藉以行。"四月,奏言:"浙江东西一带石塘,为浙江七郡田庐保障,必须修筑巩固,乃可有备无患。蒙我皇上不惜百万帑金,使全塘百废兴举,又额设二十万馀金,以为岁修工用,所以保卫长塘者至周极备。窃思捍海莫重于塘长百馀里一线危堤,寄于东西两防同知,及海防守备之手,其责任又重于工员。是以三年俸满,例准保题升用,奖叙特从优渥。第国家用人,有功则赏以示劝,有过则罚以示惩,两者不可偏废。〔三〕

今查海塘工员,有赏例而无罚例,恐各员先存幸免之见,草率苟简,何所不至？塘之旋筑旋圮,未必不由于此。嗣后修筑石塘,应请饬令承办之员,时时保护。如于十年保固限内坍塌,立责赔修,十丈以内限三个月,十丈以外限四个月,如限内未竣,即行奏参,或因事故升迁,已离本省。应先行筹款修筑,实用银数若干,咨会原籍任所追缴归款。其实在无力完缴者,即于原办各上司分作十分摊赔。如此立定章程,庶各员知所警惕,不敢不认真办理。各上司亦必详慎讲求,事事核实,似于工程有所裨益。"下部议行。

二十年五月,奏请暂停鼓铸,并将存司钱本银两,易钱运局,即同局钱搭放兵饷,扣银完款,以平市价,从之。六月,奏英吉利船驶入浙江定海县,登岸滋事。谕曰:"前经查禁鸦片烟,广东省已断绝贸易,叠经降旨,令沿海各督抚严加防范,何竟毫无觉察,形同木偶,致令登岸滋事？乌尔恭额着先行交部严加议处。"旋奏定海县城失守,谕曰:"乌尔恭额等筹备不力,部议革职,尚不足以蔽辜。惟现当防堵之时,若竟予罢斥治罪,转得置身事外,着暂革职留任,带罪图功,以观后效。"七月,谕曰:"乌尔恭额以封疆大吏,遇英人滋扰,事前既无准备,临事不合机宜,且该抚奏报后,朕心方深厪注,乃相距已及半月,折件仍照常由驿驰递,实属督率无能,糊涂不晓事体。着即革职,仍令随营效力赎罪。"九月,奉旨,解京拿问。十一月,命军机大臣会同刑部严讯拟罪,寻谕曰:"前因英人断绝贸易,朕早料其必于海疆要隘肆行滋扰,屡经降旨,饬令各督抚严加防范,勿任觊觎。乃乌尔恭额不能先事筹画,以致定海仓猝失守,复调度无方,一筹莫展。似此昏愦,罪无可逭。现据军机大臣会同刑部议罪,将该革员发往<u>新疆</u>充当苦差,尚不足以惩儆;<u>乌尔恭额</u>着改为绞监候,归入明年秋审情实。"二十一年九月,蒙恩减等,发往军台充当苦差。旋经兵部援例奏称,军台并无苦差可当,改为发往军台效力赎罪。十二月,在台病故。

【校勘记】

〔一〕托名短纤 "托"原误作"记"。今据<u>乌尔恭额</u>传稿(之二三)改。

〔二〕曾经奏请戴汛等处建复条块石坦五千七百馀丈 原脱"戴汛等处"四字。今据<u>乌尔恭额</u>传稿(之二三)补。

〔三〕两者不可偏废 原脱此六字。今据<u>乌尔恭额</u>传稿(之二三)补。

巴哈布

<u>巴哈布</u>,<u>乌忒米氏</u>,<u>蒙古</u>正蓝旗人。<u>嘉庆</u>元年,由健锐营前锋授蓝翎长,随参赞大臣<u>德楞泰</u>出师<u>湖北</u>。三年,追剿股匪于<u>川</u>省之<u>香冲</u>、<u>王家坪</u>等处,奋力夹击,擒贼渠<u>龚其位</u>、<u>卜三聘</u>,并零匪二百七十馀人。<u>巴哈布</u>在事有功,赏戴蓝翎。五年,荐升前锋校,败贼于<u>黄茅坪</u>。六年六月,升委前锋参领。十月,升副前锋参领。七年,以三省贼氛渐息,大功将次告蒇,奉檄回任。十一年,洋匪<u>蔡牵</u>扰<u>台湾</u>,调赴<u>闽</u>省扑剿。十二年,<u>陕</u>省标兵滋事,出师<u>绥定</u>、<u>西乡</u>一带,叠有斩获。十五年,升前锋参领。十八年,<u>滑县</u>教匪不靖,檄赴<u>豫</u>省协剿,受矛伤,得邀赏赉。寻升右翼委翼长,随御前大臣<u>拉旺多尔济</u>带兵前往<u>黄村</u>一带搜捕馀匪。十九年,以失察凯撒官兵携带幼孩,降一级留任。二十二年,授右翼

翼长。二十五年,擢镶蓝旗蒙古副都统。

道光元年三月,赏换花翎。四月,管理健锐营事务。七月,署镶蓝旗护军统领。二年,署镶红旗护军统领。五年二月,复署镶蓝旗护军统领。十月,授喀喇沙尔办事大臣。十二月,请将伊子扎尔汉随往任所,帮办家务,上从之。六年六月,逆裔张格尔纠同安集延、布鲁特各回庄,由开齐山路突来滋扰。七月,以阿克苏办事大臣苏伦保请调土尔扈特、和硕特蒙古兵驰往救援。上以蒙古兵素少训练,恐无纪律,谕令沿途探听,会合进发,相机救援,不可轻进。八月,以军情紧急,巴哈布率领所部弁兵前赴喀什噶尔会同剿办。寻得旨,仍令折回喀喇沙尔,自行防守。九月,阿克苏浑巴什河南岸屯聚贼匪,躐浅渡河,巴哈布带兵迎剿,分布堵御,殄贼多名,上嘉其督率有方,下部优叙。越日,贼党复纠众焚抢乌什阿察他克台,屯踞阿拉尔回庄,巴哈布偕乌鲁木齐提督达凌阿合力攻扑,贼窜沙坡、树窝,我兵两路钞截,扑上沙坡,歼贼无算。捷入,上嘉之,并邀赏赉。

十月,奏蒙古官兵各归游牧,自请仍赴军前听候调遣,上以喀喇沙尔为回疆南路咽喉,命巴哈布即回本境镇静抚绥,一切军火粮饷,沿途照料迅速催趱,以利军行,不必身在行间,乃为报效也。十一月,扬威将军长龄以巴哈布曾经行阵调赴军营,奏入,允之。七年正月,贼党攻扰和阗,该城回众缚贼迎降。巴哈布统领马步队前赴该城抚驭,边圉以安。二月,进兵洋阿尔巴特庄,贼众排列高冈,抵死抗拒。我军分为三路,并力兜剿,巴哈布偕领队大臣哈朗阿、总兵吕天俸等由左钞截,跟踪追杀,不避锋刃,贼大溃。越日,改攻沙布都尔庄,大兵各分五行,[一]按队前进,贼匪临渠据险,枪炮齐发,我师飞身渡越,冲入贼锋,奋勇夹击,贼披靡,审浑水河凫渡,官兵躐水追扑,复有援贼自西北林来,乘胜迎剿,歼擒四千馀人。三月,馀匪屯聚阿瓦巴特回庄,贼势鸱张,巴哈布率领马队两翼齐进,复以连环枪炮随风施放,我兵冒烟冲压,大败其众。四月,四城克复,以巴哈布之子扎尔汉在事出力,赏给笔帖式。闰五月,署叶尔羌帮办大臣。

七月,大兵凯撤,谕曰:"上年逆裔张格尔入卡滋事,攻陷城池,巴哈布接据苏伦保求援之信,即檄调土尔扈特、和硕特蒙古兵,并带其子扎尔汉迅速前往,奋不顾身,将贼首库尔班素皮等歼毙,已为殄贼之先声。是长龄未到之先,非巴哈布不能痛褫贼魄,保障东四城,俾大兵进取有资,厥功甚伟。现当大功告竣,允宜特沛殊恩,用酬懋绩。巴哈布着给云骑尉世职,巴哈布之子扎尔汉前已赏给笔帖式,着加恩以六部笔帖式即补。"十月,命回喀喇沙尔本任。十一月,请奏鼓励喀喇沙尔办理军需出力人员,得旨允行。八年五月,以巨憝成擒,西陲荡平,绘像紫光阁,赞曰:"阻遏贼势,浑巴什河。伺隙躐渡,狡诈计多。先声大振,莫敢谁何。我战则克,功在横戈。"寻逆酋槛送京师,上以该大臣沿途支应,诸臻妥协,下部优叙。八月,调库尔喀喇乌苏领队大臣。九年,授塔尔巴哈台参赞大臣。十年十月,调正蓝旗满洲副都统。十一年五月,奏筹款采买布匹,允之。

十月,召还京。十二年九月,署镶蓝旗蒙古副都统。十一月,授江宁将军。十四年,劾奏办理马甲文明立继案件错谬之佐领各官,请下部分别严议、议处,从之。十五年,以保送佐领佛尔洪阿步射无准,部议镌秩,上加恩改为降一级留任。十七年,卒。

谕曰:"江宁将军巴哈布由健锐营前锋从征川楚,历经出师陕甘、滑县等处打仗,杀贼受伤,屡着功绩。前因回疆戡定,绘像紫光阁。迨简授江宁将军,五载以来,颇能整饬,正资倚任,兹闻溘逝,殊堪悼惜! 着加恩照将军例赐恤,准其入城治丧。所有任内一切处分,悉予开复。应得恤典,该衙门察例具奏。"寻赐祭葬,谥勤勇。

【校勘记】

〔一〕大兵各分五行　"五行"原误作"行伍"。耆献类征卷三二一叶一五下同。今据巴哈布传稿(之二三)改。

特依顺

特依顺,他塔拉氏,正蓝旗满洲人,驻防福州。嘉庆二十年,由前锋校补委骁骑校。二十四年,补骁骑校。道光三年,升防御。四年,升佐领。七年,升协领。十三年,台匪滋事,随将军瑚松额渡台,协拿首匪张丙、陈办等,并生擒贼目吴鳅、吴鲍。事竣保奏,赏戴花翎。十五年四月,擢荆州左翼副都统。九月。兼署将军印务。十月,授云南腾越镇总兵。

十七年正月,调密云副都统。四月,奏:"前在福州协领任内,教演抬炮,施放有准,远至二百馀弓,较子母炮捷速便利。密云地属冲繁,请于隘口添设二十位,于操防甚为有益。再密云操演枪炮,向来均无奖赏。查旗营南、西二门外空隙馀地,每年地租所入京钱四百六十八千文,除夏间阅箭支搭凉棚,约用钱三四十千文,其馀作为操演枪箭奖赏。至新添抬炮二十位,每炮需兵五名,请将每年领广储司修理弓箭鹄档公费银七十两,作为操演抬炮奖赏。庶随时鼓励,操防可期得力。"又奏:"玉田、三河、顺义、昌平四州县所设官兵,仅止操演马步箭,俱未设有鸟枪。拟于密云驻防原设鸟枪四百八十杆内,挑选尺寸较长、打把有准者,每处拨给二十杆,交各防御承领,令其专习准头。[一]至密云操演大阵时,即由排枪内拨入八十杆,以符原数。"俱如所请行。

七月,奏:"古北口防御一员,系由玉田、三河防御转调之缺。玉田、三河防御二员缺出,系不论旗翼,通行拣选,委骁骑校八名,俱系按翼挑取。惟八旗设有骁骑校四员,每二旗一员,遇有缺出,应在该二旗之委骁骑校、领催内拣选;而委骁骑校、领催之缺,又系按翼挑补。设不得其人,骁骑校碍于成例,不能越次。即本旗有应放之二三人,或有事故,或不相宜,未便迁就。查古北口八旗原设领催十二名,内委骁骑校八名、领催四名。嗣后有骁骑校缺出,请照拣选防御之例,不论旗翼,于八旗委骁骑校、领催内通行拣选补放。"从之。十八年,奏:"密云营原设腰刀,间有白铁无钢,无裨实用。请由京招匠,前赴密云,饬协领监造四百把,存库备操。"上允其请。

寻授宁夏将军。十九年八月,奏:"宁夏满营原设各炮位,俱因年久无裨实用,原设腰刀,亦间有白铁无钢,不能锋铦。请添设抬炮四十位、腰刀四百把,以资操防。宁夏满汉城内并无制造抬炮匠人,其绿营抬炮俱由西安制造,运回本营,工价运费,约需银五百七八十两。添造腰刀,每把工价银一两,共需银四百两。满营现有库存地租平馀马价生息,历年积存银三千五百八十馀两,吁恳动拨。"九月,奏:"宁夏营领催、前锋选补骁骑校,进京时,向由恩赏项下,例借银三十两津贴路费。该员等职微力薄,往返长途,每形支绌。查宁夏八旗官兵俸饷,系由藩库支领库平,而以市平发放积存平馀银两,正可借充公用。请嗣后遇有领催、前锋补放骁骑校者,即于平馀项下借给银六十两,拟正者二年归还,拟陪者四年归还。文武会试借给四十两,乡试借给十两,俱作二年归还。如平馀积至三千两,兵丁遇红白事件,照依官借之数借给,二年归还。俟积至一万两,再行请交宁夏府发商生息。"允之。

二十一年五月,入觐。七月,英人犯广东,扰及浙江。赏都统衔,作为参赞大臣,驰赴广东。九月,改赴浙江办理军务。二十二年二月,命钦差大臣耆英驰赴浙江省城,会同特依顺严密防守。三月,定海官兵焚烧英船,获有胜仗,上以特依顺驻守省城,尽心防御,下部优叙。四月,署理杭州将军。英人陷乍浦,特依顺未能先事预防,应严议,寻奉旨:"特依顺着加恩改为革职留任。所有前次从优叙议之处,着一并撤销。"旋因定海兵勇击毙英人,焚毁船只,扬威将军奕经奏入,特依顺仍加优叙。六月,奏准乍浦满营官兵眷属,统归嘉兴暂行驻扎。七月,奏:"乍浦失陷之日,满营阵亡弁兵,业由奕经奏请恩施外,今续经查出尚有殉难男妇子女五十五名口,〔二〕请造册送部照例旌奖,以慰忠贞。"又奏:"乍浦阵亡甲兵,空缺不敷挑选,因该营改为陆路,原设水手兵丁五十名,应行裁撤。请于此项兵丁内择其技艺可观者挑补。"先后奏入,均如所请行。

九月,授杭州将军。十月,定海、镇海、宁波相继失守,特依顺不能设法救援,应严议,上念其到浙未经派令督兵打仗,即乍浦失守时,伊亦驻扎杭州,改为革职留任,八年无过,方准开复。十二月,奏:"乍浦营设有公济银六千两,向为红白赏恤之用。被兵以后,应行扣还者无多。请筹补以供支借。额设军器,现存无几,请补造齐全,以资操防。又查明乍浦衙署、兵房被兵以后,难资栖止,请将各官兵俸饷借支修理。至城垣、卡房等工,并副都统衙署,统归善后案内勘办。"从之。寻镇海英船全数退出,特依顺奏现饬招集流散,安抚居民,至城垣、衙署、炮台等工,亦分别缓急,次第办理。上以英人现在就抚,准令通商,浙江各海口仍应加意防范,师船炮械如何接应,各处隘口如何布置,种种善后事宜,命特依顺等各就地势悉心妥议章程具奏。

　　二十三年二月,勘明乍浦情形并会筹善后事宜,奏:"乍浦为浙江之藩篱,而亦江苏吴淞之保障。乍浦之守若固,杭州固可恃以无虞,江苏亦可借以为卫。是其紧要,不亚宁波,城外距大洋不过里许,左则山峦联亘,右则塘岸袤延,形势散漫,并无口门。原设葫芦城炮台一座,已被英炮轰毁。相度地势,一遇海寇窃发,不惟塘岸地势平漫,处处可登,其沿海一带,山形卑薄,皆可攀越。即多建炮台,亦恐未能得力。况塘岸则路极逼窄,山峦则径属敧斜,又有不容多为建筑之势。若不整顿兵技,徒事兴筑,仍为无补事机。此时惟训练兵丁为第一要务,使其技艺日精,胆气日壮,设遇强寇凭陵,不能胜之于水者,或可胜之于陆。至于炮台等项,则当就旧有之基址兴修,以为冲锋之用,未始不可却敌,正不待纷纷添造也。"疏入,得旨:"特依顺等奏,乍浦无险可守,多建炮台,不能得力。当以训练兵丁为要,所见甚是。即责成该将军等,将该处满营、绿营官兵竭力整顿,一洗从前恶习。

至地利所不足，当以人事补之。若因其无险可扼，遽置不议；设遇海上有警，必致束手无策。若仍于近海口岸建炮设兵，[三]一遇强寇轰击，势必如前溃散，尚安望其转战成功也耶？所称或可胜之于陆，临敌恐亦无把握也。着耆英、刘韵珂会同该将军相度形势，悉心筹画。"

七月，奏："杭州满营额马六百匹，以供差操。南方地气潮湿，本难久畜，兼之路多石砌，马力难施。请裁二百八十匹，留马三百二十匹，足供差操。月支草乾，可撙节银三千七百三十一两八钱六分八釐。现在杭州兵丁操演枪炮新阵，并抬炮鸟枪准头，自应奖赏，即在撙节马乾银内，划出银七百两，匀拨杭州满营四百两，乍浦满营三百两，为春秋二季奖励之需。"会部议核减各省马乾银两，特依顺覆称："杭州满营裁撤实拴马匹留存马价，其原支草乾二个，春冬二季每个一两三四分，夏秋二季每个只有八钱三四分，加之饷银二两，每月每兵支领三四两数钱，除扣还修屋出差、红白事件、公济借项，以及制备弓箭、随时添补军器、买补马匹外，每月每兵实支二三两，以至一两数钱不等。其各官所支马乾，亦须津贴喂养，并买补马匹、制备军器，以及修补衙署，近因调拨防堵，差务殷繁，且逐日操演，差操较前倍加，若即议裁减，于生计不无窒碍。请照常支领，以资津贴。"上可其奏。十一月，奏："杭州旗营设有小红衣炮十位，[四]演放不能得力，请仍交军需局收存。现存广东大炮二十位，酌留八位，递年轮流演放，其馀十二位，浙江善后章程内，所有添设炮台，尚须添铸炮位，请交浙江巡抚择扼要处所酌量分设。"二十五年，勘明杭州乍浦满营官员衙署，自二十一年骤遇大雪，益形坍塌。请借给协领、防御、骁骑校、笔帖式、荫监各员共银一万四千五百六十两,及时兴修,就应领俸银内分作八年坐扣。均如所请行。

二十六年,调乌里雅苏台将军。二十八年,因病请假,赏假调理。二十九年正月,卒。谕曰:"特依顺现在病故,着加恩照将军例赐恤。任内一切处分,悉予开复。应得恤典,该衙门察例具奏。"寻赐祭葬如例。

【校勘记】

〔一〕令其专习准头　　"专"原误作"传"。耆献类征卷三二六叶一四下同。今据特依顺传稿(之二一)改。

〔二〕今续经查出尚有殉难男妇子女五十五名口　　原脱"口"字。耆献类征卷三二六叶一六下同。今据特依顺传稿(之二一)补。

〔三〕若仍于近海口岸建炮设兵　　"岸"原误作"处"。耆献类征卷三二六叶一八上同。今据成录卷三八九叶二三下改。

〔四〕杭州旗营设有小红衣炮十位　　原脱"旗"字。耆献类征卷三二六叶一八下同。今据成录卷三九九叶二六下补。

那彦宝

那彦宝,满洲正白旗人,大学士阿桂孙。乾隆五十年,由文生员擢三等侍卫。嘉庆四年二月,升二等侍卫。五月,袭骑都尉,升头等侍卫,补奉宸苑卿。七月,补尚茶正,充崇文门副监督。八月,兼公中佐领。九月,授镶蓝旗汉军副都统。十月,因天坛上班迟误,降头等侍卫。五年五月,上念阿桂旧勋,以阿迪斯、那彦成均被遣谪,特擢那彦宝正黄旗汉军副都统。时蒙古请将老河南北两岸,指地迁换,作为公中牧厂,命那彦宝往勘,同索特纳木多尔济会奏曰:[一]"蒙古所欲迁换者,因其地距水相近,牧厂生计攸关,固属紧要。但老河两岸种地之民,户口过多,迁移未便。惟老河对岸顺坡斯板囊、金哈抬两处,户口尚属稀疏,拟将此处概令撩荒,作为牧厂,并令三座塔税员及该旗扎萨克等,将所指都沁他拉之地,按亩加三,公同拨换,实属两有裨益。"允之。十月,调镶蓝旗满洲副都统,授内阁学士,兼礼部侍郎衔,旋补上驷院卿。十一月,擢兵部右侍郎。十二月,袭一等轻车都尉。

六年正月,署理藩院右侍郎。四月,调兵部左侍郎。六月,永定河决,命偕武备院卿巴宁阿,前往驻扎东岸,侍郎高杞、莫瞻箓驻扎西岸,分投督办。嗣因高杞等回京,那彦宝与巴宁阿专事堵筑,计石工三百馀丈、灰土工一千一百馀丈、埽土工三千二百馀丈,被淹九十馀州县。奏请照乾隆年间江赈等例、新开永定例,下部议行。七月,调工部左侍郎,仍留工次。时卢沟桥水势陡长二尺有馀,拟于南北两岸漫溢处,先筑土堤,请发帑一百万,以备购料;其附近地方百物昂贵,例价不敷,请暂照市价购办。从之。复奏长新店一带散赈情形,谕曰:"南路灾民业已无虞乏食,惟长新店、卢沟桥等处待赈者多,着于京仓再拨米二千四百石,交那彦宝等酌量情形,设厂赈济。"又谕曰:"本日那彦宝递到奏报,水势陡长,自当驻工筹办。现在天将庙土堤业已办竣,此外漫口各工,可以堵筑,且使灾民佣工,借此以工代赈。此时京城分厂赈济,灾民渐聚渐多,京中自不便久住。现已赏拨米石,于长新店一带设厂赈济。着那彦宝妥为办理,总须实惠及民。"九月，以二十三号坝工口门愈窄，溜势湍悍，随饬昼夜堵筑，将坝身增高，一面安镶大埽。

十月，奏大工合龙，奉上谕："本年卢沟桥一带决口四处，派令那彦宝等上紧堵筑，并将下游淤塞设法疏浚，雇集人夫五万有馀，以工代赈。幸兴工后，天气放晴，水势渐退。办理两月馀，漫口全行合龙，河复故道。那彦宝遇事虚心，筹画尽善，不愧为阿桂之孙，着加恩挑为御前侍卫，仍交部议叙。"时莫瞻箓查勘姜晟所挑牤牛河等工，甫及一载，尽属沙淤，奏请暂缓题销。奉旨，交那彦宝查奏："勘得牤牛河长一百四十七里，自金门闸至米各庄二十里，淤成平陆。缘金门闸口宽二十馀丈，牤牛河宽止五六丈，分泄不及，加以盛涨沙停，遂致淤塞。承办各员虽无草率情弊，但未便遽请题销，应饬仍按原挑尺寸，妥为浚疏。"奏入，允之。十二月，署仓场侍郎。

七年二月，奏言："永定河南北两岸及三角淀等处，自从前督臣刘峨加培后，十馀年来，日形卑薄。且经上年异涨冲决，残缺尤多，择其必不可缓者，计长二万七千馀丈，当饬永定河道妥为办理。惟石景山及两岸附近尽是沙砾，必须数里外取用好土，其盖顶镶帮，仍须胶土封护，方足以资巩固。且此次加培后，尤须豫定章程，随时修理。因饬令制单轮土车一千辆，计一车所运可抵三夫肩挑之数。将来按工段之险平，定车数之多寡，分留各汛，遇有残缺，随时补筑。"又言："上年工次需人较多，曾招集灾民佣工代赈，卢沟桥一带需用匠役居多，所雇人夫只可挑水挖土，现有二万馀人，已足敷用。"上以多用一夫即少一饥民，如可增添，仍当悉心筹画。四月，奏请加增永定河岁修银五万六千两。五月，工竣。六月，调兵部左侍郎。

十月，南河唐家湾漫口，诏往查勘。十一月，偕费淳、吴璥筑挑水大坝，复于坝尾接筑护堤四十丈，遏住全溜，随即堵塞。十二月，初彭龄奏参滇省维西军务动用司库银两，藩司陈孝昇、迤西道萨荣安通同舞弊，命偕大理寺卿章煦前往查办，兼署云南巡抚。八年二月，抵任，谕以"实心办理，勉法汝祖。"三月，查明陈孝昇经办黔省兴义军需，洒销挪补，于例不合；萨荣安支放军需，所扣平馀，为报销弥补之计，殊属错谬；保山县知县杨跃鳞借运军粮，[二]派累滋扰：俱应论罪如律。又奏云南各县交代迟延，逾限者四十六案，例应革职者四十九员，降调者二十四员，概行参劾，则滇省几至一空，奏恳姑予留任，勒限严催。又奏宁台厂未经揭煎之紫板铜，原定六九成色，拨给各省采买，各省委员以铜质厚黑，屡请改拨，陈孝昇遂将尖山厂铜斤私行换给，所存宁台厂低铜五百馀万，煎验仅六三成色，俱由承办官员短扣工本所致。应着分别追赔，至煎净尚须时日，委员未便久稽，请仍以尖山厂铜先行拨给。奏入，俱允之。七月，兼署户部右侍郎，管理钱法堂事务。

九月，豫省衡家楼漫口，命偕尚书刘权之驰往查勘。值上游秦家厂险工叠出，赶紧抢筑，截住横流，随即相度坝基，展往迤南，并酌挑引河，俾得吸川之势。九年二月，启放引河，东坝埽工陷蛰塌去三十馀丈，旋即抢镶平稳。三月，奏报合龙，谕曰："那彦宝虚衷集议，不辞劳瘁，实属可嘉！伊本袭有一等轻车都尉世职，着加恩又给一云骑尉世职，仍交部议叙。"七月，调户部右侍郎。十年三月，诏以成亲王敬书圣制文，并墨刻四种赐之。六月,永定河北岸二工漫溢三十馀丈,又下头工河堤蛰陷二十馀丈,诏往查办。奏言:"闰六月十七、二十七等日,将北下头工及北二工先后合龙,其旱口七处现已全行完竣,所有工次采办物料,堵筑水口、旱口,用银六万三千九百六十九两零,着落各官分赔。"允之。寻转户部左侍郎。十月,命查勘苇子峪山路情形。先是,丰绅、绪纶奏称苇子峪山路窄狭,必须鏊凿,方能行走。十一月,覆奏峪内挪移树枝,鏊凿山石,恐于陵寝风水有碍,得旨,着不必办理。

十一年正月,调工部左侍郎。寻授泰宁镇总兵,兼内务府大臣。三月,西陵白桩界内,间有居民改建房屋。查于风水无关,奏准将红白桩分别挪进。十三年六月,因失察西陵总管盛住贪冒侵欺,降头等侍卫,派往哈密换班。十月,授阿克苏办事大臣。十四年,奏言:"回疆生齿既繁,案牍日多。请将伊犁废员拨归乌什、阿克苏各一名,帮办刑名事务。"奉旨允行。十五年七月,调叶尔羌办事大臣。八月,授镶白旗汉军副都统,仍留叶尔羌任。十六年二月,调塔尔巴哈台参赞大臣。十一月,授镶蓝旗满洲副都统。十二月,兼镶白旗护军统领。十七年三月,铁保等奏喀什噶尔钱局舞弊,那彦宝家人得受陋规,部议降调。九月,赏给三等侍卫,在大门上行走。十二月,授正红旗蒙古副都统。十八年正月,兼正红旗护军统领。二月,授泰宁镇总兵官,兼内务府大臣,值泰陵宝城墙身膨裂,命即日前往详细估勘,会同苏楞额敬谨承修。先是,凯音布、哈宁阿奏称开工后,复加详勘,应修者尚多。那彦宝查明凯音布等所报不实,奏请议处,从之;并以将事敬谨,赏戴花翎。

十九年,授理藩院右侍郎,兼正蓝旗满洲副都统。闰二月,调工部右侍郎,进六大班。三月,署仓场侍郎,授总管内务府大臣,兼管上驷院、圆明园事务,充对引大臣。五月,调刑部右侍郎,六月,转左侍郎。命偕章煦前往运河查勘水势,兼察金乡匪徒滋事。七月,奏参山东吏治废弛,地方凋敝,实因抚臣同兴不能整顿,相率因循。藩司朱锡爵徇私废公,济南府知府凝图声名狼藉,一味姑容,金乡匪徒李义等挟捕役访拿之嫌,纠众拒捕,照律问拟。先是,十八年九月,睢汛二坝漫溢,值滑县用兵,工程暂缓。至是,带同司员温承惠等赴工堵筑。九月,由西坝斜向东北建立坝基,东坝则自磨盘坝起,镶长五十丈,并安镶大埽,复于上边埽内浇筑夹土坝,下边埽外添设护埽,层层进占。旋以水冻停工。二十年正月,兴工堵截,并将积冰凿开,大溜掣动,形势颇利。惟因引河草率,奏参督催抽沟之员熊方受等,奉旨革去顶带,责令赔挑。二月,竣工。三月,偕吴璥、李鸿宾、方受畴奏言:"睢工自合龙以后,可庆安恬。惟查大坝系柴土新工,日久不免平蛰,尚须多加重土,量为培高,坝后应赶浇土戗,始有后靠,并于大坝南首接筑柴、土二坝,以作重门保障。东坝下首尚须赶筑挑坝二道,以防溜近堤身。其南北大堤经料车往来碾压,多有低洼,亦宜修筑平整。"奏入,允之。七月,署户部右侍郎,兼管钱法堂事务,署正白旗护军统领。

八月,山西雁平道福海、朔州知州明祥互相禀揭,九月,命偕帅承瀛前往审办,查出福海于差役得赃,实系失察,惟倒填革役日期,究属含糊,应请革职;明祥办理门牌草率,考取武童事后受财,不知洁己,请发往乌鲁木齐效力赎罪。是年,山西蒲、解二州连日地震,伤人至多,命即于山西藩库支银五万两,带往灾区,酌量赏给。二十一年,署镶黄旗护军统领。六月,调户部右侍郎,授左翼总兵。二十二年三月,命带御船处印钥管理圆明园,兼军政大臣。六月,御史宗山以所获聚众敛钱石禄,〔三〕纠约太监人等入会,具奏。谕曰:"步军统领等于所辖地方漫无觉察,均属咎无可辞。那彦宝人尚明白,仍留左翼总兵之任,交部议处。"七月,署行在刑部侍郎,补镶黄旗护军统领。二十三年,访拿奸商运米,私宰马匹,传徒习教,造卖赌具等案,又拿获随营诈差勒索人犯,得旨,以缉捕认真,任内处分,加恩开复。

二十四年七月,永定河北二、南四二工同时漫溢,命偕吏部尚书吴璥分工专办。嗣因北岸上头工漫口三百馀丈,掣动大溜,北二漫口汇归一处,南四工已水浅挂淤,谕令吴璥即会同督办北上头工,请发银十万两,以备工用,允之。八月,东河漫口,命吴璥前往,所有永定河工程专交那彦宝同总督方受畴督办。九月,合龙,交部从优议叙。十月,奉旨,偕尚书戴均元前往河南武陟查勘坝工,那彦宝留驻马营坝,会同吴璥督办。十一月,奏言:"臣等驰抵工次,前赴王家沟口门察看大溜,水势尚属平缓。惟引河工段绵长,挑挖亦需时日,且进占以集料为先,而两坝运贮秸料,〔四〕仅有一千馀垛。近处及三百里外俱已购尽,必须于更远地方采买,计料一垛须车二十五辆,往返即须半月。现在多方设法,俟聚至二万垛,方足应用。查前次各工,本处料物不敷,俱由邻省接济。请于直隶、山东、江南之与豫省连界者,采办各千垛,委员交武陟工次。"从之。

二十五年三月,引河挑工如式启放,清水畅流。奏报合龙,谕曰："上年马营漫口,当派**那彦宝**、吴璥会同叶观潮、琦善筹办,该处土性沙松,水深至十二丈馀尺,引河至八百馀里之长。购料至二万数千垛,发帑至一千二百馀万之多,自十一月兴工,至本年三月金门断流。**那彦宝**实心办理,尚为迅速,着补授镶蓝旗汉军都统,即取道山东回京覆命。"旋因南岸仪封三堡复刷成漫口,续塌一百三十馀丈,上以**那彦宝**于北岸合龙后,迟延十馀日,并不赶赴南岸速为筹办,革去都统,降补内阁学士,署理河南巡抚。四月,授正红旗满洲副都统。五月,卸巡抚任,因保奏议叙人员滥用"超等"、"特等"字样,并请以守制道员严烺预补徐州道,俱属违例,部议降调,改降留。七月,署镶白旗护军统领。八月,仍赴豫办工。十一月,覆刑部左侍郎。奏言大坝口门逐渐收窄,仪封大工东、西两坝将届垂成,以天寒冰凝,添雇人夫,尽力开凿,旋即同时进占镶筑坚稳。十二月,命充经筵讲官。

道光元年,调吏部左侍郎,署左翼前锋统领。二年正月,以先后办理河工,不知洁己,声名平常,奉旨降头等侍卫,派往吐鲁番换班。五月,调科布多参赞大臣。三年三月,署喀喇沙尔办事大臣,奏定民人与蒙古交易章程,谕曰："蒙、民交易,由来已久,兹据查明,蒙古负欠商民者,为数过多,勒限竟不能归还。凡粮烟茶布,为蒙古养命之源,着准其拨给商民部票,与蒙古公平交易,旧欠亦令陆续归还。惟科布多所属蒙古部落七处,除土尔扈特、霍罕向不通商外,馀俱询明令其交易。至乌梁海与哈萨克接界,往往因缘为奸,着即禁止。"十一月,奏定商人所领货物,须用将军、参赞印票注明,方许在城售卖,从之。四年四月,命来京,以前在刑部时拟流官犯侯际清呈请赎罪,失察官吏得赃,率行画诺,降四级调用。七月,赏蓝翎侍卫。

　　六年三月,授通政司参议。七月,库车回匪滋事,赏给头等侍卫,为库车办事大臣。十二月,奏言:"臣前过甘肃,察看内地州县,应付车驼,颇形拮据。肃州前起官兵,因出关后无车马更换,全行越站,至后路官兵踵至,赶办不及,积聚至四千馀人。臣筹办粮运,自当悉心经画,惟恐新疆车驼粮石一时赶办无多,容俟到任后具奏。"上命与喀喇沙尔大臣商同筹办。七年正月,扬威将军长龄请以那彦宝调乌什办事大臣,上以库车有催趱后路粮运事宜,亦属紧要,仍着在彼经理。三月,暂署乌什事务,奏曰:"乌什西南一带,直逼喀什噶尔等处,为大军后路。西北一带,俱系布鲁特游牧,自张格尔滋事后,从逆者多,均须加意防范。西南要隘,已知会提督齐慎防堵,其偏南柳树泉并西北一带,亦饬分兵弹压。其馀山路小径,俱酌量分布卡伦,多设侦探。"四月,又奏乌什所属奇里克部落布鲁特距城切近,去秋叠次抢劫。臣到任后,分兵防守,拿获布鲁特抢马贼犯,诘以库鲁图克逃往何处。据供,有馀匪藏匿山内,谋抢乌什等语。随饬副将等进山剿办,见贼百馀人踞险抗拒,我兵悉力仰攻,复钞上山梁,合击,全行歼毙。又偕齐慎奏言乌什西南为贼匪藏匿之所,三月内分兵两路兜击,杀贼四五百人。上以两次进剿情形,并无逆迹,着恒敬密加访察。五月,恒敬奏查明布鲁特确有抢掠实情,附逆之库鲁图克现已访获。

　　时大兵克复喀什噶尔,上恐张逆窜入乌什一带地方,谕令严密访查。五月,仍回库车任。十月,大兵凯旋,奏上,谕所留之兵可由该城支办兵糒,无须再运,其在途者,仍运至阿克苏及库车二处存贮。旋以阿克苏存贮六成、库车存贮四成奏闻,授喀什噶尔参赞大臣。十二月,调塔尔巴哈台参赞大臣,奏言:"六年军兴以来,所有应付脚价,俱应造册呈报。至内地各委员接办粮台,自三月至今用银八万馀两,存银应即解还。惟库车每年额调经费银五千两,俱系兵饷,遇有应行支放,无项通融,请将馀银扣留五千两,以备应用。"八年二月,复偕长清奏言:"阿克苏、库车存贮之粮,原为暂留防兵接济。今首逆就擒,所需口粮,无须运往。查所存粟米不堪久贮,且本年豁免之粮,现应买补,请将所馀之米,即照应买之数划出,以备支放。"俱从之。十一月,授绥远城将军。

十年,调成都将军。十二月,宁远府界曲曲乌、窝石等支生夷出巢焚劫,清溪县属松坪土司马林因改土归流,主使夷人滋事,其党马应明等分投马烈场、唐家坝等处焚抢。那彦宝偕总督鄂山、提督桂涵剿贼于羊脑山,追至老瓦岩,杀贼甚众。马应明复与马林纠集四千馀人,齐集几子山,奔扑大营,麾兵追逐,贼渐遁去。十三年二月,督兵在峨边堵截,又饬建昌镇坚守大树堡,闻山后香树顶有贼屯聚,移兵往剿。贼匪踞山掷石,我兵左右兜击,其阿吾一支千馀人前来攻扑,官兵三路并攻,馀匪逃窜。清溪一带,渐即肃清。三月,桂涵卒于军,那彦宝署提督事务,进兵马梁山等处。贼蜂拥扑营,我兵枪炮齐施,轰毙无算,贼势渐窘。逆首罗木则等始行投出,随将马林所属夷堡十一处烧毁。时上已授杨芳四川提督,前往接办,命那彦宝来京。四月,移营大树堡,驻扎狮子山梁,擒获马林于黑吗溪,馀匪抵死抗拒,调兵进剿,屡有克捷。奏入,上命杨芳赶赴大营,迅速葳事。

七月,来京,署正黄旗蒙古都统。九月,奉旨:"那彦宝年逾七十,着以原品休致。"十八年六月,因前管理奉宸苑失察挪移挂欠钱粮,交部议处,革职。二十三年十一月,卒。

【校勘记】

〔一〕同索特纳木多尔济会奏曰 "济"原误作"庆"。耆献类征卷三二三叶一〇上同。今据那彦宝传稿(之二一)改。

〔二〕保山县知县杨跃鳞借运军粮 "鳞"原误作"麟"。耆献类征卷三二三叶一二下同。今据那彦宝传稿(之二一)改。

〔三〕御史宗山以所获聚众敛钱石禄 "禄"原误作"渠"。耆献类征卷三二三叶一六上同。今据那彦宝传稿(之二一)改。

〔四〕而两坝运贮稽料 "坝"原误作"处"。耆献类征卷三二三叶一六下同。今据那彦宝传稿(之二一)改。

凯音布

凯音布,富察氏,满洲镶黄旗人。嘉庆六年进士,改翰林院庶吉士。七年四月,散馆,授检讨。七月,擢国子监司业。八年四月,迁右春坊右庶子,十月,转左庶子。寻充日讲起居注官。九年,升翰林院侍讲学士。十年,转侍读学士。十一年三月,擢詹事府詹事,兼公中佐领。十二月,升内阁学士,兼礼部侍郎衔。十四年,擢盛京礼部侍郎。十五年,调户部侍郎。十六年六月,调礼部右侍郎,授镶黄旗蒙古副都统。九月,调吏部右侍郎,教习庶吉士。十一月,调正红旗满洲副都统。十七年六月,充左翼监督。十二月,转左侍郎。

十八年三月,以承修泰陵宝城,凯音布于原估外更奏臌裂多处,上命副都统苏楞额等详勘。寻覆勘,除与原估相符外,另有应行增修工段,劾凯音布于承修工务未能核实,请严加议处,寻议褫职。谕曰:"泰陵宝城应修工段,派凯音布敬谨承修。凯音布于赴工请训时,并未谕将修工段之外,另行查勘。乃凯音布于到工后,即率意欲上宝城查勘,其罪一也。查勘后,遂奏称原估工段外,[一]另有臌裂二十四丈有馀,裂缝五道,并有通身满裂一道,且称上台面砖块,间有沉垫不平,缘荷叶沟浸水所致。言之骇听,其罪二也。伊于奉派承修之先,果闻知工段情形甚重,何不于陛辞时先行奏明?乃先无一言,迨后浮开工段,张皇入告,而于实应增修之工,转未勘出,并于召对时妄举不经之词,云闻得墙身裂缝,竟可用竹竿试探。矢口漫说,尤属妄诞,其罪三也。有此三罪,非革职可以蔽辜,着革职发往盛京充当披甲,[二]以示严谴。"六月,左翼监督文孚奏短收盈馀银两,自请议处,上以此次短收银两,在凯音布经管期内,命凯音布照数赔缴。二十三年,释回。

二十四年,以主事起用分户部。二十五年九月,充工部宝源局监督。十月,超擢都察院左副都御史。道光元年,充十五善射。四年三月,升理藩院右侍郎。七月,授镶白旗蒙古副都统,寻调兵部右侍郎。闰七月,调刑部右侍郎,八月,转左侍郎。十二月,以御史万方雍奏参刑部误引律例罪名失当,降三级留任。五年,调吏部左侍郎、正红旗蒙古副都统。六年,充右翼监督。七年八月,署仓场侍郎。十月,议覆海运事宜,于米石到津起卸后,仍照上届章程,由直隶派委员弁分拨押运,以专责成,并严禁书役挑斥米色,于轻重斛收之中,借端需索,从之。八年八月,充顺天乡试监临官,以士子入场拥挤,擦损试卷至三百馀本之多,凯音布未能先事豫筹,下部议处。

十一月,调盛京礼部侍郎。十年三月,因将军奕颢演戏宴乐,凯音布近在同城,并未奏及,部议镌二级留任。八月,兼署刑部侍郎。十一年正月,调户部侍郎,兼管盛京内务府事务。二月,兼署工部侍郎。七月,调刑部侍郎。九月,召来京,授刑部右侍郎,十二月,转左侍郎。十二年正月,调兵部左侍郎。二月,兼正白旗满洲副都统。九月,复调刑部左侍郎。十三年四月,因疏防官犯李相清越狱,降四级留任。十一月,署察哈尔都统,十四年,实授。先是,察哈尔所属右翼马群被灾,倒毙甚多。凯音布奏请借帑抚恤,得旨赏借银二万两,除买补马匹外,作为被灾官兵置产之费;又未经买补马匹银一万六千五百两,均由该官兵俸饷内坐扣,予限十年扣缴完款。至是,奏言:"牧群官兵均赖俸饷当差,扣项较多,未免拮据。请将此项自十三年为始,按年先扣户部马价银一万六千五百两,二十三年完款后,再接扣口北道库银二万两款项,至三十二年归完,以纾兵力。"从之。

十六年七月,授都察院左都御史、镶蓝旗蒙古都统。九月,充武会试监射大臣,旋授成都将军。十八年,奏剿办夷匪,请厚集兵力,多筹粮饷,以张挞伐。谕曰:"四川夷匪,连年出扰。屡经降旨,饬令该将军、总督或剿或抚,认真妥办,乃因循数年,糜饷老师。凯音布始则随同鄂山将就了事,兹复会同苏廷玉冒昧陈请,遽筹大举。此等小丑跳梁,重烦兵力,多糜粮饷,殊属不值。且内地夷匪滋事,从来无此办法。总缘积年经理不妥,日久愈费周章。该将军等种种纰缪,实属有辜任使。着交部严加议处。"旋议革职,上加恩降为二品顶带,拔去花翎,仍带革职留任。寻兼署四川总督。十九年正月,以降补臬司苏廷玉亦因办理夷务不善革职留任,并褫花翎,禀请代奏谢恩,凯音布据情入奏。上以苏廷玉现任臬司,本有奏事之责,前降补臬司时,曾经自行具折。凯音布不即将原禀驳回,据情代奏,亦属冒昧,下部议处。寻议降二级留任。三月,卒。遗疏入,谕曰:"成都将军凯音布,由左都御史擢任将军,宣力中外有年。持躬清慎,任事实心,方资倚任。兹闻溘逝,殊堪矜恤!着加恩照例赐恤,准其入城治丧。任内一切处分,悉予开复。应得恤典,该衙门察例具奏。"寻赐祭葬。

子保麟,理藩院笔帖式;卓麟,山东济南府同知;恩麟,刑部学习笔帖式。

【校勘记】

〔一〕遂奏称原估工段外 原脱"奏"及"段"二字。凯音布传稿(之四四)同。今据睿录卷二六七叶八下补。

〔二〕着革职发往盛京充当披甲 原脱"革职"二字。凯音布传稿(之四四)同。今据睿录卷二六七叶一二上补。

舒通阿

舒通阿,赫舍里氏,满洲正蓝旗人,西安驻防。嘉庆元年,由前锋随将军恒瑞协剿川陕楚三省教匪,屡著战绩。四年,补骁骑校。五年,迁防御。十年,升佐领。十一年,经陕甘总督倭什布保送引见,记名以游击用。

十八年九月,直隶长垣教匪肆扰,窜河南,陷滑县。舒通阿随西安副都统富僧德往讨。十月,败贼于曹起营、周谭村等处,乘胜进攻道口,贼众抗拒,我兵越濠直入贼垒,毙贼万馀,生擒三百馀。旋抵滑县,适桃源贼来拒,官军两面钞截,击走之。又剿贼于白茅庄,俘贼目张法宗等四十七名。时首逆李文成窜濬县之司寨,负嵎死守,我兵驰往合剿,毁寨冲入,李逆自焚死,歼戮逆党多名。十二月,于滑城西南角挖掘地道,密置地雷,乘机轰击,城裂,舒通阿随富僧德由东门入,大军后先策应,执贼渠徐安国,戮贼万馀人。捷闻,下部议叙。

旋以陕西匪徒万五因木厂停工乏食,纠众煽乱,复随富僧德移师剿之。十九年正月,师次斜峪关,侦闻万五股匪将窜桃川,遂于沙坝设伏,贼至伏发,擒斩四百馀人。又剿龚贵股匪于三元坝,贼抢上大山,我兵枪箭齐发,大破之。二月,吴抓抓股匪南窜黄官岭,我兵驰至蓻子河,迎头截剿,贼大溃,诛吴抓抓于阵,生擒伪元帅王占魁。寻闻龚贵窜老林,遂蹑踪跟追,接战于大凝沟,阵戮贼目向小一,龚逆就擒。陕甘总督长龄上其功,赏戴花翎。二十年,升直隶喜峰路营游击。[一]二十三年,调正定镇标右营游击,旋调中军游击。道光二年,升保定营参将。四年,擢督标中军副将。六年五月,升山东登州镇总兵。九月,调直隶正定镇总兵。九年,调甘肃西宁镇总兵。

十二年七月,黄河迤南加咱等族野番,偷渡河北,抢掠蒙古牲畜,并拒伤追捕官兵。舒通阿督率防河员弁,分途侦缉,遇贼于空刁年河,奋勇剿击,毙贼二十馀,获牛羊匹马千馀馀。匪躐浅浮渡，我兵设伏堵截，复毙贼十馀人。十月，赏副都统衔，充西宁办事大臣。十二月，奏言驰抵河南，传集加咱等族千、百户，示以兵威，晓以利害。勒限缚贼缴赃，随获贼匪加洛等十三名以献，悉治如律。疏入，报闻。寻授正白旗汉军副都统。

十四年，上以前后藏贡使中途屡被抢劫，命偕陕甘总督杨遇春酌定永远制宜章程。旋奏："该贡使堪布向由西宁口外草地行走，历年派员在通天河附近接送，后经裁撤，惟果洛克等族番既无钤束，又无恒业，每借打牲，千百成群，窥伺抢劫；而堪布及蒙古番兵人数本少，包驼颇多，行走未能迅速。遇贼复不能抵御，似应官为防护。拟派察汉托洛亥防所官兵一百员名，护送至扎素拉青海界外，并谕知堪布等，不准额外揽带货物，以免逗遛，庶得妥速出境。"从之。十五年，偕杨遇春奏："西宁口外察汉托洛亥地方，额设驻防官兵一千二十四员名，原以捍卫蒙古，控制野番，并于各该王公旗下，每年派蒙古兵五百名，分为四班，以一百二十五名按季轮流，随同驻防官兵巡防，习练武备。嗣于道光十三年前任办事大臣恒敬奏准，将蒙古兵丁改为两班，按年更换。查蒙古生长口外，自幼射猎为生，今使常川操演，不惟铅药火绳无项可出，且一年一换，贫苦蒙古久旷游猎，转于生计不裕，应请仍复旧章，以免拖累而示体恤。"如所请行。十六年，卒。

子岳龄，防御。孙德荫，翻译举人；德钰，前锋；忠连、忠溥、德厚，俱蓝翎前锋。

【校勘记】
〔一〕升直隶喜峰路营游击　原脱"营"字。今据舒通阿传稿（之四四)补。

海龄

海龄,郭洛罗氏,满洲镶白旗人,山海关驻防。由骁骑校于嘉庆十五年授直隶张家口协中营守备。十八年五月,调督标右营守备。九月,随直隶总督温承惠协剿河南逆匪李文成等,屡著战功,下部优叙。二十二年,迁左营都司。道光元年,升宣化镇中营游击。六年,调大名镇中营游击。八年八月,迁八沟营参将。十月,调保定城守营参将。九年,署督标中军副将,十年,实授。十二年,擢大名镇总兵。十三年,调正定镇总兵。十五年,总督琦善劾海龄性耽安逸,不勤训练,请以副将降补。得旨,赏给二等侍卫,充古城领队大臣。二十年八月,授西安右翼副都统。九月,调江宁副都统。十二月,调京口副都统。

二十一年,英人犯浙江,陷定海。海龄奏请将沿海通商码头暂时封闭,命钦差大臣两江总督伊里布、江苏巡抚裕谦议奏。伊里布如海龄议,上斥之;裕谦奏封港之议,徒有碍于安分商渔,而于杜绝接济英船等弊,仍未得其要领,上韪其言,命毋庸封港,惟严饬文武员弁于商渔船只出入,实力稽察。二十二年正月,海龄奏旗营官兵防堵日久,请借半年俸饷,[一]先由旗库备借款内支用,再由江苏藩库拨还,诏如所请。旋经两江总督牛鉴等奏京口旗营官兵,防守本境汛地,例不准借支俸饷。谕曰:“此项银两,业经先由旗库给发。旗库正款,未便久悬,着姑准其于江苏藩库拨项归款。[二]此外防守本境汛地官兵,不得援以为例。海龄于旗库正款未经奏明,辄行动借,着交部议处。”寻降二级留任。

六月,英船由海溯江,犯镇江,城陷。钦差大臣耆英奏海龄自缢殉节,并其妻及次孙同时自尽。谕曰:"海龄为国捐躯,忠义可嘉!着加恩照都统例赐恤,并着派员寻觅该副都统及伊妻、伊孙尸身,妥为盛殓。查其现存子女一同护送回旗,该副都统现有子几人,俟百日孝满,由该旗查明一并带领引见,候朕施恩。俟军务完竣,该地方建立专祠,伊妻及伊次孙俱着附祀。"寻赐恤如例,予谥昭节,赏骑都尉兼一云骑尉世职,袭次完时,以恩骑尉世袭罔替,并入祀京师昭忠祠。九月,御史黄宗汉奏海龄误杀良民,被民戕害,上命耆英等详细覆奏。寻奏:"镇江失守时,海龄自缢,被火延烧,经领催德明等于灰烬中检获骸骨,并原着葛纱袍襟,委员确查殉难属实,并非民变被害。惟不听民逃难,以致城陷,惨遭蹂躏,并骈诛形迹可疑之人,办理失当。"得旨:"海龄固守镇江,拿获奸细,办理草率,原有应得之咎。惟既阖门殉难,大节无亏,着仍遵前旨照都统例赐恤。"旋经耆英奏寻获海龄及伊妻、次孙尸骸,命耆英等派员护送回旗。

子宜兰泰,袭世职,户部员外郎;宜绅泰,蓝翎侍卫。孙清安,袭世职三等侍卫。

【校勘记】

〔一〕请借半年俸饷　"借"原误作"备"。今据海龄传稿(之四四)改。

〔二〕着姑准其于江苏藩库拨项归款　"姑"原误作"始",又脱"着"与"其"二字。今据成录卷三六八叶八下改补。按海龄传稿(之四四)"姑"字不误,而脱"着"与"其"二字。

袁登舜　张喜

袁登舜,原名陈先贵,四川绥定府达县人。嘉庆六年,由宁陕镇中营步兵拔补马兵。十年,奉派塔尔巴哈台屯田。十三年,因叛匪蒲大芳等聚谋不轨,纠约入夥,不从;随经首告,偕同官兵奋往捕获,甚属出力。奏入,奉谕:"马兵陈先贵由宁陕遣戍前往,一闻蒲大芳等逆谋,即指名首告,实属能知大义,着以把总超用,拨归乌鲁木齐提标当差。"十五年,补城守营左哨二司把总,因呈明改复袁登舜本姓名。道光六年,逆裔张格尔滋事,派赴喀什噶尔偕剿,城陷,同济木萨营把总张喜力战,殁于阵。事闻,得旨,均加恩赐恤,荫云骑尉世职。袁登舜嗣,无考。

张喜子松林,袭。喜,甘肃河州人,由行伍历本职。

清史列传卷三十九

大臣传续编四

成顺

成顺,郭啰洛氏,满洲镶黄旗人,青州驻防。由前锋于嘉庆元年补骁骑校。十一年,升防御。十六年,升佐领。十八年九月,直隶长垣教匪窜河南,陷滑县,成顺奉檄前往协剿。十月,随直隶提督马瑜由开州、东明一带进发,侦贼屯潘章,负嵎抗拒。我兵分为四队,奋勇兜截,执贼目翟元良等,歼贼五百。十一月,贼由滑县西南直扑大营,成顺偕协领哈哈岱、防御讷勒贺等设伏以待,袭其不备,钞出营前掩杀,斩级四百,生擒贼七十馀人。贼溃,复于滑县边界之汤二庄、东湖、西湖三村纠众啸聚,我兵四面围攻,毁贼巢,贼穷蹙,擒贼目孔传文、郭明山。捷闻,以应升之缺升用。十九年,升协领。

道光二年,擢荆州右翼副都统。五年八月,因佐领忠贵违例用刑,责毙兵丁,成顺以未能先事豫防,下部察议。十一月,奏领催依禄保开场聚赌,严审问拟如律;协领福多、佐领特图恩、防御福顺、骁骑校德克吉讷各有管辖之责,未能随时稽察,请镌职,并自请议处:旨如所请。六年,奏报荆州大堤被水冲缺,擅发五百里急递,上饬之。七年,偕湖广总督嵩孚奏:"荆州驻防兵丁人数较多,挑补无期,请于绿营马、战、守三项兵丁缺出,将驻防营愿挑水陆之闲散,一体校阅,分别挑补,仍不得过本营十分之二,以示限制。"下部议行。九年三月,奏荆州营额设炮位,年久损坏,请照直隶抬炮式样改造四十位,以重操防,允之。十二月,湖南江华县逆瑶赵金龙勾结广东散瑶煽乱,上命成顺赴永州军营剿办,事平撤回。

十三年十月,调乍浦副都统。寻奏请兴修水师船只,[一]以应秋操,允行。十二月,以前在荆州副都统任内失察驻防营连年亏缺马匹,并将马乾银两挪充公用,降四级留任。十五年,因病陈请开缺,命原品休致,复以曾经出兵打仗,著有劳绩,赏食全俸,以养馀年。二十年,卒。

子英全,防御;明霖,协领;明文,防御;明善,骁骑校。孙伊翰,笔帖式。

【校勘记】

〔一〕寻奏请兴修水师船只　原脱"水师"二字。今据成顺传稿(之三四)补。

常德

常德,索绰罗氏,满洲正红旗人。嘉庆十年翻译进士,选补盛京户部主事。十八年,调礼部主事。二十一年,京察一等,擢员外郎,充四译馆卿。二十四年,京察一等,调户部银库员外郎。二十五年,复带引见,奉旨,记名以道府用。道光元年三月,补授甘肃兰州府遗缺知府,旋升直隶热河道。九月,擢湖南按察使。十一月,调直隶按察使,二年闰三月,署布政使。五月,调山西按察使,升浙江布政使。三年,授太常寺卿。

四年,赏给副都统衔,作为叶尔羌办事大臣,并赏戴花翎。五年,署喀什噶尔参赞大臣。寻以奏报到任日期,擅用四百里急递,严旨申饬。嗣复以侦探贼匪各情,由五百里奏入。上以其并无紧要情事,连发急递,革去副都统衔,仍交部议处。寻议降一级留任。六年,召来京。八年,赏蓝翎侍卫,作为伊犁领队大臣。九年,赏三等侍卫,调补乌什办事大臣。十年,喀什噶尔有安集延回户,勾结布鲁特等,入卡滋事,并窜扰叶尔羌地界。常德分拨兵、回,协办防堵。布鲁特寻悔罪投诚,常德查明滋事缘由,并将现办喀什噶尔、英吉沙尔二城防守情形,先后奏入,报闻。十一年二月,赏给头等侍卫,调补叶尔羌办事大臣。

十月,调补乌什办事大臣,旋赏给副都统职衔,授为塔尔巴哈台参赞大臣。十二年二月,调伊犁参赞大臣。四月,署伊犁将军。九月,授正红旗汉军副都统。遵旨会同伊犁将军玉麟核议巡边章程,奏言:"伊犁卡外特木尔图淖尔在西南,吹河在西北,旧时系轮流查阅。自嘉庆初年巡边大臣在特木尔图淖尔一带巡查,至今已阅三十馀年。又查吹塔拉斯距伊犁卡伦约在千里之外,[一]虽系准夷旧地,为伊犁属境,惟地处窎远,久为布鲁特住牧。诚如圣谕浩罕自以所占乃布鲁特地方,不知为伊犁边界。

此时南路贸易初通,浩夷是否倾心向化,尚须察看。若必执此疆尔界之说,连番赴彼巡查,似非仰体圣主怀柔远人之意。应请循照向年规制,以查至特木尔图淖尔为断。"如所请行。十三年正月,补伯都讷副都统。六月,调补三姓副都统。

十月,调补塔尔巴哈台参赞大臣。会浩罕胡什伯克遣使恳祈将近卡伦游牧之哈萨克等驱逐出境,[二]以便收取马租。常德会同伊犁将军特依顺保奏称:"伊犁西卡外特木尔图淖尔海迤西及吹塔拉斯等处游牧之哈萨克,素畏浩罕强横,依附者甚多。特木尔图淖尔海迤东,哈萨克公阿沁伯克所属各爱曼之哈萨克,俱知浩罕凌虐,不肯依附;而浩罕伯克贪黩无厌,每欲收取马租,该哈萨克等即逃避卡伦附近,以为护符。今浩罕胡什伯克请将哈萨克等驱逐出境,是欲易于勒取马租,此时若明言护庇哈萨克,恐即此构衅;若竟置之不理,傥胡什伯克前来生事。该哈萨克等势必闻风往卡内逃避,彼时办理更觉棘手,莫若讲明旧章,以杜侵吞,则哈萨克等不待护庇而自安矣。"上韪之。

十四年,命来京。十五年八月,署理镶黄旗满洲副都统,寻署理镶红旗护军统领、镶黄旗护军统领。九月,调补镶红旗满洲副都统、稽察七仓大臣。十二月,补授山海关副都统。十七年,调江宁副都统。十九年,卒。

【校勘记】

〔一〕又查吹塔拉斯距伊犁卡伦约在千里之外　"拉"上原衍一"尔"字。今据常德传稿(之三四)删。下同。

〔二〕遣使恳祈将近卡伦游牧之哈萨克等驱逐出境　"使"原误作

"师"。今据常德传稿(之三四)改。

乌珍泰

乌珍泰,拜俞特氏,蒙古正红旗人,乌鲁木齐驻防。由笔帖式于嘉庆十三年补骁骑校。十四年,升防御。十五年,升佐领。十八年,迁前锋章京。十九年,迁翼长。二十四年,升协领。道光六年,逆回张格尔入卡滋扰,乌珍泰筹办后路粮运,不辞劳瘁,经都统英惠保奏送部引见,命交军机处记名。

十年,安集延回匪纠同浩罕犯英吉沙尔、喀什噶尔二城,乌珍泰随提督哈丰阿赴援,行抵叶尔羌迤南,适贼匪五六百人沿河抗拒,官兵施放连环枪炮,贼抵御不及,纷纷落水,大败之。馀贼窜向东北,乌珍泰带领马队侦踪追击,越日,贼复于头台湖滩地方,蚁集迎拒,大军三路夹攻,乌珍泰由右钞截,歼贼百,擒贼五十馀。贼穷蹙,窜入哈拉布扎什回庄,我兵乘胜追蹑,毁其巢。英吉沙尔、喀什噶尔二城先后解围。捷闻,赏加副都统衔。

十二年二月,充叶尔羌领队大臣。六月,浩罕伯克迈买底里遣使进表,悔罪输诚,经乌珍泰偕叶尔羌参赞大臣壁昌等奏入,[一]上允其入卡贸易,免纳税课。复谕曰:"朕思夷情叵测,该浩罕即怀德畏威,出于至诚,恐其中尚有别情,或者外示恭顺,包藏祸心,断不可不豫为防备。务须遵照议定章程,于各卡伦密加防范,一切训练巡缉,当如浩罕未臣服时,不可因币重言甘,稍存大意。倘竟乘间窃发,则我兵一呼即至,有备无患。切勿因循玩泄,以致变生措手不及![二]该参赞等坐失事机,能当此重咎耶?"十三年,署喀什噶尔领队大臣。十六年,署喀什噶尔办事大臣。

十八年,授库车办事大臣。寻卒。

　　子永庆,蓝翎前锋校。

【校勘记】

〔一〕经乌珍泰偕叶尔羌参赞大臣壁昌等奏入　"壁"原误作"璧"。今据成录卷二一四叶二三上改。按乌珍泰传稿(之三四)亦误。

〔二〕以致变生措手不及　原脱"变生"二字。今据成录卷二一四叶二三下补。按乌珍泰传稿(之三四)亦脱。

　　霍隆武

　　霍隆武,巴雅克氏,蒙古镶红旗人,乌鲁木齐驻防。由委前锋于嘉庆十八年补笔帖式。二十年八月,喀什噶尔逆回孜牙墩勾同布鲁特等犯卡滋扰。先是,西布察克布鲁特比图尔第迈莫特与孜牙墩暗结誓盟,复先令回庄贸易民人高建洛来城禀报,意图掩饰。霍隆武奉檄赍赏奖慰,〔一〕行至游牧处,见其形色张皇,兵械杂陈,破其逆谋,经伊犁将军松筠擒图尔第迈莫特,廉得其实,置之法。九月,孜牙墩窜据伪塔克山,霍隆武随帮办大臣永芹师师进剿,歼贼五十馀,生擒二十馀,毁贼寨。贼溃,窜入山后石洞,霍隆武复攀陟险峻,直捣贼巢,擒孜牙墩,尽歼其众。事竣叙功,命以应升之缺尽先升用,并赏戴蓝翎。二十二年,擢骁骑校。二十四年,迁防御。

　　道光三年,升佐领。六年七月,逆回张格尔纠众煽乱,霍隆武随乌鲁木齐提督达凌阿率兵往讨。九月,驰抵阿克苏。时贼在浑巴什河南岸,霍隆武随达凌阿沿河驻守,会我兵追剿至沙

坡,伏贼突起抵拒,官兵复钞出沙冈,夹击之。贼退,追杀三百
馀,生擒五十馀。七年三月,大兵进剿喀什噶尔,霍隆武奉檄驻
巴尔楚克一带防御。四月,移驻叶尔羌。八年,张逆俘擒,叶尔
羌办事大臣恒敬保荐防堵出力各员,得旨,霍隆武准其以协领即
补,先换顶戴。十年,喀什噶尔安集延回匪复勾结浩罕布鲁特为
乱,霍隆武随提督哈丰阿率兵往援。寻以乌什毗连卡外布鲁特
地方,檄令带兵防守。十一年,升协领。十七年,军政卓昇。十
八年,赏副都统衔,充伊犁领队大臣。二十年,卒。

【校勘记】

〔一〕霍隆武奉檄赍赏奖慰　"赍"原误作"赉"。今据霍隆武传稿(之
　　三四)改。

赓音岱

赓音岱,白佳氏,满洲正蓝旗人,乌鲁木齐驻防。嘉庆元年
四月,川陕楚教匪作乱,赓音岱由委前锋校随都统永保出师湖
北,进攻保康之喇叭洞、刘家集、曲家湾等处,屡著战绩。六月,
贼屯枣阳之蒋家埫,我兵由草市进剿,贼大溃。寻夜攻董家冈、
张家埫一带贼卡,俱拔之,焚其巢,歼贼无算,执贼目宋廷贯、陈
正五,并夥贼一百馀人。二年正月,随户部左侍郎惠龄剿窜匪于
鲍家坂,获贼渠刘起荣。二月,移攻新店,擒贼首戴有成等三十
七人。三年二月,窜匪由楚入川,我兵追剿于茶尖坝、〔一〕花石
盘、白山寺等处,叠有斩获。赓音岱俱在事有功。十月,补骁骑
校。五年,随参赞大臣那彦成击贼于甘肃之牛蹄镇、礼辛镇、黄

莺铺,连克之。七年,升防御。十三年,迁佐领。十七年,授委前锋章京。二十二年,升协领。

道光三年,赏副都统衔,并戴花翎,充吐鲁番领队大臣。七年三月,以逆回张格尔作乱,上命赓音岱移驻托克逊,督办粮运。五月,哈密办事大臣恩铭奏:“以修整车辆,原为接济前途运粮之用,向由该领队大臣接收转解,乃运至吐鲁番、托克逊无人接收。据赓音岱等称奉到扬威将军长龄饬知,此项车马不必接收,转饬原兵直送大营。现在暂寄该处收放,碍难办理。”上命赓音岱明白回奏。寻奏覆:“此项车马并无长解之员,刍牧不周,恐多倒毙,未敢接收。至所称长龄饬知,系属差弁讹言。”疏入,谕曰:“哈密解送车辆,虽经屡议改拨。然既解到吐鲁番,自应接收,或转解他处,或留备兵差,不得因无长解即行驳回。如谓马匹疲乏,恐不适用,岂令远解大营,转可供驱策之理?明系赓音岱办理不善,借词推诿,且既称未奉长龄饬知,又称差弁讹传,何以驳令直解大营?自相矛盾!赓音岱前既存心诿卸,迨奉旨查询,又不据实陈奏。其前次解到车辆,讫未咨报军需局,所司何事?是诚何心!赓音岱着拔去花翎,仍交部议处。”寻议降三级调用,上以赓音岱在托克逊经理粮运尚无贻误,改为革职留任。

八年,回疆戡定,张格尔槛解京师,接替护送,诸臻妥协,下部优叙。九年,以筹办善后事宜,赏还花翎。十三年,吐鲁番孝义营把总史学显自戕身死,赓音岱听信游击王洪谟捏报病故,不即委员验讯驳查,得旨:“赓音岱虽无故意瞻徇情弊,实属不谙表率!”降三级调用。十四年,补防御。十七年,卒。

【校勘记】

〔一〕我兵追剿于茶尖坝　"尖"原误作"夫"。今据赓音岱传稿(之二三)改。

图明额

图明额,奚他拉氏,满洲镶蓝旗人。由官学生考取翻译生员。嘉庆六年,补工部制造库库使。十四年,补笔帖式。十八年,京察一等。十九年,升都水司主事。二十四年,充十五善射。道光五年,京察一等,升员外郎。八年,〔一〕京察一等,记名以道府用。寻升制造库郎中。九年,授甘肃兰州道。十三年,大计卓异。八月,升云南按察使。十二月,授奉天府府尹。

十五年,盛京将军奕经奏获贼匪张国才等,越边偷入围场,施放鸟枪,拒捕。得旨:"民间私藏鸟枪,例禁綦严。何以查禁未能净尽?沿边围场应如何严加防范,着妥议章程具奏。"图明额偕奕经酌议六条:一、严禁私造,一、搜查私藏,一、严拿供给贼匪口米,一、围场添派委员严查,一、山犯加等治罪,一、疏脱贼犯之签解兵役,于本罪外加枷责。下军机大臣议行。十六年九月,偕奕经等奏参失察辽阳属界匪徒演戏敛钱之各官,并自请议处,上嘉其所办甚属认真。十二月,授山西按察使。十七年,命留京,以四五品京堂候补。

十八年,赏头等侍卫,充叶尔羌帮办大臣。二十年三月,偕叶尔羌参赞大臣恩特亨额奏获兴贩鸦片人犯多名,并究出吸食职官王传心等,又特参失察各官,请革审,均得旨嘉奖。十一月,偕恩特亨额查明巴尔楚克屯民子弟堪以募补换防兵丁粮缺,请将内地换防兵丁减调二百名,以节糜费,并裁撤额派把总一员、外委四员,如所请行。十二月,授叶尔羌参赞大臣,兼提督衔。二十二年,奏布噶尔伯克夺占浩罕地方,差人进卡递禀,业经给发谕帖,酌加赏赉,护送出卡,上嘉之,并饬探明起衅确情。旋覆奏布噶尔伯克因负气与浩罕用兵,前既并吞浩罕地方,嗣被希尔阿里夺回数处,以致互争。谕曰:"卡外远夷,蛮触相争,自当置之不问。惟边防卡伦,必应加意防范,毋稍疏虞。"二十三年,赏头等侍卫,回京当差。二十六年,因病开缺。二十七年,卒。

子裕文,安徽安庆府同知。

【校勘记】

〔一〕八年 "八"原误作"十"。今据图明额传稿(之二六)改。

杨芳

杨芳,贵州松桃厅人。由行伍历拔镇远镇标千总。嘉庆二年,黔楚苗疆平,以功升台拱营守备。时川陕楚三省教匪不靖,分股滋扰。三年,随副都统衔额勒登保败蓝号股匪张汉潮于南漳,在事有功,赏戴花翎。随入四川,值巴州白号贼罗其清败匿于濛子滩洞,我兵直捣其巢,擒其清。四年,擢平远协都司,旋擢下江营游击。是年,额勒登保为经略大臣。

五年正月,移师入甘。三月,升两广督标后营参将。四月,白号贼杨开甲、张天伦等东趋雒南,芳随提督杨遇春出龙驹寨扼之,中途截击,斩级六百。张天伦等惧而遁,芳追之,贼还战,芳跃马射其前队,贼大溃,不敢复东。捷入,赏诚勇巴图鲁名号。

六月，黄号贼伍怀志等犯甘肃成县，提督穆克登布督芳等击之。七月，芳迁广西新泰协副将。八月，连败贼于成县、阶州，贼渡白水河，窥四川龙安，旁入老林。芳冒雨追贼，及之于磨刀石湾，手刃十馀贼，矛伤足，坠马，仍徒步杀贼，复伤臂，官军乘之，大败贼众，射伤伍怀志。上闻而嘉之，诏问受伤状，并下部优叙。六年四月，官军击襄阳蓝号伪帅冉学胜，失利，贼趋甘肃。额勒登保檄芳合进，贼掠秦安、清水，扰陇州，[一]芳与护军统领扎克塔尔以骑兵追击，贼东走灵台，不果；还走华亭，我兵驰至固原，南向待之，贼反奔，芳轻骑摧其后队。贼渡渭而南，官兵西防栈道，东截江口，贼布营于汉江南岸。芳渡江转战，斩级三百，贼由平利突湖北，不得入，走洵阳，洵阳高唐岭张天伦在焉。六月，芳与副都统衔格布舍等破高唐岭，馀贼与冉学胜合，东出杨柏坡，芳等先至，设伏以待，杀贼七百馀。

　　时四川贼蓝号李彬、白号苟文明，襄城贼白号高见奇、姚馨佐等先后窜至平利，既而李彬走归南江，张天伦随之，高见奇、姚馨佐由川入宁羌，额勒登保援宁羌，嘱芳等以南江之贼。十月，张天伦伪帅张良祖、马德清、刘奇以千人东窜，芳等遇于通江，大破之，俘三伪帅。适高、姚二贼亦折回南江，芳与接战于桂门关，贼势穷蹙，杀马塞道以走，追及于黑洞沟，擒贼目辛斗。得旨嘉奖。旋擢陕西宁陕镇总兵。十一月，李彬东向太平，芳出其前，彬败，潜回通江，分队走巴州，芳南追，贼弃老弱而逸，获彬妻。冉天璜者，通江贼首冉天泗弟，以众附李彬，既败相失，率矛手百人，夜就彬于通江，芳知之，待于镇龙关，获天璜，矛手百人皆就擒。上嘉其能，下部议叙。

　　七年,巴州白号贼苟文明渡汉江逼宁陕,贼目刘永受、宋应伏分布秦岭北,芳由五郎口西向进兵,歼宋应伏之众过半,刘永受遁。芳追之,贼东出孝义厅,芳遣将遮其前,而自截其后,贼被剿狂奔,永受仅以身免,旋为寨民所杀。七月,苟文明授首,额勒登保入楚,檄芳搜剿陕西馀贼,先后俘擒伙匪郭士嘉、苟文学等,贼党溃散。八年三月,总督惠龄檄芳还搜南山。芳由洵阳坝深入,冒雾雨,扪崖攀葛,狝薙无遗。惠龄奏入,命军机处记名,俟葳功加提督衔。五月,又分兵为五,大搜岭南北。七月,经略参赞腾章告肃清。是月,芳复杀贼于月亮坪,陕西贼垂尽。忽有李彪者,自太白山突出,纠合馀贼苟文润,复扰洋县。芳以专剿山内馀匪未净,上命将存记升衔注销。芳寻进兵剿贼于鳌山,贼南窜城固。芳绕出其前,贼乘夜入黄柏园,我兵穷追之。九月,贼出景峪,复由涝谷逾岭而南,芳率众邀截弗及,上以芳任贼出入自如,严旨切责,褫花翎。额勒登保复劾其玩寇,命摘去顶带。十月,贼至洵阳,芳迎剿于高桥沟,贼窜汉南。芳帅诸将驰追千五六百里,莫能及,上并责诸将克期破贼。

　　时贼已逼川境,会成都将军德楞泰至陕,自请追贼,令芳归防山内,许之。时苟文明之死,其党苟朝九等逃于湖北。九年三月,复自竹溪入陕,芳严兵为备,贼将易服来窥,擒之,遂于沿江设守,密布竹签茨捆于浅处,以防潜渡。积数月,破贼。贼走开县,终不得越汉江。上加恩复其翎顶。九月,三省悉平,罢兵。军兴以来,各路以乡勇随征,多立功,而习成犷悍。贼势既衰,奏请赍遣之,愿入伍者听,而无业者转为盗,李彪等所由复起也。其入伍者,宁陕镇标兵,皆乡勇充之,是为新兵。芳以主帅驭之宽。

十一年正月，芳署固原提督，副将杨之震代芳。时新兵因月加盐米银，不以时给，鼓噪，之震笞治之，于是营卒陈达顺、陈先伦煽众作乱，戕之震。其党蒲大芳先送杨芳家属出城，而复从贼。芳闻变，驰赴石泉，上以德楞泰为钦差大臣，督杨遇春等讨贼，芳坐所管兵丁叛逆，革去翎顶。八月，贼大掠洋县、留坝，胁众万计。九月，贼推蒲大芳为魁，攻孝义厅，窥子午谷。诏趣诸将进师，杨遇春等由洋县进发，贼西围鄠县急，芳驰救，鏖战终夜，矛贯其臂，旦日，贼辨为芳军，自引去。鄠县获全，赏还顶带。杨遇春督诸军击贼于方柴关，〔二〕官兵与贼多旧相识，隔河而语，战甫合，西安、河州、固原兵皆溃，扎克塔尔被围数重，贼势张甚，将分突秦、陇、楚、蜀，蹈邪匪故智。芳单骑至贼垒，宣朝廷威德，说以利害，万众错愕。芳故得蒲大芳心，大芳感悔，缚陈达顺、陈先伦乞降。芳遂率大芳击诸贼之不降者，斩朱先贵千人于江口，赏还花翎。

十二月，以方柴关之败，固原、河州兵皆芳所辖，诏治驭兵姑息罪，褫职遣戍。德楞泰奏以芳接仗勇往，吁恳圣恩，准予释回，留于边界营分，效力行间。疏闻，谕曰："杨芳由营伍字识出身，〔三〕不十年擢至总兵，劳绩出众，即朕亦素稔其名。德楞泰此奏，自系为爱惜人才起见，俟过一二年后，再行酌量加恩可也。"十二年五月，上加恩释回，交固原提督薛大烈差遣，以守备、千总酌量补用。十月，呈请回籍省亲，谕曰："该员呈称母老，恳赏假省亲。杨芳现以守备、千总补用之员，毋庸回避本省，着加恩准其回至贵州，交该督抚以守备、千总酌量补用。"十三年，补松桃协千总。十五年三月，特赐三品顶带，补广东右翼镇总兵。入觐，赏还花翎。十月，调陕西西安镇总兵。十六年，丁母忧。

十八年十月，服阕入都，道出河南。值天理教匪李文成据滑县倡乱，芳请效力，经钦差大臣那彦成奏留，补河南河北镇总兵。随那彦成、杨遇春等败贼道口，赏还二品顶带。十一月，进围滑县，贼目刘国明挟李文成以出，将西走太行，芳与副都统特依顺保以精骑邀击之，贼遁辉县，据司寨。芳等伏骑白土冈，羸师尝贼，贼空壁来犯，伏兵突起，斩二千五百级，得旨嘉赉。是战也，贼遇伏，走山上殊死斗，官兵畏贼锋，有退者。芳拔佩刀立斫数人，众效死，遂大捷，乘胜压贼垒，益以火攻，刘国明掖李文成上碉楼，举火自焚死。[四]翌日，致文成之尸于滑县，传首山东、河南，军威大振。上慰悦，加芳提督衔，先换一品顶带，赏云骑尉世职。

时滑县犹未下，而陕西三才峡贼又起，官兵急攻滑县，为地道以入，贼觉而先备之。芳至，佯掘新道，而仍穴其西南，深入城际，实火药，贼不知觉。十二月十日，地雷发，城陷，滑县平，殄贼二万馀。捷闻，下部优叙，复授西安镇总兵。十九年正月，帅师入陕，败贼于沙坝，贼目吴抓抓、吴奇、谭贵分窜黑河，芳趋沔县截之，复走黄官岭，先以奇兵伏其前，疾追夹击，枭吴抓抓、吴奇于阵，谭贵与伪帅张占鳌仍由沔县还黑河，追及于徐家沟，占鳌执旗略阵，芳挥兵立斩之，贼大溃，俘馘殆尽。谭贵逸至黑河，[五]就擒。奏入，赏还诚勇巴图鲁名号，下部优叙。闰二月，贼平，调汉中镇总兵。二十年，擢甘肃提督。

道光元年，调直隶提督，三年，调湖南，五年，调固原。时西陲逆回张格尔不靖,张格尔者,逆回博罗尼都孙,萨木克子,长于浩罕。嘉庆年间,渐引众寇边。是年秋,官兵出塞捕之,失利。六年六月,遂连布鲁特比阿坦台等及安集延之众入犯喀什噶尔,白帽回阿布都拉、博巴克等附之,连陷西四城,命大学士长龄为扬威将军,署陕甘总督杨遇春、山东巡抚武隆阿参赞,集兵进讨。芳请行,许之。十月,诸军会于阿克苏。阿城西去三百里曰柯尔坪,当往来要道,贼目伊瞒以三千众据守。长龄使芳先取以进兵,一鼓破之,焚其南北庄,安集延贼帅约勒达什来援,芳斩约勒达什及伊瞒,既克柯尔坪,师行无阻。上赏其功,下部优叙。

七年二月,芳与武隆阿进剿,三战皆捷,直抵喀什噶尔浑河北,贼背城阻河,列阵二十里。夜大风,乃以疑兵循河而下,大军乘雾晦潜渡上游,奋击,贼大溃,长驱入城。张逆以数骑遁,获其兄子及阿布都拉,遂复英吉沙尔、叶尔羌,贼目玉努斯、噶尔勒仍据和阗。三月,芳与战于毗拉满,擒噶尔勒,收复和阗,玉努斯败走。上指授方略,谓宜以奇兵出乌什草地,断贼去路。长龄等言兵少不可分,及是渠魁果逃,上以责诸将。和阗故霍集占巢穴,是役贼守之固,芳以偏师覆之,毗拉满之战,分军绕贼后,遂缚噶尔勒。上特褒芳调度有方,下部优叙,并嘉赍焉。六月,议撤官兵之半,诏杨遇春入关,以芳代之。时张逆窜塞外,芳与杨遇春方出卡掩捕,贼由木吉走拉克沙,复奔达尔瓦斯。杨遇春军色勒库尔,芳军阿赖,皆边浩罕,腾檄诸部,令献贼。七月,上赏复四城功,加芳骑都尉世职,命在乾清门行走。

芳在阿赖,以书抵长龄,言贼遁愈远,军悬绝徼,道险饷艰,诸夷贪赏妄报,词不足信。九月,有诏班师,而芳已于七月遇博巴克之众，追之入险，布鲁特大至，众寡不敌，协领都凌阿战殁。芳敛军依险，步步为营，一日数战，卒拔全军以出，仍以失亡将士，吏议当革职，上宽之。芳偕长龄等筹善后，请清叛产，[六]兴屯田，增防兵，减商税，革陋规，改筑喀城，裁守卡侍卫；后又偕钦差大臣那彦成定伯克补缺章程，均如议行。十二月，悬赏购线，密探贼踪，声言大兵尽撤，以觇贼众虚实。时张格尔传食诸部，久益穷蹙，亦意岁除官兵必不备也，乃率布鲁特五百骑，以二十有七日再由开齐山路，袭喀什噶尔。长龄等整众以待，贼中途觉有变，复奔出卡，芳统师疾追一昼夜，及于喀尔铁盖山，歼其从骑殆尽。馀贼拥张逆登山，弃骑而走，芳督所部将卒等擒之。飞章告捷，上宣示中外，论功行赏有差，封芳三等果勇侯，赏用紫缰、双眼花翎、御前侍卫上行走，并赐其子承注举人。八年，上御午门受俘，大武告成，加太子太保衔，命图功臣四十人于紫光阁，芳列长龄之次、杨遇春之前，御制赞曰："黔省之英，自幼知兵。战功久著，谋而后行。柯坪、和阗，独显威名。竭力追擒，助大功成。"

九年，凯旋，入觐。得旨："本日杨芳来京召对，见其精神强健，实深嘉悦。杨芳宣力边疆，生擒巨憨。兹当凯旋入觐，允宜再沛恩施，着加恩晋封二等果勇侯，晋加太子太傅衔，在紫禁城内骑马，并赏给人参四两、缂丝蟒袍一件、大卷八丝缎袍褂料各一匹，大卷江䌷袍褂料各一匹，大荷包一对、小荷包四个，用示朕懋赏酬庸至意。"寻赐食同乐园，芳及长龄、哈朗阿、阿勒罕保俱与焉。复以芳六十生辰，御书"酬庸锡羡"额，并"福"、"寿"字各一方，赐之。十年十月，以安集延流寓逆回博巴克等纠众入卡倡乱,复扰喀什噶尔、叶尔羌等地,命芳为参赞大臣,协同扬威将军长龄往剿。芳奏:"西陲用兵,难于转饷,宜平日豫筹之。请于喀什噶尔添筑子城,移建阿克苏城,因山据险,别筑城于巴尔楚克,以连东西声势。轻茶税以广招徕,借税入以补军食。防兵分授地亩,春耕秋敛,十年生聚,可省转输。"报闻。十一月,喀什噶尔参赞大臣扎隆阿以回子郡王伊萨克通贼入告,命逮问于阿克苏,以长龄往鞫之,芳与哈朗阿合疏请缓其狱,上斥芳等偏袒扎隆阿。十一年六月,诏芳回固原,及扎隆阿以诬伊萨克得罪,芳亦坐草率入奏,镌级。

十三年二月,四川清溪土千户、越嶲山内外、峨边河南北各夷蜂起滋事。三月,提督桂涵卒于军,以芳代涵,谕以迅速妥办,毋许迁延。芳至,清溪及越嶲山外夷已平,移师峨边,奏言:"越嶲等厅县环凉山数千里,山外汉、夷杂处,汉民佃种夷地,或不与夷租,或地成膏腴,夷人夺地。人知山内野夷为患,不知事起山外熟夷也。宜立法以杜衅端。"上是之,即任芳与按察使花杰筹善后。峨边河北夷叛据山峒,地形奇险,芳遣兵攻其旁峒,自按中道捣贼穴,擒斩夷酋鹿畜根、木鸡子、桑树格、毛喀、哈只格。河北夷多乞降,廓清二十四地,引兵渡铜河而南,上嘉其妥协。六月,奏师次河南,十二姓熟夷皆降,惟石圈子等野夷藏匿首恶,俟开道催饷以进师。七月,奏石圈子夷目闻风知惧,缚献首逆,呈缴器械,夷境廓清,振旅渡河。上优赉之,仍令道出越嶲,顺剿山内倮夷。九月,奏夷酋悔罪自投,缚送起事首逆喝基则,各支夷咸就抚,留兵千五百镇之而还。诏晋芳一等果勇侯,从优议叙。十四年七月,峨边夷雅扎等支复出肆掠,有旨诘责。芳寻击杀夷首哈儿,擒夷目双甲等,复奏十二支夷皆詟伏,愿各钤束娃子,以功下部议叙。九月,雅扎夷又掳民人要赎双甲等。将军瑚松额劾芳办理不善,交部严议,部议褫职。奏入,谕曰:“此案总未妥善,毫无把握,铺张妄奏。本应照部议革职,姑念前在回疆著有劳绩,着降为二等侯,革退御前侍卫,以总兵往甘肃候补。”十五年,以疾乞归,许之。

十六年,湖南镇筸兵变,迫胁镇道,借银累万。起芳为镇筸总兵,与总督讷尔经额等定善后章程:一、缓扣道标练勇借款;一、兵勇不准以客民充补;一、豫借银谷,限以定制;〔七〕一、辰沅道缺,以本省知府升补;一、拔补备弁屯长,严绝苞苴。皆如所请。十八年,迁广西提督,旋调湖南。

二十年,英人犯浙江定海,复至天津投递书词,上命大学士琦善赴广东查办。英人要求无厌,且攻夺炮台。二十一年正月,上以英人逆天背理,诏数其罪,授御前大臣奕山为靖逆将军、户部尚书隆文及芳参赞大臣,发兵讨之。谕曰:“计杨芳到粤,当在奕山、隆文之前。如有可乘之机,即迅速进剿。”已而琦善奏英人献出炮台,并遣人赴浙缴还定海,乞准其通商。上以英人大逆不道,不许,惟命芳等兼程而进。二月,英人乘大兵未集,悉众入犯虎门、乌涌等地。时提督关天培等力战,死之。贼连樯进逼省城,芳至,奏言省城完厚,可保无虞。谕曰:“现在逆船驶进内河,即属深入重地,若能断其归路,前后夹攻,可期聚而歼旃。兵贵神速,杨芳自知,若稍存观望,岂不大负委任!”又谕曰:“杨芳久历戎行,受恩深重。应守则守,可战则战。一切剿办机宜,朕亦不为遥制也。”

寻疏陈购置竹木排、桐油、棉花等物，以备攻剿。英人闻之，不敢近逼。上以芳晓畅军务，[八]先声夺人，先交部议叙。仍谕曰："计日奕山、隆文等抵粤，大兵云集，必可分兵进剿，即令奕山等抵粤稍迟，所调官兵陆续赶到，谅杨芳必能出其不意，突用奇兵，争先制胜。朕日夜盼望捷音，以纾厪念。"三月，总兵长春击沉贼船二，上以芳调度有方，[九]下部优叙。寻奏美利坚各洋商因牵累不能贸易，并英吉利洋商情亦急迫，乞均准其通商。谕曰："英之商船虽未助逆，总系一国之人，断不准其通商。着仍遵前旨，奋力合剿，朕拭目以俟捷音之至也。"又偕巡抚怡良疏请准令英人所属之港脚商船在粤贸易，上以其有意阻挠，怠慢军心，交部严议。并谕曰："英人非大加惩创，何以扬国威而除后患？现在征兵一万六千有馀，杨芳何以不痛加剿洗？乃汲汲以通商为词，是复蹈琦善故辙，殊不可解。"寻议革职，得旨竟予罢斥，转复置身事外，着改为革职留任。闰三月，奕山等师至，合奏贼攻东西炮台，我兵击沉其船一，焚毁一，均下部优叙，叠旨勉以出奇制胜，迅奏肤功。四月，英船退出虎门，收复各炮台。奕山等奏请撤兵。

芳于是月以病乞休，命安心调理。六月，谕曰："杨芳久历戎行，懋著劳绩。现在病尚未愈，若仍留广东，转恐不能静养，着即回湖南提督之任，务当仰体朕心加意调摄，报国宣猷，日正长也。"八月，回湖南任。二十三年，以老病陈请开缺，上念其劳绩，令在籍支食全俸，以养馀年。二十六年，卒。芳自征三省邪匪，即荷恩赉，所得玉韘、荷囊，不可胜纪。卒之日，遗疏入，赏银五百两，经理丧事。谕曰："杨芳服官四十馀年，战功卓著。兹闻溘逝,轸惜殊深! 着加恩照提督例赐恤。伊长孙<u>杨恩科</u>、次孙<u>恩桓</u>、<u>恩桐</u>、<u>恩檀</u>,均着于及岁时送部引见。"寻赐祭葬如例,予谥<u>勤勇</u>。

　　子<u>承注</u>,官至刑部主事,先<u>芳</u>卒。

【校勘记】

〔一〕扰陇州　"州"原误作"川"。<u>耆献类征</u>卷三二四叶一下同。今据<u>杨芳传稿</u>(之三五)改。

〔二〕杨遇春督诸军击贼于方柴关　"柴"原误作"紫"。<u>耆献类征</u>卷三二四叶四上同。今据<u>睿录</u>卷一七二叶二○下及<u>杨芳传稿</u>(之三五)改。下同。

〔三〕杨芳由营伍字识出身　原脱"营伍"二字。<u>耆献类征</u>卷三二四叶四下同。今据<u>睿录</u>卷一七二叶二六上补。按<u>杨芳传稿</u>(之三五)亦脱。

〔四〕举火自焚死　原脱"死"字。<u>耆献类征</u>卷三二四叶五上同。今据<u>杨芳传稿</u>(之三五)补。

〔五〕谭贵逸至黑河　原脱"贵"字。<u>耆献类征</u>卷三二四叶五下同。今据<u>杨芳传稿</u>(之三五)补。

〔六〕芳偕长龄等筹善后请清叛产　"筹"字原误置于"产"字之下。<u>耆献类征</u>卷三二四叶七上同。今据<u>杨芳传稿</u>(之三五)改正。

〔七〕限以定制　"以"原误作"一"。<u>耆献类征</u>卷三二四叶九下同。今据<u>杨芳传稿</u>(之三五)改。

〔八〕上以芳晓畅军务　原脱"芳"字。<u>耆献类征</u>卷三二四叶一○下同。今据<u>杨芳传稿</u>(之三五)补。

〔九〕上以芳调度有方　原脱"芳"字。<u>耆献类征</u>卷三二四叶一○下同。今据杨芳传稿(之三五)补。

胡超

胡超,四川长寿人。由行伍于乾隆六十年,随重庆镇总兵袁国璜协剿苗匪,在秀山县黄泥垭等处殪匪多名,给七品顶带。寻随成都将军观成协剿湖北教匪,克凤山县集鼓寨。

嘉庆元年,由楚入川剿达州教匪,以陈崇德踞大宁县老木园,官兵由洗沙溪乘夜进攻,超奋勇扑卡,受刀矛伤,给六品顶带。三年六月,随四川总督勒保攻东乡白号王三槐股匪于云阳县安乐坪,克圆觉滩,超馘数级,受伤四处。八月,大兵擒获王三槐,殪匪数千,超列头等功。寻以勒保檄率乡勇八百名,随副都统衔、前内大臣德楞泰进剿;十一月,擒巴州白号首逆罗其清、其书于方山坪;四年,歼通江蓝号首逆冉文俦于麻坝寨:超俱在事有功。五年,随参赞大臣德楞泰由川入陕,追剿太平黄号龙绍周股匪于老林。贼恃众迎拒,超力战,俘馘多名,受伤四处。六年,歼龙绍周于平利县之盘龙山。

七年,由陕入楚,追剿襄阳黄号樊人杰股匪于竹山县马鹿坪,逼至平口河,贼众凫水遁,超率勇截击之,俘馘二百馀名,首逆樊人杰淹毙。奏入,赏戴蓝翎。八年闰二月,复由楚入川,追剿达州青号馀党刘学礼于巫山县,贼踞老鸦寨抗拒,超偕千总周应龙等,以乡勇二百八十名伪作贼夥,入其队为内应。大兵由镫盏窝进,乘夜内外夹击,贼大溃,追歼三百人,俘七十人,并获贼目熊富等。嗣以首逆刘学礼由大宁县复窜湖北界,屯竹山县老林。超随参将马文斌等追及之,侦知刘逆拥百馀匪,匿垭口头,冒雨先驰入其巢,兵勇继进,贼众溃,一人袍服殿后,一人顾呼刘元帅速走。超知是首逆也,迅追六七里,刺其股,刘逆犹力斗,超偕乡勇胡贵等环击,乃踣馘之,并顾呼之贼党魏习获焉。经德楞泰入奏,赏银百两,并命以千总即用,寻补四川大昌营千总。五月,搜剿馀匪,叠有斩擒。

　　复由川入楚,于兴山县白家河擒获襄阳蓝号赵鉴之侄赵聪观等,赏换花翎。六月,于归州大江北岸及白石崖、方尖山等处搜剿多名,并擒获贼目傅纲于柳池。九年正月,以巴州白号苟文明馀党苟朝九拥众窜匿川、陕界老林,超随都司高星文等率乡勇五百名协剿。二月,贼由平溪河窜药扒,超随高星文等冒雪雾夜行林箐间,直捣贼巢,贼困斗,势甚鸱张。适副将吴廷刚等由西北路齐进,贼不能支,乃大溃;追奔至目连垭,路仄冰滑,未能仰攻,贼亦旋遁。四月,贼复由打鼓坪窜望观台老林,其地系川、陕界岭,延袤数百里,蹊径险仄,马不能驰。超随副将阎俊烈等率兵勇三千五百名,裹粮步行,击之。八月,升酉阳营守备。九月,以苟朝九未获,偕守备谢金章搜缉于开县马家营一带。十月,歼贼目魏思述于石垭子。先是,思述习教谋逆,兄子蓝翎千总魏忠才发其奸,拘眷属,毙于狱,思述潜身苟朝九营。适忠才偕同队六人奉檄往抚苟逆,思述衔前恨,悉被戕。至是,超知系思述,欲生致之以泄忿,直前扭击,思述犹以佩刀迎刺,超遂捽之于地,歼焉。奏入,谕曰:"守备胡超搜出贼匪魏思述,系戕害乡勇军功魏忠才等之贼,被刀扎四伤,始得就歼,实属可嘉! 着遇有应升之缺,即行升用。"十年,升巫山营都司,凯撤抵任。

　　十一年,陕西宁陕镇兵叛,四川总督勒保檄往会剿,事平回川;又随剿达州匪徒王得先等于瓦石坪。十五年,署重庆镇标右营都司。十六年,署中营中军游击,寻复署右营都司。十八年二月,随巡外委刘先进借端诈赃,超以备赏巡兵为名,辄自收存。迨闻有上控之信,始退还寝事。经总督常明访闻查办,先于军政案内奏参革职。

九月,河南滑县教匪李文成等滋事,命直隶总督那彦成为钦差大臣,偕陕甘固原提督杨遇春剿办,超投效军营。十月,单骑入贼垒,与数十匪搏战,斩贼目二,搴其旗;又截击于濬县中市,馘数十级,并夺获炮械。时贼踞道口,四出劫掠,超率兵于胡家营、三家村等处截歼千馀名,进攻道口,率马队先驱,殪十馀匪,大兵继进,遂克之,追歼四千馀名,并擒获贼目黄兴相等,又于桃源等处击歼多名。那彦成等上其功,以开复原官请,允之。十二月,进攻滑县,伏地雷,火发,城陷,大兵乘之,搜戮无算,并擒获首逆徐安国、牛亮臣等。那彦成等以超屡战奋勇奏闻。是月,补陕西泾州营都司。

十九年正月,以陕西南山木厢匪徒麻大旗等倡乱,随杨遇春进剿,行抵胡家堡,距贼众所踞桃花坪仅二十馀里,率马步兵乘夜进。比至,贼已遁,追十馀里,馘百馀级。侦知贼全股屯秦州柏杨岭,其地近傍老林,两山夹峙,贼分踞山巅,大兵复乘夜进。比至岭下,天犹未曙,贼恃众下压,被我兵奋击,馘二千馀级,势少却。迨天明,大兵分队由左右山梁钞袭,超随杨遇春由中路仰攻,见山前贼队有二人冠服督战,遂偕都司赵起贵等距跃先登,殪之。贼惊溃,大兵乘胜齐进,追歼二千七百馀名,并俘八百三十馀名,讯知山前督战者,麻大旗及贼目刘二也。又于老林搜获六百馀名。二月，龚贵股匪窜陇州，闻大兵追剿，与向小一股匪合屯东河桥，将由阶州入川，大兵分三路，总兵特依顺保扼利桥，都司刘梦熊截三岔，超随副将何占鳌等由中路，乘夜亟进。比至东河桥，贼犹未遁，相持逾时，超偕游击刘印景等绕左山梁袭之，贼惊溃，馘五百馀级，俘四百馀名。追奔至利桥，特依顺保迎击之，刘梦熊亦自三岔回击，三路齐攻，歼向小一于阵，馘二百馀级，获龚贵及其妻龙氏，并贼目龙维通等三百馀名。时参将王得胜等歼贼目张占鳌于徐家沟，追击馀匪至先坪老林。适超偕署都司孙光烈、署守备杨殿元等分路咸集，腹背夹击，贼不能支，追奔至石家嘴，与副都统衔达斯呼尔岱等遇，又合兵奋击，馘四百馀级，俘三百九十名，夺获旗械无算，贼悉平。陕甘总督长龄等上其功，命以游击升用，并赏劲勇巴图鲁名号。三月，补甘肃固原城守营游击。

二十三年，署陕西西凤营参将。二十四年，署秦州营游击。道光元年四月，升甘肃兰州城守营参将。五月，署陕西循化营参将。二年，青海野番肆扰，抗不回巢。超以总督长龄檄随总兵马腾龙等，率兵由贡额尔盖向押马图一带进剿。三月，战于博洛托亥，馘百数十级，贼大溃，截获牲畜四千九百有奇。四月，追至乌兰哈达，贼犹踞险抗拒，我兵步行仰攻，适游击万彪等率兵至，并力合击，馘九十级，俘二十七名，获牲畜四千六百有奇；复逐北至喇冻雪岭，乘夜袭其帐，馘百八十级，获牲畜六千有奇。寻各路将馀匪剿逐殆尽。长龄等以超身先士卒、督战甚力奏闻，得旨，着以副将遇缺即补，先换顶带。三年，补甘肃永昌协副将。经总督那彦成以番务甫竣，奏暂留循化署任，筹办善后事宜，允之。

十二月,抵永昌任。四年,驻防西宁察汉托洛亥。

六年二月,署镇海协副将。时回部逆裔张格尔复勾结安集延布鲁特入卡滋事。七月,超以钦差大臣署陕甘总督杨遇春檄随赴军营。十月,张逆陷喀什噶尔等四城,遣其酋伊瞒等纠南北庄回匪三千扼柯尔坪,以阻进剿之路。安集延匪徒复由叶尔羌应援。超随提督杨芳进攻之,抵和色尔湖,距柯尔坪六十馀里,贼来袭,超等奋力击走之,馘三十馀级。翌日,留都司孙旺等驻和色尔湖以断后,副护军参领倭灵额等攻南庄,超督队攻北庄,贼出二千馀众迎拒,势甚鸱张。超下马持矛,身先步战,立刃数人,参将存住等继之,短兵相接,戮匪过半,馀向南庄逸。适南庄亦被剿逐北,两军夹击,尽歼其众,并戮贼目伊瞒等于阵,夺获牲械无算。柯尔坪之路以通。扬威将军长龄等上其功,赏加总兵衔。七年二月,大兵自阿瓦巴特等回庄三战三捷,进至浑河沿,贼众凭河筑土冈,列阵以待。薄暮潜渡,袭我左军营,超等击走之。是夜风猛甚,向晨全师乘风躤渡,入其垒,贼惊溃,沿途追歼殆尽,直逼喀什噶尔城克之,张逆先期遁。五月,四城俱克复,以和阗逸匪千馀遁匿色勒库尔卡伦,超偕参将王登科等追至玛杂,馘百馀级,俘三十五名;复钞新地沟截击,尽歼其众,并戮贼目左霍尔等。奏入,命以总兵升用,寻复下部优叙。

十二月,补四川重庆镇总兵,以留营未赴任。是月,张逆纠马步五百馀匪,仍由开齐山窜阿尔图什,复谋滋事,以回众不附,折回喀尔铁盖山,超偕提督杨芳追及之,歼其众。张逆犹拥三十馀骑,见官兵逼近,弃马登山。超偕都司段永福等亦舍骑而上,躤山巅,张逆将自到,超夺其刀,擒之,并贼目八名,馀悉就戮。

八年正月，捷闻，赏加提督衔，并骑都尉世职。七月，入觐，上以超屡著战功，生擒首逆，命在乾清门侍卫上行走，并赏蟒衣料、袍褂料、大小荷包。饮至，与宴。八月，绘像紫光阁，御制赞曰："雄勇超群，名实克称。步战柯坪，歼贼取胜。铁盖追驰，奉将军令。手缚逆酋，推恩功定。"是月，署直隶古北口提督。九月，署陕甘固原提督。十一月，补汉中镇总兵。九年，升甘肃提督，具折陈谢。谕曰："汝其善体朕意，洁己率下，认真整饬营伍，断不可稍存恃功之心，或致纵佚，仍当一力慎勉。"寻奏抵任，又谕曰："整饬营伍，训练士卒，汝原熟悉，然必要行之以诚实，持之以久远。无论人材事务，不可崇尚虚文，总期功收实效。勉之慎之！"〔一〕

　　十年八月，安集延馀匪勾结浩罕，复入卡滋扰，官兵迎剿，帮办大臣塔斯哈被害，〔二〕遂围喀什噶尔、英吉沙尔城，并分掠叶尔羌之色呼库勒，将取道树窝子，直扑阿克苏，以阻西四城援兵后路。陕甘总督杨遇春檄超率兵四千驰往协剿。超率前队行抵察巴尔楚克，亦欲取道树窝子，先解喀什噶尔围，以道堙多伏，孤军难于深入，俟所隶诸镇兵咸集，改由叶尔羌大道迅赴救援。十一月，抵英吉沙尔，围已解，沿途搜剿馀匪，直逼喀什噶尔城，贼闻风遁，围立解。其萨汉庄窜匿千馀匪，复分兵三路追剿，俘戮殆尽。先是，超抵察巴尔楚克时，以所隶诸镇兵未集，欲待其至然后发，经钦差大臣协办大学士威勇公长龄以迁延奏劾，部议褫职。至是，相度机宜，以速补迟，台路既清，二城之围亦解，超所奏闻属实，上嘉其有胆有识，恩予免议。十二年，凯撤回任。十三年，调陕甘固原提督。十四年，以甘肃皋兰县匪徒郑曼年纠众滋事，坐失察镌级留任。十六年十月，以前任古北口提督时，失察营兵王文魁习教,复镌级留任。十二月,入觐,上垂问陕甘军务甚悉,命在御前侍卫上行走。二十年,陕甘总督瑚松额奏陕西汉山山境辽阔,界连川、楚,超籍隶四川,前从征南山有年,地理民情具悉,请敕往周巡,并阅陕西汉中营伍,如所请行。二十一年二月,抵汉中,阅操毕,乞假就近回川省墓,允之。八月,英吉利船沿海驶扰,超遵旨率陕西兵二千名,赴直隶山海关防堵。行抵榆次县,以浙江镇海县失守,命超为参赞大臣,偕扬威将军奕经赴浙剿办,寻复遵谕留防天津。九月,偕直隶总督讷尔经额筹画机宜,奏请扼要驻葛沽,以为策应,允之。十月,授钦差大臣,偕御前大臣郡王僧格林沁等查阅直隶、山东沿海形势,并设炮演放各事宜,事毕回葛沽营,复偕讷尔经额请赏防兵及陕勇棉衣,上如所请,并赐裘一袭。二十二年,英人就抚,撤防归伍,下部议叙,并赐文绮四端。

　　二十五年正月,调甘肃提督。六月,西宁野番滋事,署西宁镇总兵庆和被戕,超督兵赴永固进剿,以饷运屡被番劫,且所辖肃州镇兵延玩不遵约束,经署陕甘总督惠吉奏劾,部议褫职,上加恩改留任,八年无过,方准开复。十一月,以所辖甘凉营马缺额,未经随时咨报,部议镌三级调用,复加恩改留任。二十六年五月,上以超办理番务懈弛,命陕甘总督布彦泰查奏。寻奏入,谕曰:"胡超有统领边疆、弹压番夷之责,乃去秋由永固进兵之际,辄调极远之汉中官兵,故为延宕,以遂其苟安之计。本年林则徐密咨派兵赴野马川一带地方堵截,又不能即行调往。节次徒事添兵,并未办有成效。着交部严加议处。"部复议褫职,谕曰:"胡超着即革职,因念该提督曾经出师,著有微劳,着仍留骑都尉世职,交布彦泰差遣委用,以观后效。"十月,以病乞休,允之。二十七年,布彦泰阅固原、宁夏营伍,以历任提镇操防懈弛,追论其咎,下部议处,上仍留其世职。二十九年,予食半俸。是岁卒。

子允林,湖北郧阳府知府、候选道,袭骑都尉世职;允权,议叙都司衔。

【校勘记】

〔一〕勉之慎之　原脱此四字。耆献类征卷三二六叶三八上同。今据成录卷一五九叶一九上补。按胡超传稿(之三五)亦脱。

〔二〕帮办大臣塔斯哈被害　原脱"帮办大臣塔斯哈"七字。耆献类征卷三二六叶四〇上同。今据成录卷一七三叶四下补。按胡超传稿(之三五)亦脱。

段永福

段永福,陕西长安人,原籍四川。嘉庆二年,三省教匪不靖,由乡勇随征出力拔补外委。八年,随总兵杨芳剿办三省馀匪。四月,行至神凹老林,分路穷搜,毙贼数人。五月,探知贼在房麻子一带,永福首先抢上山梁,立毙十馀人。十二月,至龙窝梁顶,永福以搜捕出力,赏戴蓝翎,旋拔千总。

十八年,直隶教匪滋扰,永福随陕甘提督杨遇春驰赴大名府剿办,探得贼匪分屯附近各村,前往追捕,连获胜仗。馀匪窜归道口,复分东西两路而来,官兵迎头剿杀,毙贼一千四百馀名,生擒一百四十馀名。永福以在事有功,得旨,赏换花翎。十一月,探知贼众屯聚辉县山内司砦，我兵并力攻击，追杀数里。十二月，进攻滑城，用地雷轰击南门，共毙九千馀人，生擒二千馀人，并擒贼目牛亮臣、徐安国等。奏入，得旨，以应升之缺升用，先换顶带。时陕西郿县等处饥民滋事，永福复随杨遇春先赴陇州栈西剿办。十九年正月，讯知贼匪李大旗、杨小一与麻大旗、刘二合股，我兵追至柏杨岭，贼恃众抗拒，永福等分带马队两路进攻，击毙麻大旗、刘二，贼众惊溃。捷入，上以永福升补陕安镇左营守备。二十三年，因失察西洋人在境潜住，部议降调，上加恩改为降二级留任。

道光四年五月，擢甘肃张义营都司。六年八月，逆回张格尔滋事，永福随陕甘提督杨芳驰赴协剿。七年二月，进攻洋阿尔巴特，贼匪占据沙冈，我兵三路迎击，毙贼万馀，夺获器械无算；复追剿于沙布都尔庄，大破之。旋侦知贼众十馀万人在阿瓦巴特回庄负嵎抗拒，官兵前后兜剿，乘胜直上沙冈，分投追杀，至洋达玛河一带，搜剿殆尽。三月，由浑河北岸进攻，贼躡浅潜渡，我兵连夜追击，取道喀城，四面围剿，喀城克复。奏入，赏给利勇巴图鲁名号。时张逆乘间逃逸，十二月，我军跟踪追捕，剿至喀尔铁盖山，贼势穷蹙。永福带兵拥上山巅，生擒首逆。捷闻，赏给云骑尉世职，以参将即行升用，并赏给翎管、扳指、荷包等物。绘像紫光阁。

九年，补甘肃乌鲁木齐提标中军参将，旋调陕西抚标中军参将。十一年，授甘肃永固城守营副将。十四年四月，丁母艰。十五年九月，陕西巡抚杨名飏据呈奏请以永福情愿在陕入籍，下部议准。十月，服阕，陕甘总督瑚松额以永福在甘日久，熟悉边情，奏请将永福留甘肃委用。谕曰："前任甘肃永固协副将段永福准其仍赴甘肃委用,候有副将缺出,即行奏请补用。"十七年,补陕西静宁协副将。十八年,署宁夏镇总兵。十九年,补贵州安义镇总兵。二十年二月,入觐来京。十二月,英人滋事,调赴广东,因轰击敌船得力,奉旨,从优议叙。二十一年,上命永福驰驿前往浙江,随同扬威将军奕经办理军务。

二十二年,擢广西提督,旋调浙江提督。九月,病卒。谕曰:"浙江提督段永福由乡勇出身,累次出兵,著有劳绩。前因从征回疆,生擒逆裔张格尔,克藏大功,特加升擢。本年由广西提督调任浙江提督,方资倚畀,遽闻溘逝,深堪惋惜!着加恩照提督例赐恤。任内一切处分,悉予开复;并赏银三百两,发给伊家属祗领治丧。所有应得恤典,该衙门照例具奏。"寻赐祭葬如例,予谥勇毅。

齐慎

齐慎,河南新野人。嘉庆元年,川陕楚教匪煽乱,慎以武生团练乡勇,投效军营,随直隶提督庆成击黄号贼首齐王氏于湖北襄阳县之叶家店,受矛伤。五年五月,追剿白号伍怀志股匪于陕西镇安县之大中溪,以功补直隶倒马关外委。九月,败黄号辛聪股匪于宁羌州蚂蝗沟,迁易州营把总。六年十月,白号股匪西走广元、宁羌等处,官兵追及流沙坡,贼溃,复折回拒斗,慎击之,擒首逆杨开甲之子杨麟生。叙功,以千总升用。旋补大名协左营千总。十一月,随总兵丰绅击白号贼首高见奇,获之,赏戴蓝翎。

七年四月,白号伪先锋丁佳兰等由通江窜陕西境,官兵扼之

于塔佛寺,分三路进剿。慎擒斩十馀名,馀匪走紫柏山。五月,
裹粮冒雨前进,降其伪先锋伍金华,令为向导,获贼目康三,歼伪
总兵张昌元等。奏入,命以守备升用。十月,击贼于竹山县之鸡
骨梁,受矛伤。八年四月,剿川省窜匪于灯盏窝,歼伪先锋张老
幺,赏换花翎。六月,仙女山及平阳坝之贼窜据房、巫交界之大
草塘,慎带兵登山,斩伪先锋刘世荣,贼大溃。九月,升陕西镇右
营守备。十二月,随总兵刘瑞剿贼于曹家垭,射殪贼目一。九年
正月,贼由东多罗河遁入老林,慎驻兵太平河,遏贼东奔。七月,
随副将吴廷刚沿平溪河钞击窜匪,俘馘五十馀人。十年,川陕零
匪廓清,赏加都司衔,遇缺即补。寻补紫阳营都司。

　　十一年八月,宁陕叛兵陈达顺等攻扑石泉县城,慎击却之。
九月,擢陕安镇右营游击。[一]十八年九月,河南逆匪李文成等陷
滑县,分屯桃源各处,慎随陕西提督杨遇春往剿。十月,抵新郑,
蹙贼于卫河西岸,截其归路,贼渡河将南窜,复由卫河驱至道口
东,与官兵夹击之,遂克道口,败桃源援贼,兵进次滑县。营未
定,城内出贼万馀来劫,鏖战竟夜,迟明复出贼二千与外合,慎跃
马横冲之,贼阵中断,[二]大奔溃。已而遇贼于阳武之延州集,贼
目乘车来,慎发铳毙之,馀皆走。李文成与其党刘国明屯司寨,
为负嵎势。慎由淇县大庙山口入,毁寨垣,焚碉楼,无得脱者。
叙功,赏健勇巴图鲁名号,并赐翎管、鼻烟壶、小刀银牌。十二
月,官兵围滑,以地雷轰隳其城,慎先登,叠受石伤,遂复滑县。
捷闻,以副将升用,先换二品顶带。

　　会陕西三才峡厢匪滋扰,慎随杨遇春带固原、兰州兵回陕。
十九年正月,进兵陇州,剿麻大旗、刘二股匪抵柏杨岭,两山夹

峙，林箐深密，贼据其上，官兵分左右上山，慎由中路仰攻，[三]斩麻大旗、刘二于阵。时寨家山馀匪窜女儿坝，慎由佛爷坪截剿，歼擒殆尽。闰二月，升延绥镇神木协副将。五月，升西安镇总兵。二十三年，调陕安镇总兵。道光元年，擢甘肃提督。二年，剿捕青海口外野番，屡有斩获。馀贼窜雪山一带，慎督兵追击，斩刚咱族大头目乙旦木，毙贼党二百馀人，擒噶布古等十六人。上嘉之，赏玉柄小刀、松石"寿"字、翎管、白玉搬指、大小荷包。

六年六月，逆回张格尔叛，陷喀什噶尔等四城。七月，伊犁将军长龄以哈密为新疆咽喉，奏派慎带兵驻扎，应援各城。嗣又以阿克苏为回疆适中要区，奏调防守。八月，抵哈密，慎以都齐特军台被焚，参将王鸿仪等被围甚急，飞催各路策应，将所带甘、凉兵三千，留六百名驻守哈密，馀兵派将领管带前进，并吁请效力讨贼。上嘉其急公，命驰往阿克苏，俟杨遇春大兵云集，相机进剿。九月，丁父忧。谕曰："甘肃提督齐慎久历戎行，素称勇干。现已驰抵阿克苏，随同长龄等剿办逆回。当军务吃紧之时，骤难更换。齐慎受恩深重，亦必不肯以私情废公，遽请回籍。着仍留军营带兵进剿，无庸开缺。俟军务告竣，再令回籍，补行守制。"旋经长龄代奏请假成服，谕曰："齐慎行抵库尔勒地方，闻知伊父病卒，请赏假七日成服。假满，即驰抵阿克苏，听候调遣。齐慎急公图效，着加恩赏银二百两，令程祖洛由河南藩库提交该提督家中，以为治丧之资，并着长龄传旨嘉奖。"

七年二月，驻兵乌什卡外，侦知附逆之奇里克爱曼布鲁特比库图鲁克谋劫乌什，慎密派弁兵往缉，获之，并其弟色第克等七人，凯撤进关。十月，请假回籍守制。八年，假满入觐，赏文绮。

复以回疆底定,在事功臣大学士公长龄等四十人绘像紫光阁,慎与焉。御制赞曰:"新野武库,滑县击贼。提督两省,忠诚报国。乌什防边,擒剿出力。大头目谁,库图鲁克。"九年,调直隶提督。十年,阅古北口外营伍。先后扈跸谒东陵,随围十一次。十二年,因病陈请开缺调理,谕曰:"齐慎前在楚省军营,两受矛伤,滑县首先登城,石伤尤重,实为奋勇出力。直隶提督任内整饬营伍,训练操防,俱臻妥协。兹因伤湿复发,一时未能就痊,着允所请,准其开缺回籍,安心调理。一俟病痊,即来京另赏差使。"十三年三月,谕河南巡抚杨国桢曰:"前任直隶提督齐慎上年因病请假回籍,现在调理日久,自必就痊。着派员前往看视,传旨询问该提督,如宿疾已痊,着即迅速来京陛见。"四月,在籍奉旨,仍授甘肃提督。

十六年,调四川提督。十七年六月,行至凉州,旧疾复发,请假调理,谕曰:"四川提督统辖全省营务,最关紧要。齐慎操守清廉,训练认真,朕所深知,是以将伊调补四川提督,用资委任。兹该提督因腿疾复发,恩赏假数月调治,着毋庸限以假期,即于途次安心调理,准其缓程行走,赴任办事,以示体恤。"八月,抵四川,会马边、雷波夷匪滋事,十一月,督兵进攻,屡战皆捷,擒夷目多人,毁其巢,并救出被虏民人二百七十馀名,得旨嘉奖。十八年二月,调云南提督。十二月,仍调四川提督。十九年五月,越嶲夷匪出巢抢掠,偕四川总督宝兴剿平之。先是,慎偕宝兴以马边、越嶲等五厅县夷匪不时出扰,会议防边章程,奏入,上命于各省拨银一百万两为经费之需,以期一劳永逸。八月,偕宝兴覆奏:"防御夷匪,练兵为要。此次添粮募勇,已先期于各镇协营应裁粮缺,均匀酌抽,其应移驻将弁,亦择其熟悉夷情者,派令任事。第当此积疲之后,必须提督亲往督操,其筑堡设汛,及编立团练各章程,亦须文武会办。"上命慎亲往督操,认真校阅,并亲赴各处督率镇道,将一切应办事宜妥为经理。

　　二十年,英人犯顺,命慎为参赞大臣,驰赴广东,偕靖逆将军奕山等剿办。四月,抵广东,率川兵五百驻佛山镇防堵。五月,以参赞大臣杨芳患病,命慎移驻省城军营。十二月,谕曰:"该将军等拥兵坐视,株守省城,何时方可蒇事?着奕山、齐慎、祁埙各抒所见,不必会商,分折密奏。"寻慎奏已将水战器械制齐,现在挑选兵勇,俟新正风顺,水陆并进。上以慎及奕山、祁埙所奏,虽主战主守不同,而毫无确见,严饬之。二十二年正月,仍命为参赞大臣,迅速驰往湖北崇阳县剿办匪徒。抵九江,适崇阳乱平,谕令驰驿兼程前赴浙江,会同扬威将军奕经等办理洋务,既抵浙,命往曹娥江并上虞等处,会同防剿。旋移驻江苏镇江。六月,英人闯入大江,犯京口,慎奋勇督战,节次击退英船。突有敌军由西北登岸,慎率将弁迎敌,毙敌目一,歼三百名。敌复以车载炮上岸,由间道扑北门,分股攻西南两门,城内汉奸举火应敌,镇江遂陷。慎收集溃兵,退守新丰镇,自请从重治罪。上命带罪立功,以观后效。旋督兵潜赴镇江,摸桩打仗,毙敌多名。十月,奕山、奕经等被逮,谕曰:"齐慎带兵前赴江苏,不能保守镇江,事后又未能用兵收复,亦有应得之咎,着交部严加议处。"寻议革职,得旨:"齐慎于广东被围时,驻扎佛山,且到浙在后,迨镇江失陷,尚能设法摸桩杀毙多名,尚可稍从末减。着加恩改为革职留任。八年无过,方准开复。"

寻以英人就抚,回四川任。二十四年二月,巡查营伍。三月,行次马边厅,卒。遗疏入,谕曰:"四川提督齐慎服官四十馀年,历次军务,无不在事驰驱,战功卓著。自简任四川提督以来,训练操防,尤极认真,方资倚畀。遽闻溘逝,殊深轸惜!着赏加太子太保衔,照提督例赐恤。任内一切处分,悉予开复。伊孙候选知县齐伟,着于服满后送部引见。所有应得恤典,该衙门察例具奏。"寻赐祭葬,予谥勇毅。

子重义,二品荫生,户部候补主事。孙伟,湖北大冶县知县;倬,候选同知;健,候选通判。

【校勘记】

〔一〕擢陕安镇右营游击　"安"原误作"西"。今据续碑传集(光绪十九年江苏书局校刊本)卷五○叶一下改。按齐慎传稿(之三五)亦误。

〔二〕贼阵中断　"断"原误作"乱"。今据齐慎传稿(之三五)改。按续碑传集卷五○叶一下不误。

〔三〕慎由中路仰攻　原脱"慎"字。今据齐慎传稿(之三五)补。

罗思举

罗思举,四川东乡人。嘉庆元年,川陕楚教匪不靖,达州首逆徐天德、东乡首逆王三槐等纠众啸聚,陷东乡。思举以乡勇隶署四川总督、侍郎英善军营,随往协剿。二年三月,贼扑万古楼卡座,思举并力轰击,贼败走,退屯精忠寺。思举复从山后扑入贼营,与官兵三面攻击,克之。六月,贼众败走前河,会湖北襄阳首逆齐王氏、姚之富由豫窜川,合为一股,云阳教首高名贵屯聚陈家山,复纠众应之。思举诱贼出巢,奋勇截杀,生擒高名贵等四百馀人。捷入,赏戴蓝翎,以千总即补。寻补四川夔州协右营千总。

三年七月,进攻安乐坪,擒贼渠王三槐。八月,东乡股匪冷天禄屯祖师观,负隅拒守。我军乘夜由蛇皮峰攀援潜上,直抵贼巢,思举首先跳越濠沟,抛火焚巢。贼惊溃,乘势大败之,连夺鱼鳞口、铜鼓包一带贼卡。奏入,以应升之缺升用。九月,贼退据祖师观山梁,官兵分道夹击,思举从山左潜登,扑开贼卡,歼贼四百,生擒百馀。旋因克安乐坪功,以守备升用。十二月,老观嘴贼匪潜来扑卡,思举豫为设备,贼至,枪箭竞发,毙贼三十馀,零匪奔窜。是月,补绥宁协右营守备。五年正月,东乡股匪张子聪屯据马鞍山,恃险抗拒,思举由郎家洞分两路夹击,杀贼九十馀,生擒贼目贺国泰等六人。捷入,赏换花翎。九月,东乡股匪庹向瑶向丰城塞窜逸,思举迎头截击,歼贼四百,擒贼目郝长寿等一百馀。十月,升陕西陕安城守营都司。〔一〕

六年二月,通江蓝号股匪陈朝观、襄阳白号股匪魏学盛等,由楚折窜竹园坪,思举探踪钞截,毙贼二百馀。馀匪走土地垭、大山梁,我兵乘胜追剿,忽有援贼三千来应,思举冲入贼队,奋勇鏖战,戮伪总兵陈天奇于阵。捷闻,以应升之缺升用。三月,四川总督勒保以大功将次告蒇,奏请鼓励,赏思举苏勒方阿巴图鲁名号。〔二〕旋擢四川松潘镇标中军游击。四月,攻贼于双龙硐,夺卡三。五月,襄阳蓝号匪众向平利县之大渝河逃窜,思举设伏以待。贼至,伏兵突出,奋力兜剿,执伪元帅鲜奇文、伪总兵艾广云、伪先锋张士龙,并歼贼五百馀。六月,东乡白号首逆汤思蛟、刘朝选走东湖,我兵侦踪截剿,击败之于温水沟。八月,巴州白号股匪由杨柳坝窜核桃坝,思举带兵截杀,大败其众。九月,巴州白号首逆苟文明由陕窜楚,屯扎老鸦铺,意图攻扑新寨,思举带领马队,由铜关堡进攻,截其后路,败之于杨柳田。十月,改攻回龙溪。十二月,克瓦山溪,获贼目苟明献、苟文举。是月,升山西北楼营参将。

七年正月,追剿庹向瑶股匪于风硐子。二月,贼由大堰坪犯硐寨,思举带兵钞截,大败之。三月,击贼于万楼。四月,移攻蒋家湾,歼其众。五月,由龙硐趋渡口崖,生擒伪总兵唐仕凤、伪先锋杨士祥。六月,剿贼于团城,擒白号伪先锋袁登朝、伪总兵白如亮,及首逆汤思胜之弟汤思瑶,馀贼遁麻柳坝。我兵乘胜钞袭,擒斩殆尽。七月,侦知白号贼首刘朝选纠合各股馀匪屯聚小神堂,思举迎头截杀,败之于仙女溪。贼溃,我兵蹑尾紧追,执刘逆于鞋底山。下部议叙。寻移兵云阳一带老林,擒剿零匪。八月,克蓝厂沟。九月,追贼于康家沟,生擒伪总兵罗道云,伪先锋沈文学、韩胜等二十六人,歼毙其众。十月,擒白号首逆张简于陈家坪,思举均在事有功,得旨褒嘉。

十一月,擒贼首唐明万于石柱坪。捷入,谕曰:"唐明万系积年著名首逆,罗思举紧蹑贼踪,临阵生擒,奋勉出力,着交部议叙,并赏给白玉四喜搬指一个、大荷包一对、小荷包二个。"十二月,败贼于袁家坪。八年正月,搜捕零匪于观音崖、老龙硐、孙家漕一带,叠有斩获。闰二月,擒贼目袁克恭等三十六人于赵家嘴。三月,遇贼于火天冈,败之。四月,零匪啸聚菜子坪,思举乘夜围剿,悉就歼擒。五月,获贼于花药山。六月,由罗溪硐蹑踪追剿,败之。七月,克黄杨坪。十月,追贼于玛瑙溪。十一月,零匪分窜油房沟、泥垭、黑峒沟、柯家坪一带,思举带兵侦缉,擒斩多名。九年正月,击贼于高峰寨,歼之。二月,追馀匪于白笋坪、十二庵、石渣河、打鼓坪等处,叠有斩获。九月,擒伪总管伍应榜于红花溪。寻升太平协副将。十年正月,败贼于洋峪塘。五月,歼伪元帅王世贵、伪总兵谢应洪于十里坪。上以王世贵为著名首逆,日久稽诛,思举探踪会哨,奋力迎敌,将该逆及谢应洪一并歼毙,嘉之。六月,连克白果坝、黄安坝,零匪搜斩净尽。十二月,大功告葳,凯撤回营。太平协距东乡在五百里内,思举请照例回避,四川总督勒保以思举于太平一带老林最为熟悉,奏请留任,以资巡缉,允之。

十一年,绥定逆匪王得先等煽乱,思举带兵协剿,全数扑灭,下部优叙。十二年,陕西瓦石坪叛匪韩金堂等纠众滋扰,思举帅师往剿,斩贼渠韩金堂、周士贵于阵,平之。上以思举不分畛域,迅获大胜,赏加总兵衔。十八年,陕西岐山县三才峡木厂匪徒万五等,胁同饥民肆行劫掠,上命四川提督多隆武驻兵川北,遇有窜匪入川,督同思举截剿。十九年正月,〔三〕思举带兵分布要隘,尽力迎截,贼不得入,川境安堵。九月,擢甘肃凉州镇总兵。十月,调四川重庆镇总兵。二十年,瞻对逆首洛布七力恃强劫夺,抗拒官兵,思举带兵剿办,歼洛布七力及其妻洛布竹马、子温布阿更,并大小头目十七人,下部议叙。道光元年正月,升贵州提督。五月,调四川提督。十月,调云南提督。五年,调湖北提督。

十二年正月,湖南江华县逆瑶赵金龙胁众煽乱,拒伤官兵,上以思举久历戎行,命驰往协剿。二月,抵永州,闻贼势蜂起,提督海凌阿及副将马韬、游击王国华、守备吴鉴力战死。新田县知县王鼎铭亦同时阵殁。思举以征调官兵未能即至,贼北窜九嶷,南奔两粤,聚则易歼,散则难扑。于大兵未集之先,檄调弁兵,分道防堵,遏其要路。三月,赵逆复折回新田之杨家铺,其党赵文凤纠众二千与之合,屡犯桂阳,意图北窜。思举帅师合力兜剿,败之于羊泉,焚其巢,殪贼三千馀,生擒逆子赵福金等,及逆党五十馀人。捷入,得旨褒嘉,下部优叙。五月,馀党悉数歼除,大兵凯撤。谕曰:"逆瑶赵金龙聚众滋事,伤及大员官兵,经朕调派罗思举等前往剿办。兹据奏贼匪全歼,该逆罪大恶极,必应生擒解京,尽法惩治,方足以彰国宪而快人心。今据称歼毙,未能生擒,不满朕望。惟此番剿办一切机宜,俱臻妥速,且调度有方,深堪嘉尚! 罗思举着赏戴双眼花翎,并赏一等轻车都尉世职。"

寻广东瑶匪赵子青、广西瑶匪盘均华纠合馀党,连犯楚境,均经我兵歼擒,尽置之法。七月,思举偕尚书禧恩、将军瑚松额等,会议江华善后事宜,胪陈九条:一、筹抚恤,一、重官守,一、勤巡哨,一、清叛产,一、严保甲,一、查瑶俗,一、惩奸棍,一、收火器,一、奖义勇,均如所请行。二十年,卒。遗疏入,谕曰:"罗思举由乡勇出身,在四川、陕西等省军营效力,经朕擢任提督。道光十二年,因剿办瑶匪出力,赏给世职,并赏戴双眼花翎,前后带兵剿贼,屡著战功。自调任楚省以来,控制抚绥,均臻妥善。方资倚任,遽闻溘逝,殊堪轸惜! 着赏加太子太保衔,照提督例赐恤。任内一切处分,悉予开复,并赏银三百两治丧。应得恤典,该衙门察例具奏。"寻赐祭葬,予谥壮勇。

子本镇,袭世职。

【校勘记】

〔一〕升陕西陕安城守营都司 原脱下"陕"字。今据罗思举传稿(之三五)补。

〔二〕赏思举苏勒方阿巴图鲁名号 原脱"思举"二字。今据罗思举传稿(之三五)补。

〔三〕十九年正月 原脱"九"字。今据睿录卷二八二叶一二下补。按罗思举传稿(之三五)不脱。

张必禄

张必禄,四川巴州人。嘉庆元年,川楚教匪不靖,必禄由乡勇随川北镇总兵朱射斗剿办徐天德、王三槐股匪。二年二月,克东乡。四月,克金峨寺,毁其巢。旋进攻王家寨,连夺茨菇梁等处贼卡,擒斩甚多。叙功,给六品顶带。闰六月,随朱射斗进攻方山坪贼巢,复蹑踪追剿,屡败之,毁其营。九月,剿冉文俦、罗其清等股于巴州,连败之芝顶山、石笋塘。四年正月,攻克麻坝寨,擒冉文俦。三月,追剿包正洪股匪于万县康家坪,又于石峨山夹击,戮千数百匪。六月,击贼于开县九龙山,复冒雨追奔,败之于云阳县小毛坪,包正洪殪。必禄均在事有功,受枪伤。奏入,赏戴蓝翎。五年,随四川提督七十五剿龙安府属一带窜匪,接战于摩天岭,必禄复受枪伤,换五品顶带。六年五月,追汤思蛟等股至双龙洞,贼踞亮垭子山梁,侍卫武隆阿等率同必禄督兵抢上,短兵相接,贼大溃,复驰击之,连破贼卡。八月,苟文明分股贼匪，经官兵击败于<u>核桃坝</u>，复奔<u>牛磊口</u>，<u>必禄</u>擒贼目<u>苟朝明</u>、<u>苟文怀</u>，又追败之于<u>王道河</u>。<u>必禄</u>战必深入贼阵，屡被贼矛，伤股，总督<u>勒保</u>上其功，命量予升拔。寻升<u>直隶</u>提标中营把总。

七年五月，<u>苟</u>逆匪众扰<u>陕</u>境<u>秦岭</u>一带，自<u>太平峪</u>、<u>化岭湾</u>东窜，<u>必禄</u>迎头截击，戮三十馀人，贼折而西，旋于<u>太平峪</u>追剿，俘十二人，即用为前导，向老林穷追，于密箐中陡遇伏贼伪先锋<u>王世贵</u>，立斩之。七月，<u>苟文明</u>踞<u>花石岩</u>，<u>必禄</u>率兵勇仰攻，受石伤，仍奋击之，贼大溃，<u>苟文明</u>坠崖下，歼焉。经略<u>额勒登保</u>奏闻，得旨，以守备升用。八月，补<u>蔚州</u>营守备。九月，搜剿<u>南山</u>一带零匪，斩馘甚夥，并擒贼目<u>苟文清</u>、<u>王起立</u>等。十一月，贼向<u>鸾桥沟</u>一路东窜，<u>必禄</u>追至<u>张九沟</u>，擒<u>李奎芳</u>等九名。夜搜贼于<u>天牢</u>地方深林中，获<u>蓝永才</u>。明日，追至<u>安沟口</u>，又获<u>徐学忠</u>。八年正月，贼复由<u>秦岭</u>老林西越<u>太白山</u>潜遁，<u>必禄</u>以<u>陕甘</u>总督<u>惠龄</u>檄偕总兵<u>李应贵</u>兜截，擒十馀贼。追奔至<u>太平脑</u>，遇贼数十人，自深箐中突出，迎击之，立毙四人。馀匪窜<u>太白河</u>，复蹑踪追击，屡有斩获。

十一月，贼窜<u>川</u>、<u>陕</u>交界之<u>瓦石坪</u>、<u>西代池</u>，其地林深雪积，止通樵径，贼众凭高远望，见我兵云集，向<u>鸡公山</u>梁下伏匿，<u>必禄</u>带兵乘夜疾进，于黎明抵山顶，即乘势下压，大败之，仍偕各营分路追剿。九年七月，贼由<u>三岔溪</u>窜踞<u>凤凰寨</u>，[一]<u>必禄</u>由寨右进，与各路合力攻击，擒斩贼目及馀匪数十人。贼溃散，又深入穷搜，剿除殆尽。是年，三省教匪平。八月，调<u>四川越巂</u>营守备。十七年，军政卓异。

十八年，<u>陕西</u>青、蓝、红、绿各号股匪滋事，扰<u>汉江</u>南北，<u>必禄</u>

随成都将军赛冲阿等剿办。十九年，追剿线号苗小一等匪于洋线、碾子沟，贼踞山梁抗拒，我兵分两翼仰攻，必禄偕参将朱承受等从左路击破之。贼合红号匪众窜寨家岭，必禄复由小王庙钞出岭右，督兵力攻，贼不敢拒，四散狂窜。苗逆率馀党窜月亮坪，必禄等追至，多所斩获，擒贼目李大旗、何贵，苗小一亦被歼山下。旋将零匪悉数歼擒，四号歼除净尽。捷闻，赏换花翎，以都司升用，先换顶带。二十年，补维州左营都司。

二十二年，宁越夷匪滋事，必禄以总兵常明檄带兵赴剿，由普雄过河，取道上下落姑入波落老林，山径险仄，夷匪伐木塞路，官兵并力开道以进。逆夷于云雾山、巴租峡口等处，恃险抵拒，相持两日。必禄密选敢死士，从旁路攀藤附葛，绕至山巅，举火，夷大骇，大队继至，斩级数百，逆夷溃散，遂入其巢，毁寨落三百馀间。其夷目阿痴先匿林丛内，寻亦就获。事平，得旨，以应升之缺升用。二十五年，调重庆镇标右营都司。

道光三年，升太平营游击。六年，回部逆裔张格尔纠众入犯，连陷喀什噶尔、英吉沙尔、和阗、叶尔羌四城，参赞大臣武隆阿以必禄谙练勇往，檄赴军营。七年三月，大兵进发，逆回遣其党数万在洋阿尔巴特庄外，列阵沙冈迎拒，我兵分三路进攻，必禄随参赞杨遇春钞击其左，大破之，贼众溃窜；复跟追三十馀里，歼贼万馀，俘三千二百有奇。扬威将军长龄等奏入，赏励勇巴图鲁名号。时喀什噶尔等城以次克复，张逆遁，上复命提督杨芳为参赞大臣，带兵追捕。七月，必禄随至卡外，于塔里克达巴罕地方有马步二千馀匪，由北山沟内突出，我兵迎击，贼败退山梁，依险拒守。必禄偕副将郭继昌等率健卒乘夜潜绕贼后伏，值进攻之际,由后路突起兜击,斩千馀级。寻以克复和阗,并追歼贼目玉努斯等功,赏加副将衔。八年,回疆平,以豫保引见,命交军机处记名,旋升提标中军参将。

十年,擢贵州靖江协副将,十二年四月,调赴湖南,随提督余步云剿江华县瑶匪。时贼踞羊泉地方,官军四面围攻,必禄带兵击其西,连败之,毁其巢,俘馘甚众。首逆赵金龙歼焉。下部优叙。嗣粤瑶赵子青复窜湖南,于江华濠江冲纠二千馀人,在大小林冈劫掠,欲断官军粮道。必禄带将弁侦探至银匠冲,贼踞山顶下压,必禄奋力指挥迎击,殪黄衣贼目十馀人,贼溃,复于麻江擒赵子青及逆属数人,馀匪就歼。经钦差大臣宗室禧恩等奏保,赏加总兵衔。八月,随禧恩移师广东,剿办连州排瑶,贼踞大掌岭后山,闻官兵至,由林分股扑出,必禄等迎头轰击,又乘夜扑营,复击败之。旋进攻阳公歧贼寨,必禄由左山梁与诸军合击,贼大溃,剿抚兼施,逆瑶悉定。奏入,得旨,以总兵即补,并下部优叙。十二月,授广东高州镇总兵。

十五年,调四川建昌镇总兵。十六年,四川总督鄂山查阅夷地情形,奏请增改善后事宜,上命与必禄悉心筹议。十七年九月,马边、雷波等厅属夷匪纠众劫掠,官军两路赴剿,必禄带兵进攻马边一路,由走马坪直至老林,连破夷寨。其大峰顶地方,势尤峻险,聚匪众多,复奋力攻克之,歼擒夷目,并馀匪多名。十一月,进兵天喜,会合大军,并力逼攻凉山,克阿哈等支夷寨,下部优叙。又以哦雷等支寨落繁多,众尤凶悍,必禄督兵先驱直入,匪众恃险抗拒,我兵奋勇仰攻,捣其巢穴,大破之,群夷震慑。十八年正月,成都将军凯音布等奏入,赏加提督衔。旋升四川提督。七月，夷匪复出，沿边滋扰，上命偕凯音布相机妥办，毋致酿成边患。九月，奏："夷匪经节次剿捕，现已敛戢，地方均臻安谧。"谕曰："严饬员弁实力巡防各要隘，毋令窜入内地。"十一月，以夷匪仍未安静，剿办失宜，下部严议。部议褫职，得旨，仍留四川，交总督宝兴差委。十九年，带兵巡历沿边各要隘，布置严密，夷匪无隙可乘，边民渐安。二十年，督修防边碉堡营房各工，事竣，宝兴奏请鼓励，加恩以千总遇缺即补。寻补绵州营千总。

时英人不靖，犯广东海口，攻夺炮台，上命奕山为靖逆将军讨之，必禄遵旨赴营差委，旋升梁万营都司。二十二年，英人陷镇江，犯金陵，上命必禄驰赴江苏，交该督抚差委，复授建昌镇总兵。二十四年，升云南提督。二十五年，永昌回民滋事，必禄督率兵练，分路进击，歼逆回马大，并伙匪数千，又追至小松寨等处，叠次剿戮，回匪乘夜溃散。上嘉其先事准备，大挫贼锋，下部优叙。二十六年，必禄年力衰迈，命原品休致，复以曾经出师，屡著劳绩，赏食全俸，以养馀年。

三十年九月，广西会匪肆扰修仁、荔浦等处，诏起必禄迅往会剿，仍以提督补用。十一月，行抵浔州，卒。经广西巡抚郑祖琛奏入，谕曰："前任云南提督张必禄由义勇出身，历在四川、陕西、回疆、湖南、广东各处军营打仗，叠蒙皇考厚恩，赏给巴图鲁名号，由专阃擢至提督。旋因年老休致，在籍支食全俸。本年来京，朕见其精力尚健，暂准回籍，以备召用。嗣因广西匪徒滋事，特令驰往会剿，仍以提督候补。念其久历戎行，深资倚任。乃昨据郑祖琛驰奏，该提督带兵赴粤，在途患病，犹复力疾前进，甫至浔州,病竟不起。览奏,实深悼惜！着加恩赏加太子太保衔,照提督例赐恤。历任一切处分,悉予开复。应得恤典,该衙门查例具奏。其灵柩由粤回籍,并着沿途地方官妥为照料。伊子捐职同知张由基、恩荫生张由庚,均俟服阕后,由吏部带领引见,候朕施恩。"寻赐祭葬,予谥武壮。

子由基,捐职同知;由庚,一品荫生。

【校勘记】

〔一〕贼由三岔溪窜踞凤凰寨　"寨"原误作"塞"。今据张必禄传稿(之三五)改。下同。

李国栋

李国栋,贵州威宁州人。父自新,原任贵州安笼镇标右营守备,从征金川,阵亡。国栋袭恩骑尉世职,入本省抚标效用。乾隆五十三年,补清江协右营左哨千总。六十年,贵州逆苗石柳邓、湖南逆苗石三保聚众肆扰,随云贵总督福康安帅师往剿,屡著战绩。

嘉庆二年三月,贵州南笼仲苗王囊仙等煽乱,国栋随云南鹤丽镇总兵官德英额带兵剿捕,隶游击双林军。关岭为南笼出入要路,贼踞险抗拒,国栋随双林由阿满寨悬崖而下,潜出贼后,擒斩无算。五月,贼围新城,扼官兵进剿之路。我军纵炮遥击,阳作进攻,分兵从下游躐渡,潜袭其后,贼溃,新城围解。疾引兵进发,贼踞南笼城西之碧峰山,负嵋抗守,我兵分路夹击,毁贼寨二十三,歼擒甚众。国栋叙功居最,擢定广协左营守备。八月,攻克洞洒，首逆王囊仙、韦朝元皆就擒，仲苗平。

时川陕楚三省教匪不靖，分号滋扰。十二月，檄赴四川军营。三年三月，东乡白号首逆王三槐等窜踞云阳县之安乐坪，国栋率兵进击，斩俘甚夥。四月，败贼于仪陇之孙家梁。八月，于达州、宝宁、顺庆、广元一路追剿贼匪，叠有斩获。九月，巴州白号首逆罗其清等屯踞大鹏寨，我军由高梁寺、史家坝分路进剿，克之。四年，襄阳蓝号首逆张汉潮窜至陕境，国栋蹑追入陕，屡战有功，擢四川提标前营都司。五年四月，追剿白号馀匪高二、马五至甘境，贼南窜秦州属之文县河边，躐浅渡河，攻扑卡狼寨土堡，并扼官兵径渡，国栋豫领弁兵，各携枪炮，隐伏河北登楼山，我兵半渡，贼分股来扑，国栋于半山列队连环轰击，贼却，我军共济，并力夹攻，败之。五月，追捕黄号股匪杨开甲等至陕西之洋县，歼开甲及贼目庞洪胜，并生擒其子庞有儿等多名。经略大臣额勒登保上其功，得旨，李国栋着升补云南抚标右营游击。

六年六月，黄号股匪伍怀志率馀党窜至旧县关，意图东遁，为官军所遏；复西窜，入秦岭之巅，藏深林密箐中。国栋率精锐裹粮追蹑，士卒皆攀援直上，奋勇截击，歼贼三百馀，擒怀志于七十二峪。捷入，赏戴花翎。十一月，白号股匪高见奇窜入紫阳之三星寨半山屯劄，我兵奋勇冲击，国栋于右首山梁伏兵以待。贼至，枪石并发，击败之；乘势压下山梁，并力围剿，擒见奇及伪元帅周万友等八名。下部议叙。七年正月，檄赴川、陕、楚三省接壤之斑鸠关，带兵驻扎，扼贼往来之路，叠有斩擒。五月，侦探黄号股匪王国贤由漳洛河窜来，国栋带兵迎剿，至湖北竹山之大溪河，俘馘多名。八年，大功戡定，檄调协剿零匪由陕西南山一带搜捕入川，歼擒甚夥。

九年正月，零匪屯聚盘河脑老林，国栋带领兵勇，钻林越箐，直捣贼巢，贼闻声外撼，凭高抗拒，我兵奋勇仰攻，贼穷蹙，复据险为南奔计，国栋蹑踪追剿。二月，贼由菜子坝折向后坪东窜，我兵于百里荒、[一]十二庵追及之，贼复抵死下扑，我兵奋勇冲击，歼其众。三月，贼向马溪、客僧河潜逃，又败之于腰磨厂、虾蟆石，馀匪遁入化龙山之天工堰啸聚，复率劲旅三千轻骑蹑追，贼窜千涧坪，克之。六月，由开县属之红尺坝追贼至陕西平溪河，擒伪先锋罗思兰等多名，馀贼悉平。八月，凯旋回营。

十二年，署元江营参将。十五年，升威远营参将。二十年，署楚雄协副将。二十一年，补维西协副将。二十二年，临安江外夷匪高罗衣等谋不轨，扰及元江。云贵总督伯麟檄国栋带领兵练由西路协剿，侦知贼匪屯踞水卜竜山梁，我兵取道进攻，北至百胜寨山腰。突有贼数千分为三股径扑官军，国栋亦分三路迎击，枪炮齐施，歼贼四百馀。贼溃，乘胜蹑追至水卜竜山梁，焚贼寨六，斩级五十二，并夺获器械无算。首逆高罗衣窜观音山之宗哈寨，负险踞守。国栋督率弁兵，由黄毛岭进发，会合游击方振奎并力攻剿，贼啸聚山梁，抵死抗拒。我军奋勇抢上，枪炮轰击，贼势穷蹙，罗衣及其甥朱木头悉就擒。捷闻，下部优叙。二十三年，授临元镇总兵官。

道光元年正月，永北厅属夷人与汉民构衅，四川会理州夷匪梅依老十乘机煽惑，招集劳夿、倮儸数千，焚掠阿喇山旧衙坪村寨。二月，国栋奉檄带兵赴大姚一路进剿。三月，侦闻贼踞拉古地方为巢，克之。贼遁入鸽子山，复带兵搜捕，斩戮百馀，擒首逆陈天培,贼目杨进宝、马金才等八名,夺获器械无算。乘势由他炉山箐进攻,直抵贼巢,俘斩多名,生擒贼目陶显贵等。云贵总督庆保上其功,下部优叙。五年,擢云南提督。七年,查阅本标营伍,劾守备杨得目、云骑尉邓中彦、把总李朝相等弓马庸弱,降革、勒休有差。十六年,调补浙江提督。十八年,卒于任。遗疏入,谕曰:"浙江提督李国栋久历戎行,屡经出师,懋著劳绩。经朕擢任提督,方资倚任。兹闻溘逝,殊堪轸惜!着加恩照提督例赐恤。任内一切处分,悉予开复。应得恤典,该衙门察例具奏。"寻赐祭葬,予谥襄恪。

　　子应瑞,现官广西候补府经历。

【校勘记】

〔一〕我兵于百里荒　原脱"我兵"二字。耆献类征卷三二一叶二七下同。今据李国栋传稿(之三五)补。

　　刘允孝

　　刘允孝,甘肃肃州人。由武举入营效力。嘉庆四年,随征川陕楚三省教匪,屡著战功,拔补甘肃镇海协标永安营千总。五年,升永固协标平川堡守备。十八年九月,直隶长垣教匪煽乱,延及河南,陷滑县城。允孝随固原提督杨遇春帅师往剿。十月,驰抵卫辉侦知贼众分屯丁栾集,我兵合力兜击,斩馘六百。越日,进攻道口,克之,毁其巢,歼贼万馀。十二月,克复滑城,擒首逆牛亮臣、徐安国,匪党尽歼。捷入,命以应升之缺升用,先换顶带。

　　适陕省南山匪徒滋事,延扰陇州、香泉等处。十九年正月,复随杨遇春进剿桃花坪,大败其众,追蹑至柏杨岭,其地两山夹峙,倚傍老林。我师分路仰攻,歼贼首麻大旗,毙贼千七百馀,夺获器械无算。二月,剿沔县股匪龚贵等于三元坝,允孝首先迎击,枪箭齐施,贼溃,走塘子口,我兵据山下压,首从悉就斩获。论功,赏戴花翎。十月,补永昌协标张义营都司。

道光四年,擢湖北荆门营游击。五年,调汉阳城守营游击。十年,升提标中军参将。十二年二月,湖南江华县瑶匪赵金龙纠众倡乱,随湖北提督罗思举驰往协剿。三月,赵逆窜新田之杨家铺,贼党赵文凤与之合,夜犯桂阳,意图北窜。大军截杀于羊泉,允孝由东南面进击,昼夜围攻,毁其巢,殪贼三千馀,歼赵逆于阵,生擒逆子赵福金、福银,及贼党五十馀人。捷闻,赏志勇巴图鲁名号,并以副将尽先升用,先换顶带。寻凯撤回营。十三年,升直隶督标中军副将。十五年,擢天津镇总兵官。十八年,带兵搜获洋船夹带鸦片烟土十馀万两,上嘉其办理认真,下部优叙。

二十年,授湖北提督。二十一年,崇阳逆匪钟人杰等聚众戕官,建立伪号,连陷崇阳、通城二县,并遣匪党肆扰通山各县城。允孝偕湖广总督裕泰督兵会剿。二十二年正月,由西泗桥进兵,遇贼于西岭,枪炮齐发,并力穷追,乘势抵薄刀岭,贼惊窜,遂夺其卡,并连克小岭、界头卡。捷入,上以允孝调度有方,下部议叙。旋由石盘山五路进发,接战于黑桥,歼贼三百馀。匪众屯白蚁桥拒守,我兵奋勇冲杀,斩级五十,生擒首逆钟人杰等,并伙匪就歼。上嘉其调兵防剿,谋勇兼施,赏换双眼花翎。三月,钟人杰等槛送京师,治如律。允孝子耀武随同剿贼,总督裕泰上其功,得旨,刘耀武以营千总发往原籍补用,并戴蓝翎。

五月,以英吉利船攻犯宝山,命允孝调署江南提督,防御江省。六月,英人入犯京口,允孝带兵往救。嗣因镇江府城失守,自请从重治罪,上加恩令戴罪立功,以观后效。旋因病陈请开缺,允之。八月,卒,年六十七。谕曰:"前任湖北提督刘允孝由武举出师川、陕等省,经朕擢任提督。本年剿办崇阳匪徒,葳功迅速,赏戴双眼花翎。旋因派令防堵江省,积劳成疾,已有旨准其开缺,回籍调理。遽闻溘逝,悼惜殊深! 着加恩照提督例赐恤。任内一切处分,悉予开复。应得恤典,该衙门察例具奏。伊长子把总刘扬武着以千总升用,次子候补千总刘耀武着以千总即补,用示朕推恩延赏至意。"寻赐祭葬如例,谥果恪。

子扬武、耀武,均候补千总。

王得禄

王得禄,福建嘉义人。乾隆五十一年,奸民林爽文等倡乱,陷嘉义县城,得禄以武生捐赀募勇,从官军克复县城,授把总。五十二年九月,贼复围城,得禄随总兵柴大纪督兵固守,以功加千总衔。十一月,将军福康安帅师渡台救援,嘉义围解。得禄带领义民搜捕大坪顶等处贼匪,叠有歼获,赏戴蓝翎。五十三年,击贼于琅峤,焚其寨,擒贼渠庄大田,台湾平。叙功,赏换花翎,并五品顶带。

六十年,迁福建督标右营千总。嘉庆元年五月,调督标水师营千总。十月,出洋巡缉,遇贼于獭窟,得禄首登贼船,[一]获首逆吴兴信等八人。二年闰六月,在斧头外洋擒盗莫阿三等,毁其舟。八月击沉盗船于竿塘洋,毙贼十馀,擒贼二十馀。三年,追

贼洪接等于白犬洋，尽歼之，夺获船只、炮械，下部议叙。四年，
升南澳镇左营守备。六年，获盗陈高等二十馀人于金乡洋。七
年二月，擢金门镇左营游击。时洋盗蔡牵、朱濆等分扰各洋，势
张甚，得禄随浙江提督李长庚击之。五月，击蔡逆于东沪洋，沉
其船二，获贼目徐业及其党百馀人。十一月，遇盗船于崇武洋，
擒吕送等三十馀人，下部议叙。九年，随总兵罗江太击贼于虎头
山洋面，沉其船一，馀盗逃窜。得禄奋力追蹑，夺获船只、炮械、
火药甚多。

十年五月，蔡逆窜澎湖之虎井洋，逼岸欲登，我兵迎击，克
之。八月，升署澎湖协副将。九月，遇蔡逆于水澳洋面，击之，毁
其船二，歼贼百，擒朱列等二十馀人。十一月，蔡逆窜台湾，勾结
岸匪，围困府城。李长庚檄得禄守洲仔尾，以断岸匪之援。十一
年正月，败贼于柴头港。二月，乘胜破洲仔尾贼巢，斩获匪党，以
未获其酋，褫顶带，仍责令戴罪立功。五月，蔡逆复窥鹿耳门，得
禄率兵船首先冲入贼队，获船十，沉船十一，擒贼目林略、傅琛，
及其党二百馀，歼贼千七百人。捷闻，赏加总兵衔。十二年，擢
福宁镇总兵。时蔡逆由竿塘西窜，得禄击走之。十二年六月，调
南澳镇总兵。七月，追击渠盗朱濆于鸡笼洋，毙贼七百，获船十
四。十一月，侦知朱濆贼党在宫仔前、鲎壳澳一带游驶，我师追
蹑至古雷洋，得禄手发一矢，射殪贼目朱金，复掷火斗焚毁贼船，
俘贼目张祈及夥贼五十馀。奏入，赏玉搬指、荷囊，并下部优叙。

十三年正月，授浙江提督。六月，调福建水师提督，偕总督
阿林保奏言：“台湾北路守兵单薄，请改兴化协左营守备为水师，
移驻沪尾，以延平协左营守备移驻艋舺，管辖陆路弁兵。”从之。

九月,获白底贼船一,擒林兼等三十馀人。十四年四月,击凤尾帮船,歼其渠,乘胜追蔡逆于海坛洋,斩俘甚众。八月,剿蔡逆于定海之渔山,转战至黑水洋,围蔡逆船,并力攻击,贼不能遁,决死战,铅丸尽,以番银作炮子。得禄中炮伤,仍挥兵火其尾楼,复断其舵,贼船覆,蔡逆及逆属并落海死。奏入,谕曰:"蔡牵在洋肆逆,十有馀年,往来闽、浙、粤三省,扰害商旅,抗拒官兵,实属罪大恶极! 王得禄协力奋追,歼除首恶,额角手腕,各受重伤,仍奋不顾身,赶拢贼船,致该逆登时落海,厥功尤伟。着加恩晋封子爵,并赏戴双眼花翎。"十五年,歼馀匪于东椗外洋。十六年,搜获海盗黄治伙匪郑选等于乌丘屿。十七年,吴属、黄茂等贼匪在洋肆劫,官运台谷被掠,降旨申饬。时得禄亲率舟师追剿,贼穷蹙,旋于乌丘获贼目周兴等四十馀人。

十八年,以鹿耳门、鹿仔港俱多暗沙,不利巨舰,奏请仿同安梭式以为守,仿八桨艇式以为巡,底平腹宽,深浅可涉,从之。又奏:"闽洋大盗,皆系濒海匪徒钞掠内港,聚党入海。欲靖洋盗之源,巡港为要。应添造小哨船十只,以资巡缉。"又奏:"福宁镇水师左营所辖,北接浙江,东对台湾,为商船必经要道,应于提标所募水兵内拨三百名,并于福宁镇右营及督标水师营拨千总、把总、外委七员,归入左营,于缉捕尤为有益。"又奏:"闽安协及铜山营旧隶金门镇,水陆程途相距遥远,声势涣散。请以闽安协隶海坛,铜山改属南澳。"均如所请行。二十三年,入觐,上以得禄前在海洋着有劳绩,照一品荫生例,给其子一人五品职官。二十五年,擢浙江提督。

道光元年,因病陈请休致,允之。十二年,台匪张丙构乱,得禄赴嘉义各村，劝谕固守，并亲督家属，获要犯张红头等，赏加太子少保衔。十八年，嘉义县逆匪沈和等纠饥民抢掠，得禄输粮练勇，协力守城，晋太子太保衔，下部优叙。二十一年，英人扰厦门，命得禄驻守澎湖，协同防堵。二十二年，卒。遗疏入，谕曰："原任浙江提督王得禄，自乾隆年间募勇从征，着有劳绩。嘉庆初年，改用水师，历讨闽、浙、粤洋海寇，身经百战，叠建勋劳。蒙皇考擢升提督，锡封子爵。嗣因病乞休两次，在籍帮同剿平逆匪。上年逆夷在闽滋扰，该提督亲练壮勇，协同堵剿，方冀为国宣劳，长承恩眷。兹闻溘逝、轸悼实深！着加恩追赠伯爵，晋加太子太师衔。照提督例赐恤，赏银五百两，经理丧事。应得恤典，该衙门察例具奏。"寻赐祭葬，予谥果毅。

子朝纲，举人，山东济东泰武临道；朝纶，户部员外郎，袭子爵。

【校勘记】

〔一〕得禄首登贼船　原脱"贼"字。今据王得禄传稿（之三五）补。

关天培

关天培，江南山阳人。嘉庆八年，由行伍考取武生，拔补外委，历升千总。十七年，迁扬州营守备。二十五年，调奇兵营守备。道光三年，超擢苏松镇标左营游击。四年，升川沙营参将。六年，迁太湖营水师副将。十月，以督护海运出力，下部优叙。七年，擢苏松镇总兵。十三年，署江南提督。

十四年，授广东水师提督。十五年四月，偕两广总督卢坤奏:"查虎门炮台筹议增修,请添铸六千斤以上大炮四十位,酌派各台应用,并将南山炮台前面馀地添筑石基,建设月台,移置炮位,[一]横档背面山麓及对岸芦湾山脚各建炮台一座,其沙角、大角两处作为瞭望报信之台。自南山炮台起至大虎炮台,分作三股防堵。一闻信炮,即分上、中、下三路轰击。"得旨,允行。闰六月,复会奏:"整顿捕务,并请增改营制:一、南雄州,韶州府属与湖南连界,河道应添汛防;一、惠州府、连平州宜移设员弁;一、廉州府属台汛兵丁,应水陆互易,并匀拨弁兵巡防;一、琼州府属之儋、崖二州应添设巡洋兵船。"下部议行。十六年四月,偕总督邓廷桢奏:"防夷经费,请于每年二月杪、八月初分饬本标将备,率亲兵五百馀名,分赴威远、镇远、横档、大浇、永安、巩固六处,练习炮准;其大角、沙角炮台等处,共兵六百四十名。每次操演,以十日为度。计每年需用正项及另加赏犒银共六千七百馀两,均由钞产变价生息,及裁撤巡船节省项下拨给。"从之。

十八年,英吉利目马他伦私进澳门,托言稽查洋商事务,妄递无禀字信函,天培斥以不遵定制,抗礼传书,亲督将弁将马他伦逐出铜鼓外洋。十九年三月,会同钦差大臣林则徐查禁英人趸船鸦片烟土,勒缴二万二百八十三箱,计二百馀万斤,取具各国切结存案,得旨,交部议叙。六月,督造排桩铁练,安置横档山前海面较狭之处,并于威远炮台迤西,添筑大炮台一座,以资防御,奏入报闻。十一月,英船驶入省河,踞官涌,天培率兵击走之。时英艇全数屯尖沙嘴,乘胜掩击,均退出外洋。谕曰:"此次攻击英船,提督关天培奋勇直前,身先士卒,可嘉之至! 着赏给法福灵阿巴图鲁名号,仍交部从优议叙,以示奖励。"

　　二十一年正月，英人攻占沙角等炮台，谕曰："英人到粤以后，日肆猖獗，经朕严谕该省严密周防，相机剿办，该文武大员宜如何妥为布置。本日据琦善驰奏，该处沙角炮台竟被占夺，大角炮台亦为攻破，并有戕伤将弁、抢夺师船之事。关天培身任提督，统辖水师，平时既督率无方，临时又仓皇失措。着先行革去顶带，仍令戴罪立功，以观后效。"二月，英船拥入三门口，冲近排桩，断铁练，〔二〕桩尽拔，以火箭毁官厂、民房，天培督兵击退。会南风作，英船复以大队围横档、永安两炮台，先截援道，乘风施炮，风益猛，炮台陷。进攻虎门，天培督兵据炮台拒战，自巳至酉，兵溃，天培亲爇大炮，火门透水，炮不得发。英人自台后上，天培格杀数人，枪箭雨至，负创奋斗，力竭，殁于阵。

　　事闻，谕曰："英军攻击虎门炮台及乌涌卡座，广东水师提督关天培被害，殊堪悯恻！着加恩赐恤。"三月，谕曰："昨因虎门失守，提督阵亡，降旨令兵部议恤。兹据该部议奏，关天培除照例赏给银两、准予世职外，着该督抚查明伊子孙几人，均于服阕后送部带领引见，候朕施恩。该员统领士卒，为国捐躯，着即在遇害地方建立专祠，以慰忠魂而彰节义。"寻赐祭葬，入祀昭忠祠，予谥忠节。七月，复谕曰："关天培次子关从龙，现年已十八岁，着于服阕后送部引见。伊母吴氏年逾八十，着地方官每月酌量给予银米，以养馀年。"

　　子从龙，袭骑都尉，安徽候补同知。

【校勘记】

〔一〕移置炮位　原脱"移置"二字。耆献类征卷三七三叶一下同。今据成录卷二六五叶一二上补。

〔二〕断铁练　"铁"原误作"其"。耆献类征卷三七三叶二下同。今据
关天培传稿(之三六)改。

陈化成

陈化成,福建同安人。嘉庆二年,由行伍捕洋盗出力,拔补
额外外委。三年,以擒获接济蔡牵炮械之奸匪七人,又在贼仔澳
洋面首先跃上盗舟,擒杀三十人,补外委。五年,捕盗于东澳、黑
水外洋,四礵外洋。六年,捕盗于竿塘、下目洋面,俱有斩获。又
攻杀蔡牵帮匪于白犬外洋,被刀伤额。七年,迁金门右营把总。
五月,随游击王得禄攻捕洋盗孙太等,化成独跃上高大贼船,枪
炮连环进击,毙盗无算,盗船倾折落水。十月,焚盗舟于横山洋
面,获邱成伙匪三十四人。八年,捕盗于大板之四屿洋面。十年
闰六月,随水师提督李长庚追攻蔡牵于浙江青龙港洋面,大有斩
获。十月,升南澳镇右营千总。

十一年,蔡牵窜至台湾,化成攻擒其帮匪于洲仔尾,又攻盗
于崇武外洋,水澳、三盘外洋。十二年二月,追蹑贼踪,由闽洋至
粤洋,化成首先冲逼蔡牵坐船,深冒矢石,被火斗烧伤两足。四
月,攻贼于目门洋面。十一月,攻贼于浮鹰洋面,擒获无数,枪伤
左手。十四年,升铜山营水师守备。十五年七月,擒盗于乌丘外
洋。十一月,擢海檀镇右营游击。十七年二月,擒获黄茂帮匪于
沙洲屿。四月,擒斩刘贵夥盗于柑桔外洋。十八年五月,署铜山
营参将。十月,署水师提标中军参将。十九年正月,毁白底匪船
三只于前村社,擒贼四十人。二月,捕盗于柏头乡。闰二月,捕

贼于秧盾社,皆潜踪疾驰,乘其不觉,罕有逸脱者;其在秧盾社所获之郭宇,叠次将兵船米械接济外盗,饱受贼赃,尤为稔恶。由闽浙总督汪志伊以稽诛日久奏明,即予斩枭。二十年,升烽火门参将。

二十一年,署水师提标中军参将。二十三年,澎湖水师副将缺出,闽浙总督董教增疏言:“澎湖四面环海,于汪洋巨浸之中,兀然孤立,内为厦门之屏障,外为台郡之咽喉,堵御巡缉,抚绥弹压,悉关紧要。非熟习海面情形,谙晓风云沙线,才识兼优,缉捕奋勉者,弗克胜任。陈化成在闽、粤洋面,手擒盗匪四百八十馀名,屡次斩取贼目,驰夺盗舸,并赴台湾杀贼,历著战功,晓畅水师,缉捕勤奋,熟习外海风土情形,以之升补澎湖水师副将,可期胜任。提督王得禄亦称现在闽省水师人员陈化成最为结实可靠。”嗣以籍隶本省,与例未符,格于部议,不行。二十四年,升浙江瑞安协副将。旋以丁忧,仍回烽火门参将任。

道光元年,署闽浙总督颜检,以化成熟谙水师,才具练达,在洋缉盗,屡次受伤,实为勇往,特疏请升澎湖水师副将,允之。三年二月,调台湾水师副将。八月,擢广东碣石镇总兵,寻调福建金门镇总兵。六年,台湾嘉义、彰化匪徒纠众焚掠,抗拒官兵,化成带兵由鹿港进口,会同福建水师提督许松年等三面兜剿。旋署福建水师提督,移署台湾镇总兵。八年,闽浙总督孙尔准疏劾巡防疏懈之水师备弁,上以化成缉犯多名,功过相抵,免其议处。十年,擢福建水师提督。十一年,台匪张丙等滋事,化成筹备兵船药械,以佐军务。十二年七月,英吉利船驶入闽、浙各洋,及江南、山东洋面,命化成督率水师,认真巡逻,傥有经过闽洋之英船,即严行堵截,无令北驶。

十月,嘉义匪徒滋事,化成带兵渡台协剿。十三年,因金门、厦门沿海奸民私造快桨小船,暗藏炮械,伺劫商民贩运违禁货物,其疾如飞,难于擒缉,而同安县属之潘涂、官浔、柏头等乡,尤为贼薮。化成会同镇道克期捣穴,四面兜擒,人船俱获。闽浙总督程祖洛疏闻,上以获船数十只,而获犯止三名,恐尚有馀船窝顿,复饬化成堵拿。十四年,化成侦贼无备,水陆兼驰,将潘涂、官浔、柏头三乡匪巢全行焚拆,多获船只、匪犯,并将附近之陈头等八乡,按户清查,窝巢尽毁。十五年,偕程祖洛奏:“巡洋旧制,专责金门镇总兵,而越界总巡海坛洋面,未免呼应不灵。南澳一镇,分隶闽、粤,不惟洋面寥阔,而巡阅章程,两省互异,恒有顾此失彼之虞。台湾协镇总巡之期,每年八月,闽安副将每年四月,亦觉劳逸悬殊。应更定章程,均匀周匝,并由水师提督拣派将弁,分作三班,作为委巡,益昭严密。”下部议行。

十七年,英吉利兵船游驶闽安五虎外洋,闽安副将周廷祥遏之,英领换坐小船,入口投禀,请将漳浦难民带回。化成偕闽浙总督钟祥遣官谕止,并疏言:“海面难民,应照例译讯护送赴粤,转令回国。今译讯,未供系该国之人,而英禀亦未将难民姓名指出,殊难凭信。现饬押小船,令回大船,已于即日一同开行,向东南大洋而去。”疏入,报闻。十九年九月,缉盗于东椗外洋,擒获甚众。时英船复在洋面游驶,时或抛泊,化成屡击退之。十二月,调江南提督。二十年三月,署闽浙总督吴文镕奏:“查上年十月间,有英船三只停泊梅林洋面,经调任水师提督陈化成督带舟师驱逐,仍然抛泊,即令各船整备炮火,联艘驶进,连环轰击,英船一面挂帆，一面用炮抵敌，随拒随走，情形狼狈，立向外洋逃驶，兵船尾追不及。"寻闽浙总督邓廷桢亦奏言："嘉庆十九年以前，闽洋从无外船游驶。其后鸦片渐行，漳、泉奸民勾引，遂公然驶至。文武员弁庸懦者，不敢攻击番舶，阳收持重之名；贪黠者甚且包庇汉奸，阴享分肥之利。奸民固属罪魁，水师亦多泄视。迨严禁鸦片，皇上天威震叠，始有攻击英船之举。上年十月十二月、本年二月，屡经调任水师提督陈化成与金门镇总兵窦振彪，督率战哨各船，开炮轰击，英船先后逃逸。"疏入，均报闻。

五月，偕协办大学士两江总督伊里布阅视吴淞、上海各营。六月，英军犯舟山，化成驰抵吴淞口，择东西炮台要害处，依塘列帐，为守御计。二十一年正月，命裕谦为钦差大臣，赴镇海军营攻剿，谕化成以江苏海口纷歧，现经裕谦布置周密，着会同程矞采小心筹备；又屡谕裕谦会同化成实力巡防，勤加哨探。八月，英人肆扰定海，上以江苏宝山等处紧要，命化成偕江苏巡抚梁章钜相度布置，务使水陆交严。九月，偕梁章钜奏称委员赴湖北采购精铁，先将废炮改铸数百斤及二三千斤炮位，得旨，迅速铸造演试，如有调拨，即飞速解往。二十二年，两江总督牛鉴奏吴淞海口地方紧要，已于东西炮台及东沟分扎四营，作为游兵、奇兵，期于彼此接应。谕曰："该督仍当严饬陈化成、王志元督饬弁兵操演，昼夜分班瞭望防守，毋稍疏虞。倘英人来时，须静守勿动，俟其炮火将竭，大船渐近，度我炮力可及，再觑定准头，众炮环发，万一豕突登岸，守塘与接应之兵，四路齐出，连环夹击，当可一鼓成擒。"

二十四年四月，英船犯乍浦，牛鉴奏督饬化成驻守海塘，声势联络,吴淞之东西炮台,均宿重兵,并伏兵为应援堵截计。得旨:"当慎之又慎,切勿自恃无虞。"嗣牛鉴屡以会同化成添设炮位,掘置濠沟,稽察汉奸,申明纪律,激励将士各事宜,次第入告,俱得旨奖勉。五月,英艐驶至江境,牛鉴亲往宝山海口,会筹战守。疏称化成心如金石,士肯用命,宝山民情甚属固结。奉朱谕:"官好方能得民心,必收众志成城之效。"旋由牛鉴疏报:"周历海塘,会晤陈化成,据云化成束发从军以来,经历海洋几五十年,海上防御,全凭炮力。此身在炮弹中入死出生,难以数计。如刻下之布置精密,可期必获胜仗。讵料初八日卯刻,骤闻塘岸炮声,臣即亲往督战。遥见敌船巍如山立,桅悬巨炮,直向化成营中施放,随兵多被击毙。臣竟不死于贼焰,经将士扶回。化成在塘力战,手燃巨炮,轰坏英船三只,击毙英人无数。旋炮箭雨集,化成犹有进无退,遂被炮阵亡。"

　　事闻,谕曰:"英人突集船只,攻犯宝山,江南提督陈化成督率弁兵,在塘堵御,相持七日之久。开炮轰坏其船三只,伤毙数十人,该英人辄将巨炮施放,致将土塘轰裂,捍蔽无资。该提督阵亡,县城旋亦失守。览奏曷胜悼惜! 陈化成久历海洋,素昭忠勇。此次临敌,亦极果敢。竟尔捐躯,允宜特沛殊恩,以慰忠荩。陈化成着照提督例赐恤,仍加恩赏银一千两,并查明该故员子孙几人,据实具奏,并于殉难处所及原籍,各建专祠。灵柩回籍时,着各该地方官妥为照料。"旋赐恤如例,予谥忠愍,赏骑都尉兼一云骑尉世职,袭次完时,以恩骑尉世袭罔替。十二月,闽浙总督怡良等以查明陈化成子孙五人奏闻,谕曰:"陈化成之子陈廷芳,着照例承袭世职;陈廷菜,着赏给举人,一体会试。伊孙陈振世,着俟及岁时由该督抚给咨送部引见，用示朕笃念忠贞、赏延后嗣之至意。"

子廷芳，袭世职。

祝廷彪

祝廷彪，四川双流人。乾隆五十六年，由行伍从征西藏、廓尔喀，以功补崇化营额外外委。六十年，随剿黔、楚逆苗出力，嘉庆元年正月，迁懋功协外委。三月，进击长吉山、贵道岭等寨贼苗，廷彪在事有功，赏戴蓝翎。

二年，川楚陕三省教匪不靖，廷彪随钦差领侍卫内大臣额勒登保出师进剿，旋升督标左营把总。三年，升建昌镇右营千总。四年，升重庆镇右营守备。五年四月，随额勒登保在陕境大小中溪追蹑股匪张汉潮夥党，俘馘甚众，歼其渠。五月，擢贵州上江协左营都司。六年二月，随提督杨遇春追剿贼匪于戴君岭，擒白莲教匪首王廷诏，赏换花翎。八月，擢甘肃提标右营游击。七年二月，廷彪偕参将吴廷刚击股匪刘永受，遇之于光头山，馀贼窜入深林，我师折回桃川之沙坝。适额勒登保追蹑苟文明股匪于桃川，廷彪率兵勇奋力合剿，贼大溃。奏入，上嘉之。四月，击贼于平安寨，廷彪设伏于长沟，黑夜掩杀，中矛伤，仍奋勇督师前进，并力鏖战，歼伪先锋苟文清于阵。七月，追击贼渠苟文明，诛之于花石岩，并执贼目陈彬等十四人，下部优叙。八月，追剿股匪苟文齐，及之于鳖锅山，擒之，并歼贼目张芳、吴廷召等二十馀人。九月，擢提标中营参将。十月，剿贼于黄杨坝，贼匪张世云纠众屯北沟口，廷彪乘夜抵贼屯，袭其不备，贼惊窜。我兵合力攻扑,大败之。

十二月,调陕西西安城守营参将。八年正月,贼复向小岔沟老林一带奔窜,我兵穷追,贼溃。二月,股匪苟朝阁窜至八宝寨,藏匿老林。我师分道迎击,并设伏扼其要路,贼渠歼毙,贼目汪四堕崖死。得旨嘉奖。三月,苟朝阁馀匪与各股贼匪合队东奔,廷彪与副将呢玛善等率兵合击,歼之于白果园,生擒伪元帅冉瑶,下部议叙。五月,在房、竹一带搜捕馀匪,复击贼于铁厂老林。十一月,连攻股匪馀党于梧桐坪、滥泥垭。十二月,贼扰孟石岭,廷彪偕总兵王兆梦、参将刘健标堵截于支河口。九年二月,偕副将阎俊烈追剿馀贼,贼匿沧石河,复有窜匪由青草坪至八仙河,我兵迎击,匪众抵拒,沧石河匿匪复闻声来助,前后夹冲,廷彪等亟分兵御之,贼并溃散。四月,零匪遁入望观台老林,地在川省界岭之中,延袤数百里,高峻七八十里,路径险仄,马不能行。廷彪偕阎俊烈、参将罗思举带兵裹粮,徒步入山,由大小梁、石梅子跟踪搜捕。七月,随杨遇春连攻馀匪于凤凰寨、垭口、马鞍山,叠有斩获。十年,以三省肃清,叙功加副将衔。

十一年,擢陕西汉中城守营副将。十二年,陕西瓦石坪叛匪周士贵等滋事,廷彪往捕,败之于阳平,擒其渠。赏迅勇巴图鲁名号,并下部议叙。十三年,调永顺协副将。十四年,擢甘肃宁夏镇总兵。十六年,调陕西西安镇总兵。十八年,陕西岐山县三才峡匪徒万五等啸聚,廷彪带兵由石泉取道西江口,进至永平,追及之,贼据左右山梁,我兵奋勇直上,乘势扑杀,歼获多名。十九年,股匪陈四窜吴家堡,廷彪率兵冒雪由木瓜园进攻,直捣贼巢,歼获七百馀人,执伪元帅尹朝贵。陈四走黄草坪,负嵎抗守,廷彪等三路前进,乘夜追及贼屯,毁其巢,南面逼临大河,我兵复东西截堵,贼势穷蹙,歼擒六百馀人。越日,陈四由黄草坪绕赴石泉,廷彪追及于手扳崖老林,贼诡称投诚,廷彪设伏,擒陈四,歼其众。捷入,谕曰:"祝廷彪将起事首逆督兵生擒,实属奋勇出力! 着加恩赏,加提督衔,仍交部从优议叙。"

二十年,擢湖南提督。道光元年,坐失察兵丁王文元辱官滋事,部议降三级调用,上加恩改为降四级留任。三年,召来京,另候简用。四年三月,赏头等侍卫,仍兼提督衔,在大门上行走。十二月,授陕西西安镇总兵。十五年,擢贵州提督。十八年,调浙江提督。二十年六月,英吉利犯顺,围定海城。廷彪坐筹备不力,褫职,上命暂留本任,以观后效。十二月,谕曰:"祝廷彪年已七十五岁,精力就衰,着即休致回籍。"二十二年,卒。

子昌奎,安徽英山县知县,咸丰三年剿贼阵亡,赏云骑尉世职。

余步云

余步云,四川广安州人。嘉庆三年,由乡勇随剿川陕楚教匪,积有战功,赏戴蓝翎,历拔把总、千总。五年五月,击伍金柱股匪于桐木沟,败之。六月,以歼张汉潮馀匪出力,下部议叙。八月,升直隶蔚州路东城守备。六年五月,升四川川北镇标右营都司。六月,冉学胜股匪窜踞平利之高唐岭,步云潜赴近岭之太平寨,密结寨民,使杀贼,大军乘夜进攻,贼大溃。步云复从河沟钞击馀匪,斩级三百馀。七年正月,偕参将朱槐、都司魏尊德等叠败李彬匪众于通江之平合子、萧家坡,复追至南江之太平山,李彬以只身遁。适辛聪股匪由广元窜至登碑垭屯扎，步云等分兵两路，乘夜进击，贼窜踞五宝山梁，复合力围攻，遂擒辛逆。奏入，赏换花翎。四月，偕副将张瑷追败苟文明股匪于新开山。九月，随总兵杨芳追剿伪先锋蓝永乐于牛栏沟脑，又屡败贼于琵琶岭、铁厂沟。十月，追贼于千岔河、五大谷等处，歼擒贼目张隆、苟正伏等。八年，叠次败贼于闪电溪、仰天窝、谢家坝、当阳坡，擒伪先锋刘世荣等九人。十年三月，擒伪总兵苟子润于寒溪沟。十二月，调镇标左营都司。

　　十三年六月，随总督勒保征马边夷匪，移师进击岭夷，败之于盐井溪。日暮结营，夷众乘夜分起攻扑，弩箭如雨，刀斫鹿角栅，势甚凶悍。步云率千总马万年等迎击，殪十馀人，馀贼带伤逸。翼日，又战于雪都都，败其众。七月，岭夷既定，进讨曲曲鸟、凉山大小木杆等支，皆有功，以游击升用，先换顶带。十四年，补黎雅营游击。十九年，随成都将军赛冲阿防剿陕西木厢贼匪，偕参将朱承受等转战西乡、洋县间，乘胜追剿，连败之于店子河、寨家岭，擒逆首罗怀，命以参将升用。时汉江南北渐次肃清，惟苗小一一股经官兵剿败，窜女儿坝，将遁老林。步云等带兵蹑追至洋县之碾子沟，遇另股馀匪占踞山梁，步云偕朱承受等左右攻击，大败之。旋追苗逆于月亮坪，偕总兵吴廷刚等两路夹击，逆众歼焉。赛冲阿上其功，赏锐勇巴图鲁名号。旋经四川总督常明奏留四川升补。二十年，中瞻对叛酋洛布七力侵陵土司，拒伤汛弁，步云偕朱承受等由下瞻对之女郎桥渡河，与总兵罗思举会于河西，进攻却玉寨，洛布七力焚死。以功授成都城守营参将，寻升阜和协副将。二十一年，丁母忧，服阕，二十五年，复补阜和协副将。

道光元年，擢重庆镇总兵。六年，逆回张格尔入卡滋扰，陷喀什噶尔等四城，步云以参赞大臣杨遇春檄，统带川兵协剿。七年二月，官兵星驰进发，贼众数万于洋阿尔巴特庄迎拒，我兵分三路攻击，贼大溃，追杀三十馀里，进抵沙布都尔及阿瓦巴特庄，连战皆捷。师次浑水河，贼凭河列阵，势张甚。步云遣善泅者二百人凫渡，扑其营，复遣马兵一千沿河下游作欲渡势，以牵贼队。大军潜从上游蹴渡，出其不意，突攻之，贼大败走，乘胜薄喀什噶尔城卡，并力围攻，复其城。三月，偕提督杨芳等移兵剿和阗贼，贼目玉努斯等率众于毗拉满地方拒战，步云以步队居中，与杨芳等四路合击。战方酣，东南沙山后突出贼骑五六百，飞驰助战，我兵奋击，大败之，俘馘三千馀人，遂复和阗。下部优叙。时玉努斯先经击败遁去，步云偕总管额尔古伦追捕，获之于叶尔羌所属故玛地方。奏入，赏加提督衔。闰五月，凯撤，论功，复下部优叙，并赏乾清门侍卫。十二月，升贵州提督。八年，入觐，赏大缎、荷包。旋以张逆就擒，回疆底定，绘像紫光阁，御制赞曰："少怀忠义，奋力随营。攻坚破阵，屡立勋名。川兵六千，将之西行。和阗贼首，追之获生。"十年，回逆复扰边，步云自请带兵协剿，上弗许，下部议处。部议降调，上念步云武职，且曾效力回疆，与无因渎请者有间，加恩改为降三级留任。

十二年三月，调湖南提督。时江华逆瑶赵金龙勾结广东散瑶，胁众煽乱，步云带贵州兵驰往会剿。四月，贼窜踞羊泉地方，步云帅师会诸军合力围攻，大败之，殪贼数千，擒逆属赵福金及贼目赵文凤、李德明等五十馀人，下部议叙。五月，复偕提督罗思举等督兵四面进攻,毁其巢,首逆赵金龙就歼,匪众扫除净尽。捷闻,谕曰:"此次剿办,一切机宜,俱臻妥速。调度有方,深堪嘉尚!余步云着赏加太子少保衔。"会粤瑶赵子青复纠匪二千馀,犯永州之蓝山等处,谋断官军饷道。步云率兵兜剿,败之于濠江冲,擒其渠,楚瑶悉靖。适广东连州排瑶乘间窃发,命步云调署广东提督,驰往剿办。七月,驰抵连州,瑶众闻大兵云集,伏不敢出,我军分屯隘口,声势连络,潜遣兵于火烧坪、大掌岭、两排山口,设伏计诱,斩获千馀,擒贼首邓三、盘文理等。馀贼窜入阳公岐,负固抗拒。八月,偕总兵曾胜等分路进兵,攻克之,大掌岭各排瑶目皆缚献首逆,粤境肃清。谕曰:"余步云前在湖南认真剿办,及调任广东,奋勇出力,一切机宜,均臻妥协。着加恩赏戴双眼花翎,并赏给一等轻车都尉世职。"

　方赵金龙之倡乱江华也,上命户部尚书禧恩等视师湖南,旋赴广东督办排瑶。至是事平,步云偕禧恩等会筹江华善后事宜:一、筹抚恤,一、重官守,一、勤巡哨,一、清叛产,一、严保甲、一、察瑶俗,一、惩奸棍,一、收火器,一、奖义勇。又请移提标右营守备驻锦田,前营把总一员驻大桥,隶永州游击管辖;改永明中军守备为分防城汛,仍归游击管辖;增步守兵四百名,裁马四百十匹,所馀马乾银两,即按给增设兵丁;又改江华岭东营守备为题缺,隶永州游击管辖,辰州分防浦市汛守备为部推,即抵岭东营守备缺。均如所请行。十二月,军政届期,下部议叙。

　十五年正月,调四川提督。时川省防剿雅札支夷,命步云即赴峨边军营。比至,总督鄂山等已奏报平定。六月,偕鄂山奏戡定十三支夷地善后章程,列款以闻。十一月,峨边厅民人徐国林

赴都察院呈诉凶夷焚抢、兵撤复来状,步云以未能查明夺俸。十
六年,调云南提督。以马边倮夷出巢滋事,留川剿办。十七年,
偕四川提督齐慎、总兵张必禄等率兵捣天喜、凉山、皎米各夷巢,
叠有斩获。事竣,下部优叙。十八年正月,调贵州提督。八月,
调福建陆路提督。时贵州仁怀县匪徒谢法真、穆继贤、袁明伦等
聚众倡乱,步云率师讨之,贼暗掘地道,炮伤我军,步云偕布政使
庆禄筹添铁裹土囊及火攻器具,竭一昼夜力,毁贼巢,俘馘千馀,
法真等皆就擒。捷闻,赏加太子太保衔,仍下部优叙。步云自剿
办回匪、瑶匪以来,叠赏玉韘、荷囊、翎管等件四次。十九年二
月,四川总督宝兴奏步云筹办夷务未能妥善,并以马边之役,守
备萨尔吉等从战有功,步云漏未奏保,劾其控驭失宜,下部议处,
寻降四级留任。七月,抵闽。

　　二十年三月,英吉利船犯福建之榆澳,步云偕水师提督程恩
高击却之,下部议叙。六月,英人扰浙江,陷定海县,命步云由福
建带兵赴剿,并谕曰:"行军之道,谋略为先。纪律之师,以一当
百。收复之策,务须通盘筹画,确有把握,谋定后战。"时英人声
言缴还定海以老我师,步云虽奏请调兵而轻信其言,迁延不进,
师久无功。十二月,谕令回闽,旋调浙江提督。二十一年正月,
上命江苏巡抚裕谦为钦差大臣,赴浙防剿。适英人缴还定海,裕
谦授两江总督,命即赴任,以定海应办事宜交步云偕巡抚刘韵珂
经理。步云遂驻兵镇海防守。嗣英船由闽洋北驶,裕谦遵旨复
至浙,奏步云难资得力,未及更易,而英人猝至,八月,复攻陷定
海,总兵王锡朋、葛云飞、郑国鸿俱战殁。九月,镇海、宁波相继
失守,裕谦死之。步云由宁波退至上虞,驻曹娥江。

　　二十二年四月,谕曰:"浙江提督余步云,朕畀以海疆重任。上年定海失陷,总兵王锡朋等带领各路官兵,转战六昼夜之久,该提督并不督兵应援,以致孤城失守。迨至镇海、宁波接踵失事,总督及总兵等先后殉难,余步云辄敢节节退避。当镇海、宁波未失之时,与定海尚隔海洋,若使鼓励士卒,奋勇当先,婴城固守,地势既据上游,精兵复聚重镇,何至四路溃散,顷刻不支? 总缘该提督平时既训练无方,临事复贪生畏敌,首先退缩,大懈军心,作此厉阶,罪难擢发! 早经降旨饬令扬威将军奕经查明屡次退败情形,按律治罪。比因军务吃紧,查访非仓猝所能,遂先其所急,暂缓逮问,乃军营将弁兵丁等相率效尤,纷纷溃散。总因余步云身为提督,屡失城池,并未查究,遂人人各怀幸免之心,不思破敌之计,迁延观望,坐失事机。若再不整饬纪纲,大申军令,何以挽恶习而振军容? 余步云着即革职,锁拿解京,交军机大臣会同刑部审讯治罪。"五月,押解到京,经军机大臣等依律拟斩监候,声明情节较重,请即行正法。复命大学士、九卿、科道再行详议具奏。

　　十二月,覆奏仍照原议定拟。谕曰:"余步云当英人滋扰浙江之时,与裕谦防守镇海。乃定海被扰,总兵王锡朋等转战六昼夜之久,余步云并不督兵应援,以致孤城失守,三镇阵亡,已属罪无可逭。然使镇海、宁波保全无事,则失救定海之罪,尚可稍从宽贷。迨英船驶入镇海,余步云身在行间,既不能冲锋迎击,复不能婴城固守。镇海失守,退入宁波;宁波失守,退保上虞。以一品武职大员,身膺海疆重寄,从未杀获一贼,身受一伤,畏死贪生,首先退缩,以致带兵将弁相率效尤,奔溃弃城,直同儿戏。每一念及，愤恨实深！且广东之关天培、祥福，江苏之陈化成，福建之江继芸，皆以提镇殉难。即定海失陷，总兵王锡朋、葛云飞、郑国鸿力战阵亡。镇海、宁波失事，总兵谢朝恩被炮轰击，落海身死。裕谦以文员督师殉节。独余步云系本省提督，乃竟志在偷生，腼颜人世，傥不置之于法，不惟无以肃军政而振人心，且何以慰死节诸臣忠魂于地下？余步云着照大学士、九卿、科道等会议，即行处斩，以伸国法。朕办理刑名，悉本钦恤，各省应死重囚，苟有可原情节，无不予以生全，况系一品大员，岂忍遽加诛戮？以余步云之见敌辄退，首作厉阶，实属法无可贷，不能不明正典刑也。"步云遂弃市。

唐际盛

唐际盛，原名心舜，贵州丹江厅人。由行伍拔补丹江营外委，迁黄平营把总。乾隆六十年正月，贵州逆苗滋事，焚掠松桃厅正大营，湖南永绥苗匪应之。唐心舜随总兵珠隆阿援正大营，连战城下，二月，围解。随参将刘廷奇迎饷运，遇贼于马胫塘、豹子场，击走之，复由正大营截击长坪贼，解嗅脑围；又随总督福康安，解松桃围。四月，破黄瓜砦，进击大小蜡耳山梁，毁贼卡四，复攻克苏麻等寨。六月，攻克老旺砦，换千总顶带。七月，攻老西砦长哨营及猿猴、狗脑等砦，克之。九月，破高多砦，擒首逆吴半生，补古州镇中营千总，驻马鞍山防堵。

嘉庆元年九月，思州府清溪县教匪不靖，随提督花连布赴小竹山进剿，击贼于堕河坡山梁，获贼目杨通建等。奉旨，千总唐心舜首先杀贼，着以应升之缺升补。进攻榔木坳，毁石城数座，遂由黄家地后山梁攀崖越岭,乘夜攻贼穴,抛掷火弹,心舜首先跃登大鬼坉,击杀数贼,官兵继之,贼大败,擒首逆高承义及姚世高等,尽获其党。十月,以功进贵州抚标左营中军守备,赏戴蓝翎,赐翎管、扳指。十二月,随云贵总督勒保赴湖北剿办教匪。二年正月,击贼于长阳黄柏山。

旋因贵州南笼仲苗不靖,回师赴剿。三月,由镇宁进攻关岭,连战两昼夜,抵大坡岭,心舜同游击宋延清双林分兵,绕出关岭后,与大军夹击,歼贼无算,遂克关岭。换都司顶带。别攻巴陇坉,下之,冒雨攻克下山塘。四月,解新城围,趋南笼,袭望城坡,破碧峰山,擒贼目梁廷松等七名,及汉奸李茂梁。五月,克水烟坪,擒贼目黄阿固、黄昌云。六月,连克阿鲁沟、卡子河,进解南笼围,赏换花翎。闰六月,随贵州按察使常明、副将施缙攻克九头山。七月,克安有山梁。八月,同都司田朝贵带兵潜赴楼下河,围烧西固大砦,擒首逆杨明,乘胜直捣贼巢,破洞洒、当丈两处贼砦,擒首逆韦七绺鬓。进攻北乡、巴林,四面兜围,贼殊死战,心舜驰入贼阵,斫贼砦大红龙旗仆,贼惊溃,官兵乘之,擒首逆王抱羊,分兵搜剿马乃坉等处馀匪。仲苗平。奉旨交部议叙,寻赐奋勇巴图鲁名号。

三年正月,心舜随总统勒保剿万县邪匪,擒贼目梁云松、伍一。凯旋,赐"喜"字玉扳指。时川贼白号首逆王三槐、冷天禄与青号徐天德屯聚开县临江市,分扰新宁。心舜随勒保击败之于安丰砦,贼走达州,与蓝号冉文俦合。二月,授贵州平远协中军都司。击贼达州,获贼目田在朝、冉文谬。三月,贼走仪陇,四月,追败之于茨菇顶,[一]王三槐遁据安乐坪,冷天禄据祖师观。

连月围攻,中枪伤。七月,同贡生刘星渠设伏安乐坪岩洞门之右,各路兵既合,伏兵起,以火箭烧贼砦,王三槐遂出就缚,而冷天禄仍据祖师观,围攻不下。十二月,授云南督标左营游击。冷天禄围急窜新宁,心舜随总兵百祥追击,中石伤。四年正月,勒保为经略,心舜从击黄号贼王光祖于新宁,败之。是月,都统德楞泰擒冉文俦于通江。三月,冷天禄为参赞额勒登保所歼。五月,击败白号贼张金魁于太平罗文坝。九月,心舜随提督七十五击贼于云阳、开、万等处,连有斩获。

五年正月,蓝号冉天元合白号黄子聪、黄号徐万富等五万人渡嘉陵江西犯,心舜带兵由梁山、大竹赴绵州截击。二月,与参赞德楞泰军合。三月,随德楞泰破贼于梓潼马蹄冈,擒冉天元;复败贼于新子店,斩白号贼雷世旺。赐玉烟壶。闰四月,随德楞泰连败白号贼于忠州、梁山。五月,追击于达州刘家沟,中枪伤。七月,蓝号贼屯聚南江、苍溪界之九龙场,袭击之,生擒三百馀。九月,击青号贼王珊于水田,并擒其帅李思槐。十一月,随四川总督勒保击白号贼杨开第于仪陇,斩之。六年正月,徐万富与其党樊人杰合蓝号贼冉天士,犯广元,欲渡嘉陵江。心舜随翼长薛大烈邀击于仪陇,斩徐万富。奉旨议叙。三月,随总兵张志林剿杨开第馀党,追击于南江赶溪场,获伪总兵马大勇。七月,败青号贼于东乡,擒天德弟天寿。八月,败蓝号贼于通江,擒冉学胜。赐水晶烟壶。十月,败白号贼汤思蛟、刘朝选于乾溪。十一月,同游击夏云龙剿王珊馀党于大竹观音桥,斩伪总兵宋国品、牌头孙大炮,复败青号贼于忠州白石铺,擒伪元帅何赞。十二月,追贼至长寿、江北厅界之桶井,贼遁古路坪,距桶井四十馀里,两山

对峙,地势险隘,心舜同张志林乘夜逾山进击,贼惊窜,歼获二百
馀,擒贼首张长德、伪总兵何祖明,叠奉旨议叙。是年上以心舜
命名不协,〔二〕谕令改名,遂改名际盛。

七年正月,际盛剿青号王登廷馀党于达州莫家沟,擒贼首王
得、伪总兵王梁松。二月,剿徐天德馀党于檀木场,追至观音山,
擒旗手詹文明,〔三〕复歼青号旗手李士贤于开县黄土坝。旋随提
督丰绅赴川北,剿白号张天伦、魏学胜馀党。四月,歼贼于广宁
界之五郎沟。五月,歼蓝号杨步青馀党于石灰窑。时川中馀匪
分窜老林,或百馀人,或二三十人,不复成股。际盛同夏云龙在
川北搜剿。十二月,授云南东川营参将。八年二月,歼贼于铁船
山。四月,蒇功,回云南。九年九月,署曲寻协副将。十年六月,
授甘肃玛纳斯协副将。

十六年六月,擢巴里坤镇总兵官。十七年,际盛遣守备朝哈
泰同千总白玺贵领饷兰州,以所得养廉易金三十两,嘱朝哈泰寄
其母。适总督那彦成母生日,际盛送蜡烛、鸠杖为寿。后朝哈泰
为提督刘芬参革,朝哈泰疑际盛所为,因讦际盛私用兵饷买黄金
二百两,馈总督那彦成。二十年五月,奉旨巴里坤总兵唐际盛着
解任,交高杞严审。寻讯明,定谳朝哈泰坐诬,遣戍伊犁;际盛以
违例革职。道光二十三年,卒。

子定魁,现官凯里营额外外委。

【校勘记】

〔一〕追败之于茨菇顶　原脱“菇”字。耆献类征卷三二三叶二下同。
　　　今据唐际盛传稿(之三五)补。

〔二〕是年上以心舜命名不协　原脱"上"及"心舜"三字。耆献类征卷
　　三二三叶四上同。今据唐际盛传稿(之三五)补。

〔三〕擒旗手詹文明　"詹"原误作"张"。耆献类征卷三二三叶四上
　　同。今据唐际盛传稿(之三五)改。

葛云飞

葛云飞,浙江山阴人。道光癸未科武进士,以营守备用,改
外海水师,发浙江试用。七年,署黄岩镇中营守备。七月,巡海
至北泽外洋。时夜昏晦,突遇盗船,云飞灭灯息鼓,令军士持短
兵作商船,呼棹声以诱贼,贼至,一一手缚之,遂获大盗陈兆龙等
九人。十月,护理中营游击。八年,补温州镇标中营守备。九
年,署提标右营游击。十一年,回温州任,署定海镇标中营游击。
八月,升黄岩镇标右营游击。十三年正月,署乍浦水师营参
将。〔一〕四月,获剧盗鸿金等于浒山洋面。十四年四月,获剧盗程
兴龙等于大羊山洋面。

十五年六月,闽浙总督程祖洛以云飞熟悉闽、浙洋面情形,
疏请升补福建烽火门营参将。〔二〕闰六月,署浙江瑞安协副将。
七月,获盐匪陈起韫等于两头洞洋面。瑞安外洋有山,曰南麂,
周十五里,距内地一百五十里,游民杂处,名为种地,实则通盗销
赃,屡致巨案。云飞严行驱逐,毁除庵庙,盗薮一清。十六年,升
瑞安协副将。十七年,闽浙总督钟祥以云飞年壮才勇,练习水
务,获盗著绩,不染虚浮习气,保举堪胜总兵。十八年三月,署定
海镇总兵官。八月,回瑞安协任。十九年三月,授定海镇总兵
官,丁忧回籍。二十年六月,英军突至,定海失守。巡抚乌尔恭

额以书邀云飞至镇海会商战守策,旋以云飞精明晓畅,实可协同出力入奏。闽浙总督邓廷桢奏言:"当此需才孔殷之际,镇臣葛云飞精明强干,现在虽未服阕,而军务为重,核与古人墨绖从戎、金革无避之义相符。请令署定海镇总兵。"先后皆奉旨俞允。云飞访知英人中伪军师安突得狡黠善谋,到处辄图其山川险阻,密授计于壮士包祖才,遂擒之。

二十一年正月,因广东已给英人地贸易,议将安突得等交还,即收回定海城池,钦差大臣伊里布令云飞前往交割。云飞带兵至定海,传谕先退定海后交还俘虏,英人则欲我先交俘虏。云飞坚持前议,整军以待,英人如期交割而去。四月,服阕,实授定海镇总兵。八月,英人朴鼎查再犯定海。十二日巳刻,英船二十九只突入竹山门,云飞时在土城防守,手燃大炮,击断头桅,英人胆落,窜出吉祥门,闯入大渠门,窥东港浦。云飞已先令游击张绍廷迎头截击,英船惊遁。奏入,得旨嘉奖,赏加提督衔。十三日丑刻,英船复闯入小竹山,直扑土城,云飞开炮轰击,英人退去。

时郑国鸿、王锡朋两镇驻城内,云飞以本镇驻城外。至是事急,两镇亦出城,王锡朋领寿春兵守晓峰岭,郑国鸿领处州兵守竹山门,云飞驻半塘土城之中,当敌冲。十四日巳刻,英船连樯驶至竹山门,我兵用抬炮屡击之,自巳至戌,全帮窜去。英人以五奎山正对土城,于十五日上山为营,云飞乘其未集,亲开大炮,击毁帐房、船只。时有红衣酋执旗指麾,以炮仰击,毙之。英船遂仓皇逸去。十六日,敌匿五奎山后,以炮仰天隔山而击,云飞亦隔山击之。十七日子刻,大雾,人面不相见,敌出不意,结阵直逼土城，以两大船载火药，联以铁索，云飞从暗中飞炮击之，药发船毁，船中五六百人歼焉。已刻，敌肉薄攻晓峰岭，晓峰岭失，连攻竹山门，亦失，王锡朋、郑国鸿皆力战，死之。敌遂萃于土城，时土城兵调守各地，麾下仅二百人，云飞知事不可为，出敕印付营弁，手刀入敌中，转斗二里许，格杀无算。不防竹山之麓有敌目，从高阜以长刀斫云飞，劈去头面之右半。云飞戴血击敌，敌皆辟易，乃以火枪围攻，被四十馀创，复中炮，炮弹巨如碗，自背洞胸，云飞植立竹山门岩石而死。定海义勇徐保夜得云飞尸，于十八日辰刻，负至镇海。

　　奏入，于"苦战六昼夜"句，奉朱批挥泪览之，又谕曰："据裕谦奏此次转战六昼夜，击焚敌船，惟葛云飞所练亲兵最为得力。陆路杀贼之寿春、处州官兵，均极勇敢，剿杀英人一千数百名。该头目驱使闽、粤汉奸舍死登岸，众寡不敌，以致失事。该总兵等奋勇杀贼，效命疆场，深堪悯恻！除照例赐恤外，加恩各赏银五百两，由各原籍藩库给发，并着该省督抚查明该故员等子孙几人，据实具奏。葛云飞、郑国鸿、王锡朋俟定海收复后，建立专祠，灵柩回籍，着地方官妥为照料。"复以云飞前经赏加提督衔，命即照提督例赐恤，予谥壮节，入祀昭忠祠。二十二年，命赏给葛云飞长子以简文举人，次子以敦武举人。二十四年四月，奉旨："葛以简，准其兼袭骑都尉又一云骑尉，以直隶州知州尽先补用；葛以敦，以营守备尽先补用。"以简，现官甘肃阶州直隶州知州。

【校勘记】

〔一〕署乍浦水师营参将　原脱"水师"二字。耆献类征卷三七三叶二二上同。今据葛云飞传稿(之三五)补。

〔二〕疏请升补福建烽火门营参将　原脱"营"字。耆献类征卷三七三
　　叶二二下同。今据葛云飞传稿(之三五)补。

郑国鸿

郑国鸿,湖南凤凰厅人。父廷松,湖南镇筸镇标千总,随征
凤凰厅逆苗,殁于阵,赏云骑尉世职,国鸿袭焉。嘉庆八年,湖南
永绥厅苗陇六生等倡乱,国鸿纠乡勇协剿出力,拔补永绥屯守
备。二十二年,迁湖北黄州协都司。道光元年,擢提标中军参
将。四年,迁广西平乐协副将。五年,调湖北竹山协副将,寻护
理郧阳镇总兵。七年,因前官湖北参将误领已减公费银,降三级
调用,寻捐复原官。九年,补浙江湖州协副将。十七年,调湖南
宝庆协副将。

二十年,擢浙江处州镇总兵。会英军窜扰浙江,陷定海县,
国鸿协力防守。二十一年二月,收复定海,钦差大臣伊里布檄国
鸿与定海镇总兵葛云飞、寿春镇总兵王锡朋各统所部兵,分守县
城及海口要隘。八月,英船再犯定海,攻竹山门,国鸿等督兵燃
大炮,击断其首船大桅,英人却走。奏入,得旨嘉奖。嗣复攻竹
山碶,国鸿用抬炮轰击,杀敌无算。杀间道薄五奎山,我兵追毁
其营帐,又毙敌数十;其攻县城者,葛云飞击败之,焚其火药船,
鏖战累日,敌不得逞,乃分众为三,挟土寇同时进攻,国鸿等悉力
截战。时敌众二万,我三镇兵仅四千,天久雨,援兵阻风浪不能
至。国鸿等往来泥淖中,激厉将士,枪炮至热不能用,犹奋击不
已。土寇潜导敌升晓峰岭,俯攻县城,城中力不支,遂陷,各要隘

相继失。国鸿在竹山门望见敌势弥漫,知事不可为,以印授军校,单骑赴敌,身被数十馀创,与葛云飞、王锡朋同日死之。奏入,谕曰:"此次转战六昼夜,陆路杀敌之寿春、处州官兵,均极勇敢,剿杀英人一千数百名。因该头目驱使闽、粤汉奸舍死登岸,众寡不敌,以致失守。览奏为之堕泪!该总兵等奋勇杀敌,效命疆场,深堪悯恻!除照例赐恤外,加恩各赏银五百两,并着该省督抚查明该故员等子孙几人,据实具奏。葛云飞、王锡朋、郑国鸿俟定海收复后,建立专祠。"寻赐恤如例,入祀昭忠祠,赏骑都尉世职,袭次完时,以恩骑尉世袭罔替。

孙锷、铦,均赏给举人,锷兼袭世职。二十五年,复命锷以六部七品小京官用。咸丰元年,御史宗稷辰奏请于国鸿原籍建立专祠,允之。

王锡朋

王锡朋,顺天宁河人。嘉庆十三年武举,充兵部差官,期满以营守备用,捐升游击。道光元年,选陕西固原城守营游击,历署抚标左营游击、神木协副将。六年六月,署庆阳营参将。时逆回张格尔入卡滋扰,陷喀什噶尔。八月,陕甘总督杨遇春檄锡朋协剿。七年,随陕西提督杨芳至大河拐,昏夜遇贼,斩获甚多;又败贼于洋阿尔巴特,斩首万馀级,生擒六千馀,歼头目迈曼底阿浑等五名;复败贼于沙布都尔回庄,追剿西北林子应援贼匪,共毙贼四五万人,射杀大头目色提巴尔第等。逆回复纠合馀烬于阿瓦巴特,众至十馀万,负嵎抗拒。锡朋随扬威将军长龄分队接战,杀贼二三万人,生擒二千馀,阵斩头目阿瓦子、迈玛底等二名,贼复营于浑河沿对岸,亘二十馀里,筑土冈,列枪炮,乘夜击放。我军据上游渡河,越土冈横击,斩贼数万,追至喀什噶尔,攻破东门,张格尔之侄托里和卓歼焉。擒张格尔之妻及其侄阿里雅汗,并安集延大头目推立汗萨木汗、回子头目阿布都拉等。奏入,赏戴花翎。

复随参赞大臣杨遇春、提督杨芳收复英吉沙尔、叶尔羌两城。随杨芳败贼于毗拉满,擒头目噶尔勒,克复和阗,追擒逆渠玉努斯于故玛池,赐小刀、貂尾。八年,升湖南临武营参将。十二年三月,以逆瑶赵金龙作乱,总督卢坤、提督罗思举檄锡朋领镇篁兵,从永州小路探剿,山深箐恶,冒雨径入,直抵石灰坪,距洋泉八里。[一]既败贼于温家园,遂逼近洋泉道口,杜其出没应援之路。贼诡言投诚,罗思举知其诈,督攻益力,锡朋率兵奋击,毙贼四千馀,赵金龙就戮,生擒贼党赵金旺、赵文凤,又获逸贼潘有才等于高山坪,搜杀馀匪二千于杨家园。奏入,赏锐勇巴图鲁名号。

五月,广东瑶匪赵子青等窜入蓝田、宁远,卢坤檄锡朋星夜追扑,与永州镇总兵曹胜合击贼于濠江口,又逐贼于银匠冲。时大兵用炮,均为梁埂所格,锡朋手执长矛,带兵驰跃,击杀伪总兵赵文兴,贼穷蹙,欲由葛藤冲窜回广东,锡朋兜剿之于麻冈冲,擒赵子青。八年,升宝庆协副将。时湖南瑶匪已清,广东瑶匪仍炽。锡朋与曾胜俱调赴连州剿八排苗,屡战皆捷,赏加总兵衔。十三年,升福建汀州镇总兵。十六年,丁父忧。十八年,服阕,授安徽寿春镇总兵。

二十年六月,英军陷定海,檄赴江苏吴淞、宝山,会同江南提督陈化成防御,炮击大小英船各二。八月,钦差大臣伊里布檄赴宁波。会英人乞抚,锡朋撤师回寿春任。二十一年八月,英将朴鼎查再犯定海,锡朋仍调至浙江,与定海镇总兵葛云飞、寿春镇总兵郑国鸿分地列营,英船集五奎山,锡朋守竹山门,〔二〕为各营救援,累战辄胜。嗣英船乘大雾分扑三总兵军,锡朋驰救晓峰岭,而遣弁策应竹山门,锡朋左冲右突,斩获无数。英人大队继进,所部武举朱汇源,差官吕林环,外委刘桂五、夏敏忠、张魁甲等先后战殁。英人恃众进逼,锡朋犹手刃数人,卒以众寡不敌,遇害。钦差大臣裕谦奏入,谕曰:“现在葛云飞、郑国鸿尸身业已从厚殡殓,王锡朋尸身尚无着落。览奏为之堕泪!该总兵等奋勇杀贼,效命疆场,深堪悯恻!除照例赐恤外,加恩各赏银五百两,并着该省督抚查明该故员等子孙几人,据实具奏。葛云飞、郑国鸿、王锡朋俟定海收复后,建立专祠。王锡朋仍于原籍立祠。”锡朋尸身,旋经寻获。闽浙总督刘韵珂以闻,命照葛云飞、郑国鸿之例,补给银五百两,以示优恤。嗣兵部奏请赐恤,又谕曰:“王锡朋屡著战功,被害尤惨,着加恩照提督例赐恤。”寻赐恤如例,予谥刚节。入祀昭忠祠,赏骑都尉兼一云骑尉世职,袭次完时,以恩骑尉世袭罔替。子承泗、承瀚,均赏给举人,承泗袭世职,二十三年引见,命以直隶州知州即选;承瀚引见,命以六部小京官用。

承泗,山西隰州直隶州知州;承瀚工部主事。

【校勘记】

〔一〕距洋泉八里　“洋”原误作“羊”。耆献类征卷三七三叶二九上同。今据王锡朋传稿(之三五)改。下同。

〔二〕锡朋守竹山门　　"竹"原作"九"。今据王锡朋传稿(之三五)及下文"竹山门"改。按耆献类征卷三七三叶三〇上又作"九安门"，未知所据。

张士秀

张士秀，甘肃西宁人。由行伍迭次派往青海缉捕番贼，于道光二年补大通营额外外委。十五年，迁提标右营经制外委。二十一年，擢巴暖三川营把总。二十三年，西宁野番经官兵于上年捕逐出卡，仍潜匿近柯柯乌苏等处往来滋扰。四月，士秀随总兵徐华清督队，行抵柯柯乌苏，侦知贼众所踞黑底俄博地方，悬崖陡壁，惟折由河沿乃得进。徐华清佯令军中备皮筏，明日渡河。先于是夜四更，简精锐兵丁四百名，取道河沿，直捣贼巢。贼番始犹恃险抗拒，我兵扑近山梁，贼乃纷纷逃窜。迨各路兵集，奋力合追，悉歼之。惟时柯柯乌苏山脑尚有贼番数百人盘踞。五月，徐华清率张士秀等由东南石峡兼程前进，贼据山梁以待。自辰至午，相持良久，我兵勇气百倍，直冲而上，贼不能支，乃大溃。歼贼二百馀人，馀皆堕崖而毙，夺获牛马、器械无数。士秀屡次在事，有功。奏入，赏戴蓝翎。寻署镇标前营千总。

二十五年，署西宁镇总兵庆和于夏季出卡会哨，距察汉俄博三十馀里，突有野番抗拒，庆和率士秀等奋击，贼众四面合围，我兵寡不敌众，士秀随庆和同殁于阵。奏入，谕曰："庆和在金羊岭打仗被围，张士秀竭力救护，扎毙数贼。因势孤，俱被戕害，可嘉可悯！着照千总例议恤。"寻赐祭葬，赏云骑尉世职。子鹏袭。

清史列传卷四十

大臣传续编五

潘世恩

潘世恩,江苏吴县人。乾隆五十八年一甲一名进士,授翰林院修撰。嘉庆三年三月,大考一等,升侍读。十月,擢左春坊左庶子,署日讲起居注官。四年正月,迁翰林院侍讲学士。三月,充会试同考官,转侍读学士、咸安宫总裁。五月,升詹事府少詹事,充日讲起居注官。六月,升詹事。八月,提督云南学政。十月,升内阁学士,兼礼部侍郎衔,仍留学政任。具折陈谢,朱批:"少年得进崇阶,又系鼎甲,宜爱惜声名,切勿恣志。前程远大,莫贪小利。秉此寸忱,以匡朝政。勉之慎之!"六年,擢礼部左侍郎,仍留学政任。

七年,回京,历署兵部左、右侍郎,寻调兵部右侍郎,兼署户部左侍郎。八年四月,以续行缮办四库全书,命偕礼部尚书纪昀等经理。七月,充教习庶吉士。八月,以兵部题本内抬写错误,部议褫职,上加恩改为留任。九年正月,上御重华宫茶宴,世恩恭和御制诗章,赏如意、荷包等件。旋署户部左侍郎。二月,上幸翰林院,赐宴联句,世恩恭和御制诗章,颁御制味馀书屋全集,〔一〕及诸珍绮赐之。五月,充考试试差阅卷大臣。六月,转兵部左侍郎,仍兼署户部左侍郎。七月,充浙江乡试正考官,寻调户部左侍郎,提督浙江学政。接印奏谢,朱批:“实心勉力,整顿士习,汝系大员,不应缄默。两浙吏治、民风、洋匪情形,俱应随时密奏。”十一年五月,调吏部右侍郎。六月,转左侍郎,俱留学政任。

　　十二年,回京,署户部右侍郎。九月,充教习庶吉士。十一月,充续办四库全书总裁、文颖馆总裁。十三年三月,署翰林院掌院学士、殿试读卷官、朝考阅卷官、考试试差阅卷大臣。六月,署刑部左侍郎。七月,署户部右侍郎。八月,充顺天乡试副考官。十二月,复署户部右侍郎。十四年二月,以文颖馆全书告成,赏加二级。三月,署刑部右侍郎。四月,充朝考阅卷官。五月,命查三库。闰七月,署户部右侍郎。十五年六月,复署户部右侍郎。八月,提督江西学政。十七年,召来京,擢工部尚书。十八年九月,调户部尚书,仍署工部尚书,旋署吏部尚书。十二月,充经筵讲官。十九年二月,署武英殿总裁,旋以全唐文缮刊告成,三月,复署吏部尚书。四月,充庶吉士散馆阅卷大臣。五月,充国史馆总裁,复署武英殿总裁。六月,丁母忧。

　　二十一年,服阕,未回京,即以父年老,具折告养,朱批:“忠孝二字,不可歧视。知所先后,则近道矣。”复谕曰:“潘世恩奏请终养，又因伊子中式举人，具折谢恩。伊系一品大员，自应亲身来京具折陈谢，即因伊父年逾七旬，欲求终养，于到京召见时，据实陈情，朕必俯允所请。今伊折内只云体察伊父精神，迥不如前。并非疾病沉笃，刻不可离。潘世恩来京往返不过月馀，反惮于跋涉，轻率陈情，殊乖人臣之义。着降为侍郎，准其终养。俟养亲事毕来京，以侍郎补用。"

道光四年，丁父忧。七年四月，服阕。五月，署工部左侍郎，寻授吏部左侍郎，充国史馆副总裁。十月，擢都察院左都御史。八年四月，充考试试差阅卷大臣。七月，以回疆荡平，献俘礼成，并与凯旋筵宴。八月，署吏部尚书。九月，署翰林院掌院学士。十月，充武会试正考官，署礼部尚书、经筵讲官。九年四月，充殿试读卷官、朝考阅卷官，复署翰林院掌院学士。十月，复署礼部尚书。十一月，赐紫禁城骑马。十二月，充经筵讲官。十年九月，升工部尚书，仍兼署左都御史。十一年四月，充考试试差阅卷大臣。五月，转吏部尚书。十二年正月，兼署工部尚书。二月，复署翰林院掌院学士。三月，充会试正考官。四月，充考试试差阅卷大臣。八月，兼署工部尚书。十月，充教习庶吉士。

十三年四月，超授体仁阁大学士，管理户部事务，充国史馆正总裁。五月，调管兵部事务、朝考阅卷官。六月，充教习庶吉士。七月，大考翰詹阅卷大臣，命查三库。十二月，充文渊阁领阁事。十四年正月，命在军机大臣上行走，赐第圆明园。四月，充考试试差阅卷大臣。十五年正月，充翰林院掌院学士、上谕事件处，充经筵日讲起居注官。二月，授东阁大学士，管理工部事务。四月，充殿试读卷官、朝考阅卷官、考试试差阅卷大臣。七月,复改管户部事务。十六年正月,充上书房总师傅。三月,充会试正考官。四月,偕大学士公长龄等议覆:"鸿胪寺卿黄爵滋条陈漕河积弊:一、严查匪徒混冒粮船水手滋扰,并申严运官州县处分;一、严查帮丁需索陋规,贻误限期;一、严查沿河员弁怠玩误工,标兵废弛阙额;一、严查河厅劣幕把持,浮估冒开工项;一、严查沿河匿报淤荡屯留匪类。"得旨允行。

五月,充朝考阅卷官。九月,圆明园不戒于火,世恩以迅赴救熄,加三级。十七年正月,赏太子太保衔。京察届期,上以世恩克勤克敬,不愧赞襄,下部议叙。四月,充考试试差阅卷大臣。十八年四月,充殿试读卷官、朝考阅卷官。五月,晋武英殿大学士。十二月,七十生辰,御书"熙载延祺"额,"弼亮宣猷襄密勿,靖共介福锡康强"联,及珍绮等件赐之,并谕曰:"大学士潘世恩在内廷宣力有年,端方勤慎,遇事细心。现届七旬,精神强固。加恩赏戴花翎,以示优眷。"谢恩时,上复手赐玉管、花翎。十九年二月,上谒东陵,命留京办事。四月,充考试试差阅卷大臣。八月,充顺天乡试正考官。二十年正月,京察届期,上以世恩矢慎矢公,赞襄攸赖,下部议叙。

时两广总督林则徐等议覆御史骆秉章条陈洋务,并奏筹章程五条,上命军机大臣议奏。世恩等疏言:"招徕之道,得其情而后可以服其心;而制驭之方,峻其防而后可以祛其弊。未有内治不严,而能使外夷畏威奉法者也。该督等所议定章程五条,或为变通旧例,或循守成规。通商所以裕民,贵兴利而除弊;抚近即以柔远,在因时而制宜。应如所请,行之以实,持之以恒,则夷情悦服而海防肃清矣。"允之。三月,充会试正考官。四月,充考试试差阅卷大臣。

二十三年正月，京察届期，谕曰："大学士潘世恩，夙夜在公，勤劳备至，朕难以言喻。下部议叙。"二月，复谕曰："大学士潘世恩，年逾七旬，嗣后朕御门办事，着加恩免其入班，其该管衙门应行带领引见之日，亦着免其带领，以示朕体恤耆臣至意。"四月，户部银库亏空案发，世恩以前查库，部议褫职，上加恩改为留任。寻以罚赔银两全缴，恩予开复。八月，谕曰："大学士潘世恩，年逾七旬，襄赞纶扉，精神强固。十年以来，夙夜趋公，宣勤佐治，朕心嘉悦之至！允宜特沛殊恩，以节劳勤。着加恩在紫禁城乘轿，用示朕优礼耆臣至意。"十月，以子曾玮应顺天乡试有被控嘱托誊录之事，世恩坐管教不严，降三级留任。

二十四年二月，偕户部尚书敬徵等奏请查垦甘肃、新疆等处地亩以裕边储，疏言："甘肃口内、口外，地处边陲，兵食所需，为费甚巨。近年以来，叠据伊犁将军奏报，开垦荒地四十三万亩有奇，按户升科，已著成效。其甘肃各州县及乌鲁木齐所属，旷土必多，傥能筹画水利，劝垦升科，日久储蓄充盈，以本地之利，供本处之用，即可减调饷银，更可节省采买，并以额征所馀，津贴八旗支款，实为经久有益之举。应请敕下陕甘总督、乌鲁木齐都统体察情形，遴委妥员，随时勘办。"如所请行。是月，上谒东陵，命留京办事。先是，编修李汝峤经世恩奏保，入直上书房，四月，考试试差，以怀挟夺职治罪，世恩坐保举不慎，镌级留任，充殿试读卷官。五月，充教习庶吉士。

二十五年十二月，召见于养心殿，上阶失足伤唇齿，上命嗣后进内时，赐内监二人扶掖。二十六年正月，京察届期，上以世恩精勤襄赞,一德一心,下部议叙。三月,赏穿黄马褂。二十七年三月,充会试正考官。二十八年正月,谕曰:"本年元旦,淑气晴明,和风翔洽。现值诸方静谧,民物阜安,从此仰荷天庥,咸登寿宇。因念及在廷王大臣等有年届八旬,赞襄尽职,或岁逾七十,亦皆精神强固,供职克勤,故得以感召庥征,作熙朝之人瑞。允宜恩施特沛,以昭优眷而迓祥和。大学士潘世恩着晋加太傅衔,并赏用紫缰。"十二月,八十生辰,御书"寿"字、"三朝耆硕"额,"望重三公资燮理,祥开八耋衍期颐"联句,及珍绮等件赐之,复谕曰:"大学士潘世恩由乾隆年间供职词垣,嘉庆年间荐擢尚书,经朕简任大学士、军机大臣,充上书房总师傅。襄赞纶扉,宣勤日懋。现在年登八秩,精神强固,朕心嘉悦实深! 允宜特沛恩施,以昭优眷。伊孙潘祖荫着加恩赏给举人,准其一体会试,用示朕笃祜耆臣、有加无已之至意。"

二十九年正月,京察届期,谕曰:"大学士潘世恩赞襄庶政,矢慎矢勤。年逾八旬,精神强固,朕甚嘉焉! 着加恩从优议叙。"二月,以奏保编修童福承入值上书房,经给事中陈坛以童福承品行不端劾奏,谕曰:"童福承身任词垣,不自检束,致招物议。着不准其授读。潘世恩于师傅重选,粗率不慎,着毋庸充上书房总师傅,并交部议处。"〔二〕部议降三级调用,上加恩改为降四级留任。自四月至五月,因病三次请假。谕曰:"潘世恩年逾八旬,精神强固,向无疾病。兹因上焦火盛,腰胁作痛,奏请赏假二十日。若照常给假,转虑调理未能从容,殊非所以示体恤。潘世恩着毋庸定以假期,俾得安心颐摄。俟病体全愈,再行销假入直,以示朕眷念耆臣至意。"嗣叠次乞解职,均温旨慰留之。十月,谕曰:

"本日据大学士潘世恩沥情奏请开缺,朕思军机大臣,夙夜在公,勤劳较甚,实非高年所宜。潘世恩年逾八旬,公勤素著,若仍令其入直,不足以示体恤。着俟来岁春融,赴阁办事,毋庸开缺,以示朕逾格笃眷耆臣至意。"

三十年三月,应上登极求贤诏,保举在任、在籍人员,首以告病在籍前任云贵总督林则徐历任封疆,有体有用,所居民乐,所去民思,奏请征召来京,以备简用;并保前任福建台湾道姚莹等。六月,复以病久未痊,具折乞休。谕曰:"潘世恩四朝旧臣,扬历有年。经皇考宣宗成皇帝擢任纶扉,夙夜勤劳,益昭敬慎,复命充上书房总师傅。前年寿跻八旬,精神强固,蒙皇考恩赉便蕃,并命朕撰制诗章,用申祝庆。上年元旦,加恩耆旧诸臣,特锡用紫缰,晋衔太傅。乃因夏间腰胁作痛,渐形衰病,恳请解退职任,叠经温语慰留,并宽予假期,解其枢务,曲示体恤。朕即位后,召对,见其气体尚未复元,谕令安心静摄,仍两次给假,俾得从容调养。兹复奏称病体日久,医治未能速效,力恳退休,情词肫切,若不允所请,转无以安其心。潘世恩着准其开缺,以大学士致仕,加恩赏食全俸,用示朕笃念耆臣、恩礼硕辅之至意。"

咸丰二年壬子科乡试,世恩以乾隆壬子科举人例,重与鹿鸣筵宴。经顺天府府尹奏,谕曰:"致仕大学士潘世恩历事四朝,荐登揆席,嘉谟硕学,望重纶扉。前于道光三十年间,因老叠次乞休,朕俯允所请,赏食全俸,令其在京就养。现在年逾八秩,重遇鹿鸣,洵为熙朝人瑞!允宜宠眷优加,潘世恩着准其就近在顺天府重与鹿鸣筵宴,伊子太常寺博士潘曾玮并着加恩以六部员外郎用,以示朕笃眷耆臣、有加无已之至意。"三年,礼部举行癸丑科会试,以世恩例得重与恩荣筵宴,谕曰:"予告大学士潘世恩由乾隆癸丑科一甲一名进士,历事四朝,荐登揆席。年逾八秩,望重士林,洵为熙朝人瑞! 兹届咸丰癸丑科殿试之期,例得重与恩荣筵宴,业经朕亲书'琼林人瑞'四字匾额,先期颁赐,以示宠荣。兹据礼部遵旨具奏,朕心深为嘉慰! 潘世恩之孙潘祖同,着加恩赏给举人,准其一体会试,以示朕笃念耆臣、有加无已之至意。"

四年,卒。谕曰:"予告大学士潘世恩立品端方,学问醇正。由乾隆癸丑科一甲一名进士,授职修撰,自翰林荐擢正卿。皇考宣宗成皇帝深加倚畀,超登揆席,简任纶扉,总理部务,入直上书房,夙夜宣勤,特命肩舆入直,晋加太傅衔,赏戴花翎,并赏用紫缰,赏穿黄马褂,恩眷益隆。服官五十馀年,小心谨慎,克称厥职。道光二十九年,因腰胁作痛,恳请开缺,叠蒙恩谕慰留。朕即位后,因其年逾八秩,宽予假期,俾得从容调养。嗣因陈恳肫切,勉从所请,准其致仕,并赏食全俸;又因重遇鹿鸣恩荣筵宴,叠加赏赉,用昭笃眷。方冀长承恩泽,永享遐龄,兹闻溘逝,悼惜实深! 着加恩赏给陀罗经被,派怡亲王载垣带领侍卫十员,即日前往奠醊,并着入祀贤良祠。任内一切处分,悉予开复。应得恤典,该衙门察例具奏。伊孙国子监学录潘祖同着赏给进士,准其一体殿试;翰林院编修潘祖荫,着以翰林院侍读候补;监生潘祖保着赏给举人,准其一体会试,用示朕轸念耆臣之至意。"寻赐祭葬,予谥文恭。

子曾沂,举人,内阁中书;曾莹,进士,吏部左侍郎;曾绶,举人,内阁侍读;曾玮,刑部员外郎。孙祖同,翰林院庶吉士;祖荫,进士,户部左侍郎。

【校勘记】

〔一〕颁御制味馀书屋全集　"屋"原误作"室"。今据御制味馀屋全集
　　（光绪五年[一八七九年]活字本）改。

〔二〕并交部议处　"交"原误作"下"。今据成录卷四六四叶七上改。

　　卓秉恬　子標

　　卓秉恬,四川华阳人。嘉庆七年进士,改翰林院庶吉士。十
年,散馆,授检讨。十一年,以恭缮高宗纯皇帝实录、圣训尊藏
本,命王大臣总校,并九卿翰詹官分司校勘,秉恬与焉。十二年,
充陕甘乡试副考官。十八年,转山东道监察御史。以直省编查
保甲,吏役借端索诈,奏请敕下京、外各地方官亲自编查,并明示
条约,毋任胥吏、里长索诈敛钱,允之。十九年闰二月,奏河南南
阳府属办赈未善,饥民载道;又以四川东北境连年歉收,米价腾
贵,应设法抚绥:均得旨,着河南巡抚、四川总督悉心饬属经理。
五月,以各案积压不办,奏陈二条:一、严捕强窃,以惩凶横;一、
速结讼狱,以省拖累。谕曰:"着该督抚通饬所属,于缉捕听断事
宜,力为振刷,俾盗风尽熄,讼案日稀。如因循怠玩,仍蹈故习,
即严加纠劾,以肃官常。"

　　八月,疏言:"上年军营保举人员,颇多冒滥,如山东曹州府
知府金湘,系广兴案内被革发遣之员,山左有名善奔竞,乃奏请
捐复留陕补用;直隶顺德府知府赵对墀少年纨绔,因需索属员被
革,亦奏请捐复。查从前剿办三省邪教,务将所犯情节详细声

叙,盖于弃瑕录用之中,示以慎重名器之意。兹金湘、赵对墀获咎,悉属营私,即予以自新,酌量录用,已属格外施仁,何得遽请捐复,仍膺方面之任?应请嗣后封疆大吏保举人员,其声名素好,事属因公者,准照例捐复;如因私罪降革、声名较劣之员,概不得滥行渎请。庶于格外矜全之中,仍寓综核名实之意。”上韪之。

九月,奏言:“近日盗风未熄,总由捕役与盗贼因缘为奸,捕役借盗贼为渔利之资,盗贼仗捕役为护身之计。或黉夜窃取,或拦路劫掠,富户不敢报,贫民不敢控,恐官不为理,或转坐以诬告,盗贼积恨,又将荼毒。甚至不肖捕厅,非惟不能缉拿,而且因以为利。捕役取财于盗,捕厅取财于役,公然议定数目,按月收受,谓之‘月规’。若直隶之大名、沧州,河南之卫辉、陈州,山东之曹州、东昌、武定,江苏之徐州,比比皆是,于吏治民生大有关系。计惟封疆大吏,严饬所属,实力稽察,如捕厅捕役有扶同豢盗实迹,加等惩处。”得旨允行。”

旋升吏科给事中,巡视山东济宁漕务。十二月,奏言:“微山湖水向来接济韩庄八闸及江苏邳州一带运河,上年湖水短绌,不敷挹注,江境多方疏导,始克济运。本年虽蓄水宽裕,两省仍当不分畛域,加意撙节。再邳州各闸事宜,仅以一主簿兼管,恐照料不周。应请于河清、河定、河成等闸,派员帮同管理。”下所司议行。二十年四月,以督趱南粮出山东境较上三年迅速,下部议叙。先是,经省闸河以疏通泉源,为济运第一要务,秉恬履勘泰安、兖州各属泉源,督署泉河厅通判刘执桓搜出新泉数十处。至是,东平、泰安、莱芜、泗水、蒙阴、新泰、滕县等七州县,复偕刘执桓绘图分等申报,新泉可经久者四十三处,委员覆勘相符,取名勒石。奏请咨由巡抚汇册咨部,允之。十一月,巡视中城。二十一年三月,以缉获私硝、私盐各犯,加一级。四月,转工科掌印给事中。九月,以查获私刻时宪书各犯,下部议叙。十一月,升鸿胪寺少卿。二十四年,擢顺天府府丞,稽察东四旗觉罗学。

二十五年,奏川陕楚三省老林情形,疏言:"查由陕西之略阳、凤县迤逦而东,经宝鸡、郿县、盩厔、洋县、宁陕、孝义、镇安、山阳、洵阳,至湖北之郧西,高山深谷,统谓之南山老林。由陕西之宁羌、褒城迤逦而东,经四川之南江、通江、巴州、太平、大宁、开县、奉节、巫山,陕西之紫阳、安康、平利,至湖北之竹山、竹溪、房县、兴山、保康,千峦万壑,统谓之巴山老林。其地辽阔而硗瘠,徭粮极微。江、广、黔、楚、川、陕无业之民,给地主钱数千,即可租种数沟、数岭。侨寓其中,岁薄不收则徙去,谓之棚民。所聚既多,良莠莫辨。遇旱涝时,佣作无资。一二奸民为之倡,蚁附蜂起。该州县以地方辽阔,莫可追捕,互相隐讳。迨酿成大案,即以疏防参劾,事已无济。且事连三省,大吏咨商往返,州县奉文办理,恒在数月之后。与其即一隅而专谋之,何如合三省而共议之。拟于扼要之地专设大员控制。现在陕西之陕安道,四川之川东道,湖北之安襄郧荆道,未尝不分辖其地,而任分则事难专一,界分则官得推诿。应请敕下三省督抚,确勘情形,变通办理。"经四川总督蒋攸铦、陕西巡抚朱勋、湖北巡抚毓岱会议,奏将三省边境之同知、通判、知县、佐杂,并守备、千总改驻添设,以资防察。得旨允行。

道光四年三月,调奉天府府丞,兼提督学政。五月,丁父忧。

六年,服阕。十年,授太仆寺少卿。十一年,稽察右翼宗学。十二年六月,畿甸亢旱,奏请平粜以济民食。七月,五城设厂平粜,命秉恬分司其事。九月,升大理寺少卿,疏言:"宗学按月考课,而与考者寥寥。推原其故,一则年既及岁,虽能文而例应出学;一则无所奖励,纵应考而仅列虚名。应请照各省书院章程,每月定期考课,责令总管、副管知会在学及不在学而愿考之宗室,届期齐集,由查学人员出题面试,会同阅卷,分别等第,出榜示知。其连考三次优等者,记名存档,俟本学总管、副管缺出,挨次补用。俾宗室人员倍加鼓励,虽国家所尤重者清语骑射,然泽以诗书,亦能变化气质,于嘉惠宗潢之至意,更无微不周矣。"经宗人府议,专就左右两翼在学各生按期月课,有连次取列优等者,记名存档,俟有本学副管缺出,与照例拣选之宗室人员一体选补,允之。

十三年二月,都城外定福庄等处分设煮赈六厂,秉恬奉命稽察庞各庄赈务。三月,擢太仆寺卿。七月,迁太常寺卿。九月,升宗人府府丞。十四年七月,以陕西已革盐知事衔生员徐登元京控安康县知县王以铭侵帑冒赈各款,命偕刑部左侍郎恩特亨额赴陕查办。寻讯明徐登元多系挟嫌诬控,惟王以铭办赈报销前后不符,城堤各工有失察乡约苛派之事,奏请分别治罪,从之。十二月,升内阁学士,兼礼部侍郎衔,充文渊阁直阁事。十五年闰六月,充江南乡试正考官。九月,升礼部右侍郎。十六年三月,兼署吏部右侍郎,转礼部左侍郎。七月,调吏部左侍郎。九月,充武会试正考官。十七年正月,署兵部尚书。八月,提督浙江学政。十二月,升都察院左都御史,召回京。十八年三月,复署兵部尚书。五月,升兵部尚书。八月,署兼管顺天府府尹事务。九月,命即兼理。

先是,兵部以各省督、抚、提、镇大员,有统辖官兵之责。挑选兵丁作为亲随,未经定有额数。遵旨议奏,总督、提督亲随,准照将军例,挑兵丁十名;巡抚、总兵照副都统例,挑兵丁六名。上命军机大臣会同兵部再行妥议。至是,秉恬偕大学士潘世恩等奏言:"督抚职任綦繁,有查阅营伍、巡视地方之责。若照原议额数,恐不敷用。应请于临时,准其酌量添派,以供差遣。事毕仍即归伍。"从之。十一月,赐紫禁城骑马。十九年二月,以堂弟卓秉愔于宛平县民焦开碌等请借公项挖煤案内,指官撞骗,秉恬坐失于约束,下部议处。五月,以申严鸦片烟例禁,偕王大臣等议奏吸食、窝贩及栽诬罪名,并员弁徇纵处分共三十九条,得旨允行。七月,命查三库。二十年正月,充经筵讲官。二月,调户部尚书,兼署兵部尚书。二十一年三月,上谒东陵,命留京办事。闰三月,调吏部尚书,授协办大学士。二十二年四月,秉恬六十生辰,御书"福"、"寿"字,及文绮等珍物赐之。七月,命查三库。

二十三年四月,以两江总督耆英奏筹江防、海防事宜二十八条,遵旨偕军机大臣各部臣会议。略言:"据奏防守各条,似已确有把握,惟将士能否用命,全恃平日恩威;见敌如何决机,尤在临时措置。如果随机应变,协力同心,则自海入江,层层门户,不难制其死命。至慎选文武以安兵民,消弭积匪以清萌蘖,尤为善后第一要务。应即责成该督等随地随时认真办理。"如所议行。九月,充顺天武乡试监临。嗣以户部库亏案发,秉恬坐查库失察,夺职留任,并分别银数勒限罚赔。十二月,将应赔银两限内完缴,得旨开复。二十四年三月,奏改顺天府宁河县为冲、繁、难沿海要缺,在外拣调,永清县为简缺,归部铨选,下部议行。

十二月,授大学士。二十五年正月,充经筵直讲,授体仁阁大学士。七月,管理兵部事务。十月,御史张修育因覃恩赏各省耆民绢棉米肉,奏请改给顶带,上命大学士及军机大臣会议。寻议言:"据奏,此项每至层层剥削,与其虚糜帑项,徒便侵吞,何若恩赐衔名,弥彰宠异。应如所请,并分别年岁,以示限制。"允之。二十六年,充玉牒馆副总裁。二十七年五月,以殿试传胪捧榜迟误,夺俸一年。二十八年,罢管理兵部事务。二十九年二月,管理户部三库事务。五月,偕府尹陆应毂奏查勘顺天府属矿厂,请严行封禁,如所请行。三十年三月,署管理户部事务,充会试正考官。六月,充国史馆总裁,授武英殿大学士。

咸丰元年,复管理兵部事务。自道光十五年至是年,历充殿试读卷官五次,朝考阅卷大臣四次,大考翰詹、庶吉士散馆阅卷大臣各一次,考试汉教习、汉中书阅卷大臣各一次,考试试差阅卷大臣二次,顺天乡试覆试、会试覆试阅卷大臣各四次。二年正月,复罢管理兵部事务。七月,以前题定郡王载铨息肩图,经给事中袁甲三奏劾夺俸半年。自道光二十年四月至是年八月,恭遇上谒陵,秉恬皆奉命留京办事凡八次。九月,管理工部事务。三年,以捐备军饷,赏戴花翎。四年,稽察钦奉上谕事件处。五年,卒。遗疏入,谕曰:"大学士卓秉恬由翰林科道荐擢正卿,晋秩纶扉,允称厥职。朕御极后,见其宣力有年,老成持重,方资倚畀。兹因患病,迭经赏假,冀其调养就瘳,长承恩眷。遽闻溘逝,悼惜殊深!着加恩追赠太子太保衔,赏给陀罗经被,派睿亲王仁寿带领侍卫十员，即日前往奠醊。所有任内一切处分，悉予开复。应得恤典，该衙门察例具奏。伊孙监生卓景濂、卓景洵均着赏给举人，准其一体会试，以示优待耆臣之至意。"寻赐祭葬，予谥文端。

子榗，吏部右侍郎；椿，一品荫生。

榗，道光二十年进士，改翰林院庶吉士。二十一年，散馆，授编修。三十年，充会试同考官。旋因秉恬为正考官，命回避，无庸入闱。咸丰元年，充文渊阁校理。二年五月，大考二等，记名遇缺题奏，并赐文绮。六月，充日讲起居注官。十月，以恭修宣宗成皇帝实录将次告成，议叙，遇有应升之缺，开列升用。三年三月，奏京城钱铺关闭甚多，有碍民生财用情形，请饬步军统领及巡城御史，谕令各安生业，其有借端关歇坑人、乘机抢夺者，分别科罪，旨如所请。四月，京察一等，覆带引见，记名以道府用。七月，奏请留京供职，允之。八月，迁右春坊右赞善。十一月，疏请变通捐例，以广招徕：一、另开报效捐例，照筹饷二卯再减数成；一、选补之法，准压各项旧班；一、捐输之员，核其银数多寡，准捐免试俸，及捐升衔封典，以至加级纪录，一体减成照办。下部议行。十二月，捐备军饷，下部议叙。四年二月，超升右庶子。五月，迁大理寺少卿。七月，超擢内阁学士，兼礼部侍郎衔。九月，稽察中书科事务。十月，升兵部右侍郎。十一月，调吏部右侍郎。五年四月，充考试试差阅卷大臣。十一月，丁父忧。六年，宣宗成皇帝实录全书告成，七年四月，国史馆恭辑宣宗成皇帝本纪告成，榗均以前充纂修、总纂官，先后各加二级。八月，卒。

子景澄,山东候补知府;景濂,进士,河南候补知府;景涵,兵部员外郎。

文庆

文庆,费莫氏,满洲镶红旗人。曾祖温福,大学士;祖永保,两广总督:俱有传。文庆,道光二年进士,改翰林院庶吉士。三年,散馆,授编修。四年八月,充日讲起居注官,升翰林院侍讲。五年,充山东乡试副考官,转侍读。九年正月,迁国子监祭酒。八月,升詹事府詹事。十年十月,命稽查左翼觉罗学。十二月,充文渊阁直阁事。十一年三月,迁通政使司通政使。五月,充福建乡试正考官。十二年三月,升都察院左副都御史。九月,升内阁学士,兼礼部侍郎衔。十月,署礼部左侍郎,充武举殿试读卷官。十一月,兼镶白旗汉军副都统。十二月,实授礼部右侍郎。

十三年正月,以上年除夕保和殿筵宴,带领琉球、朝鲜两国使臣,跪领赐酒班次先后错误,下部议处。四月,调正蓝旗满洲副都统。五月,命总理孝慎成皇后丧仪。六月,偕惇亲王绵恺等议奏军民剃发及停止宴会限制,误引"百姓如丧考妣,四海遏密八音"之说,下部严议,降三级调用。上加恩改为降四级留任,并谕曰:"文庆系翰林出身,虞书二语,深切著明。若竟不知,则学问亦太浅薄;若知而不言,大臣遇此等事,不肯开诚布公,随声附和,尤属非是。着革去副都统,降为三品顶带。"十月,充武举殿试读卷官。十二月,署刑部左侍郎。十四年二月,赏还二品顶带,兼正蓝旗汉军副都统。三月,署镶蓝旗蒙古副都统。五月,调正白旗满洲副都统。六月,管理国子监事务。十月,充右翼监督,署刑部右侍郎。十一月,充武英殿总裁。十二月,调吏部右侍郎。十五年正月,署工部右侍郎,兼管钱法堂事务。五月,署正红旗护军统领。十二月,以孝穆成皇后、孝慎成皇后奉安礼成,加二级。寻调户部右侍郎,兼管钱法堂事务。

十六年三月,以御史许球奏参陕西巡抚杨名飏关防不谨、牟利勒捐、废弛捕务各款,遵命偕户部尚书汤金钊前往查办。五月,通政使司参议刘谊奏请清查四川捐输及军需银款,与各州县被参交审各案,遵命偕汤金钊由陕赴蜀清查。旋奏大竹县知县郭梦熊于差役酿命,朦详开脱;广元县典史董秉义擅受纵差诈赃酿命,知县春明既失察,又率准拦验;巴县知县杨得质收受寿礼,并违例科罚;江安县知县夏文臻虽无劣迹,不洽舆情;资州知州高学濂、薛济清,前任四川布政使李羲文,前在峨边军营供张华靡,迨凯旋趾高气扬,致招物议,乖张任性:并请严议。事详汤金钊传。

九月,充总管内务府大臣,偕汤金钊由蜀回陕,复以杨名飏奏参署按察使督粮道李廷锡任性挟制,廷锡亦禀揭研审一家四命案,究出知县郭思仪刑求逼供,知府赵廷俊徇庇捏详,杨名飏因与赵廷俊同乡,嘱为设法消弭,并遵谕将名飏乾没工赈,祖护同乡各款查奏。寻奏杨名飏于西岳庙工含混巧饰,且于临潼、富平等缺将同乡谢长年等调补,意存祖护。得旨,夺名飏职,并解任;其与廷锡参计一款,屡易供词,意图抵赖,复经文庆等奏闻。[一]寻以汤金钊留署陕西巡抚,文庆遵旨由陕赴豫查明武陟县知县赵铭彝被参各款,尚无贪婪劣迹,惟于书吏偷减桥工、亏欠钱粮各案,将应讯之犯滥刑病毙,复于民人误卖官地之案,违例科罚钱文,其由修武调任武陟,将修武之差带赴新任,隔属充役,亦属不合。十月,奏请褫铭彝职,[二]允之。

十一月,回京,调户部左侍郎。十七年三月,署吏部右侍郎。五月,兼右翼总兵。六月,命在军机大臣上学习行走。七月,充国史馆副总裁。以步军统领衙门主事音德赫前在司务任内,于被参营员袁世魁拣选员缺时,未将原案呈堂查办,至开送二参始行检举,文庆坐失察,下部议处。八月,充顺天乡试副考官。十一月,热河新任正总管福泰奏库存银两亏短,命文庆前往偕都统宗室耆英查办,寻查明历任总管擅动生息项下银两,未经报销,已革苑丞佟铠、苑副盛福伸等扶同弊混,请将副总管荣桂及历任总管恒棻等一并革职,解交热河讯结;又奏未据报销银两,请分别追缴,并将现存银两抵放官兵俸饷;又以热河园庭陈设,业经归并尊藏,奏请撤减内外看管官兵:均如所请行。

十八年正月,命在军机大臣上行走。四月,充殿试读卷官、朝考阅卷官。闰四月,充教习庶吉士、文渊阁提举阁事,管中正殿、圆明园事务,罢武英殿总裁。五月,偕军机大臣大学士穆彰阿等议覆两江总督陶澍等豫筹积储,疏言:“据奏天庾正供,设法办理。应请嗣后遇江南各省大熟之年,粮价平减,即酌量采买,委员由海运解。惟米价尤须查明,嗣后遇江南各省年丰谷贱之时,应令该督等察看情形,如何采买,即饬查市报粮价,以制钱合照纹银时价估报;并估定上海运至天津,由津运通脚价。详悉奏明,请旨由户部拨银办理。”九月,朝阳门外尼庵挟妓饮酒案发,文庆以内务府郎中文奇闲游入座,失于管束,自行检举,下部议处。

　　先是，浙江乍浦副都统善英奏参杭州将军桓格拣选佐领，不拟正陪；桓格奏称防御勒尔经阿等弓马软弱，未经拣选：俱召来京。文庆偕大学士潘世恩、尚书宗室奕纪，遵旨考验集讯，桓格于勒尔经阿等二员弓马软弱，不照例参奏，辄令具呈托病告退，究属非是；善英接到告退咨文，明知与例不符，并不咨驳，又屡催不覆，率行具奏，其居心实不可问。奏请分别严议、议处，如所请行。是月，调镶黄旗满洲副都统。十月，兼正蓝旗护军统领。十一月，赐紫禁城骑马。

　　十九年正月，调正黄旗护军统领，偕大学士潘世恩等遵旨议覆兵部奏筹各省督、抚、提、镇、总管、城守尉挑选兵丁充作亲随额数，略言："查文武大员，职任繁简不一。除总督、提督亲随兵丁请照原议挑取十名，巡抚、总兵挑取六名外，其督抚职任较繁，有查阅各营、巡视地方之责，若照原议额数，恐不敷用。应请于临时酌量添派差遣，事毕仍即归伍，不得冒滥。至京旗都统、副都统、前锋统领、护军统领亲随兵丁各挑二名，原足敷用；其御前大臣随扈有递马、接马差使，向用所管各营兵丁跟随，亦毋庸增添。惟管理各营大臣所用兵丁，仍令随时酌派，期于敷用。"允之。十月，热河已革苑副盛福伸等亏短库项限满不完，永远监追，未将原拟发遣等情声明，并文庆原审定拟，承问奏对失实，俱下部议处。[三]十二月，罢军机大臣上行走。

　　二十年六月，充江南乡试正考官，以定草榜时将下江中卷误注上江，榜发查出上江正副榜各少中一名，下江各多中一名，自行检举，并监临安徽巡抚程楙采奏闻，下部严议。[四]十一月，又以私带湖南举熊少牧入闱，帮同阅卷，谕楙采查奏，并命文庆明白回奏。<u>文庆</u>自请严议,得旨褫职。二十二年六月,赏三等侍卫,充库伦办事大臣。十二月,内务府司员<u>珽璋</u>冒销案发,<u>文庆</u>以前充管理大臣坐失察,革职留任,仍罚俸一年。二十三年四月,召来<u>京</u>,授吏部右侍郎。七月,充<u>顺天</u>乡试监临官。闰七月,转左侍郎。八月,以首场散卷迟误,并闱中水夫接递墙外布卷,委官不候砖门御史到齐,遽行击鼓开门,致该犯闻拿乘间逸出,俱下部议处。寻兼正蓝旗<u>蒙古</u>副都统,充<u>崇文门</u>副监督。十二月,兼镶蓝旗护军统领、总管内务府大臣。

二十四年二月,升都察院左都御史,兼镶蓝旗<u>汉</u>军都统。三月,充会试副考官。十一月,复赐紫禁城骑马。十二月,管理户部三库事务。二十五年,升兵部尚书。以驻<u>藏</u>大臣<u>琦善</u>参奏前任大臣<u>孟保</u>、前任帮办大臣<u>钟芳</u>等滥提官物,命赴<u>四川</u>偕总督觉罗<u>宝兴</u>、成都将军<u>廉敬</u>查办。寻按实,奏请将<u>孟保</u>等分别严议、议处。又已革<u>诺们罕</u>挟嫌讦控<u>琦善</u>各款,讯系全诬,奏办如律。二十六年三月,署翰林院掌院学士。八月,充<u>崇文门</u>正监督、<u>顺天</u>乡试副考官。二十七年五月,复命在军机大臣上行走,罢兼管内务府事务。八月,命署<u>陕甘</u>总督,并顺道查办<u>河南</u>赈务。十月,以<u>考城</u>县知县<u>毕元善</u>假手吏胥,户口浮冒,奏请解任严办;署<u>获嘉</u>县<u>邹之翰</u>办赈迟误;<u>长葛</u>县知县<u>彭元海</u>、署<u>洧川</u>县<u>周劼</u>户册舛错;均请下部议处,允之。寻召来<u>京</u>。

二十八年正月,署吏部尚书,二月,实授,兼步军统领、总管内务府大臣,罢军机大臣上行走。十二月,充翰林院掌院学士、日讲起居注官。二十九年十一月,管理户部三库事务。十二月,<u>孝和睿皇后</u>升遐,命总理丧仪,〔五〕并恭办<u>昌西陵</u>工程。三十年正月，宣宗成皇帝升遐，命恭理丧仪。二月，充实录馆总裁。五月，充内大臣。先是，甘肃河州民人苏生一，以道士装画符咒水，于本省及西口外借医惑众，二十八年，改名黄鲁香，来京行医；文庆以腿疾延之诊治，并讲按摩法，二十九年，改名薛执中。复自江南抵京，还俗装，擅议时政，妄谈休咎。文庆侦知行踪诡秘，饬属查访，未及拿究。至是年六月，经中城御史拿获，交部审办，供出前后职官延医，并捏有拜师取号等情。文庆遵旨回奏，略言："上年腿患湿疾，曾延道医黄姓诊治。适侍妾患急症，诊两次俱见效。当即给银二十两、川䌷一疋谢之。其所称传道等语，伏思身心性命之旨，即在圣贤经传之中，虽穷理未精，力行未逮，断不致向粗鄙不文之人屈身求教。惟步军统领职司缉捕，而于此等屡次改名易装、借医招摇之人，未能即时拿究，咎实难辞，请严加议处。"七月，谳定，谕曰："吏部尚书文庆延请该犯治病，学习按摩。身任步军统领，与户部侍郎福济既查知该犯诡秘情形，商同缉拿，何以不立时拿究？其回奏不实不尽之处，姑弗深究；即此迁延疏纵，均属有乖职守。着即革职，毋庸再交部议。"

咸丰元年，赏五品顶带，仍恭办昌西陵工程。二年五月，授内阁学士，兼礼部侍郎衔。七月，以题定郡王载铨息肩图，下部议处。十一月，复擢户部尚书。十二月，赐紫禁城骑马。三年九月，署正蓝旗汉军都统。十月，兼镶红旗汉军都统。十二月，以捐备军饷，下部优叙。四年四月，充内大臣。闰七月，管理国子监事务。十月，充翰林院掌院学士，调镶黄旗汉军都统。五年二月，署正蓝旗蒙古都统。七月，命在军机大臣上行走。八月，署吏部尚书。九月，命以户部尚书，协办大学士。十月，恭题孝静成皇后神主礼成,赏加太子太保衔。十二月,授文渊阁大学士,管理户部。六年四月,充朝考阅卷官。五月,管理三库事务。六月,充实录馆监修总裁、上书房总师傅。自道光十二年至是年,历充会试覆试阅卷大臣一次,朝考阅卷大臣三次,监修总裁、正副总裁暨提调纂校收掌翻馆阅卷大臣二次,考试试差阅卷大臣三次,大考翰詹阅卷大臣一次,武举殿试读卷官三次,教习庶吉士二次,庶吉士散馆经筵讲官三次。

十一月,宣宗成皇帝实录、圣训告成,下部议叙,并赏御用袍一件,赏加一级。寻改武英殿大学士。是月,卒。遗疏入,谕曰:"大学士文庆人品端粹,器量渊深。办事精勤,通达治理。渥承皇考宣宗成皇帝知遇,由翰林荐陟卿贰,在军机大臣上行走,缘事罢斥,旋即起用,擢任正卿。朕御极之初,复因案获咎,念其平日服官谨慎,特命督办昌西陵工程,悉臻妥协。擢授户部尚书,正值办理军务,筹画度支,克尽心力。上年秋复命为军机大臣,旋授大学士,仍管理部旗事务。纶扉襄赞,[六]夙夜宣劳,深资倚畀。兹以偶染微疴,给假调理,方冀即日就痊。兹闻在园寓溘逝,悼惜殊深!昨已赏给陀罗经被,并派贝勒载治带领侍卫十员,前往奠醊。本日披览遗章,弥深轸恻!着加恩晋赠太保,照大学士例赐恤,并赏给广储司银一千两,准其入城治丧。本月二十六日,朕亲临赐奠。任内一切处分,悉予开复。应得恤典,该衙门察例具奏,用示朕眷念荩臣至意。"又谕曰:"大学士文庆溘逝,业经降旨,优加赐恤。昨日朕亲临赐奠,见其遗孤幼稚,亲支人丁稀少,殊深怆感!因思文庆人品醇正,奉职勤能。宣力有年,靖共夙夜。着加恩入祀贤良祠。伊子监生善联,俟及岁时,由该旗带领引见。伊弟已革都司文玉，现在遣戍，着即释回，以示朕眷念荩臣、推恩优渥至意。"寻赐祭葬，予谥文端。

　　子善联，礼部郎中。

【校勘记】

〔一〕复经文庆等奏闻　原脱"闻"字。今据文庆传稿(之二〇)补。

〔二〕奏请褫铭彝职　原脱"铭彝"二字。今据文庆传稿(之二〇)补。

〔三〕俱下部议处　原脱"俱"字。今据文庆传稿(之二〇)补。下同。

〔四〕并监临安徽巡抚程楙采奏闻下部严议　原脱"奏闻下部"四字。
　　今据文庆传稿(之二〇)补。

〔五〕命总理丧仪　原脱"命"字。今据文庆传稿(之二〇)补。

〔六〕纶扉襄赞　原脱此四字。今据文庆传稿(之二〇)补。

　　裕诚

　　裕诚，佟佳氏，满洲镶黄旗人。父舒明阿，袭一等公爵，杭州将军。裕诚由荫生于嘉庆十四年授三等侍卫。道光元年，授二等侍卫。四年，擢头等侍卫。六年，袭一等公爵，赏散秩大臣，在乾清门行走。七年七月，授正红旗汉军副都统。十月，授内阁学士，兼礼部侍郎衔。十二月，充左翼监督。八年，逆回张格尔就擒，裕诚以在奏事处接递文报，交部议叙。十年六月，调镶白旗满洲副都统。八月，充崇文门副监督。九月，补武备院卿。十一年正月，兼镶蓝旗护军统领。十月，授兵部左侍郎。十二年正月，调工部左侍郎。二月，调右侍郎，兼管钱法堂事务。四月，充翻译会试副考官。十三年四月，调正白旗护军统领，命恭理孝慎成皇后丧仪。五月，偕惇亲王绵恺等议奏军民剃发及停止宴会，例义未协，并妄引经文“百姓如丧考妣，四海遏密八音”之语，[一]下部严议。寻降四级留任，夺护军统领，退出乾清门行走。

十四年正月，复调工部左侍郎。四月，兼正蓝旗护军统领。十一月，赴盛京恭勘永陵及福陵工程。十五年闰六月，调正黄旗护军统领。九月，上谒陵礼成，下部优叙。是月，上阅视两翼八旗护军等步射，正蓝旗弓力过弱，以裕诚未能认真训练，命镌级留任。十二月，孝穆成皇后、孝慎成皇后奉安礼成，加二级。十六年四月，充翻译会试副考官。五月，上祀天神坛，以对引失仪，夺俸。十七年，调户部右侍郎，兼管钱法堂事务。十八年四月，授总管内务府大臣。闰四月，奏户部宝泉局炉役史瑞等胁众停炉罪状，查办如律。寻管奉宸苑、造办处、总理工程处事务。五月，兼镶红旗蒙古都统，仍兼散秩大臣。七月，管理圆明园事务。九月，历充武闱监射、考取国子监助教大臣。十一月，赐紫禁城骑马，擢都察院左都御史，升兵部尚书，兼镶红旗满洲都统，调正白旗汉军都统。

十九年四月，甄别不职之兵部郎中庆纲等奏请勒休，上韪之。五月，遵拟已撤护卫曾授诰封者补官章程，请头等护卫以副骁骑、参领用，二等护卫、四品典仪以印务章京用，三等护卫、五品典仪以骁骑校用，于撤出后均先令回旗学习行走，责成该都统等考察；如果留心旗务，行走勤奋者，[二]俟本旗出缺后，候旨补用：从之。七月，景陵茶膳房失火，工部郎中宗室敉功等承审失入，交吏、兵二部严议。裕诚等议律轻纵，降四级留任。寻历充稽察三库大臣、崇文门监督。二十年正月，管太医院、茶膳房、精捷营事务。五月,上驷院员外郎兼正白旗佐领德春于领催接替时,回明隐匿钱粮,仅令裁汰,并不呈堂查办,裕诚坐失察夺俸。十一月,以恭理孝全成皇后丧仪,下部议叙。二十一年正月,管理户部三库事务。二月,广储司被窃,裕诚坐失察,镌级留任。寻获赃犯,恩予宽免。十二月,以失察库员办理折赏缎疋舞弊,降级留任。二十二年三月,上幸南苑,谕曰:"京师南苑,为我朝肄武习勤之地。前因围场牲畜寥寥,将该管大臣议处,改派载铨、裕诚管理奉宸苑事务。本年朕驻跸南苑,行围所至,渐复旧规。该王大臣等经理认真,著有成效,甚属可嘉!裕诚等均着加恩交该衙门议叙。"

九月,两广总督祁墂奏称粤海水师乏员,请于陆路及世职人员随营武举内,择其谙晓洋面事宜者,调饬出洋试验补用。裕诚遵旨议奏,略云:"外海水师,与陆路不同。今因水师乏人,应准其于陆路将备内,酌保游击、都司各一员,守备、千总各二员,仍令带赴外洋试验。一年期满后,果能杀贼立功,熟谙水性,准该上司出具切实印结保题,遇缺轮用,与陆路呈改各员,统较题准先后日期挨补。至云骑尉、恩骑尉及随营武举,如果熟悉水性,愿改水师者,应准随时呈改。果能擒贼立功,熟谙水性,武举按三年期满,世职按五年期满,核计题准先后日期轮缺补用。"如所请行。十一月,以造办处新造炮位不能如式,降级留任。十二月,复以总管内务府任内失察库掌珽璋等假印冒领,革职留任,仍罚俸一年。

时两江总督宗室耆英奏陈水师营将备,应照例专取枪炮而略骑射,并请将赴部之员先行阅看鸟枪,下部妥议。裕诚等奏言："沿海省分,考验水师,专以练习枪炮为要务。一切洋面事宜,或善操驾舟楫,或能缉匪擒贼,或惯遭风涉险,均于平日逐一考验,分别等第。弁兵随时存记,遇有缺出,按照等第拣拔;将备随时报部注册,遇有缺出,亦援照咨部记名之案,于题本内切实声明。如系例应引见之员,请由部臣先行阅看鸟枪,如果精熟有准,再准带领。惟是陆路施放鸟枪,与驾舟楫不同,全在带领巡哨各员随机应变。应由山东、江苏、浙江、福建、广东各督、抚、提、镇严饬所属,勤加训练,于考拔弁兵时,即以讲求水务为去取,于题升将备时,亦以讲求水务为黜陟。如此认真办理,方于水师有益。"上韪其议。

二十三年四月,户部银库库丁张成保偷盗库银,裕诚坐失察,议降一级调用,上加恩改为降二级留任。是月,盘查库款,计短银九百二十五万二千馀两,裕诚以现任管库大臣革职留任,八年无过,方准开复。寻命审办库案、明定罚赔期限及嗣后盘查章程。九月,充满洲翻译乡试正考官。二十四年十月,以失察太监李得喜私刨畅春园官土山盖屋,下部议处。十一月,祁埙奏广东琼州、廉州等府,近接外洋,有匪徒在交界地方劫掠,经越南国会同擒拿,请嗣后侦有匪踪,即知会该国一体堵缉。下部会议,裕诚以"夷夏之防宜谨于未事,若以中国应捕匪犯,轻用外人兵力,既于体制未协,且恐沿边将士恃有外人协缉,废弛捕务,于海防转无裨益。"奏寝之。

二十五年,调工部尚书,仍兼署兵部尚书。四月,以银库罚赔银两全缴,恩予开复,充盘查三库大臣。寻以兵部违例派署掌印,又于司员索诈书吏,未能据实参办,降五级调用。九月,授太仆寺少卿。二十六年，授察哈尔副都统。二十七年，升都统。先是，察哈尔八旗蒙古官兵，都统及副都统隔年轮查。每旗仅选兵数十名，以备校阅。馀均系该总管按月操演，隔年查旗之举，徒滋靡费。奏请改于查验军政之年，该都统等轮流出口，全数校阅。此外年分责成各该总管认真经理，切实呈报。得旨允行。

二十八年三月，擢荆州将军。十月，调成都将军。十二月，署四川总督。二十九年二月，云南富民县知县广和因受本籍职员刘元吉银两，恐其告发，诬捏以烧香结盟情事，经总督程矞采访查，入于甄别案内，以府经历、县丞降补，广和疑系布政使赵光祖详揭，因摭款诬讦。命裕诚前往审办，寻鞫实，治罪如律。九月，召回京。三十年七月，授兵部尚书、总管内务府大臣。九月，宣宗成皇帝梓宫奉移慕陵礼成，加二级，复赐紫禁城骑马。自道光十八年至是年，叠次充经筵讲官。

咸丰元年正月，调户部尚书。三月，兼正白旗汉军都统。五月，命以兵部尚书协办大学士。六月，授内大臣。八月，充崇文门正监督，〔三〕署吏部尚书。闰八月，充满洲翻译乡试正考官。二年正月，授文渊阁大学士。三月，宣宗成皇帝永远奉安礼成，命裕诚恭题神主，赏太子太保衔；又以恭理丧仪、慕陵值班，赏加三级。四月，历充庶吉士散馆阅卷大臣、殿试读卷官。九月，擢文华殿大学士，命遣官赐祭祖茔。十一月，管理理藩院事务，充临雍进讲大臣。三年三月，孝和睿皇后永远奉安礼成，赏加一级；又以恭题神主，赏御用袍一件。

时粤匪窜入江南，援师云集，裕诚请推广恩纶，劝捐裕饷，从之。四月，署理藩院尚书。六月，充国史馆总裁，仍管三库事务，充崇文门正监督。十二月,以历次报捐军饷,交部议叙。四年二月,刑部主事王式言承审命案,听嘱失入,裕诚以会审大臣草率拟奏,下部议处。四月,充阅兵大臣。十月,管光禄寺、上驷院事务。十一月,充文渊阁领阁事。五年正月,伊犁将军奕山请酌裁伊犁镇总兵,以领队大臣兼任。裕诚偕军机大臣议,以边疆重镇,设立已久,更易旧制,流弊滋多,奏寝之。三月,偕恭亲王等遵议陕甘总督易棠奏请裁变马厂,疏云:"甘省马厂设自乾隆年间,非徒以孳生之马拨补营缺,可以节省价银,亦以秦陇为形胜之区,而内地又惟甘肃可设马厂,原备一时缓急之用。今以撙节经费,遽议裁撤,于马政实有妨碍,应寝其议。"从之。

　　七月,恭理孝静成皇后丧仪。寻调正黄旗满洲都统。十月,恭勘慕东陵工程。十一月,孝静成皇后梓宫奉移慕东陵暂安礼成,加一级。六年四月,充庶吉士散馆阅卷大臣、殿试读卷官。十月,充玉牒馆督催官。十二月,补正黄旗领侍卫内大臣,调正白旗领侍卫内大臣。七年二月,充上书房总师傅。是月,孝静成皇后永远奉安礼成,加三级。先是,内务府承袭世职幼官,向不入官学肄业,及岁时不分优劣,概准支食全俸。裕诚以为不足以广造就,请照八旗定例,归入两翼官学肄业,以昭画一。如所议行。六月,以捐输采买米石,交部议叙。八年正月,京察届期,上以裕诚宣力有年,靖共在位,复下部议叙。[四]二月,以顺贞门不戒于火,迅即扑熄,加二级。

　　五月,卒。遗疏入,谕曰:"大学士裕诚植品醇正,办事勤能。器量渊深,老成练达。由荫生侍卫,嘉庆年间即在乾清门行走。叠蒙皇考宣宗成皇帝擢至正卿,供职内廷。缘事降调,复任都统、将军。朕御极之初,内用尚书,晋秩纶扉,仍兼管内务府大臣,管理都统旗务。扬历中外,懋著勤劳。前以微疴,给假调理,方冀就痊,正资倚畀。兹闻在园寓溘逝,悼惜殊深!着赏给陀罗经被,命恭亲王奕訢带领侍卫十员,即日前往奠醊。加恩晋赠太保,照大学士例赐恤。准其入城治丧,并赏银一千两。本月二十二日,朕亲临赐奠。任内一切处分,悉予开复。应得恤典,该衙门察例具奏,用示朕眷念耆臣至意。"又谕曰:"大学士裕诚溘逝,业经降旨优加赐恤。本日朕亲临赐奠,见其遗孤幼稚,殊深怆感!因思裕诚人品醇正,扬历中外,奉职勤能。着加恩入祀贤良祠。伊子堃林,俟及岁时,由该旗带领引见,以示朕眷念荩臣、恩施优渥至意。"寻赐祭葬,予谥文端。

孙克昌,袭一等公爵。

【校勘记】

〔一〕并妄引经文百姓如丧考妣四海遏密八音之语　原脱"文"字。今据裕诚传稿(之二六)补。

〔二〕行走勤奋者　"行"原误作"奔"。今据裕诚传稿(之二六)改。

〔三〕充崇文门正监督　原脱"正"字。今据裕诚传稿(之二六)补。下同。

〔四〕复下部议叙　原脱"复"字。今据文庆传稿(之二六)补。

琦善

琦善,博尔济吉特氏,满洲正黄旗人。祖恩格得理尔,以率属投诚功,世袭一等侯爵。父成德,热河都统,袭侯爵。琦善由荫生于嘉庆十一年以员外郎用,分刑部。十三年,补官。十七年,升郎中。十八年,京察一等。十九年二月,擢通政使司副使。十月,授河南按察使。时汝宁、光州一带教匪滋事,扰及安徽、湖北。琦善先后获犯七百馀,巡抚方受畴上其功,赏戴花翎。二十二年,以秋审案内罪名失入,降一级留任。二十三年四月,署布政使。五月,升江宁布政使。九月,调河南布政使。

二十四年三月,升巡抚。时南阳、仪封汛,武陟马营坝相继河决,命偕署吏部尚书吴璥等堵筑。十月,以督催物料迟缓,夺花翎。二十五年三月,马营坝合龙,而仪封南岸三堡漫口至一百三十馀丈,上以琦善堵御不速,革职,命以主事衔仍随吴璥等办理。六月,赏四品顶带,授河南按察使。复以兰仪漫口案内漏参署开归道南河同知王仲淮,经巡抚奏参,降二级留任。九月,调山东按察使。道光元年五月,赏三品顶带。六月,迁福建布政使,调山东布政使,寻升巡抚。二年,丁父忧,百日孝满,仍署山东巡抚。寻袭一等侯爵。

四年二月,馆陶县北界红花堤缺口,钦差大学士戴均元议从下游疏挑新河,并自缺口至入卫河处所,筑东西两堤,以免旁溢。琦善奏言:"疏挑新河,应先断堤补培。再于堤头东西两口盘作裹头,[一]以御漳水,新河五支以外,东西两岸各筑护堤,并临卫河筑大堤,以资捍御。"得旨允行。三月,直隶清河县匪徒马进忠等在临清州立号传教,琦善饬属掩捕,究出伙党五百七十馀名。上嘉其详慎妥速,复赏戴花翎,下部议叙。四月,奏恩县四女寺支河浅狭,请将沿河工段展宽加深,俾漳、卫二水畅达。又言:"曹州、济宁二府属地势低洼,虽有微山、独山等湖受水,而逐节淤垫，未能流通。勘明巨野、城武、定陶、鱼台、金乡、嘉祥、单、曹等县，并临清、济宁二卫，应挑各河，请动支司库地丁银，雇民挑挖。"均俞允。时河南高堰、山圩石工为暴风掣卸，修堤办赈，需用浩繁。琦善以山东界在邻省，请筹银八十万两备拨。上嘉其不分畛域，办理有方。五年正月，京察届期，上以琦善明干有为，任劳任怨。前办马进忠逆案，不动声色，诛捕净尽，尤为卓异。赏加总督衔，仍留署山东巡抚之任。二月，服阕，以总督衔实授巡抚。

五月，擢两江总督。先是，高堰漫口，清水泄枯。前任总督大学士孙玉庭筹办借黄济运，而运河受淤，漕船仍形浅阻。复请截留米石，存储淮、扬，量为平粜。上以孙玉庭种种贻误，命琦善悉心查议。至是，疏陈盘运之法，并黄运两河淤垫情形，请敕河臣周历履勘，豫筹堤防，催筑湖工，早为宽蓄，并严定厅汛疏防处分，如所议行。是月，兼署漕运总督。九月，以滇铜运船浅搁，奏请起剥盘坝，换船接运。嗣因漕船滞运，偕署漕运总督穆彰阿、江苏巡抚陶澍会奏，请将苏、松、常、镇、太四府一州应征道光五年分新漕暂行海运，并议起运兑收，及沿海水师会哨巡防各章程，均下部议行。又以运河淤浅，偕南河总督严烺、漕运总督陈中孚请将外北厅浦家庄、中河厅王家庄停淤段内，酌估挑浚，多作小坝，双金闸以上，筑拦河柴坝一道，中留金门，约宽三丈，俾资收束；邳、宿等处运河，向恃微山湖水接济，本年存水无多，且地势浅隘，亦请加浚宽深，并筹来岁新漕接运，先期备办各事宜：均如所请。

六年二月，覆奏言黄河八滩以下，两岸淤堤尽处，接筑长堤；

八滩以上,坐湾过甚,各处取直挑河,并将两岸堤工增高培厚,下部议行。七月,奏河工积习相沿,将珠玉玩好馈送上司,夤缘投效,以致工程草率,请申严例禁,上韪其言。九月,以江北各府州,夏秋水潦,收成歉薄,请拨米平粜,并招商给票免税,如所请行。七年三月,两淮盐政张青选疏请整顿鹾务,琦善遵旨会同查核,胪陈四事:一、先销旧引,以清界限;一、提完借款,以资转输;一、暂加盐斤,以示招徕;一、清厘岸店,以节浮费。从之。

初,黄流淤垫,回空粮船,阻隔河北。琦善等议启王家营旧减坝,将正河大加疏浚。至是,以挑工完竣,全黄挽归正河,减坝合龙稳固入奏,报闻。寻因减坝堵合后,黄水倒漾,水势日见抬高,复将御黄坝封闭,偕河道总督张井等奏办倒塘灌放之法,并自请从重治罪,命拔去花翎,戴罪自赎;所有倒塘灌放各费,着按成赔补。寻命大学士蒋攸铦、工部尚书穆彰阿往勘,奏言:“琦善泥于逢湾取直成法,以致黄水倒漾。”得旨,交部严议。议上,谕曰:“琦善等定启放王家营旧减坝之议,朕不惜帑金,悉照所议办理。乃始因湖水异涨,大启押坝,迨宣泄不畅,赶开减坝,以为迅启御坝畅泄湖涨之计,致下游田庐淹浸,居民荡析,已属办理不善,然果能一举奏效,尚当权利害之轻重,不复深责。及至本年堵闭减坝,而黄水仍未消落,运道依旧不通,并将下游挑工前功尽弃。该督等不知集思广益,竟听唐文睿一人谬论,致误事机,扪心自问,尚有何颜对数百万灾黎耶?本应照部议,即予褫革,姑念琦善平日办事尚属认真,前在山东巡抚任内颇知整顿,河务本系兼辖,着即开缺,降为二品顶带,来京另候简用。”

七月,授内阁学士,兼礼部侍郎衔。八月,署仓场侍郎。旋授山东巡抚,谕曰:"此系朕为爱惜人才起见,当益加奋勉,于东省吏治民风,实力实心,妥慎经理。"九月,兼署河东河道总督。八年正月,江西学政福申失察家人萧三恣横案发,琦善前在两江总督任内,疏称福申场规严肃,关防慎密,坐袒护同官,降一级留任。时盛京边界有直隶、山东流民占种官荒地亩,积至二三万户,俱由天津、登、莱、青各海口小船径渡。琦善遵旨议覆禁阻章程六条:一、商渔船只,申明定例晓谕;一、牌头保甲,饬就近稽察;一、出口商船,[二]责成汛员查验;一、审理词讼,州县随时盘诘;一、奉天等处种地民人,只身回籍,令呈明执照;一、奉天等处海口营县,饬一体稽察。又议覆御史常恒昌筹办直隶、山东、河南三省会缉章程,略言:"东省毗连直隶十五州县、河南四县,其菏泽一县,则南界河南,西界直隶,犬牙相错,州县政事繁冗,佐杂各有职守,均难驻一处专管巡防。计惟有扼要布置,慎守本界,遇匪即拿,拟令各州县选干役十名,拨营兵五名,择要驻缉。其附近之分防佐杂汛弁,遇有匪犯,立即协拿,总使本境之犯不能窜出,他境不能窜入。于各守本界中,仍寓不分畛域之意。"如所请行。十二月,以德州驻防满营生齿日繁,偕青州副都统国祥请援青州成案,由闲散壮丁内,挑选馀兵操练,每月给银一两,以资造就而赡生计,允之。

九年,擢四川总督。十年,兼署成都将军。十一年二月,调直隶总督。五月,以永定河下口水归故道,凤河汛现无要工,南八工下游为众水汇注之区,遇有险要,需员防守,请移凤河汛把总及额设河兵驻南八工下游,以重宣防;七月,请改丰润等处营田归地方官经理:均从之。寻疏陈筹办缉捕经费,略言:"直隶近年劫案,顺天南路最甚,东路及西北路次之,其广平、大名、天津、河间等府,与河南、山东接壤,多积匪巨窝,各营县捕役兵丁,往往得规包庇。推原其故,兵役仅额设工食,其雇觅眼线等用,无项可支。各州县类多冲途瘠区,势不能捐资津贴,遇有重大案件,又不能悬示重赏;使即获贼,复虑解勘需费,百端开脱,甚至讳盗为窃,捕务废弛。拟请司库节省马乾营马变价及广恩库支剩地租等款,借银十万两,交典生息,半还库款,半充缉捕经费。以获案多寡,酌定兵役赏罚,并州县勤惰,分示劝惩。"上嘉勉之。

八月,入觐,上念其宣力封疆有年,复赏戴花翎。先是,直隶民人尹老须习教传徒,东、豫两省民多煽惑。经河南巡抚访获逆帖,奏交直隶查办。琦善饬属拿获,仅凭一面之词,取供释放。寻由其党王法中另案根究得实,又不将承审各员查参,内阁学士陈嵩庆奏请将琦善及失察各员下部严议。御史裴元俊、徐培深亦以为言。得旨,革职留任,并降为三品顶带,拔去花翎。十三年,赏还头品顶带。十四年七月,以永定河南北各汛漫溢,下部议处。十月,请修理张家口第二圈营房西北石坝,并蒙古营西北添筑虎皮石坝一道,允之。十五年,孝穆成皇后、孝慎成皇后梓宫奉移龙泉峪,琦善以办差妥协,复赏戴花翎。十六年,上谒东陵,蓟州迤西道路修垫未平,褫宁津县知县杨士昕职,琦善下部察议。

六月,校阅营伍,以枪炮中靶分数不如弓箭之多,疏言:"直隶兵额,弓箭六成、鸟枪四成,与川、陕等省鸟枪六成、弓箭四成者不同。其各营兵丁,又不准支食马粮,与督标枪炮兵丁准拔补外委千把总者,亦属办理两歧。拟请量为变通,将各营马步箭兵,择弓强力硬者,酌留四成,其二成添习鸟枪,如中靶有准,更习马枪,至刀矛两项,令藤牌兵习练,马步箭兵愿兼习者听。外委额外及马粮缺出,准一体拔补。"从之。先是,河间协副将向遵化,经琦善奏保堪胜总兵。至是,向遵化在湖南镇筸镇总兵任内,以驾驭无方夺职,琦善坐滥举,降四级留任。

七月,命以直隶总督协办大学士。十七年正月,给事中陈功奏京城右安门及黄村各处,无业游民演放鸟枪,并直隶各属火器伤人之案,辄讳鸟枪为竹铳,规避处分。琦善遵旨偕兼管顺天府府尹何凌汉、府尹曾望颜议覆,略言:"搜查既恐纷扰,徒恃出示又难家谕户晓。欲使民鼓舞乐从,莫如官为收买。"并陈编号存留,严禁私造,随时稽察,及地方官劝惩章程四条,如所请行。时京察届期,上以琦善办事认真,营伍整饬,下部议叙。三月,丁母忧,百日孝满,仍署直隶总督。十八年二月,擢文渊阁大学士,仍留署任。九月,以申严鸦片烟禁,偕长芦盐政钟灵议稽查天津海口章程七条:一、闽、广出洋商船,由原籍厅、州、县给与票照,来津进口,向文武衙门呈验申报,以备稽察;一、商船往返外洋,所带军械,进口后呈交大沽营守备营暂存,俟返棹领回,以重海防;一、商船进口,节节稽察,以防偷漏;一、商船应令停泊空处,不准挨近民房铺户,以杜勾串;一、查验货物,逐加签探,以防夹带;一、海河两岸居民铺户,暨天津府城外行栈店铺,应立牌保,以严纠察;一、上海沙船、天津本处商船,应一体搜查,以杜接运。允之。十九年六月,服阕,复实授直隶总督。

时广东申严鸦片烟禁,各国洋商货船俱出具"并无夹带"切结,惟英吉利人抗延不遵,借词驶犯内洋,各省海口戒严。七月,琦善赴天津筹办防堵。八月，英船驶至天津海口，投递呈词，琦善为乞恩通商，并以听受晓谕，全行起椗回粤奏闻，得旨嘉悦之至，即命为钦差大臣，赴广东查办。九月，署两广总督。十一月，兼署粤海关监督。二十一年正月，英人犯虎门，连陷沙角、大角炮台。奏入，谕曰："英人到粤以来，日肆猖獗。叠经严谕，慎密周防，相机剿办，宜如何妥为布置。本日据奏英人占夺炮台，并有戕伤将弁、抢夺师船之事，可见该署督于堵御事宜，全未预行筹备，着交部严加议处。"寻以英人愿献炮台，并缴还浙江定海县城，奏恳准其所请。谕曰："英人两次在浙江、广东肆逆，攻占县城炮台，伤我镇将大员，荼毒生灵，惊扰郡邑。无论缴还定海、献出炮台之语，不可尽信，即使真能退地，亦只复我故土，其被害官弁，罹难民人，切齿同仇，神人共愤。琦善身膺重任，不能申明大义，拒绝妄求，且屡奉谕旨，不准收受夷书，此时胆敢附折呈递，代为恳求，是诚何心？着革去大学士，拔去花翎，仍交部严加议处。"

初，英人图在省城外香港寄居贸易，琦善奏称此地倪给与英人，势必屯兵聚粮，建台设炮，觊觎广东，流弊不可胜言。至是转申请。英人遂乘机窃据，张发伪示，胁民服从。巡抚怡良等以闻。谕曰："此事并非奉旨允行，何以该督即令英人公然占踞？览奏殊堪痛恨！朕君临天下，尺土一民，莫非国家所有。琦善擅与香港，擅准通商，胆敢乞朕恩施格外，且妄称地理无要可扼，军械无利可恃，兵力不固，民情不坚。危言要挟，不知是何肺腑？辜恩误国，丧尽天良！着即革职，锁拿来京，严行讯问。所有家产，即行查钞入官。"四月，解交刑部。

六月，闽浙总督颜伯焘奏称："节据探报，英军于四月间登岸，据四方炮台，炮子直指贡院，经广州府知府余保纯向英人面议息兵，英领始索洋银千万圆，继定六百万圆，又须将军、参赞撤退，方肯退出。已由藩、运、海关三库凑给。时适有三元里等乡数万人，围困英领义律等，功在须臾。余保纯出城弹压，民始渐解。英军复于议抚后，拆大角、沙角炮台砖石，移往香港，起造码头，视为故物。臣伏思上年八月，英人赴天津投递呈词，不过借缓定海之师。琦善被其头目二十馀人嬉笑怒骂，隐忍受辱。天津道陆建瀛请尽数拘留，令其缴还定海，琦善以为书生之见。冬间裕谦于前署两江总督任内，悬重赏以购义律，而伊里布在镇海，与之分庭抗礼。幸衢州守备周光碧声色俱厉，义律乃不敢肩舆而入。今年正月，琦善又与之会饮莲花城，视为固然。总之，广东以虎门为门户，自琦善弛备撤防，开门揖盗，虎门一失，大势已去。今又与之香港，且以数百万圆拱手奉之。是喂虎狼以肉，而欲止其搏噬也。"旋经王大臣等定谳，以斩监候议上。九月，恩予释放，发往浙江军营效力赎罪，寻改发军台。

二十二年，赏四等侍卫，充叶尔羌帮办大臣。二十三年三月，赏二品顶带，授热河都统。御史陈庆镛以刑赏失措陈奏，谕曰："琦善韬略未娴，年力正强，是以弃瑕录用，予以自新。今据该御史剀切指陈，请收成命。朕非饰非文过之君，用人行政，一秉至公，初无成见。岂肯因业有成命，自存回护耶？琦善着革职，即令闭门思过。"十月，赏二等侍卫，充驻藏办事大臣。二十四年，奏言："前藏向设夷情司员一员，遇有事件，由司员办理。近来生齿日繁，案件日增，请归驻藏大臣查核。"并酌改章程六条以闻。又以乍丫各汛喇嘛愿采办茶包，[三] 让价出售，江卡各汛有茶商往来，请听汛兵自向买取，毋庸官为经理。均下部如所议行。

二十六年，赏二品顶带，授四川总督。二十七年，以四川官多署任，疏言："文员调署纷繁，不惟易存五日京兆之心，即书吏亦呼应不灵。且属员不免于难治之区营求趋避，均已饬回本任。至各镇协营多系边要，其本缺辗转委署，于风气操防两无裨益，亦概行饬回原营。"上韪之。又查出营员留任当差，有分食空粮夥粮之弊，悉遣回任，并将空粮夥粮考补，允之。二十八年二月，御史戴絅孙奏四川啯噜匪徒为患，请饬州县团练，琦善遵旨议奏："团练害多益少，惟力行保甲，实为缉盗良法。"如所议行。六月，谕曰："琦善此次补授四川总督，加意振作，于吏治营伍缉捕各事宜，能实心整顿，不避嫌怨。着加恩赏还头品顶带，以示勉励。"十月，兼署成都将军。十一月，复命协办大学士，仍留总督任。二十九年闰四月，中瞻对野番出巢滋事，琦善饬汉、土官兵击走之，歼其渠。五月，移师进剿，野番震慑，献出所夺地土、人民，各土司仍各安住牧，其接壤之卓巴塞尔塔野番亦经开导投诚。奏入，上嘉其调度有方，迅速蒇功，下部优叙。九月，调陕甘总督。

三十年五月，兼署青海大臣。时西宁河北番、回频年肆劫，为甘、凉、肃等处巨害。琦善巡边境，派兵往捕，贼已闻风窜去。因督兵将海兰住牧之雍沙番、野番及黑城撒拉回匪痛加剿除。十一月，奏言："黄喀洼番族悔惧，该管喇嘛率属缚献贼犯一百数十名，均经分别审办。西宁东路河北一带番、回及循化八工撒拉,均已投诚。"上褒嘉之。咸丰元年,奏言:"黑城子地方旧有土城,东面悬崖壁立,西面大山环抱。惟南北两路有门,从深沟而上,势极险峻。非设兵控制,难保回众不复占住。请拨西宁镇标后营官兵分驻,将旧土城修筑完固,并建盖衙署兵房,及塘房马棚等项,以资控制。"下部议行。

方琦善之剿办番、回也,西宁办事大臣哈勒吉那疏言:"番众曾否为匪,从未据营员禀报。该管蒙古郡王等亦呈诉该番素无行抢情事。"廷臣又以琦善于番贼逃匿后,妄将熟番杀戮,并刑逼被获熟番供认勾结等情,具疏参劾。上命正白旗汉军都统萨迎阿驰赴西宁查办。至是,查明率意妄杀,刑求逼供,属实。奏入,谕曰:"琦善任情错谬,竟至于此! 实属大负委任。着即革职,由萨迎阿派员解京,交刑部按照折内所称情节严行查讯,定拟具奏。"二年四月,大学士等讯明,[四]议上,谕曰:"琦善办理雍沙番族并无抢劫确据,辄行调兵剿洗,已属谬妄,且并未先期奏明,尤属专权,着发往吉林效力赎罪。"八月,释回。十月,赏六品顶带。十一月,赏三品顶带,署河南巡抚。

时广西洪秀全等窜湖南岳州,河南戒严。上命琦善驰抵楚、豫交界,督饬严防,并饬直隶提督陈金绶统兵随往。寻赏二品顶带。十二月,以捐备军饷,下部优叙。旋赏都统衔,授为钦差大臣,专办军务。三年正月,贼自武昌放船东下,江、皖待援甚急。琦善尚未奏报何日前进,上切责,夺都统衔。琦善寻由湖北、江西沿途探进,秀全已由九江连陷安徽、江宁省城,复分扰镇江、瓜洲、仪征及扬州府城。三月,谕曰:"逆匪连樯东窜,叠次谕令琦善、陈金绶督兵前进,严防江北,并分兵兼顾仪征、瓜洲一带。如果迅速应援,犹可扼要堵御,何至贼匪窜入扬郡？琦善前已革去都统衔,此次若加重惩,〔五〕转得置身事外。着迅督大兵前往堵剿,如再迟误,自问当得何罪？"寻偕陈金绶剿贼于浦口,又移营雷塘渠,连战皆捷,毁其营五处。上嘉其初次接仗,即大挫贼锋,复都统衔,并赏白玉搬指、大小荷包等件。

时贼据扬城,闻大军至,添兵救应。琦善偕陈金绶移师,分营于宝山司徒庙,五战皆捷。得旨嘉奖,复赏戴花翎。旋乘雾进兵,毁贼哨楼二座,毙黄衣贼目及伪丞相林姓。四月,进攻城外贼营,毁其木城、土垒。寻以都统西凌阿带黑龙江马队剿贼浦口失利,琦善坐统率无方,下部议处。五月,贼分股窜河南归德一带,上以琦善督兵两月有馀,未能收复一城,致另股贼匪旁窜,〔六〕重烦征调,严旨切责之。七月,败贼于三汊河及瓜洲、仪征。八月,贼自浦口驶入,期与扬城贼合,我兵于夜中乘风击却之。十月,于扬城外增筑炮台,凭高下击,贼穷蹙,思突围出,悉被截杀。十一月,贼又分股出,瓜洲、仪征各贼亦出队接应,均击败之。十二月,剿匪于徐家集、运河西岸六浅等处,歼之。

寻以扬州乡勇被贼袭溃,城内贼全窜出,并入瓜洲。琦善以收复扬城奏闻,谕曰:"扬城贼匪久思窜逸,各路统兵大员,宜如何严密设防,乃因东面勇溃,致令瓜洲贼匪联为一气,实堪痛恨！琦善统领全军,不能及早克复扬州,以致贼援麇至,乡勇溃散,犹复以贼从东路窜出,借词诿罪。着革职,仍责令迅将仪征、瓜洲逆匪克日扫除,并将江路运河派兵分投堵截。"时仪征、瓜洲、三汊河均为贼踞。琦善饬将弁先攻仪征,复其城,疏入,得旨:"瓜洲之贼,尚未远飏。当乘此声势,将盘踞各匪悉数剿办,毋留馀孽。"四年四月，檄总兵叶长春等率艇船由焦山乘风上驶，环攻金山贼巢，进攻瓜洲，由黄天荡溯流直上，毁贼船只。琦善督兵由三汊河前进，亦有斩获。六月，疏陈水路各军连日进剿，毁贼粮船，及艇师续获胜仗，并仪征、六合助剿情形。

闰七月，卒于军。谕曰："钦差大臣琦善，嘉庆年间由部曹外升司道，荐历封疆。蒙皇考宣宗成皇帝畀以兼圻重任，晋赞纶扉。叠次获咎，旋即起用。朕御极后，因其在陕甘总督任内办理番务未能允协，加以严谴。旋因粤匪肆扰，特赏三品衔，署河南巡抚，并授为钦差大臣，赏都统衔，督兵赴江北一带进剿。该大臣自抵军营后，屡获胜仗，赏戴花翎。复因扬州窜出贼匪，未能严防截剿，革去都统衔。近日进攻瓜洲贼巢，复统领水师叠次获胜，一切调度，均合机宜。方冀其克复瓜洲，肃清江面。遽闻溘逝，悼惜殊深！琦善着追赠太子太保，协办大学士，并赏总督衔，照总督军营病故例赐恤，准其入城治丧。任内一切处分，悉予开复。应得恤典，该衙门察例具奏。伊子员外郎恭钊，笔帖式；恭镗，百日孝满后，均着该旗带领引见；并查明琦善尚有几子，先行具奏，用副朕笃念荩臣至意。"寻赐祭葬，予谥文勤。

子恭钊，甘肃镇迪道；恭钧，直隶试用知府；恭鑫，四川盐茶道；恭镗，奉天府府尹；恭锴，兵部员外郎；恭镅，江西道监察御史；恭鈇，试用同知；恭铨，候补县丞。孙瑞徵，赏主事衔，候选知县。

【校勘记】

〔一〕再于堤头东西两口盘作裹头　"裹"原作"裏"，形似而讹。今据琦善传稿(之二七)改。

〔二〕出口商船　"商船"原颠倒作"船商"。今据琦善传稿(之二七)
　　改正。

〔三〕愿采办茶包　原脱"包"字。今据琦善传稿(之二七)补。

〔四〕大学士等讯明　原脱"大学士等"四字。今据琦善传稿(之二
　　七)补。

〔五〕此次若加重惩　"次"原误作"时"。今据琦善传稿(之二七)改。

〔六〕致另股贼匪旁窜　原脱"另股"二字。今据琦善传稿(之二
　　七)补。

　　讷尔经额

　　讷尔经额,费莫氏,满洲正白旗人。嘉庆八年,翻译进士,以
主事用,补妃园寝礼部主事。十四年,调工部主事。十九年,迁
员外郎。二十四年,升制造库郎中。道光元年,授山东兖沂曹济
道。二年六月,升湖南按察使。九月,以前在道员任内防汛出
力,下部议叙。三年正月,丁父忧,百日孝满,署山东按察使。以
审鞫教匪马进忠逆案得实,赏戴花翎。九月,署布政使,五年四
月,服阕,实授。六月,署巡抚。六年,擢漕运总督。七年,奏陈
粮船夹带私盐,停泊逗遛,不服搜查,请先禁私囤,以清弊源,允
之。八年四月,以全漕渡河完竣,办理妥速,下部议叙。十二月,
以江、淮、徐、扬、海州等属,安庆、池、太、庐、凤、颍、泗等府州,均
有成灾之区,粮值骤昂,请缓买旗丁行月口粮等米,以恤丁力,均
从之。

　　九年,授山东巡抚。十年,奏查明山东四女寺支河为漳、卫

二水出路,河身淤垫,坝座亦俱蛰塌,应分别挖修;又请浚东平州境内十清、安流、龙拱各河道,均如所请行。十一年四月,疏陈:"东省醝务官引滞销,总由私枭充斥,沂州府属尤甚。今议变通章程,于莒州、日照、沂水、蒙阴、兰山、郯城等处召募殷商,并委熟谙之员,于各要隘稽察,用杜私漏。"五月,以济宁、曲阜二州县,并临清卫各屯庄被雹歉收,请分别缓征。均允之。十二年四月,江南江、淮等属水灾,民食拮据,请碾运仓谷,以恤邻省,下部议行。五月,英吉利船由江苏驶入山东洋面,讷尔经额疏言:"英船历经闽、浙、江苏,晓谕驱逐,尚敢乘风到东,居心诡诈。此时应先断其北驶之路,严禁沿海居民,毋许私相交易。一俟南风稍息,即令水师将备驱出东境。"又奏:"英船驶入内地,必先由闽、粤经过,请敕下两广、闽浙各督臣筹议,俾免再行阑入。"上韪之。

八月,擢湖广总督。十月,奏勘明湖北汉川等州县水淹歉收,请分别蠲缓钱漕,赈恤灾黎,允之。十二月,以湖北襄阳府老龙石堤为全郡保障,奏请筹款修理。十三年正月,奏修潜江县护城堤工。均报闻。三月,奏言湖北宝武局每年鼓铸钱文,采办滇铜,有需时日,请改买商铜,以济滇运不及,如所请行。五月,遵旨核议:"湖南瑶地善后章程:一、准赎顶当山场田土,以复瑶业;一、遍查瑶境流寓民人,以杜扰害;一、严禁巧占树木,以保山利;一、劝种木棉,以便服用;一、严束匪瑶,使知儆畏;一、劝设义仓义塾,以备接济而资教化。"上纳之。十四年二月,以湖北省武昌、汉阳被水歉收,米价增昂,请借地丁银,派员分往湖南、四川采办米石,减价平粜,如所请行。四月,御史朱逵吉奏湖北连年被水,请疏通支河,以资宣泄,上命讷尔经额查勘兴修。六月,覆奏湖北沔阳、[一]天门境内有蹄支河一道，又通顺支河一道，在汉阳县所辖之沌口地方，[二]系达江隘口，应俟秋后水涸，确估兴挑，允之。

先是，贵州兴义等府苗疆，多有湖广流民潜往租种山田，上以愚民惟利是图，日久必滋争夺，命讷尔经额偕巡抚吴荣光会议章程。至是，遵议四条：一、严查流民来路，以清其源；一、严禁流民去路，以遏其流；一、严禁流民潜入租种；一、严禁湖面土棍、渔户勾引滋事。奏入，谕曰："要在行之以实。若一奏了事，何益之有？"十五年四月，奏查明湖南清泉县书吏包完钱漕，即行惩办。谕曰："嗣后征收钱漕，均由百姓循照旧章，自行完纳，不准稍有加增。该督等务当认真确查，不可日久视为具文。"十一月，以所保广东南韶连镇总兵萨灵阿升任后，营务废弛，高州镇兵万荣父子同营，有心朦蔽，镌三级留任。

十六年正月，复以湖南学政龚维琳信用门丁索加棚规等款，未能查明具奏，镌二级留任。二月，奏定雇募粮船水手章程，应责成旗丁将本籍安分之人，开明姓名、年貌、籍贯，由运弁粮道验充。再仿照保甲之法，将十船编为一甲，连环互结，各给腰牌，以便随时稽察。至出境之后，责成帮弁总运约束巡查，并令旗丁按日查点人数，或某人上岸，必知去向，或某人溷入，必究来历，有无事故，申报卫弁总运。倘有滋事，由弁员禀明粮道，送地方官惩办。下部议行。时新宁县逆匪蓝正樽聚众滋事，经官军先后擒拿多犯，而首逆未获。八月，讷尔经额自请严议，命革职留任。十七年，京察届期，谕曰："湖广总督讷尔经额，两省文武是其统辖，乃么么小丑，日久不获。既失察于前，复玩泄于后，实属无能。着降补湖南巡抚。"时广西会匪滋事,讷尔经额以湖南永州、桂阳等处与广西接壤,为匪徒出没之区,奏酌定团练章程,得旨允行。方武冈逆匪之滋事也,首犯蓝正樽在逃,有讹传被乡勇殴毙者,讷尔经额率据入奏。上以所奏不实,交湖广总督林则徐核审。奏入,上以种种疑窦,欲盖弥彰,褫讷尔经额职。旋赏二等侍卫,充驻藏帮办大臣。十八年,赏头等侍卫,充西宁办事大臣。二十年二月,擢热河都统。六月,授陕甘总督。八月,署直隶总督,旋实授。

二十一年正月,奏英吉利船在山海关、秦皇岛海洋游驶,命讷尔经额驻扎天津,加意侦察,又以山海关至天津一带海口防堵,均关紧要。各处海口,更恐英人出我不意,登岸滋扰,命密为布置,毋稍疏虞。二月,上谒西陵,命讷尔经额随扈。旋疏陈防海情形,略言:"英人所恃,惟船与炮。其船不畏风浪而畏礁浅。濒海各城外有浅滩十数里,便不能驶近。"得旨,着沿海各省督抚酌量妥办。三月,以海防需费浩繁,请拨河南、山西等省银五十万两,下部议行。时英船复驶至福建厦门。七月,命讷尔经额驰赴天津,严加堵御。九月,奏筹办防堵事宜,请用掘窨设伏之策,诏如所请。十一月,奏南路海口防兵,现归并祁口、狼坨子、齐家庄三处,又天津城内议添新兵一千名。得旨:"英兵登陆,断不能奔驰百馀里,直犯府城,是该处不必多设兵弁。不若就河面宽窄形势,择要设伏,或诱之深入,或扼其归路,使之首尾不能相顾,必致溃散。"

二十二年正月,增设山海关新兵一千名,请将驻防闲散挑补二成入伍,从之。九月,以防堵认真,赏太子太保衔。十一月,请于大沽海口设立海防同知,天津河捕通判移驻芦台,作为抚民同知,[三]下部议行。二十三年正月,京察届期,上以讷尔经额办理一切,诸臻妥善,下部议叙。七月,遵议疏陈屯田之法,直隶碍难举行。至水利之说,历经试垦水田,屡兴屡废,由南北异宜,民多未便,上是之。寻以永定河漫溢,降一级留任。二十四年五月,直省南运河关系漕运民田,请筹款捐修,允之。六月,奏请变通东陵后山巡防章程,添设拨汛,编查保甲,禁武弁之滥刑,申巡查之旧制,下所司议行。二十五年,以马兰镇兵丁梁永顺戕害本管职官,未能据实奏办,下部议处。二十六年正月,京察届期,下部议叙。二十七年,以直隶河间一带盐枭肆扰,命严行查访,寻获匪多名。二十八年正月,议奏:“江苏苏、松、太二府一州漕白粮米,改由海运,酌定章程五条:一、官剥船只不敷,添雇民船;一、将米石卸存,无庸起岸露囤;一、剥船应加修坚固,以昭慎重;一、官民剥船在津守候,应给口粮,以免苦累;一、天津交兑后,责成经纪一手经理。”下部议行。六月,兼署长芦盐政。三十年二月,以直隶粮价增昂,请暂行停止采买,从之。九月,宣宗成皇帝梓宫奉移山陵,讷尔经额以办理妥协,赏加一级。

咸丰元年,奏勘明天津府静海县属西乡泊水以引河为去路,请照嘉庆年间旧章,导水入子牙正河,上韪之。又以御史文光奏长芦悬岸盐额,请照河南、山东改归官办,遵旨偕山东巡抚李僡、盐政崇纶覆奏:“直隶悬岸无人肯认者,皆由私充引滞所致。若使枭贩敛迹,官引畅销,从前之民贩,未始不可经久;即日后之认商,亦可不招自至。”下部议行。二年正月,命以直隶总督协办大学士。二月,赐紫禁城骑马。三月,慕陵奉安礼成,加一级。五月,捐备军需银一万两,下部议叙。九月,擢文渊阁大学士,仍留直隶总督任。三年二月,请于河南交界地方举行保甲、联庄、团练、积谷、修城等事,疏入,谕以认真办理。四月,遵旨查看热河矿洞情形,〔四〕请先行试采,如所请行。

五月,粤匪陷河南归德府,宁陵、睢州、兰仪相继失守。上以直隶大名与河南接壤,命讷尔经额扼要截剿,堵其北窜之路;前扑汴梁贼匪,复由郑州氾水一带窜扰。讷尔经额饬署河北镇总兵花里雅逊布,带兵由长垣前赴延津渡口扼防,署正定镇总兵双禄由磁州前赴安阳以南黄河北岸堵剿。时贼渠李开芳由氾水渡河,陷温县,遂扑怀庆。讷尔经额檄大名镇总兵董占元、署参将乌尔棍额带兵截剿,并请调盛京步队、吉林马队驻临洺关。是月,命为钦差大臣,河南、河北各路官兵统归节制。寻攻剿怀庆,毙贼千馀,擒伪丞相吉文元。七月,用地雷轰毁其栅,贼惊窜,怀庆解围。上以讷尔经额调度有方,赏戴双眼花翎,并赏穿黄马褂。

时贼由怀庆窜山西垣曲、曲沃等县,讷尔经额饬官兵绕山路进剿。谕曰:"贼窜晋省,直、晋均不得辞其责。讷尔经额统领诸军,怀庆解围,是汝之功;逆匪西窜,是汝之咎。"贼寻由潞城窜入直隶临洺关,讷尔经额退至广平府,严旨切责。寻革职,命偕新任直隶总督桂良办理防剿事务。旋贼窜扰畿疆,讷尔经额仍株守广平。上以其统辖全省,贻误事机,降旨逮问,寻议斩监候。四年,谕曰:"讷尔经额辜恩昧良,一败不振,以致粤匪蔓延畿省。即立正刑诛,固属罪有应得。姑念其平日尚属勤能,着暂免勾决。"五年,遣戍军台。六年,释回,交桂良差委。旋赏六品顶带。

七年二月,命赴慕陵常川住班。闰五月,命以四品京堂候补。九年,〔五〕卒。

　　子蕴秀,内阁学士,兼礼部侍郎衔;衍秀,国子监祭酒。

【校勘记】

〔一〕覆奏湖北沔阳　原脱"覆"字。今据讷尔经额传稿(之二七)补。

〔二〕在汉阳县所辖之沌口地方　"沌"原误作"纯"。今据讷尔经额传稿(之二七)改。

〔三〕作为抚民同知　"同知"原误作"通判"。今据讷尔经额传稿(之二七)改。

〔四〕遵旨查看热河矿洞情形　"洞"原误作"铜"。今据讷尔经额传稿(之二七)改。

〔五〕九年　"年"原误作"月"。今据讷尔经额传稿(之二七)改。

　　穆彰阿

　　穆彰阿,郭佳氏,满洲镶蓝旗人。嘉庆十年进士,改翰林院庶吉士。十三年,散馆,授检讨。十四年三月,升右春坊右赞善。五月,迁翰林院侍讲。十五年五月,充日讲起居注官。六月,充浙江乡试副考官。十六年,转侍读。十七年,大考二等,升詹事府少詹事,十八年二月,升詹事。十二月,迁通政使司通政使。十九年五月,升内阁学士,兼礼部侍郎衔。六月,以直隶通州一带河淤滞漕,命偕光禄寺少卿吴邦庆前往督率通永道等,克期挑浚。八月,兼镶红旗蒙古副都统。九月,稽查中书科事务。十月,升礼部右侍郎,调镶红旗满洲副都统。十一月,署工部右侍郎,兼管钱法堂事务。命偕工部右侍郎<u>鲍桂星</u>前赴<u>通州</u>查验<u>西仓</u>米石。十二月,署刑部左侍郎。二十年四月,署理藩院右侍郎。十月,署刑部右侍郎,命协纂续编<u>石渠宝笈</u>。十二月,刑部一日进立决本二十二件,堂司各官俱坐因循积压,下部严议,<u>穆彰阿</u>降三品京堂候补。

二十一年二月,补光禄寺卿。五月,升内阁学士,兼礼部侍郎衔。十月,充<u>玉牒馆</u>副总裁。十一月,兼正红旗<u>蒙古</u>副都统。二十二年三月,升兵部右侍郎。七月,署正黄旗<u>蒙古</u>副都统,兼署正黄旗护军统领。八月,调正白旗<u>满洲</u>副都统。十一月,以<u>玉牒馆</u>呈进汉字本贝勒绵志之女姓氏错误,下部议处。二十三年三月,命偕兵部尚书<u>和瑛</u>赴<u>直隶</u><u>保定</u>审明僧人<u>证法</u>妒奸谋杀之案,谳定,治如律。[一]五月,调刑部右侍郎,充<u>武英殿</u>总裁。七月,历署吏部左、右侍郎,镶红旗<u>满洲</u>副都统,正白旗护军统领,右翼总兵。九月,调兵部右侍郎。十月,调工部左侍郎,兼右翼总兵。二十四年正月,命祭告<u>长白山</u>等处。四月,署翰林院掌院学士。五月,管理光禄寺事务。十月,以<u>文颖馆</u>不戒于火,迅即扑灭,下部议叙。十一月,署刑部右侍郎。十二月,署镶黄旗<u>满洲</u>副都统,以满洲正白旗进呈世职名单书写错误,下部议处。寻调正红旗<u>蒙古</u>副都统。二十五年三月,调左翼总兵、正蓝旗<u>满洲</u>副都统。<u>仁宗睿皇帝</u>升遐,由热河奉移梓宫还京,<u>穆彰阿</u>以恭办沿途桥道,加一级。十二月,命恭办<u>昌陵</u>工程。

道光元年三月,充总管内务府大臣,赏戴花翎,并以<u>昌陵</u>奉安礼成,加三级。七月,调户部右侍郎,兼管钱法堂事务,署右翼前锋统领,稽查三库。二年正月,管理会同四译馆事务。三月,以前在工部侍郎任内失察办工司员<u>法克精额</u>等朋比得赃,销算朦混,部议降三级留任。又以户部会议仓场办理以放代盘,措置失宜,降二级留任。俱于次年元旦恩予分别减免。六月,充<u>江南</u>乡试正考官。三年三月,充会试副考官。四月,转左侍郎。六月,<u>蒙古</u>已革塔布囊<u>布里纳什</u>占地加租案发,命偕都察院左都御史<u>松筠</u>赴<u>热河</u>查办,鞫实,治如例;并以热河都统<u>庆保</u>办理过当,有乖体制,请下部议处,允之。七月,管理上驷院事务。九月,升都察院左都御史。四年二月,升理藩院尚书,仍署左都御史,并署镶红旗汉军都统。闰七月,命恭办<u>宝华峪</u>万年吉地工程。十二月,兼镶红旗<u>蒙古</u>都统。

　　五年六月,以<u>江</u>、<u>广</u>漕船滞运,久逾到<u>通</u>期限,命署漕运总督,驰赴水次督押尾帮前进。寻漕船全数挽出<u>江</u>境,下部议叙。十月,以本年淮河盘坝剥运等用费,俱系旗丁自行措办,奏请筹款津贴,允之。旋召回<u>京</u>。十一月,丁父忧,赏银三百两。十二月,赐紫禁城骑马。六年二月,署工部尚书。时新漕试行海运,命赴<u>天津</u>监收米石,事竣,上以其迅速蒇事,加二级。[二]七月,复署漕运总督,押回空粮船南下。九月,召回<u>京</u>。十二月,升工部尚书。七年正月,兼步军统领。三月,以<u>南河</u>办工谬误,命偕大学士<u>蒋攸铦</u>赴<u>江南</u>查看<u>关</u>、<u>孟</u>两滩新河、旧河情形,并履勘高堰一带。寻奏请将<u>两江</u>总督<u>琦善</u>、<u>南河</u>总督<u>张井</u>等分别严加议处,仍责成<u>琦善</u>等虚衷商榷,竭力补救,随时奏明妥办,允之。旋回<u>京</u>。五月,命在军机大臣上学习行走,罢步军统领。七月,调镶白旗汉军都统,充<u>崇文门</u>监督。

　　九月,疏陈:"海运章程八条:一、现行海运各州县津贴既从减省,其征收民间漕粮,不得借口加折浮征;一、米数既多,雇用民船剥运,由江省按照市价计日给费,毋任胥役刁难克扣;一、雇募沙船水手人等,由江省查明,或于运脚内拨出若干,或于到津收买馀米内每石划出若干,作为水手赏项,或谕该商等加给身工,务令一律踊跃;一、兑米时按船全数给与耗米,到津收米时,除有事故以耗米抵补外,若无故短少,即严追惩办;一、纤夫由江省按每石津贴纤费若干,给沙船自行雇募,若土棍把持,即访拿严惩,船多时剥运不及,应分剥载往北仓暂卸,陆续起运;一、民船既可少雇,囤费自不多糜,沙船起卸时,由经纪眼同斛交剥船,即责令经纪等承运承交;一、剥船运脚,由直督饬属核给,如有搀和、盗卖、短少等弊,官剥民剥,一体治罪,仍按数赔补;一、沙船起米完竣,必挖土压载,方能出口,由直督饬属豫拨官地挖取,毋任土棍掯阻。"上韪其言,下所司议行。

是月,以宝华峪工竣,孝穆成皇后奉安礼成,下部优叙。十二月,署步军统领。八年正月,以逆回张格尔就擒,奏捷,赏太子少保衔,充军机大臣,并下部照军功议叙。罢总管内务府大臣。四月,命在南书房行走。八月,恭送玉牒尊藏盛京,并以明年东巡谒祖陵,命查阅各处行宫桥道。九月,以宝华峪地宫浸水,由地平工程办理不善,穆彰阿前接办时不能指出,部议革职。上念其在工仅一年,改为革职留任,仍分赔工程银两。九年三月,充翰林院掌院学士,寻兼经筵日讲起居注官,并署步军统领。八月,随驾诣盛京谒祖陵,礼成,加二级。十年三月,署镶黄旗汉军都统。四月,署总管内务府大臣。五月至十一月,两署步军统领。七月,署兵部尚书。十月,户部假照案发,以前在侍郎任内失察,降四级留任。嗣于次年上五旬万寿,并前革留处分,恩予开复。

十一年四月,命恭办万年吉地工程,并谕万年吉地名为龙泉峪,〔三〕所有建立规模,因地制宜,俱从简约。六月,管理户部三库事务。七月,署正白旗满洲都统。以江南河湖漫溢,命偕工部尚书朱士彦等前往查办,甫抵清江浦,即遵旨回京。八月,调兵部尚书、镶白旗满洲都统。十二月,仍调工部尚书。十二年三月,充会试副考官。九月,以江南桃源厅奸民陈端等偷挖官堤,龙窝汛十三堡河溢,命赴南河偕两江总督陶澍查办。嗣首犯未获,先将厅汛员弁及从犯鞫讯,奏请治罪。十月,御史瞿溶奏劾湖北巡抚杨怿曾等十款,命穆彰阿赴湖北查办;其南河谳案及查勘工程,交尚书朱士彦及户部左侍郎敬徵等办理。〔四〕十一月,授内大臣。先是瞿溶接据假名湖北已革知县左章晒列款致书,率行奏劾,适穆彰阿以提讯左章晒坚不承认入奏,谕传瞿溶询悉前由。至是,偕湖广总督讷尔经额遵旨严讯,并将瞿溶交出原书款单,与左章晒所书履历供词,核对字迹不符,遂以左章晒实未列款讦诉奏覆。上命讷尔经额将匿名揭帖之人密缉严办。又以翰林院侍讲学士蒋立镛奏参湖北孝感、黄陂等县劫案叠出,并江、汉岁修堤工迁延各款,谕交穆彰阿查办。

十三年正月,偕讷尔经额查覆,略言:“荆州堤工已于上年腊月水涸兴修工竣,孝感、黄陂等县自去秋捻匪窜扰,业经营县搜获多名,提省讯办奏结。现在尚无讳盗不报被控案据,奏入即回京。道经河南复遵旨查明各州县并无以丰报歉、挪补亏款情事,俱报闻。三月,以失察银库郎中奎秀等得赃舞弊,下部议处。五月,调户部尚书。十四年七月,充阅兵大臣。八月,充顺天乡试正考官。十一月,调吏部尚书。寻命以吏部尚书协办大学士,兼署工部尚书。自嘉庆二十三年至是年,四充经筵讲官。十五年正月,充文渊阁领阁事。二月,署步军统领。三月,充会试正考官。九月,以恭办龙泉峪工竣,赏用紫缰,并太子太保衔。十二月,以孝穆成皇后、孝慎成皇后奉安礼成,加一级。十六年正月,充上书房总师傅,罢南书房行走。〔五〕二月,经筵误班,下部议处。六月,署步军统领。七月,充国史馆总裁,充武英殿大学士,管理工部事务,兼署吏部尚书,稽察钦奉上谕事件处。九月,以圆明园不戒于火,迅即扑熄,加一级。十月,仍命在南书房行走。十一月,署正黄旗领侍卫内大臣,调镶黄旗满洲都统。

十七年三月,署直隶总督。七月,充玉牒馆督催总裁、崇文门监督。十八年三月,充会试正考官。五月,晋文华殿大学士。八月,丁母忧,赏银五百两。十一月,管理三库事务。十九年四月,署镶白旗满洲都统。五月,偕宗人府宗令肃亲王敬敏等议奏鸦片烟吸食、兴贩,并官员失察、胥役贿纵、商船窝藏、关津偷漏、棍徒冒充官人、奸民栽赃诬陷各罪名,共三十九条,如所议行。六月,四川总督宝兴以川省赋轻,近年夷匪不靖,军需浩繁,援案奏请按粮捐贴。穆彰阿偕军机大臣大学士潘世恩等遵旨议覆,略言:"军需借资民力,不可率以为常。与其按亩加课,为补救之方,曷若借帑生息,为经久之计。请于各省秋拨应报项下,借拨一百万两,以三十馀万两为防兵经费,其六十馀万两,或发商生息,或置田收租,所获息银,以四万两为常年经费,其三万馀两按年提存司库,归还原借款项,允之。二十年正月,管理理藩院事务。七月,署正黄旗满洲都统。二十一年,六十生辰,御书"寿寓延祺"额,"表率群僚资弼亮,赞襄同德界康强"联句,"福"、"寿"、"禄"、"喜"、"龙"字,及珍绮等件赐之。

时英吉利船滋扰浙江,各海口戒严。二十二年正月,命赴天津偕直隶总督讷尔经额筹办防堵事宜。十一月、英人就抚,讷尔经额奏筹天津善后章程,御外八条,清内七条,经费一条,偕军机大臣大学士潘世恩等遵旨议奏,应如所请,允之。是年九月,署户部尚书。二十三年正月,户部颜料库冒领案发,坐失察,降三级留任。四月,户部银库亏空案发,穆彰阿以前充管库查库大臣,褫职留任。次年,以罚赔银两全缴,恩予开复。先是,英人叠次犯顺,钦差大臣耆英由广州将军调任两江总督,先后办理防剿,均奏请议抚。至是,耆英仍以钦差大臣驰往广东筹办通商章程,寻奏称粤海关原定税则,议增税银之货五十六种,议减六十四种,并原例未载新增十三种,其福州、厦门、宁波、上海亦按新定税则一体开关。七月,穆彰阿议从其请。闰七月,耆英疏陈整顿税务九条,穆彰阿复奏请敕各省遵办,均从之。

初,福建台湾镇总兵达洪阿、台湾道姚莹以英人叠次窥伺台湾,饬员弁计诱,沉其舟,奋力斩馘,奏膺优叙。[六] 至是,英人就抚,诉称前数次在台洋遭风遇害,达洪阿等系朦奏邀功,命闽浙总督怡良渡台查办,亦如英人所诉入奏。上褫达洪阿、姚莹职,命穆彰阿等会同审讯。八月,穆彰阿等讯拟奏上,上以达洪阿等在台有年,尚有微劳足录,业经革职,着毋庸议。

先是,耆英奏陈意大里亚通商章程四条,穆彰阿疏称意大里亚僦居澳门,输纳地租,[七] 遇有修造,请领牌照,立法具有深意,未可听其任便修造。所称澳门上税，[八]不必定以担数，是否指贩货之多寡，抑论收税之轻重，令耆英查明声覆。二十四年正月，耆英奏："各国领事皆文移往来，独意大里亚仍照旧章，事转窒碍。各国兴造，议定三巴门围墙为界，不妨宽其禁令。若仍领牌照，彼将有词侵轶，恐不成事体。至限定担数，杜弊适以滋弊，不如宽其限制，就贩货之多寡，验明抽税，犹可冀日有起色。"穆彰阿奏从其议。

二月，署步军统领、正白旗满洲都统。是月，上谒东陵，命留京办事。四月，翰林院编修李汝峤考试试差，以怀挟夺职治罪，穆彰阿曾疏荐李汝峤入直上书房，坐保举不慎，镌级留任。二十五年三月，充会试正考官。八月，充崇文门监督。二十六年三月，扈驾诣南苑行围，赏穿黄马褂。九月，署步军统领。十月，充玉牒馆督催总裁。二十八年二月，上谒西陵，命留京办事。三月，恭修玉牒告成，赏缎匹。二十九年二月，以奏保翰林院编修童福承入直上书房，经给事中陈坛以童福承品行不端劾奏。上以穆彰阿于师傅重选，粗率不慎，罢上书房总师傅，并降四级留任。十一月，复充上书房总师傅。自道光十一年至是年，七届京察，穆彰阿均下部议叙。三十年正月，文宗显皇帝御极。二月，充实录馆监修总裁。自嘉庆十九年十月至是年四月，历充会试覆试阅卷大臣、教习庶吉士各七次，朝考阅卷大臣、考试试差阅卷大臣各六次，庶吉士散馆阅卷大臣五次，殿试读卷官、武殿试读卷官、大考翰詹阅卷大臣、拔贡朝考阅卷大臣各一次。

九月，宣宗成皇帝梓宫奉移慕陵礼成，穆彰阿以管理工部事务，加二级。十月，朱笔罪穆彰阿、耆英曰："任贤去邪，诚人君之首务也。去邪不断,则任贤不专。方今天下因循废堕,可谓极矣! 吏治日坏,人心日浇,是朕之过。然献替可否,匡朕不逮,则二三大臣之职也。穆彰阿身任大学士,受累朝知遇之恩,不思其难其慎,同德同心,乃保位贪荣,妨贤病国。小忠小信,阴柔以售其奸;伪学伪才,揣摩以逢主意。从前夷务之兴,穆彰阿倾排异己,深堪痛恨。如达洪阿、姚莹之尽忠尽力,有碍于己,必欲陷之;耆英之无耻丧良,同恶相济,尽力全之。似此固宠窃权者,不可枚举。我皇考大公至正,惟知以诚心待人。穆彰阿得以肆行无忌,若使圣明早烛其奸,则必立置重典,断不姑容。穆彰阿恃恩益纵,始终不悛。自本年正月,朕亲政之初,遇事模棱,缄口不言。迨数月后,则渐施其伎俩。如英船至天津,伊犹欲引耆英为腹心以遂其谋,欲使天下群黎复遭荼毒。其心阴险,实不可问。潘世恩等保林则徐,伊屡言'林则徐柔弱病躯,不堪录用'。及朕派林则徐驰往粤西剿办土匪,穆彰阿又屡言'林则徐未知能去否'。伪言荧惑,使朕不知外事,其罪实在于此。至若耆英之自外生成,畏葸无能,殊堪诧异。伊前在广东时,惟抑民以奉外,罔顾国家,如进城之说,非明验乎? 上乖天道,下逆人情,几至变生不测。赖我皇考洞悉其伪,速令来京,然不即予罢斥,亦必有待也。今年耆英于召对时,数言及英人如何可畏,如何必应事周旋,欺朕不知其奸,欲常保禄位。是其丧尽天良,愈辩愈彰,直同狂吠,尤不足惜。穆彰阿暗而难知,耆英显而易见。然贻害国家,厥罪惟均。若不立申国法,何以肃纲纪而正人心? 又何以使朕不负皇考付托之重欤? 第念穆彰阿系三朝旧臣,若一旦置之重法,朕心实有不忍,着从宽革职,永不叙用。至伊二人行私罔上,乃天下所共见者,朕不为已甚,姑不深问。办理此事,朕熟思审处,计之久矣。实不得已之苦衷,尔诸臣其共谅之!嗣后京外大小文武各官,务当激发天良,公忠体国,俾平素因循取巧之积习,一旦悚然改悔,毋畏难,毋苟安。凡有益于国计民生诸大端者,直陈勿隐,毋得仍顾师生之谊、援引之恩。守正不阿,靖恭尔位,朕实有厚望焉!布告中外,咸知朕意。"咸丰三年,捐备军饷,赏五品顶带。六年,故。

子萨麟,刑部员外郎;萨徵,礼部员外郎;萨廉、萨善,候补笔帖式。

【校勘记】

〔一〕治如律　原脱"治"字。今据穆彰阿传稿(之三八)补。

〔二〕加二级　"二"原误作"三"。今据穆彰阿传稿(之三八)改。

〔三〕并谕万年吉地名为龙泉峪　"名"原误作"命"。今据穆彰阿传稿(之三八)改。

〔四〕交尚书朱士彦及户部左侍郎敬徵等办理　原脱"尚书"二字。今据穆彰阿传稿(之三八)补。

〔五〕罢南书房行走　"南"原误作"尚"。今据穆彰阿传稿(之三八)改。下文有"仍命在南书房行走",可证。

〔六〕奏膺优叙　"膺"原误作"获"。今据穆彰阿传稿(之三八)改。

〔七〕穆彰阿疏称意大里亚僦居澳门输纳地租　原脱"穆彰阿疏称"五字,又"纳"误作"税"。今据穆彰阿传稿(之三八)补改。

〔八〕所称澳门上税　"上"原误作"土"。今据穆彰阿传稿(之三八)改。

宗室耆英

宗室耆英,正蓝旗人。父禄康,东阁大学士。耆英由荫生于嘉庆十一年授宗人府额外主事。十三年,补经历。十八年四月,升副理事官。十月,升理事官。二十年,充山海关监督。二十四年六月,升内阁侍读学士。十二月,迁太仆寺少卿。二十五年五月,擢内阁学士,兼礼部侍郎衔。六月,兼镶白旗蒙古副都统。七月,署镶蓝旗护军统领。八月,署镶白旗护军统领。十月,管理圆明园事务。道光元年,署镶红旗护军统领。二年二月,署右翼前锋统领。五月,署镶蓝旗满洲副都统。十二月,升理藩院右侍郎。三年二月,充左翼监督。四月,署镶黄旗汉军副都统,调兵部右侍郎。七月,署镶白旗护军统领,兼正红旗满洲副都统。九月,署正红旗护军统领。

时议垦双城堡中、左、右三屯地亩,四年正月,命耆英护送京旗闲散户口,前往移驻。四月,奏查双城堡情形,有奉天旗下羁留者二百馀户,请令此项闲丁帮种地亩,以省雇觅人夫之费,从之。七月,兼正黄旗护军统领,转左侍郎,充国史馆清文总校。五年二月,署左翼前锋统领。三月,授总管内务府大臣。四月,调工部右侍郎,兼管钱法堂事务。九月,充翻译乡试副考官。六年八月,充崇文门副监督。九月,调户部右侍郎,兼管钱法堂事务,署左翼前锋统领。十二月,宛平县民人陆有章等呈请于宛平等五州县开采银矿,旨不准行。耆英以户部堂官不加体察,随同画诺具奏,降二级留任。寻授左翼总兵。七年三月,署步军统领,五月,实授。九月,署右翼前锋统领。十一月,军政届期,上以耆英办事勤奋,开复侍郎任内降留处分。

八年八月,署镶黄旗满洲副都统,寻升镶黄旗汉军都统。九月。署镶白旗汉军都统。十月,赐紫禁城骑马。九年三月,上阅巡捕五营官兵操演认真,以耆英平日督率有方,下部议叙。五月,以稽察什家户口、兵民及庵观、寺院、铺户人等,向归一册造报,难以稽察,奏请嗣后各立专册,将旗、民籍贯详载,随时查明迁移住处;至住持僧道以房租为生,并将客民籍贯备载,取具住持甘给,以便稽核。六月,请严禁军流及递籍人犯脱逃来京,以杜奸宄。七月,以八旗、五营地方窃案较多,请明立劝惩,如一季内未获在十案以上者,将该管官议处,并无报窃之案者,将该营员议叙,均如所请行。九月,充武会试正考官,擢礼部尚书,兼管太常寺、鸿胪寺事务。十一月,授宗室总族长。十二月,管理太医院事务。十年二月,署镶红旗满洲都统。九月,署镶蓝旗汉军都统。十月,户部捐纳房假照案发,耆英坐侍郎任内失察,降为二品顶带留任。十一年正月,充经筵讲官。八月,上五旬万寿,赏还顶带,开复降留处分。九月,署理藩院尚书。

十二年二月,署户部尚书。四月,署镶白旗满洲都统。五月,畿辅旱,奏请察吏省刑,以召祥和,上纳之。七月,充崇文门监督。十一月,授内大臣。十三年,复充经筵讲官。十四年正月,京察届期,上以耆英管理步军统领事务,诸事认真,下部议叙。寻调镶蓝旗满洲都统。七月,调工部尚书。十一月,调户部尚书。十五年闰六月,总理工程处事务。九月,上亲阅龙泉峪万年吉地,形势规模,整齐坚固,耆英以前派相度地形,赏太子少保衔,下部优叙。十六年六月,广东在籍已革郎中卢应翔干预讼事,渎控不休,命偕署吏部尚书朱士彦驰讯;又以廷臣劾奏江西贪劣各员,命耆英等于赴粤之先,会同江西巡抚陈銮查办。七月,调吏部尚书。九月,偕朱士彦奏查清江县知县孙慧焯挟势借贷,已革南城县知县黄宗宪于漏税罚项,并不详报,辄因修城挪用,且办理各案种种错谬,均按律定拟。十七年二月,偕广州将军苏勒芳阿奏讯明卢应翔挟嫌唆讼属实,治如律。先是太监张道忠因赌被获,耆英徇总管太监张尔汉嘱托,遽行释放。至是,经刑部讯出,上以耆英瞻徇卑鄙,革去尚书、都统、步军统领、内大臣,以侍郎降补。十二月,补兵部右侍郎,旋升热河都统。

十八年闰四月,授盛京将军。时各海疆严禁销售鸦片,直隶总督琦善奏闽广洋船回空,俱往奉天沿海地方贩豆南旋。本年天津所到洋船,因查拿鸦片,不能起卸,势必于他处另谋销路。上命耆英饬属访察。十一月,耆英奏称洋船多由天津起椗,并未到口。谕曰:"该将军所奏,殊难凭信。耆英系朕特简,畀以重任,惟当激发天良,严饬地方认真堵拿,傥意存讳饰、将来由他处访获,讯明曾在奉天海口停泊,惟该将军等是问。"十二月,奏称:"鸦片商船贩卖者多,当以稽察海口为要。其陆路旱口,难免私越偷漏之弊,访察宜周。酌拟章程八条。"十九年,奏请将旗、民十家联保,以凭稽察。均允之。二十年七月,英吉利船驶扰浙江,各海疆均办防堵。耆英奏旅顺口为水路冲衢,当扼要筹备。八月,英船潜入奉天洋面,谕曰:"此次英船傥有桀骜情形,不准在海洋接仗。正不妨诱之登岸,聚而歼旃。"九月,英船由复州开帆南驶,自是叠谕加意巡防。

二十一年正月,山海关、秦皇岛有英船往来,命耆英等饬将弁勤加哨探。二月,耆英查明奉天所属各城距海口里数,并河海交汇之区,绘图奏闻。旋以江苏巡抚裕谦奏称英船不畏风浪而畏礁浅,南洋有石岛之明险,北洋多水浅之暗险,可以择要设防,命耆英遍历洋面,酌量妥办。七月,英船突入福建厦门,八月,陷。浙江定海失守,锦州、山海关等海口戒严。耆英奏明水路分防情形,谕曰:"办理均属周妥,不得以海口封冻,稍存大意。"十月,上以英船滋扰,视水之浅深以为进退,谕耆英派员就海口详细测量;又以英人侵犯,必将内地火药、枪炮焚烧,得以肆行无忌,复命耆英将应用火药设法防范。寻奏请酌给防兵棉衣、炭薪,以资御寒,允之。十一月,谕曰:"朕闻英船坚固,惟于夜间从尾轰击,较可得力。傥能雇善泅之夫,多备木筏,安置炮位,令善泅者伏于筏下,遇有洋船,即可开炮轰击。是否可行,着耆英查明具奏。"寻奏称现选精壮水手,密藏枪炮,乘夜相机攻剿,报闻。

二十二年正月,调广州将军。二月,署杭州将军,旋授钦差大臣,前赴浙江督办洋务。谕曰:"省城为根本重地,防堵有关紧要。如兵力尚单,应调本省及他省官兵,即斟酌调取。"四月,御史苏廷魁奏英吉利本国现为邻国攻破,谋遁回救援。上命耆英乘机进剿,仍赴广州将军任。旋以嘉兴、乍浦一带尚须布置,仍留浙江。五月,宝山失守,命赴江苏,偕两江总督牛鉴商办防剿事宜。时英船已越圌山关陷镇江府,命耆英扼要驻扎。时扬威将军奕经奏陈羁縻事宜,交耆英妥商。七月,耆英亦奏请招抚,谕曰:"英人叵测,[一]如所商在情理之中,该大臣尽可允诺。傥仍不受抚,惟小心守御,相机办理。"寻将亲往会议情形具奏,谕曰:"该英人所请,均已允准,即当迅速退出大江。至此外一切紧要事件,着责成该大臣分晰妥议,永杜后患。傥稍留罅隙,日后有所借口,以致别生枝节,是耆英等自贻伊戚,不惟无以对朕,亦无颜以对天下。"八月,英人就抚,耆英条陈善后事宜入奏。谕曰:"此外尚有应行筹议,着耆英通盘酌核,勿滋后患。惟该国通商,嗣后若有欠项,由内地着追一节,断不可行。所称英民止准在五口贸易一节,亦应详细写明,免得日后借口,影射朦混。"

九月,授两江总督,命筹江南、江北通商事务,并兼筹浙江、福建二省因地制宜之策。十二月,耆英奏言:"水师以操驾舟楫、辨识风沙、熟习枪炮为要务。近来员弁缺出,专于弓箭内考拔,以致弁员不习水务。请嗣后水师员弁专取水务,即骑射生疏,亦准录用。"如所请行。二十三年二月,偕江苏巡抚孙善宝、漕运总督李湘棻酌定应办事宜二十八条:一、苏松镇标各营,应与毗连各营互相操巡,以资联络;一、福山、狼山营专管福、狼一带江面,毋庸兼管腹里汛地,以专责成;一、京口左、右二营应分防鹅鼻嘴、圌山关等处;一、高资营兵应分班操巡,借防圌山关;一、三江营守备应改为内河水师,以备操防;一、长江战船现未造成,应先制木筏,以遏要害;一、总督应按年巡阅鹅鼻嘴、圌山关二次,以免疏懈;一、鹅鼻嘴、圌山关外之江心河洲,应预备兵炮,以资策应;一、镇江、扬州之门户,应预备兵炮,以扼要隘;一、江宁省城之门户,应预备兵炮,以昭严密;一、吴淞口应预备防兵,以重海防;一、吴淞、上海后路应预备兵炮,以资援应;一、江北后路应预备兵炮,以防分扰;一、上海地方应移驻同知,以资弹压;一、提标右营游击应升为参将,并加副将衔,以崇体制而资董率;一、常熟、昭文二县向无城守官兵,今拟移驻陆路千总,并抽添弁兵,以资防守;一、操练水师兵丁,以备巡防;一、练习泅水兵丁,以收实用;一、提标副将应亲身出洋、江考校,以杜偷安;一、陆路汛守兵丁,应一体勤加操练,以免缺额充数;一、裁酌外海内河水师营马匹,节省经费,以资协济;一、加给操巡水师兵丁口粮,以示体恤;一、炮位应分局鼓铸,以期迅速而资利用;一、各营遗失器械,应动款补制,以资操练;一、沿海沿江及各汛地兵房,应择要修复,以资戍守;一、慎选镇将都守,以杜摊派而联兵情;一、慎选守令,调和文武官员,以资联络而免猜忌;一、消弭伏莽,以固根本而免内讧。下部议行。

三月,命以钦差大臣驰往广东,查办通商章程。寻奏称于粤海关原定税则,议增五十六种,议减六十四种,并原例未载新增十三种,其福州、厦门、宁波、上海亦按新定税例,一体开关。闰七月,复胪列整顿税务条款:一、粤海关原定税额,应暂归五口匀摊;一、五口征收西洋各国税务,请试行三年,再行酌定;一、粤海关杂税款目,应行删除;一、平馀备贡等款,应归额外盈馀开销;一、粤海关酌留羡馀,以备公用;一、四口应补征内地各关湖丝税银;一、内地贩卖茶叶、湖丝、绸缎,不准由海运载;一、各国无涉之客税,应仍旧章办理;一、各项浮费全行革除,以杜弊端。疏入,下军机大臣、大学士穆彰阿等议行。九月,以美利坚等国赴浙江呈请通商遵议章程入奏,允之。

二十四年二月,调两广总督,并命以钦差大臣办理善后及各省通商事宜。十二月,奏广东旗营专为驻防省城而设,所有城上神安炮台,请改归旗营拨兵防守,其凤凰冈炮台旗营既难兼顾,即改归绿营就近管理,如所请行。二十五年,以两广总督协办大学士。时比利时喀及丹麦等国先后求请通商,命耆英体察情形,妥为约束。二十六年正月,京察届期,上以耆英殚心竭虑,坐镇海疆,下部议叙。五月,奏言两广地处边陲,与黔省苗疆事同一律,请嗣后各标协及内河外海水师缺出,将鸟枪兵丁与弓箭步兵轮流拔补,允之。八月,上练兵储饷事宜,并缮呈唐臣陆贽守备事宜状,命下各将军、督抚、提督等咸录一道,置诸座右。十二月,奏陈英人请于西藏定界通商,上命耆英坚守成约,毋为摇惑。

二十七年三月,英船突入广东省河,坚求入城,不获,寻由虎门退出,耆英以疏防自请议处。谕曰:"此次英船突入省河,以粤省兵勇调齐攻击,何难聚而歼旃? 此时既已归巢,姑为息事安民之计。惟桀黠性成,不可不预为防范。"寻谕以通筹大局,计出万全,并命于广西镇将中择其实能训练士卒者,认真操演,一遇调遣,即克期就道,毋致临事张皇。二十八年五月,入觐,上以耆英久任封圻,办理诸务,俱臻妥协,赏戴双眼花翎。六月,命留京,以协办大学士管理礼部事务,寻调管兵部事务,署镶黄旗蒙古都统。八月,充崇文门监督。十月,管理宗人府银库事务。十一月,擢文渊阁大学士,兼镶白旗满洲都统,赐紫禁城乘坐肩舆。

十二月,命偕户部右侍郎朱凤标驰赴山东查办盐务,寻偕巡抚徐泽醇会筹变通章程,奏言:"东省盐务,受弊已深。其引地票地,或辗转出租,或认商抵欠,或商逃引悬,无人行运,或子店关闭,难禁食私,且纲总易滋盘踞,浮费贻误正供。积引以旧溷新,认商以此冒彼,种种情形,甚于他省。两月以来,确查远近引地,综核古今成法,如课场地丁摊征,系雍正七年以后成案,东省惟近海之安丘等十八州县行之。此外山河间阻,西南各引地距场千有馀里，贩运不前。若按亩摊征，则赋有加增而民多淡食，设遇偏灾，不能不随正供蠲缓。至就场收税，其法始于唐臣刘晏，近惟淮北河湖水运，节节可通。票盐设局验赀，参用其意。东省则水陆俱艰，若行票招商，恐致无人承领，当此力求变通，期于可久。惟有先纳课而急惟正之供，参官运而无虚悬之引，成本已减，积欠可清。加斤则商有馀赀，减价则民多沾利，认真整顿，奉行得人，庶可挽积习而振艖纲。"下部议行。

二十九年正月，命赴浙江查阅营伍。四月，因病请假，赏御用人参。十月，充考试国子监满助教阅卷大臣。十二月，命总理孝和睿皇后丧仪。三十年正月，宣宗成皇帝升遐，命恭理丧仪。三月，奏言："求治之道，莫先于用人、行政，理财三大端。用人之道，明试以功。人有刚柔，才有长短。用违其才，虽君子亦恐误事；用得其当，虽小人亦能济事。设官分职，非为众人藏身之地。能实心任事者，虽小人亦当示以保全；不肯任劳任怨者，即君子亦当另行委置。行政之道，在于得人。迂腐之说，无裨时务；泥古之论，难合机宜。部属得人，则六曹政举；疆吏得人，则四境蒙休；牧令得人，则与民休息；武弁得人，则戎行整肃。至理财之道，财非人不理。[二]今天下应贡之赋，岁有四千馀万。除去支用，恒有盈馀。何以近来不能遵额解库，以致库项短绌？若谓灾缓所致，而二百年来，岂水旱偏灾始见于今日？究竟致绌之由，非探本寻原，不能通盘清厘。与其于正赋外别费经营，何如于正赋中核实筹画。"疏入，谕曰："大学士身居端揆，一言一动，皆为举朝所矜式。凡有建白，必应持正酌中，方为无忝厥职。乃耆英前奏用人、行政、理财诸大端，朕详加披阅，其于君子、小人之辨论,持论过偏。反谓小人且当保全,君子亦恐误事。显违古训,流弊曷可胜言? 似此率意敷陈,殊于进言用人,大有关系。本应交部议处,姑念此外所陈各条,尚有切于时务之处,着加恩免其议处,仍传旨申饬。"自五月至九月,叠次因病乞假。十月,朱笔罪耆英曰:"耆英之自外生成,畏葸无能,殊堪诧异! 伊前在广东时,惟抑民以媚外,罔顾国家。如进城之说,非明验乎? 上乖天道,下逆人情,几至变生不测。赖我皇考炯悉其伪,速令来京。然不即予罢斥,亦必有待也。今年耆英于召对时,数言及英人如何可畏,如何必应事周旋,欺朕不知其奸,欲常保禄位。是其丧尽天良,愈辩愈彰,直同狂吠,尤不足惜。第念耆英虽无能已极,然究属迫于时势。着从宽降为五品顶带,以六部员外郎候补。"

咸丰二年,补工部员外郎。三年九月,粤匪北窜,耆英之子马兰镇总兵庆锡奏请父子兄弟愿往军前效力。〔三〕谕曰:"耆英着在巡防王大臣处当差,庆锡现任马兰镇总兵,职任紧要,勿庸前往。"十二月,以历次捐备军饷,赏四品顶带。五年,庆锡以借贷属员银两被劾,谕曰:"耆英于庆锡在朝阳门外违例设立马拨,并不阻止,复令递送信件,实属悖谬,着革职圈禁。"八年四月,英吉利船驶入天津,上命大学士桂良、吏部尚书花沙纳驰往查办,复赏耆英侍郎衔,前往办理洋务。寻桂良等奏令耆英回京,上命耆英留津自酌办法。耆英旋奏称面陈机要,不俟谕旨即发。五月,谕曰:"耆英经朕弃瑕录用,委任办理洋务,乃畏葸无能,大局未定,不候朕旨,擅自回京。不惟辜负朕恩,亦无颜以对天下,实属自速其死。着僧格林沁派员将耆英锁扭押解来京,交巡防王大臣、军机大臣,会同宗人府、刑部严讯。"〔四〕

寻讯拟入奏，谕曰："前据惠亲王等奏，请将耆英照军法从事，因命解京严讯。嗣讯具供词，复令恭亲王奕訢等秉公定拟。兹据奏称，耆英不候谕旨，糊涂冒昧，酌拟为绞监候，朝审时入于情实，所拟尚无不协。惟其声叙获咎之由，殊非诛心之论，不得不明白宣示。耆英以负罪之员，复加擢用，原冀其收效桑榆，于事有济。况该员陛辞时，面奏：'力任其难，看奴才造化若何。'似非昧良昏愦者比。且于四月二十七日抵津后，即有寄谕，令其不必与桂良等附合，[五] 稍涉拘泥，俾其自展谟谋，作为第二步办法。朕用耆英，不可谓不专；保全之恩，不可谓不厚。及桂良等奏请令该员回京，朕料耆英断无不知之理，尚恐稍掣其肘，寄谕仍留津自酌办法。耆英若苟有天良，能无汗流浃背乎？讵该员拜折后，即擅自回京，借称面陈机要。试问果有面陈，曷不单衔密奏？又云'难于形诸笔墨'，何以接奉留津之旨，又匆匆具折？试问折供之外，尚有何机要乎？屡次琐渎，不过为一首领计，况该员供折内非尽无可采之语，未深悉底蕴者，尚觉情轻法重。不知所说办法，朕与诸臣早经议及。况出诸他人则可，出诸耆英之口则不可。何则？盖耆英乃局中人，既有所见，自可施为，岂有同办一事，不能补救于事前，徒有成说于事后？若谓英人所忌，惩办正堕诡谋。盖耆英借兹自白乃心，不徒尽涤前愆，且欲诿过于人，居心尤不可问。自料擅离差次，议止罢斥，正遂其身谋，优游于家。久蒙知遇，忍出此耶？且迹其心，匪特此也，同桂良、花沙纳商允照会，相对泣于窗下，朝不知其夕死，不闻其恪遵前旨另设良图。迨去津时，与花沙纳云'恐此去人心惶惑'。作为因差暂离津郡，抵通接奉寄谕，又不闻赶紧折回，抽身惟恐不速，等朕旨于弁髦,处处巧诈,有意欺罔,即立予骈诛,百喙莫辞。惟惠亲王等原参未免过重,即肃顺所奏仍拟正法,亦未为是。朕之交议,正因其罪重,欲廷臣衡情酌断,暴白于众。若仍予正法,何必解京?又何必定拟?且谓其苟延岁月,傥以病亡,获保首领,比拟更属不伦。此乃盗案内断语,难妄加诸耆英。朕数日详酌,欲贷其一死,实不可得,即照奕訢等所拟,朝审时必予勾决,尤觉不忍弃之于市。不得已思尽情法两全之道,着派左宗正仁寿、左宗人绵勋、刑部尚书麟魁迅即前往宗人府空室,令耆英看朕朱谕,〔六〕传旨令伊自尽,以示朕饬纪加恩之至意。"耆英遂伏辜。

　　子庆锡,马兰镇总兵;庆贤,宗人府理事官。

【校勘记】

〔一〕英人叵测　"英人"耆英传稿(之一八)作"夷情"。按传稿中之"夷"字几乎均已改为"英"字或"洋"字,不再回改。

〔二〕财非人不理　原脱"财"字。今据耆英传稿(之一八)补。

〔三〕庆锡奏请父子兄弟愿往军前效力　"请"原误作"称"。今据耆英传稿(之一八)改。

〔四〕会同宗人府刑部严讯　原脱"刑部"二字。今据耆英传稿(之一八)补。

〔五〕令其不必与桂良等附合　"合"原误作"会"。今据清文宗显皇帝实录(大清历朝实录景印本,以下简称显录)卷二五四叶三四下改。按耆英传稿(之一八)亦误。

〔六〕令耆英看朕朱谕　原脱"令耆英"三字。今据显录卷二五四叶三六下补。按耆英传稿(之一八)亦脱。

柏葰

柏葰,原名松葰,巴鲁特氏,蒙古正蓝旗人。道光六年进士,改翰林院庶吉士。九年,散馆,授编修。十年,改今名。[一]署日讲起居注官。十一年,升右春坊右赞善。十二年二月,迁国子监司业。七月,充山东乡试副考官。十六年,升翰林院侍讲学士。十七年二月,升詹事府詹事。四月,迁内阁学士,兼礼部侍郎衔。六月,充江南乡试副考官。十二月,稽察中书科事务。十八年正月,充文渊阁直阁事务。七月,兼正红旗汉军副都统。十一月,升盛京工部侍郎。二十年六月,调盛京刑部侍郎。九月,兼管奉天府府尹事务。十二月,调刑部左侍郎,兼正黄旗汉军副都统。二十一年,署镶白旗护军统领。二十二年,调正白旗满洲副都统。寻以接纂大清一统志全书告成,下部优叙。

二十三年四月,调吏部右侍郎,寻转左侍郎。闰七月,调户部右侍郎,兼钱法堂事务。十二月,充谕祭朝鲜正使。先是,朝鲜例有馈送使臣赆仪,柏葰偕副使副都统恒兴固辞不获。至是,差竣入都,奏明请旨,却之。二十四年七月,署右翼总兵。八月,充崇文门副监督,管理光禄寺事务。二十五年,授总管内务府大臣,管理清漪园等处事务。二十六年闰五月,转户部左侍郎,兼管三库事务。六月,充江南乡试正考官。十月,奏言:“江苏完漕,绅富谓之大户,庶民谓之小户。以大户之短交取偿于小户,因而刁劣绅衿挟制官吏,大户包揽小户,小户附托大户。又有包户名目,以致畸轻畸重。至旗丁津贴,原有定额,近来总以米色为词,多方挑斥,逐渐加增。请敕下督抚认真查察,傥有前项大户、小户、包户各名目，概行禁绝，一律均收，不准旗丁额外多索帮费。"如所议行。二十七年五月，管理圆明园造办处事务。

十月，命偕仓场侍郎陈孚恩前赴浙江查办事件，旋奉密旨径赴山东盘查藩库实存现银并正杂各款，及布政使王笃幕友王壬熙违例充幕，又查办山东地方官玩纵盗贼，措置乖方，各节属实，奏巡抚崇恩等交部议处。十二月，充经筵讲官。二十八年六月，署右翼总兵。十月，疏陈赈抚要需，有关民瘼，库藏未裕，请豫为筹备。十二月，升都察院左都御史，充管沟渠河道，并值年旗大臣。二十九年二月，署崇文门监督。五月，授镶白旗蒙古都统。十二月，赐紫禁城骑马。三十年三月，升兵部尚书。五月，授内大臣。七月，调吏部尚书，管理户部三库事务，充翰林院掌院学士。八月，充经筵日讲起居注官。十一月，署步军统领。先是，各省官绅商民捐输，地方官及时核实，奏请分别奖叙；继而各省寻常捐输之案，有历年久远，始行汇题请叙者，柏葰等奏请嗣后寻常捐输，以事竣之日起，统限一年内由该督抚查明，实于地方有益者，核实专案具题，不准以无关紧要及累年零星捐项，汇总请叙，如一年内实有不能依限者，准其咨展一年，以杜冒滥而昭慎重。如所议行。十二月，充文渊阁领阁事。

咸丰元年三月，署实录馆总裁。六月，授阅兵大臣。八月，充顺天乡试副考官。三年，充教习庶吉士。四年，侍读学士讷尔济奏各部院书吏舞弊各情，柏葰等遵议书吏之弊源，固赖司员之稽察，而司员之勤惰，尤在堂官之劝惩，请敕下各部院堂官，督饬司员常常进署认真经理。凡稿件之已办、未办，文移之应发、应收，令逐一登明号簿，随时稽察，至于钤印尤应防范周密；其轮班值宿之员，不准托故偷安，使一切文案统归司员躬亲经理，不假手书吏，弊源自绝。上韪之。初，盛京刑部侍郎书元奏参协领塔芬布、佐领恩合父子狼狈为奸，于上年轻听谣言，擅调兵勇自护私宅，致旗、民惶惑，几至激变，将军奕兴曲为袒护等情，上命柏葰驰赴盛京，会同工部侍郎宗室善焘等严行审办，[二]寻鞫实，奏闻，得旨塔芬布发遣，奕兴革任；又谕以平安峪吉壤本系陆应榖等选择现派柏葰带同陆应榖查勘迁安县桑园山银矿，即督同前往平安峪覆加相度，详细履勘，并山向水法一切形势，绘图贴说具奏。九月，调镶黄旗汉军都统。十一月，以前在镶白旗蒙古都统任内拣选承袭佐领错误，罢总管内务府大臣，降补都察院左副都御史，署理理藩院左侍郎。十二月，授马兰镇总兵，兼总管内务府大臣。

五年五月，擢热河都统。时热河叠有大伙匪徒入山滋事，上命柏葰督饬官兵认真搜捕，寻奏言热河地方将惰兵疲，州县官素不讲习公事，欲鼓铸大钱行使，则民皆罢市，并有矿匪纠众占踞山场，并委员侵蚀商项等语，谕柏葰督饬地方官确切查办，设法剿除，仍须相机办理。至鼓铸大钱，自应体察情形，妥为筹办。先是，蒙古地方有金银等矿，该王公等奏请开采，上恐于游牧有碍，谕柏葰会同该王等亲行覆勘，详加体察，如堪开采，即将一切章程妥议具奏。十月，柏葰等会奏拟于分水岭上修砌界墙，设立界址，以示限制，所有经费，皆由商人捐办，并应遵照奏定蒙古章程办理，下部议行。十二月，授户部尚书、正黄旗汉军都统。六年十一月，命在军机大臣上行走，赐紫禁城骑马。十二月，授翰林院掌院学士，旋命以户部尚书协办大学士。七年，充经筵讲官。

八年五月，充国史官总裁、<u>文渊阁</u>领阁事。八月，充顺天乡试正考官。九月，授大学士，管理兵部事务，充稽察钦奉上谕事件处。十月，授<u>文渊阁</u>大学士。旋以本年中式举人<u>平龄</u>墨卷内字画舛误甚多，经磨勘应议，旋据御史<u>孟传金</u>以本科取中举人，士论未协，奏上，命将试卷覆勘，谕曰："本年乡试主考、同考各官，荒谬已极！覆勘试卷，应讯办查议者竟有五十本之多。其正考官<u>柏葰</u>着即行革职，听候传讯。"寻经<u>怡亲王载垣</u>等奏，讯明<u>柏葰</u>听信家人<u>靳祥</u>之言，将同考官编修<u>浦安</u>房内<u>罗鸿绎</u>试卷取中等情，得旨，<u>靳祥</u>着即交出归案审讯，旋命将<u>柏葰</u>等交刑部圈禁，<u>靳祥</u>死于狱。九年，<u>载垣</u>等以会审科场案内各员定拟罪名具奏，谕曰："科场为抡才大典，交通舞弊，定例綦严。自来典试大小诸臣，从无敢以身试法，轻犯刑章者。不意<u>柏葰</u>以一品大员，乃辜恩藐法，至于如是！<u>柏葰</u>身任大臣，且系科甲进身，岂不知科场定例？竟以家人干请，辄即撤换试卷。若使<u>靳祥</u>尚在，加以夹讯，何难尽情吐露？既有成宪可循，朕即不为已甚，但就所供情节，详加审核，情虽可原，法难宽宥。言念及此，不禁垂泪！<u>柏葰</u>着照王大臣所拟，即行处斩。"<u>柏葰</u>遂伏法。

十一年，<u>穆宗毅皇帝</u>御极，御史<u>任兆坚</u>奏大臣伏法，情罪未当，恳加恩昭雪，谕曰："科场条例至为慎重，如果主司舞弊营私，自应明正典刑，但亦必赃证明确，罪当情真，方成信谳。若如所奏，<u>柏葰</u>一案全由<u>载垣</u>等深文周内，置<u>柏葰</u>于重典，借以盗窃政柄。若日久不予昭雪，何以持刑宪之平？此案即着礼、刑两部会同将原案悉心确查，秉公详议具奏。"<u>同治</u>元年，议上，谕曰："此案柏葰听信家人靳祥之言,辄将浦安房内试卷取中,是其听受嘱托,罪无可辞,惟承办此案之载垣、端华等,因刑部无仅听嘱托明文,辄称未便妄议定拟,比照交通嘱托贿买关节之例,拟以斩立决。核其情节,尚不至此。总由载垣等与柏葰平日挟有私雠,[三]欲因擅作威福,又窃窥皇考痛恨科场舞弊,明知必售其欺,竟以牵连朦混之词,致柏葰身罹重辟。恭读是日皇考文宗显皇帝圣谕,有不禁垂泪之语,仰见皇考不为已甚之心。今我两宫皇太后政令维新,事事务从宽大平允,于柏葰正法一节,反覆思维,谓为无罪,实有不能,该御史所请昭雪情罪之处,未免措词失当;惟念柏葰受恩两朝,在内廷行走多年,平日办公,亦尚勤慎,虽业已置之重典,亦当推皇考法外之仁,柏葰之子候选员外郎钟濂,即着该旗带领引见。”

寻赏钟濂四品卿衔,以六部郎中遇缺即选,现官光禄寺卿。

【校勘记】

〔一〕改今名　“今名”原作“名柏葰”。今据柏葰传稿(之四一)改。

〔二〕会同工部侍郎宗室善焘等严行审办　原脱“宗室”二字。今据柏葰传稿(之四一)补。

〔三〕总由载垣等与柏葰平日挟有私雠　原脱“柏葰”二字。今据柏葰传稿(之四一)补。

叶名琛

叶名琛,湖北汉阳人。道光十五年进士,改翰林院庶吉士。十六年,散馆,授编修。十八年,授陕西汉中府遗缺知府,寻补兴安府知府。十九年,升山西雁平道。二十年,调江西盐法道。二十一年,署按察使,旋擢云南按察使。二十二年四月,江西巡抚裕泰以名琛在江省防堵捐资、出力请奖,下部优叙。十月,升湖南布政使。二十三年三月,调江宁布政使,因回避祖籍,调甘肃布政使。十二月,丁母忧。二十六年,服阕,授广东布政使,旋命暂署顺天府府尹,充武乡试校射大臣,以武举弓石力不符,下部议处。二十七年,抵广东布政使任,寻护理巡抚。二十八年四月,湖北解到传教洋人李若瑟、啰沅、勒纳巴啰三名,名琛会同署两广总督徐广缙申列条约,奏交各国领事严加约束,勿任复至内地,报闻。

时湖南会匪、教匪四起,名琛委员拿获董言台等二十八名,又续获蒙其英等二十七名,讯知为白莲教馀党,复密饬员弁将在逃馀犯购线侦捕。六月,擢巡抚。十月,捐助湖北赈济,下部优叙。寻英人欲入内地,广东省城戒严。二十九年三月,名琛疏言:"臣等通盘筹画,内城外城共十六门,按门添兵,内河外海共三十六炮台,按台配兵,并飞饬水师兵丁,随时调遣。臣等查英人本称狡诈,举动尤为叵测,若不慎始慎终,何以固藩篱而安衽席? 自当设法严防,不致疏虞。"又疏言:"窃查英人之欲进城,其包藏祸心,实有不堪设想者。明知入城一事,万民不愿,何以百计要求? 原欲使官与民强为逼勒,致民与官顿起离畔之心。该英人从此收买人心,庶几唾手可得。幸而广东之士、农、工、商,无不同仇共愤,是以该英人不敢与民为难,但思与官为难也。领事文翰总因二十七年定约甚坚,哓渎不已,若不立为阻之,令其觑破机关,则得陇望蜀,伊于胡底! 而匪徒专盼许其进城,得以乘机煽惑,焚烧洋楼,劫抢洋货,奸人并起,省城、香港势必同归于尽。不独有乖守土之义,更何得为柔远之谋?总之,该英人入城,如果得失参半,不妨暂示姑容。无如有害无利,断难隐忍坐视。"疏入,上深然之。

四月,偕徐广缙陈奏,略曰:"查文翰有定欲进城之议,嗣因省城官民齐心保卫,防御森严,加以众绅公启劝导,深知众怒难犯,遂尔中止。嗣英人遍告各国罢议进城,仍求照旧通商。臣等查英人所系恋者惟贸易,则所以钤制之者,亦惟贸易。英人频年骄纵,从未稍受裁抑。今既力穷而思所变计,自当乘势而予以转关,当嘱委办洋务之绅士等,密令众商与之申明约束,既不进城,自可通商,何时反覆,即行停止,于羁縻之中,仍寓裁制之意。仍饬水陆一体严防,城厢保卫,如前慎密,总使无隙可乘,庶几有威可畏。"疏入,朱谕:"所办可嘉之至!朕心甚慰。如此棘手之事,卿不动声色,使彼自屈,较之军功,尤堪嘉尚。"

嗣因英人不敢入城,偕徐广缙疏言:"接据文翰照覆,现经议定,以后再不辩论进城之事。现在贸易如常,中外均颇安静。臣等备文照会,宣布皇仁,外国商人一体保护,感洋商之心,正所以寒文翰之胆。臣等仍当督饬文武安民绥外,静以制动。"奏入,谕曰:"洋务之兴,将十年矣!沿海扰累,糜饷劳师。近年虽略臻静谧,而驭之之法,不得其平,流弊愈出。朕深恐沿海居民蹂躏之虞,故一切隐忍待之。盖小屈必有大伸,理固然也。昨因英人复伸粤东入城之请,督臣徐广缙等连次奏报,办理悉合机宜。本日由驿驰奏,该处商民深明大义,捐赀御侮,绅士实力劻勷,入城之议已寝。英人照旧通商,中外绥靖,不折一兵,不发一矢,该督抚安民绥外，处处皆抉根源，令英人驯服，无丝毫勉强，可以历久相安。朕嘉悦之忱，难以尽述！允宜懋赏以奖殊勋。叶名琛着加恩赏给男爵，准其世袭，并赏戴花翎，以昭优眷。发去花翎，着叶名琛祗领。"寻得旨，以一等男爵世袭。

闰四月，复奏夷情，略曰："伏查洋人居心叵测，其在本国纵有夙嫌，而在内地则恐伤其类，又未尝不狼狈为奸。何敢开门揖盗，致堕诡谋？伏读温谕，以现在城内居民恨之切骨，惟恐其不受创。该督等所称转圜之处，似不出于民而出于商。窃惟广东之商多系土著，其外省来此贸易者，并无多人，商与民固不能分而为二也。傥该英人竟敢豕突狼贪，原不难制其死命，惟可已则已，各留转圜地步，然尤在平日修明武备，固结民心，使操纵之权胥由内地，庶外人渐息鸱张，有备乃可无患，则用威正不如养威也。"五月，奏保襄办夷务文武员弁及绅士等奖叙有差。先是，阳山、英德等县匪徒聚众戕官，名琛飞咨署提督祥麟，[一]并檄调镇将等带兵进剿。六月，以首犯就擒，下部优叙。七月，给事中曹履泰以英人驯服，奏请筹议善后事宜，名琛疏言："英人三次潜混入城，均大受惩创，现值保卫森严，更不敢轻为尝试。惟稽察之道，固贵随时，而操纵之权，总求在我，则武备实为第一要务也。"[二]九月，派员购运洋米，赴浙拯荒。

三十年正月，复密陈夷情，曰："臣访知美、法各领事，现约文翰同致书于英吉利王，以自罢议进城，贸易渐旺。可见不寻嫌隙，利益显然。是安心通商，众国佥同。尤当恪遵恩训，固结民心，以安民为绥远，庶靖内而捍外。"三月，署钦差大臣、两广总督。五月，奏洋匪抢劫，叠次剿捕，奸擒一千数百名，洋面肃清。

六月，又奏言："英人恃其火轮船肆扰海外，及各国静与相持，遂废然而返。此次文翰驶往上海，明知其假巡查为名，别有觊觎，俟其回港，如有商办之件，必当恪遵指授，相机妥办，不虑其狡焉思逞也。"奏入，奉朱谕："洋人诡谲性成，即或别有要求，卿等亦必有定见，尤须敬慎乃心，俾民心益固，则彼计自蹙。"寻奏文翰回港，安静如常。七月，广西游匪窜入广东，名琛檄员弁追捕，擒首犯李士奎。十月，兼署广东陆路提督，复奏廉州擒获匪党，并英德剿办情形，又檄官兵夹攻翁源匪徒。十一月，复饬文武攻捕南韶一带土匪，均击败之。

时上以福建学政黄赞汤、安徽布政使蒋文庆、漕运总督周天爵前后疏奏豫筹海防外，命各督抚体察布置。名琛疏言："羁縻外人之术，在使彼之理屈，而我之理伸。惟是事期有备，原在得人，欲求体用兼赅者，殊难其选，只可因材器使。至于汉奸多系沿海游民，当随时查禁惩办，若省城为华、洋杂处，全在控驭得宜。即上年英人复请入城，城内外聚有十万之众，〔三〕无不志切同仇。是团练具有成规，无事则相安，有事则相卫也。即洋人偶生妄念，竟以必不能行之事先为尝试，而在我有贞固不摇之势，彼亦废然思返。若只一味迁就，则得寸思尺，伊于胡底？盖防外首在固民，所谓积至数十年，不敢遽逞者，直窥我封疆之臣优劣何如耳。"十二月，奏言："南海等六县沙地坍涨靡定，未能一律成熟，请仍照岁额征输，以纾民力。又贼聚连平州属九连山一带，檄员弁分道击之，擒斩四百馀人。"

咸丰元年二月，以廉州平塘行盐办课旧商斥革，新商未充，致巡丁歇业，流而为盗，请招商试办，以顾引饷而清盗源，如所请行。四月,奏剿英德匪徒先后拿获二千馀名,首要各犯无一漏网,地方肃清。得旨嘉奖,下部优叙。又剿钦州土匪,斩俘百馀名,焚其巢。五月,奏广宁贼匪分股窜回,饬官兵击败之。时刘八股匪窜合浦之竹根坡,复退据东馆墟;凌十八会匪聚化州之平定墟,复据清湖墟:名琛以闻,命广东、广西两省合力痛剿。七月,南海县暨东莞县士子借口义仓经费,及抗粮两案,倡议罢考,名琛先访主谋者褫其衣顶,其馀安分诸生,请准其一体乡试。时广宁伙匪全股殄灭,儋州土匪刘文楷复勾结黎人滋扰,官兵日久无功。奏劾总兵黄庆元等畏缩贻误,请革职拿问,允之。八月,进剿会匪凌十八于罗镜,连破数墟,贼大溃。闰八月,广西南宁、太平一带,巨匪颜品瑶伏诛,饬提督陶煜文等分途剿击馀匪。九月,何名科等股匪滋扰,信义县境,官兵进攻,败之于刘坡,馀匪悉遁。何名科窜广西。名琛复派游击刘开泰等越境穷追,擒何名科,斩之。

　　十月,逆匪凌十八、陈二、吴三等分为三股窜据罗镜,檄升任高廉道宗元醇等轮流进攻,并探知吴三、陈二与凌十八有隙,率党潜逃,官军豫设伏兵,将陈、凌两股截回罗镜,吴三直奔八字岭,官兵前后夹击,将吴逆全股歼灭。奏入,上嘉其功,赏加太子少保衔。又奏儋州匪徒首夥全获,土黎肃清。十二月,奏剿新铺逆匪颜品喜、颜三等,二年五月,奏剿那练贼首李士青等,均擒之,斩于军前。嗣以徐广缙赴广西办理军务,命接办罗镜剿捕事宜,名琛行抵罗定,旋奏筹办情形,上韪之。七月,擒斩罗镜首逆,全股荡平。捷闻,谕曰:"览奏,深慰朕怀! 罗镜凌十八股匪与洪秀全会匪声势相倚,曾在金田入会,党众心坚,扰及两省,抗拒一年之久，实属罪大恶极。经该督抚先后筹剿，不遗馀力，得以扫数歼擒，洵足伸国法而快人心。叶名琛接办后，调度有方，办理甚属妥速。着加恩赏加总督衔，仍交部从优议叙。"寻署两广总督。时办理罗镜善后事竣，正拟凯旋，探知湖南道州逆匪逼近广东交界，随调兵勇防堵，并星夜回省控制一切。九月，奏曲江匪徒扰及仁化、乐昌、乳源等县，经提督昆寿等带兵围剿，上命名琛驰赴南韶一带，督兵歼除。十二月，又奏西路各匪藏匿曲江县之罗坑山，昆寿等带兵进攻，焚其巢，馀匪窜逸，其南窜之匪，经署守备涂得照等截杀，其北窜者与江西接壤，经南赣道周玉衡等驰剿，上命不分畛域，一体搜捕。

　　旋擢两广总督。三年二月，剿办东西两路，并江西交界各匪，叠获胜仗，歼擒一千馀名。旋以续捐军饷，下部优叙。五月，奏剿擒长宁匪徒多名，其江西交界股匪，复派守备任士魁等各处围剿，大挫贼锋。七月，奏江西龙南贼匪扰入连平州境，经昆寿派兵合击，渐就殄灭，嗣以惠州府属龙川县及东江一带匪徒，纠众戕官，调潮州镇总兵寿山督兵进剿。四年四月，游匪阑入博罗县城，饬署惠州府知府陶澧等击退之。五月，奏贼攻潮阳，惠州协副将膺保等力战，死之。六月，贼陷高明，檄官兵前后夹击，斩贼目杜锦刚。七月，新江白土匪徒陷肇庆，调将弁督兵击之，贼复陷鹤山及开平县，均派兵进攻，复其城；又清远匪徒陷广宁，复檄兵围剿，克之，破其巢。

　　闰七月，广州土匪肆扰，渐逼省城，偕将军穆特恩等督同文武，战守兼筹。九月，剿办省城北路股匪，七战皆捷，破佛岭市贼营，暨毗连二十馀里之贼巢，悉行焚毁。十月，省城西北两路贼匪据桥头市、石井等处,遣廉州营游击曾廷相等败之,贼从北路突出,官兵分道击之,沉其船,歼除过半。番禺境内匪徒驾舟分窜,图阑驶省河,调员弁堵击,贼遁还。十一月,附省各匪纠党万馀人,仍屯石门各乡,经官兵合击,大小二十馀战,贼大溃,歼毙无算,水陆解围。时近省之贼蜂起,分股据佛山镇,陷龙门、从化、东莞、阳山、河源、增城、封川各县城,韶州府贼陷海丰、开建各县,复围府城;潮州府贼破惠来,窜归善,扰陆丰、肇庆,馀贼据府城,陷德庆州。名琛分檄员弁,各路攻剿,将府州县城先后克复,擒斩甚众。

五年五月,奏广东军务未竣,请将乙卯科文武乡试展至咸丰六年补行,从之。八月,奏广东匪首梁培友窜广西扑浔州,复遣将弁带船勇驰剿。是时英领图北上,名琛遵旨回省办理各情节,因奏:探知英领包玲,美领麦连已先后回港,终未提及天津之事。时值附省各口匪船猖獗,该领事隐生窥伺,每亲看接仗,复暗济逆匪炮药,臣察其诡计,随时侦探,以备不虞。近复密购该领事钞出各条,不胜发指,如华洋相争一款,总由洋人欺压,民人难堪,以致激于公愤。该夷遂谓地方官审断不公,势必欲官与民相为离间,从此得任所欲为。又闻欲免欠税一款,洋商出口、进口货无可稽,漏者颇多。至四年,由该领事官代理,能否按数交纳,尚未可知。至于核减,尤于各税务大有关系。法人所重,惟天主教。查自道光二十六年,准其在五口传教,从此内地会匪相习成风,一经查拿,多称教内之人,连年倡乱,即由广西上帝会而起。上帝会乃天主教之别名,凡有各省会匪、教匪、捻匪,如响斯应,此兵燹所由起也。臣惟当恪遵训谕,坚持定约,断不敢稍存迁就,尤不得偶疏防范。"九月,奏擒斩洋匪李亚快等二百人,又奏克复韶州府属乐昌、乳源、仁化等县。

寻命以两广总督协办大学士。十月,因剿捕惠州馀匪,被匪钞袭,劾福建台湾镇总兵吕大陞等,下部议处。旋兼署广东巡抚。时贼扰新会县境,剿获数千名,地方以安。又贼陷丰顺,饬官军绅练等击之,俘斩二千二百馀人。十二月,擢体仁阁大学士,仍留总督任。六年二月,奏高州、廉州两府地方肃清,现办善后事宜。三月,以雇募红单船赴江南助剿,需费较繁,率属倡捐银两,下部核奖。四月,奏捕获澳门洋匪,搜擒英德馀匪,及会办湖南交界各股匪。七月,奏援剿江西逆贼,克复雩都、上犹县城,赣州府城解围。又奏堵剿广西浔州土匪,擒斩一万四千馀人。又奏贼陷和平,经昆寿督兵由河源一路进剿,复其城。七年四月,奏广西佃匪据横州各境,扰及广东广州之合浦等处,遣高廉道蔡徵藩等督兵越境进剿,先后攻破匪巢六十馀处,擒斩渠魁,馀匪悉平。五月,奏援剿江西南赣匪徒于楼梯岭及潭口等处,克之。又奏江西信丰窜匪,扰及南雄交界,饬官军奋击,败之,并援剿信丰,立解城围。闰五月,以率属捐备军饷,谕户部查核奖叙。九月,奏肇庆府城据贼经广东按察使沈棣辉及高要县知县黄庆萱等先后进攻,擒斩首夥贼匪三万有奇,克复郡城。十月,奏广西股匪陷南宁府城,复败窜横州及灵山各境,皆饬兵勇奋击,复其城。十二月,奏江西败匪窜入广东境,经官兵水陆围剿,擒斩四千六百有奇,贼遂退。

寻以英人要求无厌,名琛未即应,又未设备,英人因突入省垣,给名琛入洋船,开驶而去。经将军穆克德讷、巡抚柏贵等连衔驰奏,谕曰:"叶名琛以钦差大臣办理洋务,如果该领事非理妄求,不能允准,自当设法开导,一面会同将军、巡抚等妥为抚驭。乃该领事两次投递将军、督抚、副都统等照会,该督并不会商办理,即照会中情节,亦秘不宣示。迁延日久,以致英人忿激,突入省城,实属刚愎自用,办理乖谬,大负委任。叶名琛着即革职。"九年,英人归其尸,据云在五印度城内不食死。署广东巡抚毕承昭上其事,报闻。

【校勘记】

〔一〕名琛飞咨署提督祥麟　原脱"飞"字。今据叶名琛传稿(之三八)补。

〔二〕则武备实为第一要务也　原脱"务"字。今据叶名琛传稿(之三八)补。

〔三〕城内外聚有十万之众　原脱"十"字。今据叶名琛传稿(之三八)补。

清史列传卷四十一

大臣传续编六

杜受田

杜受田，山东滨州人。父堮，礼部左侍郎，赠太傅、大学士。受田，道光三年进士，改翰林院庶吉士。六年，散馆，授编修。八年，充顺天乡试同考官。十一年，充国史馆提调。十二年，充云南乡试副考官。十三年七月，大考二等，以中允升用，先换顶戴。八月，提督陕甘学政，以陕西巡抚史谱系儿女姻亲，奏请回避，调山西学政。十四年二月，补右春坊右中允。五月，转左春坊左中允。十五年七月，升司经局洗马。八月，召回京供职。十六年正月，命在上书房行走，授文宗显皇帝读。四月，充日讲起居注官。十七年二月，京察一等，寻擢右春坊右庶子。十二月，升翰林院侍讲学士。十八年四月，转侍读学士。七月，升内阁学士，兼礼部侍郎衔，命专心授读，毋庸到阁批本。十二月，擢工部左侍郎。

十九年,兼署钱法堂事务。二十年,充朝考阅卷大臣。二十一年三月,充会试副考官。闰三月,调户部左侍郎,兼管三库事务。

二十二年六月,因英人犯顺,受田以广东生员张焕元防夷书内木簰火攻之议,缮录陈奏,命下江苏、安徽各督抚相机速办。十二月,充经筵讲官。时国史馆纂大清一统志告成,受田以曾充提调,下部议叙。二十三年五月,议覆署漕运总督李湘棻奏筹漕务章程,疏言:"查山东十字河、大泛口及直隶杨村一带,既据各督抚查明该处上游建筑束水、滚水等坝,于事无益,惟有顺地形之高下,察河道之浅淤,或随时用人夫抢捞,或逐闸用严板托送,或筑束水坝于卫河以疏浅,或用刮板于北运河以除淤,均责成沿河该管州县认真办理,以利漕运,应如所议办理。"允之。六月,以颜料库不戒于火,罚俸半年。二十四年二月,升都察院左都御史,仍管理户部三库事务。八月,充顺天乡试正考官。十一月,赐紫禁城骑马。十二月,升工部尚书。二十六年九月,受田六十生辰,御书"福"、"寿"字,并诸珍物赐之。十二月,以御门误班,夺俸二年。二十七年三月,充会试副考官。二十九年,充上书房总师傅。

三十年正月,文宗显皇帝御极,谕曰:"朕自六岁入学读书,仰蒙皇考特谕杜受田为朕讲习讨论,十馀年来,启迪多方,恪勤罔懈,受益良多。允宜特沛殊恩,以崇硕学。杜受田着赏加太子太傅衔。伊父前任礼部侍郎杜堮年逾八旬,精神强固,诒谋远大,济美中朝。前经皇考赏给'教忠笃庆'匾额,并赏头品顶带、太子太保衔。朕今复亲书匾额颁给,以示笃念耆臣、推恩锡类至意。"二月,充实录馆总裁。三月,兼署吏部尚书。五月,应文宗显皇帝登极求贤诏,疏荐前任云贵总督林则徐、前任漕运总督周天爵,得旨迅速来京,听候简用。旋充教习庶吉士,调刑部尚书。六月,命以刑部尚书协办大学士。七月,扈跸恭送宣宗成皇帝梓宫,奉移慕陵礼成,加二级。八月,命专司勘办实录稿本。十月,谕曰:"实录馆纂辑稿本,渐次成书。杜受田专司勘办,着毋庸赴刑部办事。"时黄河入海之处,塌陷数百丈,受田奏请敕令江南河臣乘冬令水小,就其塌陷之处,多筑草坝,逼溜攻刷,可期事半功倍。如所请行。

咸丰元年正月,上恭谒慕陵,命留京办事。寻谕曰:"朕在书房,经协办大学士杜受田昕夕讲求,诗文积有稿本,其中可存之作,即交杜受田重为校勘,编次进呈。俟阅定后,再行发交缮刻。"先是,道光二十二年给事中李莼奏请准增生、附生报捐,〔一〕复设训导,经部议行。至是,受田疏言:"复设训导,与教授、学正、教谕阶级虽殊,其为士子之师则一。向例只准廪生报捐,至增生、附生与廪生原有区别。学臣岁科两试,大率文理最优者擢得前列,次则多属中平,其三等则荒疏谫陋者居多。若一概准捐教职,则是文理中平,甚至疏陋者,力能援例,皆得抗颜为师。恐隳士子读书向上之心,即学臣试士,优等者凡属寒畯,终为生徒;下等者苟有资财,便为师长。学问文章,皆可不论。考课惩劝,将何所施?于国家造就人才、敦励学行之道,实有妨碍。"得旨停止。四月,命盘查三库。

五月,谕曰:"刑部事务较繁,杜受田现在专司勘办实录馆稿本,职任綦重,虽从前已谕令毋庸赴刑部办事,惟紧要案件,例须同堂面商定谳,究难兼顾。杜受田着加恩以协办大学士管理礼部事务,俾得专勘稿本,益昭敬慎。”八月,充顺天乡试正考官。先是,文庙丁祭遣官礼节,自道光二十七年遵奉谕旨删去自行一叩礼之后,复经太常寺奏准删赞跪承祭官跪一节。至是,祭酒胜保以未尽允当陈奏,命下礼部议覆。受田等奏:“请上香、献帛、献爵时,赞引官仍赞、跪,承祭官仍跪,拱举毕,兴。于酌复旧例之中,寓变通尽善之意。”从之。十月,以山东被水成灾,捐银备赈,下部优叙。先是,两江总督陆建瀛奏请岁科试生员正场经策改用性理论,覆试则用经策各一道,取进童生覆试,亦改为经文一道,府州县童试头场,即默写圣谕广训百馀字,并旧用四书文一道、性理论一道,下礼部议。至是,受田等疏言:“生员岁科考之用经文策,即乡试二三场所用,俾练习于平日,免致生疏,既不可废,而生童考试之有覆试,藉以辨别真伪,旧例亦未可改。查学政有考试经古一场,拟请添性理论。生童中有能读濂、洛、关、闽之书者,由学报名送考,试以性理论一篇。果能有所发明,正场文字通顺,生员准列优等,文童准其进取。其府、州、县考覆试,本无一定次数,应以一场专考性理论,如果说理明晰,准置前列。至默写圣谕广训,查各项考试,均应默写,文童考试,事同一律,应如所请。”允之。

　　二年正月,京察届期,谕曰:“协办大学士杜受田学醇品正,在上书房行走多年,深资训诲。现承办实录底本,详慎纂辑,不遗馀力。着交部议叙。”二月,宣宗成皇帝奉安慕陵,充随扈大臣,命恭题神主,并恭送还京祔庙,加二级。三月,上谒东陵,命留京办事。自道光二十年至是年四月,历充大考翰詹阅卷大臣、庶吉士散馆阅卷大臣、顺天乡试覆试阅卷大臣各一次,殿试读卷官、朝考阅卷大臣、考试试差阅卷大臣各二次。旋命偕福州将军怡良前往江南查办事件。五月，偕怡良疏言："自去岁丰北缺口，山东、江苏被淹，赈恤不可稍缓，办理尤须得人。藩司为钱粮总汇，州县官皆其所属，贤能不肖，均所素知。山东藩司刘源灏居心公正，干练有为；江宁藩司祁宿藻实心任事，诚朴廉明：请旨饬令二员督办，此次被水地方甚宽，待赈人数尤众。请截留江、广帮漕米六十万石，分拨山东、江苏，其水陆若何拨运，州县若何囤积，村庄若何给散，即令迅定章程，饬委妥办。"如所请行。

六月，行抵东境，奏被灾情形，疏言："据山东藩司刘源灏声称伏秋大汛，下游未经疏畅，各处秋收丰歉，势难预定灾口实数。应俟秋收后确查，分别办理。倘赈至冬底，犹有不敷，即于附近州县酌动仓谷协济。所见尚为合宜，应如所请。至截漕济赈，恐旗丁等搀水和土，应请饬下漕运总督，于交米时会同盘验。据刘源灏定拟章程十条，并钞录具奏：一、奉拨漕米，宜限期预筹拨运；一、拨运处所，宜遴委道府大员监盘分运；一、帮船交兑米石，应各粮道亲身督盘；一、江、广各帮，应饬迅行北上；一、奉拨赈米，拟就灾区酌存；一、脚费拟请作正开销；一、散放户口，宜委员核实预查；一、米厂宜城乡分设，以便灾民具领；一、赈济户口，宜家喻户晓；一、放米宜预筹不敷。"奏入，允之。

七月，行抵江南清河县，奏言："上年丰北漫口，徐属被灾，沛县较重，其次则丰县、铜山县，又其次则砀山县。其邳州及宿迁县受灾较轻；其桃源、清河、安东、沭阳、海州本属下游，勘不成灾。查自上年十月至今三月，沛、丰、铜、砀四县赈六次，邳州三次，宿迁一次。复于子房山挑通河道，以工代赈。兹复截漕接济,拟请沛县拨米九万石,丰县七万五千石,砀山二万三千石,铜山五万石,邳州三万石,均于九月初间开放。其迆下之宿迁、桃源、沭阳、清河、安东、海州等州县,应将馀米三万二千石,酌拨各数千石,俟秋汛后,酌量抚恤;并将藩司祁宿藻筹定章程,钞录陈奏:一、漕船卸米及州县存储处所,应预先酌定;一、截留漕米,应预筹拨运,一、州县领兑漕米,应派道府大员监兑;一、收回上届灾区赈票,应仍委员查核;一、查填户口,应责成各员互相稽查;一、放米应变通,一分厂以免拥挤;一、按灾轻重办理;一、附近口门棚栖灾民,应照常给恤;一、州县运脚,应动捐赈馀剩银两支发。"奏入,命下祁宿藻尽心筹画。

受田寻卒于差次,遗疏入,朱批:"忆昔在书斋,日承清诲,铭切五中。自前岁春,懔承大宝,方冀赞襄帷幄,谠论常闻。讵料永无晤对之期,十七年情怀付与逝水。呜呼,卿之不幸,实朕之不幸也!"复谕曰:"协办大学士杜受田秉躬端正,砺节直清,经术渊醇,体用兼备。蒙皇考宣宗成皇帝特达之知,由词臣视学山西,特召还朝,旋入直上书房,为朕讲习讨论,十馀年中,日承启迪,获益良多。嗣经荐历正卿,忠勤益懋。朕亲政后,加太子太傅衔,以刑部尚书协办大学士,特命管理礼部事务。每召见时,于用人行政、国计民生,造膝敷陈,深资匡弼。前因丰工尚未堵合,江南、山东两省穷黎,急需赈恤,宵旰焦劳,难安寝馈,特派前往查办。叠据途次驰报,东南赈务,均已布置周妥。念其触暑遄征,心力交瘁,正切惓怀,而前后奏折中总未自陈病状。乃本日怡良等驰奏,杜受田竟以感受暑湿,触发旧患肝证,于本月初九日遽至不起。披览遗章,不觉声泪俱下,悲痛实深! 回忆书斋景况,如在目前。奉使陛辞,情尤眷恋。方冀赞襄帷幄,谠论常闻,讵料相睽两月,晤对无期耶? 着赏给陀罗经被,由驿发往。加恩晋赠太师大学士,入祀贤良祠,即照大学士例赐恤。任内一切处分,悉予开复。应得恤典,该衙门察例具奏,并赏银五千两,经理丧事。灵柩回京,沿途地方官妥为照料护送,准其入城治丧。届时朕当亲临奠醊,用申悲悃。伊父头品顶带、前任礼部侍郎杜堮,年届九旬,猝闻此信,定深悼痛。着派恩华即日前往看视,并赏给人参十两,以资调养。伊子杜翰,着俟服阕后,加恩以庶子补用。伊孙三人,均着加恩赏给举人,准其一体会试。以示朕怆怀旧学、恩眷优加之至意。”又谕曰:“朕念杜受田之父杜堮,年近九旬,在京就养,猝闻伊子差次病逝,自必伤感逾常。伊孙杜翰现任湖北学政,惟伊次孙杜翻一人在京,若前往清江奔丧,则伊祖杜堮膝前乏人侍养,朕心实深廑念。着传旨令杜翰即由湖北驰往清江浦,扶柩回京。杜翻即在京侍奉,毋庸前往,以示体恤。”

寻赐祭葬,谕曰:“据礼部查明应得恤典,奏请予谥。因思杜受田品端学粹,正色立朝。皇考宣宗成皇帝深加倚重,特简为朕师傅。忆在书斋,朝夕纳诲,凡所陈说,悉本唐、虞、三代圣贤相传之旨,实能发明蕴奥,体用兼赅。朕即位后,周咨时政利弊,[二]民生疾苦,亦能尽心献替,启沃良多。嘉庆年间,大学士朱珪仰蒙皇祖仁宗睿皇帝鉴其品节,特谥文正。杜受田公忠正直,媲美前贤。揆诸谥法,实足以当‘正’字而无愧。毋庸俟内阁拟请,着即赐谥文正。其馀一切恤典,均着照礼部所请办理,用示朕眷怀旧学、崇锡令名至意。”九月,谕曰:“原任协办大学士、赠太师大学士杜受田灵柩现已到京,着派恭亲王奕訢带领侍卫十员,即日前往奠醊。朕于十月初四日,亲临赐奠。"十月,上亲诣赐奠,谕曰:"昨日朕亲临杜受田宅奠醊,抚棺洒泪,悲悼实深! 并见其门庭卑隘,依然寒素家风。追念遗徽,益增感怆。当日召见伊父前任礼部侍郎杜堮,令其两孙杜翰、杜翿扶掖起跪,精神尚可支持。惟年届九旬,遭此惨痛,何以为情? 杜堮前已赏给头品顶戴,着再加恩赏给礼部尚书衔,其勉自排遣,加意颐养,以慰朕念。将来杜受田灵柩起程回籍时,着派恭亲王奕訢前往祖奠目送,并着沿途地方官照料,护送到籍,用示朕笃念旧学、有加无已至意。"

三年二月,上临雍礼成,谕曰:"原任协办大学士、晋赠太师大学士杜受田,于道光十六年蒙皇考简用上书房师傅,与朕朝夕讲贯,发明唐、虞、三代心传,十馀年间,敦诲不倦。[三]朕亲承启迪,获益良多。即位后,咨访古今政治利弊,暨民生疾苦,无不尽心匡弼,献纳嘉谟。倘能久在左右,于时事艰虞,尚冀多所补救。本日临雍讲学,追思曩日讨论之功,宜沛恩施,以昭笃眷。杜受田之父杜堮,前已赏加礼部尚书衔,着再加恩,赏食全俸。杜受田灵柩尚未归里,着派惇郡王奕誴前往赐祭一次,用示朕崇儒重道至意。"四月,谕曰:"赠太师大学士、原任协办大学士杜受田灵柩回籍,前经降旨派恭亲王奕訢前往赐奠目送,并着沿途地方官妥为照料护送。兹闻初四日起程回籍,着加恩于到籍后赐祭一坛,派散秩大臣承志前往祭奠,以示朕笃念师儒、有加无已至意。"

子翰,工部左侍郎;翿,兵部右侍郎。孙庭琛,翰林院编修;

庭珏,钦赐举人,三品荫生;庭璆,钦赐举人。

【校勘记】

〔一〕道光二十二年给事中李莼奏请准增生附生报捐　原脱"附生"二
字。今据杜受田传稿(之三六)补。

〔二〕周咨时政利弊　"周"原误作"用"。今据显录卷六七叶一五
下改。

〔三〕敦诲不倦　"诲"原误作"敏"。今据显录卷八四叶四三上改。

　　汤金钊

　　汤金钊,浙江萧山人。嘉庆四年进士,改翰林院庶吉士。六
年,散馆,授编修。十二年,充顺天乡试同考官。十三年三月,高
宗纯皇帝实录、圣训告成,金钊以历充协修、编修、总纂议叙,遇
有应升之缺开列在前。四月,命在上书房行走。闰五月,丁母
忧。十五年,服阕,充文颖馆总纂。十六年五月,迁侍讲。十二
月,提督湖南学政。时前任学政徐松被参卖书渔利等款,经钦差
工部左侍郎初彭龄审明得赃属实。十七年三月,金钊偕巡抚广
厚遵旨察封徐松任所资财,并将各书籍详细磨对,实无自作诗
文,亦无违悖字迹。奏入,报闻。九月,偕广厚奏请添设永顺府
保靖县苗童学额一名,下部议行。十八年,迁国子监祭酒。

　　十九年五月,升詹事府詹事。六月,署文渊阁直阁事,充日
讲起居注官,稽察右翼宗学。十二月,擢内阁学士,兼礼部侍郎
衔。二十一年四月,复命在上书房行走。闰六月,充江南乡试正
考官,旋授江苏学政,具折陈谢,朱批:"教育士子,易俗移风,勉

之毋忽！”九月，奏报到任，又奉朱批：“<u>江苏</u>士子不患无才，但须培德，勿把持公务，勿华而不实。经学为本，词藻次之。勉力训诲，务得真才，以佐国政。”<u>金钊</u>即敬谨阐扬，通谕各属，俾乡僻士子共见共闻，咸喻圣意，[一]并具疏奏闻。复得旨：“才以德为基，礼门义路，士子必宜躬行实践，勉力造就，毋忽！”二十二年三月，升礼部右侍郎，仍留学政任。四月，<u>江阴县</u>有会匪煽惑乡愚，以修善获福为说。<u>金钊</u>著<u>福善辨</u>，刊行晓谕，录稿奏闻，朱批：“所著<u>福善辨</u>，简明透澈，可警痴愚，亦教化之一助也。”二十三年，以<u>徐州府</u>各属武风视文风较胜，生童内有强悍不驯者，以法绳之。奏入，得旨：“文武不可偏废，皆宜时加训迪。”

二十四年，回<u>京</u>，仍在上书房行走。二十五年九月，调吏部右侍郎。十二月，充经筵讲官。时吏部尚书<u>英和</u>以各省府、州、县养廉不敷办公，取给陋规，日益加增，奏请查明分别应存应革，定以限制。命下各督抚体察情形议奏，<u>两江总督孙玉庭</u>、<u>四川总督蒋攸铦</u>、<u>礼部尚书汪廷珍</u>、<u>山西学政陈官俊</u>先后奏寝其事。<u>金钊</u>疏言：“陋规皆出于民，地方官未敢公然苛索者，恐上知之而治以罪也。今若明定章程，即为例所应得，势必明目张胆，求多于额例之外，虽有严旨，不能禁矣。况名目碎杂，各处不同，逐一清查，难得真确，易滋纷扰。无论不当明立章程，亦不能妥立章程也。吏治贵在得人，得其人虽取于民而民爱戴之，不害其为清；非其人虽不取于民而民嫉雠之，何论其为清。有治人无治法，惟在各督抚举错公明，而非区区立法所能限制。”奏入，谕曰：“昨已降旨停止清查陋规矣。幸朝有诤臣，连章入告，使朕胸中黑白分明，而又无伤于政体，朕不胜欣悦之至！<u>汤金钊</u>着交部议叙。”

道光元年二月,兼署户部右侍郎,兼管钱法堂事务。五月,复兼署户部右侍郎。时两江总督孙玉庭条陈漕务,议请八折征收,江苏学政姚文田、御史王家相俱奏寝之。金钊遵旨偕军机大臣及户部会筹奏覆,复疏言:"康熙年间,奉有永不加赋之明诏,是培养国脉,我大清亿万载无穷之至计也。前漕臣蒋兆奎议加征耗米一斗,督臣费淳议每石加增公费六分,均经户部以事类加赋奏驳在案。今虑其浮收,定为八折征收,名为限制甚严,而实不足以限之。盖前此丝毫不准浮收,而浮收过甚者,且到处皆然。况准其略为浮收,则不肖者益无顾忌,势必至昌言于众,以为功令不禁浮收,而浮收过甚者必多于前矣。此虽告之以收逾八折,即予严参,然前此逾额者,何尝不干严办,而浮收者不闻为之减少,独于新定之额恪遵而不敢逾,此臣之所不敢必也。〔二〕在督抚奏定八折之后,不虑控告浮收,在州县收逾八折,纵有发觉,皆藉为例取而巧脱其罪。其自为谋诚属至便,特限制仍同虚设,徒为盛朝开加赋之端,臣窃惜之!"奏入,上复命江、浙督抚妥议,寻议覆所言不可之处属实,而八折兑收之议遂寝。

六月,充江南乡试正考官。八月,以吏部事务较繁,命不必在上书房行走。十一月,复兼署户部右侍郎,兼管钱法堂事务。先是,江苏铜山县北河渠,乾隆二十年开浚,计长七十馀里,以疏运河。嘉庆年间,因减泄黄水,渐致沙淤。每遇岁潦,北乡苦之。金钊差旋,道经铜山,询知被潦原委,并以知县高攀桂有重浚之议,奏入,〔三〕下两江总督孙玉庭等议行。二年正月,充国史馆副总裁。三月,充会试副考官,调户部右侍郎,兼管钱法堂事务。闰三月,兼署吏部右侍郎。时户部议令京仓以放代盘,经仓场侍郎莫晋奏参盘查易滋纷扰,金钊既遵旨于户部公折画稿奏覆,复单衔疏言:"仓储不宜清查,户部折内所称以放代盘之说,实未见盘查之利,不敢扶同称为良法美意。惟前议覆时,随同画稿,未能先事独抒己见,应请议处。"上以仓储如何不宜清查之处,亦未切实陈明,命再明白回奏。寻奏言:"不盘查则不亏短,若盘查而不认真,即新旧牵混;若认真盘查,即难保无亏缺。"疏入,上以其首鼠两端,殊失协恭和衷之义,降二级留任。旋于次年元旦恩予开复。九月,充武乡试正考官。

三年二月,上释奠于文庙,命偕吏部尚书卢荫溥等充分献官。七月,兼署吏部右侍郎。旋丁父忧。六年正月,服阕,署礼部右侍郎。三月,充会试副考官。六月,署仓场侍郎。七月,兼署工部右侍郎,兼管钱法堂事务。复命在上书房行走,授隐志郡王奕纬读。旋授户部左侍郎。十二月,大兴县民陆有章等呈请于宛平等五州县开采银矿,户部奏闻,〔四〕上以附近易州风水所关,户部率行具奏,将尚书英和等下部分别严议、议处,金钊降二级留任。七年六月,以通州民佃王文弼等向都察院递封章,控告协办大学士英和家人张天成等增租扰累,偕大学士托津、曹振镛等遵旨集讯属实,奏将两造分别治罪如律。英和坐徇隐夺任,并下部严议。七月,升都察院左都御史。

十月,升礼部尚书。寻以山西猗氏县民阎克己京控知县违例勒罚毙命,教谕、典史串诈得赃,命偕刑部右侍郎钟昌前往查办属实,请将猗氏县知县张珍桌等夺职,署巡抚福绵失察,下部议处;赵城县知县杨延亮于孟兰锁殴毙重案,率以失足落沟详结,经其舅孟得陞怀疑捏指正凶,赴京具控,金钊等遵旨集讯伤毙属实,请将杨延亮议处,另缉正凶:均从之。十二月,充经筵讲官。八年三月,以给事中托明奏参直隶怀来县知县、典史藉差苛派,并委员勒结等款,遵旨前往查办。寻讯明原参多无确据,惟该县办差发价采买柴炭等项,书差相沿克扣,典史署向无采买成案,亦相率收取,奏请裁革,并将知县吕崇修、典史周振恒分别议处,允之。八月,以回疆底定,扬威将军大学士公长龄等凯旋,赐宴,金钊与焉。十月,赐紫禁城骑马。

寻以四川三台县民刘用遵、邛州民胡占魁、大邑县民张玉秀、越巂厅民徐元学、巴县民张正德等京控各案,遵旨偕署工部右侍郎钟昌前往查办,或鞫审得实,或虚实参半,或砌词捏控,俱先后分别奏办如律,下部议行。九年四月,回京,行抵陕西褒城以湖广总督嵩孚等奏湖北署房县知县王纲于群殴致毙之案,误作伙劫,扶同郧县典史张绍宗诬良为盗,经郧阳府知府李義文平反,犹复狡执抗延,金钊偕钟昌折往湖北讯实定谳,奏请将王纲、张绍宗分别夺职遣戍;又已革荆州水师营守备张湖因查盐起衅,与前任四川学政潘光藻互讦,金钊等讯明张湖砌词挟制,奏请夺职,其搭帮船只夹带私盐,潘光藻坐失察,下部议处:均如所请行。六月,命充上书房总师傅。八月,上诣盛京谒祖陵,命留京办事。

十月,闽浙总督孙尔准、福建巡抚韩克均以交代未清之署福州府、粮捕通判候补知州张腾禀揭督抚家丁收受门包,并砌款牵控各厅县,及在籍大员,奏请钦差大臣查办,得旨,夺张腾职,命金钊仍偕钟昌前往,寻讯明张腾系砌款讦控,奏请从重遣戍,其门包一款,讯只于署粮捕通判任内送督抚门丁各二次,计每处八十八两,孙尔准、韩克均均俱坐失察议处,并请申严例禁,允之。十年六月,户部假照案发,命偕兵部尚书那清安等会同户部,将嘉庆二十一年以后库收小票,暨每日江南道磨对原册查核。寻查出捐册内有册内无名稿内窜入者;有册内有名稿内无名者;有单名改作双名者;并涂改总数各情弊,先后奏交刑部归案审办。九月,仁宗睿皇帝圣德神功碑告成,命金钊祭告昌陵。旋调吏部尚书,十月,兼署户部尚书。以前在户部任内失察假照六百二十一名,降四级留任。

十一年正月,充经筵讲官。二月,署翰林院掌院学士。五月,命降补兵部右侍郎。十二年,署户部右侍郎,兼管钱法堂事务。旋充江南乡试正考官。十三年正月,调户部左侍郎。三月,充会试知贡举。四月,升都察院左都御史。十月,升工部尚书。十四年二月,兼署吏部尚书,寻实授。旋充国史馆副总裁。三月,上谒西陵,命留京办事。九月,候选道淡春台向吏部司员谋缺贿托案发,金钊坐失察,降四级留任。十五年三月,兼署工部尚书。八月,充顺天乡试正考官。

十六年三月,以御史许球奏参陕西巡抚杨名飚关防不谨、牟利勒捐、废弛捕务各款,命偕户部右侍郎文庆前往查办。寻查明杨名飚被参各款,尚无赃私情弊,惟失察家人与铺户交结往来,不禁属员眷属出入衙署,于一家四命重案,不知速理,凶犯日久未获,缉捕松懈,奏请下部严议。五月,以通政使司参议刘谊奏请清查四川捐输及军需银款,命偕文庆由陕赴蜀,调取簿册清查无误,又四川布政使及各州县被参交审各案,大竹县知县郭梦熊于差役酿命,朦详开脱,广元县典史董秉义诈赃酿命,知县春明既失察又准拦验,巴县知县杨得质收受寿礼,违例科罚,江安县知县夏文臻不洽舆情,资州知州高学濂、署资州知州薛济清、隆昌县知县刘光第办理津贴不实不尽,均先后讯明,奏请分别科罪有差。前任四川布政使李羲文前在峨边军营供张华靡,迨凯旋,趾高气扬,致招物议,其滥保多人,经总督鄂山驳减,仍对众肆言以市己恩,任性乖张,并请严议;其已经告病之涪州知州杨上容及江津县知县郭彬图系金钊门生,查无赃私劣迹,并奏言:"嫌疑之际,物议易生,敢不从严根究。惟虚实是非,自有公论,亦无从周内,藉为远嫌地步。"疏入,朱批:"事若秉公,问心无愧,何恤人言?不避亲,不避怨,古人曾言之也。勿生疑虑,摅诚报称,朕所望焉。"

九月,由蜀回陕,复以杨名飐奏参署按察使督粮道李廷锡任性挟制,李廷锡亦禀揭研审紫阳县一家四命案,究出知县郭思仪刑求逼供,知府赵廷俊徇庇捏详,杨名飐因与赵廷俊同乡,嘱为设法消弭,并遵谕将杨名飐干没工赈、袒护同乡各款查奏。寻奏杨名飐于西岳庙工含混巧饰,且于临潼、富平等缺,将同乡谢长年等调补,详审得实,上命夺杨名飐职,其与李廷锡参讦一款,狡词抵赖,复经金钊等奏闻。谕曰:"杨名飐辜恩溺职,殊出情理之外。业经革职,着毋庸议。倘再不知自愧,哓哓渎辩,必当重治其罪。"是月,署陕西巡抚。寻以葭州等九州县被霜雹歉收,奏请分别蠲缓,允之。十七年正月,京察届期,上以金钊品学醇正,奉使公明,下部议叙。二月,回京。三月,署翰林院掌院学士。上奉皇太后幸丫髻山,命留京办事。十一月,以御史张秉德奏参直隶万全县知县陈学源贪婪各款,遵旨前往查办。寻讯明陈学源听从门丁,向各铺户借贷,虽已清还,究属不知闲检,又滥行派买兵米,奏请夺职遣戍,允之。

十八年二月,以山西已革捐纳知县晏象和因钱债细故,辄罗织多人,砌款京控,并讦巡抚申启贤瞻徇年谊,命偕兵部右侍郎惠吉前往查办。寻讯系虚诬,奏请将晏象和治罪。闰四月,充教习庶吉士。五月,命以户部尚书协办大学士,偕军机大臣大学士穆彰阿等议覆两江总督陶澍等预筹积储一折,疏言:"据原奏筹备天庾积储,总宜设法办理。请嗣后遇江南各省大熟之年,粮价平减,即酌量采买,委员由海运解。其米本等项,即于灾缓截留案内查核融办,应如所请。惟米价尤须查明,嗣后应令该督等察看情形,遇年丰谷贱,可以采买,即饬查市谷粮价,以制钱合照纹银时价估报,并估定上海运至天津,由津运通脚价,详悉奏明,请旨由户部拨银办理。至节年灾缓等款,虽非新赋,届限既应带征带解,即系正供应有之项,未便听其融办。"允之。

八月,兼署吏部尚书,九月,实授。十月,以安徽凤阳府属生童赴庐凤颍道署滋闹,经学政王植奏闻,命偕刑部左侍郎吴文镕前往查办。[五]十九年正月,讯属实,请照例惩治,并以庐凤颍道胡调元办理未善,及失察之凤阳各属教职,奏请分别议处;又遵旨将旌德县民金贵保京控命案,讯出赖债装伤、受唆诬告各情,奏请治罪如律:俱下部议行。二月,复偕吴文镕遵旨赴浙江将御史高枚所参各员查办,寻讯明前任嵊县知县何瑞榴失察革书恋缺影射,门丁敛分受贺,署杭捕同知韩绍晋虽无劣迹,官声亦属平常,均奏请夺职,允之。先是御史周春祺奏江南漕弁养匪害民,伍长盗米病丁,并劾江宁布政使唐鉴于江宁省城为女建祠,任令胞弟唐紫玖署外居住,恐有属员夤缘钻刺情弊。三月,金钊复遵旨前往查明,将武弁运丁分别惩办,唐鉴之弟无倚势招摇劣迹,查省城有唐鉴之故父祠堂,其女有坟无祠,惟任令其弟在署外居住,应请交部议处,如所请行。又以江南河道总督麟庆奏请兴修惠济、福兴两闸要工,金钊顺道勘实奏覆,允行。

是月,御史蔡家玕奏河工赔项逾限不完,新定处分过于宽纵,并指参办理此案,全系金钊一人在工部、吏部尚书任内,有徇私错谬情弊,金钊回京途次,遵旨以前议处分章程非一人所能专擅,至所称徇情回护请托不敢置辩,惟求查办,具疏奏覆。嗣蔡家玕又遵旨回奏情托本属机密,岂有实据,并声称前在工部司员任内回此稿时,欲将稿底送与管理工部之大学士曹振镛阅看,经金钊阻止等语,上复命金钊据实具奏。寻奏言:"此案蔡家玕拟稿面回时,因原案处分,业经吏部奏定加重,且总督及属员一律办理,亦多窒碍,未便率行具奏,令其回明各堂官商酌是实。"谕曰:"此案处分轻重,原应权衡至当。汤金钊于司员拟稿面回时,即当亲与各堂官商榷,何以令司员转回各堂?且亦不应遽断难行。蔡家玕于汤金钊听受请托,[六] 既未能指出实据,复以事隔多年,忽行陈奏,亦有不合。汤金钊、蔡家玕均交吏部、都察院分别议处。"金钊降二级留任。先是,景陵茶膳饽饽房纵火要犯,八年之久未经缉获。至是,守护东陵镇国公宗室景纶等有意邀功,工部郎中宗室敉功等迎合见好,辄将形迹可疑之人煅炼入奏,经刑部平反,得旨,将景纶等交宗人府及吏、兵二部严议。部议敉功等承审不实,奏请降调。上以吏、兵二部堂官于特交严议之案,并不将全案情节及误入人罪,详细核议,率以尚未成招一语巧为开脱,交各衙门议处。金钊降四级留任。五年五月,偕宗人府宗令肃亲王敬敏等奏议鸦片烟吸食、兴贩及官员失察、胥役贿纵、商舶窝藏、关津偷漏、棍徒冒充官人、奸民栽赃诬陷各罪名三十九条,得旨允行。八月,命查三库,兼署户部尚书。二十年正月,理藩院收存西藏商上喇嘛银两案发,遵旨偕定郡王载铨等鞫实,奏将尚书宗室奕纪夺职遣戍。自嘉庆十九年至是年历充会试覆试阅卷大臣三次,殿试读卷官四次,朝考阅卷大臣五次,庶吉士散馆阅卷大臣、考试学正学录阅卷大臣各二次,拔贡朝考阅卷大臣、考试试差阅卷大臣、考试汉教习阅卷大臣各一次。自十九年至是年八月,三次释奠于文庙,命金钊行礼。十月,上谒西陵,命留京办事。

　二十一年,复署翰林院掌院学士。先是二十年,金钊将吏部员外郎陈起诗派送仓差,陈起诗以现有监稞土米差使,呈请改派,当即应允,并将呈词内堂标日期挖补发还,谕令无庸再向各堂呈递。至本年陈起诗闻复保送,遂指名在部讦控,以上挖补日期之原呈为据,经吏部尚书宗室奕纪奏闻,金钊遵旨明白回奏,并军机大臣传询陈起诗得实,均下都察院严议。寻议入,上以陈起诗擅递呈词,意图规避,照议夺职;金钊亦以错谬,降四级调用。二十二年,授光禄寺卿,具折陈谢,即以衰老吁请开缺,并声明家无住屋,仍寓京中,得旨俞允,赏二品顶戴。二十三年,户部银库亏短案发,金钊前经查库夺职,并勒限罚赔,嗣于限内如数完缴,得旨开复。二十九年,孝和睿皇后升遐,上居苫次,金钊具折请安,赏头品顶带。咸丰元年,以捐备军饷,下部优叙。四年,以乡试中式,年届周甲,谕曰:"头品顶带致仕光禄卿前任吏部尚书协办大学士汤金钊系乾隆甲寅科举人,现在年逾八旬,重遇鹿鸣,允宜特沛恩施,以昭荣遇。着加恩赏太子太保衔,并颁给御书匾额,准其于明年乙卯正科,就近在顺天府重与鹿鸣筵宴。"

六年,卒。遗疏入,谕曰:"头品顶带致仕光禄寺卿汤金钊立品端方,学问醇正。由翰林荐擢正卿,协赞纶扉。叠司文柄,供职恪勤。嗣因降补后奏请休致,蒙皇考宣宗成皇帝赏给二品顶带,复赏加头品顶带。朕御极后,因其重与鹿鸣筵宴,赏加太子太保衔。方冀克享遐龄,长承渥眷,兹闻溘逝,轸惜殊深! 着派载崇带领侍卫十员,即日前往奠醊,加恩照尚书例赐恤。任内一切处分,悉予开复。应得恤典,该衙门察例具奏。伊孙大理寺评事汤学淳,着俟服阕后,交吏部带领引见,用示朕笃眷耆臣至意。"寻赐祭葬,予谥文端。

子宽,陕西凤翔府知府;修,通政司副使。孙学海,员外郎;学治,山西岢岚州知州。

【校勘记】

〔一〕咸喻圣意 "意"原误作"谕"。今据汤金钊传稿(之三六)改。

〔二〕此臣之所不敢必也 "此"原误作"也",连上读。今据汤金钊传稿(之三六)改。

〔三〕奏入 "入"原误作"请"。今据汤金钊传稿(之三六)改。

〔四〕户部奏闻 原脱"闻"字。今据汤金钊传稿(之三六)补。

〔五〕命偕刑部左侍郎吴文镕前往查办 原脱"吴"字。今据汤金钊传稿(之三六)补。

〔六〕司员转回各堂且亦不应遽断难行蔡家玕于汤金钊听受请托 原

脱"司"至"于"。今据汤金钊传稿(之三六)补。

宗室敬徵

宗室敬徵,镶白旗人,和硕肃恭亲王永锡子。嘉庆十年,封不入八分辅国公,赏头等侍卫。十一年,授委散秩大臣。十七年二月,授正白旗汉军副都统。七月,署镶黄旗蒙古副都统。十八年,充正蓝旗宗室总族长。九月,兼镶黄旗护军统领。十九年八月,授镶黄旗护军统领。十月,授内阁学士,兼礼部侍郎衔。十二月,署正蓝旗满洲副都统。二十年四月,调正红旗满洲副都统。十月,授銮仪卫銮仪使。二十二年,以前在总族长任内失察宗室海康、庆遥等习红阳教革职,旋赏四品顶带,仍充总族长。嗣鞫实海康等从逆罪状,敬徵复革去顶带、总族长,发往盛京居住。二十三年,赏四等侍卫,在大门上行走。二十五年,命在乾清门行走。

道光元年二月,擢三等侍卫。三月,复赏四品顶带。二年二月,擢内阁学士,兼礼部侍郎衔。五月,署正白旗满洲副都统。八月,署刑部左侍郎。十月,授镶红旗汉军副都统。旋升工部右侍郎,兼管钱法堂事务。三年正月,调镶蓝旗满洲副都统,[一]寻兼总管内务府大臣。四月,奏言:"宝源局鼓铸钱文,物价较昔增昂,办公不无支绌。请将增复料钱一项,借给十五年,俾资调剂。即在增复款内分年坐扣归款。"允之。十月,管理圆明园八旗、内务府三旗事务。四年四月,管理钦天监、国子监及算学西洋堂事务。七月,调户部右侍郎,兼管钱法堂事务。五年三月,管理畅春园并咸安宫官学。六月,充满洲翻译录科考试官。[二]七月,充崇文门副监督。六年二月，管理右翼幼官学，充前引大臣。九月，转左侍郎。十二月，大兴县民陆有章等，呈请于宛平等五州县开采银矿，经户部据呈入奏，上以畿辅重地，且附近易州一带，讵可轻议开挖？户部堂官不加详察，率行代奏，敬徵随同画诺，降二级留任。七年三月，命承办万年吉地工程。九月，奏请添兵守护，得旨允行，并赏戴花翎，下部议叙。十二月，复兼署户部钱法堂事务。

八年三月，以长芦盐政阿扬阿奏筹归补帑课章程，命偕户部尚书王鼎前往查办。四月，疏言："芦商疲敝已极，本年应交正杂及带征银两，若令照限起征，商人力有不逮；若再量加展缓，是仍为苟且目前之计。伏思整饬鹾务，[三]首重年清年款，先将节年带款逐加厘剔，则现年正款不难清完。查原奏以道光二年以前未完银为旧欠，三年以后未完银为新欠，分别归补，系为缓旧征新，按年清款起见。惟所请以堰工加价二文，全数归商，实漫无限制。拟仍照道光五年奏案，以一半完商欠，俟新欠清后，再将旧欠抵完。至六七两年未完加价银两，于本年八月起，按半年一提，分五限征完解部。其八年春秋二季应征加价，令年内全完，以免延宕。又查芦商生息帑本内，有直隶水利银、赵北口水围备用银两款，均非岁需经费，应援照成案停利三年，限满后加一倍利完缴，其旧应拨缴息银，并停征三年，俟届限时将新旧拨缴各款，配匀带征，以恤商力。至近年芦商疲乏，不能豫买生盐存坨，新盐质嫩易消，致多卤耗。请准于每包定数外，加盐二十斤，免其交课，俾资贴补。"下部议行。七月，奏言："翻译同考官，向由各衙门申送，精通之员，为数无多，其揣摹夤缘之弊，不可不防。

拟请裁撤,专令阅卷大臣全数校阅,以杜弊端。"从之。

九年七月,调正红旗满洲副都统。时上诣盛京,恭谒祖陵,敬徵偕尚书禧恩等奏言:"向来地方官借差苛派,指称内廷支应款目,例外需索,无非借此开销,弥补亏欠。应请命顺天府尹、直隶总督等饬属革除,一经发觉,俱照新例治罪。"从之。十月,赏穿黄马褂,并管理上驷院事务。十二月,充右翼监督。十年三月,署泰宁镇总兵,兼总管内务府大臣。十月,以失察捐纳房书吏蔡绳祖等私造假照,降四品顶带留任。十一年二月,命偕工部尚书穆彰阿恭办龙泉峪万年吉地工程。八月,恭遇上五旬万寿,赏还二品顶带。十二年正月,署经筵讲官。十月,以南河于家湾奸民盗决官堤,〔四〕命偕工部尚书朱士彦前往查办。十三年正月,奏言:"于家湾正坝合龙,惟坝下尚未闭气,西坝亦间有蛰矮。"得旨:"赶紧加镶,追压坚实,不得稍有迟误。"又奏劾已革通判张懋祖赔修坝工,仍不认真,致损坏更甚,请在工枷号,责令迅速赔修。上是其议。

时江南河道总督张井以河湖各工残损,奏请分别估办,命偕朱士彦就近覆勘。寻疏陈择要兴修各款:一、高堰、山盱所属卑矮石工,俟新工赔补后,改砌碎石,分年核办;一、旧信坝补还石工,智坝、仁河义河坝俱填修石底,其坝下束水二堤,亦应补还缺口,一、里河福兴正闸塌卸情形较重,应令于本年赶紧修筑;一、扬河西岸加高,包砌碎石,并倒卸砖石各工,拟令改抛碎石:允之。先是,穆彰阿等审拟盗决案犯,经部议驳,命敬徵等核审。至是,以奸民陈堂等听从逸犯陈端纠众挖堤,应比照光棍为从例问拟,听纠及被胁各犯,应分别量减,其疏防各官,均请从重发往军台，以为玩视河防者戒。奏入，下部议行。

时淮北纲盐积年滞销，两江总督陶澍议票引兼行之法，奏请试办，已奉谕旨，御史周彦以票盐利枭而不利课，其可虑者有三，入奏，复命敬徵会同陶澍体察情形，通盘筹画。寻奏言："票盐纳课，迥异于场灶之起征，于课并无不利。原奏以借官票运私盐，为一可虑；查淮北民贩挨次到卡抽验，人人各顾资本，固无不遵约束。至兵役贿庇，有犯必惩，亦知儆惕，似无可虑也。又以销滞岸侵畅岸为二可虑；查本年七月以后，商贩请运逾额，实由趁水赶运，且票盐成本轻减，得价即销；销数较多，其未改口岸不准请运，是畅岸即未侵及，似亦无可虑也。又以占马头起争斗为三可虑，查行票各岸听民请运，并不甲乙分占，极远滞岸，经委员领票倡导，民贩望风附从，各销各盐，无所争斗，似皆无可虑也。"得旨，仍照原议妥办。五月，升正红旗蒙古都统。十一月，赐紫禁城骑马。十四年正月，调镶黄旗汉军都统。二月，署都察院左都御史，七月，实授。

时浙江巡抚富呢扬阿以海塘各工渐多坍塌，奏请兴修，先后简派刑部右侍郎赵盛奎、原任东河河道总督严烺、盛京工部侍郎乌尔恭额等查议章程，意见互异。九月，命敬徵偕户部右侍郎吴椿前往会勘，折衷一是。十一月，奏言："此次修理塘工，前议由念里亭汛至尖山汛，于石塘外改镶柴工，尚能抵溜。惟塘身紧要，〔五〕应将坍卸石塘，即时修整完固。至镇海汛及戴家桥汛原议改建竹篓块石，虽系前人成法，但自乾隆四十五年以后，查无办过成案，而保护鳞塘之法，以修复条石坦水较为得力。应请仍照旧法，惟各工未能同时并举，请将乌龙庙以东原奏增建鳞塘工程,暂为推缓,俾得专办要工。"允之。旋召回京,升兵部尚书,复调工部尚书,进内大臣班。十五年正月,充文渊阁提举阁事。三月,复兼署都察院左都御史。闰六月,以奉移孝穆成皇后、孝慎成皇后梓宫至龙泉峪,钦天监诹吉未协。谕曰:"敬徵管理钦天监有年,于诹吉宜忌,素为熟谙。此次所择奉安日期,纰缪至此。且经朕指出,并不具折请罪。种种荒谬,实属辜恩溺职。着革去尚书、都统及一切差使,拔去花翎,赏给三品顶带,留内务府大臣,并仍管钦天监事务,以观后效。"九月,以龙泉峪工程妥善,复二品顶带,并赏还花翎。十二月,授镶红旗满洲副都统。十六年三月,复署户部右侍郎,兼管钱法堂事务。五月,擢镶红旗蒙古都统。七月,复署都察院左都御史,九月,实授。十一月,授内大臣,寻迁工部尚书。先是,东河河道总督栗毓美奏砖工屡着成效,请设窑烧造,已得旨准行,御史李莼疏陈其不便。十七年五月,命敬徵赴东河查办,并令李莼随同往勘。七月,奏言:"河臣议多办砖工,以期减埽节费,现经履勘,其抛成蛰定之工,尚属整齐。惟是密采舆论,皆谓水浅溜缓之处抛砖压石,以及保滩护崖,均堪得力。至水深溜急之处,有砖石并用,始站定者,有屡抛屡塌,改用埽工,方稳固者。用砖抢办险工,未可深恃。夫治河之法,不外以土制水,镶埽以料合土,取其柔能抵刚。碎石质重体坚,取其刚以济柔。砖本土成,可济料石之不足。今旧砖搜尽,势须烧造。但沿河土性沙咸,断难坚实。且近堤例有取土之禁。近料宜防意外之虞,应请停止。"又言:"烧砖已停,应以改办碎石为急务。请自本年始,将豫提防险银十万两,尽数采办碎石,限明年伏汛前运工。其旧例于添料银十万两内,以六成购石,仍照常发办。"如所请行。十八年正月,充经筵讲官。四月,命管理新建营事务。闰四月,兼管造办处。时长芦革商金易呈控纲总牵涉运司文纶支发扣平等款,经盐政钟灵参奏,上命敬徵往按之。寻讯明革商金易欠银既未完纳,复砌词禀讦,意存挟制,按问如律。五月,调镶黄旗汉军都统。六月,充镶黄旗宗室总族长。十一月,调镶红旗满洲都统。十九年三月,以裕丰仓关领甲米,花户舞弊,经领催等呈验米色,与廒内不符,奏请交刑部审办,从之。二十年正月,佩带内务府总管大臣印钥,并管理新建精捷营事务。三月,兼署户部尚书。七月,兼署兵部尚书、吏部尚书。二十一年三月,命管理行营事务,并署镶黄旗领侍卫内大臣。四月,奏劾内务府护军统领广敏挑缺不公,上命褫广敏职。五月,调户部尚书。六月,奏言:"公主下嫁章程,请将府第长史一员,由现任员外郎、内管领、副管领选补,头等护卫一员、二等护卫二员,由内副管领、骁骑校、护军校选补,均令食原俸,毋庸开缺,允之。八月,充崇文门监督。二十二年八月,江南扬河漫口,河道总督麟庆以黄水归海,流行未定,议堵议改,骤难决计。奏入,命偕工部尚书廖鸿荃前往详勘。十月,奏言:"改河之议,原属因势利导。今查灌河海口至萧庄口门三百六十馀里。新河正溜,由六塘出达灌口,其下游东北一百十里,滔滔直注。惟当潮长之时,黄水相逼,壅遏不前;而上游自口门至响水口二百馀里,其支流忽分忽合,必须南北两岸筑堤束水,方免泛滥之虞。但两岸堤长三百馀里,经费既虑难筹,而漕运尤关紧要。现在中河运道被黄流横截,不得不移塘灌运,而清水本弱,导入无多,仍赖借黄济运。空船且引转需时,想重运更形艰滞。是移塘中河不过一时权宜之计,设使常年照办,水势艰难,似于运道有碍。至若旧黄河自萧庄以迄旧海口四百二十馀里,尾闾本属宽畅。自本年漫口断流,河身益淤,非大加挑浚难望深通,〔六〕择其利漕便民者,惟堵筑漫口,挽归故道。虽堵口挑河等费,约需银五六百万两,然较改河筑堤,节省实多。请俟明岁春融兴工,挑挖淤垫,再俟军船回空后,筑坝合龙。庶拨款既可宽纾,而工程亦臻稳固。"得旨允行。是月,回京,命以户部尚书协办大学士。寻以失察内务府库掌珽璋等私造印信冒领库款,革职留任。十二月,疏言:"京察届期,请将内务府署卿、司员,由总管大臣明定等第,一体注考。其三院卿员,将履历咨送吏部,随各衙门京堂一体带领引见。"如所议行。〔七〕二十三年正月,奏言:"各衙门人役出入禁门,向由内务府颁发腰牌,惟未注明某处人役,不免私相换带。请照原设腰牌添注各处人役名目,另铸火印戳记,颁发佩带。自本年二月,一律更换,以示区别而重门禁。"允之。三月,户部银库亏短案发,敬徵曾任查库大臣,以失察按坐如例,上仍命敬徵偕定郡王载铨等严行查办,设法弥补。四月,议奏历任管库查库王大臣及御史、司员等,查明年分次数,分别罚赔,并拟将库支各款,减平兑放,以节经费,均从之。六月,命赴南河,偕户部右侍郎何汝霖查勘大工事宜。行抵山东,以豫省中河厅九堡漫口,夺溜南趋,谕令折回前赴东河查勘。闰七月,奏参失事已革通判王葵初,请在工所枷号,上是之。时以两河连年漫溢,制用甚繁,经部议准于东河暂开捐输,御史雷以諴奏请兼准交纳粮石料物,按银折算,御史李恩庆奏请制造纸钞,发工次招商民交给,均饬交敬徵等悉心妥议。寻奏言:"向来设厂购买稭料,克期足额,若令捐生交纳,既不如交银之便,且市价靡常,折算无准,事属难行。至所称捐纳米麦杂粮,系储备民食起见,惟运赴工次,及交附近各州县存放,易滋流弊,应饬令愿捐粮石者,由藩司查核,归入捐输款内议叙,以为赈济灾黎之用。至楮币之法,起于唐之飞券,〔八〕宋、元以来,始有交子、会子、宝钞之制。前明洪武时行钞法,数年即坏。今需用孔亟,若待部颁印钞,招募商民,交钱应用,实缓不济急。且事涉创办,商民未必乐从。所奏应毋庸议。"又言:"近年黄河中满滩面积淤愈高,堤身日形卑矮,以致东南两河叠次失事。现估实坝工挑河银数,共需五百十八万馀两,比祥工较省。"均得旨允行。二十四年,敬徵六十生辰,御书"龙"字、"福"、"寿"字,并诸珍物赐之。二十五年正月,奏言:"河南兰陵县下北河厅之庙工地方,系北岸七厅适中处,请令河臣常川驻扎,庶于上下游控制得宜。"寻河道总督钟祥疏称不便,谕曰:"河工修防紧要,必需酌量变通,以期周密。嗣后着该河督于伏汛前半月迁驻庙工,先时布置,立冬后回济。"二月,以滥保驻藏大臣孟保、副都统,命革去协办大学士、尚书、都统,以内阁学士候补。三月,补内阁学士,兼礼部侍郎衔。四月,授正黄旗汉军副都统,并管理圆明园事务,寻擢工部尚书。八月,因病陈请开缺,允之。二十六年,又以滥保科布多参赞大臣果勒明阿副都统,褫职。三十年,赏副都统衔,署正白旗满洲副都统。仍因病久未痊,叠次奏请开缺,俱赏假调理。

咸丰元年,卒。遗疏入,谕曰:"署正白旗满洲副都统,宗室敬徵,在嘉庆年间,曾任内阁学士,复由侍卫蒙皇考宣宗成皇帝加恩擢至尚书、协办大学士,管理诸务,倍著勤劳,旋经因事革职。朕即位后,念其平日办公,[九]尚属认真。赏给副都统衔,正思加恩任用,乃因腿疾未愈,两次赏假调理,宽予限期。方冀渐次就痊,可资倚畀,遽闻溘逝,悼惜殊深! 着赏加一品衔,照尚书例赐恤。任内一切处分,悉予开复。应得恤典,该衙门察例具奏。伊子文举人恒恩,着俟百日后,由该旗带领引见。”寻赐祭葬,予谥文憼。

子恒恩,都察院左副都御史;孙盛昱,翰林院庶吉士。

【校勘记】

〔一〕调镶蓝旗满洲副都统　原脱“副”字。今据敬徵传稿(之二六)补。

〔二〕充满洲翻译录科考试官　原脱“满洲”二字。今据敬徵传稿(之二六)补。

〔三〕是仍为苟且目前之计伏思整饬醛务　原脱“是仍为苟且目前之计伏思”十一字。今据敬徵传稿(之二六)补。

〔四〕以南河于家湾奸民盗决官堤　“南河”原颠倒作“河南”。今据敬徵传稿(之二六)改正。

〔五〕惟塘身紧要　原脱“塘身紧要”四字。今据敬徵传稿(之二六)补。

〔六〕非大加挑浚难望深通　原脱“大加”二字。今据敬徵传稿(之二六)补。

〔七〕如所议行　“议”原误作“请”。今据敬徵传稿(之二六)改。

〔八〕起于唐之飞券　“起”原误作“见”。今据敬徵传稿(之二六)改。

〔九〕念其平日办公　“平”原误作“终”。今据敬徵传稿(之二六)改。

宗室奕经

宗室奕经，镶红旗人，和硕成哲亲王永瑆孙，多罗贝勒绵懿子也。嘉庆二十一年，由四品宗室赏头等侍卫，在乾清门行走，寻封二等辅国将军。二十二年八月，授尚茶正。九月，擢奉宸苑卿。二十三年二月，迁内阁学士，兼礼部侍郎衔。四月，兼镶蓝旗汉军副都统。十一月，命管理健锐营事务。二十四年，调镶蓝旗满洲副都统。

道光元年，兼正蓝旗护军统领。二年，充左翼监督，管理火器营事务。三年，坐失察惇亲王府人肩舆擅由神武门中门行走，夺护军统领，罢乾清门行走，仍下部严议。寻议褫职，上加恩留内阁学士任。四年六月，兼正黄旗护军统领，寻兼正白旗蒙古副都统。七月，以保举副护军参领那尔红阿箭射无准，复夺护军领。五年二月，署镶白旗护军统领。三月，复管理火器营事务。四月，升兵部右侍郎。十月，调正白旗满洲副都统。六年正月，充左翼监督，罢管理火器营。二月，署镶白旗护军统领。三月，充大挑举人大臣。八月，以恭纂仁宗睿皇帝圣训，命偕大学士托津、礼部尚书松筠校勘清文。十二月，兼正黄旗护军统领。

七年五月，调工部左侍郎，兼左翼总兵。闰五月，署步军统领。七月，充崇文门副监督。八年六月，兼右翼前锋统领。七月，署步军统领。九年正月，复命在乾清门侍卫上行走。二月，调左翼前锋统领。三月，上亲阅巡捕五营兵，部伍森严，技艺娴习，以奕经督率有方，下部议叙。八月，扈驾诣盛京，谒三陵礼成，加一级。十年，回部逸匪滋事，命偕钦差大臣大学士公长龄

驰往剿办。事旋平回京,调镶黄旗满洲副都统,迁吏部右侍
郎。[一]十一年九月,坐选补甘肃木垒营守备苏勒芳阿技艺生疏,
未能据实甄劾,下部议处。十月,转左侍郎。十一月,署户部右
侍郎,兼管钱法堂事务。十二年二月,管理上虞备用处事务。四
月,充庶吉士散馆阅卷大臣。十三年,充经筵讲官。十四年二
月,充崇文门副监督。七月,调户部左侍郎。九月,候选道淡春
台谋缺贿嘱吏部司员听情瞻徇案发,奕经以前任吏部侍郎坐失
察,降四级留任。十二月,授黑龙江将军。

　　十五年正月,调盛京将军,命覆勘永陵应修工程。六月,奸
匪张国才纠伙越边入围场肆掠,奕经饬属侦获之。得旨,下所司
按治,并命妥议围场章程。七月,奏陈六条:一、禁私铸鸟枪;一、
禁私藏火器;一、禁接济奸匪口米;一、添发木筹,派兵循环严查;
一、山犯加等治罪;一、解役疏脱贼犯,从重究治。报闻。八月,
奏请拨借库款,发商生息,为添设操防马匹经费;又请垫款买补
内仓米石,由历年兵饷分季扣还:俱如所请行。十一月,奏:"吉
林双城堡屯田,向由京旗拨丁往垦,报明立册稽察;其由金州拨
往者,亦如之。近来金州等处旗民,往往私行充丁帮作,请申定
章程,约束稽察,以免户籍牵混。"上韪之。

　　十六年二月,上以兴京、凤凰城所属边门以外,贼匪偷砍木
植,未能肃清。历年所获私木,旧禁发商变价,办理亦未尽善,命
奕经妥议章程具奏。寻奏言:"奸民罔知法纪,惟在边卡认真防
守,实力缉拿,而尤在杜其销售之源,严查财东窝主;更于山河要
隘,扼其转运之路,庶知所儆畏,日就肃清。至旧存边外木植,请
仍照前存放,其成材之料,可于内河挽运者,请遇盛京工部岁修,

拣选以资工用。其边内木植，应请招商估变。"得旨："筹议章程内严拿财东窝主一条，最为扼要。馀均照议妥办。"四月，奏言："巴尔虎自迁驻盛京，户口不蕃，所有添设巴尔虎佐领等，每遇缺出，不敷拣选，请将蒙古、巴尔虎佐领以下员缺，除巴尔虎世袭佐领二员外，照拣选协领例，蒙古与巴尔虎合并通选，以归画一。"下部议行。九月，以碗口等卡界内有匪徒偷挖窨坑，堵截鹿只，奏劾失察之统巡、总巡及守卡各员，并以碗口、辉发霍吞二卡伦地势辽阔，稽察难周，请将珠鲁蟒喀卡伦移向柳河身以东，择要安设，其各卡界内添派熟悉山厂协领一员，不时往查，从之。

　　旋授吏部尚书，兼步军统领、正红旗汉军都统。十一月，赐紫禁城骑马。十八年正月，命管理户部三库事务。四月，充庶吉士散馆阅卷大臣。闰四月，调正黄旗满洲都统。十九年六月，奏："宛平、昌平界妙峰山庙宇，每年四月间，旗、民男妇烧香，有匪徒借端纠众，异服异言，私立会名，敛财煽惑。应请严禁，以肃畿甸。"允之。七月，以刑部平反孙三等，于景陵茶膳房放火一案，吏部遵议原审各员处分坐轻纵，未能允协，奕经降四级留任。十月，奏请考试蒙古字画笔帖式，照考试清、汉翻译笔帖式例，先行较试马步射，得旨，着为令。二十年正月，授正红旗宗室总族长。七月，充崇文门监督。十月，署工部尚书。二十一年二月，命以吏部尚书协办大学士。三月，署理藩院尚书。

　　时英吉利船驶扰浙江，陷定海、镇海二县，及宁波府城，命奕经为扬威将军，偕参赞大臣文蔚、特依顺驰往剿办。十二月，由苏州进驻浙江省城。二十二年正月，督兵进驻绍兴府，檄诸将袭剿宁波府及镇海县城，入其郭，不克，仍却退。二月，英军袭长溪岭及慈溪山军营,副将朱贵等死之。奏入,谕暂令带罪立功,寻密饬文武员弁于镇海城外乘夜进攻,焚其舟。三月,又于定海十六门洋面乘潮进击,毁英船数十,歼英兵数百。捷闻,赏换双眼花翎,并下部优叙。四月,英军窜出宁波府城,陷乍浦,奕经等未能先事预防,革职留任,夺双眼花翎。寻攻定海获胜,赏还双眼花翎。偕钦差大臣耆英议攻议抚,各陈所见。谕曰:“阅各折显有意见不合之处,当此军务吃紧之时,正宜各矢公忠,和衷共济。攻以助守之势,守以坚攻之心,断不可稍分畛域,致失事机。至各处失陷,均由士气不扬所致。该将军等惟有将顺逆之故,剀切晓谕,并将首先溃散之将备兵丁查出,即军法从事,以儆其馀。若再一味姑容,纵添兵益将,亦复何益?”

六月,英船复窜出乍浦,犯江南,陷镇江府城,直逼江宁省城。上命奕经赴援,旋命驻王江泾一带防堵。九月,英人就抚,召来京。十月,谕曰:“上年英军窜入闽、浙滋扰,定海、镇海、宁波相继失守。爰命奕经为扬威将军,文蔚、特依顺为参赞大臣,前赴浙江,征调各路精兵,俾得克复三城,用扬我武。乃奕经等驻扎苏州省垣,筹画数月,集兵募勇,以期一鼓成功。览所呈分路埋伏、水陆并进各图说,其运筹非不周匝,无如谋事不密,先期漏泄,以致该英人处处皆有准备,我兵到彼,不能得手。因之乍浦失陷,伤我弁兵,且直犯长江,毫无梗塞。〔二〕是奕经只知株守一隅,不图收复,老师糜饷,误国殃民。前已有旨饬令回京,着交刑部治罪,以示惩儆。”寻革职,议斩监候,得旨,交宗人府监禁。

二十三年三月,偕已革大学士两广总督琦善等起用,奕经蒙赏四等侍卫,充叶尔羌帮办大臣。御史陈庆镛以奕经等起用,刑赏失措。奏入，谕曰："琦善等革职治罪，因思从前办理不善，总由朕无知人之明，以致丧师失律，迄无成功。朕惟有返躬自责，愧悔交深，何肯诿罪臣工，以自宽解？琦善等韬略未娴，限于才力，现在年力正强，是以弃瑕录用，予以自新。今据该御史剀切指陈，请收成命。览其所奏，亢直敢言，朕非饰非文过之君，用人行政，一秉至公，初无成见。岂肯因业有成命，不便收还，自存回护耶？琦善、奕经着革职，即令闭门思过。"十月，赏二等侍卫，充叶尔羌参赞大臣。二十四年，调伊犁领队大臣。二十六年，以上年剿办布鲁特进卡滋事，英吉沙尔领队大臣斋清额任听伯克等诬拿良回，指称张格尔逆裔，奕经遵旨前往查讯，率据承审员弁刑逼取供，奏请治罪。伊犁将军布彦泰、萨迎阿等先后遵旨确查，据实平反。入奏，谕曰："奕经审办此案，并不悉心研鞫，任听委员刑逼妄讯，着即革职，发往黑龙江充当苦差。"三十年，释回。

　　咸丰元年三月，赏蓝翎侍卫，充伊犁领队大臣。五月，赏二等侍卫，调英吉沙尔领队大臣，二年正月，授工部左侍郎，寻调刑部右侍郎，兼镶黄旗汉军副都统。九月，署步兵统领。十月，赐紫禁城骑马。三年三月，粤匪由楚蔽江东窜，陷江南江宁、镇江及扬州府，江北戒严，命奕经率密云驻防官兵驰赴山东，偕巡抚李僡扼要防堵，[三]赐银两及衣料一袭。寻驻江南徐州。九月，授镶蓝旗满洲副都统。十月，卒于军。遗疏入，谕曰："刑部右侍郎奕经曾任尚书、协办大学士，屡次获咎。经朕弃瑕录用，派令统带官兵，至徐、宿一带防剿，斩获首要匪犯多名。一切布置，尚合机宜。前因感患疟疾，赏假调理。方冀速痊，藉资倚畀，遽闻溘逝，轸惜殊深！着照侍郎军营病故例赐恤。任内一切处分，悉予开复。”寻赐祭葬。

嗣子<u>载铿</u>,进士,刑部主事。

【校勘记】

〔一〕迁吏部右侍郎　原脱“迁”字。今据<u>奕经</u>传稿(之二六)补。

〔二〕毫无梗塞　“梗塞”原误作“畏忌”。今据<u>奕经</u>传稿(之二六)改。

〔三〕偕巡抚李僡扼要防堵　“僡”原误作“惠”。今据<u>显</u>录卷八七叶二下改。按<u>奕经</u>传稿(之二六)不误。

宗室禧恩　弟裕恩

<u>宗室禧恩</u>,正蓝旗人,<u>和硕睿恭亲王淳</u>颖子。由应封宗室于<u>乾隆</u>五十八年赏戴花翎。<u>嘉庆</u>六年正月,赏头品顶带。二月,授头等侍卫,命在<u>乾清门</u>行走。七年,考封二等镇国将军。八年,补尚茶正。十年九月,升銮仪卫銮仪使。十一月,兼正蓝旗<u>蒙古</u>副都统。十一年二月,授御前侍卫。十月,兼上驷院卿。十二年,〔一〕转奉宸苑卿。十四年,命偕侍卫<u>永芹</u>等诣<u>通州</u>盘查仓廒。十五年,升内阁学士,兼礼部侍郎衔。十六年,充<u>崇文门</u>左翼监督。十七年四月,署镶白旗护军统领,旋授正黄旗护军统领,充奏事处领班。十二月,稽察中书科事务。十八年正月,充向导大臣。六月,调镶白旗<u>满洲</u>副都统。九月,迁理藩院右侍郎。十九年正月,转左侍郎。二月,调兵部右侍郎。闰二月,复兼銮仪卫銮仪使,管理<u>清漪园</u>,旋以马上武艺平常,命退出御前侍卫。三月,管健锐营事务。五月,兼镶白旗护军统领。七月,上阅镶白旗章京、护军箭射,责<u>禧恩</u>训练不精,革护军统领。九月,转左侍

郎。十一月，管圆明园事务。

二十年正月，授总管内务府大臣。七月，以散直过早，贻误召见，拔去花翎，并罚银一千两。时上巡幸热河，蔺沟、密云等处桥座为雨冲圮，饬禧恩先期前往督修，克日工竣，赏还花翎，并赐黄马褂及衣料。八月，充崇文门副监督。九月，署户部右侍郎，兼管钱法堂事务。二十一年二月，以扈从官兵马匹在京住歇，例无干银，禧恩等违例奏请赏给，下部议处。四月，上驷院呈进马单，得旨，赐禧恩一匹。闰六月，直隶总督那彦成以商挪赈银津贴脚价，事觉，命偕大学士托津驰赴保定，褫那彦成职，逮问解京。七月，管造办处事务。二十二年，调户部左侍郎。二十三年，充御前对引大臣。二十四年二月，署左翼总兵。七月，因督办白沟河驿路工程稳固，得旨嘉奖，下部议叙。九月，复授御前侍卫。二十五年正月，命进重华宫，偕仪亲王永璇等二十二人联句。三月，调右侍郎，兼管钱法堂事务。七月，仁宗睿皇帝升遐，命恭理丧仪。八月，命在御前大臣上学习行走，赐紫禁城骑马。九月，管御书处事务，寻转左侍郎，管乐部事务。

道光元年七月，充满洲翻译乡试正考官。八月，授御前大臣，命在领侍卫内大臣上学习行走，署正蓝旗汉军都统。旋充后扈大臣，赐紫缰。二年正月，兼正红旗汉军都统。二月，兼銮仪卫掌卫事大臣，管理圆明园八旗、内务府三旗事务。闰三月，升理藩院尚书。六月，调镶白旗满洲都统，管理咸安宫蒙古学、唐古特学事务。时典礼屡举，乐部向设署史不敷，奏请于定额二百名外，添设七十名，从之。寻理藩院议覆乌里雅苏台将军特依顺保奏驱逐乌梁海地方潜聚之哈萨克人犯，请勒限迁徙，并添设卡伦驻兵防守各章程,应如所请。嗣因司员珠拉等听吏部尚书松筠之嘱,于议奏定稿后,将折底送阅删改。禧恩据实劾奏,上责松筠越分干预,立加严谴,禧恩知情不早陈奏,又失察司员送稿,下部议处。

寻调工部尚书,仍署理藩院尚书。十二月,充经筵讲官。三年,充庶吉士散馆阅卷大臣。四年闰七月,充崇文门正监督。[二]八月,授镶黄旗领侍卫内大臣。五年五月,管理奉宸苑事务。七月,充阅兵大臣。六年,调户部尚书,兼正黄旗满洲都统。八年,上以禧恩扈从勤慎,管理诸务俱能妥协,赏太子少保衔。寻署吏部尚书。九年四月,充庶吉士散馆阅卷大臣。七月,疏劾直隶行营地方办差官,向州县例外苛派,指称内廷各项支应,请饬府尹、总督、将军查明积弊,严定罪名,从之。八月,随扈盛京,上追念睿忠亲王多尔衮大勋着定,赏延后裔,赐禧恩双眼花翎。

十年四月,命偕礼部尚书耆英等相度万年吉地,专司经理。闰四月,查出捐纳房书吏庞瑛、蔡绳祖等伪造印文舞弊,奏请下部严究;九月,以阿克苏兵糈由乌鲁木齐驮运,道远费多,请饬附近各城采买;俱如所请。寻充总谙达。十月,以失察书吏私造假照案,降二品顶带留任。十二月,请厘正现行常例,监生捐款,仍使与月给膏火三两成数相准,照旧捐银一百八两,[三]从之。十一年正月,命查海淀石路工程,请饬承修草率各员分赔,将偷减之工役治罪。五月,查出户部山西司漏办文案二百馀件,奏请将承办司员严议。八月,上五旬万寿,赏复头品顶带。旋疏请旗员亏空关税,除实系家产尽绝,均令依限赔缴,不准扣俸抵销;又议各省征解钱粮三年比较分数,请将征解不足之藩司议处,全完者议叙。得旨俞允，着为令。寻署兵部尚书。

十二年，湖南永州逆瑶赵金龙作乱，命偕盛京将军瑚松额驰往剿办，旋经总督卢坤奏败贼于羊泉镇，歼赵金龙，并擒其子弟赵福金等，上谕禧恩覆查确实。五月，驰抵衡州，知赵逆就歼，馀匪奔窜。粤瑶赵子青复纠合二千馀人窜扰楚境，禧恩率提督余步云、总兵曾胜等追剿，迅即歼除。奏入，上嘉之。因偕湖南巡抚吴荣光奏办善后事宜九条："一、筹抚恤，被难民、瑶，照水旱偏灾例赈济；一、重官守，旧设永州府理瑶同知官署久圮，请于江华、永明两邑交界处兴建驻扎，其较远之宁远、新田、蓝山三县瑶户改驻通判分理，均改为边疆要缺；一、勤巡哨，请于湖南省内地各标营拨兵百名，增入锦田、大桥等汛，并令各瑶境将备汛弁分季月巡哨；一、清叛产，逆产入官，招良瑶佃种，以田租十分之二赏瑶总，其馀设养济院、义仓、义学，归理瑶厅经管，并禁民人入寨贸易；一、严保甲，于衡、永一带民、瑶杂处之所，饬牧令教佐率绅士按户查明姓名、年貌、艺业，载入门牌，十家一总牌，取具连环保结；一、察瑶俗，各山冲、山寨向有瑶总、瑶目、瑶老、户长，请仍旧制加以惩劝，如有倡邪逞凶等事，责令据实报官，如管教三年无故，给与花红，酌赏外委顶带；一、惩奸棍，瑶人愚拙，易为奸民欺压，嗣后责成理瑶厅督同各县严拿，倘有延纵，立即揭参；一、收火器，瑶俗向以鸟枪打牲，应饬瑶总禁止缴官，并禁铁铺制造，内地出产硝磺，严禁私贩；一、奖义烈，逆瑶滋事，士民有捐资倡义，剿贼阵亡，及妇女被掳，守节捐躯者，地方官详察请奖。"均下部议行。

时广东连山瑶匪亦叛，总督李鸿宾先事失机，军屡挫，得旨革职逮问，命禧恩署两广总督。禧恩以连州界接湖南，请改驿递由宜章至衡州，较旧例为近，允之。九月，率大兵各扎隘口，并设伏于火烧坪、大掌岭、两排山口，剿抚兼施，军寮、马箭、里八峒各瑶目乞降，〔四〕禧恩以首逆未获，分遣余步云、曾胜，副将张必禄、王锡朋、普陀保等追捕，亲率大兵由后策应。先后败贼于冷水冲、大吉堋、大古坳、阳公岐、上脚根、〔五〕黄瓜冲等处，擒首逆邓三、盘文理，及土匪李安逵等，俘馘甚众，尽毁其巢。各排冲率众投诚，缚献首逆，瑶山全境肃清。奏入，上嘉其办理妥速，赐白玉翎管、搬指、黄鞯荷包，并下部优叙。复谕曰："禧恩前办湖南江华瑶匪，督兵剿捕广西窜入楚境逆瑶，〔六〕甚为得力；及前往广东于事阅半年未办之瑶，甫抵连州一月，即能大加惩创，以振国威，各瑶投诚乞降，实为迅速。着赏戴三眼花翎。伊本系镇国将军，着封为不入八分辅国公。"

寻奏："善后八条：一、连山绥瑶同知应择干员，照湖南理瑶同知改为边疆要缺，岁增养廉；一、三江扼要处责成副将率备弁随时与连界之湖南、广西各专汛会哨，分别赏罚；一、民瑶贸易，准其自立瑶墟，与民集互市，其应征瑶粮，令瑶长率该户赴厅交纳；一、各瑶有出山扰民者，责令老千长交出，如徇庇，一体治罪；一、瑶产只准与瑶人售卖，不准民人交涉，违者田归瑶人，不追原价；一、严禁瑶人私藏鸟枪、火药；一、瑶山居民，无论已未报案，一律赒恤，禁止报复，及土匪抢掠，酌裁原设羊六汛卡房；一、瑶人大排内设立瑶老、千长外，每排再添瑶练十人管领小冲瑶户，统归连山厅把总管带差遣。"均下所司议行。十月，班师，途次丁母忧。谕曰："该尚书勤劳王事，不遑将母。着即到家守制。"

十三年二月，<u>直隶</u>各属亢旱，民食维艰，疏请酌放义仓谷石，以济灾黎，允之。四月，恭理<u>孝慎成皇后</u>丧仪。五月，以议礼征引违制，下部严议，革御前大臣、户部尚书、总管内务府大臣。旋授理藩院尚书。七月，御史<u>赵敦诗</u>劾禧恩生日收受司员送礼，上令明白回奏。旋据实覆奏，事得直，<u>赵敦诗</u>下部严议。十四年七月，充<u>满洲</u>翻译乡试正考官。十一月，稽察右翼宗学、内城七仓。十五年三月，署兵部尚书。闰六月，充<u>文渊阁</u>提举阁事。九月，因相度<u>龙泉峪</u>万年吉地，形势规模，整齐坚固，赏加太子太保衔。十六年六月，署礼部尚书，管理太常寺、鸿胪寺事务。七月，调兵部尚书，仍署礼部尚书，充<u>崇文门</u>正监督。九月，兼署户部尚书，充武会试监射大臣。十七年，充<u>满洲</u>翻译乡试正考官。十八年正月，管理藩院、武备院事务。四月，充庶吉士散馆阅卷大臣。

上以<u>南苑</u>为肄武之地，牲畜寥寥，由于管理不善，命偕御前大臣会议章程，旋即遵议入奏。谕曰："禧恩奏<u>南苑</u>各处分员管辖，以专责成等事，着<u>载铨</u>等再行详加查议。至禧恩此次莅任未久，从前管理多年，朕屡加面谕，认真整顿，自应力挽积习，乃漫不经心，废弛疏懈，咎实难辞。禧恩着不必管理奉宸苑事务，革去紫缰、三眼花翎，赏戴双眼花翎，仍交部议处。"寻夺太子太保衔、兵部尚书。复谕曰："禧恩自道光初年，即经派令管理奉宸苑事务。迨后缘事撤退，旋复令其兼管。是禧恩历任最久，宜如何实心任事，严绝弊端。兹据<u>载铨</u>等查出所属各员挪移挂欠种种弊窦，岂得诿为不知？乃竟一味因循，毫无整顿，辜恩丧良，莫此为甚！本应重治其罪，姑念事隔多年，逐款追究，亦属烦琐。着从宽革去经筵讲官、领侍卫内大臣、阅兵大臣、管理藩院事务、都统、总管内务府大臣,加恩以内阁学士降补,仍管理圆明园八旗事务。其馀各项差使,着一并革退,以示薄惩。"

二十二年正月,署盛京将军。五月,授理藩院左侍郎,仍署盛京将军。旋疏劾牛庄防守尉荣太委靡不振,广宁防守尉台布办事迟钝,请以佐领降补。复先后拿获匪徒梁恩甲、白玉宝等,得旨嘉奖。八月,户部议准浙江官员捐办米石运京,禧恩以奉天虽非有漕省分,愿捐粟米者众,请饬部速议行知,并从宽议叙,以广招徕。九月,授盛京将军。疏陈内地民人私越朝鲜边界,构舍垦田,获犯唐仁等,治如律,请嗣后每年春秋派员周查,均如所请行。时英人入犯浙江海口,攻陷定海等县,上命禧恩严防盛京海口,因奏言:"英人船坚炮利,不宜与水战。请以精兵三千驻省,于熊岳、凤凰城、广宁、义州各伏兵数百,进攻堵截僻路小口,收回渔商各船;又于金州口岸可通陆路地方,深挖濠沟,排钉木桩,散布蒺藜。"疏入,上嘉其能中肯要,办理周妥。

二十三年二月,遵议:"撤防善后十事:一、请移熊岳副都统、协领驻金州,移金州城守尉驻盖州,盖州防守尉驻熊岳,金州、盖州兵数不敷,于熊岳兵九百五十名内均匀添拨,统归金州副都统兼辖;一、省城留兵二千,宜分日演习各技,按月演习阵式,合操二次,较阅马步箭,分别优劣,并令沿海各城一律操演;一、每年春秋季演放八千斤至二千五百斤炮位各三出,以免锈滞,一千五百斤以下者,运赴各城及附近海口,每月试演,并于复州盖房存放;一、请饬闽浙总督将补造战船七只,迅即押送备用,并请嗣后补造,照闽省遵工部议准规式丈尺木料办理;一、省城闲散旗丁,宜习鸟枪,教以步伐,并请缓撤金州旗勇,遇有甲兵缺,即以此项挑补,月给银五钱;一、请各城添派佐领、防御一员,会同民署委员及税务衙门严查各岛岫奸宄,盘诘商船;一、各海口如有贩运硝磺,内地责成旗民地方官,沿海协同山海关监督严查,失察者参处,拿获者鼓励;一、编查保甲,不得怠忽,按季选干员抽查,如有一户一名不实,立即严参;一、各城墙垣,宜令地方官筹款捐廉,或劝捐修理,并令各乡堡于沿途大道自立窝铺,酌派夫丁巡查;一、请饬各边门章京将边壕边栅,一律挑树深固,不时带兵分段巡缉。"疏入,下部议奏,旋议驳乡堡自立窝铺一条,馀悉如所请。

四月,奏定巡洋章程,略言:"巡洋会哨,必须三省联为一气。请于水师额设战船十只内,每年派拨六只,每船兵六十名,委员分三路出巡,南至山东交界之城隍岛以北,东至朝鲜交界之岫岩、大孤山,西至直隶交界之锦州洋、天桥厂,各于该管衙门验明照票,以杜弊混。其直隶、山东哨船巡至交界,一体验照,报明将军,如船不足,雇商船配搭。"上韪其言。五月,以沿海各缺升补窒碍,请将宁海县改为金州海防同知,凤凰城通判改为岫岩海防同知,下所司议行。八月,拿获凤凰城、中江卡伦砍木人犯孙振曲等三十九名,又奏添设捕盗弁兵,贼踪敛戢,得旨嘉奖。十月,以奉天歉收,内仓米石不敷支放,奏请将近省旗仓应征地米拨归内仓征收,又奏蠲缓牛庄等处钱粮,皆如所请行。二十四年八月,劾锦州府知府福忠便服游山,擅责无辜,请褫职。九月,以盛京每年冬间进鲜,已裁过半,奏请酌减捕打冬围兵丁三百名,从之。二十五年,以病乞休,命开缺调理。二十六年,朝鲜国复以内地民人越界垦地构舍,咨请严禁,盛京将军奕湘以闻。上以禧恩在将军任未能实心查办,削公爵,降二等辅国将军,拔去双眼花翎,仍戴单眼花翎。

三十年八月,命署马兰镇总兵。十一月,署密云副都统。咸丰元年二月,擢户部右侍郎,兼管钱法堂事务。九月,兼正红旗汉军副都统。十月,赐紫禁城骑马,旋转左侍郎,兼管三库、新旧营房事务。十一月,调镶红旗满洲副都统。二年正月,升户部尚书,兼镶蓝旗蒙古都统,署吏部尚书。四月,署工部尚书,充翻译会试正考官。〔七〕六月,署理藩院尚书。七月,充乡试监射大臣、经筵讲官。八月,复兼署工部尚书,授镶白旗总族长。九月,命以户部尚书协办大学士,管理藩院事务,充国史馆正总裁。

十一月,卒。遗疏入,谕曰:"协办大学士、户部尚书宗室禧恩,嘉庆年间,由侍卫历任内阁学士、副都统、侍郎、总管内务府大臣,复蒙皇考宣宗成皇帝加恩,擢至都统、尚书、御前大臣,赏用紫缰;并因办理楚、粤军务,平定瑶匪,赏戴三眼花翎,由镇国将军晋封不入八分辅国公,加太子太保衔,〔八〕缘事降职。朕即位后,念其平日办事认真,特授副都统、侍郎,旋即擢至都统、尚书、协办大学士。本月因病赏假,方期调理就痊,得资倚畀。兹闻溘逝,悼惜殊深!着赏给陀罗经被,即日派庄亲王奕仁带领侍卫十员前往奠酹,加恩晋赠太子太保衔,照协办大学士例赐恤。任内一切处分,悉予开复。应得恤典,该衙门察例具奏。伊子荣寿、恒寿、徵寿、兴寿、彭寿、明寿,着俟百日孝满后,由该衙门带领引见。"寻赐祭葬,予谥文庄。

子荣寿,袭二等辅国将军;恒寿,头等侍卫;徵寿,二等侍卫;兴寿、彭寿,三等侍卫。

弟裕恩，由应封宗室于嘉庆四年赏戴花翎。十一年，赏头品顶带。十四年，封二等镇国将军，授二等侍卫，在乾清门行走。二十二年，擢内阁学士，兼礼部侍郎衔。二十三年二月，兼正黄旗汉军副都统。十一月，充崇文门副监督、镶黄旗总族长。二十四年五月，授右翼前锋统领。七月，迁理藩院右侍郎，署行在兵部侍郎。九月，调正黄旗满洲副都统。十月，文颖馆不戒于火，裕恩以扑救迅速，下部议叙。二十五年三月，复署行在兵部侍郎。四月，以前在巴克什营遗失行印事发，裕恩坐失察，命退出乾清门，革侍郎、前锋统领、副都统，仍留镇国将军。九月，宣宗成皇帝御极，加恩录用获咎人员，裕恩与焉。十月，授镶黄旗汉军副都统。

道光元年五月，复授理藩院右侍郎。七月，署镶白旗护军统领。十月，调工部右侍郎，兼管钱法堂事务。二年三月，以失察司员法克精额等办理坛庙工程，收受官匠陋规，朦混销算，降一级留任。六月，调吏部右侍郎，授右翼总兵。十一月，疏言："满洲、蒙古、汉军八旗额设捕盗步军校共四十员，向无官马应差。查两翼前锋营、八旗护军营马匹有馀，拟请撤出四十匹，分给捕盗步军校，于差务实有裨益。"如所请行。三年六月，兼署上驷院事务。八月，奏："直隶各州县被水，黄村等处设厂煮赈。查通州所属马驹桥一带，灾黎丛集，距饭厂较远。应请于附近添设一厂，俾便于就食。"允之。九月，调户部左侍郎。

四年正月，偕军机大臣等遵议保送仓监督章程，奏言："花户歁法，由监督约束不严；监督偾事，由堂官保送不慎。请嗣后各衙门如钦天监、太常寺、鸿胪寺、銮仪卫所辖各员，均有专司，于仓务恐未习练,毋庸开列外,其馀仍照例于员外郎以下等官保送,如有结实可靠之员,准其奏留三年,并予升途,以示鼓励。再仓场等官,向例京察四员,拟酌添一员,每次满、汉各员递相轮保,以昭平允。至仓监督因岁给养廉,只准支领半俸,请仍给全俸,俾资办公。其有通同舞弊,及庸劣不职者,令该侍郎随时考核,奏请分别处治。"上是之。二月,吉林将军松筠奏参务疲惫,请酌核旧章办理,命裕恩会同军机大臣议奏,寻奏:〔九〕"刨夫留山,应令各揽头举素悉之人,将姓名、地段注册,给予腰牌,按额交参。次年更换之时,责成押票官认真稽察。至所称就地屯田,以资入山口粮。查开垦之初,既多繁费,且令刨夫耕植,兼顾为难,若另招贫民,则防范难周,益不免偷漏之弊。应循旧章,实力整顿。"如所议行。六月,兼署吏部左侍郎。七月,转右侍郎,署户部右侍郎,兼管钱法堂事务。

五年,因病陈请开缺,得旨:"裕恩着准其开缺,安心调理,不必限以时日,俟痊愈后,再行赏给差使。"六年正月,署镶黄旗汉军副都统。七月,调正红旗蒙古副都统。九月,授礼部右侍郎。十一月,充玉牒馆副总裁、国史馆清文总校。七年二月,充八旗军政大臣。三月,充八旗侍卫官员军政大臣。七月,调镶黄旗满洲副都统。八年七月,命偕工部尚书穆彰阿恭送玉牒尊藏盛京,并查勘三陵及各处应修工程。十一月,调吏部右侍郎,充右翼监督。九年二月,署工部右侍郎,兼管钱法堂事务。七月,奉天锦县武生姜殿魁呈控知县傅钟璙藉差科派,命偕协办大学士尚书富俊驰往查办,复以锦县民人杨朝栋、宗室景茂之女在跸路吁控两案,一并审讯。寻奏言:"知县傅钟璙办差,系照旧章,尚无勒派侵渔情事。惟向商民借钱,预备差费,实属办理不善。杨朝栋系因索欠未偿,砌词妄控。宗室景茂之女所控伊母魏佳氏呈控地亩,防御书铭责其违例,不遣抱告,辄行呵斥,致令因忿自尽。请将傅钟璩、书铭下部议处。"从之。

十一月,授热河都统。十年三月,疏言:"吉林双城堡屯田,京旗愿往者少,热河愿往者现有百馀户,且与锦州接壤,径由口外前往,较京旗尤便。请迁驻以资养赡。"闰四月,奏言:"都统衙门向设印房笔帖式满洲、蒙古各一员,六年期满,愿就武职者,以本旗骁骑校补用。查热河驻防骁骑校满洲十六员、蒙古四员,是蒙古笔帖式应补之缺较少。拟请嗣后将年满笔帖式,于蒙古骁骑校四员内,以第二缺补用。"俱下部议行。七月,奏:"热河案件向设六房经承六名,分项承办。历任都统以刑名一项较繁,而各项事务均少,酌改为四房,设书吏四名,惟未经奏明办理。兹查改设四房,于公事不致贻误,应请将书吏核减二名。"下部议行。十月,户部捐纳房书吏蔡绳祖假照案发,裕恩前在户部侍郎任内失察,降四级留任。

先是,古北口驻防八旗及提标城守各营,每年需夏秋二季本色兵米八千石,在古北口同知仓项下动支。如有不敷,于承德府州县采买。至是,筹办兵米,裕恩奏言:"滦水产米无多,除朝阳、赤峰相距遥远,免其派买外,应请派平泉州、丰宁县各二千石,建昌县一千石,并仓内馀米支放。其米价运脚银两,在司库拨给。"如所请行。十一年三月,以平泉州民人李自善被殴致毙一案,知州觉罗为光招解正凶,有非刑逼认情事,奏请革职审办,〔一〇〕鞫实治如律。并以承审司鄂克敦布等随案请奖,得旨允行。先是,上年十一月,因腿疾请假一月。至是八月,因病奏请回旗调理,允之。二十六年,卒。

【校勘记】

〔一〕十二年　"年"原误作"月"。今据禧恩传稿(之二三)改。

〔二〕充崇文门正监督　原脱"正"字。今据禧恩传稿(之二三)补。下同。

〔三〕照旧捐银一百八两　"八"下原衍一"十"字。今据禧恩传稿(之二三)删。

〔四〕里八峒各瑶目乞降　"里八峒"原误作"八里冈"。今据成录卷二一九叶二二上改。

〔五〕上脚根　"上"原误作"止"。今据成录卷二一九叶四一下改。

〔六〕督兵剿捕广西窜入楚境逆瑶　"西"原误作"东"。今据成录卷二一九叶四三下改。

〔七〕充翻译会试正考官　原脱"会"字。今据显录卷五九叶一八上补。按禧恩传稿(之二三)不脱。

〔八〕加太子太保衔　下"太"原误作"少"。今据禧恩传稿(之二三)改。

〔九〕寻奏　原脱此二字。今据禧恩传稿(之二三)补。

〔一〇〕奏请革职审办　原脱"审办"二字。今据裕恩传稿(之二三)补。

　　何汝霖

　　何汝霖,江苏江宁人。嘉庆十八年,拔贡。十九年,朝考一等,授七品小京官,分工部。二十五年,升额外主事。道光五年,中式举人。九年,充军机章京。十年,以恭纂平定回疆方略告成,议叙,遇有主事缺出即补,旋补官。十一年,升员外郎。十二年,迁郎中。十四年正月,京察一等。四月,俸满截取,记名以繁缺知府用。寻充方略馆提调。十五年,记名以御史用。十六年正月,京察,复带引见,得旨,遇有应升之京堂缺出,开列请旨,其郎中任内京察一等,着即注销。九月,升内阁侍读学士。十八年,擢太常寺少卿。十九年七月,迁大理寺少卿。十月,稽察左翼觉罗学。

十一月,御史高枚奏参浙江学政李国杞任事粗疏,命汝霖偕吏部右侍郎恩桂往按之。十二月,奏言李国杞于附生陆敬册貌两歧,暨陈殿诏等顶名冒考,均无觉察,请下部议处,从之。时御史蔡家玙奏淮、扬一带工所,有奸民以小船窃捞堤根碎石,并乘夜抽取坝埽柴苇,守堤兵丁通同一气,河员徇隐不究,上命汝霖等回京便道查勘,并密查东南两河各工料垛。二十年二月,偕恩桂奏奸民捞石抽柴属实,请饬下河督严饬员弁稽查,并究出南河、东河各厅承办料垛有虚短情弊,请将各厅员交部分别严议、议处,悉如所请。

是月,回京,以京察届期,例应补行引见。谕曰:"大理寺少卿何汝霖本日差竣回京召见,着照旧供职,毋庸带领引见。"三月,命在军机大臣上学习行走,并赏三品顶带。旋擢宗人府府丞。六月,吏部以广西截取知县,全州学正郑履和未将从前就教据实呈明,率即领咨赴部参奏,汝霖遵旨偕户部尚书隆文查讯属实,奏革如例;并以举人拣选例未画一,请交部申定章程,允之。二十一年,升都察院左副都御史。二十二年五月,擢兵部右侍郎。十月，调户部右侍郎，兼管钱法堂事务，赐紫禁城骑马。二十三年正月，京察届期，上以汝霖夙夜在公，勤劳备至，下部议叙。

五月，偕军机大臣等议覆睿亲王仁寿请改宗室官学章程，疏言："蒙养之功，贵无间断。若将每日到学诵读，改为每月月课二次，恐致一暴十寒，似非国家笃厚宗支、乐育人才之意。惟教习等或督课不严，虚应故事，应责成查学大臣酌定功课，不时往查。遇有旷废，分别惩办。"上是其言。六月，命偕协办大学士敬徵往勘南河大工，行至山东，适河南中河厅九堡漫口，命折回东河查勘。时两河连年漫溢，制用浩繁，部议东河暂开捐例，御史雷以諴请兼纳粮石料物，按银折算，以济工需。八月，汝霖等遵旨会议，奏言："向来河工设厂购料，克期足额。若令捐生交纳，既不如交银之便，且市价靡常，折算无准，事属难行。至所称纳米麦杂粮，自系为储备民食起见，惟运赴工次，及在附近州县存放，易滋流弊。应请于河南省城交纳存仓，由藩司查核，归入现行捐输款内，奏请议叙。"得旨允行。

十二月，兼署礼部左侍郎，偕军机大臣等会议给事中和丰条陈推广覆试，奏请于贡院举行，以归简易，各省新中举人，定于会试年二月十五日入场覆试，阅卷大臣分拟等第进呈后，交磨勘官及覆勘大臣核对原中各卷文理笔迹，其道路遥远，逾期始到者，归入顺天一体补行覆试。如三科覆试未到，永远不准会试，亦不准赴部截取铨选。"诏如所议，着为令。二十四年，调户部左侍郎，兼管三库事务。二十五年四月，升兵部尚书。十月，偕军机大臣等遵议御史张修育请赏给老民顶带，年八十以上者给九品顶带,九十以上者八品顶带,百岁以上者七品顶带,百二十岁以上者六品顶带。其百岁以外者,除给顶带外,仍给建坊银两。允之。二十六年正月,以母丁氏年九十岁,[一]遵旨奏闻。谕曰:"兵部尚书何汝霖之母丁氏,五世同堂,亲见七代,承恩禄养,洵为盛世嘉祥。览奏之馀,实深欣悦!"颁御书匾额,"福"、"寿"字,及如意、文绮等件赐之。五月,丁母忧。二十八年,以江苏水灾捐银备赈,下部优叙。二十九年八月,服阕。九月,命以一品衔署礼部左侍郎,仍在军机大臣上行走。十月,署户部尚书。三十年,授礼部尚书。

咸丰二年正月,京察届期,下部议叙。旋因病奏请开缺,得旨赏假一月,假满以腿疾复行陈请。谕曰:"本日礼部尚书何汝霖面陈腿疾未痊,恳请开缺。朕察其精神未遽衰颓,惟起跪稍形竭蹶。因思军机事务较繁,若仍令入值,转非所以示体恤。着加恩毋庸在军机大臣上行走,仍在礼部办事,以示朕笃眷耆臣至意。"十二月,卒。遗疏入,谕曰:"礼部尚书何汝霖持躬谨悫,办事实心。由部曹充军机章京,蒙皇考宣宗成皇帝叠加简任,以大理寺少卿赞襄枢务,荐擢正卿。服阕回京,仍在军机大臣上行走。朕御极后,由署礼部侍郎授礼部尚书,见其醇谨老成,优加委任。前因腿疾恳请开缺,谕令毋庸入值,仍在礼部办事。兹因患病赏假调理,方冀速痊,常资倚畀。遽闻溘逝,轸惜殊深!着赏给陀罗经被,派恭亲王奕訢带领侍卫十员,即日前往奠酹,加恩晋赠太子太保衔,照尚书例赐恤。任内一切处分,悉予开复。应得恤典,该衙门查例具奏。伊长孙何承禧,着赏给举人,准其一体会试,用示朕笃眷耆臣至意。"寻赐祭葬,予谥恪慎。

子兆瀛,浙江杭嘉湖道;孙承禧,内阁侍读。

【校勘记】

〔一〕以母丁氏年九十岁　"母"上原衍一"祖"字。今据下文明言"何
　　汝霖之母丁氏"而删。

花沙纳

花沙纳,乌米氏,蒙古正黄旗人。道光十二年进士,改翰林
院庶吉士。十三年四月,散馆,授编修。七月,充日讲起居注官。
八月,升侍讲。十一月,转侍读。十四年,迁右春坊右庶子。十
五年,充云南乡试正考官。十六年,擢国子监祭酒。二十三年闰
七月,署都察院左副都御史。八月,充顺天乡试副考官。九月,
迁通政使司通政使。十一月,升都察院左副都御史。二十四年
二月,擢盛京刑部侍郎,寻调礼部右侍郎。七月,署右翼总兵。
八月,命覆核朝审,以拟缓绞犯阎四情节未协,疏言:"向来直省
秋审人犯,由各督抚分别情实缓决,刑部覆加核议。其改缓为
实、改实为缓者,例有处分。惟朝审人犯,但由刑部分别情实缓
决,不加覆议,立法尚未周备。嗣后覆核朝审,有部议未协,应奏
明请旨,以昭慎重。"如所议行。寻授镶红旗汉军副都统。十月,
调工部右侍郎,兼管钱法堂事务,授总管内务府大臣。

二十五年二月,调户部右侍郎,兼管钱法堂事务。四月,兼
正黄旗满洲副都统。二十六年二月,署正蓝旗满洲副都统。三
月,署镶黄旗护军统领。十月,疏言:"东南各省岁额漕四百馀万
石,近来征收未能足额。本年抵通米数较全漕短一百万石,亟宜

早为筹画。拟请拨银三十万两,存天津道库,照本年收买商米之案。饬下两江总督、江苏巡抚估计提存银两,妥劝各商采办粳米,由海运津,官为收买,并照成案给与执照。所过关津,免其纳税。"如所请行。十一月,直隶总督讷尔经额奏:"匪徒影射流民,请分别惩办。花沙纳以匪徒假捏,固应惩办,而实在灾黎,仍以抚绥为要。偶有偏灾,尤当核实稽察,勿令一夫失所。"时闽浙总督刘韵珂奏:"台湾生番输诚内附,献纳各社舆图,归官开垦。"花沙纳奏:"番情果否悦服,地势有无险阻,尚须周历详勘,通盘筹画。既不可拂远人向慕之诚,尤不可疏内地防维之计。"上韪之。

二十七年正月,福州将军壁昌奏招商运米赴津,上命花沙纳前往督同地方官收买运通。三月,疏陈:"积储期于经久,杜弊即以恤商。天津掣验米色,仅收十分之四,若挑选过甚,该商等所馀之米,无从出售,于招商捐米事宜,皆有窒碍。现将黑色之米一百八石,驳斥不收。应找价银,当堂给发,不敢以不顾全局之事上烦圣心,亦不敢以不堪食用之米滥行收买。"上嘉纳之。八月,授左翼总兵。十月,仓场侍郎德诚等奏现放商米,与原样不符。命花沙纳前往查验。寻奏:"存仓商米甫及一年,何至霉暗如此之速?且添堆浮面,与原封米样不符,显有影射于前、掩饰于后情弊。请将花户人等交刑部严办。"二十八年二月,调吏部左侍郎。十二月,疏参南营参将邓朝梁不胜繁剧,请以游击降补,从之。三十年二月,管右翼官学。三月,充会试副考官,擢都察院左都御史。七月,授镶蓝旗汉军都统。九月,充武会试监射大臣。十月,署正白旗汉军都统。十一月,署正蓝旗蒙古都统,赐紫禁城骑马。

咸丰元年二月,署镶白旗汉军都统。五月,署镶蓝旗蒙古都统。八月,署理藩院尚书、正蓝旗满洲都统。闰八月,充点验军器大臣,署镶红旗满洲都统,充稽察七仓大臣。十二月,充经筵讲官。二年正月,署镶黄旗蒙古都统、步军统领。三月,署正红旗蒙古都统。五月,署翰林院掌院学士。七月,署镶红旗蒙古都统。九月,奏请停捐纳举人、生员成议酌行钞法,略言:"捐例之开,本属弊政。自西汉作俑于晁错,历代多踬行之。若举人、生员,则自有科目以来,无人议及;今乃并此捐之,胥天下而出于利途,贻人口实,骇人听闻。况举人一虚名耳,无廉俸,无官阶。报效五千金,博此虚名。以之捐京外官,何求不得? 何必出此重赀,自厕于非官非士之列? 至文武生员捐者尤少。为今之计,莫如酌行钞法。惟查前代行钞,皆不能无弊。盖钞用纸质,易于作伪,弊一;朝令夕改,民不信从,弊二;官项不收,自相矛盾,弊三;禁银禁铜,抑勒滋扰,弊四;积年添造,壅滞难行,弊五;不议更换,昏烂辄废,弊六。谨拟造钞之法:一、钞质以绫为之,连用二印,志书迹于其中,则真伪易办;一、钞式织成,按千字文编号,以免溷淆;一、钞绫用正黄色,印花用上等朱砂,印板用精铜铸就;一、银钞数目,自一两、五两、十两至五十两,分四等,每张计费银五钱;一、宝钞之费,一千七百张共需银八百五十两,即可当万金使用;一、钞分四等,钞式则一;一、钞皆准银,较准钱为简便;一、钞银拟造满一万万两为止;一、造钞除五六十年后奏请更换外,或大工大役,估计所需,必须添造,工竣停止;一、法律宜严治伪造者,宽待误收者;一、造钞伊始,先将行钞条例颁示天下,将来帑项极充，毋庸再用，准其抵交入库。其行钞之法：一、请银钱与钞并用；一、请设督理钞局官；一、外省用项，由钞局会同户部酌给银半钞半，或搭放宝钞二成，以次递增，半钞而止；一、顺天则发府尹，<u>盛京</u>则发户部，西北、关外等处则发将军；一、内自京城，外至各省督抚、州县、乡市各钱店，一律畅行，不准阻挠；一、民间交易，银钞听其自便，惟交官银两，必须银钞各半；一、钞宜上下通行，凡完粮纳税捐项，统用银钞各半；一、凡以钞完粮纳官者，概免倾镕火耗；一、实钞既行，不必禁银禁铜，徒滋纷扰；一、行钞五年后，内外官廉俸及兵饷，各请量加，初时全给以钞，久则银钞兼支；一、凡商民积欠及灾区缓征、带征各款，未尽豁除者，钞行概从蠲免；一、各省库亏，许将存库之钞搭解，扣银留库，陆续补完；一、库亏既补，各免摊赔，自后互相纠察，咸与维新，于吏治大有关系；一、捐例本不得已而开，行钞则捐例可以永闭，关系尤为匪轻。其换钞之法：一、钞法之关键，在未议行，先议换民间昏暗之钞，准其完粮纳税，由州县作为正项，陆续收解；一、换一新钞，必须缴一旧钞，解部销毁，以杜偷抽之弊；一、换给新钞，必按字号发给，不至散漫无稽；一、换钞惟京城以内许赴局呈换，外省则不令赴公门验换，免致吏役需索；一、换钞俱照原数，以便核对；一、钞式俱照从前惟简明条例另换。至行钞之利，更有可详言者，天下货利皆有尽，一金抵一金之用，惟钞之利无尽，造十万则十万，造百万则百万，秉造化之锤炉，利一；利权收之于上，布之于下，尊朝廷之体统，利二；金银不便携带，盗贼能望气测尘，钞则可纳诸怀袖，利三；民间钱票、会票，每苦钱店关歇，钞则永远通行，利四；钞有一定银数，无成色高下之分，商贾不得任意低昂,利五;洋钱行入内地,闽、广、江、浙贪其便用,行钞则不禁自废,利六;度支既裕,则蠲逋赋,加俸禄,增工食,免官吏困迫之虞,利七;财用既足,则兴水利,务开垦,厚积储,利八;库帑常盈,则添海防,增兵饷,减关税,利九;捐例永闭,清仕途之壅积,可以澄叙官方,利十;摊款悉除,免州县之分赔,可以成就廉吏,利十一;水旱偏灾,河工军需,不假捐输,可杜抑勒,利十二;用度常充,凡河漕、盐务积弊之当厘剔,边境冲途、城池之当修浚,可次第筹及,利十三;谷贱伤农之时,出钞收买,则市价常均,仓储益裕,私盐充斥之区,出钞收积,则化私为官,化枭为良,凡物货壅滞,皆得以此酌盈剂虚,利十四。独操天下之利权,无所复事于聚敛,一切予民皆可从厚,取民皆可从薄,而尤莫要于急停捐纳举人、生员成议,俾目前不致坐失士心,于政体大有裨益。"疏入,下部议行。十月,以捐备军饷,命交军机处存记。十一月,圜丘大祀,花沙纳以前引礼节娴熟,赏戴花翎。三年正月,授步军统领。二月,会议行钞章程,略云:"理财之道,固贵相时济用,尤宜慎始虑终。请定简明章程,于京师先为行用,俟流通各省,一律遵办。不必袭用钞名,即称为票,使商民日用相安。"如所议行。

五月,粤匪窜扰河南,逼近畿辅。上以京师为根本重地,防范稽查尤关紧要,命花沙纳专办京城各旗营巡防事宜。九月,升工部尚书。十二月,以叠次捐备军饷,下部优叙。四年正月,署翰林院掌院学士。八月,充崇文门监督。十月,调吏部尚书,充实录馆总裁。五年四月,以山东冯官屯贼首李开芳等荡平,北路肃清,下部优叙。八月,充顺天乡试副考官。十月,充武闱监射大臣。六年正月,充经筵讲官。三月,署正白旗满洲都统,兼署户部尚书。七年,宣宗成皇帝实录告成,加二级。八年四月,命偕大学士桂良驰赴天津海口查办事件。六月,复命携带钦差关防前赴江苏,会同巡抚何桂清妥商税则事宜,旋以英船退出天津海口,奏奖天津官绅各员,从之。十二月,授内大臣。九年六月,回京。自道光二十四年至是年,历充宗室举人覆试、顺天乡试覆试各省举人覆试阅卷大臣,考试汉教习、誊录、学正、学录、中书阅卷大臣,殿试读卷官,拔贡朝考、进士朝考阅卷大臣,庶吉士散馆考试试差阅卷大臣,大考翰詹阅卷大臣。

十二月,卒。遗疏入,谕曰:"吏部尚书花沙纳人品醇粹,学问优长。由翰林蒙皇考宣宗成皇帝叠加简任,荐擢卿贰。朕御极以后,晋秩正卿,勤慎宣劳,克尽厥职。方以年力正强,长资倚畀。兹闻溘逝,悼惜殊深! 着赏给陀罗经被,派贝勒载治带领侍卫十员,即往奠醊,并着赏银三百两治丧。照尚书例赐恤。任内一切处分,悉予开复。应得恤典,该衙门察例具奏。伊子兵部员外郎希凯,着俟百日孝满后,由该旗带领引见,用示朕笃念荩臣至意。"寻赐祭葬,予谥文定。

子希凯,内阁侍读学士。

徐泽醇

徐泽醇,汉军正蓝旗人。嘉庆二十五年进士,以主事用,分吏部。道光十二年,补官。十三年,升员外郎。十七年,升郎中。十九年,授四川重庆府知府。二十一年,升山西河东道。二十二年,调江南河库道。二十三年,以抢护南河险工及捐办江北炮局,均下部议叙。二十五年,升湖南按察使。二十七年,升山东布政使。

二十八年六月，擢巡抚。先是，山东捕务废弛，盗贼公行，经前任巡抚张澧中严定缉捕章程，及失察讳匿各员处分。至是，泽醇奏言："缉盗之要，固宜核属吏获犯多寡，以示劝惩；尤贵严拿凶渠，使群匪敛迹，方为实效。臣到任后，访查各属地方，虽较前稍形安谧，而在逃要犯，尚未悉擒。惟有督饬文武认真搜捕，务将著名要匪尽数弋获，不准以仅缉伙匪塞责。"上韪其言。七月，奏东省洋面叠遭劫掠，水师将弁玩忽不前，请将游击陈振疆等革职，仍责令随营协捕，如所请行。又奏："沂州府属有淮、徐匪徒肆掠，营汛兜捕，互有杀伤。地方文武据实禀报，不敢蹈从前讳匿恶习。请暂缓参处，勒限购捕，以赎前愆。"允之。八月，奏缉获著名匪犯过半，并续获捻、幅各匪，上嘉勉之。

时山东洋面屡有闽、广匪船阑入劫掠。十月，泽醇以阅伍顺赴登州亲勘，奏言："东洋三千馀里，惟登州之蓬莱、福山、文登、荣成四县，为全洋扼要，盗案最多。水师战船重笨，非风不行，雇用商船，旁无遮护，又不能多载炮位。请添制捕盗快船，如奉天盖州红头小鸟船式。水师前后两营，南北东三汛，共需船二十五只，合计造费及添制器械需银三万五千两，请于司库现存庙工生息项下，借动备用。"下部议行。又以东省盐务为淮私灌浸，运销失时，请免考核州县处分，从之。复奏参盐商积引益多，[一]请变通旧制。十二月，命大学士耆英、户部右侍郎朱凤标前往山东，偕泽醇查办。嗣会筹变通章程，奏言："东省盐务受弊已深，其引地票地或辗转出租，或认商抵欠，或商逃引悬，无人行运，或子店关闭，难禁食私。且纲总之易滋盘踞，浮费之贻误正供，积引之以旧混新，认商之以此冒彼，种种情形，甚于他省。两月以来，确查远近引地，综核古今成法，如课归地丁摊征，系雍正七年以后成案。东省惟近海之安丘等十八州县行之。此外山河间阻，西南各引地，距场千有馀里，贩运不前。若按亩摊征，则赋有加增，而民多淡食。设遇偏灾，不能不随正供蠲缓。至就场收税，其法始于唐臣刘晏。近惟淮北河湖水运，节节可通，票盐设局验赀，参用其意。东省则水陆俱艰，若行票招商，恐致无人承领，当此力求变通，期于可久，惟有先纳课而急惟正之供，参官运而无虚悬之引，成本已减，积欠可清。加斤则商有馀赀，减价则民多沾利。"疏入，下部议行。

二十九年三月，奏言："东省地广赋轻，州县旧有经费，足资办公。近来银价增昂，州县岁入稍绌，不思量入为出，相习奢靡。此历年仓库亏缺所由起也。既已亏挪，不得不多方掩饰，而其大端实在流摊列抵，假垫办公事为名，恣意开销，详禀立案，入于交代分任流摊，经一官必增一二摊案，而应摊银两，并不照数解存司库；且有本无亏项，而借款摊抵以饱私囊者，更有前任无亏，而后任转为捏饰朦混者。前抚臣张澧中议请摊赔各款，照案摊追，实未料及摊案之弊，至于此极！今澈底清查，严饬各属将历年摊款据实报出，一州一邑，竟有一年而为前任摊银七八千两者，摊数既巨，终属虚悬。若再回护前议，不将摊款截止，仍令后任照案摊抵，必至辗转纠缠，库款永归无着。现办清查，总以归补旧亏、杜绝新亏为提纲紧要。应请将现在各属报出流摊各案，系虚款列抵者，尽行剔除，公同筹款弥补，一面就现在各员照数分别着追。查通省州县地丁项下，有坐支官俸役食，多系支银用钱，银价倍昔,用项实有赢馀。按各属年额坐支多寡,核提数成,饬令随同地丁批解,如有延欠,照地丁未完例参处。其原抵各员,除病故废斥无庸议外,现任候补及丁艰告病,并本员虽有事故,子孙尚有官职各员,无论已未离东,均各按其现抵亏数,着落分别追赔。万两以上限五年,万两以下限三年,依限解还。如该员有应追正杂等款,俟前款完缴,再将摊案追赔之款起限接追,总期十馀年内将前项摊款清结,此后不准再有流摊名目。如敢蹈习前弊,将朦混捏报之州县,滥行批准之上司,均照侵盗钱粮律治罪。"下部议行。

时议裁汰冗员,泽醇请裁山东泉河通判、河南阳河通判,允之。闰四月,兼署河东河道总督。七月,遵议酌减漕务浮费,奏言:"东省兑漕帮费,名目不一。惟折帮及代买二项,为全漕之蠹。帮丁之挟持州县,州县之累及花户,皆由于此。请将折帮代买及各项杂费,尽行禁革,一律定为津贴公费,按各州县兑漕给帮之数。如每石二三钱者仍旧,在四钱以上者,即以四钱为限。若逾此数,计赃治罪。惟花户兑粮迟速不能如期,州县距水次远近不等,兑限迫促,每苦征运不及,为帮丁所挟制。应请酌量水次买兑,总期不误正供,不准帮丁借词索费,随时委员秉公查验,分别参处。又漕粮项下,尚有拨运青州驻防满营兵米,由青州府兑收支放,及随漕同征之德、常二仓本色米石,由粮道兑收支销,向以米出于漕,其弊亦与漕同。此项浮费,亟应节删。查兵米虽例定本色,实则私交折价。其勒折浮费之由,总缘收兑衙门以州县陆运耗累为词,乘机要挟。应请严申禁令,仍交本色,惟路程稍远州县,始准通融酌交折价,其价以青、德两府州当时粮价为断,不准私毫加增。所需津贴之费,无论本折,照现定帮丁公费,再减一半,每石不得过二钱。似此明定章程,兑收衙门无由借词浮索,则州县取之于民者,亦应酌减。如再借口费重,苛取病民,立即从严参办。"又言:"州县亏缺之由:一因粮价昂贵;一因公事增剧,意外之用有增无减;一因流摊辗转,纠缠愈趋愈重;一因漕粮兵米勒索浮费,尤为有漕州县切肤之害;一因习尚奢靡,牧令身家私用,踵事增华。五者相因,仓库钱粮遂不可问。今欲弥补旧欠,杜绝新亏,非严提钱粮以裕库储,裁减浮费以恤州县,崇尚节俭以挽颓风,无以清其源而遏其流。臣既将通省摊款裁止,又将各属兑漕浮费尽行裁减,其他无名耗蠹,有不可以数计者。臣惟有俭以率属,宽以恤下,庶几弥补旧欠,杜绝新亏,严法惩创,各牧令无从借口矣。至各属正耗新旧钱粮,现在严核催提,计增收新赋,与弥补旧亏,司库岁可多入银五六十万两。日计不足,月计有馀,数年之后,库储可期充裕。"上嘉纳之。

九月,擢四川总督。奏言:"山东盐务疲累已久,上年会筹新章,行之半载,积弊顿除。各口悬引,或归官办,或令商认,俱已领运有人。本年额引四十万五百道,额票十四万馀道,秋季未终,运销已及十分之九。征完正课、加价弥补积欠等款,共银二十九万五千馀两。十一月间,引课即可扫数全完。以后慎守新章,诸从节俭,可复年清年款旧制。"得旨褒奖,下部议叙。三十年三月,兼署成都将军。六月,奏言:"古人事君以实,而以才济之。所以事无不济,而才为不可及。今人虽无其才,而矢以实心,亦可补才之不足。尽一分实心,即得一分实效。若无实心而自恃其才,适以济其欺诈之恶。方今急务,用人之外,即重理财。

国家经费有常,以各省地丁、盐课、关税约计,量入为出,总有赢馀。即有偏灾歉岁,亦不过减十之一二。近来帑项动形支绌,议者不以年岁荒歉为词,即以用项繁多借口。乾隆年间,东南两河及各项工程,所用倍于今日,而库款丰盈。今则事事从俭,益形不足。理财之政不讲,于钱粮课税不能认真,只奉行故事耳。即如地丁一项,每年循例详咨,而朦蔽即伏于其中。请将各州县地丁、税课,一年清查一次,分别已完、未完,开单具奏。则州县自不能任意侵欺,而帑项日见充裕。"疏入,下所司议行。十月,奏言:"川省产盐之地,井灶纷沓,枭徒便于贩私,关隘疏懈,盐船每多夹带,或一引而行数引之盐,或此商而占彼商之岸。且有稽留残引,影射重照,觅代正引,只图收息,拖欠税羡。地方官懈于缉捕,致令私充引滞,以及奸胥蠹役,需索百端,实于盐务大有关系。现经明定章程,稽察井灶,以清私贩之源;钤束关隘,以除夹带之弊;酌加斤数,以纾商力;剖分地界,以清黔岸。勒限缴残,不使匿留作弊;严缉私贩,毋令充塞艖纲。取课税于代商,俾免侵挪之虑;裁靡费于胥役,以杜需索之门。仍当督饬各属,实力遵行,以期盐法肃清,永无延欠。"下部议行。

咸丰元年,奏:"屏山县屡遭夷患,前因剿办不能得力,道光十九年改而办防,设立万全营。乃十馀年来,扰害仍复不息,时或扰及毗连之犍为、乐山边界。访查其故,实因幅员辽阔,夷匪处处可入。原设兵练,不敷防堵,调取外营,又缓不济急。历稽旧案,每届秋收,辄有夷匪出抢之事。曾奏明于峨边、镇远、普安左右、安阜及马边各营,酌抽兵练三百馀名,作为游兵,相机堵击,而峨边各营亦夷疆重地,未便久出不归。请于县境另设专营,驻都司一员,千总外委、额外外委共八员,兵丁六百名,就近分派堵击,不必别调外兵。所需都司一员,拟将建武营都司移驻屏山,归马边协管辖,作为三年边俸题调要缺。所遗建武营应改为守备缺,以赤水营守备移驻;赤水营改为赤水汛,由永宁营拨千总一员往驻。至修筑碉堡,团练丁壮,尤为防夷要务。将来设营建署,制造炮位,一切用项,均由外筹款办理。"二年三月,疏陈:"屏山建营章程:一、移置营汛,以专责成;一、抽拨弁兵,以资防守;一、修建碉堡,以靖边患;一、勤习武备,以实操防;一、明定甄劾,以示劝惩;一、查拿汉奸,以杜勾结。"均下部议行。寻以捐备军需,赏戴花翎。

十一月,召来京。十二月,授礼部尚书,赐紫禁城骑马。三年三月,孝和睿皇后奉安礼成,加二级。旋充会试正考官。四月,充殿试读卷官。八月,署户部尚书。十月,充考试汉中书阅卷大臣。十二月,议覆署礼部左侍郎宋晋请明定粮台减给薪水章程,奏言:"粮台冒滥之弊,积习相沿。查定例军营文武官员,各按品级大小,支给俸廉、盐粮、马干、驮折、跟役等项,从无酌给薪水名目,而各路粮台,竟敢明目张胆,论品级之崇卑,定供支之多寡。奏销时任意摊入,无可稽核,侵耗隐匿,百弊丛生。应请严申例禁,通饬各路粮台,如敢仍称薪水名目,任意浮支,予者受者,均按冒滥军需律治罪,仍责令加倍赔缴,抵充军饷,以儆侵贪。所请量减之处,应无庸议。"从之。六年九月,充武殿试读卷官。十二月,议覆翰林院修撰张之万奏考试生童经古,请将孝经出题作论,疏言:"孝经一书广大悉备,至德要道,皆本于此。孔子言志在春秋,行在孝经,诚以孝为百行之原。我朝孝治覃敷,列圣相承,昌明经学。皇上道隆绍述,特命刊刻翻译孝经,阐天经地义之微,以端物则民彝之本。士子涵濡教泽,童蒙肄业,自当身体力行,若于考试经古,以孝经、性理一并命题,则诵习切于身心,化导先于庠序,于词章之中,寓性情之实,因文见行,诚正本清源之学,于培养人才、转移风化,大有裨益。"应如所请行。

八年八月,命恭送宣宗成皇帝实录尊藏盛京。十月,差旋,因病乞假。十一月,卒。遗疏入,谕曰:"礼部尚书徐泽醇人品端谨,办事老成。由进士签分吏部,蒙皇考宣宗成皇帝恩遇,简放外任,荐擢封疆。朕念其宣力有年,特以礼部尚书内召。服官中外,典试礼闱,均能勤慎宣劳,克称厥职。兹以出差盛京,感受微疾。甫经两次赏假,方冀调理速痊。遽闻溘逝,轸念殊深!着赏给陀罗经被,派贝子奕劻带领侍卫十员,即日前往奠醊。加恩照尚书例赐恤。任内一切处分,悉予开复。应得恤典,该衙门查例具奏。伊子候选知府、现任山东同知徐彬,着俟服阕后,以山东知府补用;伊孙监生徐承烜,着赏给举人,一体会试:以示朕笃念耆臣至意。"寻赐祭葬,予谥恭勤。

子彬,山东补用知府;桐,进士,吏部左侍郎。孙承烜,江苏同知;承煜,户部主事;承犧,户部员外郎;承焯,举人,兵部主事、户部员外郎。

【校勘记】

〔一〕复奏参盐商积引益多　"参盐商"原误作"盐务参商"。今据徐泽醇传稿(之二六)改。

宗室恩华

宗室恩华,镶蓝旗人,郑慎亲王乌尔恭阿子。道光十三年,封三等辅国将军,授散秩大臣。十六年,命在内大臣上行走。十七年,命在乾清门行走。十八年,授正黄旗蒙古副都统。十九年,调正蓝旗满洲副都统。二十年正月,管理上虞备用处事务。三月,授内阁学士,兼礼部侍郎衔。八月,上阅侍卫骑射,恩华以箭射无准,罢副都统。二十一年三月,授镶蓝旗蒙古副都统。八月,升理藩院右侍郎。九月,署镶白旗护军统领。十一月,调正红旗满洲副都统。二十二年,转左侍郎。二十三年,银库亏短案发,恩华以前充查库大臣,革职留任。寻于限内将罚赔银两全完,得旨开复。二十四年四月,充满洲翻译会试副考官。七月,署正黄旗汉军副都统。二十五年五月,稽察左翼宗学。六月,管理幼官学事务。二十六年二月,丁父忧,百日孝满,授镶白旗护军统领。十二月,管理唐古特学事务。二十七年四月,充奏事处领班。十一月,兼銮仪卫銮仪使。十二月,调正黄旗护军统领。二十八年,调工部左侍郎,管理火药局事。以玉牒告成,命恭送尊藏盛京。二十九年正月,调镶黄旗护军统领。二月,署镶黄旗满洲副都统,管理向导处事务。闰四月,充左翼监督。九月,充满洲翻译乡试正考官。三十年三月,调兵部左侍郎。五月,授镶红旗总族长。十二月,充经筵讲官。

咸丰元年六月,署左翼前锋统领。八月,署吏部左侍郎。九月,署右翼前锋统领。二年正月,授总管内务府大臣,署理上驷院事务。五月,仓场侍郎朱嶟遵旨覆奏海运米石短绌情形,与户部前奏不符,命偕工部侍郎彭蕴章往按之。寻以朱嶟等办理未能合宜奏覆,并请嗣后责成坐粮厅及大通桥监督认真查验,迅速转运,如有潮湿短绌情弊,即行严究惩办,允之。十二月,以吉林将军固庆与副都统琦忠互相参奏,命偕兵部左侍郎赵光前往查办。寻奏固庆于所委佐领依禄查拿私硝,听受多赃,畏罪自陈,仍复回护派审,实属意存消弭;琦忠于固庆派甲及拣笔帖式不遵定制,一同画行,事隔数月,始行附参,[一]实属徇隐于前,攻讦于后。请将固庆、琦忠俱下部严议,允行。三年正月,署吉林将军。偕赵光奏言:"近来吉林各属匪徒恃仗火器犯案甚多,经刑部申明私硝禁例。查打牲乌拉地方四百馀里,无业游民,借集硝土为生,担负售卖,向无例禁。乾隆年间有硝达、硝户名目。嘉庆初年,以该处采办贡品,差务繁多,将硝达、硝户奏裁,归铺客采买。其阿尔楚克、三姓等城,每年亦如此办理。嗣后若概行禁止,不惟旗民生计有妨,即官用火药亦多支绌。若不示以限制,恐匪徒执持火器,借端滋事,又不可不防其渐。应请旨饬交吉林将军及打牲乌拉总管体察情形,妥议章程,或援照旧案,仍编硝达、硝户,以专责成;或设官商铺户,以便考核。总期官药有着,私贩禁绝。"下所司议行。

　　寻回京。二月,授左翼前锋统领。三月,升理藩院尚书,兼镶红旗汉军都统。时粤匪由湖北蔽江东窜,命恩华率吉林、黑龙江官兵赴江南淮、徐一带防堵。濒行,赏银两。五月,贼由安徽犯河南怀庆等府,恩华遵旨赴援。八月,怀庆解围。谕曰:"恩华帮办军务,力筹攻剿,谋勇兼施,洵堪嘉尚!着赏穿黄马褂。"九月,贼由怀庆窜扰山西境,由垣曲渡河,陷平阳府,折而东,出临洺关,入直隶界。恩华追剿迁延。谕曰:"恩华经朕特派带兵剿贼,并令帮办军务,自应奋勇出力。乃自逆匪溃窜,该都统仅事尾追,并未与贼一战。经钦差大臣胜保屡次咨催,仍复任意迟延。辜恩溺职,大负委任。恩华着即革职拿问,交刑部会同宗人府审讯,按律治罪。"旋因胜保及参赞大臣科尔沁郡王僧格林沁先后奏请留营效力,允之。四年,卒于军。谕曰:"恩华本系军营获罪之员,惟念伊父郑慎亲王乌尔恭阿,由乾隆年间袭爵。人甚朴实,办事勤谨。该革员前在乾清门当差有年,尚无贻误,着加恩追赏六品顶带。"

子寿善、嘉善,封奉国将军。

【校勘记】

〔一〕始行附参　"附"原误作"讦"。今据显录卷八二叶三八上改。

黄爵滋

黄爵滋,江西宜黄人。道光三年进士,改翰林院庶吉士。六年,散馆,授编修。八年,充江南乡试副考官。十二年三月,〔一〕充会试同考官。闰九月,转福建道监察御史。十月,稽察银库。十三年二月,以银库书役人数过多,偕御史扎克三奏:"请裁并库丁,亲故子侄不得滥充额缺。八旗兵饷及各衙门支款繁多,均按札付总数弹兑,由承领官分给,并严禁银号影射、奸徒勾串之弊。"下所司议行。七月,刑部议定金银出洋,照私运米谷出洋例治罪。爵滋以内地有仿铸洋银之弊,奏请并禁出洋,洋银百枚,照纹银百两科罪;其仿铸洋银者,照私铸铜钱例科罪。下部议行。寻转掌陕西道监察御史。

九月，迁兵科给事中。十月，以本年武会试，考官置双好中单好，爵滋充监试，未经参劾，降一级留任。十一月，奏银库收捐，易滋畸重畸轻之弊，请严定章程，永杜弊端，下部议行。又奏湖北连年被水，江汉堤防，请改民修为官修，严行考课，以示劝惩；并豫讲防险之法，多开支河，以泄水势。十四年三月，奏请剔除州县常平、义、社等仓积弊，均下所司议行。四月，奏言："赏罚出于是非，是非出于名实。有名无实者，天下之大患也。然及今而综核之，犹易易耳。学校，常经也，而以绝今之邪教则尤切。保甲，良法也，而以靖今之会匪则尤宜。水利，农桑之本。修水利以除水患，则灾黎复。积储，地方之命。广积储以备赈施，则荒岁裕。兵严校阅，使领兵者悉能治兵，则武有备。海严防禁，使缉奸者务能去奸，则夷无患。官材者，所以共治天下者也。使奉职者均能尽职，则人存政举。"上韪其言，命下各省大吏实力整顿，认真查办。

五月，转工科掌印给事中。十一月，巡视南城。十五年三月，充会试同考官。七月，奏劾四川布政使李羲文性情乖谬，遇事把持，顺庆府知府金齐贤阿年力衰颓，官声狼藉，下成都将军隆文等按之，金齐贤阿等勒休、褫职有差。八月，擢鸿胪寺卿。谕曰："科道中黄爵滋等，平日遇事敢言，是以擢用京卿。风励言官，即是广开忠谏之路。嗣后务当屏除私见，力矢公忠，随时进言，以资采纳。"九月，奏陈察天道，广贤路，豫备将材，控制匪民，整饬京城营卫，申严外夷防禁六事。疏入，得旨，饬京营严夷禁，如所请行。十六年正月，奏陈："漕、河积弊五条：一、官弁推诿，匪徒混冒;一、需索陋规,贻误限期;一、官弁兵夫,玩误废弛;一、劣幕把持,浮估冒开;一、匿报淤荡,屯留匪类。俱请严行查禁。"下军机大臣议行,惟奏请复设巡视御史分道稽察一条,寝之。四月,奏请饬各督抚严查州县延搁命盗案件,据实参办。五月,奏请查办奸徒运米出城,接应回漕,又叠请严杜回漕及漕船、〔二〕剥船各弊,俱允之。十七年七月,充山东乡试正考官。十月,稽察右翼宗学。

十八年,疏请塞漏卮以培国本,略言:"近年银价递增,度支渐绌。非耗银于内地,实漏银于外洋。盖自鸦片流入中国,为害日深。道光三年以前,每岁漏银数百万两,其初不过纨袴子弟习为浮靡,尚知敛戢。嗣后上自官绅,下至优伶,随在吸食,置买烟具,为市日中。故外洋来烟渐多,另有趸船载烟,不进虎门海口,停泊零丁洋中之老万山、大屿山等处附近,奸商勾通巡海兵弁,用扒龙、快蟹等船,运银出洋,运烟入口。故自道光三年至十一年,岁漏银一千七八百万两;十一年至十四年,岁漏银二千馀万两;自十四年至今,渐漏至三千万两之多。此外福建、江浙、山东、天津各海口,合之亦数千万两。耗银之多,由于贩烟之盛;贩烟之盛,由于吸烟之众。今欲洋烟之不来,必先加重吸烟之罪。请严旨饬谕,予以一年期限,若一年后仍行吸食,是不奉法之乱民,即置之重刑,罪以死论。臣查余文仪台湾志云:'咬𠺕吧本轻捷善斗,红毛人制鸦片诱食之,遂羸弱受制。其国竟为所据。红毛人有自食者,系其人竿上,以炮击之入海。故其国只造烟,不食烟。又闻洋烟到广,由孟买经安南边境,初诱安南人食之。安南人觉其谋,立即示禁,凡食者死不赦。'夫以外夷之力,尚能令行禁止,况我皇上雷霆之威,虽愚顽之沉溺既久,自足以发聩振聋。伏请饬各督抚严切晓谕,广传戒烟药方,各府州县清查保甲,豫先晓谕居民,一年后取具五家邻右互结,仍有犯者,准令举发,给予优奖。倘有容隐,照例治罪。其通都大邑,往来客商,责成各铺店,倘敢容留,照窝藏匪类例治罪。现任文武大小各官,如逾限吸食,照常人加等。除本犯官治罪外,其子孙不准应试。地方官于定例一年后,有实心任事,拿获多起者,照获盗例,给予议叙。地方官署内官亲、幕友、家丁,仍有吸食被获者,除本犯治罪外,该本管官严加议处。各省满、汉营兵每伍取结,照地方保甲办理。其管辖失察之人,照地方官衙门办理。庶军民一体,上下肃清,向之吸食鸦片者,自当畏刑感格。如是则漏卮可塞,银价不致再昂。然后讲求理财之方,诚天下万世臣民之福。"奏入,上嘉之,命大学士、军机大臣等议定章程,下各将军督抚等奉行。

十九年二月,迁大理寺少卿。五月,升通政使司通政使。六月,充江南乡试正考官。九月,擢礼部右侍郎。十一月,以刑部审办临榆县民姚恩睿呈控协领德凌阿一案,人证卷宗,屡提未到,命爵滋驰往山海关查办;途次遵旨查讯丰润县知县许瀚被参滥刑勒派各款,究出擅责武举及生员违例充当乡总,不行禁革,复倚法刑辱等情,奏请将许瀚下部严议。十二月,抵山海关,讯明姚恩睿案内犯供,请仍归部审办,俱允之。寻调刑部右侍郎。时御史杜彦士条陈福建海防各事宜,命偕左都御史祁寯藻前往福建,会同闽浙总督邓廷桢查办。二十年三月,偕祁寯藻覆奏闽省海防紧要,请令总督每岁暂驻泉州督办。又以南台福厂战船修造草率,迟延积压,议令迅速补修。

　　四月，奏查禁海口鸦片烟贩，首在严办汉奸，责成地方文武水陆官兵尽力查拿，并严密巡防，永杜洋船窜至，又控制海口，请易炮台为炮墩，将建立保护并安炮施放之法，详晰具陈。又以漳州、泉州府属行使洋钱，或由外洋流入，或系内地私铸，奏请令沿海地方官于商船进口时，严查夹带；其私铸者，照私铸洋银例治罪，并限一年赴官呈缴，官为给价，所收洋钱送局镕化。又查奏晋江等县械斗毙命情形，请严缉会首人犯，拆毁私设铳楼，并拟禁械斗章程六条：一、选择贤吏，力图整顿；一、查拿凶犯，毋轻会营；一、遴举乡族各长，以重责成；一、严拿斗匪，以绝根株；一、收缴火器，以息凶焰；一、整饬伦纪，以崇教化。又奏查明漳、泉盗匪，议定责成缉捕章程。均允行。

　　八月，偕祁寯藻还抵浙江，遵旨查奏台州、温州各府属栽种罂粟，业经叠次铲除，仍令各厅县随时履勘究办。台州府知府潘观藻疲懦无能，请勒令休致，得旨褫职。又以已革温州府知府刘煜试行票盐不善，被议定罪，辄遣人赴京屡控，九月，遵旨讯明并无枉屈，哓渎谬妄，奏请仍遵前旨遣戍新疆，允之。先是四月，闽浙总督邓廷桢等奏报英吉利船滋事，由广东犯福建各海口，厦门官兵攻击英船，擒获奸匪各情，并保奏出力员弁。至是，命偕祁寯藻仍赴福建确查，并历次官兵防堵接仗，及英船停泊各情形，均遵旨查实奏闻。十一月，转左侍郎。二十一年正月，奏筹办海防急宜募兵节饷以操胜算，略言："承平日久，水师废弛。兵额既缺，非水勇、乡勇无以助攻守；战舰未修，非商船、渔船无以资驾驭。应令民间力行团练，遇有英船入口，即迭进兜剿。如此，则可省征调之烦，而所在皆精兵重镇矣。"疏入，下钦差大臣伊里布暨沿海将军、督抚等体察办理。

　　旋回京。二月至五月,历充各省举人覆试,庶吉士散馆、新进士朝考阅卷大臣。十月,命偕大理寺卿博迪苏赴直隶杨村查验剥船,讯明湖南运员兆瑞拖欠剥船民人水脚银两,奏请严议勒追,并援案请由天津道库借给船民银两回籍,[三]俱如所请。旋以陕西革员梁光泰列款讦控上司,命偕刑部左侍郎柏葰驰往查办。十二月,途次山西,遵旨讯明游幕民人茹鸿逵控案,实系挟忿刁控。二十二年正月,讯明梁光泰所讦虚诬,均论如律。五月,丁父忧。二十三年,银库亏短案发,爵滋曾任查库御史,坐失察,奋职罚赔。二十四年十月,服阕。十一月,赔项完缴,得旨,以六部员外郎用。咸丰三年,卒。

　　子秩林,拣发湖北知县。

【校勘记】

〔一〕十二年三月　"二"原误作"三"。今据黄爵滋传稿(之三六)改。

〔二〕又叠请严杜回漕及漕船　原脱"及漕"二字。今据黄爵滋传稿(之三六)补。

〔三〕并援案请由天津道库借给船民银两回籍　"船民"原误作"剥船"。今据黄爵滋传稿(之三六)改。

　　袁希祖

　　袁希祖,湖北汉阳人。道光二十七年进士,改翰林院庶吉士。三十年,散馆,授编修。咸丰二年,大考二等,以侍讲升用。三年正月,补官。九月,转侍读。四年八月,充日讲起居注官。

九月，升右春坊右庶子，命缮写<u>贞观政要</u>，进呈后，赏大卷<u>江</u>绸、大小荷包。旋请假还里，五年三月，销假。七月，仍补原官。十月，复充日讲起居注官。

六年六月，疏言："<u>瓜洲</u>逆匪北窜，陷<u>扬州</u>，<u>清</u>、<u>淮</u>危急。其地毗连<u>徐</u>、<u>泗</u>，道路歧出，若勾通捻匪，则堵截不易，稍有疏虞，畿辅重地，岂可再致惊扰？各路统兵大臣，拥兵自卫，以保举为苞苴之地，借捐输为蠹蚀之谋，而借口于皇上之不发兵饷，事事掣肘。臣于告假回籍时，目所亲睹，吁请简派重臣，统兵南下。不但遏逆贼之妖氛，且可烛若辈之智巧。前此逆贼扰及<u>河北</u>，皇上命<u>僧格林沁</u>督剿，不及一年，悉就殄灭。可见命帅出师，诚信为体，威望为用。苟能认真办理，未有为其事而无其功者也。"疏入，报闻。九月，升翰林院侍讲学士。

八年七月，命协同批本。九月，超擢内阁学士，兼礼部侍郎衔，稽查右翼觉罗学。十一月，署礼部左侍郎。九年正月，署工部右侍郎，兼管钱法堂事务。二月，充各省举人覆试阅卷大臣。三月，署刑部右侍郎。四月，奏言："<u>咸丰</u>三年因道路梗塞，铜斤短少，改铸大钱当百、当五十久已不行。[一]当十之钱，始犹值制钱三五，近则竟以十当一。银价日增，百物昂贵，本月市价，每两至十七千，穷民生计维艰。又有所谓'水上漂钱，十文始能易一大钱'，而大钱又止值制钱一文。老弱者无以为生，强壮者公然行劫。乃至旗民兵饷，每月三两者止折钱十五千，出息微末，糊口何资？况大钱之铸，非惟病民，亦且病国。向日制钱重一钱二分，大钱则定制止四钱八分，以之当十，原有五钱四分赢馀。今民间折算，至以十为一，是反以四钱八分铜作一钱二分用也。大钱之铸已六七年,京外既不通行,城中亦并不见多,其故有三。臣见东西单牌楼下收买大钱,镕而为饼,仍运往捐铜局出卖。捐铜局亦明知其故,特以贱价收买,开销之外,尽有赢馀。此大钱出路,一也。臣昨往京东出差,沿途有新沙制钱,明系大钱改铸。此大钱之去路,二也。京中铜价,每斤值京钱二千二百。今大钱二千二百文,计重三斤四两。若镕毁成铜,顿得三倍之利。此大钱之去路,三也。国家钱法,例重一钱二分,加以炉火工食,耗费甚多,是以绝无私铸、私销之弊。今天下皆用制钱,独京师一隅用大钱,事不画一,故百弊丛生。臣请悉复旧规,银价必减,穷民易于得食,庶不致流为盗贼。或谓百物虽贵,尚幸银价之昂,较诸用制钱时犹为便宜。此在富贵之家,或有此论,小民终日勤苦,获钱不过数百,市中米价,至值钱四百有零,一切工作之人,何以糊口?臣非故为异论,目击时艰,不敢不直陈之。”

旋充殿试读卷官、朝考阅卷大臣。五月,充福建乡试正考官。十一月,请假省墓。十年正月,回京。闰三月,充会试覆试阅卷大臣、庶吉士散馆阅卷大臣。五月,充朝考阅卷大臣。寻奏言:“臣去年出差,道经苏、常,距贼营止数百里,而热闹繁华,笙歌达旦,直不知强寇在邻。昨阅邸钞,常州、无锡以次被陷。四月十二日,大股直扑苏州。十三日,〔二〕苏州即已失守。虽贼势猖狂,何至一日即报失陷?数年以来,失事地方情形,大率类此。其所谓失守,无所谓守也,但听其失。一经奏闻,不过革职,暂留军营以观后效而已。所谓收复,不见其收,自然而复。俟贼自去,即虚报胜仗,开列保荐,为树植私人之计。似此用兵,安有成功之日?臣愚以为今虽溃败决裂,而天下大势,尚有可转之机隐伏其中。苏、常之地，贼窥伺已久，一旦得之，子女玉帛，贼志已为餍足，不特金陵老贼全股奔注，即天长、六合之贼亦欣羡无已，皆将往而分肥。不观李若珠昨日之胜仗乎？明明贼欲南渡，是以该提督剿办，尚能得手。臣愚以为乘此贼势散缓之时，[三]皇上宜选派重臣，择清、淮之地，扼要驻扎，统筹全局，使事权有所统摄。至于江南军务，皇上已命曾国藩即赴两江总督署任，迅图克复苏、常。臣愚以为苏、常之地，不必力争，曾国藩即绕出宁国，驰抵江、浙地界，而前后受敌，计非万全。万一军威再损，其患何可胜言？莫如令胡林翼由江北进攻，牵制安庆诸贼；令杨载福以炮船水师由大江直下，彼此接应；令李若珠力击天长、六合之贼，以出江、浦，遥为声援。密授曾国藩机宜，为由宁国赴援之势，而潜引精兵倍道以取金陵。金陵此时人心不固，取之易于反掌。若得金陵，贼势必日见穷蹙。即以残破之江、浙，为贼之逋逃薮，由是而驱之下海无难矣。今日之事，劳师糜饷，无尽无休，加以事权不一，各路统兵大臣，散而无纪，不相救援。其贤者往往孤军深入，力尽援绝，血战阵亡；其不肖者拥兵自卫，此窜彼逃，种种取巧。皇上宜特简重臣，如僧格林沁者，带兵前往，以资统御。积弊既除，精神乃奋。此天下转移之一大机也。"又奏："臣屡探南来之信，多云张国樑血战受伤，投水自尽。目今并未具报，该员为天下人心所系属，其生时大营倚之为长城，其死后大帅视之如草芥，将何以为天下劝乎？夫一死轻于鸿毛，而生者尚得苟延残喘。人心至公，每于此处视朝廷之举动以为向背。应请明降谕旨，迅速查明具奏，如其死也，自应优予恤典，以安外间降将之心；如其尚存，别有情节，亦应早定功罪，以塞天下是非之口。"疏入,上韪之。

　　旋署户部右侍郎,兼管钱法堂事务。六月,奏言:"前因浙江失守,命在京大臣各举团练大臣,选派委员回籍督办。臣思团则一时可集,练非经久不能。既云团练,非五六千人不可。每日必人给百钱,乃可糊口。计一月之费,已属不赀。加以督办大臣及随员差役薪水所资,锣锅帐房,费将安出? 即使费有所出,团练有成,而此五六千人以之制敌则不足,以之骚扰则有馀。坐耗半年,费无所出,不溃何待! 且派往大员,万一与地方官意见不合,必至互为水火,更足贻误大局。请降旨申谕,使知团练乃自卫乡闾之至计,并不以此科敛扰民,亦不必日给口粮,坐守困耗。傥大用大费,正项钱粮既不能动,不得不取资于民。轻则聚众,重则返戈,大可虑也。"七月,复奏言:"臣于户部值日,闻直隶总督恒福知照顺天府准英领带兵入城换约,皇威震怒,命传檄歼灭群丑。臣以为宜暂就和议,迁延数日,以便布置周妥,通州以南有僧格林沁大兵,可保无虞。惟西南两路,可由保定直达京城,急宜防堵。臣又思天津水会人等,或可密为联络,与僧林格沁两路夹击,前派往张之万、焦佑瀛,未知已办有头绪否? 臣请前往察看情形,歼灭丑类。"

　　八月,又奏言:"僧格林沁既擒获吧嘎哩,宜明正典刑,以作士气。自古夷患多在边陲。今天津近在畿辅,若容其设立马头,异日将防不胜防。前年广东之役,虏叶名琛,囚柏贵,狂悖已极! 若轻纵放还,将何以对死事之臣? 且僧格林沁擒之,皇上纵之,万一逆焰复张,蒙古之兵安肯复为用命? 自道光年间,香港为英人占据,其势渐张。臣闻两广总督林则徐曾将英领义律擒获,后经琦善、耆英、牛鉴等，专言抚夷，甘心放还，以致镇江、定海先后失守。以中国二千一百万之帑藏，厚资敌利，贻患至今。竟以四五千众横扰通州。天夺之魄，吧酋就擒，宜正典刑，以绝祸根。或谓英领有四国之众，概予骈戮，恐将来兵争不息。此不知外人之情者也。臣上年回籍，族中有在上海贸易者，言英人强而不富，以火轮船为长技，枪炮机关灵动，确然难犯。然通商一事，用兵又一事，各不相谋。英人用兵之费，全资商力，加以内地汉奸，告以中国苦兵，乘机寻衅；又虞己力不足，勾联四国，狼狈为奸。其敢于狂悖如此者，皆外间封疆大吏因洋税出息不少，贪其利而纵容之，以致养成今日。其实中国百货皆外洋所必需，不但大黄、茶叶，有关洋人性命，若真闭关不与通商，则通商之洋人，必与用兵之洋人寻闹不已，而我中国之洋税自在也。臣又闻广东人言，上年英人受创之后，气已不振。今年纠众来京，众皆不愿，胁之以威，有抵死不肯来者。是以募广东之潮勇、登州之土匪，凑集三五千人，下此孤注。今逆首就擒，立见解体矣。臣又闻英人火轮船成本甚重，大者值二百万金，小者值百万金，宜悬重赏，募海口亡命之徒，必有能以计毁之者，此第一要着。若能使之片轮不返，英人虽十年生聚，十年教训，亦力有不给，此一劳永逸之策也。”

十月，兼署兵部右侍郎，稽察中书科事务。十二月，卒。

【校勘记】

〔一〕当五十久已不行　原脱“十”字。今据袁希祖传稿(之三六)补。

〔二〕十三日　“三”原误作“二”。今据袁希祖传稿(之三六)改。

〔三〕臣愚以为乘此贼势散缓之时　原脱"此贼"二字。今据袁希祖传
　　稿（之三六）补。

吕贤基

吕贤基,安徽旌德人。道光十五年进士,改翰林院庶吉士。十六年,散馆,授编修。十七年,充顺天乡试同考官。二十一年,充文渊阁校理。二十二年正月,转湖广道监察御史。二月,奏言:"南河正料购于他处,不如取给于苇荡。每年苇荡所产,除工需外,以其馀定价设厂。卖与民间正料,足可以防险工,则水患息;柴价多可以济公用,则经费省。应请敕下江南河道总督悉心查办。"又奏请申禁各省加派勒捐之弊。俱允之。七月,转掌山东道监察御史。十月,升礼科给事中。十一月,奏参候选知州鄂云贪缘投入扬威将军奕经幕下,诳骗欺朦,滥支军饷;又广东劣幕余廷槐盘踞多年,黩货受贿,与肇庆府训导黄培芳表里为奸,借团练乡勇干没军饷,且招募匪徒充数:请敕该督抚严查究办。如所请行。

二十三年八月,转礼科掌印给事中。十二月,丁父忧。二十六年,服阕,补礼科给事中。二十七年四月,转吏科掌印给事中。七月,以河南旱灾,筹办赈恤,疏请将江南捐输运京米石,改拨河南接济灾民,下部议行。二十八年三月,巡视东城。九月,俸满截取,记名以道员用。十月,以江苏、安徽、湖北各省水灾,诏发帑金赈恤,贤基奏陈荒政积弊,并赈恤急务,略言:"办赈之弊,莫如造册稽延。定例水旱成灾,督抚疏报,即先给饥民一月口粮。再查被灾轻重,分别给赈,诚以饥寒待哺,若必待查取户口完竣,

则老弱之流离转徙已多。应请敕下该督抚，饬各属遵照定例，一面查取户口，一面先行放赈，无论极贫、次贫，均俾先沾实惠。俟册籍已定，务于限内具题加赈，即按照极贫、次贫应给米石，分别给与。其加赈日期，务与初赈接续，毋许间断。户口或有开除，续增随时具报。倘有报勘后故意延缓者，即予严参。庶有司不致贻误，而恺泽得以旁流。其办赈急务数条：一、多设粥厂，并严革克扣搀和积弊；一、兼筹放钱粜米之法；一、赈缓恩诏，急行宣示；一、招商采买邻省米谷，接济民食；一、收恤遗弃幼孩，收买贩卖牛只。"疏入，下所司议行。十一月，以捐备本籍赈需，下部议叙。二十九年，稽察西仓。

三十年正月，文宗显皇帝御极，贤基应诏奏陈四条："一、懋圣学，请将大学章句、大学衍义、大学衍义补及朱子全书分日进呈；一、正人心，请慎择学校之官，上自成均，下逮各省府、州、县学，皆精其选；一、育人才，请培养于平时，激励于临事；一、恤民隐，请敕各督抚查劾地方官之累民者，并将江苏、浙江等省捐米例停止。"疏入，惟分日进书一条，部议寝之，馀俱如所请。二月，升鸿胪寺卿。咸丰元年正月，超擢工部左侍郎。六月，充浙江乡试正考官。二年正月，兼署刑部左侍郎。三月，奏粤匪、河工、度支、漕运，事事可危，请诏求直言，略曰："粤西会匪滋事，二年以来，命将出师，尚无成效，甚至围攻省城，大肆猖獗。南河丰工未能合龙，重运之阻滞，灾民之屯聚，在在堪虞。河工费四五百万，军需费一千馀万，部臣束手无措，必致掊克朘削，邦本愈摇。窃谓今日事势，譬之于病，元气血脉枯竭已甚，而外邪又炽，若再讳疾忌医，愈难为救。惟有开通喉舌，广觅良方，庶可补救于万一。

应请特旨令大小臣工悉去忌讳,一改泄泄沓沓之故习,于时政阙失有可补救者,各抒所见,尽言无隐,以期集思广益。"疏入,谕各部院大臣、九卿、科道有言事之责者,于政治得失、民生利病有可补救者,各据见闻,直言无隐。八月,充顺天乡试副考官。九月,署工部钱法堂事务,充顺天乡试覆试阅卷大臣。

三年正月,以粤匪由楚犯皖,命贤基驰赴安徽,会同巡抚蒋文庆、前署广西巡抚周天爵办理防剿事宜。时两江总督陆建瀛退守江宁,贤基奏称:"江防宜扼重上游当涂之东梁山、和州之西梁山,相距仅三里,对峙如门,南岸迤东三十里有采石矶,最为中流要隘。应请敕下陆建瀛前赴东西梁山布置,不可株守金陵。至陆路贼匪逼近宿松,若取道江北,则由太湖、桐城、舒城、合肥下巢湖以达江,仅五百馀里。查江北以庐州为最要,庐州以巢湖为最要。盖庐州为七省都会,江、皖水陆恃为屏蔽,魏、吴、南北朝均争之,以为江、淮门户。宜命重臣驻扎此地。又地多匪棍,毗连颍、凤,可就近弹压。巢湖在庐州东五十馀里,由东关达裕溪口,出江计百二十里,适当梁山上游。若能招集匪徒,使不为贼困。倘贼顺流东下,则驶出江口,与梁山镇合力攻击,必可独当一面。"上嘉纳之。寻奏请敕部拨帑备用,又奏所过地方,如查有堪备教习团练之人,请咨明各该督抚,遣赴安徽军营,以资差委。均如所请。

二月,奏请敕给事中袁甲三、广东潮州府遗缺知府赵昀,均赴安徽帮办团练防剿事宜,允之。寻偕署安徽巡抚周天爵奏言:"团练、防、剿三事,当分寄其任,并致其力以图之。团练之事,江北诸省大吏各就地方饬属认真办理,激劝绅民,歼除土匪。防堵之事,于江北沿江一带,择精干牧令稍假威权,令其练本邑之兵,团本乡之勇,因本地之粮,以守本境之土,各固藩篱,永免征调,察其办理之善者,升衔加俸,不迁其职,俾得尽心固守。剿贼之事,专责之统兵大帅。如大帅扎营,去贼百馀里外,立即逮问。如此则各有责成,难于推诿。"疏入,上韪其议。八月,粤匪由英山县犯太湖县,直抵石牌,窜踞江家嘴,并分股窜出洪家埠夺船,意图东下。贤基檄已革按察使张熙宇率游击赓音泰等分路进剿,败之。

十月,安庆之贼,分股由清凉庵至十里铺犯集贤关,各路兵勇接战失利,赓音泰与游击伍登庸均死之。贤基偕巡抚李嘉端奏请交部优恤,允行。寻贼由集贤关犯桐城县,距城十馀里,贤基檄孝廉方正马三俊等率练勇迎敌,并遣文生张勋赴张熙宇行营请援,张熙宇以未接警信回覆,练勇遂不支,同时溃散。桐城失守,张熙宇退守大关。贤基偕署安徽巡抚、布政使刘裕鉁奏闻,得旨,张熙宇着即正法。时贤基方驻舒城,有告以无守土责,又未辖一兵,贼锋锐甚,可退守以图再举者,贤基力斥之,乃率练勇登陴守御。未几城陷,贤基死之。

十一月,巡抚江忠源查明奏闻,谕曰:"前因刘裕鉁奏安徽舒城失守,侍郎吕贤基尚无下落。朕深知该侍郎素怀忠义,必能大节无亏。兹据江忠源奏,逆匪于十月二十九日攻陷舒城,吕贤基殉难,随员幕友尚有数人同时尽节。吕贤基由翰林、科道,荐升京卿。朕因其品学兼优,超擢侍郎。本年春间,令其回籍督办团练,颇能实力任事。该侍郎年力正强,方资倚畀。乃以逆匪窜扰舒城,捐躯尽节,悼惜殊深! 吕贤基着追赠尚书衔,照尚书例赐恤。任内一切处分,悉予开复。应得恤典,该衙门察例具奏。伊子编修吕锦文,着俟服阕后,以侍读升用。所有随员幕友尽节姓名,均着查明请恤。"又谕曰:"侍郎吕贤基素怀忠义,大节无亏。业经降旨追赠尚书衔,优加赐恤。着再加恩,于舒城建立专祠,以慰忠魂而光恤典。并着赏银三千两,交伊子吕锦文祇领,即日前赴安徽,扶柩回籍治丧,用示朕笃念荩臣、有加无已至意。"寻赐祭葬,予谥文节。入祀京师及本籍府城昭忠祠,赏骑都尉世职,袭次完时,以恩骑尉世袭罔替。八年,安徽巡抚福济奏请入祀乡贤祠,上以贤基品行端方,居官忠直,名副其实,允之。

子锦文,翰林院侍读;维干,袭世职。

戴熙

戴熙,浙江钱塘人。道光十二年进士,改翰林院庶吉士。十三年四月,散馆,授编修。七月,大考二等,升右春坊右赞善,十四年,转左春坊左赞善。十五年三月,充会试同考官。五月,丁母忧。十七年,服阕。十八年闰四月,补原官。六月,迁右春坊右中允,命在南书房行走。七月,充日讲起居注官,提督广东学政。十一月,升翰林院侍讲。十九年六月,迁右春坊右庶子,俱留学政任。

十月,御史焦友麟奏陈广敷教化,整饬风俗,熙偕两广总督邓廷桢等遵议奏覆,略言:"雍正七年、乾隆元年议定各省州县设立讲约,选举约正,每月朔望宣讲圣谕广训,地方官并教官仍不时巡行宣讲,加意化导。成宪详明,历久遵奉。兹该御史请督令教官按期宣讲圣谕广训直解,自应申明定例,责成实力奉行。至所称查有习教等事,准教官会县拿究,其扶同隐匿者,生员连坐。查教官专资训课,若兼责以地方之事,恐拿究未能得力,而训迪转致分心,且恐借此干预地方,亦不可不防其渐。生员则读书明理,容有任事之才。然恐稍涉迂谨者,虽知秉正嫉邪,而实未谙事务;其向来好事者,甚至捕风捉影,或更涉于纠纷,且绳以连坐之法,更恐倒颠是非,畏罪妄指,其流弊不可胜言。应请毋庸置议。现当严察鸦片之际,倘胶庠未尽肃清,则草野曷由观感? 是查禁生员吸食鸦片,实先务之为急,亦因地而制宜。应饬各教官于该管生员留心访察,如有沾染恶习,即据实举报,傥失于觉察,甚或知而不举,一经发觉,立予参处。惟现行新例,并无教官处分专条,拟请敕部明定处分,以示警惕。至教官贤否不一,傥其身自吸食,何以能范诸生? 宜饬藩司慎选于平时,州县访察于就地,有犯即行严参。如此层递稽查,示之标准,庶师道立而善人多,士习端而民风厚矣。”如所议行。

二十年三月,升翰林院侍讲学士,仍留学政任。十月,差竣,奏请回籍省亲。二十一年,回京。二十二年三月,以父老请开缺终养,允之。六月,丁父忧。二十四年,服阕。二十五年正月,来京候补。三月,充会试同考官。五月,复提督广东学政。六月,补原官。十二月,充光禄寺卿。二十六年二月,升内阁学士,兼礼部侍郎衔,俱留学政任。十二月,差竣回京。二十七年四月,以学政任内失察年老武生入场,革职留任。五月,稽察中书科事务。二十八年,擢兵部右侍郎。自终养起复,并两资差旋,至擢侍郎,均得旨仍直南书房。二十九年闰四月,罢南书房行走。七月,以本籍水灾捐资备赈,下部议叙。旋因病陈请开缺,诏以三品顶带休致。三十年,文宗显皇帝御极,礼部尚书孙瑞珍遵旨保举人才,以熙奏入,召来京听候简用。熙以病不果至。

咸丰三年,粤匪历窜湖广、安徽等省,攻踞江苏江宁府,复四出纷扰,浙江戒严。熙偕官绅劝谕捐输,举行团练。五年,浙江巡抚何桂清以熙劝办出力,奏闻,下部优叙。七年,巡抚晏端书以熙设局省城,募勇操防,协助官军,奏闻。九年,以督办团练有功,赏二品顶带。十年二月,贼犯杭州,熙偕杭州将军瑞昌等,激励兵民,婴城固守,城陷,熙死之。五月,瑞昌疏闻,谕曰:"前任兵部右侍郎戴熙,在浙江本籍,办理团练,及协防局务,殚精竭力,任劳任怨。本年贼扰省城,与该将军力筹堵剿,勤劳昼夜,公尔忘私。嗣于城陷后,从容尽节,悼惜殊深!着追赠尚书衔,照尚书例赐恤。任内一切处分,悉予开复。应得恤典,该衙门察例具奏。并于钱塘县本籍,建立专祠。伊弟副贡生戴煦、媳金氏、甥候选训导王朝荣,同时殉难,均着交部分别旌恤,并准其一体附祀。伊子候选训导戴有恒,着赏给通判,俟服阕后,分发省分补用,以示朕笃念忠荩至意。"寻赐恤如例,予谥文节。赏骑都尉兼一云骑尉世职,袭次完时,以恩骑尉世袭罔替。

子有恒,江苏候补通判。

清史列传卷四十二

大臣传续编七

姚元之

姚元之，安徽桐城人。嘉庆十年进士，改翰林院庶吉士。十二年，高宗纯皇帝实录告成，元之以纂修议叙，命毋庸散馆，即授编修。十三年，充陕甘乡试正考官。十四年五月，命在南书房行走。给事中花杰奏考取南书房四人，姚元之系协办大学士、户部尚书戴衢亨，侍郎英和门生，文字虽优，钻营尤甚。得旨："姚元之试卷本佳，并非英和、戴衢亨力荐，花杰任意诋评，着交部严议。"旋以南斋事简，元之仍撤回馆。十月，上五旬万寿，元之献诗，赏缎疋及笔砚诸物。十七年二月，大考一等，升侍讲。五月，恭刊高宗纯皇帝圣训，于庙号有误，元之时充武英殿提调，未经覆核。上以元之到馆未久，降为编修，仍罚俸二年。

十九年三月，充会试同考官。五月，提督河南学政。二十年三月，奏请严禁坊刻类典等书，谕曰："士子研经稽古，于五经、三传自应遍读全书，融铸淹贯，发为文章，方足以觇学识。乃近多钞录类书，剿袭撦拾，冀图诡遇，不可不严行饬禁。该学政随时查禁，责令销毁外，岁科考拔生童，有仍将此等类联钞录者，即摈弃不录，以正文风而端士习。"七月，谕将吏治官常、匪徒打抢一切情形，据实密奏。寻奏："查匪徒肆劫，多系河南与安徽、湖北边界之人，名曰捻子手。平日与良民无异，及互相雠杀，各以党从。经抚臣节次拿办，猖獗之风稍息。至陈州、汝州同在一省，而南北盐运迥殊。私枭过境时，土匪从中把持，合则护送之，不合则抢夺之。此又匪徒滋事之情形也。"报闻。二十三年，丁父忧。二十五年，服阕。

道光二年，充咸安宫总裁。三年，充文渊阁校理。四年六月，仁宗睿皇帝实录告成，元之以纂修议叙，得旨，以应升之缺升用。八月，升右春坊右中允，充日讲起居注官。寻大考二等，转左春坊左中允。十二月，升司经局洗马。六年三月，升翰林院侍讲。十月，转侍读。七年，迁右春坊右庶子，寻升翰林院侍讲学士。十年，转侍读学士。十一年二月，升詹事府詹事。六月，稽察左翼宗学。十二月，充文渊阁直阁事。十二年二月，升内阁学士，兼礼部侍郎衔。七月，署兵部左侍郎。十三年正月，升工部右侍郎，兼管钱法堂事务，仍兼署兵部左侍郎。二月，疏请整顿台湾营务，谕曰："国家养兵卫民，所以戢奸禁暴。如该侍郎所奏，窝倡聚赌，械斗杀人，不服管束，尚复成何事体？甚至营中操演，有受雇替代之弊，则是我兵竟作壁上观，而此辈无藉游民，性本犷悍，而又习之以战斗，假之以凶器，岂不相率而为盗耶？着程祖洛实力稽察，毋稍姑息。"

三月，调刑部右侍郎。四月，坐疏防官犯李相清越狱，降四级留任。六月，兵部书吏假发验票案发，元之以前署左侍郎坐失察，降一级留任。七月，充大考翰詹阅卷大臣。十月，转左侍郎。十四年八月，充顺天乡试副考官。九月，吏部文选司贿选道员案发，刑部承审司员祖护同年案悬多日，经给事中富新奏劾，元之坐派员疏忽，夺俸。十一月，调户部右侍郎，兼管钱法堂事务。十五年四月，转左侍郎，兼管三库事务。闰六月，充江西乡试正考官。八月，调刑部右侍郎。十二月，刑部堂印被窃，革职留任，寻以人印并获，改降三级留任。十六年三月，两江总督陶澍等奏筹约束粮船水手章程，元之偕大学士长龄等遵旨列款议覆：一、严查藏匿凶器，一、严定头舵保结，一、严置凶徒重典，一、严治游帮匪类，一、酌宽地方处分，一、沿途派兵防缉，允之。四月，充朝考阅卷大臣。十七年八月，署户部左侍郎，旋署右侍郎，兼管钱法堂事务。十二月，提督浙江学政。

十八年闰四月，转刑部左侍郎，仍留学政任。五月，擢都察院左都御史。十二月，以前任江西巡抚裕泰所参丁忧知府张寅各款，按问不实，迹近挟私，奏请查办，经新任巡抚钱宝琛遵旨查明覆奏，裕泰并无挟私情弊，部议元之降二级调用。谕曰："在京部院大臣于外省督抚举劾属员，本不容妄有干预。姚元之以一品大员，与南昌府知府张寅系属姻亲。乃于该员被参之案，指称该抚迹近挟私，并将该员去任时，生员胪陈政绩，代为陈奏，实属冒昧。姑念究系言官，且其所奏只为张寅申辩，其事尚小，着照部议，以示薄惩。"二十一年三月，以英人未靖，疏陈广东形势，并请豫为之防,乘机而战。命交靖逆将军奕山等悉心筹画以闻。闰三月,授内阁学士,兼礼部侍郎衔。二十二年,续纂大清一统志告成,元之以前充国史馆提调,下部议叙。二十三年,京察届期,上以元之精力渐衰,原品休致。咸丰二年,卒。

文蔚

文蔚,费莫氏,满洲正蓝旗人。父富兆,福州副都统。文蔚,嘉庆二十五年进士,改翰林院庶吉士。道光二年,散馆,授检讨。三年,升右春坊右中允。四年六月,擢翰林院侍讲。八月,充文渊阁校理。十月,转侍读。九年二月,充日讲起居注官,升侍讲学士。六月,转侍读学士。十一年五月,擢詹事府詹事。十二月,迁大理寺卿。十二年二月,稽察右翼觉罗学。五月,充福建乡试正考官。十月,迁都察院左副都御史。十四年,赏副都统衔,充驻藏大臣。十五年十月,授镶蓝旗蒙古副都统。

十二月,授盛京刑部侍郎。十六年,调兵部侍郎。十七年,偕将军奕颢等奏言:“盛京五部及将军所属笔帖式等官,共一百四十馀员,其司员六十缺,由本处题选者仅二十二缺,馀皆由京铨选。本处人多缺少,殊形壅滞。除礼、兵二部事简缺同,毋庸议外,请于户、刑、工三部共扣留郎中一缺、员外郎五缺、主事三缺,改为本处选缺。通计三部四十二缺,京外各得其半。庶办事得资熟手,笔帖式亦借以疏通。”下部议行。十八年,充牛马税务监督,以奉天草豆歉收,各驿例支马干银不敷喂养,奏请照案借给半年马干,分六季扣还,允之。寻调工部左侍郎。十九年正月,兼镶黄旗满洲副都统。二月,稽察七仓。五月,署正黄旗蒙古副都统。七月，署工部钱法堂事务。八月，署左翼总兵。九月，署户部右侍郎，兼管钱法堂事务，授右翼总兵。十一月，署左翼前锋统领。

十二月，马兰镇总兵琦琛奏参管理筹备库郎中庆玉各款，上命文蔚驰往会同查办。寻以庆玉供词牵涉琦琛，奏请提京讯办，命解琦琛任，文蔚署马兰镇总兵，兼总管内务府大臣。二十年正月，琦琛供称文蔚查办庆玉参款，有意偏袒斡旋。文蔚寻以并无偏袒回奏，又以琦琛前查钞庆玉家产，究出官员差役收留寄顿情弊，遵谕再行访查。奏言：“别无收留寄顿之处，惟庆玉地亩契纸，与收租帐簿数目不符，显有隐匿。请交承审王大臣讯究，并饬直隶总督于遵化州等处示谕佃种庆玉地亩之民户，令其据实呈出，庶免遗漏而昭核实。”如所请行，旋回京。三月，充会试知贡举。五月，署镶黄旗护军统领。六月，授总管内务府大臣。七月，调镶白旗护军统领。八月，充顺天乡试副考官。十一月，署管理武备院及工部钱法堂事务。十二月，充文渊阁提举阁事。以东陵赞礼郎文普呈首承办采买麦差，得受银两，经马兰镇总兵德兴奏闻，文蔚遵谕驰赴马兰镇，会同查办。寻偕德兴讯明文普曾经收受陋规，此次因未派麦差，私向面匠索银未遂，辄捏情呈告，殊属狡诈，奏请交部严议，并将采办易州白麦章程量议变通，下部议行。

二十一年正月，奏议内务府三旗管领下领食家口米石章程，请每年以六万石为度，上以为数太多，谕减为三万石，以示限制。旋充经筵讲官。二月，坐失察广储司银库被窃，降一级留任，旋以赃犯即获宽免。三月，充会试副考官。四月，充紫禁城值年大臣。五月,总理工程处事务。六月,稽察会同四译馆。八月,调左翼总兵。九月,署都察院左都御史。

时英吉利船由广东驶犯浙江,陷定海、镇海二县及宁波府城,上命文蔚为参赞大臣,偕扬威将军奕经驰往剿办。十一月,授镶黄旗护军统领。十二月,偕奕经由苏州进驻浙江省城,谕曰:"自上年军兴以来,屡与英军接仗,惟定海一役,力战六昼夜之久,击毙英人无数。其馀各仗,带兵大员不能申明纪律,激励将士,以致临阵脱逃。非逆夷之凶焰竟不可当,实由统兵大员一味姑容,故将士不能用命。若不亟加整顿,何以挽积习而励军心? 着扬威将军、参赞大臣等查明失守各城首先逃匿之将弁兵丁,严切讯明,即照军法从事,毋稍宽纵。"至次年,偕奕经遵旨查明,奏请分别办理,悉如所请。

二十二年正月,进驻绍兴府,檄将弁袭剿宁波府及镇海县城,入其郛,不克,仍却退。二月,英军袭长溪岭及慈溪山军营,副将朱贵等死之。文蔚偕奕经密饬员弁于镇海城外乘夜进攻,焚其舟,熸敌多名。三月,又于定海县十六门洋面设伏火攻,节次获胜,毁英船数十,歼敌数百。奏入,上嘉其调度有方,出奇制胜,赏头品顶带,下部优叙。四月,以英船退出宁波,复陷乍浦,未能先事豫防,褫职留任,夺头品顶带,撤销议叙。旋偕奕经等奏我兵在定海螺头门与英军接战,夺获船只,斩头目丁时仪之弟于阵。寻复火攻获胜,毁英船多只,歼英人三百馀名,夺获器械无算。捷入,赏还头品顶带。

六月,英船复窜出乍浦,犯江南,陷镇江府,直逼江宁省城。上命奕经带兵赴援,文蔚以筹办浙江省城及嘉兴、海宁等处防堵事宜陈奏,允之。九月,英人就抚,召来京。十月,谕曰:"文蔚拥兵驻扎绍兴,坐视敌氛日炽。但知退守为计,一筹莫展,殊属无能。前已有旨饬令回京,着交部治罪,以示惩儆。"复命仍折回浙江办理军需报销,寻革职,定为斩监候,命毋庸留浙,拿解刑部监禁。二十三年三月,赏蓝翎侍卫,充古城领队大臣。四月,御史陈庆镛以不宜起用入奏,复命革职,闭门思过。

咸丰二年,赏蓝翎侍卫,充喀喇沙尔办事大臣,旋调哈密办事大臣。三年三月,赏二等侍卫,调驻藏大臣。五月,授奉天府府尹。十二月,捐输军饷,下部议叙。四年三月,户部奏请令各省采买米石以实京仓,文蔚偕盛京将军奕兴等以奉天二麦、粳稻出产无多,惟高粱、粟米、粟谷尚可采买,[一]入奏。九月,偕将军英隆等疏言:"已于奉天省捐输项下措银六万两,以五万一千两在锦州海口买粟米五万石,寄仓待运,其馀银九千两,值吉林、黑龙江征兵过境,支作车脚饭食之用。惟天津所雇海船,欠给水脚银两,曾咨令奉天于馀银九千两内按船补给,咨覆未到,津船三十七只已齐抵奉天,因于锦州征存船规项下筹垫银二千两,暂为散给。请将此项仍由直隶于水脚项下拨解归款。"得旨允行。五年正月,因病赏假一月。二月,卒。

子志勋,刑部主事;志和,内阁学士,兼礼部侍郎衔;志孚,候补笔帖式。

【校勘记】

〔一〕粟谷尚可采买　原脱"粟谷"二字。今据文蔚传稿(之二七)补。

吴文镕

吴文镕,江苏仪征人。嘉庆二十四年进士,改翰林院庶吉士。二十五年,散馆,授编修。道光二年,充山西乡试副考官。四年,丁父忧。五年,丁母忧。七年,服阕。八年,充湖北乡试正考官,提督河南学政。十一年,充文渊阁校理。十二年,充顺天乡试同考官。十三年三月,充会试同考官。四月,升右春坊右赞善,六月,转左春坊左赞善。旋升翰林院侍讲。七月,大考二等,赐文绮,转侍读,充日讲起居注官。八月,升侍讲学士,充咸安宫总裁。十四年三月,转侍读学士。

八月,提督顺天学政。十六年,以选拔届期,疏言:"直隶考取选拔,向有卷费、册费诸名目,贫乏者至不能应考。曾经前学臣毛式郇奏请禁革。兹恐积久玩生,再行严禁。至选拔为抡才大典,登进之阶较捷,易起招摇之弊。臣衙门书吏家丁,自应加意约束,惟局门校阅时,内外间隔,闻见难周。请敕下直隶督臣,通饬各府、州、县及提调各员,严密察防。如有匪徒在外招摇撞骗,迅即拿究惩办。"允行。三月,升詹事府詹事,仍留学政任。五月,升内阁学士,兼礼部侍郎衔,召回京。九月,充武会试副考官。十七年六月,署礼部左侍郎。八月,充玉牒馆副总裁、国史馆副总裁。十月,擢礼部右侍郎,充顺天武乡试正考官。十二月,兼署刑部右侍郎。十八年二月,署经筵讲官。三月,充会试副考官。四月,充庶吉士散馆阅卷大臣、殿试读卷官。闰四月,调刑部右侍郎,五月,转左侍郎。九月,兼署户部左侍郎。

十月,以安徽生童滋闹庐凤颍道署,经学政王植奏闻,命文镕偕协办大学士、^[一]吏部尚书汤金钊驰往查办。十九年正月,讯属实,治如律;并以庐凤颍道胡调元办理未协,及失察之凤阳府属各教职,奏请分别议处。二月,复偕汤金钊遵旨赴浙江查办被参嵊县知县何瑞榴等纵容门丁各款,属实,奏请分别严议、免议。三月,以御史周春祺奏江南漕运武弁养匪害民,伍长盗米病丁,并奏江宁布政使唐鉴于江宁省城为女建祠,任令胞弟唐子玖署外居住,恐有属员夤缘钻刺情弊,复遵旨偕汤金钊驰往查办。寻将武弁运丁分别惩办,其唐鉴各款,查省城有鉴父祠堂,其女有坟无祠,其胞弟署外居住,查无倚势招摇劣迹,惟鉴父唐仲冕在江宁置有房产,设立祠堂,唐鉴于简放江宁藩司时,不即据实声明,鉴女病故,并不送回原籍,辄借寺旁隙地营葬,致招物议,请将唐鉴下部议处,均从之。又以江南河道总督麟庆奏请修理惠济、福兴两闸要工,偕汤金钊遵旨顺道查勘属实,奏覆,报闻。

四月,授福建巡抚。十月,偕署闽浙总督魏元烺、福州将军嵩溥奏:"筹海口查拿贩运鸦片章程:一、外洋设法防查,以杜偷越;一、口岸分别稽查,以免疏漏;一、水路互相严禁,以专责成;一、关口令委员亲自查验,以防夹带。"下部议行。十一月,以御史焦友麟奏闽省营务废弛,遵旨查覆,略言:"漳、泉民风强悍,从前地方殷富各姓宗祠中敛有公费,专为械斗之用。每出一案,地方官会营弹压,将弁及兵丁需费不等,州县亦即借兵费名目勒派。近年公费无出,械斗亦较少。至洋船夹带鸦片,兵丁交通包庇,前曾访知水师把总林和国有包送情弊,奏参革职。陆营兵丁尚未闻有包庇之事。"疏入,谕以随时访查严办。

十二月,兼署闽浙总督。时英吉利船游驶内洋,二十年七月,文镕偕钦差兵部尚书祁寯藻、刑部右侍郎黄爵滋、闽浙总督邓廷桢奏筹备海防,并拣选水师将领,八月,偕邓廷桢奏请防堵经费,均允行。九月,复署闽浙总督。向例琉球国间岁一贡,嗣于道光十九年谕改为四年一次。至是中山王尚育咨称:"琉球地处海边,素多风患,惟朝贡以时,则风调雨顺。每遇贡年,岁必大熟。又贡船出入闽疆,岁颁时宪书,得以因时趋事,庶务合宜。又琉球不产药材,俱借贡船载回,得以养生治病。又航海针法,全赖随时学习,轮流更换。若四年一朝,则丰歉不齐,人时无准,药品阙乏,针盘荒疏。应请奏复旧制。"十一月,文镕奏闻,谕曰:"据奏,情词极为真挚。着如所请,并允该国陪臣子弟四名,随同贡使北上,入监读书。"

十二月,调湖北巡抚,未即赴任。二十一年正月,以英人反覆肆扰,奏请添拨海防经费,允之。又密陈厦门情形,略言:"商民纷传广东有许与厦门马头通市之说。查厦门周围环海,地方五十里,北达会垣,东为台、澎唇齿,西为泉、漳门户,系通省咽喉。若令外人阑入,必益肆其占据之谋。防之则已无险可扼,听之则将为所欲为,其害实不可胜言。"上韪之。又以上年英人驶扰厦门,经官兵击退,遵旨奏保总兵窦振彪、吴建勋,副将灵德,游击武攀凤、陈胜元等在事出力,密疏以闻。

五月,入觐,调江西巡抚。九月,以江西德化等十县夏间江湖泛涨,低田秋收失望,奏请给一月口粮,并将补种复淹之南昌等四县,原勘最轻之安义县及庐陵等三县,晚禾杂粮,均有伤损,奏请蠲缓、递缓,如所请行。二十二年,接纂大清一统志告成,文镕以前充纂修,下部议叙。二十三年五月,以本籍桃北汛河决,捐助经费,下部优叙。闰七月,奏请将宋臣文天祥从祀文庙,略言:"查宋少保信国公右丞相文天祥,志宗孔孟,生死不渝。高宗纯皇帝御制文曰:'文天祥忠诚之心,不徒出于一时之激,久而弥励;浩然之气,与日月争光。盖志士仁人欲伸大义于天下,不以成败利钝动其心也。'煌煌圣训,千古定论。所著文山集十六卷,其举进士策,以法天不息为言。考官王应麟称其古谊若龟鉴,忠肝若铁石。此外发为文词,无非扶植纲常,维持名教。其为学以立诚为主,以程朱为宗,黜异端,崇孔氏,以之祔祀学宫,洵为不愧。"下部议行。

二十四年,遵谕保奏所属知府倪良燿、麟桂、吴式芬,知州周玉衡,同知程灿策,知县曹士桂等,报闻。二十五年,奏拿获青莲教匪戴理钊、古魁连等,论如律。二十七年四月,以御史朱昌颐奏陈漕务积弊,请将帮弁及地方诸费明定章程,给事中雷以諴奏请裁减旗丁津贴各款,均遵旨议覆,疏言:"查江西粮额较轻,津贴亦少。嘉庆年间,叠次将旗丁各项陋规十五款,分别裁革。近年复严切查禁,并无踵事加增,官民亦属相安。今若将帮丁及地方诸费明立章程,是以本非例给之银、额定之项,一一悬为令甲,不特事多窒碍,抑且迹类加征。在昔申明例禁,犹虑不肖之员暗中需索,若令明定章程,更恐有所影射,例外浮加。与其纷更而事有未便,不若循旧而察核从严。"从之。十月,拿获南赣等府会匪谢词封等九十三名,治罪如律。

二十八年六月,调浙江巡抚。七月,由玉山县行抵浙江衢州,访闻衢州镇标左营游击薛思齐有借端讹索商旅情事。八月,抵任,即奏褫薛思齐职,遣戍新疆;又甄劾署归安县知县李玉典等五员，分别降革、休致：均允行。九月，以浙江各厅州县有七十七缺，多系署事之员，奏言："此中纷纷调署，甚有一员递署他缺二三处，久不回本缺者，有卸署后不回本缺，闲住省垣者，以致交代之案愈积愈多，辗转不能算结，且官无定所，即政难考成。现在访司分别核办，勒回本缺，或不堪回任者，即令揭参，其实系空缺，及要地需才，亦只准专员署理，不得纷纷更调，以专责成。又以各府州县，一书院掌教多至数人，幕友中并有书启征收号件等名色，每年支取干修，其实均不到馆，上司徇绅士游客之请，荐之属员，属员勉为酬应，而其中苍猾之员，即隐以此挟制上司，借口赔累、亏库项求调济，弊端不可胜言，请严檄通行禁绝。"疏入，上嘉勉之。十一月，以核办清查需人，奏请简派户部保列一等司员赴浙帮同钩稽。上以向无此例，不许，仍责成文镕遴选妥员核实办理。

二十九年正月，以本籍水灾捐银备赈，下部优叙。闰四月，偕钦差仓场侍郎季芝昌清查浙江盐务，奏筹变通章程：一、杭、嘉、绍三所引盐，分别加斤，止令完交正课；一、松所引盐，酌裁科则；一、虚悬口岸，选商接办。并筹款收盐：一、缉私责成官商，由运司审核；一、缉获私盐，分别充赏及补催作正配销；一、禁革引地陋规；一、核裁巡验浮费。五月，偕闽浙总督刘韵珂奏督剿渔山岛盗薮，获积盗百馀人，置诸法，沉毁盗船，并将巢穴门户分别堵除，得旨嘉奖。时浙江积歉，本年杭、嘉、湖、绍、严五府又夏潦为灾。六月，奏招商贩运台米、洋米、山东小米杂粮，各海关俱免其纳税，并请拨款备赈；又请将文闱乡试展缓一月：俱允之。旋以遇灾恐惧，上疏自劾，恳求罢斥，上责其迂腐无能，率意上渎，严饬之，并革去顶带，暂留浙江巡抚之任。十月，捐银备浙江各属赈需，并捐备江苏本籍赈需，下部优叙。十一月，奏："亲赴嘉、湖一带灾区查察赈务，并无冒滥遗漏。其被浸之枯桑，经七八月后，畅晴煦暖，渐次发荣；并有野蚕作茧，悬缀桑颠，用以缫丝，贫民颇资接济。"报闻。

三十年，文宗显皇帝御极，诏求贤才。四月，文镕奏保布政使汪本铨，按察使黄宗汉，知府余士琭，同知毕承昭，知县段光清、杨裕深等；又以上年办赈官绅奋勉出力，奏保秀水知县江忠源等。五月，西防厅所属北岸石塘，以潦盛潮涨，决口六十馀丈，文镕闻报即往勘。时风雨交加，沿岸草松泥滑，文镕失足落水，几濒于危，以救免。寻以未能先事豫防，自请治罪，得旨，革职留任。嗣于六月力疾驻工，先将柴土各塘克期堵合，以便八月大汛后建复石塘。奏入，恩予开复。八月，杭、嘉、湖、绍等府属大雨两昼夜，江河泛涨，田庐被淹，西防厅属石塘亦续塌十馀丈。文镕以饬属疏消积水，并多购料物赶筑土塘，奏闻。十月，奏续办缺口土塘已堵合完固，并将前次所塌石塘采购石料次第建复。谕曰："吴文镕前后督办，尚知奋勉。所有前经革去顶带之处，着加恩赏还。"又查明各属灾歉情形，分别蠲缓，并请给口粮，如所请行。

十一月，升云贵总督。咸丰元年正月，入觐，赐紫禁城骑马。四月，抵任，谢恩，疏言："前陛辞时，蒙我皇上谆谆提撕，知臣之待人以诚，而勖臣以察伪；鉴臣之任事稍急，而诫臣以爱身。此臣所懔切书绅，时加儆省者也。"奉朱批："汝当终身诵之！"十月，甄劾不职之知府许文誌、知县杨玉德等四员，分别奏请勒休、改教,均允之。十二月,文山县江那地方侏匪李开甲等造言敛费,纠人焚劫,檄知县刘劭高擒治如律。奏入,上嘉其办理妥速。先是,永昌边外夷匪,乘虚入边焚掠,经官军堵剿,宣抚司衔土守备左大雄复率土司各练深入搜捕。至是,叠歼匪犯七百馀名,俘首从五十七名,馀匪悉窜雪山以外,边境肃清。文镕奏请将在事出力员弁,分别奖励,允行。

时粤匪洪秀全等稔乱,二年四月,文镕以嘉庆初年剿平川楚教匪,行坚壁清野法,著有成效,录呈将军伯明亮等原议奏稿,并疏言:"此事必须府、州、县得有贤员,方能收效。倘有司不得其人,无真实爱民之心,与百姓联为一体,或任令差保,藉端滋扰,则无益而有损也。或奉行故事,以数张告示晓谕百姓,以一纸空禀搪塞上司,则有名而无实也。法为至善,事在人为。应请敕下广西抚臣,饬属实力办理。"如所请行。五月,以丰北河决,捐银备赈,下部优叙。

寻兼署云南巡抚。十月,遵上慎选将材诏,保奏昭通镇游击巴扬阿等九员。十一月,调闽浙总督,未即赴任。三年二月,以捐备贵州防堵经费,加一级。初,云南镇康土司所属之土舍刀大、[二]刀六等挟嫌报复,攻夺湾甸土司景庆久耿夏土署;并分扰猛筒地方,与顺宁府属内地密迩。文镕饬文武员弁克复耿夏土署,匪众犹蚁聚猛筒,负嵎抗拒。至是年正月,昼夜环攻,克之,获刀大、刀六于镇康。三月,奏请奖叙在事出力并捐备盐粮各员,从之。五月,以率属捐备军饷,赏戴花翎。六月,以云南汤丹厂回匪马二花等被剿后,历窜乌龙寨、鲁冲回寨,并勾结八甲各村寨,抗拒官兵。文镕亲赴寻甸州督办,先将八甲寨扫穴擒渠。

七月，马二花等复由鲁冲寨裹胁民回窜逸，文镕以总兵常存、爱星阿未能先事筹防，奏劾之，并自请严议，得旨下部议处。

八月，调湖广总督。十月，粤匪由江西回窜湖北，连陷黄州、汉阳等府，文镕偕巡抚崇纶奏闻，下部议处。十一月，粤匪由汉阳下窜，檄按察使唐树义等追击于黄州府巴河，毁贼船七十馀只，殪匪千馀名。十二月，以已革总兵杨昌泗经饬令率兵追剿，擅自回省，饰词巧避，奏请议处，得旨遣戍。先是，文镕甫抵任时，适田家镇各营失利，湖北省垣戒严，城昼闭，居民一夕数惊。巡抚崇纶意欲移营城外为自脱计，文镕以誓与城存亡，相约死守待援，议不合。会贼已逼城，文镕日坐保安门城楼，激厉将士，手治文卷，督催救应，衣不解带者数旬。围解后，崇纶转以文镕闭城坐守奏劾，命文镕进复黄州。时文镕方调道员胡林翼帅黔勇七百来楚会剿，在籍前任礼部右侍郎曾国藩赴衡阳治水军，文镕驰书国藩约夹攻黄州。拟俟曾、胡两军至，大举灭贼，而崇纶屡龁之，趣战益急，遂以四年正月督师抵黄州，驻堵城。贼分股抗拒，都司刘富成当先冲阵，手刃数贼，兵勇继之，殪贼百馀，贼少却。寻又两次扑营，我兵由山梁压下，均击退。未几，贼大至，正决战间，忽后营火起，众惊溃，文镕遂死之，而崇纶以不知下落入奏。

二月，署湖广总督台涌以阵亡奏闻。谕曰："湖广总督吴文镕历任封圻，均能尽心职守。自调任湖广，即值逆匪复扰武昌、汉阳，当经督率官兵击退。迨该逆窜聚黄州，吴文镕出省追剿，先经获有胜仗，正月十五日，以力攻堵城，中贼诡计，连营被烧，遂致阵亡。据台涌奏，该督灭贼心急，催战甚严，因而失事。吴文镕此次督兵失利,本属罪有应得,念其临阵捐躯,不亏大节,殊堪矜恻!吴文镕着照总督阵亡例从优赐恤。任内一切处分,悉予开复。应得恤典,该衙门察例具奏。"寻赐恤如例,予谥文节。入祀京师昭忠祠,赏骑都尉兼一云骑尉世职,袭次完时,以恩骑尉世袭罔替。

十月,曾国藩奏言:"文镕于上年九月十五日到鄂,卯刻接印,未刻即闻田镇兵败,阖城逃徙。文镕传集僚佐,誓以死守,即日移居保安门城楼,随身仅一马一仆,衣不解带者两月,人心稍定,溃兵稍集。贼仍退下游,不敢轻犯。贼所恃以骇人者,万帆飙忽,千炮雷轰。若无舟师,虽有陆兵数万,亦熟视而无如何。自上年田镇失防,文镕及江忠源与臣往来书函,于造船配炮、选将习战之法,精思研究。忠荩之诚,溢于楮墨。且言湖北仅雇小划、摆江之类,不敢战阵,必待臣舟师办就,驶至鄂中,始堪进剿;而崇纶茫然不察,妄称炮船已备,讥督臣畏葸不出,又诬劾其安坐衙署,闭城株守。文镕素性刚介,发愤出师,居者与守者事事掣肘,遂使堵城之败,全军溃没,皆崇纶参劾倾陷致之也。尤可畏者,当参劾之后,文镕毅然出征,崇纶率僚佐力阻。迨堵城既败,文镕殉难,军民皆知,而崇纶以不知下落入奏。正月十九日,崇纶遣守备熊正喜到衡,催臣赴鄂,伪造文镕咨文,借用藩司印信。咨内但称黄州贼势猖獗,并不言堵城已败,督臣已死。无非谓文镕未能殉难,诬人大节。臣于九月中到黄州,细询居民,皆言文镕到营时,雨泥深数尺,犹亲巡营伍,激厉将士。正月十五日,贼踏破营盘四座,知事不可为,于泥雪中北向九叩首,呼曰:'无以报圣朝!'遂自投塘水而死。土人言其平日之勤苦,[三]临时之忠愤,至今有流涕者。"疏入,时崇纶已褫职,命下部治罪。同治十年,湖广总督李瀚章奏请于湖北省城建立文镕专祠,允之。

子养源,二品荫生,刑部员外郎,袭世职。

【校勘记】

〔一〕命文镕偕协办大学士　原脱"文镕"二字。今据吴文镕传稿(之三五)补。

〔二〕云南镇康土司所属之土舍刀大　"刀"原误作"刁"。今据吴文镕传稿(之三五)改。下同。

〔三〕土人言其平日之勤苦　"土"原误作"士"。今据吴文镕传稿(之三五)改。

王懿德

王懿德,河南祥符人。道光三年进士,以主事用,分礼部。十六年三月,补官。八月,升员外郎。十七年,升郎中。十九年四月,截取引见,记名以繁缺知府用。五月,授湖北襄阳府知府。十月,丁母忧。二十年,丁父忧。二十二年,服阕。先是,河南省城于道光二十一年被水,城身塌陷,并冲缺城外护堤,懿德偕本籍官绅倡捐修复。至是,河南巡抚鄂顺安奏请鼓励,得旨,以道员用。二十四年,授山东兖沂曹济道。二十五年,以防护河工出力,下部议叙。二十七年九月,以捐备本籍赈银三千两,下部优叙。十月,御史王东槐奏山东捕务懈弛,盗贼充斥。上以懿德等先事不思豫防,临时不能妥速筹办,革职留任。二十九年九月,升山东盐运使。[一]十一月,迁浙江按察使。十二月,调山东按察使。三十年,擢陕西布政使。

咸丰元年三月,护理巡抚。奏请豁免各属节年民欠未完出借常平仓粮八万二千八百馀石,允之。五月,擢福建巡抚。时闽省盐务疲敝,东西两路悬额尤多,经前任总督刘韵珂奏请改为官运。至是,复请将东路官领运本,仍交贩户领办,上以所办两歧,命偕新任总督季芝昌确查现办官员有无把握,是否须仍归商运,如将民捐运本交贩户承领有无流弊,查明覆奏;并将该省鹾务如何整饬变通,可资经久之处,悉心妥筹奏办。十一月,洋匪滋事,懿德偕季芝昌严饬文武员弁于沿海各口巡防堵御,并饬沿海各府县举行团练,以助声势。二年正月,奏上保甲章程,谕以实力奉行。四月,奏闽鹾疲累情形,别无变通良法,恳将匀代课银展缓,以全篷额而资补救,从之。

七月,兼署闽浙总督。寻奏:“定海兵燹之后,元气未复,请将钱粮减征一成之限,再行加展三年,以纾民力。”允之。是年五六月间,福州、漳州等属叠被风雨,溪湖盛涨,漫溢成灾,经地方官捐廉抚恤。上命懿德再行派员分赴各处认真查勘被水轻重情形,加意安抚。寻以捐备军需,赏戴花翎。三年二月,翰林院检讨沈大谟条陈海防宜用渔船,以助水师,懿德遵旨覆奏:“体察闽省渔船,可以随时雇用,已通饬沿海文武将所属渔船编号设簿,核实点验,有事雇行,仍由各该文武察看情形选配,庶平时无丝毫之费,临时得指臂之助。”又奏:“闽省匪犯纠结滋扰,亟应拿办,请宽地方官失察处分,俾得获盗自赎。”均允之。

五月,小刀会匪突入海澄县,劫犯戕官;又同安、安溪土匪数百人，拥入安溪县城，旋由西门窜逸。上命懿德派令镇道督带弁兵，驰往会剿。时漳、泉、延平等府贼氛尤炽，六月，贼数千人乘夜突扑漳州郡城，陷之。懿德饬绅士激厉民团，会合游击饶廷选所带官兵，奋勇追杀，毙匪千馀，遂复漳州，其攻扑延平之贼亦经官军痛剿，阑入莆田、兴化县境，又经两县绅团杀毙无算。贼另股窜陷永春州，均经官绅击走，州城即复。事闻，谕曰："此等会匪、土匪本系乌合之徒，总由地方文武守御无方，以致贼至即陷。该省士民深知大义，协力剿擒，克复城池，实属忠义可嘉！即着该督先行传旨奖励，并查明出力人员，据实保奏，一面仍遵前旨剀切晓谕，乘此剿办得力之时，认真团练，自行保卫，协助官兵，并严饬带兵地方文武合力兜拿，迅将首逆歼擒，胁从解散，以期一律肃清。"旋以匪势复集，奏请催调官兵会剿；又奏陈台湾南路匪徒滋扰，并现办内地土匪情形。谕曰："闽省绅练，素谙大义，前次同安县义民杀贼，并此次籍隶泉州之副将吕大陞等，自愿募勇渡台，是其明验。该署督务当严饬文武官弁，[二]激励士气，联络绅民，灭此群丑。"八月，海澄、同安、厦门、安溪等厅、县相继失陷，懿德奏请治罪，命交部照例议处。未几，贼复陷仙游县。十一月，厦门克复，上谕懿德办理尚合机宜，其三郡石码、海澄等处馀匪，着督饬带兵各员迅速剿办。寻以攻克仙游，开复处分。

四年正月，实授闽浙总督，督办军务。五年，奏请陛见，并沥陈患病情形，请改京职，上以懿德现任海疆重寄，不许。七年，粤匪由江西窜入闽境，连陷光泽县及汀州府城，懿德下部议处。寻各府县城均先后克复。八年二月，京察届期，上以懿德攘外安内，布置咸宜，下部议叙。五月，粤匪由江右窜陷浦城、松溪、政和等县,庐江逆匪复由铁牛关窜陷邵武、光泽各府县,懿德下部议处。未几,各府县相继收复,馀匪窜陷连城,九年二月,复之,得旨嘉奖。十年,因病疏请开缺,允之。十一年,卒。遗疏入,谕曰:"前任闽浙总督王懿德由部曹外任道府,荐擢总督。咸丰八年,力疾剿办贼匪,绥靖岩疆。嗣因病赏假,开缺回籍。方冀速就痊愈,更资倚畀。兹闻溘逝,悼惜殊深! 王懿德着加恩照总督例赐恤。任内一切处分,悉予开复。应得恤典,该衙门察例具奏。伊长孙候选郎中王守愚,俟服阕后,遇缺即选,以示朕眷念耆臣至意。"寻赐祭葬,予谥靖毅。

子文恕,候选知府;文谦,兵部郎中。孙守愚,户部郎中;守堃,刑部郎中。

【校勘记】

〔一〕升山东盐运使　原脱"山东"二字。今据王懿德传稿(之三五)补。

〔二〕该署督务当严饬文武官弁　原脱"署"字。今据王懿德传稿(之三五)补。

李星沅

李星沅,湖南湘阴人。道光十二年进士,改翰林院庶吉士。十三年四月,散馆,授编修。七月,大考二等,赏文绮。十四年,充四川乡试正考官。十五年三月,充会试同考官。闰六月,提督广东学政。十七年,以广东乡试中式举人张贻桂科场舞弊,查出考遗时,亦倩人顶替,星沅坐未能先事防范,夺俸。十八年二月,授陕西汉中府知府。六月,升河南粮盐道。二十年四月,擢陕西按察使。十二月,调四川按察使。二十一年五月,调江苏按察使。十二月,升江西布政使,旋调江苏布政使。

二十二年九月,升陕西巡抚。十一月,续纂大清一统志告成,星沅以前充国史馆纂修,下部议叙。二十三年,以抚标增兵,原设员弁不敷管束,请将西安镇标所裁经制外委,酌留三员,添设抚标中、左、右三营各一员;额外外委酌留四员,添设中左两营各一员、右营二员:下部议行。二十四年四月,议覆改铸当五、当十普尔钱,碍难行使,疏言:"陕省概以制钱交易,有自回疆携归普尔钱者,或遂传为珍异,盖商民所不习见也。以不习见之钱,遽令试行,其信从必不坚,而流转必不速,虽明立章程,究恐阳奉阴违,终无实济。"又奏言:"查当十钱如以制钱七八文为之,庶作伪者无所谋利。然私铸虽可少戢,改铸又觉徒劳,若专主惜费,意存苟简,势必奸伪丛生,此铸之难也。川、楚、河南相接壤,若大钱止行于陕,则贸易穷于所往,甚至豫昂物价,如唐代虚钱之弊,小民日谋升合,恐较多嫌少,致起争端,此销之难也。大钱之行,官库必兼收放,陕省若照回疆交官之例,以当五钱二百二十文、当十钱一百十文,各作制钱一串抵纹银一两,钱盈则银绌,正支拨解,诸非所宜,此例价折收之难也。若照市价收放,各属随时长落,上司无从考核,即定以大钱若干作银一两,亦不能与市价侔,势必银价贱时,纳者不肯纳,贵时领者不肯领,此市价折收之难也。至搭放各项,兵饷为巨款,兵丁月领几何,骤令按成折给,钱虽重而用轻,生计顿绌,此又搭放之难也。"报闻。

二十五年正月,调江苏巡抚。四月,署陕甘总督。十二月,抵江苏巡抚任。先是,各州、厅、县节妇总坊,经部议于该府及直隶州城,按年给银递建。二十六年七月,星沅偕两江总督璧昌、〔一〕江苏学政张芾奏言:"总坊建立郡城,窃虑乡民相距较远,未克周知,不足以昭激劝。拟请于各州、厅、县城豫立总坊,标旌表节孝字样,每岁将题准各姓氏刊碑,树之坊侧。庶几往来属目,既足动人兴感,亦与表闾旧式相符。"下部议行。八月,升云贵总督。十二月,兼署云南巡抚。二十七年二月,议覆银钱并用章程,奏言:"滇省跬步皆山,不通舟楫,商贾用银而不用钱。自乾隆年间额定钱价,不至大有长落,至放给兵饷,实因营汛区分,运费繁重,未能搭放钱文,应请仍循其旧。"允之。

时缅宁回匪滋事,上以汉、回积怨,报复无已,此次缅宁之扰,与永昌前案有无牵涉,并从前各员有无办理不善之处,命确查覆奏。三月,奏言:"云州回匪与缅匪勾结拒捕,虽讯与永昌前案未据供有牵涉,而姓名间或相同,安知非上届逃出之犯?且永昌之变,迤西道罗天池仓卒掩捕,未能区分良莠,以致众回寒心,大局遂多丛脞,即提督张必禄之带兵主抚,总督贺长龄之准匪投诚,皆罗天池为厉之阶。应请褫罗天池职,永不叙用。至贺长龄办理回案,未审受病之源,即蹈欲速之戒,虑事终失于疏。即如张富、马效青,始而投诚,继而被胁,固非初念所及,究无先见之明。罗天池搜杀过多,自应从严参办。仅请撤销议叙,曷足以昭平允?"得旨所奏甚详,贺长龄先已降调,至是夺职。时缅宁首匪马国海被剿亡走,〔二〕复潜结云州回马登霄、海连升等劫囚作乱,迤西大震。星沅檄诸将迅击,而纵闲散诸回之被胁者,遂歼灭首恶,馀匪渐就肃清。捷闻,上嘉其调度有方,加太子太保衔,并赏戴花翎。

旋调两江总督。八月,奏请饬禁粮船回空夹带芦私,从之。九月,奏江苏漕务疲困情形,请将常、镇、徐、扬等府仍由河运,苏、松、太漕白粮暂由海运,下军机大臣等议行。寻议奏:"海运章程:一、交仓米数应分别实征筹补,以备稽核;一、缓征兵粮局恤等米,亦应筹补;一、天津、通仓经费,应行筹补;一、沙船雇定编号停泊受兑,并将应募各商拟照前案奖励;一、各州县剥船固宜体恤,弊窦尤宜严防。"嗣又奏派武职押送及筹办沿途防护情形,均允行。寻命仍旧制兼管河务。十月,奏改苏州府总捕同知为冲繁难要缺,由外拣调,无锡县知县为冲繁中缺,归部铨选,下部议行。十一月,以淮南引盐仍请减运,奏筹整理章程,疏言:"近年引盐壅积,课项支绌。揆厥所由,官畏难而商畏累,成本增而行销滞。兹当丁未开纲伊始,先以内清场私、外截邻私为急。其行船夹带为害最巨,委员查获,均即提省审办。他如慎出纳以重库储,提缓课以备拨解,核悬引则纲额悉清,删繁文则商本暗减。配运残引,可渐疏通,提售新盐,可免停积。裁廉费以买灶户馀盐,禁捏报以防船户盗卖。谨拟章程八条具奏,以期裨益库运。"疏入,上嘉勉之,均下部议行。

先是十七年,命各督抚保奏审案出力人员,并将各任积压及承审错误之员一并指参。二十八年二月,星沅以江苏候补知府钟殿选先后审结命盗重案三百十四起奏保,遇有江苏、安徽合例缺出,奏请补用,允之。并谕曰:"功过必须并举,赏罚乃克持平。[三]勤能者固应保升,阘茸者岂容窃位?今钟殿选既清厘积案多起,其积压者究系何员,仍着李星沅按数查明,分别参办,原先谕旨,何竟漫不记忆?嗣后各该督抚等务当恪遵前旨,秉公核实,总期劝惩并用。"时以苏、松二府交界之章练塘镇逼近泖湖、淀山湖,尤为盗贼渊薮。星沅奏请移设县丞、守备各一员,添拨兵丁缉捕,并多备木筏,以利巡行。"又佘山一带有盗船伺劫,经参将刘长清等击沉其二,星沅复会邻省一体兜捕,并请整顿水师,另议章程以闻。寻偕江苏巡抚陆建瀛奏筹外海水师事宜:一、磨励人才,一、变通营巡,一、核实会哨,一、扼要堵缉,一、配兵足数,杜沿海之接济,禁下海之私船,编查保甲,借清勾结而免窝藏,下部议行。又奏请添造水师战船,并捐造船只、捐雇水勇之绅富等,请照捐米成案奖叙,均允之。

　　七月,俄罗斯国商船驶入上海,意图贸易,星沅以该国向在陆路通商,上海非应到之地,因妥为开导,饬令依限驶回。奏入,上嘉奖之。九月,兼署河道总督。先是,御史曹楙坚参奏江苏卓异府县各员,劣迹多端,命吏部右侍郎福济、右庶子骆秉章驰往查办。十月,鞫实奏覆,并请分别革职、遣戍,星沅坐姑容宽纵,降四级留任。寻奏淮扬淮海道属多聚处清江,其分驻厅署,几同虚设。非遇盛涨抢险,皆不到工,佐杂营弁及委员等,亦多效尤。请饬各归工次,不准逗留清江,上嘉纳之。是年,淮、扬一带被灾较广,灾民入浙者多,谕令妥为安插,分别截留收养,毋任流离。又以粮价日增,奏请招徕商贩米船,并本省出境采买者,所遇各关,均暂行免税,允之。

　　时户部以连年蠲缓,度支渐绌,言事者因条上清查钱粮积欠,漕米改征折色,入银京师,于奉天、陕、豫采买各事宜,命下直省督抚妥议。十二月,星沅奏言:"如钱粮积欠一条,非清查不能截数,非抽查不能见真。诚得钦使巡行,立可破除徇隐。惟清查重在弥补,江苏州县向多垫银完漕,而以漕尾作抵,此外官亏役欠、待追待变之款,非尽实在现银,节经抚臣会同饬办,必先分别有着无着,现官本省外省,由藩司核实催追,提银报拨。若钦使周历外郡,既恐顾此失彼,复虑暮四朝三,追逋而外,恐益差徭。此积欠可借抽查,而抽查宜有利无弊也。如漕粮折色一条,原有成例,惟州县本折兼收,原为帮费之用。银钱完无定数,各视地方情形衰多益寡。若榜示定价折收,则必通省一律,全数征银,银价日昂,递年分成加展,尚属豫为计及。至天庾之储,最为紧要,奉天、河南、陕西各省,虽循案采买,然年景粮价脚运不等,招商海运,更难悬定数目。似应于来年试办,能否津市云集,共得若干,京仓支放有馀,外省再定成数,折银解部。此漕粮可收折色,而折色宜有利无弊也。"经王大臣等议覆,谕曰:"积欠一节,现经定限八个月,令各督抚等饬属造册,自应依限查核,将实亏数目,设法弥补。南漕改折一层,该督果能因地制宜,酌量轻重以为变通,何须通省一律,定为科则?即准米折银,以百万石为率,系约略之词,亦在该督权衡缓急施行,不得概以难办为词。"

　　旋又奏言:"造报积欠一节,即应同抚臣饬司督属,依限赶办。至南粮改折,臣所见为难办者,惟恐州县开浮勒之端,吏胥长讹索之渐,谨再披沥言之。查户部则例漕米改折江苏粳米,每石折银一两,粟米每石折银七钱五分。照此折收,官民称便。惟南方粮贱,北方粮贵,加以水陆运脚,非例价能买,势且议增,而例有明文,迥非州县通融办法。若就州县折色分轻重等差,无论各州县情形不同,即一州一县中亦各不同,且不能舍户部定例,转执州县勒价为凭。多则征收不前,少则采买不足。此国计之难也。至以额漕应折米若干,注明粮册粮票,畸零细碎,开载愈烦,且如折银完漕,按照市价而银价时有长落,年景时有丰歉,小民正愁谷贱银贵,以有易无,辗转亏折。此民生之难也。州县借有帮需,不免私收折色,亦皆制钱洋钱随便抵算。今如明示折收,又未通行定价,州县将假公济私,征收愈重,视帮需为盈馀,借火耗以加费。况运费能减不能裁,势非折而又折不止。此防州县浮勒之难也。吏胥为害已久,江漕科则最重,粮书勾串诈混亦最重。若复兼收折色,听其参差不齐,更可高下其手。多一名色,多一利孔,脂膏胘削,究惟编氓任之。此防吏胥讹索之难也。"疏入,上韪之,议遂寝。

二十九年,因病奏请开缺,回籍调理,从之。三十年四月,来京叩谒宣宗成皇帝梓宫,复以母老多病,陈请归养,得旨俞允。十一月,以广西会匪洪秀全等稔乱,钦差大臣林则徐卒于潮州差次,上特授星沅钦差大臣,驰往剿办。十二月,抵广西,驻柳州,奏调云南游击吕飞鹏,都司李廷楷、施嘉祥,贵州游击任大贵等,前赴军营。咸丰元年正月,请于广西省城设立米局,就近收捐以备兵饷,照江苏捐米成案,随时给奖;二月,以广西被贼蹂躏,请将本年新赋一并缓征:俱允之。

时桂平县逆匪经提督向荣督兵分路堵截,星沅檄贵州镇远镇总兵秦定三、云南临元镇总兵李能臣率滇、黔官兵迎击跟追,贼复窜武宣县,向荣偕巡抚周天爵各率兵勇进攻。星沅以武宣为省城东南门户,添派官兵扼要堵截,复调秦定三所带黔兵与向荣会剿,贼复据东乡,我兵两次进攻,不克。贺县贼匪复由广东开建县等处窜入,星沅饬巡道、镇将会同东省文武合剿。初,星沅以事权不一,奏请特简总统将军督办,上饬之。嗣命大学士赛尚阿、总兵达洪阿、都统巴清德前往湖南防堵,并谕星沅等不得各持意见,致失事机;又谕星沅督率将士,激励绅民,协力歼捕,不得以特派有人,稍存观望。四月,凌十八股匪由广东石城犯郁林州,星沅檄李能臣偕按察使杨彤如等分路进攻,歼擒殆尽。寻查覆已革巡抚郑祖琛迁延徇庇各情,郑祖琛遂遣戍新疆。[四]

先是,星沅旧疾复作,以武宣军营诸将不协,犹力疾驰抵武宣督办。至是,病势日剧,奏将钦差大臣关防暂交周天爵监护,旋卒于军。遗疏言:"贼不能平,谓之不忠;养不能终,谓之不孝。殁后只殓常服,以彰臣咎。"谕曰:"前任两江总督李星沅,由翰林扬历外任,叠蒙皇考简畀,因剿云南汉、回军务,恩加太子太保衔,赏戴花翎。旋令总制两江。嗣以病请假回籍,上年来京召对,朕见其精神强固,足资倚畀,因其母老多病,俯允所请,俾令归里侍养。冬间,广西盗匪滋事,特命为钦差大臣,令其驰赴该省剿办。历据驰奏筹画军情,均能周妥。昨由柳州力疾进驻武宣,正拟亲督将士,扫除群丑。乃甫报病势增剧,即闻溘逝。披览遗疏,词意忧愤,悼惜殊深! 念其不遑将母,殁于王事,尤堪悯恻! 着加恩照总督例赐恤,任内一切处分,悉予开复。应得恤典,该衙门察例具奏,并赏银五百两,经理丧事。颁去人参十两,交骆秉章一并派员致送其家,赏给伊母,俾资调养。李星沅之次子李概,三子廪生李桓,均着俟服阕后,交吏部带领引见,候朕施恩。"寻赐祭葬,予谥文恭。

子杭,翰林院编修;桓,江西布政使。

【校勘记】

〔一〕星沅偕两江总督壁昌　“壁”原误作“璧”。今据成录卷四三二叶一四下改。按李星沅传稿(之三六)不误。下同。

〔二〕时缅宁首匪马国海被剿亡走　原脱“马国海”三字。今据李星沅传稿(之三六)补。按续碑传集卷二四叶二四上不脱。

〔三〕赏罚乃克持平　原脱此六字。今据成录卷四五二叶一〇上补。按李星沅传稿(之三六)亦脱。

〔四〕郑祖琛遂遣戍新疆　原脱“新疆”二字。今据显录卷三一叶一一上补。按李星沅传稿(之三六)亦脱。

罗绕典

罗绕典,湖南安化人。由拔贡生于道光六年朝考,以七品小京堂用,分户部。九年,成进士,改翰林院庶吉士。十二年,散馆,授编修。十三年,大考二等,赏文绮。十四年,充顺天乡试同考官。十五年,充四川乡试正考官。十六年,授山西平阳府知府。十九年,迁陕西督粮道。二十年,署按察使。二十一年,升山西按察使,署布政使。二十三年,以朝审招册内范守仔一犯拟罪未当,下部议处。二十四年,升贵州布政使。二十八年,署巡抚。

二十九年闰四月,擢湖北巡抚。十一月,丁父忧。咸丰二年五月,服阕。时粤匪洪秀全等稔乱,命绕典偕钦差大臣赛尚阿、湖广总督程矞采于湖南、广西接壤处,办理防剿事务。八月,署江西巡抚,未赴任。适粤匪窜至湖南境,由郴州等处犯长沙省城,据妙高峰、鳌山庙一带。绕典潜毁其垒,贼稍却,寻复蜂至,势甚炽。奏入,谕绕典等激励绅民兵勇,尽力守护,毋稍疏虞。旋复授湖北巡抚,仍命俟长沙防务事竣,再赴新任。先是,绕典率兵勇出城攻击,屡有斩获。至是,贼于金鸡桥挖水道,南门挖地道,为袭城计;又以大炮轰塌南门数垛,屡濒于危,俱经绕典等击退抢筑。并于城上另筑炮台,安放三千斤大炮为备,奏催各路援兵会剿。九月,我兵三路攻妙高峰等处,败之。嗣贼六七千人由妙高峰绕至浏阳门外扑城,提督向荣、总兵秦定三、候选知府江忠源分队迎剿,总兵和春等以一军横截之,贼不支,绕典等三面夹攻,贼死伤枕藉,馀贼遁,忽又啸聚转战,我兵奋力合击,俘馘无算。奏入,谕曰:"此次大加惩创,贼胆已落,恐复乘间逃窜,着罗绕典等乘此攻剿得手之时,激励将士,合力歼擒。"

初绕典以省城东面一带最为要害,自城根至河岸,密布营垒,并挖长壕以堑之。向荣等扼贼河西去路,候补知府朱启仁、都司张国樑等扼南路浮桥,以阻贼援,叠次于妙高峰一带捣其巢,贼坚匿不出。至是,南城西垛被贼地雷轰蛰四丈馀,贼二三千人麇至,绕典豫调副将邓绍良率镇篁兵驻城策应,遂大呼跃出,手刃数贼,并戮其渠,兵勇乘势冲击,贼败退。城中即时抢筑,多挖壕沟为备,并饬城外各营叠攻贼巢,俾不得逼城侵扰,人心大定。寻地雷又发,离南城根丈许,土石迸起,贼误以为城陷,突出二三千人,和春等鏖战逾时,贼乃遁。十月,升云贵总督,未赴任。贼复穴地道,轰陷南城八丈馀,檄副将瞿腾龙等堵击,殪扑城悍贼三百馀,贼乘风雨,夜渡西岸,由小路翻山四窜,我兵分途追截,戮其渠。长沙围解。奏入,谕曰:"此次省城防守八十馀日,内外夹攻,叠挫贼锋,保卫城垣,居民藉得安堵。罗绕典着交部从优议叙。"旋以贼窜陷岳州,绕典未与钦差大臣徐广缙等即时奏报,降三级留任。时湖北襄阳土匪乘机滋扰,绕典遵旨由长沙驰往剿办,悉擒获,置之法,地方肃清。下部议叙。

三年四月,命即赴云贵总督任。九月,以云南回匪数千人分据东川府之翠云寺、小雪山等处,檄总兵王国才进剿,回匪由柳树村出拒,兵勇击败之,追奔至翠云寺,捣其巢,歼毙无算。进逼小雪山搜剿,馀匪震慑,赴营求抚。遂将首逆马二花及馀党悉数擒获,其被胁民、回万馀人,均递回安抚。东川遂平。四年十月,以贵州桐梓县匪徒杨凤等踞城滋扰,[一]并分屯遵义府城外之雷台山等处,偕提督赵万春督师追剿,戮其渠,馀匪溃;其由雷台山犯遵义府城之贼,亦经副将彭长春等击退。时绕典已感疾,谍知黄泥堡屯贼五六千人,即移师前进,斩擒多名。

十一月,卒于军。遗疏入,谕曰:"云贵总督罗绕典由翰林外任道府,荐擢封圻。前年逆匪滋扰长沙,特命驰往湖南,帮办防剿。嗣后驻扎襄阳,剿办土匪,一切悉臻妥协。朕以其扬历有年,实心任事,特授为云贵总督,倚界方殷。现值黔匪不靖,督师进剿,方冀小丑荡平,苗疆绥定。兹闻溘逝,悼惜良深!着加恩照总督军营病故例赐恤。任内一切处分,悉予开复。应得恤典,该衙门察例具奏。伊子捐纳知府罗涛、罗勋,着俟服阕后,交吏部带领引见。长孙罗清湜赏给举人,一体会试,以示朕笃念荩臣至意。"寻赐祭葬,赠太子少保衔,予谥文僖。

子涛,候选知府;勋,广东候补道。孙清湜,钦赐举人,恩荫以知县用。

【校勘记】

〔一〕以贵州桐梓县匪徒杨凤等踞城滋扰　"凤"原误作"沨"。今据<u>显录</u>卷一四七叶六下改。按<u>录</u>原作"瀜",乃封建统治者对起义者诬蔑之词。凡起义者人名之加水旁,仍一律回改,不再出校记。

陆建瀛

<u>陆建瀛</u>,<u>湖北沔阳州</u>人。<u>道光</u>二年进士,改翰林院庶吉士。三年,散馆,授编修。九年,充会试同考官。十年,充<u>文渊阁</u>校理。十二年三月,充会试同考官。五月,充<u>云南</u>乡试正考官。六月,丁母忧。十四年,服阕。十五年闰六月,命在南书房行走。七月,充<u>山东</u>乡试正考官。十六年正月,命在上书房行走。三月,丁父忧。十八年十月,服阕。十二月,升右春坊右赞善,十九年二月,迁右中允。大考二等,升翰林院侍讲。寻署日讲起居注官。六月,转侍读。二十年二月,京察一等,记名以道府用。三月,授<u>直隶天津</u>道。二十二年,以<u>英吉利</u>船窜扰<u>浙江</u>,各海口戒严。<u>建瀛</u>在<u>天津</u>筹办防堵出力,下部优叙,并赏加按察使衔。寻迁按察使,仍留<u>天津</u>办理善后事宜。二十三年,升布政使。

二十六年正月,擢<u>云南</u>巡抚,八月,兼署<u>云贵</u>总督。寻调<u>江苏</u>巡抚。二十七年正月,兼署<u>两江</u>总督。先是,户部以南漕缺额,奏请于<u>江苏</u>设局,官民捐米运<u>京</u>,以裕仓储。<u>两江</u>总督<u>璧昌</u>等奏由海运<u>京</u>,上命妥议章程具奏。至是,二月,<u>建瀛</u>偕<u>璧昌</u>奏言:"纳粟本为古制,海运又有成规。但使经理得宜,自当闻风鼓舞。惟米价长落无常,当示以定数;运费杂耗多端,宜酌有定制。官司专其责成,以杜牵制;吏役严其禁令,以防阻挠。至米质必

取干洁,海面宜慎巡防,放洋或有折耗,应筹弥补以足数;商船原准带货,似可变通而带米。此外如风迅定期,关津免税,采买之就近取便,运送之定限无迟,船户之照案鼓励,均宜详核定议,因条举章程入奏。"嗣复奏筹未尽事宜:一、捐米运津,宜自备漕斛,与天津铁斗、仓场木斛,呈验米大臣较验,以昭画一;一、由津赴通剥运,宜全雇民船;一、海运样米,改用麻袋装盛,黏贴印花,呈验米大臣查对。均下部议行。

四月,以江阴县枭匪挟雠杀役,日久未获,狼山镇洋面盗风日炽,奏请将如皋知县白联元、署靖江知县王宗濂、署江阴知县王清渠、狼山镇标游击白炳忠,分别褫职、摘顶勒缉。时河南河决,给事中江鸿升疏请令江苏督抚筹买米石,由沙船运至河南,上命建瀛等酌办。寻奏言:"江苏频年岁歉,户鲜盖藏,新谷尚未登场。若采买骤多,恐粮价增昂,于本境民食有碍。拟于藩、运二库筹款,先行采运十万石,俟秋成后,再行酌办。旋以岁收歉薄,奏恳镯缓额漕。俱充之,并谕以统核漕粮实数,酌分几成,改由海运。寻建瀛等遵议,请将苏州、松江、太仓白粮改由海运,下军机大臣等议行。十月,奏请改苏州府属总捕同知为冲繁难要缺,在外拣补,无锡县知县为冲繁中缺,归部铨选,如所请行。

二十八年五月,奏请将两江各员应赔垫项,援照道光十五年分限摊赔例,接续起限,以期有着,从之。寻以各关征银亏短,应照旧例着落赔补,建瀛违例请免扬关例税之半,降二级留任。九月,遵议奏减漕船帮费章程四条:一、验米请责成粮道,一、开船请立定限期,一、米色请分别县帮换易,一、帮费请查照旧案酌给,下部议行。先是,御史曹楙坚疏劾建瀛奏保卓异人员,劣迹昭著,命吏部右侍郎福济、右庶子骆秉章驰往查办。十月,查实覆奏,建瀛坐姑容宽纵,降四级留任。初,沛县寨子堰被水冲刷,建瀛请饬归东河兴修,以纾民力。嗣河东河道总督及军机大臣议奏,均以民修为便。二十九年正月,建瀛复奏言:"极知改归官办,经费攸关,无如民田既淹,兴办动须借款,计日重运经临,当先其所急,拟酌定段落,劝民认修,或借帑兴办,摊征还款。"允行。时王大臣会议南漕改征折色,两江总督李星沅遵旨覆议,疏陈利弊,上命建瀛参酌妥办。四月,建瀛偕李星沅等以诸多窒碍奏覆,如其所请。

寻升两江总督。五月,以洪泽湖水涨发,险工叠出,偕江南河道总督杨以增奏请于下河筑堤束水,创立滚坝,引使归海;又以江宁、扬州、苏州、常州等属圩围被冲,粮价腾贵,疏陈招徕商贩,筹办赈恤,并疏消积水:均从之。七月,遵旨裁汰河工冗员,奏请裁扬运通判、丹阳县丞、灵壁县主簿、铜山县吕梁洪巡检,下部议行。时杨以增以黄水盛涨,吴城七堡危险,奏请开六堡泄黄减涨,得旨,俟积涨稍退,立即赶筑。建瀛复疏言:"河工积习,类多偷减料物,一遇水长,即议开坝。是于先事豫防之法,殊未讲求。"奏入,上是之。八月,以江苏被水较广,灾象已成,请筹拨银一百五十万两,以备赈恤,允之。寻遵旨奏覆两江库亏清查全数,并疏言:"近年江苏元气未复,银价日昂,催征之难,倍于曩时。地方官竭力张罗,无非东挪西掩。今彻底查明,原不难将亏欠最多各员尽置之法,第清查本意,首在杜绝新亏,补苴旧欠,若操之过急,即有卤莽灭裂之虞;驭之稍宽,又成江河日下之势。措置之难,莫甚今日!惟有破除情面,谨守章程,比及三年,总期渐臻完善。"报闻。

时浙江洋盗陈双喜麇聚东窑山洋面,伺劫商船,建瀛檄上海县知县王绍复与千总胡维荣协力掩捕,破其巢。奏入,上嘉其调度有方,下部优叙。十月,以所属水灾捐银备赈,复下部优叙。寻奏高淳县被灾较重,请展给半月口粮,以资接济,允之。又以江海关口岸各国通商纳税,偕江苏巡抚傅绳勋疏请建造卡房、巡船,增添书役,下部议行。十一月,以江西、安徽各属被水较重,筹银赈恤,买米平粜,偕巡抚费开绶、王植具奏,均如所议行。时吴城六堡溃堤,堵合迟延,运道淤垫,命户部右侍郎福济于典试江南事竣,偕建瀛亲往履勘。寻偕福济驰抵清江,将六堡合龙、运船渡黄情形查明入奏;并疏陈通筹湖河大局,酌议添塘避闸,以时启闭各坝,及对坝逼溜、攻刷海口各事宜。均如所议行。复查奏办理迟延各员,请将杨以增下部议处、淮扬道查文经严议,建瀛自以督办不力,并请议处。得旨,俟查明运船能否归次,再降谕旨。旋疏报运船扫数渡黄,复以运船回空,岁杪始行藏事,究属迟延,偕杨以增自请严议,命先行交部严加议处。

三十年正月,以运船陆续归次,各河挑挖深通,得旨,陆建瀛改为降二级留任。二月,以两淮盐务商引滞销,库款支绌,奏请立限清查运库,允之。并统筹淮南鹾务,略言:"盐务疲敝,由口岸之不销;不销之故,在官价昂于私价,官本重于私本,而成本过重之故;又在银价日贵,浮费日增。今欲畅官必先敌私,欲敌私必先减价,欲减价必先轻本,欲轻本必先大裁浮费,减摊科则。谨酌拟章程:一、按旧科则,酌减外费;一、酌复额引,加带乙盐;一、永禁整轮,疏通销路;一、核实岸费,由司酌解;一、分岸运销,利商便民；一、纲食各盐，科则画一；一、官定场价，以免居奇；一、盐包改捆，以杜夹带；一、矜恤灾商，分年批补；一、删除繁文，以归简易。"时鸿胪寺少卿刘良驹奏请变通淮南盐务，宜仿淮北改行票法，部议以所请与建瀛前奏大略相同，请敕下一并核议。四月，遵旨核覆，并陈现办情形，将前议详晰声叙。奏入，下军机大臣议行。又以给事中曹履泰奏请复根窝旧制，御史周炳鉴疏陈淮南改票未可轻行，复遵旨体察情形议奏，并将曹履泰、周炳鉴之议逐层辨驳。疏入，谕曰："淮南盐课，帑项攸关，该督综理盐务，实力讲求，既经屏绝众议，必系确有把握。即着责成陆建瀛统筹全局，除弊兴利，总期于国计民生，均有裨益。"

寻复疏陈新章未尽事宜，略言："淮南疲敝之由，首在成本过重；而成本之重，有由折运案内科则增加者，亦有由运司衙门需索过甚，以及楚西糜费太滥者。臣所议章程，以应运之乙盐为新引之加斤，虽已摊轻成本，而运司书吏需索不除，楚西岸费浮糜不裁，仍属无益。因议于扬州设局收呈纳银，以清运司衙门需索之源；于九江等处验照发贩，以清楚西等省岸费之源。其把握则在正杂钱粮同时并纳，无虑课额之亏欠；新旧商贩一体准运，无虑引额之虚悬。至缉灶私、缉场私，专责江南；缉江私、缉邻私，兼责各省。若招徕商贩，收缴帑课，则臣责无旁贷，断不敢稍有推诿。"因胪陈具禀纳课，减折引数，新纲科则，仪征解捆，泰坝掣盐，雇船运岸，苗疆酌带，五岸科则，盐价随时，禁除黑费，盐照编号，盐照截角，司房归并，旧盐酌办各条，奏闻。

先是，江运八岸之天长县，系淮北引地，嗣因淮北行票恐浸灌淮南，仍留商运。至是，奏请复归淮北统行票盐，无论新商旧商,俱不得作为专岸。均下部议行。方淮盐新法试行之始,上以裁减浮费,必不便于贪蠹官吏,谕建瀛查有掣肘阻挠之员,即行参办。旋访闻湖北盐道邹之玉不遵永禁整轮办法,江西盐道庆云需索月费,奏请查办,允之。五月,以苏州府常熟、昭文二县境内河道,间多淤塞,其出水之海口石闸,易于倾圮,请移建适中之地,如所请行。六月,漕运总督杨殿邦奏淮扬运河水浅,漕船阻滞,命建瀛严饬员弁挑挖。建瀛偕杨以增奏称:"运河水势,有赢无绌,勿庸议挑。惟江西各帮,行抵瓜洲已迟,咨商漕臣,提灌二塘北上。杨殿邦未允,以致转多守候。"上以建瀛等各执己见,动辄龃龉,严饬之。

先是,傅绳勋以漕额日减,挽回无术,请将苏州、松江、太仓三属额粮改折,上命建瀛会同妥议。九月,建瀛以会议需时,新漕请仍照旧章办理,并奏陈窒碍情形,应寝前议,诏如所请。十月,以盐务新章试行有效,上嘉其办理妥善,下部议叙。初,建瀛在江苏巡抚任内,偕两江总督李星沅奏筹江苏水师巡洋事宜,以狼山镇总兵统巡内外洋,请改令苏松镇总兵,春秋统巡外洋,夏冬统巡内洋;福山镇总兵夏冬总巡外洋,春秋统巡内洋。轮值之总兵,常川寄椗崇明县之黑河嘴洋面,稽查策应,仍派参、游带领兵船,轮守佘山要隘。十一月,复遵旨查覆,奏言:"自定新章后,屡次获盗拿船,匪徒敛迹。请仍照新章。"得旨:"既有成效,自应不必更张。"

咸丰元年四月,遵旨讯明湖北同知劳光泰奉差催盐,以船户肆市无据之言,作为移岸三论,刊板传播,阻挠挟制,奏请革职。五月,以扬州私枭出没,州县讳饰消弭,奏请将扬州府属贩私人犯,由运司勘详,均允行。闰八月,杨以增奏黄河水势日长,高过堤顶,丰北三堡漫水,堤身坐垫,谕建瀛严督厅汛赶紧盘裹。旋以续经塌漫,掣动大溜,正河断流,居民被淹,下部议处。初,建瀛疏请崇正学以黜邪教,上以性理诸书均为导民正轨,谕各督抚饬属实力讲习奉行。至是,建瀛恭刊御纂性理精义、圣谕广训直解进呈,并拟定宣讲章程,教官课士,书院授徒,均加试性理论,并请特颁钦定四字韵文以正蒙始,上嘉允之。又会勘丰北漫口工程,奏请以工代赈。十二月,户部尚书孙瑞珍以海运著有成效,请将新漕援照办理,诏建瀛妥筹。寻奏将苏州、松江、常州、镇江、太仓五属粮米改归海运,如所议行。二年四月,仓场侍郎朱嶟以丰北漫口尚未合龙,恐南北运道阻隔,请饬催河运漕粮,上命建瀛体查情形,赶紧筹办。旋偕杨以增奏丰北兴工后,两次走占,复因水势陡长,西坝又塌三占,金门业已刷深,夏汛不时涨发,请于霜降后补筑,并自请严加治罪。谕曰:"南河丰北漫口,办理堵筑,由部拨解巨款,以济工需。该督等应如何尽心竭力,妥慎督办,乃自兴工以来,两次走占,以致不克合龙。请于霜降水落后补筑,糜帑殃民,曷胜愤懑!惟念此时筹办重运,抚恤灾民,皆刻不可缓之事,若将该河督等概予罢斥,转得置身事外。杨以增着革职,暂留工次,督办河务;陆建瀛着降为四品顶带:均着责令秋间堵筑合龙,以观后效。"

五月,筹办黄河归海之路,分饬厅营,将邳宿运河闸坝展拓,一律疏畅,并加培纤堤,安设水拨,估挑替河。奏入,报闻。寻以捐备广西军需,赏戴花翎。六月,遵筹漕运事宜,以东河水势骤长,重运难挽,奏请分别变价海运,酌量起卸办赈,截漕抵饷,俱如所议行。寻以漕行迟误,由圭工未能合龙,下部议处。七月,奏请截留江广尾帮漕粮备赈,上允留湖南米十三万六千四百馀石。十一月,以宿南营守备石荣、邳北通判丁承钧挑挖引河,取巧舞弊,奏请革职,并枷示河干,允之。

　　时粤匪洪秀全等由湖南窜湖北,汉阳、武昌相继陷,势将蔽江东窜。十二月,赏还建瀛头品顶带,授为钦差大臣,督师赴江西九江上游扼守。三年正月,贼由水路犯九江,我兵迎击失利,城陷。建瀛遽退保江宁,自请治罪,上责其毫无布置,命先行革职,仍责成防守江宁,并派兵援应安徽。寻贼由九江下窜,江宁将军祥厚偕副都统霍隆武、提督福珠洪阿、布政使祁宿藻以建瀛弃险失机,进退无据,并江苏巡抚杨文定奉旨保守江宁,亦率行退回镇江,据实奏劾。谕曰:“陆建瀛总督两江,朕特授为钦差大臣,令其驰赴九江上游防堵。乃迟之又久,方抵九江,且以水路行走不为迂缓自解,未及调度周妥,而贼踪已至,〔一〕一战兵溃。不知收合馀烬,与向荣大军合力夹击,并不知力守小孤山,扼贼入皖之路,又不亲督官兵据守东西梁山,为金陵保障,遽行折回江宁,以致省城绅民惊扰,纷纷迁徙。当经祥厚等函嘱陆建瀛仍赴上游迎击,乃安坐督署,三日并无回信。当此危急之时,同城文武竟不能面商防剿事宜,巡抚杨文定遂藉词防守镇江,即行出省,民情更增惶惑。封疆大吏,遇事张皇失措,退缩自全,均属罪无可逭。朕思陆建瀛若不退回江宁省城,杨文定何至藉词出守镇江?合城绅民又何至纷纷惊徙?今既据祥厚等合词参奏,陆建瀛辜恩昧良,厥罪尤重,着即交祥厚传旨拿问,委员解交刑部治罪。”二月,籍其家,并革其子钟汉刑部员外郎职。是月,江宁城陷,建瀛遇贼被害。六月,两江总督怡良以闻,上以建瀛尚未失城亡与亡之义,赏还总督衔,照总督例议恤,并赏还家产。

七月,御史方俊以建瀛误国殃民,奏请撤销恤典,谕曰:"已故两江总督陆建瀛前因丧师失律,降旨革职,拿问查钞。嗣据怡良查明该督于城破时遇贼被害,尚非忍辱偷生,是以仍加恩恤。兹据该御史奏称,该督自九江逃回,关系天下大局。祥厚、霍隆武之死,惨烈可矜!江南数百万生灵,遭兹荼毒,皆由陆建瀛一人所致。所奏自属公论,陆建瀛业经赏还总督衔,复将原钞家产给还,已足示朕法外施仁之意,着毋庸另议恤典,以昭区别。"

子钟汉,江苏补用知府,咸丰十年,督办粮台,遇贼于江阴县,殉难,赠太仆寺卿衔,入祀本籍昭忠祠;钟江,广东候补知县;式毂,浙江候补同知;钟泉,孝廉方正;钟泽,举人。孙光祖,进士,刑部员外郎。

【校勘记】

〔一〕而贼椋已至　"椋"原作"踪",音近而误。今据显录卷八三叶二五下改。按陆建瀛传稿(之三四)亦误。

恒春

恒春,萨达拉氏,满洲正白旗人。嘉庆二十五年进士,以主事用,分刑部。道光四年,充提牢厅。六年,补官。九年,充宝泉局监督。十一年,升员外郎。十四年,仍留监督任。十八年七月,京察一等,覆带引见,记名以道府用。八月,转山东道监察御史。九月,授直隶天津府知府。十九年,擢永定河务道。二十三

年,以永定河漫口,革职留任。寻以捐办葳功出力,开复。二十
四年二月,擢山西按察使。自是年四月至二十六年,历署布
政使。

二十七年二月,升陕西布政使。四月,入觐,八月,署巡抚。
二十八年,擢刑部右侍郎。时御史戴絅孙奏定各直省将弁协缉
章程,恒春于署巡抚任内,遵议请将守兵马战及外委以上,均以
获盗有功记拔,其协同州县缉获者,不准率行请奖;逾限不获者,
严行惩处。如所请行。二十九年,来京。三十年三月,兼正黄旗
蒙古副都统。四月,充庶吉士散馆阅卷大臣。七月,调正黄旗满
洲副都统。咸丰元年二月,授察哈尔都统。五月,奏察哈尔官马
亏短,请将各牧群孳生马匹留补,以符原额,从之。八月,调正蓝
旗汉军都统。闰八月,授刑部尚书。十月,赐紫禁城内骑马。

二年二月,以拟补主事,与左侍郎书元意见不同,陈明请旨
查办,经定郡王戴铨会同吏部遵旨查议,寻议以书元固执己
见,[一]恒春未能执中果断,遽行陈奏,亦属不合。均下部议处。
三月,崇文门获有囤积私酒人犯田大等,交刑部审办,经恒春等
分别定议。上以所拟罪名未允,敕令另议。寻奏田大等实属无
辜,请照原拟办理,[二]允之。复谕曰:"嗣后如再有囤积过数者,
必应严惩。恒春自任刑部以来,诸事废弛,近日尤甚,着降为三
品顶戴。"时粤匪犯湖南,陷道州,恒春密疏:"大学士赛尚阿防
剿不力,广西巡抚劳崇光及提督刘长清能谋能战,且籍隶湖南,
谙悉地利人情,调往剿贼,可期迅奏肤功。"报闻。六月,给事中
袁甲三奏参恒春前办私酒案,与侍郎书元听授定郡王载铨指示,
上命查明回奏。疏入,谕曰:"恒春、书元审办案件,盛气相凌,俱

在戴铨府第私谒，并将审案略节面交，已据载铨奏明。乃恒春回奏，率称于随扈回京后从未谒见，并无送给案据之事，显系意存欺饰，着交部严加议处。"寻降四级调用。

三年正月，授奉天府府尹，寻迁大理寺卿。二月，充补行乡试覆试阅卷大臣。三月，遵查热河矿山情形，奏言："矿洞不能一时并开，应于曾经开采处所，详加履勘。"上是其言。四月，擢盛京工部侍郎。五月，调刑部左侍郎。八月，兼正黄旗汉军副都统。时山西巡抚哈芬条陈河东盐务，命恒春偕署户部尚书朱凤标前往查办。〔三〕寻授山西巡抚。会粤匪窜扰直隶，河南、山西戒严，命副都统佟鉴统带官兵炮位驰赴山西，与恒春会筹防剿。旋以贼窜临洺关，谕恒春暂驻正定府，相机布置。恒春已于九月抵平定州，接受巡抚盐政关防。奏入，诏毋庸折回，仍叠旨勉其严密防堵。十月，奏参前任巡抚哈芬移交河东道张锡蕃等捐备军需银款朦混，应勒令赔缴，按察使郭用宾当省会戒严，于钦差大臣处禀报库款不实，应交部严议，如所请行。十二月，请变通河东盐务章程，以山、陕商运改为官运官销，河南商运改为官运官销，均于盐池纳税，先课后盐；又请裁铺司工食，以通省铺兵改为马递役递：均下部议行。寻以前在京堂任内两次捐饷，下部优叙。

四年二月，粤匪窜河南怀庆，恒春遵旨抽拨泽潞防兵一千名，赴黄河防堵。寻命改拨大名扼要防守。〔四〕五月，贼由怀庆窜山西平阳一带，叠陷县城，恒春饬官绅练勇击却之。八月，以山西武职题缺无多，请将东路等营参将改为题缺，其都司以下亦量加裁改；又奏酌定捐免充商易银之法，请以收买之民铜铸成宝钱,颁发各州县,按户分给,劝令一枚易取库银四钱,每属发宝钱万馀枚,可易库银数十万两,以济军需:俱报闻。十月,疏言:"山西兵艰粮少,请照广西、江南、河南成案办理,酌折银两,免给本色。"又奏新安矿厂得沙定课章程。均下部议行。

十二月,擢云贵总督,兼署云南巡抚。先是,云南开化府属回匪马二花等构衅滋事,扰及寻甸等处,贵州桐梓县土匪复与郎岱厅属回匪,台拱、黄平苗匪,及清平匪徒,同时窃发,叠谕恒春调兵剿捕。五年五月,贵州匪首杨凤伏诛,馀党窜四川边界,恒春遣知府朱右曾督师由怀仁堵截,参将蒋玉龙由桐梓九坝兜入,与副将特克慎等互为策应,歼匪二百馀名,擒伪主公舒大、舒组等五十馀名。六月,偕云南巡抚舒兴阿、学政杨式榖奏云南绅庶捐输军饷,请加学额,并乡试中额,下部议行。

时郎岱、镇宁夷匪仍屯踞养马、蜜蜂等寨,恒春饬将弁逐节搜捕,屡有斩获。九月,击滇匪谢茂南等于宾州、镇南、蒙自等州县,获之。十月,贵州下游苗匪自台清阑入丹江厅城,游击余瑞麟等赴援迁延,奏劾之,并自请交部议处。六年二月,以捐输黔饷,下部优叙。四月,郎岱厅属苗匪率众投诚,贵州上游廓清,得旨嘉奖。寻以都匀、清江、施秉先后被匪窜陷,自请治罪,命交部议处。七年四月,回匪复窜大理府,檄总兵福兆等分击之,诸路战皆捷,红岩等处逆巢悉平,[五]上嘉其功。

五月,回匪由曲江勾结澄江回夷,[六]突逼省城,于城外大肆焚杀,恒春自请严议,寻自缢。云南巡抚舒兴阿、贵州巡抚桑春荣先后奏入,谕曰:"云贵总督恒春扬历中外,平日办事尚属认真。现因回匪逼近省城,虽事处危急,而城池并未失陷。该督应力筹防剿，乃甫经自请严议，旋于六月初一日夜，与其妻博禹特氏在署自缢。[七]封疆大吏当时事艰难之际，不思力图挽救，辄以一死卸责，不惟无益国家，抑且贻误大局。死出无名，与效命疆场者不可同日而语。惟览其遗折，因防剿计穷，自怨误国殃民，一死不足蔽辜；且惓惓以国计民生为念，无一语涉及家事。其情亦属可悯！所有该督自请严议之处，着加恩宽免，仍毋庸给予恤典，以昭平允。"

子英琦，候选同知；孙宗培、宗晋，俱候补笔帖式。

【校勘记】

〔一〕寻议以书元固执己见　"寻议以"原误以"疏言"。今据显录卷五三叶一四下改。按恒春传稿（之三四）亦误。

〔二〕请照原拟办理　"拟"原误作"案"。今据显录卷五七叶一一下改。按恒春传稿（之三四）亦误。

〔三〕命恒春偕署户部尚书朱凤标前往查办　原脱"恒春"二字。今据恒春传稿（之三四）补。

〔四〕寻命改拨大名扼要防守　"名"原误作"明"。今据恒春传稿（之三四）改。

〔五〕红岩等处逆巢悉平　"红"原误作"江"。今据显录卷二二八叶二八下改。按恒春传稿（之三四）亦误。

〔六〕回匪由曲江勾结澄江回夷　"回夷"原作"夷匪"。今据显录卷二三〇叶二〇上改。按恒春传稿（之三四）亦误。

〔七〕与其妻博禹特氏在署自缢　"博禹特"原误作"博特禹"。今据显录卷二三〇叶二〇下改正。按恒春传稿（之三四）亦误。

季芝昌

季芝昌,江苏江阴人。由举人考取国子监学正、学录,递升助教。道光十二年,一甲三名进士,授翰林院编修。十三年七月,大考一等,升侍读。十二月,提督山东学政。十七年九月,回京。十二月,署日讲起居注官。十八年,充会试同考官。十九年二月,大考一等,升詹事府少詹事。六月,充江西乡试正考官,升詹事。二十年正月,提督浙江学政。六月,擢内阁学士,兼礼部侍郎衔,仍留学政任。八月,代办浙江乡试监临。旋丁母忧。二十二年,服阕,回京。二十三年三月,补原官,充大考翰詹阅卷大臣。四月,充考试试差阅卷大臣。六月,升礼部右侍郎。九月,充顺天乡试覆试阅卷大臣。十月,命查内务府广储司库款。十一月,提督安徽学政。十二月,调吏部右侍郎,二十四年,转左侍郎,仍留学政任。

二十六年十月,回京。十二月,御门误班,夺俸四年。二十七年正月,充会试知贡举。四月,历充庶吉士散馆阅卷大臣、殿试读卷官、朝考阅卷大臣。五月,署户部左侍郎,兼管三库事务。九月,充武英殿副总裁。十二月,充经筵讲官。二十八年八月,调仓场侍郎。偕满侍郎德诚奏言:"通坝为交粮总汇之地,吏胥经纪窟穴其中,弊端百出。闻每年运船抵坝,皆有首事头丁从中渔利,影射浮开,存有底账,次年易换,首事即递交以为用费张本。虽各帮情形不同,大概不出乎此。拟咨有漕督抚迅饬所管粮道,传集各帮在通办事头丁,督令细开通坝用帐,毋稍不实不尽。一面径详仓场衙门,按款严查,分别应裁应减,勒石永遵。"

允行。

十一月,命偕定郡王载铨往直隶会同总督讷尔经额查办长芦盐务,并清查天津府属仓库。旋奏改盐务章程,略言:"裕课必先恤商,恤商必先减费。正课帑利以及补欠,万不能减,惟有酌删杂款,痛革陋规,将帑利解费杂入通纲额引,与正课一律征收。其协济补欠充公等项,加价名目,均应裁撤。现将杂款详加核减,查明各州县陋规全行裁汰,并令各商呈出实在应需运本,不任其浮捏开报,并以加斤计利,则远近引盐皆有赢馀。商贩见利则趋,商票可期踊跃。至私盐侵渔,尤在实力缉私。如有获犯赏罚,由运司主张详报盐政,如此事权归一,易于措手。"疏入,谕曰:"长芦盐务疲敝已久,叠次整顿调剂,总无起色。兹据确切查核,胪列条款会奏,〔一〕自应因时变通,试行办理。所有长芦悬岸四十四处之内,河南悬岸二十州县,着尽改票盐,即仿照淮北成案,先课后引;直隶所悬之二十四州县,予限半年,责令各州县招商招贩,一律整理。倘商贩无人,即责成各州县自行领运,或由盐政遴员官运,以济民食。此后商欲改票,票欲改商,随时体察施行。各项支销浮费,官役相沿陋规,永远裁汰。每年应完内外帑利银,按额引均摊,无论行引行票,同正课并计征收,分款支解。此后行盐,每引准加斤免课,每斤准减价敌私。其各项积欠,按引分摊、征解、缉私章程,仍复商巡旧规,以杜偷漏而节糜费。"又奏天津府属仓库情形,谕曰:"天津府所属各州县,历任交代正杂钱粮,核对款目,尚无虚假。查点现存钱粮,数目亦相符合。短征之员业已分别勒追,其现存各库银两谷价,或提交司库,或饬各地方官买补还仓,办理均属周妥。"寻以捐备本籍赈需,下部优叙。

二十九年正月,命偕大学士耆英驰赴浙江查阅营伍,并清查仓库,酌办盐务;顺道查<u>东</u><u>南</u>两河节浮费、裁冗员事宜。嗣抵<u>东</u><u>河</u>,奏每年应领正款内,核减二十万两,裁<u>泉河</u>通判、<u>归河</u>通判。抵<u>南河</u>,奏每年用款以三百万两为率,较从前省五六十万两,并<u>扬运</u>通判于<u>江防厅</u>,改为<u>江运</u>同知,裁<u>丹阳县</u>丞、<u>灵壁</u>主簿、<u>吕梁</u><u>洪</u>巡检,从之。闰四月,抵<u>浙</u>,奏:“变通盐务章程:一、<u>杭</u>、<u>嘉</u>、<u>绍</u>三所引盐,分别加斤,止令完交正课;一、<u>松</u>所引盐,酌裁科则;一、虚悬口岸,选商接办,并筹款收盐;一、缉私责成官商,由运司审核;一、缉获私盐,分别充赏,及补课作正配销;一、禁革引地陋规;一、核裁巡验浮费。”又奏言:“州县仓库钱粮,国帑攸关。既查出实亏之数,而不亟为筹补,则旧亏仍属虚悬;既查明致亏之由,而不密为防维,则新亏尤难杜绝。此次清查,统计不敷各项,多至三百九十馀万。体察各属,又值凋敝之时,循案分摊,必难补足;且各州县以办公支绌,任意挪移,虽与侵盗不同,究有应得之咎。若将亏缺之款,再归通省代摊,而原亏之员转得置身事外。请将全完之员优奖,亏数最多者,革职勒追。其处分之轻重,限期之远近,应核其挪数,量予区别。如各员追不足数,即由原任上司按成分赔,或由本省各官分成提补。其有欠在胥吏差保者,尤须严予补追;有抵以房屋什物者,亦须速为估变。庶既往之辈无可幸逃,悬抵之银悉归实在。”上韪其言,下所司议行。

五月,授<u>山西</u>巡抚。八月,召来<u>京</u>,署吏部右侍郎。九月,命在军机大臣上行走。十月,署管理户部三库事务。十二月,授户部左侍郎,仍兼署吏部右侍郎。三十年二月,充实录馆副总裁。

六月,升都察院左都御史。七月,充拔贡朝考覆试阅卷大臣。十月,赐紫禁城骑马,充实录馆总裁。

咸丰元年五月,授闽浙总督。九月,因病奏请开缺,谕赏假一月调理。先是,广艇盗匪布兴有等在浙江洋面劫掳山东兵船被剿,窜闽洋,芝昌督饬水师分头截击。至是,畏罪投诚,分别安插,举行保甲,编查船户、棚民。十二月,鄞县枭徒纠众入城抢夺。二年二月,复有乡民私枭先后滋事,奉化县乡民亦因图减粮价,聚众挟制,浙江巡抚常大淳调兵剿办。鄞县枭徒拒捕戕官,势且蔓延。芝昌闻报,饬游击张从龙驰往确查,并缮给印示,晓谕解散,复拨附近浙省各镇精兵,豫备调遣。奏入,上以芝昌恩威并用,所办甚合机宜,并谕曰:"该督酌量情形,如须亲往督办,即带现调官兵,驰赴浙江,相机调度。务期首要就擒,良民不致惊扰被累,方为妥善。"旋因鄞县乡民捆送滋闹首犯,钱粮照常输纳,东乡枭徒人少势孤,浙兵足敷擒办,无须闽兵往剿,将闽师全撤归伍,命芝昌相机妥办。复奏署宁波府知府毕承昭获解鄞县拒捕首从各犯正法,奉化亦续有获犯,地方绥靖。

四月,密陈英吉利商业情形,略言:"该国领事人等,每遇督抚抵任,辄欲禀谒,冀得接见为荣。臣以体制不宜,饬令先期谕止。嗣闻该领事欲在乌石山下之凯旋铺地方开设医馆,业已鸠工付价,复经严行禁止,退还料价,其事遂寝。惟夷情叵测,只有督令委员随时随事相机驾驭,密为防闲,务使帖然驯服,就我范围。"均报闻。又奏遵议盐务章程,略言:"闽省地势与他省不同,故同一盐务,而彼此办理,有移步换形之势。即如加斤所以恤商,而闽商之疲累,由于引积销滞,斤愈加则积滞愈多。减价所以敌私,而闽商之疲累,由于本重利轻,价愈减则成本愈亏。是变法于他省,功效可期立见;变法于闽省,捍格转益增多。法既无可变更,只得仍照旧章,因时因地斟酌而损益之。臣等详稽档案,参以时势,公同商酌,计惟严缉私盐,使帮销日见畅旺;酌减浮费,使商本渐获充裕。官办之盐课,从严考核;商办之盐课,立法稽查。责匀课以保退商,则趋避无术,运额不致虚悬;委实任以办官运,则责成较专,交替无虞鳌轕。凡此厘剔所在,皆属乘时补救。虽未敢谓有裨大局,而私盐日少,商本日纾,解项日益。使诪张诿卸之风日以戢,亦恤商裕课之一策。"诏如所请。

六月,兼署福州将军,请筹款添造战船,配铸炮位,允之。七月,复因病未痊愈请假,得旨赏假三月。寻以官犯脱逃,咨报迟延,又以保温州镇标右营游击郭林一箭射无准,均下部议处。时军需浩繁,户部请推广捐例,将捐五千两之贡监生作为军功举人,捐银三百两者作为附生。芝昌偕福建巡抚王懿德奏言:"士子读书应试,争自濯磨,以求为国家之用,而必限定额数,严为去取,俾知科名足重,无才者不能溷淆。作士气,重廉隅,胥由于此。今广开捐例,俾遂观光,朝廷特沛殊施,菲材或多误会,荒疏者可以冒滥,躁进者得遂幸心。不特有碍士趋,更恐致伤吏治。虽军功事例原属暂开,不占中额,抑知天下之人心,爱名与爱利相等。惟举人、秀才由于考取而得,则人知学成有用,足为乡里之荣。若由捐赀而得,则凡家计充盈者,无不可获之名,科第不足重矣,失朝廷求贤之意,寒士子上进之心。恐此例一行,所得者小而所失者大也。"疏入,上韪之。

十月,奏整饬盐务,略言:"向来官办之帮,皆系先领盐引,后完盐课，非如商办之必须完纳课银，方得按已完银数，核给引目。因之官办各县，于盐引领回之后，一遇销滞引积，纳课无赀，即向销畅力裕之商，挪借银钱，解完库款；并将积存引目，禀请盐道详换执照，发给该商通融代销。各前道以帮销畅滞，原无一定，挹彼注兹，尚属以私济公。随亦准予详办，而各商趋利若骛，稔知官办，商办按引纳课，轻重悬殊，无论帮销是否畅旺，额引曾否全领，辄为绌销之员纳课请照，冀得以轻课之盐引射利行销，而置本引于不顾。关系鹾纲，殊非浅鲜。应请将代销名目，永远革除。"报闻。旋因病陈请开缺，允之。十一月，捐备军饷，赏戴花翎。

三年，命在籍办理团练。十年，卒。光绪二年，署闽浙总督文煜奏言："季芝昌总督闽浙时，艇匪布兴有等窜扰海洋，饬派舟师截击，匪众畏罪投诚，沿海始获安枕。闽省吏治惰窳，皆由州县更调不时，视官廨如传舍。芝昌悉令久任，察其贤否而举劾之，正己率属，崇尚清廉，风气为之一变。馀如浚河道之淤塞，以兴水利；革盐政之陋规，以恤商艰。种种嘉猷善政，士民感颂不已。臣查该故督文章外朗，经济内优，智勇深沉，蔚为梁栋。没世之称弗替，易名之典宜隆。恳恩予谥，以彰忠荩。"得旨俞允，旋予谥文敏。

子念诒，翰林院编修。孙纶全，二品荫生，浙江盐运使司副运；邦桢，进士，兵部主事。

【校勘记】

〔一〕胪列条款会奏　原脱"会奏"二字。今据成录卷四六二叶八上补。

舒兴阿

舒兴阿，赫舍里氏，满洲正蓝旗人，西安驻防。道光十二年进士，改翰林院庶吉士。十三年四月，散馆，授编修。八月，升左春坊左中允，旋升司经局洗马。十五年，充日讲起居注官。十六年，迁国子监司业。十七年四月，升右春坊右庶子。六月，复充日讲起居注官。十二月，转左春坊左庶子。二十年，升翰林院侍讲学士。二十二年五月，升詹事府詹事。九月，擢内阁学士，兼礼部侍郎衔。十月，充考试顺天府满洲教授阅卷大臣。十一月，兼镶黄旗蒙古副都统。十二月，署正黄旗蒙古副都统，旋授盛京兵部侍郎。二十三年正月，管理宗室、觉罗官学事务。四月，调兵部右侍郎，兼正黄旗汉军副都统。八月，稽察内七仓。九月，充满洲翻译乡试副考官。二十四年正月，充会试知贡举。四月，署镶白旗满洲副都统。七月，充山东乡试正考官，调工部左侍郎，兼右翼总兵。

八月，调正红旗满洲副都统。九月，授总管内务府大臣，管理清漪园等处事务。十月，偕步军统领恩桂奏言：“左右翼副翼尉二员，向由满洲、蒙古协尉内拣补，仍兼本旗协尉。一人兼摄二缺，不足以专责成。拟改副翼尉为专缺，其俸项即以拟裁信炮处之满洲、汉军章京各二员俸银、俸米拨给。”下部议行。旋充伊犁参赞大臣。二十五年四月，以前在兵部侍郎任内违例派署掌印，并失察司员得受陋规，下部议处。十一月，署伊犁将军，寻调和阗办事大臣。二十六年，调阿克苏办事大臣。二十七年八月，署叶尔羌帮办大臣。时安集延、布鲁特等逆回入卡滋扰,陷喀什噶尔,扰及英吉沙尔,上命陕甘总督布彦泰为定西将军,偕伊犁参赞大臣宗室奕山督师剿办。未至,舒兴阿已偕署叶尔羌参赞大臣吉明派兵赴英吉沙尔援剿,续又派兵接应援剿之兵。途次遇贼,接仗获胜,折回黑孜布依地方安营。贼逼营,筑炮台相持五昼夜,后路接应兵至,合力进剿,击毁炮台,贼溃,我兵进驻科科热瓦特庄。九月,捷至,上以大兵尚未到齐,舒兴阿等即能叠挫贼锋,优诏嘉奖,赏戴花翎,仍下部优叙。

时英吉沙尔之贼于附城筑立炮台,日夜轰击,领队大臣德龄击毁之,连战皆捷,贼大挫。比奕山至,贼已遁去。十二月,命偕奕山等赴喀什噶尔筹办善后事宜。二十八年九月,偕伊犁将军萨迎阿及奕山会议阿克苏粮台馀剩军需银十六万六千五百馀两,请拨十五万两归阿克苏库内,永远封储,备缓急之用;其馀银一万六千五百馀两,即以阿克苏库内暂存,由该处于豫调经费折内扣除,下部议行。二十九年六月,以阿克苏防兵赵得喜盗窃库银,城守营参将彭年有讳纵规避情事,疏请褫职严鞫。寻讯明,定拟如律。十二月,召来京。

咸丰元年正月,授户部左侍郎,兼管三库事务。三月,署右翼总兵,管理十五善射。四月,命在军机大臣上行走,充右翼监督。四月,充考试试差阅卷大臣。八月,充顺天乡试副考官。闰八月,充翻译覆试阅卷大臣。寻以万安仓花户舞弊,遵旨偕兵部右侍郎赵光赴仓,查出东西廒座陈黑土米二千数百石,起获小斛八具,据实奏覆,并以现存米石各廒门顶敞露,易致偷漏,请饬仓场侍郎核办。寻署陕甘总督,十月,实授。二年正月,遵旨筹办甘省保甲,胪陈章程八条:一、稽查保甲,宜归核实;一、慎选保正,俾专责成;一、编册挨查,弗任胥役;一、乡闾丁壮,兼行团练;一、宣示教化,互相劝诫;一、有司勤惰,明定举措;一、番回详区种类,一体编查;一、汉奸勿分畛域,协同侦缉。上嘉其妥善。

先是,道光三十年,陕甘总督琦善剿办西宁番回,妄将雍沙族番肆行剿洗,并诱俘数十人,严刑逼认劫掠。嗣经署总督萨迎阿覆讯平反,将承审各员拟戍。上命逮琦善等至京,交大学士、军机大臣会同刑部研鞫,并谕舒兴阿亲提系狱番犯群吉等,讯取确供具奏。三月,奏言:“雍沙番族固不得指为良善,亦实无勾结野番肆行抢劫确据,惟该番久应遵回原牧,屡经违限逗遛,若照萨迎阿原奏,准予省释,恐长各族番异志。拟将群吉等十四名,分拨不近番界各州县,严加管束,以杜后患。至萨迎阿审办此案,核之现审供情,非别有偏袒意见,[一]惟未将该番严加究诘,且于承审各员并未饬取亲供,遽行拟罪,殊属草率。其子书绅查无别项干预实迹,惟与审案司员同坐问供,致滋物议,究属不知检束。”上命原派大学士等核议定谳,其番犯群吉等,即如所议行。又奏青海蒙古郡王等居永安内地,业经数载,请限本年夏季,饬令移回原牧,以符旧制。又以青海蒙古左右两翼,向例每岁派兵五百名,分布察汉托洛亥等处卡隘,随同官兵防守。近因生计艰难,恳求裁撤,请照原额量裁一半,岁派兵二百五十名,分为四班,按季轮换,以备侦探野番,并接递往来文报。均允行。

六月,甘肃中卫县地震,损民居数万间,被压死伤者七百馀口,疏请给予口粮修费,从之。时番族初定,命筹定巡缉防剿章程,疏陈分地界,严堵缉,发令旗,撤零卡,添马探,增濠垒,及各营会哨随地搜查，番族岁赏，仍复旧例凡八事，上嘉其所议周妥，均从之。寻以西宁、凉州等镇边隘垒，有贼番滋事，盘踞柯柯乌苏地方，经官兵兜截追捕，复由镇羌卡外，窜入松山、宽沟等处肆扰，舒兴阿檄镇将会剿，歼毙多名，馀贼窜匿。八月，贼复聚众数千，分股劫掠，饬副将双来、参将乐善等，随同提督索文、总兵双锐，各带弁兵分攻合击，四战皆捷，擒首恶诛之，全股歼除殆尽。九月，捷至，上优奖之。寻以倡捐军饷，下部优叙。十一月，以兵部议，凡武职升任，应行调取引见人员，限三个月领咨赴部。舒兴阿奏言：“陕甘各营将弁，现值新疆换防，及派令带兵他省，所空之缺，均须委员接署，而升任调取之员，又例不准展限。现在候补乏员，营缺多有兼摄，若将调取人员一律给咨，营伍益觉空虚，不得不量予变通，除例准奏咨展限各员外，其馀或底缺乏人接署，或先经委署别缺，请均准酌量展缓，并将领咨在三月外者，宽其迟延处分。”疏入，上如所请。

三年正月，粤匪由湖北武昌沿江下驶，窥伺江、皖，毗连各省戒严。舒兴阿遵谕驰赴陕西，于商州、兴安要隘，调兵设防。三月，贼陷江宁，舒兴阿复遵调官兵分赴钦差大臣提督向荣、署四川总督慧成、山东巡抚李僡各行营，以前调防商州之固原营兵中途骚扰，奏将带兵游击伊密扬阿、[二]千总马致远革职查讯。四月，上命驻陕西省城。时部议节省经费，因奏请变通新疆换防兵制，命偕伊犁将军、乌鲁木齐都统等会议。五月，舒兴阿先将筹商大概情形入奏，略言：“喀什噶尔等八城额设防兵，由内地调派者九千馀名，向于陕、甘督抚提镇各标管营内，均匀抽拨更换，长途往返，糜费实繁。若令伊犁、乌鲁木齐所辖绿营如数拨往，又实不敷抽换。拟将南路之东四城喀喇沙尔、阿克苏、库车、乌什应派防兵,于相距稍近之甘州、凉州、肃州、宁夏各提镇标派拨,此外均照部议停止派防;其西四城喀什噶尔、叶尔羌、和阗、英吉沙尔,即由伊犁、乌鲁木齐所属各绿营派拨:班期均定五年更换,并将各城防兵数多者量为减派。"如所议行。

时粤匪已由江、皖窜扑河南开封,势将北渡,命舒兴阿移驻潼关,严防边隘。贼寻渡河,围怀庆。六月,命大学士直隶总督讷尔经额为钦差大臣,统诸军进剿,仍敕舒兴阿会同山西、河南、山东各巡抚,合兵防击。舒兴阿旋檄总兵郝光甲率兵二千,由山西趋怀庆,上嘉其办理甚合机宜。七月,遵旨移兵入河南,驻陕州一带,相机往剿。寻进扎河南府,拨兵严巡孟津渡口。以陕西延绥镇总兵金万全到防迟延,延安营参将业晋崇额带兵行至中牟县遇贼败溃,疏请褫职,俱如所请。时郝光甲兵抵怀庆,会合大军进攻,怀庆解围,贼窜山西。八月,垣曲、平阳等府县相继陷,舒兴阿先后檄副都统宗室绵洵、总兵桂龄等赴援,复拨兵守闻喜,自请赴蒲州驻扎防堵,上韪之。会贼自山西窜直隶,命由蒲州督兵赴直隶协剿,未至,而湖北、安徽贼势甚炽,命驰往楚、豫交界,遏贼北窜。十一月,安徽庐州被围急,复谕令赴皖,行抵河南陈州界,以陈州邻属均接皖境,请即驻守郡城,上严饬之。寻以搜捕项城一带捻匪,于阜阳境内俘捻首马叔朋及其党百六十馀人,毁积年贼巢。上嘉其办理妥速,仍以庐州紧要,命兼程赴援。十二月,抵皖境。先于途次饬郝光甲率兵三千抵庐州水西门,逼攻贼营,毙贼八百馀。疏入,得旨嘉奖。旋以庐州城陷,舒兴阿坐援剿不力,褫职,带罪自效。

方舒兴阿之赴皖也，刑部尚书许乃普劾其赴援迟缓，所带兵勇沿途需索，军律不严，难期得力。至是，督办安徽军务三品卿衔给事中袁甲三复密劾其坐拥重兵，不肯分拨，畏葸骄抗，贻误大局，请治以应得之罪。四年七月，命即行回旗。七月，赏二等侍卫，充喀什噶尔领队大臣。闰七月，命以三品顶带署泰宁镇总兵，兼总管内务府大臣。八月，赏副都统衔，充塔尔巴哈台参赞大臣。十月，以泰宁镇总兵任内，失察西陵树株被窃，降四级留任。十一月，授云南巡抚。六年二月，以捐助军饷，下部优叙。先是，滇南东川回民滋事，开化、曲靖、蒙化等处又有汉、回互斗，及抗粮肆劫之案，先后谕舒兴阿督属访拿，设法抚缉。四月，楚雄府属汉、回寻衅斗杀，扰及南安州城，昆阳回民亦聚众千馀，突窜省垣，肆行焚劫。叠经提督文祥等剿办，始就扑灭。五月，奏入，上责舒兴阿初时未及掩捕，致令勾结为患，镌二级。

时云南东西路各有匪徒，蚁附逆回，并起为乱。东路屯聚嵩明、寻甸交界，经兵练击歼千馀，伏匿不出；西路于姚州、镇南州所属村镇盘踞，初扑镇南州城，经官军击败，复窜姚州城，据之，叠次出扑，均被击退，先后歼毙千馀，尽毁附城寨垒，贼势始戢。八月，大理府回匪突起煽乱，戕官据城，舒兴阿以未能先事豫防，自请严议，寻降二级留任。九月，东路回匪窜扰沾益、南宁等处，檄护理迤东道贾洪诏进攻，毁其巢，贼退据双河等两寨，筑闸壅水，以阻我师。贾洪诏密饬兵练毁闸泄水，奋力鏖战，两寨相继破，擒其渠马荣金等，诛之。其西路姚州踞匪，亦经被胁良回及投诚汉民缚献首恶，呈缴军械，官兵于州城收复后，复搜获著名匪犯置之法，地方肃清。奏入，得旨嘉奖。十月，以驿递奏章，在沾益州境内被劫,坐防范不严,镌级。七年六月,因病请假,得旨赏假两月,并谕假满后即行来京,以内阁学士补用。八年二月,行抵陕西省城,复请假调理,允之。寻卒。

子熙龄,陕西候补同知;崇龄,广东雷州府知府;松龄,礼部员外郎;惠龄,吏部郎中;益龄,工部笔帖式。

【校勘记】

〔一〕非别有偏袒意见　"偏"原作"徧",形似而讹;又脱"别有"二字。今据舒兴阿传稿(之二○)改补。

〔二〕奏将带兵游击伊密扬阿　"将"原误作"参"。今据舒兴阿传稿(之二○)改。

程矞采　弟楙采

程矞采,江西新建人。嘉庆十六年进士,以主事用,分礼部。二十一年,充军机章京。二十四年,补官。道光元年五月,升员外郎。十一月,擢郎中。二年八月,转江南道监察御史。奏言:"安徽颍州久为匪党渊薮,阜阳之艾集亭、马家店,霍丘之三河尖、临水镇等处,均有捻匪出没。与其惩创已发,不如弭患未萌。应饬皖、豫两省文武,就近查缉,以靖地方。"又以州县征漕勒折买补,致米色搀杂,难资久储,请敕下漕省分严饬州县,于收漕时亲验米色,随时兑收。倘有开征数日即行封仓勒折,自用贱价买补,及旗丁滥收情弊,即指名严参。均如所请行。先是,江西郡属,向有各村殷户,于青黄不接之时,仿钱典之例,听农以物质谷,每石加息二斗,春出秋归,三年不赎,则将质物变价作抵,行之称便。旋经巡抚毓岱恐富民不愿，请定章程，每谷一石加息三分，质物以一年为限，已经允行。至是，奇采以息谷过多，期限过迫，官为限制，转涉烦苛，请仍听民间自便，毋庸另立章程，上韪之。

三年二月，巡视东城，寻奏言："各省设常平仓以备旱潦，实为良法。惟州县平粜，只在关厢设厂，其赴买者不过附郭居民；而城中矜户、役户、牙户、屯户，与仓书声气相通，多有捏名报买，商贩因缘为奸，于贫民仍无裨益。请嗣后州县平粜，除关厢设厂外，再于道路适中之处，分厂发粜，其运费于粜价盈馀银两动支，事竣核实报销，俾州县亦无赔累。"下所司议行。七月，畿辅大水，粮值昂贵，上命发京仓米五万石，交五城设厂平粜。奇采以贫民众多，仍恐未能周给，请援嘉庆六、七年成案，于五城地方按每年冬月分设饭厂之例，自八月十五日起，先行煮赈；并请于卢沟桥、黄村、东坝、清河四处，照五城例，一体煮赈，从之。八月，奏言："向例商民出关，凭票稽察往来，以杜奸宄。本年直隶灾区较广，贫民多出口谋生，而吏胥概不放行，情殊可悯。请敕下直隶总督行知各关口，除商贾行旅及形迹可疑者，仍验票放行外，其实系觅食灾民，只询明来历，指定去向，以备稽察，毋庸给票。"谕曰："一时权宜，必应若是，所奏甚是。"又言："以工代赈，实救荒良法。直隶河流淤塞甚多，势难一时并举，其急于疏浚者，莫如文安河道。值此饥民云集，应即募夫挑挖，似为一举两得。"上韪其言，命偕候补三品卿继昌前往相度缓急，次第兴工。旋议请建闸疏河，绘图入奏。

四年三月，转掌广西道监察御史。七月，转掌京畿道监察御史。五年五月,迁刑科给事中。七月,巡视北城,转户科掌印给事中。七年五月,京察一等,覆带引见,记名以道府用。六月,授甘肃兰州道。时逆回张格尔构乱,陷喀什噶尔等四城,上命大学士长龄为扬威将军往剿,檄乔采办理军需。八年,凯捷献俘,奉檄押解张逆出境。九年,报销军需事竣,赏戴花翎。寻迁甘肃按察使,调广东按察使。十年,入觐。十一年,迁浙江布政使。十五年,丁母忧。十七年,服阕,仍授浙江布政使。十八年,调江苏布政使。寻丁父忧。二十年,服阕,授广西布政使,复调江苏布政使,署巡抚。二十一年二月,兼护两江总督。十二月,升江苏巡抚。奏言:"丹徒、丹阳两县运河,为浙江漕船要道。请择最浅之处,估计兴挑,以利转输。"从之。二十二年九月,英吉利兵船驶入长江,扑江宁省城,乔采以防护苏郡,迁延不进,降为三品顶带,仍革职留任。寻以与新授河道总督潘锡恩系儿女姻亲,奏请回避,命来京另候简用。十二月,授山东巡抚。

　　旋调广东巡抚。二十三年,偕两广总督祁墇奏言:"虎门炮台既修,必须重兵防守。请仿屯田法,按田肥瘠,每夫酌授六七亩,队长略增,约得屯兵二千,各台外阡陌纵横,既可阻敌船冲突,而应募守台者,各思卫田庐,必一呼即至,可为前路应援。并多设伏兵,后路亦资策应。"疏上,从之。又偕祁墇奏广东琼州、廉州近接外洋,嗣后遇有匪徒,请知照越南国员弁,一体堵拿。上以中国缉捕匪犯,借资外人兵力,不但无此体制,转致懈怠军心。所奏实属冒昧,着交部议处。寻降三级留任。时英吉利等国就抚,呈请通商,乔采偕钦差大臣耆英奏贸易条约,及澳门情形,并勘虎门各炮台形势,拟演炮章程,以闻。二十四年,赏还二品顶带。二十五年,迁漕运总督。

二十六年,署江苏巡抚,寻调云南巡抚。二十七年,兼署云贵总督。时保山县汉、回构衅,矞采偕新任总督林则徐调兵进剿,匪徒畏罪自投,旋将首从各犯三百馀名分别治罪,馀党悉平。二十九年,升云贵总督。自上年至是年,江西连岁被水,矞采两次捐银备赈,均下部优叙,加五级。三十年八月,兼署云南巡抚。时腾越夷人及永昌土司番族相雠杀,普洱府思茅土司各野番复滋扰,矞采分兵剿办,均以次荡平。九月,奏边外善后事宜:一、严禁土弁苛派,一、永杜汉奸盘剥,一、严防倮匪侵犯,一、添拨汛卡巡逻,如所请行。

十一月,调湖广总督。咸丰元年四月,奏:“湖南吏治废弛,积习相沿。请将前任布政使万贡珍、辰沅道吕恩湛均加惩处,为办公颟顸者戒。”允之。六月,广西会匪洪秀全等稔乱,逼近楚界,矞采遵旨赴湖南防堵。寻抵衡州,查出逆匪左家发等谋逆,即将首要各犯擒治如律,下部优叙。二年正月,京察届期,上以矞采除暴安良,克膺疆寄,下部议叙。四月,粤匪窜全州,矞采以全州密迩湖南省城,由衡州撤回,筹办防守。贼寻陷道州,上以矞采未能先事豫防,下部议处。既而永明、江华、嘉禾、桂阳相继失陷,贼遂据郴州,矞采复革职留任。贼复由醴陵绕逼长沙,谕曰:“逆匪自窜据郴州以后,胆敢绕越衡郡,直扑省垣,若能迎头截击,何至令其肆行冲突?即使贼匪冒险深入,亦应迅速发兵救援,将现在攻剿情形详悉奏闻。何以半月以来,并无奏报?殊出情理之外!程矞采着摘去顶带,拔去花翎。”

时贼攻省城不克,旋引去,矞采奏请带兵驻岳州防御。得旨,衡州为扼要之地,仍令在彼严防,毋庸移驻。旋谕曰:"程矞采总制两湖,特命前往湖南督办防堵,一年之久。如果布置得宜,何至任贼窜越?该督初闻贼警,遂返长沙,已不免张皇失措;继复株守衡州,一筹莫展。前已摘去顶翎,不足蔽辜,着即行革职,仍留军营办理粮台事务。"贼旋陷湖北武昌省城,矞采长子候选道福培死之。矞采旋因病奏请开缺回籍调理,允之。三年,编修何桂珍劾矞采罪难宽宥,谕曰:"程矞采前在衡州防堵,一闻警报,退回长沙。当因粮台乏人经理,将该员革职,责令承办,以观后效。乃复藉词告归,若竟令其安居田里,不足以服人心,着从重发往新疆充当苦差。"七年六月,释回。十二月,卒。

子福培,候选道,殉武昌之难,赏云骑尉世职;福增,候选郎中;福均,候选员外郎;福基,候选主事。

楙采,矞采之从弟也。嘉庆十九年进士,改翰林院庶吉士。二十二年,散馆,授编修。道光五年二月,京察一等,记名以道府用。三月,授甘肃凉州府知府。七年,官军平张格尔,楙采理饷,扬威将军长龄上其功,赏戴花翎。十二月,回避从兄分巡兰州道程矞采,调陕西凤翔府知府。十年,升陕西督粮道。十四年,迁山东按察使。

十六年,升安徽布政使,十九年,擢巡抚。二十年二月,奏言:"桐城县滨江,上年江涨溃堤,田多淹浸。勘明东乡之天冶河顶冲处所,应筑新堤一千三百二十四丈,加修陈家洲旧堤一千七百九十丈,并越筑新堤一千五百丈,加修大成旧堤三百六十丈,加修南乡之石嘴头迤下永赖、永成两堤三千六百四十丈,加修自石灰沟至南河拐之旧圩堤二千九百丈,估需银三万两。强壮之民,可以佣工代赈,老弱妇女给予口粮。"允行。七月,充江南乡试监临官,疏奏乡试上江、下江中额互有错误,考官文庆、胡林翼,下部严议。二十一年七月,奏言:"五月中旬,连次大雨,滨江州县,淹浸田庐,屡年灾歉,民力难支。豫筹接济,首捐养廉银为官绅倡。"允之。

先是六月间,河决河南祥符,大溜由陈留南趋,命楙采先事豫防。至是,谕曰:"河南祥符漫口,已分为两段,一绕省城西南下注,一由东南而行,均由归德、陈州两府归入江境。是江苏、安徽两省淹浸之处,定已不少,着麟庆、梁章钜、程楙采将漫口作何归宿,被淹若干处所情形,迅速查明具奏。"楙采奏言:"亳州涡河先后长水七尺,尚未出槽。惟自七月初二日以后,赵旺河倏报黄水奔趋,溢出堤岸二三尺不等。查亳州当黄水之冲,来源尚不甚骤。其沿淮地面,并无文报。现惟患在秋霖,如以后河流顺轨,当不致有他虞。"谕曰:"安徽与豫省接壤,河水既已漫溢,正河业经断流,'顺轨'二字,从何用之?该抚不知事之轻重,如在梦中,实出情理之外!程楙采着交部议处。"旋议革职,命加恩改为革职留任。

楙采复奏言:"太和县于初九、初十两日大雨,黄水由鹿邑奔注沘、茨各河,一片汪洋,延蔓七十馀里。下游之阜阳、颍上、霍丘、蒙城,均报淮、黄并涨,淹浸田庐。凤台县因淮水顶托黄流,沿河集镇俱被冲损。凤阳、灵壁、怀远、寿州均因雨水过多,淮河盛涨,黄水不能容纳,肆溢旁流。又逼近洪湖之泗州、五河、盱眙等州县,地本低洼,众流所汇。幸黄水经过凤、颍各属,势尚纾徐。查太和被灾最重,业已发银碾谷,飞饬抚恤,其馀州县亦赶紧相机办理。此外沿淮定远、宿州、天长等州县,亦俱河湖泛涨,恐有黄水灌入之虞,统俟确查核办。此次豫省漫水,系分两段下注。前此灌入亳州涡水一段,本未续涨,今则全溜由鹿邑归并入淮,被灾较广。现在筹办抚绥,核实查办。"报闻。

十一月,疏请安徽、江北州县,于添募兵勇外,选练骁勇四百名,所需经费,于司库存储社谷息银内酌发。得旨:"此项骁勇,固宜勤加训练,各营额兵,尤当认真操演,不得以老弱游民,滥行充数。总期有勇知方,毋得有名无实。"二十三年九月,因秋雨过多,黄水漫溢,被淹地方较广,民力困惫,请酌留库项十万两以备赈恤,从之。十一月,调浙江巡抚。寻卒。

周天爵

周天爵,山东东阿人。嘉庆十六年进士,以知县归部选用。道光四年,选安徽怀远县知县。五年,以劝民捐设丰义仓,经巡抚陶澍奏请奖励,下部优叙。七年,劝捐修筑邑之郭坡塘、龙王坝诸工,溉农田千馀顷。八年二月,巡抚邓廷桢奏入,得旨,以应升之缺升用。九月,调阜阳县知县。九年二月,有劾天爵残酷不仁者,命两江总督蒋攸铦严查具奏,寻奏言:"周天爵爱民如子,嫉恶如仇。惟不应将抢犯割断足筋,扎伤两手,请交部议处。"谕曰:"此等不避嫌怨之员,最为难得。既据查明刑伤各犯,皆凶恶棍徒。并无残暴之事,〔一〕自可宥其小过,着无庸交部议处。"五月,获巨盗李大畚孜等置之法。十年,升宿州知州。十二年,擢庐州府知府。获教匪张义法等,治如律。十三年,擢庐凤颍道。〔二〕十五年正月,升江西按察使。二月,调安徽按察使。十六年,升陕西布政使。

十七年五月,署漕运总督。寻以前在宿州任内失察差役滋事酿命,镌级留任。九月,实授漕运总督。十一月,甄别卫守备彭庆龄等十二员,奏言:"漕务员弁,首重操守。卫守备为帮弁领袖,操守不谨,必需索于帮弁。帮弁效尤,必需索于帮丁。因而门丁胥役,愈无顾忌。迨旗丁费用百出,以州县津贴不敷,则生多方刁难之计。刁难不足,则厌收本色,希图折价,买二糙之谷,搀和充运,甚至用水浸润。种种弊端,不一而足。帮弁受其挟制,俯首扶同。漕务之坏,实由于此。臣察其声名狼藉已甚者去之,冀其馀稍知警惕。"疏入,奉朱谕:"汝能如此认真办事,朕心喜悦之至!"十八年四月,以吉安漕艘不戒于火,未能先事豫防,下部议处。八月,以违例保留属员,下部议处。

十一月,以漕船滞运,疏陈速漕利运事宜,略言:"南粮渡黄以后,东境张河闸并东昌迤北戴湾闸等处,节节浅阻,势难催趱。宜疏理洸、泗之泉渠,塞黄北岭缺口,并浚微山湖出水之渠。缘微湖水势,北高于南,若越韩庄迤南二三里,挑一引渠,则微湖底水不能出者,可放出三尺许。又于闸河倍挑浅工,卫河添设草坝,早春铺水,自分水口起,向南流者宜早堵闭,开河北、柳林二闸,俾水专力南趋,以济运艘;向北流者,帮船未到,宜缓时日,以免虚耗。"上是其言。

寻署湖广总督。十九年二月,勘修湖北武昌府城外荞麦湾江堤二十丈,又筹修蕲州卫军堤,及汉阳府石堤。四月,授河南巡抚。六月,擢闽浙总督。先是,湖北汉口镇地方樯帆络绎,盗贼多为民害。有川匪帅有沅等充铅船水手,恃众犷悍,行劫杀人。地方官因运务紧要，恐被牵制，商贾又虑其报复，隐忍不言。并有奸徒囤贩妇女，在陕、楚交界地方，沿途收买，载赴下游，凌虐窘辱，无所不至。天爵饬获多人，治如律。至是，奏闻，并请将督运失察及承审支延等员，概予褫职。奉朱谕："督抚若能皆似汝之不避嫌怨，尽心公事，何患良不安而暴不除？吁，朕不能多得其人，实为愤恨也！"

旋调湖广总督。时荆州府属盗匪戴老九等散布党羽，恣为不法。上以盗风日炽，为害地方，皆由不肖州县规避处分，改盗为窃，纵恶养奸所致，谕天爵严拿惩办。九月，奏言："楚北外江内汉，延长二千馀里，湖河港汊错处，向为盗薮。例于冬季委弁梭巡，既不悉贼窝巢，又不知购眼线。名为梭巡，实于江面情形毫无干涉。拟择委干员练卒，带同眼线暗行侦访，一得盗踪，知会地方文武协力掩捕。仍以获盗多寡，严定员弁功过。"如所请行。时襄阳府属教匪黄起能等传习牛八邪教，创立伪号，分布党羽，天爵先后饬获天主、十字各教匪韩发魁等数十人，奏请按律治罪。谕曰："查办认真，可嘉之至！着于已获者澈底根究，尽法惩办；其未获各犯，并着加意侦访，净绝根株，毋任漏网。"

是岁，湖北水，滨江滨汉各属圩堤多溃，天爵奏："请于险工处所多备芦苇，仿黄河办法先立挑坝，再将单薄堤段护以草工，其张壁口一带情形，或就分泄之水，使之冲刷成河，或仍行堵塞，以归正流，依王家营办法，并请以工代赈，俾资接济。"从之。十二月，以湖南镇筸、乾州等营驻苗疆极边之地，土瘠粮稀，操防各兵颇形艰苦，天爵倡捐经费，为津贴之用。二十年正月，湖北江、汉堤塍修甫一载，旋复漫溃，上命天爵确实查明。奏言："河堤溃决之故,由于有堤州县未能因地讲求。兼之案牍纷繁,不暇亲督,假手委员,朦混百端;加以猾吏侵渔,蠹胥胺削,立一法即舞一弊。求其工归实用,十无四五。臣现拟定章程,凡遇工程较大之处,委员署其印务,俾得朝夕在工,以专责成。工竣后,统予固限,官民新工限十年,岁修费止百千以上者限三年。一有失事,官工仍照例办理。其岁修民工,令原修之员及首绅罚十之四,验收者罚十之二。"二月,又奏请培修荆州万城堤。均如所请。

三月,上以湖南、广西两省有传习邪教,妄刊伪书、妖语惑人者,谕天爵等严缉之。寻以审拟巡检宣维屏受贿滥刑,知县纪期昌婪赃狥法,科律未允,镌级留任。五月,奏言:"江、汉情形不同江水浩瀚,水有容与之地,每折或百里,其折湾处对面有沙滩挺出,溜趋一面,非挑坝所能撑。臣拟用以水治水、逼溜克沙之法,于沙滩上游作一引坝,拦水入口,再作河堤,堵其外泄,形若鲇鱼,口宽尾窄,直凿至下游水深之处。一遇盛涨,溜急势猛,自能挫去浮沙。溜分两道,则险处生淤,然后于湾处筑作挑坝,俾趋正轨。又江水自西蜀而来,束于万山之中,过枝江始得畅流,其势正悍,北为万城堤,南为虎口渡,一涨一泄,相为表里。虎渡之下游为调弦口,皆南通洞庭,以分泄大江之势。今则垸田鳞次,有妨水道,必使两口下流无阻,则北岸不至吃重。至于江之北岸,素无山险,非堤不可,而荆门、郧、襄万山之水不入江、汉者,皆汇于北堤外之湖渚溪河,汪洋四五百里,恃一堤以判隔江湖,宜改闸门为滚坝,冬闭夏启以宣泄之。此大江情形也。汉水苦曲,多有闷溜搜刷堤根,每逢汛涨,一日可长二丈许。若江水并涨,其溃必矣。惟冬月水落,水不甚深,可为挑坝,以克沙洲。至于挂淤之法,俗有'五金六银七铜八铁'之谚。以五月水涨带淤,七、八月带沙故也。治之之法,不收其利,无以除其害,宜于两岸堤畔,用砖石多砌斗门,一交夏令,水及斗门之半则启之,过大则闭之,俾操纵在我,不至一发难收。又钟祥以下七八百里,两面多有湖荡,水入而不能出,民不聊生,或为盗贼。汉水河身太高,非冬月水落,不能空泄。当添造滚坝,冬放夏闭,使水消田出,民力始纾。此汉水情形也。"上嘉纳之。

又以襄阳府属民间私藏枪炮军器,地方官概置弗究,致有各属私枭拒捕、火器伤人等案,奏请设局收买,得旨俞允。寻获传教之西洋人董文学,治如律。六月,大冶县知县孔广义被已革外委陈俊烈禀讦赃私劣迹,经天爵饬属审办;孔广义复揭天爵多款,天爵缘匿名揭帖之例,遽置不问,未曾先行奏请查办。上责其错谬,不晓事体,褫职留任,八年无过,方准开复。时刑部右侍郎麟魁奉命至楚,偕江西学政吴其濬查办水灾,适有劾天爵任属员酷刑,与孔广义讦款略同者,命下吴其濬等查讯。十一月,讯明天爵信用候补知县楚镛制造非刑,有飞禽椅、快活凳等名目,外委黄云邦诬执良民,不加斥革,反听其子周光岳关说,令黄云邦仍当巡捕差使。奏入,上褫天爵职,遣戍伊犁;楚镛、周光岳等治罪有差。

二十一年,英吉利船驶扰广东,命天爵赴粤交靖逆将军奕山等差遣。二十二年三月,奕山等以天爵任劳任怨,实堪倚任入奏,得旨免罪,仍留效力。六月,英船窜扰江苏,陷镇江府,赏天爵四品顶带,以知府候补,调赴江苏,交钦差大臣耆英等差委。寻命驰赴清江办理防堵事务。九月,英人就抚,命天爵办理淮、扬善后事宜,寻赏二品顶带,署漕运总督。十一月,兼署南河河道总督,遵旨查漕务积弊。奏言:"江苏各府属漕粮,虽年内俱报开兑,不过循例虚文;其苏、松二府属征兑,[三]尤形拮据,虽欲早兑早开而不能。是以在后之浙江帮船,被其阻压,亦不得前进。臣前经奏明,无论何帮兑竣,即先开行,俟渡黄后,再依序行走,无庸拘泥守候耽延,并于过淮例限之外,复定以抵坝限期。来年重运,[四]仍请仿照办理。倘各州县可以兑开,而运弁藉词需索,关津留难,逾限太甚者,即行专折奏参。至江西、两湖各帮,向因揽载木植,在九江、芜湖两关纳税迟延,湖南三帮迟延尤甚,每至五月始行抵浦。倘黄水大涨,尤属可虞。前经漕臣朱树奏明,派委守备二员,前往催提,押同过关。来年漕务,仍可仿照办理,并先期札知,使开行之后,即按旬填报于何处停泊,必着声明因何逗遛之故。又颁发此示于帮船应纳之税,统由粮道经理,如两关不致羁延,则渡黄限期可无阻误矣。最可虞者,渡黄后,如江南之河成、河定二闸,山东之十字河、大汶口、朱姬、张阿等处,东昌府之魏家湾,上下一带,节节淤浅。过一帮动经浃旬,临清闸外浅处更多,是在责令州县河员实力挑浚,一律深通,自可不致磨浅,耽延时日。惟种种弊端,皆由挑河人员与漕务故相牴牾,留一分害即留次年多做一分之工,[五]若逐年深挑,数年后又安用岁费帑金为也?应请敕下沿河及有漕各督抚,将今冬各属承挑工数造具清册,移咨臣衙门,以备来年查核。如有草率偷减、挑挖有名无实者,许漕臣据实特参。以冀年年全漕无阻,克期渡黄,庶天庚早储,不致上烦宸虑矣。"上韪之。

时有捻匪纵红者与其党马宗禹等,在江、皖、豫三省接壤处,纠众滋扰,拒捕伤官。天爵饬属先后访缉,治如律。寻阜阳县知县陈葆森误认民人邵见立为纵红之父纵立,拘縶到案上详,天爵以提讯滥刑,夺职留任。二十三年五月,因失察漕书窃镌漕督关防,降四级留任。九月,因病陈请开缺,得旨以二品顶带休致。三十年正月,文宗显皇帝御极,五月,以工部尚书杜受田保奏,命天爵迅速来京,听候简用。七月,到京召对十有七次。子光碧以守备分发山东,亦蒙召见。时黄河入海之处塌陷数百丈,十月,天爵以久任河漕,熟悉情形,寓书杜受田,乘冬令水小,就其塌陷之处,多筑草坝,逼溜攻刷,可期事半功倍。杜受田以书陈奏,命如所请行。

时广西会匪洪秀全等滋事,十一月,命天爵署广西巡抚,会同钦差大臣李星沅实力剿捕。天爵请带子光岳随营效力,从之。咸丰元年正月,奏请严定私造私售火药罪名,复以军兴首重粮饷,请于广西省城设立米局,就近收捐,随时给予奖叙,均允之。时桂平县金田会匪窜踞大黄江、牛排岭等处,经提督向荣叠次进攻,毁其巢。贼复窜武宣、东乡一带,天爵偕向荣力战于东岭村,兵有退者,天爵手刃之,援桴鼓而前,贼为之却。怀集、贺县游匪及都康、下雷土司,凌云、东兰、横州、博白各州县,均有贼匪窜踞,天爵饬属实力举行团练,合力堵剿。先是,李星沅以事权不一,奏请特简总统将军督办。三月,命大学士赛尚阿、都统巴清德、副都统达洪阿带兵赴广西、湖南交界防堵,并谕天爵等不得以特派有人稍存观望,仍当督率将士,激励绅民,协力歼擒,刻期扫荡。寻赏加总督衔,会同向荣专办军务。四月,遵旨奏查已革巡抚郑祖琛酿祸原委,郑祖琛遂遣戍。时贼目张钊带领水勇七百人,在武宣三里墟断贼接济,并杀贼立功,天爵偕向荣奏陈张钊投诚确证,请赏六品翎顶,如其所请。寻奏叠次进攻上林墟,歼贼首潘大及逆党八百馀,贼酋凌十八等犯郁林州,复檄滇兵会剿,连日获胜,报闻。

嗣因李星沅力疾移驻武宣,疾增剧,奏将钦差大臣关防暂交天爵监护,天爵亦奏陈三月间患鼻衄情形,奉朱谕:"闻汝患鼻衄,甚眷念! 虽精神复元,尤应善自调摄,以体朕怀。"寻命大学士赛尚阿为钦差大臣,未到任以前,谕天爵署理。贼旋由武宣、东乡窜象州,上以天爵等相持日久,仍复任贼窜逸,革天爵总督衔,毋庸办理军务,即回省暂署巡抚,仍下部议处。五月,以歼灭西林股匪陈三,追剿博白股匪刘八,纳投诚者黄锦泗、冯子材等九百馀人,奏请免其罪,令杀贼自赎,如其所请。

时象州踞贼在百丈新寨、[六]中坪一带,图窜突,天爵偕提督向荣、都统乌兰泰以桐木、罗秀为东西路入省咽喉,列营堵御。贼屡越马鞍山来扑,我军叠挫之,贼仍回巢死拒。旋奉谕曰:"周天爵自上年派赴广西办理军务,历次署理巡抚,禀性忠直,不辞劳勚,朕素所嘉尚。第念其年近八旬,久居瘴疠之乡,时深眷注。现在赛尚阿已将抵粤,军营统帅有人,邹鸣鹤亦可计日抵任,周天爵着于交卸巡抚篆务后,即行来京。"六月,因舟行遇风,被溺受伤,吁请给假。谕曰:"据称卸署巡抚印务后,由象州乘船旋省,至永福县拦马滩地方,陡遇暴风,被溺受伤,朕心实深眷念。周天爵既无职守,尽可安心调理,着无庸限以假期,俟病痊后,再遵前旨来京。"

九月,入觐,召对十有一次,赐紫禁城骑马。初,粤西地广人稀,客民多寄食其间,莠多良少。莠者结土匪以害土著之良民,良民不胜其愤,聚而与之为敌。黠桀者啸聚其间,千百成群,蔓延于左右江千里之间,而其原由州县不理其曲直。邪教见民冤抑之状,因好鬼之俗,倡为蛊惑之词。盖自道光二十二三年祸基已兆,其时抚臣前为梁章钜,后为周之琦、郑祖琛,继之以好佛,遂至养痈成患。李星沅督师粤西,犹欲化大为小,及天爵入觐,上始知广西贼势甚张。

二年,粤匪浮江东窜,扰及湖南北,安徽戒严。上以天爵寄寓皖北,命偕安徽巡抚蒋文庆办理防剿事宜。三年正月,赏加兵部侍郎衔。天爵奏称:“皖北之庐、凤、颍、亳,自古为江南屏蔽。昔吴、魏年年备兵,前后五代及宋南渡皆然;而正阳关尤为庐、凤必争之地,居淮河之中,为全淮咽喉。四外人物,皆草莽之豪,得之则为我用,失之则为贼有。闻贼另股窜至汝宁,已据全淮上游。臣当急赴正阳关作速豫备,兼募旧捻张凤山等千二百人,宽其既往,俾立功赎罪。并请将宿迁举人臧纡青团练章程,通饬山、江、皖、豫四省遵照办理。”上从之。旋贼陷安庆省城,蒋文庆死之。天爵奏称:“贼攻安庆,伪为渔船二千,闯城而入,抚臣蒋文庆昏愦性成,受其欺蔽;督臣陆建瀛自九江逃回,过安庆而不救,以致失守。”并称:“近日士大夫专攻诗字之学,大有齐梁风气,此皆魏晋清谈馀习。其端一开,祸机辗转倚伏,将数百年不能止也。”

寻命天爵署安徽巡抚,二月,实授。天爵奏言:“贼犯金陵,绝我运道,阻我盐关。京师仓储库饷,官俸兵粮,仰给于江南者十之八九。倘江省再失,必过江而守,以彼富强,袭我空虚,不可不统筹全局。请保护黄河,遏贼北窜。"并称:"安徽巡抚任重事繁,臣年衰朽,吏治兵政,势难兼顾。请简大员独任其事,俾臣得专责成。"上改授李嘉端为安徽巡抚,天爵仍暂行署理,以兵部侍郎衔办理防剿事务。时天爵闻金陵失守,欲渡江击贼。御史王茂荫奏言:"庐、凤土匪纷起,渐成燎原之势。周天爵威望素著,若渡江击贼,则土匪益无忌惮。请留天爵剿办。"允之。天爵遂于宿州、怀远、亳州、蒙城、灵壁等处剿捕捻匪,先后斩获刁生、牛文礼等五百馀人。北路肃清。其南路捻匪,天爵复亲督义勇赴庐、凤一带追剿。三月,奏入,得旨:"务将定远之盐枭,合肥之土棍,巢湖之匪船,全行剿洗,勿留馀孽。"嗣以庐州地居皖省之中,形势扼要,奏请改为省垣,从之。

时捻匪陆遐龄最凶悍,在定远朱家湾、张桥等处,裹胁饥民四千馀,沿街焚掠,并屠戮九子集居民。天爵饬曹州镇标中营游击刘玉豹、寿州知州金光箭等分三路剿捕,贼溃遁左家店,火之,巢空贼逸,匿寿州甘罗庙。天爵谍得其实,即围攻之,陆遐龄及其子陆聚奎、陆连元,并其党李邦治等十二人突围出,殊死斗,天爵麾兵追战十馀里,悉数就擒。是役也,四战均大捷,斩首千级,夺器械无算。上褒其办理妥速,赏玉鞢一、大小荷包各二,在事出力者,均奖叙有差。

四月,疏劾合肥县知县吴祥麟擅放监狱,捏报练勇各款,知府胡元炜毫无觉察,恐有徇庇情事,并胪列胡元炜劣迹,请褫职拿问。巡抚李嘉端置不问。及粤匪围庐州城,江忠源自湖北赴援,驻六安,力疾将前进,胡元炜诡言庐州城兵满万,器械、军粮俱备,江忠源至则毫无布置,元炜复寄练勇徐淮为耳目,徐淮为贼内应，城陷，元炜遂降贼。时粤匪由扬州北上，据临淮关，欲径赴山东，天爵以孤军扼符离，戒诸军勿轻战，曰："彼众我寡，其锋尚锐，倘失利，则东直摇足非我有矣！贼善疑，可虚声拒之。"未几，客兵大集，贼遂改道由滁、和西趋蒙、亳，奔突刘家口等处，天爵奏称："贼若顺流东下，直取徐州粮台，则清江扬帆可达，不惟截我后路，并得与扬州之贼接应，其势更不可测。请饬下奕经前赴徐州保护粮台，断贼归路。"

寻贼破河南归德府，进围开封，天爵追至永城县，接奉谕旨："天爵若直入豫境，恐颍、亳、凤、宿土匪勾引长发，乘间北窜。该侍郎宜酌量缓急，内顾徐州粮台，外遏贼来路，扫平土匪，保卫皖疆。"天爵遂驰入徐州据守。七月，颍州土匪大起，天爵留兵保护粮台，仅率兵二百馀人，剿贼于永城之火烧店、雉河集等处，获匪首胡万箱等。九月，金陵之贼由裕溪口进窥庐州，天爵奏称："贼船至无为州之运漕镇，将积粮十馀万石插旗封住，不许居民轻动，知州林兰亦即不敢运动，禀明抚臣，贼至，全运金陵。"又奏亳州知州童和丰少年纨袴，致大股捻匪均窜入亳州，上命即行查办，并命天爵移缓就急，往援庐州。

旋因积劳疾作，卒于军。遗疏入，谕曰："前任漕运总督、兵部侍郎衔周天爵由知县擢任封圻，退归田里。朕御极后，知其秉性忠直，勇敢有为，特命前赴广西督办军务。嗣奉旨来京，叠次召对，议论均极朴实。其心地品行，迥超流俗。本年特加兵部侍郎衔，补授安徽巡抚，辞职后复督带兵勇，将捻首陆遐龄等擒获，复将馀党歼除，办事甚属认真。现在皖省土匪未靖，方资剿捕，遽闻溘逝，轸惜殊深！着追赠尚书衔，照尚书例赐恤，并着加恩赐谥文忠,无庸俟内阁照例拟请。历任一切处分,悉予开复。应得恤典,该衙门察例具奏。伊子候补守备周光碧,着俟服阕后,以都司升用,以示朕笃念耆臣、逾格褒忠至意。"寻赐祭葬。

子光碧,山东候补都司;光岳,举人。

【校勘记】

〔一〕并无残暴之事　原脱此六字。今据成录卷一五二叶五上补。按周天爵传稿(之三五)亦脱。

〔二〕擢庐凤颍道　原脱"颍"字。今据续碑传集卷二五叶三下补。又本卷吴文镕传云"安徽生童滋闹庐凤颍道署",可以印证。按周天爵传稿(之三五)亦脱。

〔三〕不过循例虚文其苏松二府属征兑　原脱此十四字。今据周天爵传稿(之三五)补。

〔四〕来年重运　"来"原误作"本"。今据周天爵传稿(之三五)改。

〔五〕留一分害即留次年多做一分之工　原脱"多做"二字。今据周天爵传稿(之三五)补。

〔六〕时象州踞贼在百丈新寨　"寨"原误作"塞"。今据周天爵传稿(之三五)改。

胡林翼

胡林翼,湖南益阳人。道光十六年进士,改翰林院庶吉士。十八年,散馆,授编修。十九年,大考二等。二十年三月,充会试同考官。八月,充江南乡试副考官,以失察正考官文庆携带举人熊少牧入闱阅卷,降一级调用。二十一年,丁父忧,服满,改捐中书,并捐升知府。二十六年,分发贵州。二十八年,署安顺府知府。三十年,文宗显皇帝御极,诏大臣举司道以下可大任者,云贵总督吴文镕、贵州巡抚乔用迁皆以林翼应。八月,调署镇远府知府,以剿办苗匪出力,赏戴花翎。九月,湖南逆匪李沅发窜贵州界,林翼赴黎平防堵有功,命俟补缺后以道员用。旋署思南府知府。

　　咸丰元年,补黎平府知府。二年,粤贼窜湖南北,湖南巡抚张亮基奏调林翼赴营差遣。奉俞旨,贵州巡抚蒋霨远以黎平毗连楚、粤,防堵需人,奏留之。三年,张亮基署湖广总督,复偕署湖南巡抚骆秉章奏调林翼襄理军务,上以调赴他省,转恐人地不宜,未允行。十月,御史王发桂疏称:“林翼捕盗锄奸,有胆有识,平日训练壮勇,仿戚继光成法而变通之。勇不满三百,锐健果敢,一可当十。搜剿匪徒于深林密箐中,与士卒同甘苦。所著保甲团练条约及团练必要诸篇,行之均有成效,历任督抚深为倚重。倘蒙圣恩逾格畀以重任,留于湖北带兵剿贼,可期得力。”疏入,命林翼赴湖北,交总督吴文镕等差委。

　　四年三月,擢贵东道。林翼率黔勇赴湖北抵通城,吴文镕已战殁,贼窜岳州,林翼败之乔口驿,进驻通城、平江界,败贼上塔市。四月,武昌戒严,[一]林翼自通城赴援。六月,擢四川按察使。武昌复陷,命仍在湖北军营,偕副将塔齐布办理防剿。七月,骆秉章奏留林翼驻防岳州,搜捕安化会匪。会诸军复龙阳、常德、澧州。八月,调湖北按察使。十月,崇阳陷,林翼往剿,贼窜通山,督兵穷追,斩擒甚多;因率乡绅举行保甲团练,地方赖以安。十二月,前任礼部右侍郎曾国藩等复武、汉,进攻九江,上念陆路兵单,命林翼赴曾国藩营助剿。林翼至九江,营湖口,攻南岸梅家洲,屡破贼。五年正月,擢湖北布政使。[二]会湖广总督杨霈之师溃于广济,贼悉众上窜。林翼闻警,率师回援,未至,汉阳陷,林翼进攻,败贼沌口。三月,贼攻塘角,林翼击之白沙洲。武昌陷,林翼潜师渡江,驻营金口,与水师犄角,扼贼使不得上犯。时兵勇溃散殆尽,林翼坐困金口,前逼武昌群寇,后有崇、通伏莽,食尽,掘草根佐粮。相持日久,各处乞贷,情词深痛,残破之馀,十不一应。乃发私家谷济军食,士卒感动,军威稍振。

寻署湖北巡抚。四月,攻南岸白沙洲、江堤、八步街等处贼营,破之。贼谋袭金口营,断官军饷道,林翼分兵三路,设三伏,亲率大队旋绕之,歼贼七百馀,生擒伪丞相陈大为等。五月,贼分六路来扑,林翼遣将击之,伏兵袭贼后,贼败,屯纸坊。我军进捣其垒,南风大起,炮齐发,贼狂奔入城,官军直逼小东门,于纸坊、金口犄角列营,贼伏不出。七月,由金口渡江,以火龙船毁贼浮桥,克汉口镇。林翼亲冒矢石直攻高庙贼巢,又别败贼大别山,进逼汉阳,平其四面土城,遣兵克蔡店,复汉川,击退德安之贼。会通股匪勾结武昌踞匪,潜扑金口,陆营失守,贼焚汉口。林翼由汉阳移驻爹山,饷绝兵溃,损坏关防,下部议处。寻移营大军山,收集溃勇,分驻新堤、嘉鱼。

时宁绍台道罗泽南剿贼义宁,林翼奏调赴鄂。九月,罗泽南军连复通城、崇阳、咸宁。林翼会泽南军复蒲圻,[三]遂定进攻策:自率所部由中路出武昌之南,驻营堤上,罗泽南由东路驻营洪山南冈;留九溪营兵驻金口护水师,以当西路;败贼五里街,又败之赛湖堤。分兵攻汉阳,大破贼于龟山、尾湖堤等处,炮船逼五显庙,毁贼舰及城外土垒,其鲇鱼套贼船亦被击沉。于是武昌以南无贼踪。十二月,败贼梁子湖,又败之金牛镇。六年三月,罗泽南攻武昌,中炮卒。林翼奏以道员李续宾代领其众,督攻益急,贼首石达开窜江西,连陷郡县。林翼分遣知县刘腾鸿、同知曾国华军赴援,资给粮饷。

贼于汉阳江面列战船数百,林翼令署提督杨载福等纵火焚之,毁二百馀艘,延烧江岸贼垒,另股贼由樊口窜出,击走之。五月,贼筑垒豹子澥,林翼击之获胜,贼聚泊梁子湖,遣兵渡麦门桥,火其船。贼出东岳庙、〔四〕鹰嘴阁,由小龟山后来袭,击走之。九江贼首古隆贤率匪党万馀来援,约城贼举火夹攻。林翼侦知,阳为贼火城,贼出扑,伏发,奋歼殆尽。援贼踞葛店,林翼乘其初至,分兵从白浒山绕击,贼大溃;又进兵樊口,败贼西山、雷山等处,馀匪遁。六月,毁双凤山贼垒。七月,石达开自金陵来援,号十万,林翼分檄水陆力战,连破之;又败贼沙子岭、小龟山,平鲁家巷贼垒四,毁东湖贼船七十馀,燔贼巢八十馀处。八月,诸军平贼十九垒,旬日之内,二十八战,追逐百馀里。十月,增筑武昌城外营垒于塘角、窑湾、洪山、青山等处,掘长壕困贼,鲁家巷、花园,五里墩、石嘴亦如之。城贼不得出,援贼不得入,遂坐以待贼粮之尽。

十一月,林翼督各军分上下游夹击,毁其缆江铁锁,贼势穷,开城来扑,鏖战三时,士气益奋。贼狂奔,官军乘之,遂复武昌,毙贼万计,生擒伪检点古文新等,及先锋悍贼八百馀、逆党五千。总督官文同日复汉阳。捷闻,谕曰:“此次逆贼负嵎日久,经胡林翼激励将士,前后数十战,无不克捷,遂将省城克复。逆众被歼净尽,自应立沛恩施,以昭懋赏。胡林翼着补授湖北巡抚,并赏

给头品顶带。"<u>林翼</u>饬各军分路追剿,尽复<u>武</u>、<u>黄</u>各县属,馀贼遁
入<u>九江</u>北岸<u>小池口</u>。<u>林翼</u>以<u>江</u>、<u>楚</u>唇齿相依,而<u>九江</u>扼<u>长江</u>之
冲,实<u>江</u>、<u>楚</u>门户。<u>九江</u>一日不复,<u>江</u>、<u>楚</u>不能一日安枕,乃令<u>李</u>
<u>续宾</u>率所部围之,分兵驻<u>黄梅</u>、<u>广济</u>、<u>蕲州</u>间,以遏<u>江</u>北贼;自居
<u>武昌</u>调度。

　　时诸事草创,公私荡然。<u>林翼</u>一意振兴,疏言:"<u>武</u>、<u>汉</u>形势
壮阔,自古用武之地。必于此设立重镇,俾水陆东征之师,恃为
根本,则大营有据险之势,军士无反顾之虞。臣维平<u>吴</u>之策,先
在保<u>鄂</u>。保<u>鄂</u>之策,在先固<u>汉阳</u>。<u>武昌</u>仅南岸一隅,<u>汉阳</u>为<u>江</u>、
<u>汉</u>总汇,可通八府。历年<u>湖北</u>之失,在<u>汉阳</u>不设备,<u>江</u>面无水师。
下游小挫,贼遂长驱直入。请于<u>武</u>、<u>汉</u>募陆师八千、水师二千,日
夜训练。本境乱民,随时征讨。东征之师,孤军深入。善战者必
伤,久役者必罢。即以<u>武</u>、<u>汉</u>防兵更代,可保士气常新,军行尽
利。至水师以炮为利器,炮声震叠,无半岁不小修、一年不大修
之船。更番迭战,以<u>武</u>、<u>汉</u>为归宿,则我兵常处其安而不处其危。
<u>湖北</u>莠民从贼,以<u>兴国</u>、<u>崇阳</u>、<u>通城</u>、<u>通山</u>、<u>大冶</u>、<u>广济</u>、<u>黄梅</u>为最
多,兵至为民,贼来从逆。治之之法,若以兵勇搜捕,不惟扰害,
亦且日久无成。宜行保甲清查、缚献斩释之法,但牧令非人,害
且滋甚。今已被贼扰之三十馀州县,民骄吏惰,未被贼扰之三十
馀州县,官民相仇。夫吏治之不修,兵祸所由起也。士气之不
振,民心所由变也。官吏之举动,为士民所趋向;绅士之举动,又
为愚民所趋向。未有不养士而能治民,不察吏而能安民者。查
积年来歉岁蠲缓,官吏照旧私收,而实惠不及于民。因有挖征及
急公名目,饱丁胥之欲壑,肥官吏之私囊。凡下与上接之事,委

之幕友而官不问；官与民交之事，委之门丁而官不问。词讼案牍，病在积压。盗贼奸宄，病在因循。臣以为宜严禁官场应酬陋习，与群吏更始。崇尚敦朴，屏退浮华。行之数年，或可改观。人情固欲自便其私，上无所求则下足自赡。上官所好，群吏所瞻，可不烦董戒而自变。臣深思利弊之原，劾贪非难，而求才为难。目下州县悬缺待人，愿勿拘以吏部文法资格，容臣次第清理。"

又以湖北漕务积弊已久，奏言："湖北有漕州县三十有三，统征北漕十五万石，南米十三万石。北漕由帮丁运京仓，南米由州县解荆州满营及各标绿营。咸丰三年，因漕船停运，每石折银一两三钱，而州县仍旧征收。其征收米石者，〔五〕谓之本色；其以钱折米者，谓之折色。折色之数，每石折钱自五六千至十八九千；本色之数，每石浮收自五六斗以至加倍，或多至三石。民力几何，堪此重敛？而州县则有所藉口也。其冗费之在上者，为丁船之津贴，及各衙门之漕规；其冗费之在下者，则有刁生劣监，包揽完纳。种种蠹弊，无不于州县取之。州县既多冗费，势必向粮户浮收。既有浮收，势必受刁民挟制。于是大户折色之数日减，小民折色之数日增。土棍豪衿，多方抗欠，猾胥蠹役，从中欺隐。州县浮收所得，半耗于上下冗费之中，而维正之供反征收不足，则相率捏报灾歉，藉缓征为腾挪，漕政因之益困。臣立意减漕以苏民困，窃谓欲禁浮收，当先革冗费。因拟定新章，从前每石浮收至十八九千者，今减至四五千及五六千，共减钱一百四十余万串。此向来官吏丁差剥之于民，而今仍还之民者也。北漕每石折银一两三钱，耗银一钱三分，南米每石折银一两五钱，耗银一钱五分,实解粮库银四十三万馀两。此向来以熟捏荒,以征为欠,不尽归公,而今实归之公者也。又漕南水脚银每石一钱五分,共四万馀两,今改征折色,毋庸开销,饬解粮库,以助军需。此于节省之中寓筹备之意,于民无损而于公有益者也。从前兑运北漕,例有津贴兑费,若一并裁革,将来河运疏通,必有碍兑运。拟将此项暂提充饷。此因其所固有,留其所不可无,于目前有益而日后无损者也。又随漕浅船军士安家等款,既改折停运,俱无庸开支。又提存银十二万馀两,统计为民间省钱一百四十馀万串,实收库存银四十馀万两,又得节省提存银三十馀万两,取一百馀万之中饱,以分益乎上下。已往之愆,原可不究;将来之弊,法必从严。"上嘉之,均允行。

寻奏劾镇、道、府、县以下不职者数十人,疏荐兴国州布衣万斛泉、宋鼎、邹金粟,砥砺廉隅,不求闻达。请奖励虚衔,以正人心、厚风俗。设清查局,查被贼州县仓库钱粮交代;设节义局,表彰历年殉难官绅妇女;设军需局,筹备东征器械饷糈。以淮盐隔绝,奏请官运川盐以济民食,分置课盐局于宜昌、沙市、武穴、老河口等处,视从前额课过之。仿刘晏用士人之法,设局各市镇,榷取厘税,严杜中饱。于是湖北兵饷遂足。

七年二月,安徽宿、太贼窜黄梅,破之。襄阳土匪陷樊城、穀城、光化、竹山、兴山、宜昌,三月,遣将平之。林翼自率军毁小池口附近贼垒。四月,复英山。五月,九江贼扑营,败之。八月,贼首陈玉成自皖北犯蕲州,诸军败溃,贼径趋蕲水,将窜武、汉。林翼渡江赴黄州,收溃卒得数千人,御之巴河。时巴水大涨,林翼念贼渡河,则势蔓延,急派千人断桥,扼河以守,潜师出回龙山,遏其上窜,督诸军合击于孙家嘴、马家河等处,进逼至小池口,贼大溃,穷追百八十里,全楚肃清。时曾国藩丁忧回籍,林翼奏请起复曾国藩督师东下,允之。十月,以捐助军饷,命给林翼三代正一品封典。

寻诸军克小池口,复湖口、彭泽、东流。八年四月,九江克复,磔伪贞天侯林启荣等。上嘉其调度有方,赏太子少保衔。林翼以九江既克,安庆在所必争,定议分路进攻。五月,太湖贼窜蕲州,败之。贼由英山来犯,破之弥陀寺。七月,丁母忧。谕曰:“胡林翼自邀简任以来,时阅四载,于吏治兵事,均能实力讲求。现虽阖境肃清,而大军水陆东下,进止机宜,尚待调度,筹备饷需,亦关紧要。该抚现丁母忧,着照军营例穿孝百日,加恩赏银四百两、俾经理丧事。俟百日后,仍着署理巡抚,如扶柩回籍,再行赏假两个月。俟军务完竣,准其补行终制,以遂其孝思。”林翼奏请终制,谕曰:“楚境现虽肃清,而贼氛未靖。地方善后、边防事宜,均关紧要。胡林翼熟悉情形,实心任事,当此时事多艰,正臣子力图报效之日,未可拘泥恒情,致误事机。着仍遵前旨,于假满后,署理湖北巡抚。”

十一月,李续宾战殁于三河,全军俱覆。林翼以母丧归未百日,遵旨赴湖北,次黄州。九年二月,进驻上巴河。五月,石达开窜湖南,围宝庆。林翼急令荆宜施道李续宜星夜赴援,大破之,遂定议四路东征。曾国藩沿江东下为南路;多隆阿攻太湖、潜山为中路;林翼率所部进攻英、霍为北路;调回李续宜北顾商、固为后路。八月,移营英山。贼造坚城于石碑镇,林翼督兵毁其木城,诸军围太湖。贼目陈玉成率党来援,林翼调道员金国琛自松子关逾潜山之天堂进击。十年正月,合击贼小池驿,大破之,复潜山、太湖。会金陵师溃,苏、常失守。曾国藩授两江总督,分军渡江次祁门,谋规复苏、常。将军都兴阿赴援,淮、扬地广军分,林翼皆悉力经画,筹拨兵饷,而檄道员曾国荃以重兵围安庆,副都统多隆阿围桐城,李续宜驻青草塥为应援。

五月,以疆事孔棘,急图补救,奏:"保前任江西广饶九南道沈葆桢识略冠时,才堪济变;浙江记名道李元度志节清严,前任江西建昌、广信二府,以疲卒数千,当石逆数十万之众,卒能力保危城。以上二员,如畀以封疆之任,必有应变之略。湖南四品卿衔左宗棠精熟方舆,晓畅兵略;候选知县刘蓉胆识远大,能结士心;又告病编修刘熙载贞介绝俗,学冠时人;顺天府府丞毛昶熙品节谨饬,留心吏治;及降调御史薛鸣皋、尹耕云,户部主事杨宝臣,吏部主事梅启照等,或德望清峻,或才识过人。伏候圣裁简用。"又以蒙、亳捻匪大掠河南,胜保奏报欺谩,请特简知兵重臣剿办。十月,多隆阿、李续宜大破援贼于挂车河,林翼进营太湖,度贼援安庆不利,必谋深入腹地,以牵动诸军,于潜、桐、舒、霍山险建立碉卡,令副将余际昌屯霍山,总兵成大吉屯罗田,戒以贼至勿浪战,坚守待援。

十一月,服阕,命实授湖北巡抚,俟军务完竣,再行回籍,补行终制。十一年二月,因病请假,赏假一月,在营调理。贼由六安、霍山分路西犯,成大吉破之松子关,余际昌违节度,战败。四月,贼陷黄州、德安、孝感、随州,林翼计贼上窜,意在解安庆围。安庆围解,则堕贼计中,大势全去。乃遣李续宜回援,而围安庆益急。贼复分党回略蕲州、蕲水、黄梅、广济,林翼檄成大吉下援。会曾国藩军破贼集贤关,平赤冈岭贼垒四,磔逆首刘玱林。江西贼由南岸武宁、义宁犯兴国、大冶,南及崇、通。六月,林翼率师回援,贼闻风遁。复请赏假两月,允之。八月,奏病势增剧,恳请开缺,得旨,再赏两月,在署安心调理。大军复安庆,上以林翼首先画策,亲身督剿,厥功甚伟,赏太子太保衔、骑都尉世职。桐城、庐江、舒城、宿松以次复,德安、孝感、黄州各郡县城先后克捷。楚境肃清。

二十六日,卒。遗疏入,谕曰:"胡林翼秉性忠直,操守廉洁。由翰林历官府道,仰荷皇考大行皇帝特达之知,于咸丰三年调赴湖北军营,晋擢巡抚,赏头品顶带、太子少保衔。在军营九年,赏罚严明,知人善任。克复武昌及沿江郡县,肃清楚境,并调遣官兵攻复江西九江,军威不振,所向克捷。本年八月克复安庆。[六]朕念其公忠体国,懋著勋劳,赏加太子太保衔,并骑都尉世职。方冀长资倚畀,克奏肤功,乃以积劳成疾,甫经赏假,遽闻溘逝。披览遗章,实深悼惜! 着追赠总督,即照总督例赐恤。任内一切处分,悉予开复。应得恤典,该衙门察例具奏。并加恩予谥,[七]入祀贤良祠,于湖北及湖南原籍,建立专祠。伊子胡子勋,俟及岁时,由吏部带领引见,以示笃念荩臣至意。"寻赐祭葬,予谥文忠。

十一月,曾国藩奏言:"林翼初任鄂抚,当武、汉两次失陷,湖北大半沦没,林翼坐困金口、洪山一带,不特兵饷俱无,亦且无官无幕。后克复武昌,恢复黄州,论者谓鄂抚可息肩矣。林翼不为自固之计,越境攻九江,分兵救瑞州。督抚之以全力援邻封,自湖北始。九江相持年馀,中间石达开自江西窥鄂,陈玉成自皖北犯鄂者三。林翼终不撤九江之围,以回援卒复九江,为东南一大转机。功甫葳,即以全力图皖北,李续宾覆军三河,林翼居母丧,吾闻信息起赴鄂。[八]论者谓良将新逝,元气未复,但保我圉,不宜兼顾邻封。林翼不然,即派重兵越三千里解湖南宝庆之围。援湘之师未反,复议大举图皖,绘图数十纸,分致臣与官文及诸路将领,遂定攻安庆之策,亲驻太湖督剿。本年回援鄂省,病中寄书,缕陈勿撤皖围、力剿援贼之策。故安庆之克,臣推林翼首功。近世将才,湖北最多,如塔齐布、罗泽南、李续宾、都兴阿、多隆阿、李续宜、杨载福、彭玉麟、鲍超等,林翼均以国士相待。或分资财,惠其家室;或寄珍馐,慰其父母。前敌诸军,求饷求援,急麋经营,夜以继日。自七年来,捷报皆不具奏;奏则盛称诸将功而己不与,惟兢兢以扶植忠良为务。外省称楚师和协如骨肉,而于林翼之苦心调度或不尽知。此臣自愧昔之不逮,又虑后此之难继者也。军兴各省虑饷,湖北三次失陷,百物荡然,自荆州捐盐,各府抽厘,稍足自存。林翼综核之才,冠绝一时,每于理财之中,暗寓察吏之法。三年,部议漕米变价,州县照旧浮收,加至数倍,上下交困。林翼于七年创议减漕,严裁冗费,先帝嘉其不顾情面,祛百年之积弊。统计每年为民间省钱粮百四十馀万串,为帑项增四十二万两,节省提存银三十一万馀两。利国利民,不利中饱之蠹,向来衙门陋规,革除净尽。州县亦不准借催科政拙之名,为猾吏肥私之地。各卡委员,时勤训课,谓取民赡军,使商贾同仇,即以教忠;多入少出,使局员洁己,即以兴廉。以湖北瘠区养兵六万,月费至四十万之多,而商民不敝,吏治日懋,皆其精心默运之所致也。八月以来,安庆克复,江、鄂肃清。方幸全局振兴,长驱东下,不图大功未竟,长城遽颓。臣与故抚共事日久,相知最深,咸丰四年曾奏林翼才胜臣百倍。近年遇事咨询,尤服其进德之猛。臣不敢阿好溢美,亦不敢没其忠勋。谨将以死勤事情状,据实渎陈,乞付史馆。"谕曰:"已故湖北巡抚胡林翼,由翰林起家,仰荷皇考大行皇帝特擢封圻,戮力疆场,勋劳懋著。本年秋间,积劳病故。业经加恩追赠,以褒忠荩。兹据奏称胡林翼自擢鄂抚,数载以来,恢复本境,援剿邻氛,整军经武,以死勤事。综其生平功业,允宜亟予表扬。着即宣付史馆,以光简册。胡林翼之子胡子勋,着赏给举人,一体会试,以示褒奖荩臣至意。"

同治元年,穆宗毅皇帝御极,追念林翼前劳,复谕曰:"湖北巡抚胡林翼未收全功,遽就溘逝。迹其功勋卓越,名播寰区,至今江、鄂士民,犹能称颂。没于王事,悯念良深!着赐祭一坛,并着原籍督抚派员前往该员家祠赐祭。"三年,克复金陵,上追念死事诸臣,以林翼规画远大,勋绩卓著,赏一等轻车都尉世职,旋以一等轻车都尉兼一骑都尉呈部并作三等男爵。光绪三年,前兵部右侍郎彭玉麟奏林翼抚鄂之日,整饬吏治,清查漕政,与曾国藩、罗泽南等讲学则同方同术,讨贼则同力同心,请合祀湖北省城曾国藩祠,允之。

子子勋,恩赏举人,袭爵。

【校勘记】

〔一〕武昌戒严　"戒"原误作"解"。今据胡林翼传稿(之一七)改。

〔二〕擢湖北布政使　原脱"湖北"二字。今据胡林翼传稿(之一七〕补。

〔三〕林翼会泽南军复蒲圻　原脱"会泽南军"四字。今据胡林翼传稿
　　　（之一七）补。

〔四〕贼出东岳庙　原脱"庙"字。今据胡林翼传稿（之一七）补。

〔五〕其征收米石者　原脱"其征收"三字。今据胡林翼传稿（之一
　　　七）补。

〔六〕本年八月克复安庆　原脱"本年"二字。今据清穆宗毅皇帝实录
　　　（大清历朝实录景印本，以下简称毅录）卷五叶四下补。

〔七〕并加恩予谥　原脱"予谥"二字。今据毅录卷五叶四下补。

〔八〕吾闻信急起赴鄂　原脱"吾"字。今据胡林翼传稿（之一七）补。

罗泽南

罗泽南，湖南湘乡人。咸丰元年，由附生举孝廉方正。二年，粤匪扰湖南，泽南在籍，倡办团练，号湘勇。三年四月，以功保训导，剿平桂东土匪，擢知县。七月，贼围江西南昌，泽南以三百人赴援。土匪数千陷泰和、安福，围吉安，闻泽南至，解围遁。泽南追击败之，复安福、泰和，命以同知直隶州升用。十二月，湖南永兴土匪起，泽南与战于油榨墟，平之，复永兴。

四年六月，会提督塔齐布军进攻岳州，泽南以大桥为贼所必争，率所部扼桥守，三战皆捷，歼贼千。闰七月，破高桥贼垒九，贼退踞城陵矶，泽南与塔齐布乘胜进击，连破贼营三，贼宵遁。岳州复，命以知府尽先选用，赏戴花翎。寻自临湘进驻长安驿，贼分四路来犯，泽南偃旗息鼓，诱其近营，钞出贼后，击之，贼大溃。进至羊楼峒，山崖险峻，为入崇阳第一关隘，贼营于峒尾卢

家桥,泽南奋击,平其垒,贼退守佛岭卡、佛岭羊肠一径,〔一〕势尤险绝。泽南由岭西直捣贼巢,破东西两卡,崇阳首逆廖敬修分党来援,泽南佯败以诱之,贼悉众来追,我军反攻,大败之。八月,焚神桥贼巢,破桂口、大沙坪贼垒,与塔齐布复崇阳。〔二〕武昌贼自金牛入据咸宁,泽南兼程驰抵城下,贼从东门溃出,咸宁复;追败贼官步桥,又败之金牛,进驻江夏之紫坊。

九月,礼部右侍郎曾国藩会诸将于金口,议攻武昌。泽南绘图献议,言由紫坊出武昌有二道:一、洪山大道,一、沿江出花园。宜以重兵剿花园,而分扼洪山以防反窜。时贼据武昌不守陴而守险,其精悍之贼不聚于武昌而萃于花园,筑坚垒三:一枕大江,一濒青林湖,一跨长堤。外掘深沟,中立木城。木城之内,又有砖城,屹峙大江东岸,与西岸虾蟆矶贼营遥为声势。上列巨炮,向江者阻我水师,向南北者阻我陆师。泽南请自当其难,进攻花园,令塔齐布出洪山。将近花园,贼凭木城轰拒。泽南军习战已久,炮将发则伏地进,子既落则蛇行前,三伏三进。逼贼营,分兵夺贼舟数十,舟贼退,营贼亦乱,乘势逾沟,三垒同时下。翼日,攻鲇鱼套贼营,又大败之。贼窜洪山,为塔齐布所扼,是夕,弃城遁。武昌、汉阳皆复。距会议时仅七日。捷闻,记名以道员用。寻授浙江宁绍台道。

十月,曾国藩疏称泽南为军营万不可少之员,请留营剿贼,暂缓赴任,允之。时贼踞兴国,分陷大冶。泽南恐贼上窜,驰抵兴国境,断大冶贼归路,使不得合而为一。兴国贼来犯,泽南破之,追至城下,贼遁,复兴国;塔齐布复大冶,遂规取田家镇。镇居大江北岸,与半壁山斜对,为上游门户,旧设防兵,陷于贼。贼更为铁锁扼水师,用重兵屯半壁山,夹江守。泽南进驻马岭坳,距半壁山三里许,遥见山势峻绝,俯瞰大江,贼列大营一、小营三,坚固与花园坳而险过之。泽南方登高瞭望,贼突以数千来犯,北岸田镇贼渡江来援者又近万人。时泽南所部仅二千馀,众色沮,有潜遁者,知府李续宾飞骑追三卒回,手刃之,众心乃定。泽南令坚伏不动,度贼气已竭,突起击之,贼大溃,奔半壁山,后路为我军所扼,不得上,触石坠崖死者数千人。水师蔽江下,断横江铁锁,燔贼舟四千馀,遂克田镇。捷闻,赏普铿额巴图鲁名号,加按察使衔。

寻与塔齐布渡江攻广济,斩擒千馀,复其城。十一月进,破贼双城驿,毁大河埔贼营五,复黄梅,贼踞孔垅驿、小池口,与九江贼联络。泽南由北岸至濯港,击败之,水陆诸军会于小池口。泽南从白水港渡江,约上下夹击,渡及半,贼数千来犯,官军少挫。泽南右臂手指受石伤,仍指麾冲突,贼败退。泽南分兵破街口贼垒,逆首罗大纲遁。是役以五千人破贼二万,贼尽撤沿江各营,并守九江,十二月,〔三〕塔齐布围之。泽南别剿盍山,遏湖口上援之贼,攻梅家洲贼垒,不下。五年正月,总督杨霈之师溃于江北,贼上窜,武昌复陷。

曾国藩入南昌。三月,另股贼由浮梁陷饶州、弋阳,檄泽南赴援,大战于陈家山、大松林,毙贼三千馀,复弋阳。婺源股贼陷兴安,连陷广信,泽南驰援,抵城西乌石山。贼万馀分三路出,泽南令一营伏右路高冈,一营据左路平冈,列阵待,两营诱贼至,自统精锐截其后路,贼大败,复广信,连复兴安、德兴、浮梁。六月,回师进剿义宁,抵梁口,贼由梅岭来扑,败之,进据鳌岭;复大战,以二千馀众毙贼六千有奇,合军攻之,遂复义宁。上以泽南调度有方,身先士卒,赏加布政使衔。

泽南函商曾国藩,以为浔城逼近金陵,兼能牵制武昌,故贼必欲争之,犯弋阳,扰广信,欲从信水而下彭蠡,钞我师之右;据义宁,守梅岭,欲从修水而下彭蠡,钞我师之左。今两处平定,九江门户渐固,惟湖北通城等处群盗如毛,江西之义宁、武宁,湖南之平江、巴陵,终无安枕之日。欲制九江之命,宜从武、汉而下;欲解武昌之围,宜从崇、通而入。盖贼欲保金陵,必得武、汉而后无西顾之忧;我欲复金陵,必先取浔、鄂而后成建瓴之势。为今之计,当以湖口水师、浔城陆师,横据大江以截贼船之上下;更选劲旅扫崇、通之贼,进援武、汉。曾国藩因奏请以泽南援武、汉,湖广督抚亦奏奉俞旨,〔四〕泽南赴湖北会剿。

九月,攻通城,复之,赏翎管、搬指、荷囊、火镰各一。十月,捣崇阳之桂口,夺其隘,进驻羊楼峒,逆首韦俊、石达开合悍贼二万馀,自蒲圻来犯,泽南截击,贼败溃。捷闻,谕曰:"罗泽南所带各勇,虽仅五千馀人,然皆精锐。自江西饶州、义宁转战无前,遂能连克崇、通。此军于剿贼,大有关系。今以数万贼匪蜂拥相逼,深虞挫失。现在德安既经收复,着官文酌量派拨精兵,遣委得力将弁,统带前进,接应罗泽南之师,以壮声威。"十一月,进攻蒲圻,复之,毙贼五千馀。贼麇聚咸宁,泽南督各营蹑踪前进,乘大雾压城而阵,贼大乱,遂复咸宁。武昌城贼出八九千于五里街等处筑木垒,泽南乘贼垒未定,直前击之,殪其前锋,贼败退。十二月,至紫坊,与巡抚胡林翼商进取策,合军破十字街贼营,尽毁城东南垒。

　　泽南建议,以为:"西路八步街口为我军通江要路,垒不破则军粮无由达;北路塘角为贼通兴、冶要路,垒不破则贼粮无由断。"六年正月,造浮桥于鲇鱼套,进攻八步街,以奇兵逼望山门,袭贼垒后,平之,于是西路贼垒尽。寻与胡林翼并攻塘角贼营,焚其船厂,歼贼千,环西北城贼垒皆尽。贼又于望山门筑垒二,立击毁之,城贼屡出,皆为我军殄灭;而贼酋石达开自崇阳乘虚入义宁,分党踞赣州。曾国藩檄泽南回援,泽南建议以为:"江西东南腰膂,贼之诡计,每思由江西、湖南以通粤中之气。石贼之窜赣州,意实在此。惟通筹全局,武、汉为天下枢纽,贼所必争。自去岁八月韦贼上据,所部皆贼中死党,若湘勇骤撤,则胡林翼之军单,不能独立于南岸,其祸不独在湖北。现在贼粮将尽,垂成而释之,非计也。"

　　先是,胡林翼奏称:"臣始与泽南连营湖口,〔五〕见其每战必先,忠勇冠时;继于蒲圻相会,观其营中将士勇敢朴诚,有古烈士风。询之,皆泽南所教子弟及其祖若父之门生。有人问以兵略,答曰:'大学"知止"数语尽之。左传"再衰、三竭"之言,其注脚也。'军中得阅泽南家书,其父罗嘉旦年八十,勖以忠义,不得私念亲老。词严义正,实属大义可风。"至是二月,上命赏泽南祖父母、父母二品封典。三月,贼分门出扑,泽南亲搏战走之;贼窥守垒兵少,复大举来犯,我军自洪山驰下,鏖战,杀贼数千,贼大奔,争门入。泽南策马穷追,直抵城下,欲尾贼入,城上枪炮雨集,中泽南左额,血流被面,衣带均湿,驻马一时许,强立不移,回至洪山,犹危坐营外,指画战状。翼日,卒于军。

　　胡林翼列疏以闻,略言:"泽南以诸生讲学,宗法程朱,其所著小学韵语、西铭讲义、周易附说、太极衍义、姚江学辨、方舆要览诸书，[六]体用兼备，洵堪辅翼名教。咸丰二年，贼犯长沙，即日倡生徒办理湘乡团练。忠义至性，感动乡里，率其乡人，转战湖南北、江西，克城二十，大小二百馀战。自上年围剿武昌以来，力攻九十馀日，督催至严，虽水陆弁勇中伤逾三千人，而忠义之气不稍懈。及攻城受伤，以未能尾贼入城为憾。且言武、汉自古用武地，贼必死守，不力战恐荆、襄一带均无干净土矣。臣林翼为之痛哭，泽南握臣手言：'危急时站得定，才算有用之学。今武、汉未克，江西复危，死何足惜？恨事未了耳。其与李续宾好为撑持！'言未毕而目瞑。盖其心术学术，不愧名儒。故临危不乱，语不及私；而临阵勇敢，驭兵严明，犹其馀事。恳照二品阵亡例，加等赐恤。"

　　奏入，谕曰："布政使衔浙江宁绍台道罗泽南，以在籍生员，倡率生徒，办理团练。嗣因楚省贼氛猖獗，率其乡人自效戎行，转战湖南、江西、湖北等省，大小二百馀战，克城二十。朕嘉其忠勇奋发，屡著伟绩，由训导超擢道员，加布政使衔。方冀其攻复武、汉，殄灭逆氛，克膺懋赏。兹因攻剿武昌，乘胜追贼，直逼城下，受伤殒命。览奏之馀，深堪悯恻！罗泽南着照巡抚阵亡例，从优议恤。伊父罗嘉旦，赏给头品顶带。伊子罗兆作、罗兆升均赏给举人，一体会试，以示褒恤荩臣至意。并着于湖南本籍及湖北、江西地方建立专祠。"寻赐恤如例，予谥忠节。入祀昭忠祠，赏骑都尉世职，袭次完时，以恩骑尉世袭罔替。八月，复命于本籍湘乡县建立专祠。同治元年，穆宗毅皇帝御极，追念死事诸臣，各赐祭一坛，泽南与焉。旋命于江西广信府建立专祠。三年,金陵克复,红旗告捷,上追念前劳,复赏云骑尉世职。

【校勘记】

〔一〕佛岭羊肠一径　原脱"佛"字。今据罗泽南传稿(之一七)补。

〔二〕与塔齐布复崇阳　"阳"原误作"顺"。今据罗泽南传稿(之一七)改。

〔三〕十二月　"月"原误作"年"。今据罗泽南传稿(之一七)改。

〔四〕湖广督抚亦奏奉俞旨　"广"原误作"北"。今据罗泽南传稿(之一七)改。

〔五〕臣始与泽南连营湖口　原脱"臣"字。今据罗泽南传稿(之一七)补。

〔六〕方舆要览诸书　"舆"原误作"语"。今据清史稿(北京中华书局,一九七七年点校本)册三九页一一九四八本传改。